国家社科基金重大项目 20ZDA100

国家社科基金丛书
GUOJIA SHEKE JIJIN CONGSHU

# 构建面向全球的高标准自由贸易区网络与治理规则研究

Study on Building a Globally Oriented Network and
Governance Rules of High-standard Free Trade Area

韩 剑 著

人民出版社

# 前　言

　　当今世界经济正经历百年未有之大变局,地区冲突不断,国际层面动荡失序,国际经贸合作变得复杂。10 年来"世界开放指数"不断下滑,全球开放共识弱化,单边主义、保护主义抬头,经济全球化遭遇逆流。世界银行 2023 年发布长篇报告《下行的长期增长前景:趋势、期望和政策》,首次全面评估全球经历新冠疫情之后以及乌克兰危机背景下的长期潜在产出增长率,对全球经济作出悲观预测。报告称,几乎所有推动进步和繁荣的趋势都在衰减。未来,我们将何去何从?

　　应对当前挑战,团结合作是唯一出路。长期以来,作为世界经济体系的最大支柱,多边贸易体制为全球经济繁荣发展提供了重要的制度保障。与此同时,近年来,区域贸易安排显著增多,区域合作进程加快,为世界经济注入了强大的活力。多边贸易体制和自由贸易协定作为推动经济全球化的两个轮子,尽管遭遇越来越大的阻力,但困境之际尤其需要顶住压力,砥砺前行。坚定不移推动全球化,是站在历史正确的一边、推动历史进步的重大抉择,也是顺应时代潮流、掌握历史前进主动权的重大抉择。

　　中国加入世界贸易组织 20 多年来,既是多边贸易体制最大的受益方,也是最大的贡献者。在全球多边贸易体制面临保护主义冲击的情况下,中国是多边贸易体制最坚定的维护者,也是区域贸易安排和全球治理体系改革最主动的参与者。在党中央集中统一领导和部署下,我国加快实施立足周边、辐射"一带一路"、面向全球的自由贸易区战略,给世界注入更多中国动力,给合作伙伴带来更多机会,为各国合力应对全球经济挑战、共同开创繁荣发展前景注入了信心与力量。

习近平总书记在中共中央政治局第十九次集体学习时曾经深刻指出:"加快实施自由贸易区战略,是我国积极参与国际经贸规则制定、争取全球经济治理制度性权力的重要平台,我们不能当旁观者、跟随者,而是要做参与者、引领者,善于通过自由贸易区建设增强我国国际竞争力,在国际规则制定中发出更多中国声音、注入更多中国元素,维护和拓展我国发展利益。"①党的十八大以来,我国实行更加积极主动的开放战略,自由贸易区建设上升到国家重大战略高度。党的十八大提出要加快实施自由贸易区战略;党的十九大强调要促进自由贸易区建设。党的十九届四中全会对推进合作共赢的开放体系建设提出了要求和部署,其中包括"维护完善多边贸易体制,推动贸易和投资自由化便利化,推动构建面向全球的高标准自由贸易区网络";党的二十大报告指出,要"推进高水平对外开放……扩大面向全球的高标准自由贸易区网络"。在习近平新时代中国特色社会主义思想的科学指导下,我国自由贸易区建设的理论内涵不断丰富、理论水平日益提升、系统性特征日趋明显,形成了新时代自由贸易区建设的理论体系。

本书是国家社会科学基金重大项目"构建面向全球的高标准自由贸易区网络与治理规则研究"的最终成果,是作者和研究团队长期基于国际贸易政策、自由贸易区与国际经贸规则、"一带一路"研究的智慧结晶。本书立足经济全球化发展和我国高水平开放的新阶段,结合区域经济一体化发展新趋势,深入探讨我国构建面向全球的高标准自由贸易区网络的理论依据、实施效果以及政策路径,探索自由贸易区建设与完善国际经贸规则的互动机制及其实

---

① 《习近平谈治国理政》第二卷,外文出版社 2017 年版,第 100 页。

现路径和策略,力求能为理论界以及相关部门决策提供有价值的参考。

新时代新征程,推进高水平对外开放,对于实现第二个百年奋斗目标和中华民族伟大复兴的中国梦,具有重大而深远的意义。习近平总书记在中共中央政治局第八次集体学习时强调,以开放促改革、促发展是我国现代化建设不断取得新成就的重要法宝。要继续做好自身改革这篇大文章,既扩大开放之门,又将改革之路走稳。要更加主动对接高标准国际经贸规则,稳步扩大规则、规制、管理、标准等制度型开放,加快打造对外开放新高地,建设更高水平开放型经济新体制,加快构建新发展格局。要积极营造市场化、法治化、国际化一流营商环境,以推动加入全面与进步的跨太平洋伙伴关系协定和数字经济伙伴关系协定为契机,进一步激发进口潜力、放宽市场准入、推动多边和双边合作深入发展,增强对外资的吸引力。中国高举开放发展、合作发展、共赢发展的大旗,让开放为全球发展带来新的光明前程。

本书包括绪论在内共分为 16 章。绪论部分介绍了本书的研究背景、文献综述、研究目标与研究思路。第一章到第四章是理论篇,分别从世界经济格局变化、全球价值链重构、新技术和新产业革命以及世界贸易组织多边贸易体制改革四大方面阐述现有自由贸易协定规则的拓展和深化背后的理论动因,从两个大局着眼,深刻把握中国加快建设面向全球的高标准自由贸易区网络的内涵和意义。第五章到第十四章是规则篇,聚焦全球自由贸易协定规则的演变,尤其是关税优惠、原产地规则、贸易便利化、服务贸易、政府采购、知识产权、投资、环境保护、数字贸易以及非关税壁垒十个深度议题,探究中国签订的自由贸易协定规则与国际高标准规则之间的差距,实证检验规则深度及规则网络对贸易与投资效应的影响,进而提出中国构建高标准自由贸易区网络的对策建议。第十五章对新时代中国自由贸易区理论创新与实践进行总结。

本课题的参与成员有郑航、许亚云、岳文、杨凯、王星媛、刘瑞喜、李潇、张中意、刘逸群等,在结项材料的整理和书稿的修改出版过程中,廖陈成、盛伟、纪洁等同学做了大量的修改、排版和校对工作,人民出版社郑海燕老师等付出了大量精力和心血,在此一并致谢。本书的研究成果旨在抛砖引玉,带动更多研究者深化自由贸易区领域研究,推动社会各界关注自由贸易区建设,为推动高水平开放、制度型开放和构建人类命运共同体作出更大贡献。书中疏漏不妥之处,还请读者不吝指正。

2023 年 10 月

# 目　　录

# 绪　　论

## 第一节　研究背景与意义

第二次世界大战之后,以世界贸易组织(World Trade Organization,WTO)为核心的多边贸易体制是经济全球化和自由贸易的基石,为推动全球贸易发展、促进经济增长和可持续发展作出了重要贡献。然而,2008年国际金融危机以来,全球经济增长呈现整体需求疲软的局面。多边贸易自由化陷入低潮,多哈回合难以获得全球范围内的共识,世界贸易组织面临前所未有的生存危机。在全球新贸易保护主义抬头的背景下,世界贸易组织框架下多边贸易自由化要取得进一步的突破,已显得十分困难。与此同时,随着各国贸易投资依赖程度不断提高,生产服务网络不断深化,传统贸易规则已不能适应新时代服务贸易与数字贸易快速发展的新趋势,出台更高标准、更高水平的贸易投资规则迫在眉睫。近年来,全球自由贸易协定(Free Trade Agreement,FTA)的数量呈现不断上升的趋势。根据世界贸易组织统计,截至2022年,全球向世界贸易组织通报且生效的自由贸易协定有309个,以自由贸易协定为主导的区域贸易网络正在成为新一轮推动经济全球化的主导性力量。中国在自由贸易协定的建设方面起步较晚,但近年来发展迅速,截至2024年1月,中国对外一共签订了22个自由贸易协定,涉及东盟、新加坡、巴基斯坦、新西兰、秘鲁、韩国、澳大利亚等 29 个国家和地区,与自由贸易伙伴之间的货物贸易额占中国对外贸易总额的 40%,初步搭建起周边的自由贸易平台和全球自由贸易区网络。但在规则的"高标准""广覆盖"方面,中国与新一轮国际高标准自由贸易协定仍有一些差距。在"高标准"方面,虽然中国在货物贸易关税减让、原产地规则、技术性贸易壁垒等传统议题方面已经形成一套成熟的理念和模式,但在数字贸易、知识产权、环境等非传统领域议题方面,规则设计理念、设计能力和法理基础较美国、日本、欧盟差距较大,尚未形成中国自由贸易协定模板。在"广覆盖"方面,我国与欧美主要贸易伙伴尚未签订自由贸易协定,与共建"一带一路"国家和地区签订的自由贸易协定数量仍然偏少。在此背景下,积极与更多国家和地区推进自由贸易协定谈判,扩大面向全球的高标准自由贸易区网络,是中国推动经济全球化的重要力量。

本书从马克思主义政治经济学基本理论框架出发,系统论证以自由贸易区建设为抓手的国际经贸规则体系完善的理论逻辑和理论支撑,通过探索自由贸易区建设与完善国际经贸规则的互动机制及其实现路径和策略,提出自由贸易区建设的中国方案。以中国参与全球经贸规则重构、不断升级和巩固中国在全球价值链中的地位为导向,基于不同自由贸易协定的规则深度及网络关联度测度为依据,评估企业自由贸易协定利用情况与实施效果,对推动构建面向全球的高标准自由贸易区网络建设展开深入系统的研究,具有重要的理论意义和实践意义。

# 一、学术价值

## (一) 探索与构建具有中国特色的自由贸易区理论体系

从指导思想上看,我国自由贸易区理论的形成是以马克思主义的基本观点和理论为基础,以习近平总书记关于对外开放重要论述为核心,从辩证唯物主义和历史唯物主义的角度看待自由贸易区的建设和发展,合理借鉴西方区域经济一体化理论的精髓,结合中国对外开放的实践,形成了具有中国特色的自由贸易区理论。从发展理念上看,我国自由贸易区理论体现互利共赢、共同发展的理念,树立正确义利观,兼顾各方利益和关切,考虑发展中经济体和最不发达经济体的实际情况,寻求利益契合点和合作公约数,努力构建互利共赢的自由贸易区网络,推动中国与世界各国和地区共同发展。与现有西方的区域经济一体化理论显著不同,探索和构建具有中国特色的自由贸易区理论体系,是中国特色社会主义理论体系的重要组成部分。

### (二) 拓展关于自由贸易协定异质性的理论研究

本书较为系统地研究了自由贸易协定条款的异质性,不但研究条款覆盖的广度,更加重视条款的深度和质量,不仅基于规则深度,而且还考虑网络关联度,通过总深度指数、核心深度指数、“主成分分析”深度指数、点度中心度、介数中心度等指标,从多角度来刻画中国已经签订的自由贸易协定的异质性,以更全面的视角打开自由贸易协定的“黑箱”。关于自由贸易协定贸易潜力的研究,现有文献更多局限于比较缔约方覆盖范围的大小,没有深入考虑自由贸易协定文本质量的高低。将计算机文本数据挖掘技术应用到区域经济一体化的研究中,强调新一代贸易投资规则的影响,无疑为完善自由贸易协定的研究提供重要的研究参考。

### (三) 探索关于区域经济一体化微观视角的理论研究

国外学者近几年关于区域经济一体化的研究主要以微观实证为主,而这些文献大多以发达国家和地区为研究主体,国内关于微观企业层面利用自由贸易协定的研究还是比较薄弱的。本书从微观角度考察自由贸易协定利用率的行为,从生产率门槛、异质性固定成本、规则效应等多方面建立企业利用的自由贸易协定决策模型,既贴近该领域国际学术研究的前沿方向,又与中国新一轮开放的实际发展情况相符合,是中国企业国际化研究方面的一次突破性研究。

（四）提出以完善全球规则治理引领自由贸易区建设的理论逻辑

自由贸易区在某种程度上已经成为全球治理的一项政策工具，其内容已涵盖消费者保护、数据保护、资本自由流动、环境保护等多个领域。中国处在积极参与全球治理的良好机遇期，将构建人类命运共同体作为全球治理的指导理念，基于自身治理经验提出自由贸易区建设的中国方案，推动全球治理体系变革，将为全球治理贡献更多的中国智慧与中国力量。

## 二、应用价值和社会意义

（一）为推进中国与共建"一带一路"国家和地区的自由贸易区建设提供具体的实施路径

"一带一路"不但对现有区域经济合作理论形成重大创新，在实践过程中，与现有的区域合作机制相互补充，为双边、多边经济合作提供一个新平台。自由贸易协定是打造区域经济合作的重要制度性安排，加快实施自由贸易区战略是中国新一轮对外开放的重要内容。党的十八届三中全会明确提出积极推进"一带一路"沿线自由贸易区建设，结合周边自由贸易区建设和推进国际产能合作，积极同共建"一带一路"国家和地区商建自由贸易区。未来"一带一路"可能形成以中国为轴心，涵盖中亚、南亚、西亚等周边区域国家和地区，辐射欧洲、非洲、拉美国家和地区连接全球的自由贸易区网络。"一带一路"由倡议步入了全面务实的发展阶段，毋庸置疑应以自由贸易协定构建为着力点，通过构建"一带一路"自由贸易区网络，重建国际贸易投资规则，促进区域价值链的融合，在此基础上建立自由、公平、公正的全球开放性多边贸易和投资体系，为全球经济的开放发展注入新的活力和动力。

（二）为自由贸易协定缔约方选择和自由贸易协定条款谈判提供实证依据

对自由贸易协定缔结动因的理论分析与实证分析，使我们更加深入地了解到影响国家和地区签订自由贸易协定的经济、政治、地理等双边传统因素以及"第三方效应"，从自由贸易协定收益、谈判成本角度以及第三方角度为中国谈判对象的选择指明方向；通过研究自由贸易区网络及其演变，判断中国及其他国家和地区在网络中所处的地位，从而超越双边、第三方从整体网络的角度给出中国自由贸易协定缔约对象的选择标准；鉴于网络中轴心国能够在国际贸易中获取更多收益，实现成为贸易强国的目标，针对中国自由贸易协定缔约对象选择标准、成为轴心国的路径方式，可以为自由贸易协定缔约方选择和条款谈判提供实证依据。

（三）有利于全面评估和高标准实施自由贸易区战略并提高企业利用自由贸易协定的效果

在自由贸易区战略上升到国家战略层面的背景下，通过对已签订自由贸易协定实施效果的评估和分析，查找和解决实施中存在的问题，不断挖掘自由贸易协定潜力，研究改进实施方法，更好帮助政府和企业从被动适应到主动利用高水平国际贸易投资规则。尽管近年来国家采取多种措施宣传和推介自由贸易协定政策，希望借助优惠贸易和投资政策降低企业成本、提高国际竞争力，但由于无法了解具体产业、具体企业的实际障碍和需求，使政策无法落地。如何提高企业自由贸易协定利用率，解决自由贸易协定优惠政策到达企业的"最后一公里"问题，是当前中国加快实施自由贸易区战略需要重点解决的问题。通过分析企业对自由贸易协定的了解及使用状况、利用自由贸易协定的成本和收益、企业需要政府部门提供的服务等问题，力求能为相关部门决策提供参考。

（四）通过适应自由贸易协定规则变化实现中国在全球价值链中的地位攀升

面对国际贸易规则重构新形势,将全球价值链与可持续发展观嵌入新时期的经济结构改革设计蓝图中,制定主动调整与转变的战略和实施规划,将国际贸易规则重构作为动力和机遇,自觉地向国际贸易规则的高标准靠拢,完善法治化、国际化、便利化的营商环境,健全同国际贸易投资规则相适应的体制机制。如何通过自由贸易区战略逐步构建中国的全球价值链,拉长中国参与全球价值链的纵向非一体化链条,争取有利的全球价值链和国际分工合作地位,对提升中国在全球价值链中的利益分配水平,提高全球经济治理话语权具有决定性作用。

# 第二节　文献综述

## 一、自由贸易协定缔结背景与发展演变趋势相关研究

全球经贸合作由多边走向区域,形成现阶段以自由贸易协定为载体的合作形态,主要源于发达国家内部、发达国家间以及发达国家与发展中国家间的分歧。首先,发达国家内部对全球化的态度存在不同声音。派系纷争林立的政党体制使其在参与全球分工合作方面的态度摇摆不定,所出台政策、制定制度缺乏有效的后期监督机制,不具备长期连续性;加之内部财团资本实力雄厚,通过游说寻租、控制社交媒体、参与选举等方式影响各项贸易政策制定,导致其在全球化进程中所获得收益并未真正流向实体大众,反而因为缺乏均衡分配体系、产业转移等原因造成弱势群体利益受损,由此激发了内部反全球化声浪。在此背景下,发达国家不得不开始寻求新型的对外经贸合作模式以转移内部矛盾,局部区域合作框架以其缔约方制度与产业结构相似度高、经济发

展水平差异小,语言、文化分歧低,历史基础好,地理距离近等优势,开始成为替代全球化的新型次优选择(Baier 和 Bergstrand,2004)①。在发达国家的主导推动下,部分发展中国家综合权衡贸易、产业、就业的创造与转移效应间利弊后,开始主动加入区域合作框架。随着局部合作的深入推进,起初持怀疑态度的国家和地区也因为"第三方效应"("多米诺效应""感染效应")的存在,担心经贸利益被过度分蚀,被动参与到区域合作建设中去(Baldwin 和 Jaimovich,2012②;铁瑛等,2021③),从而助推了自由贸易区网络的快速膨胀。

其次,发达国家间在贸易逆差问题、补贴扶持标准设定以及合作发展理念等方面存在较大分歧。例如欧洲在进口保护策略上秉持"预防性"的事前原则,而美国则主张"科学评估""仲裁处理"等事后原则,致使欧洲以转基因食物对人体健康构成潜在威胁为由限制美国农产品进口(王燕,2017)④,美国因此在该领域存有长期的对外贸易逆差。美国倾向于设定灵活长效的知识产权保护条款以维系巩固其服务业的全球优势地位,而欧洲却将环境保护、绿色低碳发展视为长期发展目标,并辅之以统一的欧元体系,尝试动摇建立在石油结算基础上的既有美元霸权体系。在对共识性原则达成一致后,发达国家间在关键核心问题上的分歧,加速了经贸合作由全球多边化走向区域局部化的进程。

最后,发达国家与发展中国家间的矛盾日渐突出。以美国、欧洲国家为代表的规则制定与推动者,一是在形式上倾向以开放市场、资本流动作为谈判对

---

① Baier S. L., Bergstrand J. H., "Economic Determinants of Free Trade Agreements", *Journal of International Economics*, Vol. 64, No.1, 2004, pp. 29–63.

② Baldwin R., Jaimovich D., "Are Free Trade Agreements Contagious?", *Journal of International Economics*, Vol. 88, No.1, 2012, pp.1–16.

③ 铁瑛、黄建忠、徐美娜:《第三方效应、区域贸易协定深化与中国策略:基于协定条款异质性的量化研究》,《经济研究》2021 年第 1 期。

④ 王燕:《自由贸易协定下的话语权与法律输出研究》,《政治与法律》2017 年第 1 期。

价,拉拢弱势发展中国家参与经贸合作,实际中却往往以掠夺资源、收割财富、污染转移为目的,不愿真正为后者经济腾飞提供公共产品(任琳和彭博,2020)①;二是在合作内容方面过度注重效率改善、标准提升、规则统一等问题,忽视了发展中国家所处的实际发展阶段与真实发展需求;三是试图通过规则输出的方式,对发展中国家的经济发展模式、价值观、意识形态进行干预,不能充分考虑后者的利益诉求与主权安全。发展中国家同时也担心盲目过度开放会致使国内弱势产业丧失国际竞争力、锁定于价值链低端,进而将国家引向贫困化增长路径。两者间的上述分歧,一方面使全球化进程推进受阻,另一方面也衍生形成了现阶段大国分化、小国"骑墙而立",谋求政治、经济动态平衡的区域合作格局(任琳,2021)②。

全球化向区域化转变的同时,区域化也在不断深入推进,在这一进程中,自由贸易协定规则不断进化演变,不仅整体上议题覆盖范围更广,细分条款设定也更加深入具体。在范围方面,逐步由世界贸易组织议题框架内的 WTO-Plus 条款向议题框架外的 WTO-Extra 条款演变(刘晓宁,2020)③;在内容方面,开始自横向的浅度一体化规则向纵向的深度一体化规则演变;在分项条款方面,虽然各方在货物、服务、投资等边境条款上持有较为一致的观点,但在知识产权、政府采购、数字规则等后边境条款上存在较大分歧。

货物条款方面,自由贸易协定关注的焦点开始由关税的降低范围与幅度逐渐向加强非关税壁垒管理、提升原产地规则灵活性转变。主张在强调安全基础上,更加注重卫生与植物卫生措施、技术性贸易壁垒措施等非关税壁垒条款设立的科学依据与透明度原则;倾向选择完全累积、对角累积原产地规则替

---

① 任琳、彭博:《全球治理变局与中国应对——一种全球公共产品供给的视角》,《国际经济评论》2020 年第 1 期。

② 任琳:《后疫情时代的全球治理秩序与中国应对》,《国际问题研究》2021 年第 1 期。

③ 刘晓宁:《中国自贸区战略实施的现状、效果、趋势及未来策略》,《国际贸易》2020 年第 2 期。

换传统的双边累积原产地规则,并呈现出针对不同产品设定差异化原产地规则的态势(周华和贾秀秀,2020)①。

服务条款方面,自由贸易协定涉及的规则有逐步细化、独立成章的趋势。一是在条款划分上对四种服务模式进行区别对待;二是在内容上倾向强调彻底的"负面清单"管理模式,并突出国民待遇、最惠国待遇、非本地存在市场准入的重要性;三是在文本编排上选择将金融、电信、数字、环境等服务条款内容独立成章的自由贸易协定越发普遍(裴长洪等,2014②;林僖和鲍晓华,2018③)。

投资条款方面,新型自由贸易协定更加倾向于采用全流程的系统设定模式。首先,在前向市场准入环节,推行"准入前国民待遇"原则;其次,在中间投资范围环节,逐步强化"负面清单"管理模式;最后,在投资后环节,不仅抵制业绩要求与强制技术转让等非市场竞争行为,且在争端处理、政府收购补偿、盈利资金汇回等方面的设定也更加清晰明确(许培源和刘雅芳,2017)④。

具体至边境后条款、知识产权条款方面,不同自由贸易协定在对新型类别、新兴技术认定上更为灵活广泛,保护观点上一致性较强,但在版权保护时长、商标与地理标志保护冲突问题处理上尚存有较大分歧。政府采购条款方面,不同自由贸易协定在扩大信息公开范围、提升规则透明度上观点相对一致。数字规则方面,不同自由贸易协定在电子签名与认证、无纸化贸易、个人数据保护等与电子商务相关的成熟规则上基本能够达成一致,但在着重促进

---

① 周华、贾秀秀:《不同类型积累规则对 FTA 感染效应的影响——来自 205 个国家的经验证据》,《经济学(季刊)》2020 年第 1 期。

② 裴长洪、杨志远、刘洪愧:《负面清单管理模式对服务业全球价值链影响的分析》,《财贸经济》2014 年第 12 期。

③ 林僖、鲍晓华:《区域服务贸易协定如何影响服务贸易流量?——基于增加值贸易的研究视角》,《经济研究》2018 年第 1 期。

④ 许培源、刘雅芳:《TPP 投资规则与我国 FTA 投资规则的差异及其影响分析》,《国际经贸探索》2017 年第 12 期。

跨境数据流动还是着重加强数字平台管理上存有较大分歧(沈玉良等,2022)①。

## 二、自由贸易协定影响相关研究

探讨自由贸易协定签订所产生影响的研究在总体上可划分为两大类:一类基于整体视角,考察自由贸易协定签订这一事件的综合影响;另一类以自由贸易协定的具体条款作为切入点,分析各类条款所产生的异质性影响。

基于整体视角的研究中,以考察贸易、经济增长以及福利效应的文献最为丰富,各方观点基本可以达成一致,普遍认为自由贸易协定签订能够扩大双边贸易额,并由此拉动经济增长,提升缔约方福利。从研究方法来看,既有在理论分析基础上利用经验数据开展实证检验的研究,也有通过构建数理模型对尚未签订或是尚未生效自由贸易协定各项效应进行合理预测的研究(Caliendo 和 Parro,2015②;李春顶等,2018③;Baier 等,2019④;韩剑和许亚云,2021⑤)。从研究方向来看,由早期单纯的进出口贸易分析,逐步过渡至贸易边际分析,并开始向增加值贸易、价值链贸易分析转变(韩剑和王灿,2019)⑥。从增量来源上看,既有区域内贸易创造效应,也有区域外向区域内的贸易转移

① 沈玉良、彭羽、高疆、陈历幸:《是数字贸易规则,还是数字经济规则?——新一代贸易规则的中国取向》,《管理世界》2022 年第 8 期。

② Caliendo L., Parro F., "Estimates of the Trade and Welfare Effects of NAFTA", *Review of Economic Studies*, Vol.82, No.1, 2015, pp.1-44.

③ 李春顶、郭志芳、何传添:《中国大型区域贸易协定谈判的潜在经济影响》,《经济研究》2018 年第 5 期。

④ Baier S. L., Yotov Y. V., Zylkin T., "On the Widely Differing Effects of Free Trade Agreements: Lessons from Twenty Years of Trade Integration", *Journal of International Economics*, Vol.116, 2019, pp. 206-226.

⑤ 韩剑、许亚云:《RCEP 及亚太区域贸易协定整合——基于协定文本的量化研究》,《中国工业经济》2021 年第 7 期。

⑥ 韩剑、王灿:《自由贸易协定与全球价值链嵌入:对 FTA 深度作用的考察》,《国际贸易问题》2019 年第 2 期。

效应。

从作用机制来看,签订自由贸易协定所带来的贸易成本缩减、摩擦减少、不确定性下降是效应发挥的主因(冯帆等,2018[①];Tovar,2019[②];刘斌和李川川,2021[③]),而自由贸易协定本身的可执行性,缔约方环境以及缔约方间地理、经济、制度距离等因素,同样会制约效应发挥(许亚云等,2020)[④]。从效应异质性来看,自由贸易协定签订对进口的促进作用整体大于出口,多边自由贸易协定作用大于双边,高水平自由贸易协定作用大于一般水平,而对于不同自由贸易协定类型、地区以及具体产业行业的影响,不同研究所得结论存在一定差异(计飞和陈继勇,2018)[⑤]。从时间上看,签订后效应释放可能存在时滞性,且效应大小随时间拉长具有递减趋势(康妮等,2018)[⑥]。关于中国的研究则认为自由贸易协定签订对制造业企业、中间产品贸易的带动作用更大,且发现新签订自由贸易协定能够对贸易广延边际产生明显的正向影响,并且自由贸易协定深度可以在贸易集约边际方面发挥更大的积极作用(曲越等,2022)[⑦]。

除贸易额外,自由贸易协定签订与贸易产品质量、技术复杂度的相关性也越来越多。其中正向观点认为,自由贸易协定签订可以加剧市场竞争,倒逼企业提升出口质量与技术复杂度;而反向观点则认为,自由贸易协定生效后会降

---

① 冯帆、何萍、韩剑:《自由贸易协定如何缓解贸易摩擦中的规则之争》,《中国工业经济》2018 年第 10 期。

② Tovar P., "Preferential and Multilateral Liberalization: Evidence from Latin America's Use of Tariffs, Antidumping and Safeguards", *Journal of Development Economics*, Vol.141, No.102383, 2019.

③ 刘斌、李川川:《异质性贸易协定与返回增加值》,《世界经济研究》2021 年第 7 期。

④ 许亚云、岳文、韩剑:《高水平区域贸易协定对价值链贸易的影响——基于规则文本深度的研究》,《国际贸易问题》2020 年第 12 期。

⑤ 计飞、陈继勇:《提升贸易水平的选择:双边贸易协定还是多边贸易协定——来自中国的数据》,《国际贸易问题》2018 年第 7 期。

⑥ 康妮、刘乾、陈林:《自由贸易协定与劳动人口就业——基于"中国—东盟自贸区"的公共政策准实验》,《国际贸易问题》2018 年第 10 期。

⑦ 曲越、秦晓钰、黄海刚、夏友富:《FTA 对中国产业增加值的非线性影响机制研究:基于广延边际与集约边际的视角》,《世界经济研究》2022 年第 8 期。

低低生产率企业进入海外市场的门槛,拉低出口产品质量与技术复杂度水平;但总体上看,正向促进作用强于负向抑制作用(曹亮等,2022)①。

另有文献围绕就业、创新、经济波动以及跨国并购等方面考察自由贸易协定签订的效应。其中,与就业相关的研究发现,自由贸易协定签订会通过提高就业创造、降低就业破坏,促进区内缔约方就业增长(康妮等,2018)。与创新相关的研究显示,自由贸易协定签订的扩大贸易规模效应、竞争激励效应以及信息技术扩散效应是其促进企业创新的原因所在(Lileeva 和 Trefler,2010②;刘慧和綦建红,2021③)。与经济波动相关的研究表明,自由贸易协定签订可以提升各方价值链整合嵌入水平(赵金龙等,2022)④,从而熨平缔约方经济波动;而与跨国并购相关的研究则认为,自由贸易协定签订增加缔约方间并购交易的同时,也减少了区内成员对区外伙伴的并购行为(谢建国和周雨婷,2019)⑤。此外,部分研究切入点较为新颖,如考察自由贸易协定签订的溢出效应,发现中国—澳大利亚签订自由贸易协定能够促进中国—新加坡之间的贸易往来,这是因为自由贸易协定签订有助于提升澳大利亚产品服务在中国的"曝光度",而澳大利亚与新西兰产业、贸易结构相似,因此中国与新西兰间贸易流量会相应增长(孙人极等,2017)⑥。

以自由贸易协定具体条款作为切入点研究的聚焦之处由早期的货物、服

---

① 曹亮、直银苹、谭智、余乐芬:《中国—东盟自由贸易区中间品关税减让对中国农业高质量发展影响研究》,《宏观经济研究》2022 年第 1 期。

② Lileeva A., Trefler D., "Improved Access to Foreign Markets Raises Plant-Level Productivity for Some Plants", *Quarterly Journal of Economics*, Vol.125, No. 3, 2010, pp.1051–1099.

③ 刘慧、綦建红:《FTA 网络的企业创新效应:从被动嵌入到主动利用》,《世界经济》2021 年第 3 期。

④ 赵金龙、崔攀越、倪中新:《全球价值链视角下深度自由贸易协定对经济波动的影响》,《国际贸易问题》2022 年第 8 期。

⑤ 谢建国、周雨婷:《区域贸易自由化与中国企业的跨国并购——基于企业微观并购数据的研究》,《经济评论》2019 年第 5 期。

⑥ 孙人极、顾研、戴严科:《中澳 FTA 对中新进口贸易的溢出效应分析》,《国际贸易问题》2017 年第 5 期。

务、投资等边境后条款,逐渐开始向环境、知识产权、数字规则等边境后条款转移。其中货物条款相关研究较多涉及对原产地规则的考察,且普遍对其持否定态度,认为原产地规则设定会降低自由贸易协定利用率、抑制价值链参与度(Horn 等,2010[①];孙玉红等,2021[②]);但也有积极观点认为其能够减少贸易转移产生的福利损失、促进外商直接投资流动并带动更多区域外国家和地区参与自由贸易协定签订(吴小康和于津平,2021)[③]。此外,部分研究侧重探讨贸易便利化条款,发现便利化程度高能够促进价值链贸易发生,且单一窗口、认证经营者等条款的贸易创造效应更为明显(郑航和韩剑,2022)[④]。

服务条款相关研究更多涉及对负面清单的考察,正面观点认为负面清单设定会促进外资流入缔约方,而负面观点则认为其对小国以及小企业在全球分工中的地位会产生不利影响(Peinhardt 和 Allee,2012[⑤];裴长洪等,2014;陆建明等,2018[⑥])。投资条款相关研究发现,虽然投资条款引入能够促进区内资本流动,但相较于自由贸易协定,双边投资协定的影响有限(张中元和沈铭辉,2018)[⑦]。

涉及环境条款作用的研究认为,环境条款设定与深化虽然整体上会抑制

① Horn H., Mavroidis P. C., Sapir A., "Beyond the WTO? An Anatomy of EU and US Preferential Trade Agreements", *World Economy*, Vol. 33, No.11, 2010, pp.1565-1588.

② 孙玉红、尚玉、汪红敏:《区域贸易协定中知识产权保护对全球价值链嵌入程度的影响》,《经济评论》2021 年第 6 期。

③ 吴小康、于津平:《原产地规则与中韩自由贸易协定的贸易转移效应》,《国际贸易问题》2021 年第 10 期。

④ 郑航、韩剑:《自由贸易协定中贸易便利化规则对价值链贸易的影响》,《世界经济研究》2022 年第 2 期。

⑤ Peinhardt C., Allee T., "Failure to Deliver: The Investment Effects of US Preferential Economic Agreements", *World Economy*, Vol. 35, No. 6, 2012, pp. 757-783.

⑥ 陆建明、姚鹏、吴立鹏:《负面清单模式 FTA 对外资流入的影响——美国经验及其对中国的启示》,《国际贸易问题》2018 年第 8 期。

⑦ 张中元、沈铭辉:《国际投资协定中可持续发展条款对双边投资的影响》,《世界经济研究》2018 年第 3 期。

出口种类与规模增长,但却有助于清洁型产品的出口增长(王俊等,2021)①。涉及知识产权条款方面的研究认为,知识产权条款纳入与升级能够通过保护、促进创新,增加投资,促进知识密集型产品贸易流动,提升地区、企业的价值链嵌入度(孙玉红等,2021)。涉及数字规则条款方面的研究认为,数字条款设定能够促进数字贸易、服务贸易增长,且从大小来看,自由开放型条款作用大于环境便利型条款,后者又大于保护平衡型条款(彭羽等,2021)②。整体来看,自由贸易协定细分条款能够针对性地发挥应有作用。

## 三、中国建设自由贸易区网络的相关研究

在自由贸易协定合作伙伴选取方面,中国整体遵循了先易后难、由近及远再近的原则。早期立足周边,同东盟、巴基斯坦等发展理念相近、分歧较少、具有广泛合作基础的国家和地区尝试签订自由贸易协定;随着自由贸易协定合作的渐趋成熟,对各类规则的掌握程度也更加深入,开始同新加坡、新西兰等距离较远的发达国家签订自由贸易协定,并进一步延展至智利、秘鲁等更远的南美发展中国家;近年来则是进一步加强了同周边国家和地区的合作,不仅同韩国签订自由贸易协定,更通过加入区域全面经济伙伴关系协定(Regional Comprehensive Economic Partnership,RCEP)巩固了同东盟间的合作,并首次与日本同处于同一自由贸易协定框架,而且开始注重加强同共建"一带一路"国家和地区间的合作,同格鲁吉亚、毛里求斯等国签订了自由贸易协定。

从自由贸易协定合作具体内容来看,中国所签订的自由贸易协定文本经历了由窄至宽、由浅入深的过程,早期的自由贸易协定文本主要侧重于海关程

① 王俊、陈丽娴、梁洋华:《FTA 环境条款是否会推动中国出口产品"清洁化"?》,《世界经济研究》2021 年第 3 期。
② 彭羽、杨碧舟、沈玉良:《RTA 数字贸易规则如何影响数字服务出口——基于协定条款异质性视角》,《国际贸易问题》2021 年第 4 期。

序、出口税、技术性贸易壁垒、反倾销、反补贴等初代 WTO-Plus 贸易规则,后期则开始在知识产权、环境保护、资本流动、文化合作、健康、反恐等二代 WTO-Extra 贸易规则以及以数字贸易规则为标志的三代贸易规则的设定上开展探索合作(刘晓宁,2020;全毅,2021[①])。

虽然中国的自由贸易区网络建设已经取得了初步成效,但进一步推进过程中仍然在自由贸易协定文本规则设定以及稳固拓展伙伴网络方面存有较大阻力。自由贸易协定文本方面,中国签订的自由贸易协定整体处于探索、学习阶段,无法摆脱对美欧范式的依赖,不能形成相对稳定的中国式框架体系。具体表现为:一是自由贸易协定的宏观结构、具体条款内容均相对粗糙(刘彬,2016[②]);二是各自由贸易协定间相同条款存在冲突问题;三是自由贸易协定用语措辞模糊、缺乏严谨性;四是自由贸易协定具体内容都应用了世界贸易组织设定的内容,未能进行有效突破;五是自由贸易协定表述过于宽泛,后期约束力不强;六是自由贸易协定未能有效体现出中国的发展诉求,也未能将中国所实现的发展成果有效推广应用。

在中国的现阶段以及未来较长时间内可选的应对策略中,既有文献大多围绕立足周边、辐射"一带一路"、构建面向全球的高标准自由贸易区网络这一思想展开论述。一是应当将"面向全球"摆在"高标准"之前,充分考虑各方利益诉求,通过达成先期、具体领域合作共识的方式,争取更多自由贸易协定伙伴,初步形成以中国为"排头兵",广大发展中国家为支撑的较广范围自由贸易区网络。二是应当兼收并蓄,积极学习美国、欧盟在高标准自由贸易协定中优势条款的设定范式,同时也要注重同中国现阶段发展需求紧密结合,取其精华去其糟粕,形成具有中国特色的中国式自由贸易协定合作框架,并不断对

---

① 全毅:《CPTPP 与 RCEP 服务贸易规则比较及中国服务业开放策略》,《世界经济研究》2021 年第 12 期。
② 刘彬:《论中国自由贸易协定的"超 TRIPs"义务新实践》,《厦门大学学报(哲学社会科学版)》2016 年第 5 期。

其革新升级(屠新泉和曾瑞,2022)[①]。三是应当在深化同既有自由贸易协定伙伴合作基础上,积极开展同共建"一带一路"国家和地区间的经贸合作,持续扩大进口,推动资金"走出去",为伙伴方提供公共产品与实际经济利益的同时,将中国减贫、绿色发展、产业转型升级的宝贵经验推广普及(戴翔和宋婕,2021)[②]。四是应当加强国家间领导人、各层级官员互访,在宏观层面统筹协调合作发展工作,树立合作发展理念,在微观层面推动民间文化交流,打通青年在科技、教育领域知识交流的体制机制障碍,为区域经贸合作向纵深推进筑牢根基。五是应当把握好新一轮数字技术革命机遇,在保证数据信息安全底线的基础上,适时适度地在数据要素流动领域开展先行先试,并将国内试验经验成果与方案嵌入至自由贸易协定文本中去(韩剑等,2019[③];刘斌和甄洋,2022[④]),推动数字媒体走向世界,发出中国声音,讲好中国故事。

## 四、研究评述

综上研究,不难发现,既有自由贸易协定相关领域文献在缔结背景、贸易效应以及发展历程与方向上所开展的研究均已较为充实丰富,但仍存在尚待进一步深入推进之处,具体表现为:

其一,聚焦自由贸易协定现实性、深层次作用的研究相对缺乏。例如对自由贸易协定签订在维系供应链稳定性、产业链安全性等现实性需求方面,以及地缘战略协同、文化价值观认同等深层次考量方面所发挥作用的考察尚付阙如,尤其是后一类研究,其虽在表面上看似同自由贸易协定作用相去甚远,但

---

① 屠新泉、曾瑞:《贸易政治化对全球贸易治理的影响与应对》,《开放导报》2022 年第 5 期。

② 戴翔、宋婕:《"一带一路"倡议的全球价值链优化效应——基于沿线参与国全球价值链分工地位提升的视角》,《中国工业经济》2021 年第 6 期。

③ 韩剑、蔡继伟、许亚云:《数字贸易谈判与规则竞争——基于区域贸易协定文本量化的研究》,《中国工业经济》2019 年第 11 期。

④ 刘斌、甄洋:《数字贸易规则与研发要素跨境流动》,《中国工业经济》2022 年第 7 期。

却是影响自由贸易协定各方面效力长期稳定释放的关键。

其二,虽然较多研究对自由贸易协定内含边境后规则的效应进行了分析考察,但有关边境后规则与边境上规则的协调融合方面的研究相对缺乏。边境上政策由国家部门统一制定,但中国幅员辽阔,各地区间在边境后规则落实方面存在天然差异,这为评估两类规则的交互影响提供了较好的"实验"基础,基于此深入分析现行国际规则在中国的差异化适用性,对下阶段"以我为主"更好参与全球相关规则治理具有重要启示意义。

其三,虽然既有研究普遍认为,多方参与的自由贸易协定积极效应更大,并建议中国应因地区施策,分层次开展区域合作,但选取伙伴方视角,探讨同中国签订自由贸易协定能够为其带来利益的研究相对缺乏。中国在增加就业、减少贫困、绿色发展以及维系经济金融稳定性方面为周边、自由贸易协定伙伴方发挥了不可忽视的作用,基于此分析开展探讨对打消潜在自由贸易协定伙伴方疑虑,推动更广范围、更深层次自由贸易协定达成具有现实意义。

其四,虽然自由贸易协定积极作用已得到相对充分的证实,但围绕负面效应考察的研究相对缺乏。贸易往来增加的同时也会使成员产业结构发生转型调整,由此产生的沉没成本、资源配置、结构性失业等问题,以及局部自由贸易协定碎片化、重叠化给微观主体带来的规则学习、选择、转换成本,都值得进一步分析考察(Bhagwati,1995)[①]。客观看待自由贸易协定签订的利弊效应,对更好利用、发挥自由贸易协定积极作用具有实践价值。

其五,虽然已有研究从静态与动态、横向与纵向角度探索和构建了衡量区域贸易"高标准"的各种方法,但这类方法的总体思路仍以美欧自由贸易协定文本范式为基准,将与其框架、内容接近的自由贸易协定视为深度、高标准自由贸易协定。本书认为,在评估自由贸易协定标准时,不能简单地从前向视角将中国所签订文本同美欧范式文本进行对比,而是应该结合后向视角,从自由

---

① Bhagwati J., " Preferential Trade Agreements: The Wrong Road ", *Law & Policy in International Business*, Vol. 27, 1995, p. 865.

贸易协定签订后,为缔约方带来经济利益方面去综合评价自由贸易协定是否真正可以称为"高标准"合作框架。这对推广中国合作范式、中国式现代化路径,提升中国在全球经贸治理中的话语权具有长远借鉴意义。

# 第三节  研究目标、研究思路

## 一、研究目标

本书总体研究框架聚焦全球自由贸易协定的变化趋势,着重把握自由贸易协定数量和质量变化的特征化事实,在对这些特征化事实进行深入分析的基础上,分析全球价值链变化、新一轮科技革命和生产分工、国际地缘政治关系对 21 世纪国际经贸规则影响,研究国际经贸规则重构可能给中国带来的机遇和挑战。在此基础上,探讨国际经贸规则体系与自由贸易区建设相互作用的现实影响效应,并从趋势演进、国际比较和国际借鉴等角度,探讨依托自由贸易区建设所形成的国际经贸规则体系,全球高标准化的国际经贸规则体系演进的相互作用机制。从全球演进趋势角度,厘清高标准化国际经贸规则的演进方向乃至形成的现行标准,为更好地推动自由贸易区建设提供制度保障,为完善国际经贸规则和全球经济治理体系作出中国贡献。

## 二、研究思路

本书秉持"演化规律—理论分析—机制研究—方法创新—系统构建"的总体逻辑思路,以习近平新时代中国特色社会主义思想为指导,习近平总书记倡导的新发展理念,开放发展为其重要内涵,研究中国构建面向全球的自由贸易区网络的理论、目标、机制、路径等一系列问题,以全球经贸规则变革与演化的路径与发展趋势为背景主线,结合中国作为转型和新兴市场经济体参与全球规则治理的现实需求,按照演绎与归纳相结合的科学逻辑研究范式展开,综合理论分析与实证检验,提出我国建设高标准自由贸易区网络的政策体系。

## (一) 依托于中国特色对外开放的理论逻辑

中国特色对外开放理论逻辑在实践中不断发展、深化和升华,构建更高层次对外开放格局,助力全球化实现更高水平的新发展阶段。习近平总书记关于对外开放的相关论述,吸收了西方古典政治经济学"国际分工"和现代国际贸易"要素禀赋"等理论精髓,发展了马克思主义政治经济学理论,提出了符合各国民众普遍愿望、经济利益和社会利益和谐统一的人类命运共同体理念。中国维护世界贸易组织规则的权威性和有效性,巩固开放、包容、透明、非歧视、以规则为基础的多边贸易体制,反对任何形式的贸易保护主义。秉持互利共赢原则,完善区域经济合作安排,加强"一带一路"建设合作和发展战略对接,深化经贸、投资、金融、互联互通、农业等领域合作,推进贸易和投资便利化,打造区域融合发展新格局,为各国人民谋福祉,为世界经济发展增动力。

## (二) 立足于全球经贸规则重构的现实背景

当前,中国开放经济面临着重大的机遇和前所未有的挑战。以欧盟—日本经济伙伴关系协定、全面与进步的跨太平洋伙伴关系协定(Comprehensive and Progressive Agreement for Trans-Pacific Partnership,CPTPP)和美国—墨西哥—加拿大协定(The United States-Mexico-Canada Agreement,USMCA)为代表的新一代自由贸易协定落地生效,主要大国围绕世界贸易组织改革呼声日炽,这都意味着国际经贸规则秩序重构的步伐正在不断加快。中国作为世界第二大经济体和最大的贸易国,无疑将成为新一轮国际经贸规则秩序重构的主要角色,为此我们有必要科学认识新形势,把握新机遇,应对新挑战,参与和引领构建与"人类命运共同体"愿景相适应的国际经贸新秩序。

## （三）确立高标准自由贸易区建设的重要方向

随着中国加快实施自由贸易区战略,构建开放型经济体制,中国贸易政策将向高标准、宽领域、深层次的方向发展。对自由贸易区建设而言,要立足改革开放大局和高质量发展要求,适应国际经贸规则变化的新趋势,对标高水平贸易投资规则,积极参与世界贸易组织改革。中国下阶段高标准建设自由贸易区网络的三个方向:一是构建面向全球的自由贸易区网络,成为全球自由贸易区网络的核心节点国家;二是主动参与国际高水平贸易投资制定和规则治理,为构建符合发展中国家利益的贸易规则提供制度创新;三是高标准实施自由贸易协定,让自由贸易协定能够惠及更多企业。

## （四）提出高标准自由贸易区建设的政策路径

一个发展中国家对国际经贸规则和自由贸易协定规则的融入,是要经历模仿追随阶段、掌握适用阶段、出现不适尝试改变阶段、领域主导和规则制定阶段。在每一个不同的阶段,对于不同领域的国际规则及其风险利弊,应该有相应准确的研判,有步骤、有规划地制定国际规则参与权、制定权的整体措施。本书将从中国已有自由贸易协定的有效升级、新签订自由贸易协定的有序推进、不同自由贸易协定的深度融合、与国内自由贸易试验区的有效衔接、与"一带一路"倡议的相互呼应等多角度出发,重点研究推动中国高标准全球自由贸易区网络建设的现实路径。

# 第一章　世界经济格局变化与全球自由贸易区网络演变

当前,世界经济面临着巨大的不确定性,长期来看,世界各国面临人口红利丧失、收入差距扩大、治污成本增加、债务负担恶化等多重挑战。人口放缓造成劳动力在全球范围内的供给减少、市场呈现收缩趋势,财富不均降低了全球消费水平,各国政府深陷于环境污染和债务的双重困境。短期来看,政治动荡、地区冲突、全球通胀等因素阻碍了生产要素在世界范围的流通,削减了全球化依赖的市场优势,抬升了全球化的参与成本。经济全球化的内在驱动力正在减弱,产生的负面影响却日渐显著。无论是发达国家还是发展中国家,从全球化中获得的收益都在不断锐减。全球化结构正处在解体的边缘,保护主义、孤立主义、单边主义等逆全球化思潮已经开始变为现实,各国参与国际合作中的关注点由全球性合作向区域性合作转移。本章揭示了世界经济格局变化的成因以及世界主要经济体的自由贸易区战略,并对中国未来的自由贸易区战略提出相应的对策建议。

# 第一节　世界经济格局呈现出新的变化

## 一、世界经济长期和短期面临的不确定性风险增加

国际金融危机过后的十余年间,世界经济由原本的高速增长期进入持续低迷状态。受国际金融危机影响,2008 年世界经济增长速度首次出现 1.5% 的负增长率,此后 2010—2019 年世界经济增长速度在 2.6%—4.5% 徘徊,平均增长速度约为 3.2%,相较于危机前十年(1998—2007 年)下降了 0.4%。近年来,动荡的地缘政治、复杂的国际关系、肆虐的全球性疾病等使全球范围内相继爆发多重"黑天鹅"事件,2020 年世界经济增长速度创下 -3.3% 的历史新低。当前,世界经济在金融危机后的深度调整期中举步维艰,未来发展面临的长期和短期不确定性风险一再升高。

人口结构恶化、收入不平等、环境污染和气候变化以及债务危机等结构性问题制约世界经济的长期可持续发展。世界人口红利正在消失,全球人口结构恶化集中表现为人口增速放缓与老龄化。2020 年全球人口增长率自 1950 年以来首次低于 1%,2022 年世界人口老龄化率达 9.7%,发达国家的人口老龄化相比发展中国家更加严重,世界人口结构将从"青少年型"转变为"中老年型"。人口既是重要的生产要素,又是产生需求的直接动力,人口结构恶化不仅将从劳动力结构、储蓄、投资、资本积累和产业发展等方面变革全球主要的生产方式,也将从市场规模、消费方式、社会保障等方面重塑全球市场环境。同时,伴随新技术革命的到来,人口结构恶化还将激化各国之间的人才竞争,发达国家对人力资本的"虹吸效应"将加大发展中国家经济追赶的难度,加深经济不平衡,甚至干扰正常的国际秩序。此外,性别比例失调、移民、城市化等一系列衍生问题持续发酵,进一步加大了处于变革状态下的世界经济面临的潜在压力。收入不平等是经济全球化的负面影响之一,逐步扩大的收入差距

正在吞噬世界经济的复苏前景。伴随新兴经济体的崛起,虽然发达国家与新兴经济体之间的差距正在缩小,但两极分化的趋势依旧存在,区域间及国家和地区内部收入不平等的问题逐渐凸显。2000 年美国的国内生产总值(Gross Domestic Product,GDP)是联合国分类下最不发达国家国内生产总值的 47 倍,这一差距在 2001—2009 年缩小了一半以上,2010—2021 年缩小速度有所放缓,但到 2021 年美国国内生产总值仍然是最不发达国家国内生产总值的 18 倍以上。欧洲、北美洲、大洋洲是世界财富的主要集中区域,而撒哈拉以南的非洲地区则会聚了世界上最多的贫困人口,2021 年联合国分类下的 28 个低收入国家中有 24 个属于撒哈拉以南的非洲国家。2009—2015 年,除瑞士、瑞典、新加坡等少数经济体外,包括美国、英国、德国、中国等在内的世界主要国家和地区的人均财富基尼系数均有不同程度的扩大。收入不平等导致大量财富集中在少数人手中,直接制约了消费增长,造成了经济扭曲和资源配置效率低下,影响增长驱动力发挥作用;引发的阶层差异性加剧了机会不平等,遏制了经济发展福利效应的均衡辐射,甚至为金融危机埋下隐患。

日益加重的环境污染与全球气候变暖已经成为全球性难题,制约着人类社会的经济发展。《全球环境展望》显示全球每年因污染产生的成本在 4.6 万亿美元左右,每年至少有 900 万人因室内外空气污染和水污染死亡。全世界将在 20 年内消耗尽《巴黎协定》中设定的碳排放预算目标,全球气温正在以每十年 0.17℃ 的速度上升。当前环境污染出现了范围扩大、难以防范、危害严重的特点,已经成为世界各国共同面临的全球性难题。环境污染加重了发展中经济体的转型困难,过去依赖煤炭、石油等传统能源的粗放式经济增长模式产生了不可消除的弊端,发展中经济体在经济建设的同时控制环境污染的压力日渐增大,在环境治理上付出的成本日趋高涨,政府财政不断承压;环境污染造成的恶性影响外溢到发达经济体,发达经济体对极端恶劣天气频发、气候变暖、生态危机等环境问题十分敏感,再加上发达经济体长期饱受能源安全问题的困扰,世界各国在环境治理上拥有共同利益,对新能源、新技术的需要迫在眉睫。全球债务危机的形势已经十分严峻。2021年全球债务总额达303万亿美元,占全球国内生产总值的357%,大量国家债务高举,主权债务危机呈现常态化趋势,全球债务违约风险升高。区域经济发展不平衡、财政政策与货币政策难以协调导致欧元区在金融危机的刺激下率先爆发主权债务危机,激化了欧洲内部各国的利益冲突,加速了英国脱欧进程;债务危机也在新兴市场和发展中国家间蔓延,绿色经济转型大势下碳中和、碳达峰的目标迫使发展中经济体大幅增加财政支出,大量产业结构失调、依赖公共担保贷款的低收入国家的债务评级被持续下调。从微观视角来看,政府的长期财政赤字增加了消费者未来的经济压力,导致储蓄减少、预期改变、通胀上升。从宏观视角来看,在债务链条的传导下,国家可能陷入增发债务的恶性循环,世界各国都难以从这场全球债务危机中置身事外,世界经济将遭受更加猛烈的冲击。

全球性疫情使国际金融危机后逐渐恢复运行的世界经济周期被迫中断,地区冲突、能源危机、通货膨胀等加剧了全球经济的波动。世纪疫情从国际分工、国际贸易、国际投资、国际金融等领域全方位冲击世界经济增长。新冠疫情暴发迅速、传播广泛、程度猛烈,打乱了原本有序的国际分工,从计划、采购、加工、交付等各个环节破坏全球供应链,企业的生产周期被迫延长甚至中断,全球制造业面临结构性重组。国际贸易形势急剧恶化,供给侧和需求侧同时收缩,严重打击了全球消费信心,推升了消费市场的避险情绪,改变了消费者的行为范式,消费结构表现出渠道虚拟化、行为延迟化和偏好理性化等新型特征。国际投资断崖式下降,投资流量短期内显著下滑,已有的国际投资项目被推迟甚至取消,中长期投资风险增加、投资机会减少,国际投资的目的和流向发生巨大变化,市场导向类的投资被延后,效率和资源导向类的投资持续收紧,全球投资开始重点转向疫情管控有效、生产消费复苏较快的国家。国际金融市场风险剧增,低收入国家在疫情防控中面临的财政压力和债务负担越发严重,发达国家大规模实行宽松的财政政策和扩张的货币政策,不断放松金融层面的监管,集聚了中长期信用风险,全球市场的恐慌情绪扩散蔓延。地区冲突推升了能源、粮食及原材料价格,能源供应形势急剧恶化,全球面临"通胀海啸",连锁反应波及国际金融与贸易领域,严重拖累世界经济。

## 二、国际经济力量"东升西降",低收入经济体脆弱性上升

进入 21 世纪以来,国际政治经济格局发生了深刻的变化,"一超多强"的格局正在被打破:国际经济力量呈现出"东升西降"的新特点,经济增长动力由西方国家向中国、印度等新兴经济体转移。而低收入国家却未能在此大背景下趁势追上,在不确定性急剧升高的世界变局中变得更加脆弱。

在全球经济中占据传统强势地位的发达国家的经济下行趋势越发明显,而以中国、印度为代表的新兴经济体出现群体性崛起态势。主要发达经济体国内生产总值占全球国内生产总值的份额从 2000 年的 79% 下降至 2020 年的 59%,这一比例在新兴经济体中的代表国家——金砖五国(中国、俄罗斯、印度、巴西、南非)中却由 8% 上升至 26%。金融危机造成主要发达经济体在 2009 年出现负增长,且长期难以恢复元气,危机后十年间(2010—2019 年)的发达经济体的平均增长速度仅为 2.3%,而新兴经济体的平均经济增速高达 3.9%,约为发达经济体的 1.7 倍。出现以上现象的原因主要有三点:

一是发达国家经济起步早、已经渡过了资本快速积累的增长期,转而进入经济发展的成熟阶段,而新兴经济体已经或开始进入经济发展的黄金阶段,经济增速整体保持较高水平。18 世纪中叶以后,以英国等为代表的欧洲国家率先开启工业化进程,在世界范围开展殖民掠夺资源;随着工业革命传至北美及第二次世界大战爆发,美国凭借技术优势和战争机遇一跃成为全球第一大经济体,战后建立了布雷顿森林体系明确了美元的霸权地位,通过影响国际金融市场操纵全球资本流向。21 世纪之前的百余年间,发达国家利用全球资源进行早期建设,获得了显著的经济成就。而 19 世纪起,随着拉丁美洲大部分国家相继独立,发展中国家缓慢开始工业化进程,亚洲和非洲国家在第二次世界大战后才陆续开启经济建设,与发达国家相比,新兴经济体的经济起步晚了近

半个世纪。进入 21 世纪,发达国家的经济体量已经十分庞大,而新兴经济体由于前期经济基数小、发展空间大,凭借丰富的自然资源、低廉的劳动力成本在国际分工中加速吸收着知识、技术和人力资本存量,产生了强劲的"赶超效应",开始迈入经济发展的黄金时期。

二是发达国家劳动人口增长陷入或即将进入停滞状态,而发展中国家仍然保持一定的劳动力资源优势。2021 年,37 个发达经济体的平均人口增速仅为 13%,1/3 以上的发达经济体出现人口负增长(包括日本、韩国、新加坡三个亚洲国家与德国、意大利、西班牙等十个欧洲国家);而 86% 以上的世界人口集中在发展中国家,中国和印度长期以来一直是世界上人口最多的国家;在未来的几十年中,非洲将会成为人口增速最快的地区,其次是亚洲、拉丁美洲、北美洲、大洋洲、欧洲。发达国家面临的人口问题成为制约其经济发展的主要瓶颈,而新兴经济体在人口数量上的绝对优势为其带来了丰富的劳动力资源,创造了巨大的市场规模,成为其经济发展的重要驱动力。

三是以数字技术为核心的第四次工业革命正在发达国家与新兴经济体之间同时兴起,为新兴经济体创造了更多"机会窗口"。第一次技术革命起源于英国、第二次和第三次技术革命起源于美国,发达国家的经济就此腾飞,而发展中国家处于落后地位,在国际分工中扮演跟随者的角色。但新技术革命不仅发生在美国、英国、日本、德国等老牌发达国家,更是几乎同步发生在中国、印度、俄罗斯等发展中大国。例如,5G 通信设施建设、互联网平台经济、软件开发及航空航天技术等在发展中国家得到了大力推进。并且,由于大量新技术尚处于初期探索阶段,增长活力旺盛的新兴经济体面临更多的"机会窗口",未来新兴经济体将继续扩大新技术革命带来的有利影响,抢占技术先机,缩小与发达国家之间的差距。

四是全球性突发事件凸显了新兴经济体的经济韧性,暴露出发达国家的经济沉疴。2022 年 10 月国际货币基金组织(International Monetary Fund,IMF)对世界经济形势作预测,2022 年新兴经济体国内生产总值增长率为

3.7%,较发达经济体高1.3个百分点,而其中亚洲新兴经济体的经济增速更高,为4.4%,在后疫情时代表现出极强的经济韧性。以中国为代表的亚洲新兴经济体在新冠疫情后依靠强大的社会动员力和快速反应,率先走出疫情阴霾实现经济正增长,在全球产业链重组中发挥了巨大作用。而发达国家在此过程中却暴露出诸多弊端。例如,以服务业为主的产业结构加速了疫情传播,而疫情防控又对服务业复工造成了极大的困难;疫情冲击使老龄化人口比重较大的发达国家不仅面临更大的医疗和卫生保障压力,进一步加剧了劳动力资源的匮乏;为应对疫情冲击出台的财政干预措施恶化了发达国家的公共财政状况;轻视大意和举棋不定的政府防疫态度令居民对国家的经济难以产生积极预期。

长期受困于疾病、战争、饥饿、贫穷与恶劣自然环境中的低收入国家经济发展脆弱性不断上升。世界上绝大部分低收入国家分布在撒哈拉以南的非洲地区。恶劣的自然条件、长期的殖民历史、单一的经济模式等导致低收入国家经济基础过于薄弱,而埃博拉、寨卡、新冠、猴痘等近年来多起流行性疾病在非洲地区肆虐,加剧了低收入国家的医疗资源紧张程度;战争频发、地区冲突造成大量人口流离失所,破坏了经济发展需要的稳定环境;过高的人口增长速度使以经济作物为主要农业收入的欠发达地区面临更加严峻的粮食危机;许多低收入国家的财政压力已不堪重负,濒临债务破产的边缘;环境污染与气候变暖持续威胁非洲人民的生存与健康;部分尚未实现工业化的低收入国家在新技术革命浪潮下被牢牢锁定在全球产业链的最低端。在此背景下,低收入国家在全球不确定性事件中首当其冲,极易遭受破坏性影响。乌克兰危机造成世界粮食和能源供给减少,加重了低收入国家的饥荒状况;各国为挽救财政恶化自顾不暇,持续的宽松政策导致货币供应量泛滥,再加上美联储频繁的加息操作,通货膨胀对低收入国家的不平等影响被持续放大。

值此变局之际,老牌发达国家的国际优势地位正在丧失,新兴经济体的国际影响力逐步上升。新兴大国与守成大国之间的博弈日趋增强,二者利益冲突、诉求不一,过去由发达国家主导建立的多边贸易体制越来越难以为继,重构国际与地区规则成为区域合作的主要动力。新兴经济体希望通过区域合作联合更多的国家制定符合其经济发展要求的国际规则,获得与其经济实力匹配的话语权和国际影响力。此外,发展程度相近的经济体之间存在的地缘关系极大地降低了区域合作的成本。各种不确定性事件的爆发也令各国加大了区域内政策优惠,区域合作呈现深化发展趋势。

## 三、全球经济严重失衡,收入差距两极分化

当前全球经济失衡的局面由来已久,集中表现为世界主要国家的国际收支失衡与国际金融市场失衡。而地区性战争、能源短缺、粮食危机等诸多因素令全球经济失衡表现出许多新的迹象,扩大了国家间的收入差距,加剧了地区发展的不平衡。

1999 年,新兴经济体的经常项目账户余额首次超过发达经济体,到 2008 年,新兴经济体与发达经济体在经常项目上的差距已经达到 12.5 千亿美元,10 年间增长了近 15 倍。而发达经济体的金融账户余额处于顺差,2013—2020 年发达经济体的金融账户平均余额达到 3308 亿美元,是全球金融账户平均水平的近两倍。国际收支失衡的核心问题是以美国为代表的发达国家长期处于经常账户逆差而以中国为代表的新兴经济体处于顺差,金融市场失衡意味着国际资本的非对称流动。二者紧密相关,出现以上现象的原因可以总结为以下三点:

一是由国际分工导致的国家产业结构与收入分配失衡。第二次世界大战后,围绕制造业部门建立的产业分工体系在全球范围展开布局。前期经济基础和工业化程度较好的发达国家抢占了产业分工中的研发、设计等环节,而包括日本、中国及东南亚各国在内的多数亚洲国家和地区受到国内市场和资源的制约,承接了产业分工中的加工、制造、封装等环节,这些环节在产业链条处于中低端、可贸易程度极高,引导这些国家和地区形成了出口导向型的经济增

长模式,成功实现了经济腾飞。然而在具备一定的经济基础之后,多数国家未能及时转型,过度依赖外贸投资而抑制了国内需求增长,出现了较高的国内储蓄和巨额的经常项目顺差。相反,美国、欧盟等发达国家一方面保持着旺盛的市场需求、进口持续扩大,另一方面制造业不断萎缩、服务业占据主导地位,而服务贸易在国际贸易中的比重远低于货物贸易,发达国家的经常项目赤字接连走高。

二是发达国家与发展中国家储蓄率存在显著差异。欧美国家与新兴经济体的人口结构不同,前者人口老龄化严重,倾向于超前消费、减少储蓄,后者人口结构相对年轻,更加偏好储蓄,新兴经济体的储蓄率远高于发达国家的储蓄率。但新兴经济体将国内储蓄转化为投资的能力有限,发达国家却拥有较为完善的财政、货币和监管政策,为全球资本流入创造了优越的环境。二者之间长期的贸易失衡状态令新兴经济体积累了丰盈的官方外汇储备,主要用于大批购买发达国家的国债等低风险、低收益率的金融产品,导致发达国家的金融项目长期保持盈余。

三是美元在国际货币中占据主导地位。作为布雷顿森林体系的遗产之一,美元目前仍然是世界上最重要的贸易结算货币与储备货币,全球绝大多数货币的汇率与美元挂钩或固定,市场选择令美元在海外大量沉淀,美国需要长期保持贸易逆差才能维持美元的霸权地位。同时,美元作为美国的主权货币,美国的贸易逆差与美联储的货币政策直接干扰美元对外输出的流量,影响全球汇率市场稳定与资本走向,由此,全球金融市场极易遭受来自美国单方面的巨大冲击。

四是国际短期资本无序流动。国际短期资本流动是由货币和短期信用工具引发的资本流动,具有方式多样、流动性大、投机性高和与货币政策紧密相关的特点,容易产生无序流动的风险。金融危机后,发达国家为刺激市场需求出现了高昂的财政赤字,通过对外举债吸引新兴经济体的货币流入;美国政府连续出台宽松的货币政策,巨额美元流向全球金融市场,推高了全球通胀水平。在此过程中,宽松的融资环境和信贷政策、全球金融监管制度的缺位以及各类新型金融产品的出现引发了过度投机与流动性过剩,提升了私人部门的杠杆率,发达国家资本市场呈现非理性繁荣,资产泡沫放大了私人部门的财务效应,再度压低储蓄率,加深了金融市场的失衡风险。

收入差距两极分化是全球经济失衡催生的最大负面影响。不同国家在全球产业分工中的巨大差异与资产分配收益不均是产生收入差距的内在原因。一般而言,三大产业的收益率依次递增,而在第三产业中,金融部门的收益率又远高于其他部门。因此,金融部门占比高的发达国家攫取了全球的主要财富,以制造业为支柱产业的新兴经济体获得中等规模的财富,而主要从事农业活动的低收入国家获取的财富最少。同时,经济全球化不仅造成了国家间的收入不平等,还引发了各国内部的分配不均衡。发达国家由于金融行业占比较高、投机性强,制造业遭受外部冲击较大,从事农业活动的人口较少,再加上发达国家出台了越来越多的去福利化公共政策,国内财富主要集中在少数掌握金融资产的群体手中,不可避免地损害了低技术工人和农民的利益,出现"中间阶层空心化"的现象。国际金融垄断与发达国家货币政策是收入差距扩大的外在原因。由于经济基础薄弱,低收入国家本身背负着高额的国际债务,而当前国际金融市场被美国、欧盟等牢牢垄断,美国、欧盟等为解决国内经济问题而采取的货币政策通过汇率波动对低收入国家产生极大的冲击,加剧了低收入国家面临的债务风险;同时,发达国家为刺激消费而实行的低利率政策扭曲了价格信号,弱化了利率政策传导效果,加剧了资产泡沫,放大了货币政策传导的风险承担,增加了发达国家内部经济的系统性风险,再度加深贫富鸿沟。技术进步是收入差距两极分化的催化剂。一方面,技术进步推动生产力变革,原本就负责研发环节的发达国家在创造新技术上具有更好的基础,新兴经济体在边干边学的过程中也具备了相当的创新能力并表现出强大的创新活力,而大部分低收入国家不具备技术创造的工业基础,与发达国家的生产力差距逐步扩大;另一方面,机器替代劳动是技术进步的显著特征,技术进步往往带来低技能劳动力的失业,特别是以"智能化"为重要标志的新技术革命的到来将不断加重这一趋势。

世界经济在"低增长、低通胀、低利率"的态势下持续了较长时间,而多重全球性突发事件令高通胀不期而至,全球经济陷入"低增长、高通胀"的滞胀困局,出现了许多经济失衡的新现象。例如,政府反应能力和财政能力的差异导致世界各国在疫情后的经济复苏速度不同,中国率先走出冲击,实现正增长,发达国家的疫情防控逐步取得成效,低收入国家原本有限的财政政策空间受疫情影响进一步压缩,经济衰退和债务风险更加严重;不确定性事件引发资本流向发生巨变,规避风险的动机超过了牟利动机,成为资本供给的主要驱动力,全球资本开始流向产业结构完善、本土供应链相对较长的国家和地区,国际分工优势消失和市场竞争下降,资源配置效率进一步降低;美联储面对严峻的通胀形势采取了加息缩表的政策,过高的通胀上升速度引发了政策超调,尤其在不确定性加剧的大环境下,这一操作更加扰动了全球资金流向,恶化了新兴经济体的外部融资环境,使低收入债务国陷入更深层的债务危机之中。

全球经济失衡和收入差距两极分化令发达国家内部的阶层矛盾越发突出,发达国家平衡产业布局与改革收入分配结构的需求越发迫切,全球化不再符合其原本的利益诉求。发达国家率先抛弃了由其主导建立的多边治理框架,开始寻求区域合作并争夺对国际经济政治秩序新规则的制定权。同时,不确定性事件爆发加剧了失衡状态,越来越多的国家和地区开始向内审视自身的经济发展状况,以资源和市场为导向的全球主义逐步让位于以地缘关系为纽带的区域主义。通过自下而上的市场力量和社会参与实现区域一体化的发展目标,建立开放、多维度、多层次的区域合作系统,成为世界各国破除当前失衡困局的重要途径。

# 第二节　主要经济体的自由贸易区战略

## 一、美国自由贸易区战略的特征与演变

美国在当今世界的经济实力毋庸置疑,虽然在各种不确定性事件的冲击下,美国经济出现了严重的下行趋势,但有赖于雄厚的经济基础与政策刺激,美国经济已经出现了明显的反弹迹象。未来较长时间内,美国将继续保持全球第一大经济体的地位,具备一定的增长潜力,但经济优势将被不断削弱。

美国在技术、人口、资本、能源等重要的要素资源上居于世界领先地位。美国掌握着促进经济增长的重要高端技术,在信息技术、能源技术及先进制造技术等领域领跑全球;美国的人口基数较大,人口老龄化趋于稳定,将保持高需求的市场规模;美元在国际金融市场的主导地位继续有利于美国利用货币政策吸收全球投资收益;美国在石油、天然气及可再生能源上具有储备和生产优势,这种优势将随着全球能源需求增加而加强。但美国经济暴露出的问题也在逐步削弱其经济增长的边际收益。通胀高企、利率上升及供应链不稳定将是当前及未来一段时间内美国经济增长面临的风险因素。成本上升、库存有限和供应中断使大量制造业企业陷入生产困境,而企业在经济下滑与工资上涨的悲观形势下大幅缩减对劳动力的需求,失业率将长期处于高位;而利率上升、通货膨胀及实际可支配收入的下降可能引发居民消费需求下降。产业问题、社会问题和债务问题将长期消耗美国的经济增长动力。金融业占据主导地位、制造业不断萎缩使美国的大量资本从实体经济部门流向金融部门,产业结构的空心化和虚拟化不断加重,在制造业部门内部,承担大多数就业岗位的生产、加工、制造等环节被"外包"到其他发展中国家,美国国内仅保留了研发、设计及高端制造等核心环节,虽然保持了核心竞争力,但产出和就业比重都在不断下降;伴随国际分工深化与国内经济金融化,"资本逐利"的特性在

美国暴露无遗,美国国内的收入差距两极分化尤其严重,中产阶级空洞化、社会流动性降低、机会不平等增强、种族分化等多重原因导致美国阶层固化严重;美国的贸易赤字和财政赤字常年居高不下,美联储利用美元的信用扩张引导国际资本流向,大量海外储蓄流入美国,加重了美国政府的债务负担,成为美国经济前进路上的绊脚石。

（一）整体态度:将自由贸易协定作为"美国优先"的重要工具,推进双边与区域谈判

开拓海外市场、缓解贸易逆差、保护国内制造业产业是美国政府走出经济困境、维护霸权地位的当务之急。区域或双边自由贸易协定的对象国范围明确、谈判周期短、利益交换协调性强,适合美国发挥其巨大的谈判优势。因此无论是特朗普政府强调的"单边贸易政策"或是拜登政府提倡的"盟友合作",均显示出美国未来较长一段时间内以"美国优先"为战略前提、推进双边与区域自由贸易协定谈判的整体态度。

（二）合作对象:以发达国家为主,重视亚太,接触拉美与非洲

2020年,美国已经借由地缘与经贸优势强化了美国—墨西哥—加拿大协定,加深了与加拿大、墨西哥的盟友关系。在未来选择合作对象方面,美国将更倾向于与发达经济体构建深度合作关系,但其战略范围将重点聚焦于亚太地区,并将逐步建立或深化与非洲及拉美地区国家的合作。原因有三点:其一,拜登政府宣扬民主、自由的美式价值观,提倡深化"自由世界"成员之间的合作,因此意识形态类似、发展水平相近、利益相对一致的发达国家将成为美国建立盟友集团的首选对象;其二,亚太地区的新兴经济体日渐崛起,在国际经济政治格局中的影响力日趋增强,尤其是中国"一带一路"倡议在中亚地区收效显著,美国霸权地位不断遭受冲击,为遏制新兴经济体、维护美国在国际规则中的主导力,美国将围绕"印太战略"进一步扩大自身在亚太地区的势力

范围;其三,拉美与非洲地区虽然经济实力整体不强,但能源资源储备优越、未来增长空间较大,将使美国在区域合作战略中无法忽视这两个地区。综合两点来看,美国将着力与欧洲各国修复和巩固盟友关系,将日本、韩国、澳大利亚、新加坡等亚太地区发达经济体作为建立"民主国家联合体"的重要对象,将东盟、印度和中亚国家作为遏制中国的主要着力点,并逐渐建立与巴西、南非等代表性拉美及非洲国家的合作关系。

（三）推进方式:全面深化自由贸易协定议题,建立高标准、严要求、强执行的"美式模板"

为达到重塑国内产业链、巩固霸权地位的主要目的,美国在推行双边与区域合作过程中,将运用更高的立法技巧提高自由贸易协定核心标准、引入自由贸易协定新议题,推行更加全面、细致的实体规则,建立严格、强硬的执行规则,以最大限度地维护自身利益、发挥竞争优势、遏制新兴经济体,在全球区域合作的浪潮中构建主导国际经贸规则的"美式模板"。

具体来看,美国将强化关税减让、原产地规则、服务、投资等自由贸易协定核心条款,例如,广泛推行负面清单形式的投资准入条款、提高原产地条款的标准和复杂程度等;扩大边境后条款的涵盖范围,对数字贸易等新兴产业推出符合自身产业利益的规范标准,将环境、政府采购、知识产权等新议题作为限制新兴经济体的主要工具,特别地,随着环境恶化加剧,环境议题成为各国最有希望达成深度合作的领域,美国在自由贸易协定中加快了对环境条款的建设步伐,通过将环境条款独立成章、适用于一般性争端解决机制、通过制裁强制执行等手段达到自由贸易协定的排他性目的;细化对缔约方义务的程序性条款,要求缔约方作出更加全面、详细、透明的承诺,并对如何实现这些承诺作出具体说明,甚至要求缔约方改革国内经济管理模式,逐步与"美式规则"接轨;设立明确的争端解决机制,提高规则的可执行程度,通过罚金、补偿甚至贸易制裁等手段强化缔约方的履约义务。

## 二、欧盟自由贸易区战略的特征与演变

欧盟作为世界上最大的经济政治共同体,在未来世界经济增长中仍将占据重要地位。但欧盟整体经济在短期和长期都出现了弊大于利的现象,且随着成员分化程度加深,区域内部利益分歧引发的各种矛盾将成为拖累欧盟经济增长的关键因素。欧盟在全球经济格局中的地位与国际影响力将不断下降。

短期内,输入性通胀、能源危机和成员债务困境是欧盟需要解决的首要问题。乌克兰危机是前两项问题共同的导火索。受乌克兰危机的影响,全球能源与粮食价格暴涨,高度依赖能源和粮食进口的欧洲遭受了更大的价格波动;同时俄罗斯是欧盟最大的管道天然气供应国之一,对俄制裁与反制裁的措施使欧洲国家陷入能源严重短缺的困境。双重因素下的负面影响持续发酵,在需求端,居民生活成本大增,收入和储蓄的实际价值下降,消费需求出现萎缩,在供给端,下游制造业的加工生产成本上升,企业被迫减产或停产,这种负面影响正在向投资和就业领域扩散。新冠疫情冲击使欧盟经济显著收缩,同时增加了成员的财政支出,成员政府债务率显著攀升。而面对输入性通胀和债务风险,欧盟的宏观经济政策发挥作用有限,欧元区整体的货币政策和财政政策的刺激相对美国较弱,经济复苏进程十分缓慢。长期来看,人口老龄化、科技竞争力下降、能源匮乏及内部成员分化将严重制约欧盟的经济增长。与美国的人口结构不同,欧盟在人口基数和人口年龄上都不占优势,内需市场规模萎缩、生育率持续降低、人口老龄化加重以及由此引发的移民政策分歧和社会保障体系僵化等问题日渐显著,人口结构恶化对经济的负面影响将超越美国;欧盟在传统的机械制造等领域具有技术领先优势,但在人工智能、数字和信息技术等新兴技术方面落后于中美,且成员之间数字化转型程度差异很大;欧盟对能源的外部依赖度极高,虽然欧盟已经开始通过提高可替代能源使用率、能源技术突破和倡导低碳经济等方式缓解能源匮乏的紧张局面,但进度缓慢、收

效甚微;经济增速放缓也使欧盟内部成员之间积累的矛盾更加突出,成员的经济发展程度和政策差异越发显著,欧债危机和英国脱欧是此类问题集中呈现的两大实例。未来欧盟能否建立有效的一体化框架,妥当处理成员关系和协调各国政策一致,保障欧盟政策顺利执行将成为影响欧盟发展的重要变量。

（一）整体态度:以经济利益为先,推广公平的"欧式"价值观

由于经济前景不明朗,欧洲未来制定自由贸易区战略时将把经济利益放在首位进行考量。但与美国的霸权目的不同,欧盟本身具有特殊的经济政治共同体结构,开放、多元、一体化是促成其历史繁荣的价值特征,这一点也将在欧式自由贸易区战略有所体现。

（二）合作对象:重点发展具备市场潜力与新技术能力的国家和地区

寻找外需、摆脱能源桎梏、发展新技术是欧盟摆脱当前经济困境所需面临的短期、中期和长期问题。成员的市场潜力和新技术能力将成为欧盟自由贸易区战略中考察的重点要素。前者能够解决欧盟内需萎缩的燃眉之急;后者能够提升区域内的整体新技术水平,既能助力欧盟发展能源技术、实现产业转型,又能带来一系列技术革新的溢出效应,成为欧盟长期经济增长的内在动力。基于以上标准,欧盟的自由贸易协定合作对象将分为三类:

一是美国和中国。两国是当今世界上两个最大的经济体,同时具备庞大的市场规模和领先的数字化水平,并且分别作为发达国家和新兴经济体的典型代表,与欧盟具有密切的经贸往来,将是欧盟布局自由贸易区战略时首要考虑的对象国。

二是印度、日本、韩国及东盟等亚太地区主要经济体。虽然这些经济体所处的经济发展阶段不同,但在比较优势上各有差异,在近年的经济表现中尤为亮眼,并且与中美双方都具有重要经贸关系。与这些国家建立合作不仅能够

与欧盟优势互补,并且能够帮助欧盟在处理与中美的双边关系时起到平衡双边利益的最大效用。

三是欧洲地区的其他国家、非洲及拉美各国。与欧洲地区其他国家的合作不仅能够为欧盟稳定地区环境提供保障,甚至可能吸引邻国加入,起到扩大成员范围的意外效果;而非洲与拉美地区充足的能源储备将成为欧盟长期发展能源安全布局的突破口。

（三）推进方式:关注可持续发展议题,推崇温和、渐进的合作风格

相比全面施压、约束性强、步伐激进的"美式模板",欧盟在推进自由贸易区战略布局时高度关注绿色低碳的可持续发展议题,但在具体方式上将"软硬结合",整体表现出温和、渐进式的风格。

在新兴议题方面,欧盟将强调和突出其对气候、环境、能源、数字化等可持续发展议题的关注,例如,在已签订的自由贸易协定中,欧盟在贸易与可持续发展章节纳入了环境议题,涉及可持续性影响评估、预防原则和代际公平等问题,着重强调各成员通过对话与合作应对全球性气候变化,这既体现了欧盟对经济发展转型的迫切需求,也符合其推广社会民主与平等的价值观;在具体方式上,欧盟对涉及其利益的部分自由贸易协定核心规则,如竞争性和技术性条款等,将采取更加严格的标准,但在可持续发展的议题上,欧盟采取规制力量较低、文本设置灵活的法律规范,对成员的"方式义务"施以"软性"约束,并将考虑缔约方需求和能力,要求其"尽最大努力"通过磋商、合作等方式履行义务,但这些法律规律呈现出不断增强的硬性趋势。

### 三、亚洲国家自由贸易区战略的特征与演变

（一）日本:资源与市场导向

日本作为东亚地区体量庞大的发达经济体,未来经济整体将保持低位增

长,但被新兴经济体超越的可能性日渐增大。其主要原因有三点:一是日本具备雄厚的制造业基础。日本较早地承接了来自欧美国家的产业链转移,即使在经济发展到一定程度后也有对外转移的现象,但日本的制造业强国地位依然稳固,为其在新技术革命中的转型奠定了实业基础,成为经济增长的动能之一。二是日本政府债务高企,但债务结构区别于其他国家。金融危机后日本为解决通货紧缩采取了持续宽松的货币政策和积极的财政政策,经济整体温和向好,政府背负了高昂的"内向型"债务,这种债务结构与欧洲国家不同,国债主要由国内投资者承担。对内保持低利率政策、对外寻求外需刺激以缓解债务问题将是日本政府的主要目标。三是资源、环境、市场、人口和相对劣势的全球数字平台布局仍然长期制约日本经济的发展。日本作为"岛国",国土面积狭小、资源禀赋天然匮乏,在气候变化中处于显著劣势。虽然具有一定的人口基数,但老龄化和少子化问题十分严重,并且日本具有典型的亚洲国家文化特点,国内储蓄相对较高、内需乏力。在数字化技术转型中,与中美相比,日本数字平台型企业极少,数字经济整体不强。

依托国际市场确保国内资源稳定供给和国内生产有效输出是日本作为岛国实现经济长期发展的主要思路。日本未来在实施自由贸易区战略时,将以寻求市场为主要目的,积极发展高标准的"巨型"复合式自由贸易区网络,采用"原则性"与"灵活性"结合的策略,从规则的"追随者"转变为"创造者"。

具体来看,在合作对象上,日本将以亚太为中心向大西洋地区逐步开拓,包括中国、韩国、东盟、印度及美欧等经济体都是日本自由贸易区战略中的重要合作伙伴。这是因为亚太地区兼具资源供给和市场消费的功能,尤其是中国、韩国两国与日本相互牵制、互为补充,在地缘关系与社会文化上紧密相连;而大西洋地区集中了美国、欧盟两大发达经济体,具备强大的市场功能和非凡的政治意义。在推进方式上,日本将以欧盟—日本经济伙伴关系协定、全面与进步的跨太平洋伙伴关系协定及区域全面经济伙伴关系协定为平台构建"巨型"复合式自由贸易区网络,坚定、灵活、逐步地提高自由贸易协定标准,争取对国际经贸规则的主导权。日本在已有的"巨型"自由贸易协定中都发挥了重要作用,相比原有的自由贸易协定架构,"巨型"自由贸易协定为日本带来了规模巨大、环境稳定的经济贸易圈,未来仍然将是日本主攻的重点形式;市场开放度更高和规则标准更严格是日本"巨型"自由贸易区战略中的典型特点,未来日本将继续坚持高标准的谈判原则,重点关注数字贸易、电子商务、知识产权、环境、能源等新技术和可持续发展领域相关的议题,将农产品贸易及能源技术等作为谈判中的重要筹码,围绕此开展贸易便利化、原产地规则、污染排放及救济措施等其他议题上的利益交换,例如,以日本具有优势的可再生能源、物流节能、垃圾焚烧发电等技术置换发展中国家碳排放指标等,借以实现产业升级、增加技术和资本的密集度和优化环境的目的;在具体的实施过程中,日本将协调各成员增减利益取舍,发展分阶段、动态、平衡的自由贸易区网络,逐步推进建设高标准的自由贸易协定,争夺亚太地区经贸规则的主导权。但亚太地区的经济政治复杂性决定了中日关系的矛盾性,日本将在对华战略上既会考虑合作互惠,又极有可能与美欧步伐一致,保持一定的遏制和打压策略。

### (二) 韩国:产业与技术导向

韩国是后起发达国家和新兴经济体的代表,未来经济将继续保持相对较快的增长速度。未来韩国经济增长的动力与障碍主要包括:一是支柱产业制造业具有"小、尖、短、新"的特点,抗风险能力较强。与欧洲的机械制造、日本的汽车制造不同,韩国制造以电子设备作为主要代表,成品小、技术尖端、产业链短、更新快,既使韩国制造业在疫情冲击中遭受的损失较小,又为培育新兴技术创造了良好的环境。二是研发支出高、人力资本潜力较大。韩国国内的大型跨国企业和政府都高度重视科技创新,在研发支出方面的投入居世界领先水平,居民受教育程度不断提高,人力资本具备较好的活力与潜力。三是金融实力日趋增强。与中国、印度等新兴经济体相比,韩国目前已经建立起相对完善的金融市场制度,对资本的利用效率不断提高,且韩国具备一定的外汇储备,金融实力不容小觑。四是老龄化风险加剧、资源匮乏、市场缩减等长期因素和实物经济萧条、政策手段效率性差以及贸易摩擦加剧、技术壁垒升级等短期因素以及外部冲击将对韩国经济增长造成一定阻碍。

调整产业链布局、突破技术封锁、巩固核心产业竞争优势是韩国对外开展自由贸易区战略的出发点。在产业和技术导向的主体思路下,未来韩国将主要考量自由贸易协定合作缔约方的资本实力与产业互补性,以"全球枢纽国家"为定位加快建立"质量与效率"双高的自由贸易区网络。

在合作对象上,美国、欧盟、日本等大型经济体的资本力量雄厚、技术实力突出、主导全球产业链下游的技术研发等环节、在各自的区域合作网络中处于轴心地位,属于韩国发展自由贸易协定的重点合作对象;东盟、印度等亚洲发展中经济体及拉美和非洲地区经济体在产业链下游的组装、生产环节和原材料供给上具备比较优势,在韩国自由贸易区战略中的地位逐渐上升;而中国的属性最为特殊,中国拥有较长的产业链条和日渐丰厚的资本存量,与韩国存在激烈的产业竞争,又同时面临技术壁垒封锁,与韩国的经贸关系由互补演变为竞合。在推进方式上,为保持信息技术强国的优势地位、跨越保护主义导致的贸易壁垒,韩国将积极围绕技术关键词开展知识产权、投资、数字贸易等议题的谈判;为协调不同类型经济体、精确对接发达经济体、提高自由贸易协定对实体经济的正面转化率,韩国提出"全球枢纽国家"作为自由贸易区战略的基本站位,将致力于不断提升自由贸易协定的质量和效率,促进自由贸易协定朝着高水平、多元化的方向发展。

（三）印度:出口与竞争导向

印度正处在经济发展的上升阶段,未来仍将保持较快的增长速度。人口红利与技术革新是印度经济长期发展的主要驱动力,政策扶持与国际环境变化为印度经济腾飞增添助力。印度是世界上第二位的人口大国,人口增速快、人口结构年轻化为印度带来了廉价的劳动力和庞大的消费市场;印度的软件、生物医药、遥感、核电技术等居于世界前列,在新技术革命中具备发展基础;"印度制造""创业印度""数字印度"与"自力更生"等一系列政府计划有效增强了印度的工业化能力、改善了印度的营商环境,吸引了大量国际资本流入;中国人口结构变化、劳动力成本上升与美国对华遏制的态度为印度在国际产业链重组中提供了发展机会。然而,印度也需要警惕人口结构不合理、环境污染、产业链碎片化和国内阶层矛盾对经济造成的负面影响。例如,人口增速过快给印度带来粮食、水、土地等资源的巨大消耗,且人口数量多并不代表人力资本高,印度国内的劳动者技能参差不齐,低技能劳动者占据主力;不断承接国际分工低端环节令印度的水污染、空气污染和土壤污染已经十分严重,治污负担持续加重;印度工业基础薄弱,产业链不健全,上下游环节对外依赖程度较高;收入分配不合理、阶层固化与种姓制度加剧了印度国内的社会矛盾,为经济发展埋下隐患。

印度处在以制造业出口贸易拉动经济发展的上升阶段,为保护国内制造业免受冲击,前期对自由贸易区采取了回避策略。但在出口稳定和区域一体化的国内外背景下,回避自由贸易区将不再有利于印度的进一步发展,因此印度对自由贸易区的整体态度由拒绝转变为开放,未来将以扩大出口和彰显国家竞争力为目的对外开展自由贸易协定谈判。

在合作对象上,印度将主动避开制造业强劲并以此为出口的经济体,选择印度的贸易盈余国或具备市场规模、能够对印度进行技术转移或原材料供给的国家,印度已经与阿联酋签订了全面经济伙伴关系协定(Closer Economic Partership Arrangements,CEPA),未来还将与英国、欧盟、加拿大、澳大利亚等展开谈判,而日本、韩国、中国等制造业强国在印度的自由贸易区战略中将可能长期处于边缘地位。在推行方式上,印度将力争在生物医药、信息技术服务等优势产品中获取优厚的出口贸易条件,对进口商品则加以严格限制。凭借自身在清洁能源发展上的国际影响力,印度重视通过双边或多边合作推动清洁能源开发,强调印度在金砖国家中的绿色领导力。

## 四、拉美与非洲国家自由贸易区战略的特征与演变

### (一)拉美地区:向亚太延伸

拉美地区以发展中国家为主,具备一定的经济基础,未来经济发展中机遇与挑战并存。从内在动力来看,拉美地区人口密集且人均收入较高,劳动力资源充足且私人消费水平较高;矿产和油气等原材料资源丰富,大宗商品价格的持续走高和全球产业逐步复工为其提供了良好的贸易条件;数字经济前景广阔,疫情催生的电子商务等新兴行业正在成为拉动拉美地区投资的新增长点。然而,拉美地区的产业结构失衡十分严重,对外销售原材料和初级制成品是拉美地区多数国家的主要收入来源,导致拉美地区的经济脆弱性较高,容易遭受世界经济波动的影响,工业化和制造业技术进步是拉美国家需要解决的重要难题。从外部环境来看,拉美地区面临着美国的"门罗主义情结"的约束,货币政策和贸易环境受北美辐射影响极深,美联储持续收缩的货币政策加剧了拉美国家的主权信用风险,不利于拉美地区改善其在国际分工中的劣势地位,未来拉美国家必须明确自身在世界经济中的定位,才能真正走出被边缘化的发展困境。

拉美国家的自由贸易区战略将受内生动力和外部环境的双重影响,拉美国家将以促进经济增长、改革生产结构和参与重组全球产业链为主要目的对外开展自由贸易协定合作,但此过程中将难以避免地受到美国的影响。

面向亚太地区延伸将是拉美国家对外自由贸易区战略的主要方向,这是由产业和平台优势共同决定的。亚太地区国家的产业结构差异较大,涵盖全球产业链的上中下游,对拉美国家的产业转型可以产生极强的带动作用,而凭借亚洲太平洋经济合作组织(Asia-Pacific Economic Cooperation,APEC)、美国—墨西哥—加拿大协定、全面与进步的跨太平洋伙伴关系协定等平台优势,墨西哥、秘鲁、智利等拉美国家已经与美国、中国、日本、韩国等亚太主要经济

体建立了经贸合作,未来进一步深化的可能性极大。此外,拉美国家也将继续加强与欧洲国家的经贸合作。在自由贸易协定谈判时,拉美国家将聚焦于贸易领域的议题,谨慎对待金融、投资、环境和社会等议题;但拉美国家内部在参与自由贸易协定的进程和水平上参差不齐,不同国家对待上述议题的态度也存在差异,墨西哥、秘鲁、智利三国开放水平更高,对整体高标准自由贸易协定的接受程度更高,巴西、阿根廷的经济发展水平相对较好,对可持续发展议题的关注度更高,例如巴西"国家绿色增长计划"与阿根廷"绿色生产发展规划"等都体现出两国在经济绿色转型中的决心;美国对拉美自由贸易区战略则存在双面影响,既能够加快和帮助拉美国家融入高标准自由贸易协定,又可能出于单边主义损害拉美国家的利益,并对拉美国家与新兴经济体之间加深合作造成阻碍。

### (二) 非洲地区:依赖地缘关系

非洲地区集中了世界上主要的低收入国家,经济基础薄弱,经济发展潜力较大,但实现经济增长面临较多困难。非洲地区的经济发展潜力集中表现在人口与资源方面:非洲地区的人口增速最快,人口红利正在向非洲倾斜;丰富的金属、矿物、油气和煤炭资源是非洲经济发展的天然优势。而非洲地区面临的发展困境也非常显著:一是非洲国家多数在全球产业分工中居于最末端,国家的支柱产业大致可以分为四类,分别是依靠廉价劳动力资源、自然资源、经济作物和地理环境发展的劳动密集型产业,采掘业,农产品种植和初级加工业及旅游业,这些产业的附加值较低,对外依赖严重,抗风险能力较差;二是非洲国家的粮食危机从未间断,食品通胀率和人口增长率居高不下,对减贫扶困造成巨大困难,加剧了社会动荡的风险;三是非洲国家的债务负担严重,全球性通胀高企令非洲国家更加深陷债务泥淖;四是恶劣的气候环境与自然条件、落后的基础设施和不稳定的政治环境增加了非洲各国经济发展的不确定性。

现阶段及未来较长一段时间内,多数非洲国家的自由贸易区布局将依赖地缘关系展开,这是由于非洲国家内部的经济发展水平相近,共同面临基础设施、贸易标准等问题的挑战,一时间无法融入其他较高水平的自由贸易协定导致的。在非洲大陆之外拓展自由贸易区布局时,非洲国家将以加速产业结构转型、深度参与全球产业分工,加强基础设施建设和减轻贫困作为自由贸易区战略的核心需求。因此,经济实力、投资水平和对非洲援助程度是非洲国家对自由贸易协定缔约方的考量要素。在具体议题上,非洲国家将分阶段依次开展货物贸易和服务贸易等传统议题、投资、知识产权、数字贸易或电子商务等新兴议题以及边境后议题的谈判。由于饱受恶劣气候环境的影响,能源、气候、环境等将是关乎非洲国家生存利益的重要议题。

# 第三节　中国未来的自由贸易区战略及对策建议

## 一、中国面临的国内外经济形势

中国是新兴经济体中最具潜力的大国,正处在经济结构转型的关键时期。虽然世界经济在各种不确定性中艰难前行,但中国经济整体上显现出了强劲的韧性,为全球经济复苏提供了稳定的支撑。中国经济将在未来中长期保持较高增速,总量优势不断增强、在世界经济中占据的份额稳步扩大,成为拉动世界经济增长的重要引擎。

从长期来看,中国国内各类资源要素能够保持稳定充足的供给,国内市场结构升级前景广阔、具备超大规模优势,宏观政策环境稳定积极向好。从生产端而言,人力资本充沛且质量不断提升、科技实力特别是数字技术实力优势明显、供给体系完善、资源能源储备有序等是中国经济保持增势的内在驱动力;从需求端而言,人口基数庞大、储蓄率高、国内市场潜力巨大,涌现出一批消费的新场景、新群体和新模式,刺激经济持续释放动力;从发展环境而言,宏观调控有力有效、营商环境不断优化、吸引全球投资向中国市场倾斜等为经济增长提供了可靠稳定的环境。

从短期来看,在全球供应链遭受冲击但需求刚性的背景下,中国凭借国内长产业链和供应链的优势以及快速恢复的生产秩序,率先实现了出口的稳定增长,并且衍生出一系列以信息传输、软件和信息技术服务为基础的远程在线服务业,创造了一批新岗位,缓解了疫情冲击造成的失业问题;受乌克兰危机、能源和粮食危机影响,全球通胀居高不下,融资环境总体收紧,但中国并未采取过度宽松、广泛铺开的扩张政策,在需求端采取稳健和精准的财政与货币政策适度刺激和带动社会资本力量共同发力,在供给端高度重视供应链安全、注重能源安全、食品安全和大宗商品安全,最大限度地减轻了全球通胀高企带来的负面影响。

然而,中国经济发展也面临着巨大的风险和挑战:从国内来看,人口结构变化引发的劳动力红利流失、内需转换不足,产业结构不合理引发的环境污染、竞争优势下降,金融制度不完善引发的市场动荡风险增加以及收入分配在产业上下游、社会群体及区域之间不平衡引发的社会矛盾和风险累积等问题都制约着中国经济的长期增长;而供应链不稳定、出口贸易见顶预期转弱、行业复苏差异明显等也增加了中国经济爬坡过程中面临的短期压力。从外部来看,世界经济不稳定、经济全球化风险加剧、大国博弈愈演愈烈、新技术革命竞争激化等长期深刻地影响着中国经济发展的节奏;比较优势转换对资本和技术密集的制造业、服务业带来的竞争压力与发达经济体进入加息周期造成中国外部需求回落、总量承压加大了中国中期面临的供需两端挑战;全球通胀已处高位、原材料价格持续上涨、国际资本涌入造成的资本市场波动等增加了中国经济的短期困难。

## 二、中国的自由贸易区战略及面临的机遇和挑战

中国经济社会正处在发展转型的重要战略机遇期,对外开展自由贸易区

战略需要紧紧围绕高质量发展的核心任务,缓解国内经济增长面临的长期压力、改善经济发展所处的外部环境,服务于构建高水平对外开放的外循环格局,增强经济外循环的韧性。

要通过自由贸易区带动经济实现快速、平稳的转型升级目标,最重要的是顺应全球区域合作潮流,对接高标准、高水平、高要求的自由贸易协定规则,同时为经济发展创造稳定的全球政治经济环境。因此,加快构建面向全球的高标准自由贸易区网络,在重构全球经贸规则的过程中发挥"经济中枢"的平衡作用是中国未来自由贸易区战略的整体态度。

这就意味着中国需要对外开展高水平、多类型的自由贸易区合作,既要和发达经济体加强经贸往来,努力提升自由贸易协定质量,又要和新兴经济体紧密联合,通过自由贸易协定维护共同利益,也要和其他发展中经济体巩固合作,协助推进全球自由贸易区网络融合。在筛选合作对象时,中国应当分区规划,立足亚太、深化亚欧、重视非洲及拉美统筹有序地向前推进。这是由中国的经济发展阶段和区域间特征共同决定的:亚太地区是中国核心利益的所在区域,是中国由大国迈向强国的首要战略依托,同时亚太地区也是世界上经济实力、政治实力最突出的区域,全球自由贸易区网络中的"巨型"高水平自由贸易协定(美国—墨西哥—加拿大协定、全面与进步的跨太平洋伙伴关系协定、区域全面经济伙伴关系协定等)大多围绕亚太地区展开,因此亚太地区是中国对外自由贸易区战略的首要规划区;中亚、南亚及欧洲地区在地缘或历史关系上与中国紧密相连,且经济往来日益密切,是"一带一路"倡议的重点区域,在中国对外自由贸易区战略中具有重要意义;非洲及拉美地区汇集了世界上主要的发展中经济体,虽然自由贸易协定的水平较低,但历史上与中国建立了友好的合作关系,是全球政治经济格局中的一股重要力量,能够在中国自由贸易区布局中发挥平衡和调整的战略作用。

在推行方式上,中国应当坚持开放包容、多方并进的原则,针对不同国家、不同层次、不同议题的自由贸易协定分阶段逐步开展深化与扩展谈判。中国在国际经济格局中处于连接发达经济体与发展中经济体的特殊"中枢"位置，在对外实施自由贸易区布局时，将面对各个经济发展阶段的经济体，开展双边、多边或更高层次的自由贸易协定谈判，未来的谈判议题也将不再局限于贸易便利化与自由化领域，将以货物和服务贸易为基础向数字贸易、电子商务、知识产权等新兴议题拓展，必须以开放包容、多方并进为基本原则，结合自身的谈判经验和实际情况，分阶段、渐进式地深化与扩展自由贸易区战略布局，处理好自身经济发展与自由贸易区布局之间的关系、各大经济体及其所属群体之间的关系，充分发挥"经济中枢"的稳定和平衡作用。

在此过程中，中国面临的机遇和挑战来自以下四个方面：

一是中国现已建成了初具规模的自由贸易区网络，但整体水平和质量有待提升。从广度上来看，中国已签订的自由贸易协定已经涵盖了亚洲、欧洲、大洋洲、拉美洲及非洲的许多国家和地区，合作对象的经济体量和发展程度各有差别，既包含发展中经济体也包含发达经济体；从深度上来看，中国不断提高货物贸易自由化水平、提升服务贸易和投资开放程度、持续扩展下一代贸易投资规则。这些实践经验都为中国未来签订更高水平的自由贸易协定奠定了基础。然而，中国已签订的自由贸易协定形式较为松散、约束性较差、层次较低，中日韩自由贸易协定进展缓慢，暂未和美欧等大型发达经济体建立实质性合作关系，自由贸易协定议题也多停留在货物贸易上，存在开放程度低、过渡期长、例外部门多等问题。

二是发达经济体对中国的经济依赖性与排斥性同步加深。发达经济体过去依赖中国强大的生产能力、未来看好中国庞大的市场潜力，双方之间的经贸联系日趋紧密、相互依存，未来达成更高水平的自由贸易协定合作是主流趋势；而随着中国与发达经济体之间的经济差距逐步缩小、对发达经济体生产和就业的冲击加大，发达经济体的逆全球化和贸易保护主义兴起，开始打压和遏制中国的发展势头，这将成为双方未来自由贸易协定合作中的主要矛盾。

三是新兴经济体与中国之间的合作日益紧密、竞争日渐增强。中国与新兴经济体所处的经济发展阶段相近,在产业和出口结构上与单一化新兴经济体有互补性、与多元化新兴经济体有相似性,双方在吸引外资、开发市场等方面存在天然的竞合关系;而伴随中国经济发展,新兴经济体既要求中国承担更多的国际责任又警惕中国的大国地位,这种利弊权衡的态度影响着未来双方的经贸合作关系。

四是发展中经济体与中国拥有相似的发展历史,但其后发优势也将对中国产生一定冲击。东南亚、非洲及拉美地区的许多发展中经济体依赖劳动力与资源的成本优势在全球产业链上游发挥着越来越重要的作用,中国能够充分理解发展中经济体的发展背景和具体国情,双方的利益基础深厚;而中国面临劳动力成本上升、产业亟须转型的困境,发展中经济体的后发优势将对中国对外开放产生较大冲击,这就要求中国在与发展中经济体深化合作的过程中采取更加谨慎、稳妥的方式。

### 三、未来中国发展自由贸易区布局的策略

建立长足、高远的自由贸易区战略、提升自由贸易协定的广度和深度,更好地服务于中国现阶段的高质量可持续发展,需要结合中国内在经济发展情况与外部国际环境,深入分析国家利益的融合与冲突,面对不同的合作对象制定差异化的谈判策略,在制定新型国际经贸规则的过程中开拓中国道路。

对待日本、韩国两大东亚主要经济体,以构建"东亚共同经济体"为目标持续推动东亚经济一体化是符合三国共同利益的战略规划。三国地缘关系紧密、历史渊源深厚、经济发展历程相似、产业结构竞争互补,未来在国际格局中的影响力和潜力不可估量,三方应当加大经贸协同合作、共同制定东亚经贸规则、采取联合行动共同抵御贸易保护主义和逆全球化的冲击,增强政治互信、稳固区域发展环境的经济基础。综合来看,日韩与中国的比较优势分别体现在资本技术密集型和资源劳动密集型产业上,中日之间的行业互补性强、日韩之间的行业竞争性强,三国在服务业出口上高度互补、在中高技术行业中的贸

易联系日趋紧密,在产业、贸易、旅游等多个领域已经积累了经济技术与合作对话的宝贵经验。三国应当借助区域全面经济伙伴关系协定的签订和实施带来的制度性突破,在深层次货物、服务贸易自由化、投资便利化、金融稳定化和电子商务、知识产权保护、数字贸易等新技术议题上共同推进,加快中日韩自由贸易协定谈判,早日达成全面、高质量、互惠的自由贸易协定。

对待美国,中国应基于"互利共赢"的合作理念、强调双方承担相应的经济责任、号召构建健康发展的新型大国关系。美国是影响中国自由贸易区战略布局的最大外部变量,中美分处在经济发展的上、下行区间,经济差距逐步缩小,国际上关于"修昔底德陷阱"的言论甚嚣尘上,美国对中国的打压和遏制态势逐步增强。虽然拜登上台以来,美国对中国的政策倾向从"零和"转向"竞合",但根本态度并未发生改变,未来美国的打压手段将更加隐蔽。为减轻复杂的中美关系对中国自由贸易区布局的负面影响,中国应采取以下具体策略:一是突出合作对中美的重要性,中美在贸易和分工格局上是难以脱钩的,中国应充分调动各种舆论资源和社会资源,与美国政府及社会群体加强合作,强调双方承担相应的经济责任;二是加强市场在技术创新中的作用,理性客观地对待高科技领域的创新难题,避免落入美国营造的产权陷阱,逐渐打破美国的技术封锁;三是谨慎、有序地推动金融市场开放,借鉴美日贸易争端经验,合理控制金融市场流动性,有效防范美国要求金融开放造成的风险冲击;四是逐步深化敏感议题的国内外规则对接,在环境保护、知识产权等非传统谈判议题上,中国国内制度与其他国家存在差距,需要有针对性地逐次展开改革和对接,适度加快在环境、能源、气候上的国际合作,利用好发展中大国的身份,强调中美在共建绿色生态与全球气候治理中各自承担相应的经济责任;五是联合"志同道合"的国家输出中国理念,群体规划在大国博弈中至关重要,美国提出"印太战略"旨在打压中国发展,对此中国也需加快步伐,依靠"一带一路"倡议建立平衡美印的区域贸易圈。

对待欧盟,中国应以积极主动的态度,争取尽快建立稳妥有效、高标准、高水平的自由贸易区合作。欧盟在中国的自由贸易区战略中具有双重意义,一方面中国可以借助欧盟加快对接高水平国际经贸规则,另一方面中国通过加深与欧盟之间的贸易合作平衡中美博弈的负面影响。因此,积极主动、协调拉拢是中国对欧盟的基本态度。在推进过程中,中国需加强与欧盟在气候变化、生态环境和技术创新等领域上的沟通与合作,通过构建绿色贸易体系与零碳金融系统、开展经济技术合作、鼓励多元主体参与、共建新型监管规则等方式加强双方在可持续发展问题上的利益互信,在新兴议题上达成共识,进而为加速高水平自由贸易协定谈判奠定基础;中国应当争取在敏感行业或产品上设立过渡期或采取渐进执行的方法,引入事先的例外条款,规避贸易制裁手段,在知识产权、技术转让、投资等领域实行"模块化组合"的高标准,建立充分的利益诉求沟通机制,这一点也符合欧盟温和、渐进式的合作风格;中欧在推动世界贸易组织改革上具有共同利益,双方都是多边贸易体制的忠实维护者和推动者,在多边贸易体制陷入僵局的背景下,双方联合开启自由贸易合作有利于提升世界贸易组织改革的效率和质量,世界贸易组织改革也为中欧合作奠定了平台和规则基础。

对待新兴经济体,中国需要释放善意、加强联合,采取"先易后难"的策略逐步发展兼顾多方利益、广泛的自由贸易区合作。中国与新兴经济体之间虽然存在发展差距,但共同属性明显,中国需以善意姿态加强与各个新兴经济体之间的联合,实现共同发展的目标。但是,新兴经济体内部差异分化显著,对中国实施自由贸易区战略产生了两大影响:一是中国需要分区、分阶段地"先易后难"逐步突破;二是中国与新兴经济体之间的自由贸易区将是广泛的、兼顾多方利益的,自由贸易协定水平也将由低到高逐渐过渡。例如,中国与东盟各国拥有坚实的合作基础,可以率先作为自由贸易协定标准升级的试验,中国与巴西、俄罗斯、南非同属"金砖国家",存在良好的合作潜力,可以积极考虑开展自由贸易协定研究与谈判;而印度对中国的"赶超"势头强劲,不断受到美国关注和拉拢,中印在技术合作、知识产权、环保领导力等方面存在较大分歧,合作难度较大。此外,中国还应当结合地缘、经贸、政治、社会文化等多重因素共同发力,在自由贸易协定谈判中努力协调多方利益、化解规则冲突、实现错位发展,即使暂时无法与新兴经济体达成高水平的自由贸易协定,也要积极采取双边、区域、全球多边等方式持续推进广泛的自由贸易区布局,为将来优化升级奠定基础。

对待发展中经济体,中国应遵循互联互通、平等自愿的原则,协助开展自由贸易协定能力建设与不同程度的合作,巩固双方联系。拉美和非洲地区的发展中经济体基础设施薄弱、贸易投资条件恶劣,面临被世界经济边缘化的风险。在与这些经济体开展自由贸易协定合作时,不能一味强调同步性,需要倾听不同经济体的利益诉求,本着平等自愿的原则,加强双方的互联互通。可以先开展由政府搭建平台、由社会群体广泛参与的交流合作,在基础设施与货物贸易自由化上进行更多的沟通,协助拉美和非洲地区的经济体增强内生发展动力和经济社会发展韧性,建立与新型国际经贸规则相适应的经济基础。在条件成熟的情况下,中国应当及时行动,先行与这些发展中经济体缔结初步自由贸易协定,后续再根据双方发展进行规则升级,为进一步拓展自由贸易协定合作预留空间。

# 第二章  价值链重构与全球自由
# 贸易协定规则演变

经济全球化是当前世界经济发展的重要趋势,贸易和投资的快速发展成为经济全球化纵深推进的重要表现之一。尤其自20世纪90年代以来,全球化发展迅猛推进,各类贸易壁垒的降低,交通运输、信息和通信领域的技术进步等,都为企业将生产流程延伸至国境之外提供了便利条件。于是,各国依据自身比较优势,深度参与到贸易、投资和全球产业分工之中。随着全球产业分工进一步深化、细化,全球价值链迅速发展,国际贸易进入全球价值链新时代。在产品内分工下,产品的不同生产阶段被分布在不同国家和地区,参与全球价值链的不同企业只专注于特定生产环节,使生产效率得到显著提升,也推动了国际贸易的快速发展。全球价值链贸易在世界贸易总额中所占比重显著增加。

从全球价值链与国际经贸规则的相合性来看,现有以世界贸易组织为代表的国际经贸规则和自由贸易协定仍主要停滞在边境概念意义上,根本无法适应价值链在全球范围内展开的形势需要。2008年国际金融危机爆发以来,主要发达国家已经认识到,全球价值链对本国抢占未来竞争制高点具有重要意义,并且开始围绕资源、技术、市场、制度和规则的竞争展开布局。例如,美国和欧洲推动在贸易和投资两大领域中打造新一代的、标准更高的国际经贸规则,国际规则竞争与合作的态势正在发生重大变化。全球价值链的出现和展开要求国际经贸规则更多地满足生产环节分布在不同国家和地区的需要,在全球价值链体系下,各产品的价值链在不同国家和地区间不断延展细化,以国为单位的传统通关统计无法正确反映国际产品分工链条中各国的实际价值创造,传统的"货物贸易"转变为"任务贸易","世界制造"成为生产全球化的典型特征。各国、各地区、各产业已融入庞大的全球价值链中,对国家宏观政策产生了深远的影响,推动了全球经贸规则的变革。

## 第一节　全球价值链重构:特征与影响

联合国工业发展组织将全球价值链定义为一种在全球范围内的生产活动,涵盖商品生产与服务环节。这种连接区域的生产、加工、销售、回收等环节的跨国性生产网络,可被解读为一种全球性的价值链(张莱楠,2017)[①]。关于"价值链"(Value Chain)思想的最早论述可以追溯到 1985 年迈克尔·波特(Michael E. Porter)的名著《竞争优势》一书。当时的价值链主要是一个管理学概念,涉及的范围也是局限于企业内部,强调的是企业内部资源的利用和转化。但随着经济全球化的深入发展,价值链的过程涉及企业的所有活动。一个产品的价值链从设计制造到消费再到服务,大大超越原先的企业内部关系(王金强,2015)[②]。20 世纪 90 年代,美国的格里芬(Gray Gereffi)教授提出了全球商品链(Global Commodity Chain,GCC)概念,这一概念把价值链与全球化组织联系起来,对生产者驱动和购买者驱动的商品链进行了比较分析。随后,全球商品链逐步发展为全球价值链,越来越强调价值链分工对企业发展的重要性,关注的领域也从制造业扩展到设计、发明、加工、营销、品牌、物流等领

---

① 张莱楠:《大变革:全球价值链发展与下一代贸易治理》,中国经济出版社 2017 年版,第1 页。
② 王金强:《亚太供应链合作关系的构建与中国的政策选择》,《东北亚论坛》2015 年第 1 期。

域,同时强调价值链外部环境的重要性。

全球价值链是全球经济循环中最为关键的链条之一,谁占据了其核心环节,谁就掌控了整个价值链的财富和利益分配的流向。目前,全球经济竞争正在演变为以价值链竞争为基础的"规则之争"。近年来,全球价值链的兴起和发展极大地改变了全球商品和服务生产的组织形式。全球价值链对国际生产、国际贸易和国际投资产生了深远的影响,使全球市场依存度日益加深。国际分工越来越表现为相同产业不同产品之间和相同产品内不同工序、不同制造环节之间的多层次分工。国际分工的范围和领域不断扩大,逐渐由产业间分工发展为产业内分工,进而演进为产品内分工为主的国际分工体系。以产品内分工为基础的中间投入品贸易称为产品内贸易,其成为全球价值链体系的重要表现之一。归结起来,全球价值链有三个显著特征:一是最终产品经过两个或两个以上连续阶段的生产;二是两个或两个以上的国家和地区参与生产过程并在不同阶段实现产品的价值增值;三是至少有一个国家和地区在其生产过程中使用进口投入品。

随着全球价值链的纵深发展,20世纪后半期以来,全球逐渐形成了以欧洲的德国、美洲的美国和亚太地区的日本为首的三足鼎立式全球生产网络。然而,以2008年国际金融危机为分水岭,全球化步伐明显放缓,经济全球化进入调整期。据统计,2008—2017年,全球货物贸易出口增速由1998—2007年的年均增长10.9%下降到3.2%,服务贸易出口也由10.8%下降至4.1%。同时,一些国家以维护"国家安全"为由限制投资,如美国、德国、日本和意大利等发达国家先后修改了外商直接投资审查机制。全球金融活跃度明显降低,跨境资本流动规模下降,流向甚至发生逆转。2018年跨国资本流动规模与金融危机前相比,缩水近2/3。跨国兼并和收购节奏放缓,外商直接投资从2007年的1.9万亿美元下降至2017年的1.4万亿美元。

国际贸易和投资增长乏力,使全球价值链扩张速度放缓。美国和欧盟等发达经济体认识到产业空心化的弊端,开始"脱虚向实",相继开始实施"再工业化"战略,采取各种手段吸引制造业跨国企业回流,对不同要素密集水平的产业链进行优化和重构,试图重构制造业产业链国际分工新格局。受此影响,发达国家开始回撤全球产业链和供应链,供应链本土化趋势越发明显,全球价值链进入重构期。

## 一、跨国公司是全球价值链的主导者和有效治理者

近年来,由于海外业务的不断拓展,跨国公司通过供应链网络和服务外包等多样化渠道来推进全球化生产,从而优化全球资源配置,实现产业外包与布局。在此背景下,跨国公司在全球对生产链进行成本最低化配置,推动了经济全球化和全球价值链的深入发展,成为全球价值链的主导者。随着全球价值链向纵深方向发展,全球价值链的拆分和外包程度随之提高,跨国公司对全球价值链的掌控与治理能力已经成为其维持核心竞争力、占领国际竞争制高点的重要途径。跨国公司利用其对价值链的主导地位,对价值链的各个环节进行深度分解和全球资源的优化配置,成为全球价值链的有效治理者。

## 二、国际贸易和投资是推动全球价值链不断拓展的主渠道

国际贸易和投资是全球价值链的主要构建根基和拓展渠道,外包和离岸生产是全球价值链形成的主要外在形式,国际贸易,特别是中间产品的贸易是全球价值链不断延伸的基础之一。第二次世界大战后国际贸易进入高速增长期,以两倍于全球国内生产总值的速度增长。从贸易结构上看,中间产品的贸易不断上升,中间品跨境贸易与重复流转是全球价值链形成与发展的核心要素。自 1995 年以来,全球中间产品出口额占全球总出口额的比重一直在 50%以上,2013 年更是高达 69.32%。中间品贸易在全球贸易中占据了绝对主导地位,这一国际经济的新特征正是全球价值链不断演进所带来的必然结果。国际投资的快速发展也成为全球价值链拓展的重要动力,外商直接投资是发展中国家,尤其是最不发达国家参与全球价值链的重要途径。国际投资从 20

世纪 80 年代开始进入高速增长期,90 年代以来外商直接投资的增速超过国际贸易的增速,这是跨国公司进行外包和离岸生产的结果。经济合作与发展组织(Organization for Economic Co-operation and Development, OECD)统计数据显示,全球外商直接投资存量占全球国内生产总值比重从 90 年代的不足 10%上升到 2019 年的 42%。

### 三、国际贸易服务化成为全球价值链的主要特征

服务成了全球价值链的"黏合剂"。随着全球价值链的发展,服务的重要性日益凸显,特别是生产性服务业,如交通、通信、金融、分销和商业服务等。服务的广泛应用使服务成为竞争力资本和劳动生产率提升的关键影响因素。服务当前代表着超过 2/3 的全球国内生产总值。服务增加值占国内生产总值的份额往往随着一国收入水平的上升而显著上升,目前高收入国家服务增加值大约占到国内生产总值的 73%(美国为 77%),中等收入和低收入国家分别只有 54%和 47%。即使在低收入国家,服务对国内生产总值的贡献也超过工业和农业的总和。不仅如此,服务已经成为经济的重要组成部分,据世界贸易组织统计,在经济贡献方面,服务已经占到世界产出和就业的 60%—70%,占到全球外商直接投资流量的 2/3;在生产投入方面,制造业和农业中有 10%—20%的生产成本属于服务投入成本;在供应链连接方面,生产者越发依赖于服务将其产出提供给最终消费者。

### 四、新兴经济体在全球价值链中的作用进一步增强

进入 21 世纪,全球各经济体相互依赖程度进一步提高,新兴经济体将更多地以海外布局的方式参与全球价值链,不断增强其在全球价值链中的作用。近年来,新兴经济体通过对外贸易和吸收投资,逐步融入国际生产体系和全球分工,更通过以较低成本参与全球价值链、融入世界经济获得了发展的新机遇。另外,从对外投资和跨境并购的角度也能进一步反映出新兴经济体

参与全球价值链的程度不断加深。当前,新兴经济体在全球外商直接投资流入方面保持了领先地位,中国成为世界上最大的外商直接投资接受国。2014年中国对外投资规模约为1400亿美元,超过利用外资总规模约200亿美元,随着中国对外投资的增长,企业参与全球产业链、供应链乃至价值链的重构节奏加快。同时,新兴经济体跨国公司在国外的扩张情况也达到有史以来的最高水平,在全球外商直接投资中,新兴经济体创纪录地占了35%,而2007年只占13%。

## 五、全球价值链在空间布局上有加速扩展态势

随着全球产业分工网络以及信息技术发展的进一步深化,世界各国的技术和资本等要素可以自由流动,各国的资本回报率逐渐出现趋同化。但是,全球的劳动力跨境流动却仍存在很多障碍,使不同国家的劳动工资水平差异较大。为了追求更加廉价的经营成本,跨国公司把一些不具有竞争优势或者低附加值的生产环节转移到不同国家或地区,从而产生了国家之间的水平分工或垂直分工。近年来,全球价值链环节在空间布局上呈现全球加速延展的态势。一个国家产业结构的变动会导致周边国家和地区产业结构随之发生变动。同时,周边国家产业结构的变化也影响本国的产业结构。随着经济全球化的发展,处在同一价值链或者同一区域的各个国家的产业结构相互连接,相互依存度不断提高,从而形成了一个动态的跨国区域整体,出现了国际性区域产业结构的关联互动和国际协调性产业政策。

## 六、新一轮产业革命对全球价值链方式产生重大影响

一方面,新一轮产业和工业革命引领的技术创新不断塑造出新产业,新能源、新材料、节能环保、生物医药和智能制造等新兴产业形态不断涌现,特别是国际金融危机之后,全球创新氛围达到历史新高。随着以"德国工业4.0""美国工业互联""中国制造2025""韩国制造革新3.0"为代表的国家战略推出,

全球进入了高强度研发的发展阶段。另一方面,近年来,由于新一代信息技术的发展,数据产品和数据交易不断冲击着世界贸易组织框架下的贸易规则,对于数据贸易应该适用货物贸易的规则还是服务贸易的规则已经难以简单地界定。全球电子商务网络正在迅速扩张,数字化发展趋势正在日益加强。在数字贸易环境下,跨境数据流动越发重要,对全球价值链的深化发展起到了重要作用。

## 七、全球价值链发展中的各类隐性贸易壁垒出现频繁

全球价值链在各国之间能否顺畅流转主要受到各国供应链壁垒的影响。随着传统的"货物贸易"逐渐转变为"任务贸易",供应链壁垒也逐渐取代传统关税壁垒成为能影响全球经济一体化更为关键的要素。供应链壁垒主要包括市场准入、边境管理、运输和通信基础设施以及营商环境四个方面。世界经济论坛的研究报告指出,如果每个国家只改善其中两个关键的供应链壁垒,即边境管理与运输和通信基础设施及相关服务,使运作效率提升至目前全球最高水平的 50%,就能促进全球国内生产总值增长 5%,全球出口额增长 15%。事实上,当代各种形式的贸易保护主义和投资保护主义正影响全球价值链的发展。随着全球价值链的高速发展,各国为了获取更大的本国利益发起的技术标准、知识产权保护等显性和隐性贸易摩擦手段层出不穷。近年来,世界贸易组织范围内技术性贸易壁垒协定( Agreement on Technical Barriers to Trade,TBT)和实施卫生与植物卫生措施协定( Agreement on the Application of Sanitary and Phytosanitary Measures,SPS)的通报越来越多。数据显示,2000 年技术性贸易壁垒措施通报量为 606 件,卫生与植物卫生措施通报量为 270 件,到 2012 年技术性贸易壁垒措施通报量、卫生与植物卫生措施通报量分别上升到 2185 件和 1214 件,分别增长 2.6 倍和 3.5 倍,两者合计从 876 件增加到 3399 件,增长 2.9 倍。

在全球价值链快速发展的背景下,随着生产分割与任务贸易方式的兴起

以及国际运输、通信、信息技术进步所导致的贸易成本的大幅度降低,国内生产、全球销售的传统贸易模式已逐步被全球生产、全球销售的新兴价值链贸易形式所取代。当代国际贸易主要体现在大量的中间品贸易、服务外包与伴随着跨境投资而产生的离岸制造。在全球价值链快速发展的背景下,国际生产与贸易越来越难以分清国别身份,国家之间的相互依存与交融日益增强(盛斌和果婷,2014)①。全球价值链的迅速发展对传统贸易政策的理念与内容提出了新的要求:一方面,它使国家之间经贸关系由单一的竞争排斥,转变为分工合作与竞争角逐的并存;由集中于顺差与逆差的矛盾,转变为对贸易投资自由化、便利化政策的选择;各国经济的相互依存增加了各国通过贸易双向盈利的潜力和动力。另一方面,全球价值链对全球贸易与投资的规则提出了新的诉求,要求传统的以边境措施和市场准入问题为核心的贸易规则向以边境后措施和规制融合为核心的下一代贸易规则转变。原来基于传统生产与贸易模式的贸易政策和规则已逐渐不再适用,需要重新定义基于全球价值链的国际经贸新规则,即所谓“下一代贸易规则”。

全球价值链理论和实践表明,关税和非关税等贸易壁垒会阻碍跨国贸易投资的往来,而全球价值链中的一些传统规制措施,如市场准入限制、当地含量要求、贸易平衡限制等,也会削弱出口竞争力,影响双边贸易发展。在全球价值链下,中间产品进口的贸易壁垒会产生累积和放大效应,显著提高贸易保护成本。中间产品要进行多次跨境交易,即使这些关税和非关税措施水平很低,保护程度也会被多次累积,进而抬高最终产品的成本与价格。通过大幅度削减中间品关税和降低非关税壁垒,能够有效降低下游加工制造行业的生产成本,提升一国在最终产品市场中的出口竞争力。因此,不断推进贸易自由化、更好地实施贸易便利化、有效促进各国间的规制融合,越来越成为下一代贸易规则的新方向。全球价值链的重构无疑对国际贸易投资新规则的构建带

---

① 　盛斌、果婷:《亚太区域经济一体化博弈与中国的战略选择》,《世界经济与政治》2014 年第 10 期。

来了新的挑战。

## 第二节　全球价值链重构与自由贸易区理论创新

当前,全球价值链正呈现出本土化、区域化、多元化等新发展趋势(盛朝迅,2021)[①],传统的国际经贸规则已经不能满足世界各国对全球治理改革的利益诉求。发达国家希望通过将国际经贸规则由边境向边境后延伸,促进发展中国家的国内改革,提升发展中国家市场化的开放程度和法治化水平,为贸易和投资创造更好的商业环境。这与发展中国家的目标并行不悖,但发展中国家寻求国际经贸新规则的动机是相对被动的。发达国家和发展中国家对全球价值链所寄托的发展愿景都会影响国际经贸新规则体系的构建。随着以自由贸易区为代表的区域主义兴起以及由世界贸易组织主导的多边贸易体制被边缘化的趋势已经十分明显(程大中等,2017)[②],全球价值链对国际经贸规则的新要求更多地承载于区域经济一体化进程之中(王原雪和张二震,2016)[③],使自由贸易区建设日益成为各国参与国际经贸规则重构的重要途径。

### 一、　全球价值链对自由贸易区建设提出的新要求

#### (一)货物贸易层面

在全球价值链分工体系下,产品生产的不同环节由不同国家和地区承担,这就意味着产品在生产过程中需要多次跨越国境。与传统的分工模式相比,全球价值链分工生产的产品会额外地增加跨越国境的贸易成本,并且分工环

---

① 盛朝迅:《新发展格局下推动产业链供应链安全稳定发展的思路与策略》,《改革》2021年第2期。

② 程大中、姜彬、魏如青:《全球价值链分工与自由贸易区发展:内在机制及对中国的启示》,《学术月刊》2017年第5期。

③ 王原雪、张二震:《全球价值链视角下的区域经济一体化及中国的策略》,《南京社会科学》2016年第8期。

节越细化、跨越国境的次数越多,贸易成本的增加幅度也就越大。在全球价值链分工条件下,即使是较低的关税,也会因为中间产品进口贸易壁垒所产生的累积效应,而使贸易成本显著增加,最终影响产品的生产成本、销售价格和市场竞争力。在全球价值链分工条件下,贸易便利化措施对全球经济和国际贸易的促进作用越来越明显。改善通关环境、提高流通效率,不但可以减少进出口贸易的时间成本和物流、通关费用,减轻进出口企业的库存压力,缩减国际市场供给对需求的反应时间,更重要的是,能够有效保障全球价值链各环节的衔接,为全球价值链的高效运转提供条件。当前,全球价值链主要体现在区域性的供应链上,自由贸易协定对所覆盖区域内的供应链的形成和发展发挥着举足轻重的作用,也是当前全球价值链发展的重要驱动力。

### (二)服务贸易层面

随着全球通讯信息技术革命的兴起和全球产业结构的调整转型,服务业开始突破国界的限制,以高端要素密集为主要特征的生产性服务贸易在全球范围内快速发展。全球贸易结构正逐渐向服务贸易倾斜,服务贸易的发展水平也正日益成为评价一国合作能力以及参与全球竞争的重要指标(戴翔和张雨,2015)[①]。与传统贸易条件不同,服务贸易在全球价值链分工体系中正发挥着前所未有的重要作用,它不但是联结全球价值链不同生产环节的重要纽带,而且是控制整条价值链的中枢。作为制造业的中间投入,生产性服务业能够有效提高生产过程的协调性,大幅度地提升制造业的附加值,增强制造业的国际竞争力。服务贸易自由化通过消除服务贸易壁垒、降低服务贸易成本,可以促进技术、知识、人力资本等高端要素的自由流动,对生产性服务业的发展具有积极的推动作用,进而提高制造业的生产效率,并最终实现对整个价值链的优化。由此可见,服务贸易自由化对全球价值链的发展和价值提升具有重

---

① 戴翔、张雨:《我国服务出口复杂度的国际比较及变化机制》,《南京社会科学》2015年第5期。

要意义,以促进服务贸易自由化为目的的贸易规则制定,成为当前自由贸易区建设的一项重要任务。

### (三) 投资层面

随着国际分工的不断深化、细化,生产要素在国际间的流动性增强,传统国际贸易方式与国际合作方式正日益融为一体,呈现贸易投资一体化。在全球价值链分工背景下,跨国公司通过在世界范围内优化资源配置,进行全球化生产与经营,这使国际贸易与国际投资越来越多地表现出围绕全球价值链相互依存、联合作用、共生增长的关系。投资的目的就是通过贸易实现分工收益,是为贸易而投资的,而贸易则是实现投资行为最终目标的手段。在全球价值链分工条件下,国际直接投资既是投资者在全球实现资源配置的有效方式,同时也为东道国提供了融入全球价值链、获取分工收益的途径,还能为东道国带来技术外溢、增加就业等好处。促进投资的自由化和便利化,消除资本要素流动障碍、提高资本要素流动效率,能有效增进国际贸易与国际直接投资的有益互动,推动全球价值链的发展。降低投资壁垒、改善投资环境、建立有效的争端解决机制等是自由贸易区建设需要解决的问题。

### (四) 边境后政策层面

在全球价值链分工模式下,产品不同的生产环节被分配到不同的国家和地区,产品需要多次跨越国境。边境贸易规则已经不能满足国际贸易的需要,贸易规则向边境后延伸成为必然趋势,国内规制的融合与标准的统一成为区域经济一体化发展的重要目标。也就是说,国内规制的融合能够积极促进全球价值链的发展,是一国融入全球价值链的有效推动力。完善知识产权保护政策、构建公正透明的营商环境、保证竞争的公平与充分、建立有效的环境标准等都是自由贸易区建设所需要关注的问题。产品生产的不同环节要在不同国家和地区实现,这就要求价值链上所涉及的国家和地区在生产过程中能够采用统一的标准。当前复杂的产品标准和认证体系阻碍了全球价值链在国家和地区间的延伸,增加了价值链上企业关于产品标准的协调成本,是全球价值链发展最主要的壁垒之一。通过签订自由贸易协定对标准进行约定正是解决这一难题的重要手段,它不但可以保障全球价值链各个环节的连续性,而且能够带动区域内更多的企业融入全球价值链分工之中。

## 二、 全球价值链重构背景下自由贸易协定议题深化与扩展

在全球价值链重构的大背景下,与其说区域经济一体化是国际贸易体系"碎片化"的表现,还不如说是对全球生产网络节点的强化。以自由贸易区为代表区域经济一体化对自由贸易协定议题的拓展,则在一定程度上填补了国际经贸规则的供给缺口,发挥了润滑区域内供应链运转、强化区域内价值链联结的作用。根据跨太平洋伙伴关系协定、全面与进步的跨太平洋伙伴关系协定、欧盟—日本经济伙伴关系协定以及美国—墨西哥—加拿大协定的最新发展动向,新一代自由贸易协定不仅使世界贸易组织传统议题得到深化,一些超越世界贸易组织框架的新议题也被自由贸易协定制定出新规则。这些大型自由贸易协定为以全球价值链为基础的国际经贸新规则确定了基准、提供了模板。美国、欧盟、日本等国正在不遗余力地将这些新国际经贸规则推向世界贸易组织等多边贸易体制,成为自由贸易区理论创新关注的核心议题。

第一,传统议题的深化。传统国际经贸规则所涉及的议题主要包括货物贸易、服务贸易以及投资三个方面,它们是现有多边贸易体制的主要构成部分,也是当前自由贸易协定的基础内容。一方面适应全球价值链重构发展的需要,另一方面在巩固区域内价值链的同时也对区域外国家和地区产生排他效应。

货物贸易市场准入、原产地规则、农产品贸易、海关管理与贸易便利化、技术性贸易壁垒、卫生与植物卫生措施、贸易救济措施等出现新特点:一是以大幅促进区域内贸易自由化为目标,关税减让范围广、幅度大;二是以促进区域

内价值链为目标,对原产地规则高标准严要求;三是促进管理规则的一致性、透明性和科学性;四是对贸易便利化措施进行了更详细的约定,并要求提高海关管理的透明度,这不但能够有效提升货物的通关速率,而且有助于企业参与全球价值链分工。

投资规则的主要进展包括:争端解决方面,强调投资者和政府争端解决机制,期望通过投资者与东道国间的国际规则约束,有效地保护跨国公司的海外投资利益。投资仲裁条款对提交仲裁申请的条件、双方的权利和义务有严格的规定,对仲裁员的法律知识有更高的要求,对仲裁庭适用的法律法规进行了明确规定。此外,也对投资与环境、健康和其他管制目的,以及企业社会责任条款等新议题制定了新规则。

服务贸易的新进展主要是:跨境服务贸易彻底采取了负面清单方式,承诺的开放水平大幅提高,除了信息安全和关乎国家利益的服务部门,一般都取消限制。这将有效推进缔约方之间服务贸易自由化的进程,有利于企业在"互联网+"的背景下更好地参与全球价值链分工。对国有企业采取了无原则的歧视对待,强调缔约方所享有的各种优惠和利益可以拒绝让缔约方的国有企业享有。服务贸易还对金融服务规定最低待遇标准;各缔约方按照国际法原则给予涵盖投资公平公正待遇和全面保护与安全待遇,即不得拒绝司法公正和提供治安保护。电信服务对电信监管机构规定了严格的纪律:任何企业因该缔约方电信监管机构的裁定,导致其合法、被保护利益受到不利影响时,可要求复议。电信服务条款还提出 21 世纪数字贸易新规则,将网络开放、网络的访问和使用,在线消费者保护和商业信息自由传输由非强制性条款提升为强制性条款。

第二,非传统议题的扩展。对非传统议题的扩展将国际经贸规则进一步向边境后的国内政策延伸,主要表现在细化、提高此前自由贸易协定中已有的涉及的非传统议题,以及率先涉及的新非传统议题。

深度一体化议题的强化。具体来看,当前自由贸易协定对政府采购、知识产权、环境保护等进行严格规定,对这些条款增加了争端解决机制。比如对政府采购条款的实施必须符合"透明度和反腐败"条款的规定。知识产权条款扩大了知识产权保护范围,并延长了保护期限,如作者作品、表演以及录音制品的版权和相关权利的使用费。

横向一体化议题的新增。监管一致性、合作与能力建设、中小企业政策、竞争力与商务便利化、发展问题、透明度和反腐败、宏观政策与汇率问题等边境内新议题纳入自由贸易协定。这是经贸规则由边境措施向边境后规则延伸的重要表现,适应了全球价值链重构发展对国内营商和监管环境的要求。透明度与反腐败对程序公正主要针对新药品和医疗器械列入报销清单的程序公正进行严格规定。反腐败条款能够有效促进市场的公平竞争,改善国际贸易和投资环境,降低全球价值链的运营成本。

美国、欧盟、日本等发达国家已经完成的跨太平洋伙伴关系协定、全面与进步的跨太平洋伙伴关系协定、美国—墨西哥—加拿大协定、欧盟—日本经济伙伴关系协定和正在进行的跨大西洋贸易与投资伙伴协定等,主要围绕新一代贸易与投资规则展开。发达国家将这些全方位谈判作为推动其国际贸易与投资新规则的新平台,将贸易新规则所规范的领域从边境延伸到边境后,试图在中小企业、贸易便利化、投资政策、知识产权、政府采购、环境产品、数据贸易、电子商务、价值链贸易、监管一致性以及透明度和反腐败等新议题形成新规则,力求实质性地提高全球市场的相互开放程度。这些议题成为当前各国规则博弈的重点,呈现出未来自由贸易区建设的新趋势。

## 第三节　全球价值链重构驱动国际经贸规则的演变

2008 年国际金融危机以来,世界经贸格局进入制度变革和结构调整共同推动的转换时期。各国都在寻找重振经济的新的增长动力,国际产业竞争与合作的态势正在发生重大变化,围绕制度、规则、市场、技术、资源的竞争日趋激烈,改革和完善国际经贸规则成为世界经贸格局调整的重要内容。着眼于危机后全球竞争新格局及抢占未来竞争"制高点",美国、欧盟等发达国家全力推动在更广阔领域、更高标准上打造新一代的国际经贸规则,国际经贸规则正面临着乌拉圭回合谈判结束以来最深刻最全面的一轮调整、完善和重构(陆燕,2015)①。

## 一、国际经贸规则重构的双轮驱动

事实上,国际经贸规则历来是国家间利益博弈的产物。从历史演变角度来看,当前国际经贸规则的重构是国际权力结构变化和全球价值链结构转移双重驱动的结果(王金强,2016)②。

在国际经贸规则的变革过程中,权力从来都是不可或缺的外生因素(Haas 等,1993)③。能够推动规则变革的权力不仅仅是一种军事实力,更重要的是特指一种"影响力"(Dahl,1957)④。在这个意义上,国际经贸规则的建立往往是某个霸权国或其主导的霸权联盟有意识地扩充实力的结果。霸权国按照自己所认可的利益标准为国际社会确立了一套行为准则,通过提供符合其利益诉求的国际公共产品维护国际秩序的稳定,同时强化对全球议程、观念和解决模式的控制力。但这种控制力是以霸权国支付霸权的成本为基础的(Kindleberger,1986)⑤。根据边际收益递减原则,公共产品的供给成本与收益

---

① 陆燕:《在全球价值链中寻求制度性话语权——新一轮国际贸易规则重构与中国应对》,《学术前沿》2015 年第 23 期。

② 王金强:《TPP 背景下国际经贸规则的变革与亚太价值链的构建》,《东北亚论坛》2016 年第 3 期。

③ Haas P. M., Keohane R. O., Levy M. A., Gasser L., *"Institutions for the Earth*: *Sources of Effective International Environmental Protection"*, MIT Press, 1993.

④ Dahl R. A., *"The Concept of Power"*, *Behavioral Science*, Vol. 2, No. 3, 1957, pp. 201-215.

⑤ Kindleberger C. P., *"International Public Goods without International Government"*, *American Economic Review*, Vol. 76, No. 1, 1986, pp. 1-13.

的获得是成反比的。随着公共产品数量的增加,单位公共产品的边际成本不断增加,而其边际收益逐渐减少。一旦霸权国因实力衰落而无法或不愿负担公共产品的成本,国际社会就会出现政治不稳定,导致自由贸易体制的瓦解。虽然权力的衰落不一定会导致原有的规则被推倒重来,但其他新崛起的更有竞争力的国家会对此前的国际经贸规则进行调整和改造。因此国际经贸规则成为霸权更替的结果。

第二次世界大战后,美国通过其在世界政治与经济中的霸权地位,确立了以关税及贸易总协定和国际货币组织为核心的国际经济体系,这构成了第二次世界大战以来国际经贸规则的基础。从 20 世纪 90 年代开始,"南升北降"成为世界政治发展的一个重要特征。在过去的 30 年间,以中国、印度、俄罗斯、南非和巴西"金砖五国"为代表的新兴经济体的经济都在快速增长。这些新兴经济体在权力结构的互动中进行重新组合,形成了后发国家的"群体性崛起"。以新兴经济体为代表的发展中国家作为国际经贸体系的重要参与者,希望在未来国际经贸规则的制定中体现其利益诉求,这对发达国家主导的国际经济体制构成了挑战。2013 年 12 月,巴厘岛部长会议签订的巴厘岛会议一揽子协定在贸易便利化方面取得重要突破,国际权力结构朝着更加均衡化和扁平化的方向发展。

除了国际权力结构的变化外,全球价值链的深入发展也成为推动当今国际经贸规则变革的另一重要推动力。当前,世界经济正从以国家为主导向以市场为主导的方向转变。全球价值链的出现和发展是经济全球化的高级阶段,也是市场优化配置资源的重要成果。从全球经济的趋势来看,价值链的发展日益体现在中间产品的贸易上。目前,世界货物贸易的 60% 是中间产品贸易。中间产品贸易的出现改变了原有的基于比较优势的国际贸易格局,构成了"全球价值链"分工体系的基础。

价值链在全球范围内的展开推动了经济全球化的政策议程超越了传统的贸易投资规则。由于全球价值链包括公司将产品和服务从概念转移到最终消费过程的所有活动,"全球制造"而非"美国制造""德国制造""中国制造"已成为全球价值链的代名词。这样,"边境"概念变得日益模糊,而且边境后的国内规则体系和政策在很大程度上决定了一个国家在全球价值链上所处的位置和能够创造的价值。国际经贸规则的变革逐渐从边境之外扩展到边境之内(Beamon,1998)[1]。

国际权力结构的变迁与全球价值链的出现和发展,要求出台与之相适应的新的国际经贸规则。国际经贸规则是随着国际贸易、国际投资等跨国经济行为的发展而逐步形成的。从广义上讲,现行国际经贸规则指各国对国际贸易、国际金融、国际投资等经贸领域制定的规范与准则。其中,既包括多边规则,也包括诸边、区域、双边、单边、非政府组织、行业协会和企业等制定的具有国际经贸实际效力的规则。从狭义上讲,现行国际经贸规则指关税及贸易总协定、世界贸易组织、国际货币基金组织、世界银行等公认的国际组织确立的与国际贸易、国际投资、知识产权保护等有关的多边规则(尹政平,2015)[2]。

在国际权力结构和全球价值链的双重驱动下,国际经贸规则的变革已成为大势所趋,但规则的变革不可能一蹴而就。从2001年多边回合谈判进程受挫以来,以区域合作为代表的区域价值链的构建成为国际经贸规则变革的集中体现。在全球性经贸规则无法取得实质性突破的背景下,区域性价值链的构建将继续成为国家和地区之间经济合作的主要形式。例如,受欧洲经济一体化的推动,20世纪90年代初,美国主导的北美自由贸易协定(North American Free Trade Agreement,NAFTA)正式生效。非洲、拉美区域价值链共同体的构建也在加速推进,形形色色的区域性经济合作机制成为全球价值链

---

① Beamon B. M.,"Supply Chain Design and Analysis: Models and Methods", *International Journal of Production Economics*, Vol. 55, No. 3, 1998, pp. 281-294.

② 尹政平:《国际金融危机以来国际经贸规则演变新趋势与我国对策》,《经济纵横》2015年第11期。

构建的主体结构。

从历史发展角度来看,现行国际经贸规则的演变可以划分为三个阶段。第一阶段是从第二次世界大战结束后关税及贸易总协定成立到1995年世界贸易组织成立。这一阶段主要由协商约束型的国际经贸规则向强制约束型的经贸规则演变(李向阳,2007)[1],从单纯强调货物贸易的多边规则向货物贸易、服务贸易、投资、知识产权等多领域的国际经贸规则演变。第二阶段是从1995年世界贸易组织成立到2008年国际金融危机。在这一阶段,经历了从制定多边国际经贸规则活跃到制定区域经贸规则活跃的转变。在世界贸易组织成立后,关于知识产权保护、服务贸易自由化、与贸易相关的投资措施等问题的讨论及相关规则日渐增加,尤其是在2001年前后最活跃。但从世界贸易组织多哈回合谈判受阻之后,各国纷纷转向自由贸易协定谈判,投资相关议题变得越来越重要,与环境、政府采购、发展合作、可持续发展等边境后措施有关的议题逐渐被纳入自由贸易协定谈判。第三阶段是2008年国际金融危机至今。在这一阶段,区域经济合作不断升温,美国、欧盟、日本、韩国、中国、澳大利亚等国家和地区的自由贸易协定不断在全球布局,包括跨太平洋伙伴关系协定(Trans-Pacific Partnership Agreement,TPP)、跨大西洋贸易与投资伙伴关系协定(Transatlantic Trade and Investment Partnership,TTIP)和区域全面经济伙伴关系协定等在内的跨区域巨型自由贸易协定以及服务贸易协定(Trade in Service Agreement,TISA)、政府采购协定(Government Procurement Agreement,GPA)、双边投资协定(Bilateral Investment Treaty,BIT)等多边、诸边、双边谈判持续展开,投资、电子商务、环境等领域的规则更为具体,非政府组织、行业协会、跨国公司等制定的事实标准对国际经贸规则重构的影响日益增大。

---

① 李向阳:《国际经济规则的实施机制》,《世界经济》2007年第12期。

## 二、现行国际经贸规则体系的特点及面临的新形势

### （一）现行国际经贸规则体系的特点

国际经贸规则制定的主导权反映一国的综合实力,也代表一国的全球利益。第二次世界大战以前,英国的技术水平领先世界,但存在产能过剩问题,急需占领世界市场。为了维护其在全球经济的领先地位,英国通过废除《谷物法》、制定科布顿—谢瓦利埃协定,在世界推行自由贸易政策,进一步巩固了英国的国际竞争优势。在国际金融领域,英国通过"伦敦提款权"以及建立以伦敦为首、巴黎和柏林为辅的国际金融中心等方式,确立了英国在全球金融领域的规则制定权与主导权。这一时期的国际经贸规则主要代表的是当时的领先国——英国等国的全球利益。第二次世界大战之后,美国取代英国成为世界政治经济的霸主,并夺得国际经贸规则制定与主导的权力。美国致力于把国际组织作为多边机制的基础(李向阳,2006)[①],其主导设立的关税及贸易总协定、国际货币基金组织、世界银行都反映了美国的全球利益。随着美国对外投资的扩张和海外利益的不断延伸,近年来双边投资协定谈判不断升温,美国所倡导的投资规则得到了更多国家的认可。"21 世纪新议题"的设定,尤其是政策采购、环境等规则的具体化、严格化,也都反映了领先国——美国等国家和地区的全球利益,并对新兴经济体形成了新的遏制。

其次,现行国际经贸规则体系以多边贸易规则为主导、自由贸易协定为重要组成部分。1995 年世界贸易组织成立后,确立了以多边贸易体制为核心的多边国际经贸规则体系。进入 21 世纪后,由于多哈回合谈判进展缓慢,各国纷纷转而寻求区域经济合作。但无论是区域还是双边贸易规则,都仍遵守多边贸易的基本规则。当今国际经贸规则体系以多边为主导、区域为补充的格局并未改变,但众多自由贸易协定错综复杂的"意大利面碗"效应难以解决。

---

① 李向阳:《国际经济规则的形成机制》,《世界经济与政治》2006 年第 9 期。

2013 年,世界贸易组织达成巴厘岛"一揽子"协议,使各国在一定程度上对多边贸易规则重拾信心。同时,现行国际经贸规则的内容仍以货物、服务、投资等边境后措施为主。虽然进入 21 世纪后,现行的国际经贸规则谈判中引入了环境、政府采购、发展合作、可持续发展、电子商务等议题,但在已达成的世界贸易组织多边经贸规则中,仍以货物、服务和投资等边境后措施为主。

最后,现行国际经贸规则滞后于价值链贸易发展。随着全球价值链分工的不断深化,国际贸易逐渐成为生产要素跨国流动和融合的载体。生产要素的多边流通使制造流程愈加细化,因而对参与国际贸易的各国提出了新的标准和要求。在全球价值链分工下,一国的比较优势突破了传统的区位和成本优势,其生产要素流动的自由化和便利化、生产性服务的发展水平,以及知识产权保护、数字应用规范等本土政策水平已或多或少地成为一国融入全球价值链生产和分工的新型资源和优势。这也意味着全球价值链链主国家(发达经济体)对链条上其他参与国(往往是发展中经济体)的要求更倾向于环境规制等软性条件,从而区别于传统以世界贸易组织为代表的多边贸易规则(李远本和陈思萌,2022)①。发展中经济体为避免贸易摩擦,不得不调整本土政策,无形中会形成全球价值链贸易规则与本国政策自主性的矛盾;同时随着发展中国家生产和制造能力的提升,某些特定高级生产要素表现出单向性流入发展中国家的趋势,发展中国家在全球价值链中地位得到较大程度提升,这也意味着发达国家对全球价值链布局的主导能力有所弱化。为了再次加强其对全球贸易活动的掌控,美国及欧盟主导和发起了跨太平洋伙伴关系协定、跨大西洋贸易与投资伙伴关系协定谈判,中国、巴西、印度、俄罗斯和南非等新兴经济体均不被包含在内,新兴经济体在全球经贸规则中所面临的不公平对待也增加了全球贸易规则现有体系的缺陷。

---

① 李远本、陈思萌:《全球经贸治理困境下中国的机遇、挑战与策略》,《世界经济与政治论坛》2022 年第 4 期。

### （二）国际经贸规则变革面临的新形势

随着经济全球化的深入，尤其是2008年国际金融危机以来，国际经贸格局经历了较大调整，全球价值链的影响不断加深，以自由贸易协定为代表的区域经济合作势头高涨，新兴经济体在多边平台上的话语权逐渐增强，国际经贸规则体系重塑的步伐开始加快，面临日益复杂的新形势。

首先，国际经贸格局调整与全球价值链影响加深。2008年国际金融危机以来，美国、欧洲经济复苏缓慢，包括中国在内的新兴经济体不断崛起，全球经贸格局正在重塑，这也要求国际经贸规则随之变革，进一步促进贸易与投资自由化和便利化。尤其是随着全球价值链的发展，世界经济"你中有我、我中有你"，各国之间的联系更加紧密。全球外贸依存度已从1960年的26%增长至2021年的46.6%，中国的外贸依存度已从20世纪80年代的15%增长至2021年的39%。越来越多的商品与服务需要在不同国家和地区，经过众多环节才能最终完成，涉及商品、服务、投资、技术和人员在多个经济体间的流动。这就要求价值链上各经济体的经贸规则必须有效整合、协调一致，保证各环节都能衔接紧密、运转顺畅（杨广贡和杨正位，2015）①。

其次，以自由贸易协定为代表的区域经济合作势头高涨。在多边经贸规则发展受阻的情况下，各国纷纷转向推进区域经济一体化进程，以自由贸易协定为代表的区域经济合作不断加速。根据世界贸易组织的统计，截至2024年3月，全球已生效的区域贸易协定（Regional Trade Agreement，RTA）数量达到365个，与1990年相比，区域贸易协定的数量增长了16倍之多。除各国之间的双边自由贸易协定布局加速之外，一个明显的特点是跨区域的巨型自由贸易协定谈判进展迅猛。由跨太平洋伙伴关系协定发展而来的全面与进步的跨太平洋伙伴关系协定已于2018年年底生效，由原来的北美自由贸易协定演变

---

① 杨广贡、杨正位：《全球经贸体系重塑的动因、趋势和对策》，《国际经济评论》2015年第1期。

而来的美国—墨西哥—加拿大协定于 2020 年正式生效,区域全面经济伙伴关系协定也于 2022 年 1 月开始生效,跨大西洋贸易与投资伙伴关系协定谈判正加紧进行。其中,全面与进步的跨太平洋伙伴关系协定涵盖 11 个成员,覆盖5.05 亿人口,13.1%的全球经济总量和 34.8%的全球国际直接投资;美国—墨西哥—加拿大协定涵盖 3 个成员,覆盖 4.97 亿人口,27.3%的全球经济总量和 28.3%的全球国际直接投资;区域全面经济伙伴关系协定涵盖 15 个成员,覆盖 22.64 亿的人口,29%的全球经济总量和 38.3%的全球国际直接投资。大国往往利用自由贸易协定影响国际经贸规则制定,自由贸易协定合作的升温意味着各国可通过自由贸易协定将各自推行的经贸规则推广至未来的国际多边经贸规则之中。

最后,新兴经济体国际经贸规则制定的话语权逐渐增强。在 2003 年坎昆会议上,发展中国家首次以共同的声音质疑现行多边贸易规则不合理,这是第二次世界大战后多边贸易谈判中第一次出现这一现象,反映了发展中国家开始重新反思全球化的收益分配问题(李向阳,2004)①。2008 年国际金融危机爆发至今,世界政治已呈现"一超多强"局面,经济则表现出多极分化特征。世界经济格局的一个重要变化是 2013 年以中国等新兴经济体为代表的发展中国家国内生产总值占全球国内生产总值的比例达 50.4%,历史上首次超过发达国家,且仍有不断提高的趋势。新兴经济体在全球经贸规则制定中的话语权也随之增强。在二十国集团(Group of 20,G20)、亚洲太平洋经济合作组织等平台上,中国等新兴经济体就促进发展和技术转移、承担"共同但有区别的责任"、加强全球治理等方面提出了有别于发达国家的新诉求。二十国集团推出了包括强化金融监管在内的一系列措施,形成对现有经贸规则的有益补充。同时,由于各方利益变得更加错综复杂,国际经贸规则在多边平台取得共识的难度增大。

---

① 李向阳:《世界经济形势回顾与展望》,《世界经济》2004 年第 3 期。

## 三、新一代国际经贸规则的新特征与新趋势

国际金融危机强化了全球经济治理体制变革,加快了全球经贸规则重构的步伐。当前全面与进步的跨太平洋伙伴关系协定、美国—墨西哥—加拿大协定、区域全面经济伙伴关系协定等大型自由贸易协定陆续生效,世界贸易组织多哈发展议程(Doha Development Agenda,DDA)、服务贸易协定、环境产品协定(Environmental Goods Agreement,EGA)、信息技术协定扩围协定(Information Technology Agreement 2,ITA2)等贸易协定谈判也在持续推进。这些都向人们展现出一幅国际贸易规则重构的全图景。通过这些重大谈判,新一代国际经贸规则和标准正在酝酿和形成中。国际金融危机以来的国际经贸规则重构呈现出一些新的特征与趋势。

### (一)推动市场更加开放依然是经贸规则重构的基本取向

国际经贸规则是经济全球化发展的产物,是在世界各国经贸往来日益密切背景下逐渐产生和完善的。第二次世界大战后,以关税及贸易总协定/世界贸易组织为代表的多边贸易体制,以市场经济体制为基础,进行了八轮多边贸易谈判,确立了一整套国际贸易原则与规则,推进了各国市场的开放和有序竞争,在推动世界经济与贸易发展方面发挥了重要作用。近年来,伴随经济全球化的深入,全球价值链的发展改变了世界贸易的本质。运输及通信成本降低使跨国公司能够掌控全球价值链,通过企业内贸易和供应商之间的网络在不同国家和地区间寻求比较优势,推动全球贸易、投资、服务日益紧密结合。全球价值链的发展增加了国际商业的复杂性,使各国间的贸易投资关系更加密切和复杂,使各国贸易政策和国内政策之间的边界变得模糊,从而产生了政策合作的需要,产生了制定新规则和新纪律的需要。在新一轮经贸规则重构中,推动市场进一步开放、削减贸易与投资壁垒仍是规则制定与完善的基本方向和核心。无论是传统议题还是新议题的谈判,都力求实质性地消除现存的贸

易与投资壁垒,提高全球市场的相互开放程度。而无论是多边还是区域、双边层面的贸易谈判,也都是以不同方式推进全球和区域市场开放。总体来看,当前国际经贸规则重构代表着经济全球化更高阶段的发展要求,是以调整和变革来适应经济全球化的新形势,其基本目标仍在于降低或取消各种市场壁垒,维护一个更加自由开放的国际经贸体系。

### (二) 经贸规则重构的"宽领域":从边境措施拓展至边境内措施

新一轮国际经贸规则重构的范围呈现"宽领域"的特点。这意味着规则涉及议题更广泛,既包括对现有规则的完善与改革,也包括对新规则的谈判和建立。这些正在谈判中的议题可分为三大类:第一类是传统的市场准入议题,包括货物关税、服务贸易壁垒,政府采购的歧视性政策,以及外国投资保护等。在新规则制定中,发达国家对传统的市场准入议题的谈判目标是在现有基础上更进一步开放,即实现高标准的市场准入,实现高水平的货物、服务和投资自由化。第二类是边境后议题,包括监管一致性、知识产权、贸易便利化等。边境后措施是属于一国经济主权范畴内的事务,涉及一国的经济体制、规制与政策。随着全球价值链发展,对贸易构成主要障碍的因素已不是关税问题,国内监管、非关税壁垒和行政管理等边境后措施逐渐成为影响贸易投资自由化、便利化的重大障碍。发达国家已日益关注边境后措施对贸易投资自由化的影响,显示出要在这些议题上确立贸易规则的雄心。发展中国家由于经济发展水平、管理体制等因素限制,加上边境后措施涉及较大的主权让渡,通常不愿意就此类议题进行谈判。第三类是面向"21 世纪的议题",如电子商务、环境保护等。所谓"21 世纪的议题"在一定程度上反映了国际贸易投资自由化的新要求和新趋势,在国际经贸规则重构中备受瞩目。但由于这些议题的较高敏感性和复杂性,发达国家与发展中国家的立场不同,难以达成共识,各方在多边谈判中博弈激烈。由此,美欧转而在双边或区域谈判中来推广其理念和规则,跨太平洋伙伴关系协定和跨大西洋贸易与投资伙伴关系协定等成为这些议题谈判的新平台。

### （三）经贸规则重构的"高标准"：市场开放度及标准超出世界贸易组织框架下的承诺

新一轮国际经贸规则重构更加强调高标准、高水平，这意味着市场开放度更高，同时一些全新的贸易议题被提出，在大幅取消现有贸易投资壁垒的同时，制定共同关注的全球贸易问题的新规则。如果说传统的市场准入议题面临的是提高标准的挑战，那么边境后措施议题及"21世纪的议题"涉及的是创设新规则的挑战，最终目标都是继续推进高标准的市场开放。新一轮国际经贸规则重构强调高标准，更多地体现了发达国家的优势，显示了美国、欧盟所希望的贸易新规则谈判与时俱进，反映出美国、欧盟等发达国家抢占未来世界经济发展和国际竞争的制高点、确保其竞争优势的目的。随着全球分工从最终产品转向以价值链为基础的生产要素分工，发达国家在全球化中的政策关注更多地从货物贸易转向服务贸易、从最终产品转向价值链、从获取资源转向要素整合，通过推进制定国际经贸新规则和新标准，有助于维护其利益与诉求。发达国家服务业发展具有强大优势，美国、欧盟、加拿大、澳大利亚等积极推动国际服务贸易协定诸边谈判，目标在于大幅度降低或取消针对服务贸易的市场壁垒，其追求的开放标准高于现有的世界贸易组织服务贸易总协定（The General Agreement on Trade in Services, GATS）和多哈发展议程相关谈判。在投资领域，新的投资条款更加注重推进投资自由化，准入前国民待遇和负面清单的做法被更多的国家接受。为了保护跨国公司在海外的权利，跨太平洋伙伴关系协定和跨大西洋贸易与投资伙伴关系协定着力构建"投资者与东道国争端解决"（Investor-State Dispute settlement, ISDS）机制，以解决外国投资者与东道国政府之间的争端，为跨国投资者保护机制设定更高的标准。虽然当前美国已经退出跨太平洋伙伴关系协定，由日本主导且生效的全面与进步的跨太平洋伙伴关系协定仍然继承了跨太平洋伙伴关系协定的文本框架,只是搁浅了少数条款。作为 21 世纪新型国际经贸规则典范的全面与进步的跨太平洋伙伴关系协定,很可能成为引领下一代全球贸易规范的基准和范本。

## （四）经贸规则重构的竞争焦点:服务贸易/数字贸易越发重要

随着新一代技术革命快速发展,全球贸易模式发生了深刻改变。在传统贸易向数字贸易转型、产业价值链更依赖研发和创新、无形资产投入增加等新形势下,贸易不仅是货物贸易,背后指向技术、金融、数据、知识产权等问题,服务贸易和数字贸易正成为全球贸易的新引擎。美欧等发达经济体利用自身的服务贸易与数字贸易发展的竞争优势以及较为完善的国内法律法规,在新一轮国际经贸规则制定中积极抢占制高点,而与之相关的议题设置也成为大国战略博弈的焦点。2011 年以来,服务贸易呈现出快速增长态势,其增速远远超过商品贸易。服务贸易在国际贸易中比重持续上升,2018 年服务贸易占全球贸易的比重为 23%,按附加值计算,服务贸易附加值在全球贸易附加值的比重已超过 50%。作为全球价值链重要一环,制造业服务化和服务业数字化趋势正在重塑传统商业模式与业态,为服务贸易创新发展提供强大动力。随之而来的是围绕服务贸易自由化与便利化的经贸规则诉求,这些诉求绝大部分超出了原有的服务贸易总协定项下的服务贸易承诺。数字贸易及其规则也成为美欧等发达国家关注的自由贸易协定的前沿议题。在世界贸易组织公布的 40 多个区域贸易协定中,有 32 个将数字贸易或电子商务专设单独章节,其中涉及美国主导的 13 个、欧盟 7 个(张茉楠,2020)①。在新型自由贸易协定如跨太平洋伙伴关系协定/全面与进步的跨太平洋伙伴关系协定、服务贸易协定和跨大西洋贸易与投资伙伴关系协定中,都对知识产权保护、跨境数据自由流动以及数据隐私保护有重点涉及。

---

① 张茉楠:《全球经贸规则体系正加速步入"2.0 时代"》,《宏观经济管理》2020 年第 4 期。

### （五）经贸规则重构的路径多元：在多边、区域同时展开

第二次世界大战后，多边贸易体制和区域贸易自由化相生相伴、交替演进，共同推动了经济全球化进程。关税及贸易总协定/世界贸易组织体制下的多边贸易谈判在国际经贸规则的形成与调整中发挥了核心作用，是推进贸易自由化的主渠道，自由贸易协定是其有益补充，两者相互促进、共同发展。但在新一轮国际经贸规则重构中，不同层次、多种类型的自由贸易协定谈判逐渐成为新经贸规则重构的重要路径。

自由贸易协定成为国际经贸规则制定的重要平台。面对多边贸易谈判进展艰难，为确保自身经济利益，美国、欧盟等发达国家另辟蹊径，带头将贸易谈判的主战场从多边转向双边或区域，积极搭建引领国际经贸规则调整的区域贸易框架体系。国际金融危机以来，大量非全球性的、涉及许多大型经济体的重要自由贸易协定处于谈判之中。跨太平洋伙伴关系协定/全面与进步的跨太平洋伙伴关系协定、区域全面经济伙伴关系协定等谈判的启动及生效，使区域经济集团日趋"大型化"。美国、欧盟带头商谈规模庞大、标准更高的自由贸易协定，通过区域合作推进其贸易议程，探索满足自身利益的国际经贸规则的新版本，打造全球经贸规则的"新标杆"，保持其在全球贸易谈判中的引领地位。以签订自由贸易协定形式制定宽范围、高标准的贸易投资自由化规则正变得越来越重要。世界贸易组织框架下的多边谈判进展艰难。多哈发展议程自2001年启动至今已二十余年，一直无法达成一致意见。多边谈判久拖未决，自由贸易协定谈判不断取得突破，严重伤害了多边贸易体制在规则重构中的领导力，使其在国际贸易体系中的中心地位受到挑战。随着各国热衷通过自由贸易协定实现双边或区域贸易与投资的深度一体化，世界贸易组织规则成为仅维持保障最低共同标准的一揽子承诺。从现实看，世界贸易组织虽然占据了多边主义优势，但却不能为制定宽范围、高标准的全球经贸规则提供新动力，国际经贸规则重构难以在世界贸易组织框架下完成。

（六）经贸规则重构的主要力量：发达经济体与新兴经济体的博弈

着眼于未来全球竞争格局和抢占未来竞争优势，美欧等发达国家全力推进在更广阔领域内打造新一代国际经贸规则。美国要确保规则的制定权和领导力，通过主导跨大西洋贸易与投资伙伴关系协定、服务贸易协定等谈判暂时占据先机，欧盟、日本等发达国家是核心力量，发达国家"强强联合"的态势凸显。借助主导新贸易谈判来影响国际经贸规则重构及国际经贸关系，反映了发达国家在全球范围内重整贸易关系、重构游戏规则、重新配置经济利益的战略目标。面对美欧等发达国家经济战略的调整，世界其他国家都感受到新的竞争压力。新兴经济体不甘被动，希望建立更加均衡的全球治理格局，在规则制定中获得平等地位，获得更多的制度性权利。但是由于在经济发展程度、市场经济完善程度等方面与发达国家存在较大差异，欧美等发达国家主导的宽范围、高标准的规则重构超越了发展中国家的发展水平，使其难以承受，对发展中国家的制度规范和经济改革形成巨大外在压力。如何在国际经贸规则重构中避免被边缘化、增强在全球贸易治理中的话语权，是新兴经济体国家必须正视的严峻挑战。新一轮国际经贸规则重构将是各方综合博弈的结果。

## 四、后疫情时代全球价值链发展的新趋势

20世纪80年代以来，以产品生产环节与阶段的分解和全球分布为主要表现的全球价值链分工，逐步成为国际分工的主要形态。全球价值链的形成激发了各国潜在比较优势，显著提升了分工效率，同时在生产、分配、交换和消费的经济循环中形成了更加复杂的网络关系，也为外生冲击通过价值链对全球产业链供应链体系带来放大式的负面影响提供了条件。2020年新冠疫情的全球暴发、扩散和蔓延无疑给全球价值链带来了严重破坏。与以往自然灾

害对全球价值链产生的短期脉冲式破坏作用不同,2020 年新冠疫情的暴发由于波及范围更广以及持续时间更长等特征,对全球产业链供应链所产生的冲击效应和破坏作用更甚。疫情的全球蔓延对国际生产造成了前所未有的冲击,动摇了长期以来不断深化的全球价值链分工体系的基础。疫情期间,西方主要国家纷纷调整对外经济政策,更加强调国家安全、供应链弹性和关键供应自主,国家政策内向化转变日趋明显。未来一段时期,受经济、技术、政策等多重因素的影响,全球价值链在长度、地理分布和治理模式等方面可能将发生剧烈变化,对各国经济发展和参与国际分工带来重大影响。疫情对全球经济、全球价值链发展影响的全局性、严重性和非短期性已成基本共识(张二震和戴翔,2020)[1]。

全球价值链虽然有助于提升经济效率、降低交易成本,但在治理能力缺失和治理能力滞后的条件下,也会带来社会成本上升,引发产业安全风险问题。开放条件下的产业安全与稳定可能来自一国对其他国家在某些生产环节和阶段上的过度依赖,也可能来自对贸易品技术安全的担忧和疑虑,一旦发生"断供",就可能对本国产业带来较大负面冲击;实际上,自 2008 年国际金融危机冲击以来,世界主要国家和地区对全球价值链的调整和重构已经表现出强烈的现实需求。而新冠疫情的全球暴发和蔓延,无疑将加快全球价值链重构的进程。短期来看,疫情冲击全球服务业、金融业和投资增长,影响全球制造业供应链发展,削弱全球价值链增长动力。长期来看,失业和经济动荡等问题很可能使西方部分国家反全球化情绪复燃,加剧贸易摩擦,同时疫情期间跨国供应链中断后,各经济体在政府主导下将部分产业供应链转向国内,这些都将给全球价值链的发展带来深刻影响(刘儒和赵铁军,2020)[2]。

---

① 张二震、戴翔:《疫情冲击下全球价值链重构及中国对策》,《南通大学学报(社会科学版)》2020 年第 5 期。

② 刘儒、赵铁军:《全球价值链演进特征及中国方案》,《人民论坛》2020 年第 24 期。

## （一）全球价值链呈现本土化发展趋势

从区位布局看,全球价值链分工发展演变的一个重要特征是,具有不同要素密集度特征的产业以及产品生产阶段在地理空间上呈现出向不同国家和地区集聚以及具有相同或类似要素密集度特征的产业以及产品生产阶段,向具有相似要素禀赋的国家和地区集聚。前者表现为"垂直分工"形态,在全球价值链分工模式中被称为"蛇形模式";后者表现为"水平分工"形态,在全球价值链分工模式中被称为"蛛网模式"(Baldwin 和 Venables,2013)①。这两种模式交织在一起构成了复杂的全球生产网络体系。疫情前,生产模块化、专业化和规模经济共同导致了价值链沿着"蛇形模式"和"蛛网模式"多层次发展。新冠疫情凸显了依靠任何一个国家和地区提供投入或最终产品的危险,驱使全球价值链加速走向本土化。价值链的本地化发展趋势源于应对生产性联系被重大公共卫生事件、地缘政治风险等冲击带来的风险,其目的是将需要进口的关键零部件转向本地生产以避免外部冲击造成的供应链断裂破坏内部正常生产秩序,或者由于关键零部件对外脆弱性依存导致一国在面临重大外生冲击时陷入被动。关键零部件的本地化需要政府采取强有力的产业政策培育本地产能,缩减外部进口并增强技术研发能力以促进自主生产,或者改变跨国企业的偏好以将重要生产环节从外部转移至内部,实现关键技术和生产能力的回流(管传靖,2022)②。

事实上,在全球新冠疫情暴发之前美欧就已经出现了强烈的本地化制造的政策诉求。2019 年初期德国政府发布的《国家工业战略 2030》以及德法共同发布的《面向 21 世纪欧洲工业政策宣言》,都将供应链安全和生产本地化作为产业政策调整的重要内容。2016 年特朗普竞选总统时就提出让制造业

---

①　Baldwin R., Venables A. J., "Spiders and Snakes: Offshoring and Agglomeration in the Global Economy", *Journal of International Economics*, Vol. 90, No. 2, 2013, pp. 245-254.

②　管传靖:《大变局时代全球价值链安全治理的路径选择》,《国际论坛》2022 年第 5 期。

回流美国,为此推出税改方案,鼓励跨国公司将业务搬回美国。新冠疫情带来的全球供应链和产业链的割裂,更是加速了全球价值链的本土化发展趋势。在疫情冲击下,各国对产业链和供应链安全性的考量高于经济性,经济自主高于全球化收益,力求增强国内供应链的弹性、独立性、稳定性、安全性。2020年5月,为应对疫情带来的经济危机,欧盟提出"开放战略自主"的战略方针,需要在市场开放和欧洲本土经济保护之间权衡。为了应对新冠疫情带来的欧洲经济"急刹车",在法国总统马克龙和德国总理默克尔牵头推动下,欧盟委员会推出了7500亿欧元的经济复兴计划,其中大部分资金用于本土经济能力的维护和支持。日本政府为应对疫情对经济的消极影响,紧急推出了108万亿日元的抗疫经济救助计划,其中有2200亿日元的预算将用于补助日本企业将生产迁回本土以实现供应链本土化。

## (二) 全球价值链呈现区域化发展趋势

世界银行、世界贸易组织等联合发布的《全球价值链发展报告(2017)》指出,全球价值链的地理特征已经逐渐演化为三个相对孤立的区域价值链,分别是以德国为核心的欧洲价值链、以美国为核心的北美价值链和以中国为核心的亚洲价值链。根据麦肯锡全球研究院发布的报告,2013—2019年区域内贸易占全球商品贸易总量增长了2.7个百分点,全球价值链的区域化特征越发凸显,其中亚洲地区和欧盟地区的增长势头尤为迅猛。亚洲开发银行发布的2022年《亚洲经济一体化报告》也显示,尽管疫情限制和供应链中断阻碍了全球贸易,但是亚太地区的区域内贸易却上升到了30年来的最高水平(杨翠红,2022)①。区域价值链的快速发展凸显了区域价值链的重要性。区域价值链之所以重要,主要是因为生产国际分工带来的交易成本的上升。虽然在信息技术革命的影响下,沟通和协调等成本已经大幅下降,但占比相对较高且难

---

① 杨翠红:《从新发展格局出发前瞻国际国内产业转移趋势》,《国家治理》2022年第15期。

以大幅度下降的运输成本仍然存在,使价值链在空间布局上并不能够完全忽略地理因素的限制,毕竟跨国公司对低成本要素的追求难以经受距离之远的"伤害"。有研究发现,伴随信息通信技术的进步以及交通基础设施的不断完善,地理距离对开展进出口贸易的阻碍作用逐渐减弱。然而,也存在大量的经验证据表明上述"阻碍"作用不仅没有随着时间演进而逐渐减弱,反而有了进一步增强的态势。这一现象被学术界称为"距离之谜"。实际上,"距离之谜"的产生正是因为价值链分工的兴起所致。由于生产环节被不断切割,而运输成本在中间产品多次往复循环的跨境流动中形成了极大的阻碍效应,因此,生产国际分割也需要尽可能地被安排在区域内实现(戴翔等,2022)①。

与此同时,虽然近年来世界贸易组织的作用趋于弱化,但以自由贸易协定为代表的区域内国家和地区间的经贸合作不断加强。特别是全面与进步的跨太平洋伙伴关系协定、区域全面经济伙伴关系协定、美国—墨西哥—加拿大协定等大型自由贸易协定的不断涌现更是为全球区域价值链的发展创造了条件,提供了制度性保障。新冠疫情的冲击使全球价值链加速裂解为多条区域价值链,产业链出现了区域化与短链化同步的趋势,全球价值链的区域化发展趋势将愈加明显。在后疫情时代,全球价值链"三足鼎立"的格局将更加显著,三大区域价值链之间的联系可能会有所减弱,但其内部的产业关联将会进一步增强。

## (三) 全球价值链呈现多元化发展趋势

当前,在新冠疫情、乌克兰危机等一系列重大突发事件的冲击下,全球价值链应对外部冲击的脆弱性暴露无遗。供应链安全逐渐替代利润最大化成为

---

① 戴翔、张雨、刘星翰:《数字技术重构全球价值链的新逻辑与中国对策》,《华南师范大学学报(社会科学版)》2022 年第 1 期。

跨国公司选址决策的优先目标(Gereffi,2020)①。企业的风险偏好明显弱化,生产布局从"效率优先"转为"战略优先",寻求建立兼具韧性与稳健性产业链、供应链的意愿更加迫切。政府应对国际贸易政策收紧和重大风险事件的举措则强化了价值链的韧性偏好。为了降低全球供应链中断对本国经济社会的负面影响,各国政府投入大量资金,鼓励企业降低对生产环节中间品和最终产品进口的过度依赖,政府扶持和财政补贴减轻了企业调整产业链布局的成本压力。现阶段以及疫情后的一段时间内,产业链布局的成本与效率导向势必在一定程度上让位于安全原则和韧性偏好。从理论上来看,在外部不确定性增加的条件下,集中的产业链布局并不利于分散风险,即使为抵御新冠疫情等重大风险事件的冲击,使用完全本地化的产品来增强韧性仍然是不可取的。韧性主要指企业在遭遇重大风险冲击时所具备的快速响应和恢复的能力,但对于新冠疫情这类持续时间较长且已形成"疤痕"效应的外部风险而言,一国试图在自身内部建立起全产业链、拥有全部的配套生产技术和生产能力显然是不可能的。即便某些大国有这样的能力和条件,也将是以牺牲效率为代价的,难以同世界产业分工体系相竞争和抗衡(戴翔等,2022)。那么,比较好的出路其实就是增强可替代性,就是尽可能保证产业链各个环节和阶段均具有可替代性,即便某个供应方出于某种原因而中断合作,也可以由其他供应方及时替补。因此,拥有多个可替代的生产区位才能在危机中确保生产经营的稳健性,这就要求产业链生产布局的多元化以提高价值链的韧性(詹晓宁等,2021)②。从这个角度来看,为化解产业链供应链安全隐患并尽可能实现效率最大化,现阶段及未来全球价值链发展将会朝着多元化发展趋势演进。

---

① Gereffi G., "What Does the Covid-19 Pandemic Teach Us about Global Value Chains? The Case of Medical Supplies", *Journal of International Business Policy*, Vol. 3, No. 3, 2020, pp. 287-301.

② 詹晓宁、贾辉辉、齐凡:《后疫情时代国际生产体系大转型:新趋势和未来方向》,《国际贸易》2021 年第 9 期。

# 第三章　新技术、新产业革命与全球自由贸易协定规则演变

　　科学技术发展是人类进步与发展的重要标志,而科学技术发展的一个重要表现形式便是"革命"。过去 300 年来,人类社会大体上经历了三次工业革命。第一次是 18 世纪中叶到 19 世纪初的蒸汽机革命。第二次工业革命是 19 世纪 70 年代开始的电气革命,石油代替煤炭成为重要能源。第三次工业革命始于第二次世界大战结束后,被称为"电子革命"。进入 21 世纪以来,大数据、自动驾驶、网络安全、量子计算、基因工程、先进制造、增强现实技术等为代表的颠覆性技术和产业不断涌现,正在催生新一轮的技术和产业革命。

　　技术和产业革命对经济社会产生了深远影响,这不仅体现在人们的生产和生活方式改变上,也体现在各国之间的经贸关系上,体现在自由贸易协定的议题上。货物贸易是跨国贸易的最初形态,科学技术的进步使得初级产品在贸易中的比例越来越少,高科技产品越来越多,原本属于制造业组成部分的服务业发展成为独立的产业部门,使得越来越多的新经济活动被纳入贸易自由化行列,越来越多的新产品被纳入进一步降低或取消各种贸易壁垒的范围,享有优惠贸易待遇的条件也越来越详细具体。同时,生物技术、技术标准、数字产品、数据跨境流动等规则越来越完善。从关税及贸易总协定到服务贸易总协定再到全面与进步的跨太平洋伙伴关系协定等各类区域、双边自由贸易协

定,货物贸易议题到服务贸易议题再到电子商务、经济技术合作、数字贸易、绿色技术等议题,反映了科技与产业发展的演变规律和自由贸易协定议题的不断更新与完善。

而随着新一轮技术和产业革命的深入推进,将会不断催生新的产业、新的业态和新的交易模式,越来越多非传统但被视为"与贸易有关的"的议题也将纳入自由贸易协定议题范畴,自由贸易协定议题面临更新、修订和创制。本章围绕新技术、新产业革命发展趋势和特征展开讨论,对新技术、新产业革命背景下的自由贸易协定下的新议题进行细分,探讨自由贸易协定理论与技术和产业革命的关系,进而提出中国在新一轮技术和产业革命背景下,推动自由贸易协定蓬勃发展的政策建议。

# 第一节  新技术、新产业革命发展现状及特征

与前几次工业和技术革命相比,最新一轮的技术和产业革命是一项整体性、革命性和系统性工程,渗透到几乎所有产业和领域,包含智能制造、新能源人工智能、"3D"打印、无人驾驶、极地、深海和太空勘探、大数据、云计算、5G通信、移动支付、物联网、量子计算、虚拟现实、区块链以及生命科学、生物医药、基因工程、神经技术、纳米生物技术、微生物采油技术等。这些新技术的产生和应用极大地改变了现有的经济格局和竞争态势。

## 一、新技术、新产业革命发展趋势

全球科技创新竞争是经济大国科技创新博弈的体现。科技创新作为一国经济社会发展的重要动力,是大国经济博弈的关键内容。只有大规模经济体和创新大国才有能力和可能性发起全球科技创新之争,小规模经济体或者创新小国只是全球科技创新的参与者和跟随者。换言之,全球创新博弈实质上是经济大国之间的创新竞争。这是因为进行科技创新活动需要大量的研发人

才、研发资金以及良好的软硬基础设施环境。这些研发资源往往集聚在经济发展水平较高的大国之中,因而只有经济体中的大国才能成为全球科技创新博弈主体。当前,各主要大国发力向科技前沿冲刺,争夺科技创新制高点的竞争日趋激烈。在人工智能、通信和网络技术、生物技术、5G 和物联网技术等新科技领域,美国、日本、英国、欧盟、俄罗斯和中国相继出台科技发展新战略,以在本轮科技革命与产业变革中脱颖而出,拿下全球科技创新制高点。

世界创新中心逐步向东转移,全球科技创新东西竞争新格局逐步形成。新冠疫情蔓延反复,大国梯队加速分化,传统与非传统安全问题交织蔓延,西方国家深陷政治、经济、军事等多重困境而发展疲态尽显。与此同时,亚洲地区新兴经济体和广大发展中国家快速发展,国际影响力不断增强,科技创新水平不断提高,以欧美发达国家为主角的全球创新版图开始发生变化,部分研发和创新活动逐渐向新兴经济体转移(马名杰,2016)①,发达经济体尤其是美国不再单独作为科技创新的火车头,全球科技创新东西竞争的格局正在形成。具体表现在:一方面,源于新冠疫情的影响,世界经济的基本结构发生了显著变化,为全球科技创新东移提供了客观环境;另一方面,面对新一轮的科技革命和产业变革,以中国为代表的广大发展中国家在本轮科技革命中取得良好开端。在世界移动通信领域,中国代替一直由欧美国家承担的角色,成功拿下5G 技术的话语权。在大数据方面,得益于庞大的消费群,中国正在形成庞大的数据资源库,对数据价值的深度挖掘,使得中国在全球大数据收集端和应用端比较优势凸显。

科技创新之争延伸为社会经济变革之争。在过去的几个世纪里,取得创新胜利的国家和地区也是能将先进的创新技术成功投入经济生产中的国家和地区。在工业革命早期,英国用机器生产替代了手工生产,生产力得到突飞猛进的发展,成为当时经济发展水平最高的国家。第二次工业革命,几个先进的

---

① 马名杰:《全球创新格局变化的新趋势及对我国的影响》,《经济纵横》2016 年第 7 期。

资本主义国家同时将发电机、内燃机运用到工业生产,从而成为当时世界上最发达的经济体。可见,每一轮科技革命与之相伴的都是工业革命变革,科技革命取得胜利的国家,也是能成功地将科学技术同工业生产紧密地结合起来,推动生产力进步与发展的国家。面对新一轮科技革命和产业革命所带来的发展机遇,世界各国纷纷出台了一系列战略指南和发展政策,以通过推进互联网、人工智能的发展加快产业数字化、智能化转型。美国、德国、英国和日本等国家和地区纷纷出台了"再工业化"策略,以战略性新兴产业为突破口,复兴传统制造业,抢占未来全球制造业发展制高点。未来数字化技术的发展能不能为本国经济转型升级提供机遇和动能,成为世界各国在本轮科技革命中取得胜利的关键突破点。

应用科学技术竞争逐渐成为全球科技创新竞争和较量的重要内容。长期以来,基础研究水平和能力作为衡量一个国家和地区科技实力和综合国力的重要标志,是评估一国科技创新水平的主要指标,世界各国均投入了大量科研资源用于基础研究。但基础研究存在周期长、投入大、见效慢以及创新突破空间小的难题。随着新一轮科技革命和产业变革进程的推进,人工智能、物联网、大数据分析、区块链等一系列新技术的兴起,引发全球科技创新竞争范式转变,应用科学技术成为新的全球科技创新竞争范式。与纯基础研究相比,应用科学技术研究不仅有着较高的投入产出收益率,还易于寻找创新突破点,因而越来越多的国家开始在应用科学技术领域寻找创新突破点,试图通过技术引发的科学原理研究来获取新发现,使得全球科技创新竞争内容逐渐应用研究化。

## 二、新技术、新产业革命发展特征

新技术革命正在以信息技术突破应用为主导形成物理技术、数字技术、生物技术相互渗透的新一代高新技术簇,构成了支持新经济和产业发展的技术和产业基础。20世纪90年代以来,计算机芯片处理技术、数据存储技术、网络通信技术和分析技术获得巨大突破,以计算机、互联网、移动通信和大数据为主要标志的信息技术、信息产品和信息获取处理方法得到指数级增长,并在社会经济中广泛运用,与实体世界深度融合。除了物联网、云计算、大数据等数字技术外,基因、仿生、光伏核聚变等新能源技术、石墨烯等新材料技术也取得了不同程度的突破性进展,正在形成以信息技术为核心的新一代高新技术簇,为社会生产力革命性发展奠定了技术基础。

数据作为独立的供给要素,可获得性和流动性日益增强,成为新科技革命的核心投入要素。主要技术簇群的更迭引发了核心生产要素的变迁。第一次工业革命时期,土地、劳动力、棉花为核心生产要素。第二次工业革命时期,资本、技术、煤炭、钢铁为核心生产要素。第三次工业革命时期,知识、技术为核心生产要素,在当前新一轮技术和产业革命中,数字技术的深入发展产生了海量的数据,数据便成为核心生产要素之一。云计算、大数据、互联网、物联网、个人电脑、移动终端、可穿戴设备、传感器以及各种形式软件等"云网端"信息基础设施的不断完备,数据的可收集性和流动性日益增强,其作用和价值凸显,使其可以独立出来作为新供给要素。与传统供给要素相比,一方面,数据主要依赖网络渠道进行传输,能够有效突破时间和空间限制,表现出较强的流动性。另一方面,数据可以突破传统要素对"量"的限制,使得对要素的实际利用量不再受到要素存量的限制(张二震和戴翔,2022)[1],对提高生产率产生了积极的推动作用,成为现阶段社会经济运行效率提高和可持续发展的重要影响因素。

在新技术、新产业革命驱动下逐渐形成以智能制造为向导,一二三产业逐步融合的新的现代产业体系。在新技术、新产业革命背景下,工业化和信息化深度融合,三大产业边界日趋模糊,新产品、新业态、新模式不断涌现。现代产业体系的内涵正在发生变化,统计意义上的三次产业结构数量比例关系越来

---

① 张二震、戴翔:《数字经济、要素分工与中国高水平对外开放》,《思想理论战线》2022 年第 1 期。

越难以度量产业体系的现代化程度。移动互联网、物联网、大数据、云计算、人工智能、量子无线通信等先进的现代信息网络技术已经逐渐开始向服务领域和生产制造领域快速渗透,制造业制造流程和服务业业态之间的界限被打破,促进制造业和服务业在产业链上的融合发展。而在互联网、生物技术、能源技术取得突破的技术,也促进了互联网金融、芯片制造、生物基因、新能源汽车等许多新业态、新模式不断涌现,使得现代产业体系正沿着数字化、智能化、绿色化、社会化和个性化的发展主线不断演进。

　　生物技术、新能源技术、新材料技术等成为新一轮技术革命的次主导技术,共同促进全球技术进步。[①] 目前,生物技术、新能源技术和新材料技术作为科技创新密集和进步较快的领域,对社会、经济以及相关产业的发展产生了广泛的带头作用。在生物技术领域,基因制药、基因诊断、基因治疗、基因农业等技术正处于快速成长期,有望在农业、医疗等领域取得广泛应用。在能源领域,可再生能源是未来发展的趋势,目前可再生能源占能源消费的比例还不高,但在未来将占据举足轻重的地位。可再生能源与新能源技术进步快速,有望掀起一场绿色能源革命,为各行业提供可持续的清洁能源。而新材料技术与制造技术融合,带来了金属材料、半导体材料、先进储能材料、生物医用材料等不断创新,有力支撑了相关应用领域发展甚至带动新的应用领域,引发技术范式和生产方式发生重大变化。

# 第二节　新技术、新产业革命与自由贸易区理论创新

　　从科技进步和产业发展的规律来看,由科技进步和产业发展在不同时间

---

　　① 国务院发展研究中心、"国际经济格局变化和中国战略选择"课题组、李伟、隆国强、张琦、赵晋平、王金照、赵福军:《未来15年国际经济格局变化和中国战略选择》,《管理世界》2018年第12期。

和不同空间下带来的不同问题,最终反映到各国经贸往来中,成为各国经济体在经贸实践中必须面对的问题,最终带来自由贸易协定规则的修订和议题的改变。

## 一、技术和产业革命与国际经贸规则变迁

### (一) 第一次工业革命

第一次工业革命的发生使得蒸汽机广泛应用于各生产部门,成为各种机械的动力。机器动力的解决,以机械动力进行均匀节奏的可持续的生产成为现实,生产方式发生根本性的变革。随着纺纱机、纺纱机机床、蒸汽机的广泛应用,传统的生产要素的组织形式很快被突破,工厂制这一新兴的要素组织形式由此建立起来。在生产关系方面,工场手工业过渡到工厂制度,生产关系变化为产业资本家与产业工人之间的雇佣关系,劳动生产效率大大提高。

为了扩大市场,以英国为首的新兴工业利益集团开始积极推动贸易的自由化,实行低关税和无关税自由贸易政策。1860 年,英国和法国签署了具有历史意义的第一个双边自由贸易通商协定——《英法商约》,规定两国互享最惠国待遇、互相减免对方重要商品的关税和自由贸易原则。在随后的几年里,意大利、瑞士、挪威、西班牙和奥地利等国家和地区都加入自由贸易潮流中。这一时期自由贸易协定议题主要集中在降低生丝、焦炭、纱线、葡萄酒等货物商品的关税和给予对方最惠国待遇两个方面。

### (二) 第二次工业革命

第二次工业革命始于 19 世纪后半叶。1866 年,德国人西门子制成了发电机,19 世纪 70 年代,实际可用的发电机问世。电器开始代替机器,成为补充和取代以蒸汽机为动力的新能源。随后,电灯、电车、电影放映机相继问世,人类进入了"电气时代"。19 世纪七八十年代,以煤气和汽油为燃料的内燃机

相继诞生,内燃机的发明解决了交通工具的发动机问题。德国人卡尔·弗里特立奇·本茨等成功地制造出由内燃机驱动的汽车,内燃汽车、远洋轮船、飞机等也得到了迅速发展。此外,内燃机的发明还推动了石油开采业的发展和石油化工工业的生产,世界各国的经济、政治和文化联系进一步加强。

与第一次工业革命相比,第二次工业革命不仅承接了第一次工业革命中技术变革带来的生产率的提高和产品质量的改进,并且更多地依赖于新型电力能源、材料、化学品和医药方面的开拓性伟大发明,包含发电机、电动机、无线电通信以及内燃机等技术,出现了新兴电力工业、化学工业、石油工业和汽车工业等一系列新产业。科学技术的进步和国际贸易的迅速发展,也使得市场竞争日趋激烈,仅靠各个国家和地区单独立法来保护专利、商标等工业产权已经不能完全适应需要。为了保护工业领域的产权,1883 年 11 个国家缔结了保护工业产权巴黎公约,该协定包括发明专利权、实用新型、工业品外观设计、商标权、服务标记、厂商名称、产地标记或原产地名称以及制止不正当竞争等。

随着第二次工业革命的不断发展,协议涉及的内容扩展到服务、投资、技术性贸易壁垒、争端解决、超国家的制度安排等诸多领域,越来越多的经济活动也被纳入贸易自由化行列,越来越多的产品被纳入进一步降低或取消各种贸易壁垒的范围,享有优惠贸易待遇的条件也越来越详细具体,从过去单一的产品、部门、领域迅速向更广泛的贸易、经济和社会领域延伸。以美国为例,第二次工业革命为美国汽车产业的发展创造了机遇,汽车产业作为一个新产业,在进出口实践中面临着关税征收、汽车原材料征收等一系列问题。为了刺激本国汽车产业的发展,1964 年美国和加拿大签订汽车生产协定,大幅度削减汽车、零部件、轮胎等产品的关税,而随着两国之间合作交流的不断扩大,在1988 年双方缔结了涵盖贸易、投资、能源等领域的美国—加拿大自由贸易协定,进一步对石油等能源的进出口贸易进行了规定。

## （三）第三次工业革命

第三次工业革命始于 20 世纪四五十年代,以原子能、电子计算机、空间技术、绿色能源、数字化制造和生物工程等技术群为主要标志,涉及信息技术、新能源技术、新材料技术、生物技术、空间技术和海洋技术等诸多领域。

由于专有技术具有一定的独占性,第三次工业革命带来的各类技术的发展,使得在跨国技术贸易中,技术所有方通常以保护行使专利、商标等合法权利为借口,不合理地滥用市场力量的支配地位,限制竞争,从而获取高额利润。为了维护公平自由的市场竞争环境,1980 年 12 月,联合国大会通过了第 35/61 号决议,发布了管制限制竞争性商业惯例多边协议的公平原则和规则。1993 年,国际知名反垄断专家在德国慕尼黑召开会议,起草了《国际反垄断法法典草案》,强调了在关税及贸易总协定下制定并实施反垄断法对营造自由、公平贸易的重要性。

在议题范围层面,信息技术主要作为通信方式而被人们熟知和使用,随着信息技术的不断发展,因计算机技术发展而催生的电子商务对国际贸易的影响越加明显,美国作为电子计算机技术发展的"领头羊",积极推动在电子商务领域建立国际规则。2001 年,美国与约旦缔结自由贸易协定,首次将电子商务条款纳入自由贸易协定中。2002 年,欧盟与智利缔结的自由贸易协定中,电子商务条款对视听服务做了例外排除规定,以加强电子商务领域的文化保护。在环境议题方面,科技的进步也促进了有助于应对气候挑战的减缓和适用的绿色技术的发展,使更多低碳产品和服务被纳入环境产品和服务清单中。1995 年,经济合作与发展组织与欧盟统计局为推动贸易自由化提出环境产品清单。2001 年生效的美国—约旦自由贸易协定旨在 10 年内取消许多环境产品的关税壁垒,并对具体的环境服务取消贸易障碍。2002 年 10 月生效的加拿大—哥斯达黎加自由贸易协定立即为多数环境产品免除关税。

值得一提的是,自第二轮工业革命开始,随着科学技术进步所带来的服务贸易的兴起和占比的不断提高,发达国家产业逐渐去工业化。在第三次工业革命进程中,电子计算机、生物工程等技术的出现和发展更是加快了发达国家去工业化的进程。与此同时,发展中国家借助发达国家转移来的制造业逐渐发展起来,并在全球科技创新进程中取得不俗表现。发达国家逐渐意识到制造业服务业两业融合将成为新科技革命背景下产业发展方向,而制造业是研究与开发的主要驱动力,有利于新思想、新技术的产生,可以有效地促进高新技术的更新与推广。为了推动"再工业化"战略的实施,美国推出了一系列配套的政策,包括大力发展新兴产业、鼓励科技创新、支持中小企业发展等。美国主导的跨太平洋伙伴关系协定就设置了中小企业专章,以促进和支持成员中小型企业进入全球贸易。

### (四) 第四次工业革命

当前全球正经历着以大数据、人工智能、量子通信等为代表的第四次工业革命。前两次工业革命带来了数字贸易的蓬勃发展,并推动数字贸易规则不断完善;随着新一轮科技革命和产业革命的到来,在数字通信、生物、低碳、材料等领域不断涌现出颠覆性技术,持续孵化出新产品、新模式、新业态,由此孕育形成若干细分行业,并可能形成数字产业、生物产业、空天产业、低碳产业、新材料产业等新兴产业部门。未来产业相关前沿技术包括数字产业的类脑智能、量子信息、未来网络、区块链、元宇宙等,生物产业的基因诊疗、干细胞治疗、免疫细胞治疗、生物育种、脑科学等,低碳产业的氢能、储能、碳捕获、碳存储等。越来越多的非传统但被视为"与贸易有关的"议题将被纳入自由贸易协定的范畴,例如与贸易有关的投资措施、与贸易有关的数字产品保护、与贸易有关的平台垄断问题、与贸易有关的技术标准问题、与贸易有关的数据要素跨境流动和基因技术问题等,这些产业未来有可能成为贸易自由化和贸易管制的对象,使传统自由贸易协定规则面临更新、修订或新规则的创制。

## 二、自由贸易协定改革的内在逻辑和要求

正是由于技术和产业的不断进步导致国际贸易和投资格局发生巨大变化,进而引发自由贸易协定改革的要求(沈铭辉,2017)[①]。从自由贸易协定条款的发展过程来看,协定的议题、内容的修订和增加是技术和产业发展状态和水平的典型体现,反映了技术进步和产业发展规律。第一次工业革命期间,协定议题主要围绕生丝、羊毛等货物贸易的进出口关税,以取消贸易壁垒为主要出发点。第二次工业革命期间,随着发电机、内燃机等技术的出现,出现了汽车、放映机等新产品,自由贸易协定的货物贸易口径议题也多元化发展,同时开始涉及工业领域技术的知识产权保护问题。第三次工业革命期间,信息技术、生物技术的发展,催生了电子商务、生物医药等新的产业和业态,不仅在原有的知识产权议题下拓宽了知识产权保护范围,还进一步涉及了绿色技术议题、数据要素等新议题。而正在进行的新技术、新产业革命是一项整体性、革命性和系统性工程,几乎渗透到所有产业。新技术大大突破了原有的产业结构界限,使服务贸易中的很多非贸易品变成贸易品。这一现象使原本互不搭界的议题产生了联系和交叉,"与贸易有关的"议题纳入贸易的视野。而既有的自由贸易协定规则限制了这些交叉议题的协调解决。传统的自由贸易协定产生于特定的经济背景,有着特定的适用范围,因而很难将传统领域的标准直接应用于新的技术和产品领域。如果自由贸易协定议题不能随技术和产业的更迭而及时更新,那么当面对与新技术和新产业相关的贸易问题时,由于没有统一的执行标准,缔约方可能就新问题而存在争议,从而不利于双边自由贸易的深入开展。因而只有将技术和产业进步带来的"与贸易有关"的新议题纳入自由贸易协定中,才能协调缔约方在新问题上的冲突、促进全球经贸治理。

---

[①]　沈铭辉:《亚太自贸区:贸易新议题的新探索》,《国际经济合作》2017 年第 7 期。

尊重缔约方国内法律法规。自由贸易协定是具有法律约束力的国际协定,或者是固化缔约方当前的行为,或者改变缔约方当前的行为。这就涉及自由贸易协定缔约方的国内法与自由贸易协定之间的关系问题。尽管根据普遍接受的国际法准则,一国国内法不得成为违反自由贸易协定的理由,但同时自由贸易协定也要对缔约方国内法给予必要的尊重。国内立法的权威性、稳定性和可预期性是一项重要利益,自由贸易协定不能冲击、破坏缔约方的宪法制度、宪法价值和基本经济制度,通过国内法特别保护的利益亦应受到尊重。因此,在自由贸易协定新议题谈判中要体现缔约方与现有或未来国内法新议题制定的关系,准确认定自己的利益需求,慎重对待对方的谈判要求,对现有法律、措施的必要性、正当性、运作性进行充分评估,对于确实需要的,通过例外条款的方式保留;对于不适应发展、不满足自由贸易协定要求的,予以修改和完善。

协调好不同自由贸易协定新议题之间的关系。自由贸易协定新议题是国家和地区之间协商和谈判的结果,因各国的政治、科技、产业等环境的不同,在具体的条款落实中存在一定的差异。如中国与新加坡缔结的自由贸易协定中没有知识产权条款,而中国缔结的区域全面经济关系伙伴协定中包含详细的知识产权条款。目前正在进行的中日韩谈判,可能会制定与区域全面经济关系伙伴协定相互冲突的规则并产生"意大利面碗"效应。因而在推进自由贸易协定新议题的谈判过程中,要注重协调不同自由贸易协定新议题规则之间的关系,在协调与沟通中争取在自由贸易协定新议题上达成共识。

不应摒弃或彻底否定以世界贸易组织为代表的多边贸易体制框架。现在有很多的双边和地区性自由贸易协定正在谈判,比如中日韩、中国与巴拿马。尽管相较于以世界贸易组织为代表的多边贸易体制框架,自由贸易协定在持续推动自由贸易的同时,更多地关注了服务贸易,并尽可能囊括了知识产权、基因技术、数字技术、技术标准等与贸易直接或间接相关的议题。自由贸易协定违背了最惠国待遇原则,实行对内自由、对外保护的贸易政策,这种内外有别的政策实际上形成了保护主义的贸易壁垒,与全球多边贸易体制所奉行的非歧视原则相背离。而多边自由贸易协定的特点决定了其作为一种承诺信号,远比双边协定的可信度高,进而使加入协定的缔约方因国内利益格局发生变化而违约的现象大大减少。如果考察双边或地区性贸易协议所带来的监管融合就会发现,多边贸易体制能够找到贸易规则和行业监管之间的连接点,从而为经济体找到全球贸易枢纽。因此,在有序推进双边或区域自由贸易协定过程中,要坚定维护以世界贸易组织为基石的多边贸易体制框架,确保世界贸易组织贸易规则体系执行的严肃性,确保国际贸易秩序的确定性和稳定性。

## 三、自由贸易协定规则发展趋势与新技术议题

### (一) 自由贸易协定规则的发展趋势

国际经贸规则逐步由传统的议题向边境后不断延伸,进一步向深度化、多元化方向发展。当前,多边层面的规则议题讨论虽然进展较为缓慢,但大量的区域贸易安排已经纳入越来越多的规则议题讨论。除传统贸易投资议题外,还涵盖了知识产权、技术标准、数据要素、基因技术、绿色技术等边境后议题。欧盟在跨大西洋贸易与投资伙伴关系协定谈判中提出的讨论框架,不仅包含市场准入内容,还包含化学品、药品、化妆品、工程产品、医疗设备、信息通信技术、纺织品、汽车等监管合作内容,以及可持续发展、能源及原材料、中小型企业、投资、知识产权和地理标识等大量规则内容。欧盟与加拿大的综合性经济贸易协议(Comprehensive Economic and Trade Agreement,CETA)也加入了政府采购、知识产权、汽车标准、垄断与特权企业、文化等诸多规则议题。区域全面经济伙伴关系协定也增加了知识产权、中小企业、电子商务、经济技术合作等规则领域的谈判。总体上判断,随着新技术、新产业革命的深入推进,国际经贸规则也将递次演进发展,其涵盖的规则议题将进一步向深度化、多元化方向发展。

从议题决定因素来看,大国主导特征明显,但发展中国家和新兴经济体逐步拥有更大话语权和影响力。第二次世界大战之后,美国凭借其突出的国家实力,获得了主导国际经贸规则制定的权力,并牵头建立世界贸易组织、国际货币基金组织、世界银行等一系列国际组织,成功地搭建了现行国际经贸规则体系与框架。在多边或区域范围内的规则制定中,大国作用更加突出,话语权更大,对新规则议题的引领作用更强,而小国往往处于从属地位。一项新规则要在全球或区域范围内得到推动,需要有大国发挥引领作用。当前,全球经济格局正在发生深刻调整,新兴经济体的地位有所上升,对于参与全球经贸规则制定、争取话语权的积极性与紧迫性日益提高。二十国集团、亚洲太平洋经济合作组织、上海合作组织、金砖国家组织等新平台作用不断增强,新兴经济体在参与规则制定上逐步有了更大话语权和影响力。发达国家也加紧了对新规则制定主导权的争夺,通过服务贸易协定、跨太平洋伙伴关系协定、跨大西洋贸易与投资伙伴关系协定等协定谈判,以继续推动形成符合美国、欧盟等发达国家利益的新一代经贸规则体系,继续维持其在全球经济中的核心地位与竞争优势。即使已经退出跨太平洋伙伴关系协定,美国仍可能以更激进、更直接的方式重新塑造符合美国利益的全球经贸规则体系,以制定规则为核心,在跨太平洋伙伴关系协定基础上各种形式的加强版、升级版自由贸易协定仍然可能出现。

从技术和产业发展来看,新技术、新产业革命背景下自由贸易协定规则面临修订和创制。信息技术与互联网技术的飞速发展,以及其与制造业的加速融合,对全球经济产业形态产生了重大影响,不仅众多新兴业态快速出现,传统制造业和服务业也因此引发了新的革命。在新一轮技术革命和产业革命背景下,不仅数字社会、数字政府建设、数字货币、数字税等新兴业态的经贸规则仍然处于空白,与传统制造业和服务业相关的自由贸易协定规则也因此面临调整和更新。定义、货物贸易、原产地规则、服务贸易、知识产权、一般条款和例外的概念和范围都有可能发生改变。各国也将更加关注和重视新技术和新产业革命背景下国际经贸规则的发展动向,对其加大研究力度,希望能够适应甚至引领新产业、新业态的经贸规则与标准。

从议题深化水平来看,知识产权章节在自由贸易协定条款中的占比不断提高。相较于传统的世界知识产权组织(World Intellectual Property Organization,WIPO),区域全面经济伙伴关系协定、全面与进步的跨太平洋伙伴关系协定与美国—墨西哥—加拿大协定等高标准自由贸易协定以与贸易有关的知识产权协定(Agreement on Trade-Related Aspects of Intellectual Property Rights,TRIPs)为最低保护标准,在此基础上不断强化知识产权保护水平,加强与贸易有关的知识产权协定的灵活性,形成了 TRIPs-Plus 条款。首先是全球知识产权规则保护客体和涉及领域范围扩大。声音、遗传基因、气味、商务信息等相继被纳入国际知识产权保护条款的范围。全面与进步的跨太平洋伙伴关系协定进一步要求已知产品的新用途、使用已知产品的新方法或新工序以及对来自植物的发明授予专利。区域全面经济伙伴关系协定明确可以将遗传资源、传统知识和民间文学艺术纳入知识产权保护的范围。全面与进步的跨太平洋伙伴关系协定对证明已获批准的药品涵盖新适用症、新配方或新给药方法的临床信息给予至少 3 年保护期,对于含有此前未获批准化学成分新药的临床信息适用至少 5 年保护期。其次是保护期延长,全面与进步的跨太平洋伙伴关系协定、美国—墨西哥—加拿大协定均在与贸易有关的知识产权协定 50 年的基础上,延长了著作权及相关权的保护期至少 20 年。全面与进步的跨太平洋伙伴关系协定与美国—墨西哥—加拿大协定要求缔约方为专利审查机关的不合理延误应专利权人请求而调整专利保护期,不合理延误至少包括提交专利申请之日起 5 年或审查之日起 3 年(以较晚者为准)仍未授予专利的。美国—墨西哥—加拿大协定将工业品外观设计保护期延长为至少 15 年,全面与进步的跨太平洋伙伴关系协定要求缔约方考虑批准或加入工艺品外观设计国际注册海牙协定,该协定对外观设计提供至少 15 年保护期。最后是知识产权权利限制的减少,知识产权作为法定的垄断权利,除规定保护期限外,还通过知识产权权利限制以实现权利人与公共利益的平衡,高标准自由贸易协定减少了对知识产权权利的限制。可包括将未注册驰名商标纳入跨类保护范围、减少商标注册条件、减少商标许可限制和减少专利宽限期限制等。

## (二) 自由贸易协定涉及的新技术议题

第一类是数字经济议题,随着互联网全球化及数据跨境流动的迅猛发展,服务贸易数字化现象已经成为不争的事实。根据电子商务和数据传输协定条款(Trade Agreements Provisions on Electronic Commerce and Data,TAPED)数据库统计,在2000—2022年全球范围内签订实施的232个自由贸易协定中,有99个自由贸易协定包括数字条款,占总自由贸易协定数量的42.67%。包含电子商务/数字贸易;数据专用条款;新的数据经济问题;电子商务、数据专用和新数据经济规定的交叉问题;知识产权共五类议题。一是电子商务/数字贸易议题,涉及一般规定、市场准入、与其他章节的关系、海关关税、电子交易框架、数字贸易便利化、消费者保护、访问和使用互联网、源代码、算法和加密、网络安全、中小微企业、信息和通信技术合作、利益相关者参与、争端解决、电子商务/数字章节的规模、模式扩散共17项电子商务/数字贸易条款。二是数据专用条款,涉及数据保护、电子商务/数字贸易章节中的数据流、电子商务之外的数据流、服务章节中的数据流或数据传输参考、数据和电子政务、数据创新共6项。三是新的数据经济问题,涉及数字经济竞争政策、数字身份、数字包容性、金融技术合作、人工智能、政府采购(允许使用电子手段)、数字手段的标准和相互承认、法律技术合作共8项条款。四是电子商务、数据专用和新数据经济规定的交叉问题,涉及是否明确规定适用于电子商务/数字贸易的一般性情况、是否有关于电子商务/数字贸易的例外规定、是否包括具体的安全例外条款、是否包括与电子商务/数字贸易或有关的例外条款、是否排除了与电子商务/数字贸易相关的特定服务部门、是否包含与电子商务/数字贸易有关的不符措施、是否包括对电子商务/数字贸易的保留条款等条款。五是知识产权条款,主要包括以电子形式存储的版权和相关权利、技术保护措施和信息管理权限等。

第二类是金融服务议题,随着新技术、新产业革命的日益推进,金融全球化得到迅速发展,各类新型金融业态层出不穷。金融全球化发展以及数字贸易、金融科技的迅速发展对金融服务贸易条款的迭代发展提出了新的需求,金融服务规则也变得多元化,自由贸易与投资协定开始把金融服务作为独立章节以全面地容纳议题所有内容,如全面与进步的跨太平洋伙伴关系协定和美国—墨西哥—加拿大协定。"信息传输"条款要求缔约方原则上允许境内外资金融机构为日常经营所需跨境传输信息,同时明确两种例外情形:一是可出于保护个人数据、隐私和账户机密等理由对金融数据跨境传输采取管理措施;二是可基于审慎考虑要求金融数据跨境传输事先获得监管机构授权,以指定的特定企业为信息接收方。即使仍把金融服务置于服务章节的附件,也在篇幅上尽可能扩大,使内容尽量周全。区域全面经济伙伴关系协定在第八章服务贸易章节附件一对金融服务进行了详细规定。区域全面经济伙伴关系协定提出了较特殊的清单模式——"具体承诺表"就是正面清单,"不符措施承诺表"是负面清单,选择正面清单的缔约方有义务对国民待遇和市场准入作出承诺,还应该对最惠国待遇或者透明度清单作出承诺;选择负面清单的缔约方有义务对国民待遇、市场准入、最惠国待遇和第 11 条的"本地存在"作出承诺。

第三类是环境议题,新技术革命和新产业革命与以往相比,明显地体现了绿色发展的特点。以蒸汽机广泛使用为标志的工业时代,在增强人类利用和改造环境能力的同时,也在一定程度上破坏了生态环境。而随着新技术革命的广泛兴起,信息技术、人工智能、新能源等新技术在生产、生活中广泛应用,为未来的绿色工业提供了技术支持和背景,使生产力发生新的飞跃,从而对产业结构、社会结构和人类的社会生活产生影响。自 20 世纪 90 年代以来,自由贸易协定中的环境条款的深度和广度不断拓展,环境条款在自由贸易协定中出现的频率也大幅上升。2004年世界贸易组织总理事会制定的多哈工作计划,保留了贸易与环境议题,认定了空气污染控制、可再生能源、废物管理和水处理、环境技术、碳捕捉和存储、其他(环境优先产品、自然资源保护、可再生产品和能源资源、资源和污染管理等)六类环境货物和贸易。全面与进步的跨太平洋伙伴关系协定设置环境专章,在定义、目标、一般承诺、臭氧层保护、保护海洋环境免予船舶污染、程序事项、公众参与机会、公开意见、企业社会责任、提高环境绩效的自愿性机制、合作框架等方面进行了较为全面的规定。

第四类是知识产权议题,知识产权议题是科技发展和市场经济的产物,科技的发展与知识产权制度的发展相伴相随。当前,中国和世界其他国家和地区知识产权制度的主要基础仍然是工业领域的《保护工业产权巴黎公约》(Paris Convention for the Protection of Industrial Property,《巴黎公约》)和版权领域的《保护文学艺术作品伯尔尼公约》(Berne Convention for the Protection of Literary and Artistic Works,《伯尔尼公约》)。1995年生效执行的与贸易有关的知识产权协定的主要条款仍然以《巴黎公约》和《伯尔尼公约》为基础。20世纪六七十年代,世界尚处于电气技术时代,《巴黎公约》和《伯尔尼公约》在此时产生,主要是为了适应电气技术时代的需求。目前,人类正在进入一个新科技革命时代,全球科技创新进入空前密集活跃的时期,新科技革命和产业变革正在重构全球创新版图、重塑全球经济结构。全球的科技进步正在从电气技术时代发展到以信息网络与人工智能为代表的新科技革命时代,在电气时代形成并适用于电气时代的知识产权制度,必然会在以信息网络与人工智能为代表的新科技革命时代遇到种种挑战和困难。电子商务、大数据、人工智能等已经超越原有的知识产权保护客体范围,实验数据、网络域名、数据库、卫星广播、网络传输等权利属性的判断、保护范围界定以及侵权的确定成为当下知识产权全球治理体系发展面临的新问题。例如,对人工智能生成物或人工智能发明创造是否应给予著作权保护或专利权保护,不仅理论界在进行深入讨论,世界知识产权组织及实务界亦越来越加以关注。如全面与进步的跨太平洋伙伴关系协定鼓励每一缔约方应尽最大努力注册气味商标,明确允许已知物质的新形式和新用途申请专利。区域全面经济伙伴关系协定涉及了数据跨境流动、网络安全、数据关税等议题。

第五类是生物工程议题。生物工程技术是新技术、新产业革命的又一典型标志。生物工程技术的进步推动与生物工程技术相关产业的发展。美国现代生物技术产业在全世界居于领先地位,为了维护本国产业的权益,美国积极推行转基因生物的合法化,在美国近年来签订的自由贸易协定中,均强调缔约方严格履行实施卫生与植物卫生措施协定和技术性贸易壁垒协定,以此来干涉缔约方转基因产品的强制标识制度,避免因为强制标识造成的对转基因产品进口和销售上的限制。如美国—澳大利亚自由贸易协定规定,各方重申承诺其在世界贸易组织中实施卫生与植物卫生措施协定下的义务,并建立一个卫生与植物卫生措施委员会。美国—智利自由贸易协定同样设立了处理技术/规则要求和程序的卫生与植物卫生措施委员会。与巴林进行的自由贸易协定谈判中,美国同样要求巴林重申其对世界贸易组织技术性贸易壁垒协定的义务,保证其对美国生物技术农产品和食品的标识制度以及相关的技术法规、标准和评估程序不会成为不必要的贸易障碍。

## (三) 新议题规则对各经济体的经济影响

由于制度非中性的影响,新议题条款对不同经济体的影响是不同的。因此不同的经济体对待自由贸易协定新规则的态度差异较大,这体现在各经济体签订的自由贸易协定涉及的新议题覆盖率差距上。在环境议题上,美国和欧盟等发达经济体是先驱,而发展中国家,尤其是亚洲的发展中国家,在作出环保承诺方面相对落后。从北美自由贸易协定开始,美国所有自由贸易协定中都包含了不同程度的环境条款。美国等发达国家不仅重视推动贸易新议题和新规则,而且非常重视这些新规则的可执行力和约束力,而发展中国家停留于环境条款原则层面,可操作性不高。显然,发展中国家和发达国家在贸易新议题的认可度和偏好上存在差别,这种差别将直接影响各国关于双边/区域经济合作发展方向上的共识。

发达国家借新议题进行制度输出,以抑制发展中国家的崛起。以全面与进步的跨太平洋伙伴关系协定为代表的贸易新议题体现了发达国家对外通过自由贸易协定进行"国际造法"的战略意图,即贸易新议题体现了发达国家谈判签订自由贸易协定的政治性。发达国家特别是发达大国往往并不在意特定发展中国家的市场准入,发达国家更在意的是获得国际贸易规则的制定权,这体现在发达国家更倾向于制度输出。以美国为例,自20世纪80年代以来,除了采取单边行为以外,美国一直致力于在全球范围的多领域内并行推行知识产权的强保护政策,威胁其他贸易集团接受多边贸易谈判中的美国关于知识产权的主张,从而维护美国在贸易规则领域的制度优势。1992年,美国通过与墨西哥、加拿大达成自由贸易协定成功地把知识产权、服务贸易和投资等当时的贸易新议题推广至北美自由贸易协定的范围内。这就意味着墨西哥和加拿大都接受了美国推崇的知识产权政策,那么这些缔约方在对外缔结自由贸易协定时往往也会在该议题上复制和推广美国的标准。美国作为全球知识产权政策的输出国,通过采取各种方式,已经在提高知识产权保护方面取得了实质性的成就。

自由贸易规则未能涵盖新技术、新产业革命最新问题。电子信息技术的快速发展衍生了国际贸易法上的诸多新问题。例如,现有自由贸易协定没有对以网络游戏为主要盈利模式的虚拟产品交易进行明确规定,自由贸易协定中也没有明确与虚拟产品的法律属性、玩家与网络运营商的权利义务相关的保护条例。又如,互联网过滤技术如果屏蔽了外国搜索引擎、外国大型电商平台,会造成国外产品提供者与国内产品提供者之间在销售渠道上的歧视待遇,也会严重限制通过电子方式传输的互联网服务的跨境交付。以灵活性和涵盖多元非传统议题为特点的自由贸易协定虽然推动了互联网贸易规则的纵深发展,但却未能将电信市场的竞争促进、技术标准的可兼容性、互操作性信息的披露等前沿问题纳入其中,仍然将规制重点放在关税减让、市场准入等传统贸易议题上。尽管一些自由贸易协定开始关注消费者保护、个人数据隐私权保护等新议题,但是自由贸易协定所采用的解决路径只要求缔约方构建相关国内法律框架,这些新议题与互联网贸易是否关联,新议题所反映出的价值追求是否赋予国家规制权合法性基础,能否构成贸易不符措施的例外,都未能在自由贸易协定中得到明确体现。

新技术、新产业革命对传统自由贸易规则体制造成冲击。随着新技术、新产业的发展,传统的人与物、物与物的空间界限被打破,催生了远程在线医疗、共享经济等新业态、新经济。这些新产业、新经济冲击了原有的自由贸易协定机制框架,传统自由贸易协定规则机制受到挑战。如人工智能的智能化和自主性带来的对传统生产方式的替代,势必意味着基于大机器生产基础上的传统生产标准,必须实现从传统的机器生产到人类与人工智能共同工作甚至绝大部分生产由人工智能完成的转型,那么传统与生产标准相关的商业秘密、数据保护、行业标准等条款显然不适用于人工智能,而如何对待人工智能带来的数据隐私和安全问题、如何确保人工智能算法的公正性和透明度、如何规范和监管国际贸易往来中人工智能的应用、如何看待人工智能进入生产环节后的伦理问题等都将使自由贸易规则制定面临重大的社会挑战。

## 第三节　科技产业竞争与中国自由
## 贸易协定规则应对

党的十八大以来,以习近平同志为核心的党中央,把创新作为引领发展的第一动力,摆在党和国家发展全局的核心位置,立足中国特色,着眼全球发展大势,把握阶段性特征,为新时代科技创新谋篇布局。全社会研发投入从

2012年的1.03万亿元增长到2021年的2.79万亿元,研发投入强度从1.91%增长到2.44%。世界知识产权组织发布的全球创新指数排名,中国从2012年的第34位上升到2021年的第12位,中国在全球创新版图中的地位和作用发生了新的变化。中国既是国际前沿创新的重要参与者,也是共同解决全球性问题的重要贡献者。人工智能、大数据、区块链、量子通信等新兴技术的加快应用,培育了智能终端、远程医疗、在线教育等新产品、新业态。中国数字经济规模居世界第二,技术突破打通了中国新兴产业的一些堵点,太阳能光伏、风电、新型显示、半导体照明、先进储能等产业规模也居世界前列。持续20多年"三横三纵"技术研发,形成了中国新能源汽车较为完备的创新布局,产销量连续7年位居全球首位。立足中国以煤为主的能源禀赋,加快煤炭高效清洁利用研发攻关。连续15年布局研发百万千瓦级超临界高效发电技术,供电煤耗最低可达到264克每千瓦时,大大低于全国平均值,也处于全球先进水平。

## 一、中国签订自由贸易协定的新技术议题

传统贸易投资规则向国际看齐,但新规则议题数量相对较少,以宣示合作内容为主。从传统经贸领域的规则水平来看,中国已经向国际通行标准看齐,货物贸易自由化率较高,基本在90%以上,主要采用产品特定原产地规则,原产地实施程序趋于便利化。服务贸易采取"准入后国民待遇+正面清单"模式,开放程度高于中国加入世界贸易组织时的承诺。在投资方面,中国目前仍实行准入后国民待遇,但承诺按照"准入前国民待遇+负面清单"的模式进行中国—澳大利亚、中国—韩国自由贸易协定后续谈判以及区域全面经济伙伴关系协定谈判,并丰富和细化了有关投资者保护的内容,对投资者与国家争端解决机制也作出更加细致的规定。在知识产权议题方面,超一半的自由贸易协定涉及了知识产权条款,区域全面经济伙伴关系协定、中国—韩国自由贸易协定、中国—澳大利亚自由贸易协定更是设置了有关知识产权保护的具体条

款。同时,还逐步纳入环境、中小企业、电子商务、标准和技术法规等议题以适应科技和产业进步带来的贸易往来的现实需要。尽管中国缔结议题的内容逐渐多元化,但大多仅作概括性、原则性规定或较为宽泛的表述,以加强合作与交流等宣示性条款为主,不适用争端解决机制,在具体的执行过程中缺乏强制性约束力。表 3.1 列举了中国签订的自由贸易协定中包含新议题的进展情况。

表 3.1　中国签订自由贸易协定新议题情况

| 自由贸易协定名称 | 知识产权 | 环境 | 数字经济 | 金融服务 | 标准和技术法规 |
|---|---|---|---|---|---|
| 区域全面经济伙伴关系协定 | √ | | √ | √ | √ |
| 中国—毛里求斯自由贸易协定 | √ | √ | √ | √ | √ |
| 中国—格鲁吉亚自由贸易协定 | √ | √ | | | √ |
| 中国—韩国自由贸易协定 | √ | √ | √ | √ | √ |
| 中国—冰岛自由贸易协定 | √ | √ | | √ | |
| 中国—秘鲁自由贸易协定 | √ | √ | | √ | √ |
| 中国—新加坡自由贸易协定 | | √ | | √ | √ |
| 中国—智利自由贸易协定 | √ | √ | √ | | |
| 中国—巴基斯坦自由贸易协定 | √ | | | | √ |
| 中国—东盟自由贸易协定 | | | | | √ |
| 中国—柬埔寨自由贸易协定 | | √ | | √ | √ |
| 中国—马尔代夫自由贸易协定 | | | | | √ |
| 中国—澳大利亚自由贸易协定 | √ | | √ | √ | √ |
| 中国—瑞士自由贸易协定 | √ | √ | | | √ |
| 中国—哥斯达黎加自由贸易协定 | √ | √ | | | √ |
| 中国—新西兰自由贸易协定(含升级) | √ | √ | | | √ |

续表

| 自由贸易协定名称 | 知识产权 | 环境 | 数字经济 | 金融服务 | 标准和技术法规 |
|---|---|---|---|---|---|
| 中国—新加坡自由贸易协定(升级) | | √ | | √ | √ |
| 中国—尼加拉瓜自由贸易协定 | √ | √ | √ | √ | √ |
| 中国—智利自由贸易协定(升级) | √ | √ | √ | | √ |
| 中国—巴基斯坦自由贸易协定(第二阶段) | √ | | | | √ |
| 中国—东盟自由贸易协定("10+1")(升级) | | | | | √ |

资料来源:根据各自由贸易协定文本整理而得。

新议题制定能力有待提升。在自由贸易协定中纳入符合中国发展利益、具有中国特色的新议题,有利于中国在国际经贸规则制定中赢得主动、占得先机。但目前在知识产权、标准和技术法规、环境等新议题、新规则领域,中国也面临一些困难,很难通过自由贸易协定谈判将国内政策和主张转化为各方认可的规则写入文本。例如,虽然环境议题纳入了中国签订的个别自由贸易协定之中,但反映到平衡贸易与环境、发展阶段与环保水平相统一的具体条款却并不充分。其中,一方面是话语权的欠缺,长期以来发达国家一直是环境条款制定领域的主导者,掌握着环境议题制定的话语权,导致环境条款主要反映发达国家的利益需求,不能满足广大发展中国家的经济发展诉求;另一方面,中国国内相关立法、政策不完善,对规则议题设计、储备和转化能力薄弱,保护环境愿望、保护环境能力和保护环境实践三者未能协调统一。

## 二、第四次工业革命下中国参与自由贸易区建设的路径

牢牢把握以信息技术为代表的新技术、新产业革命和绿色发展带来的机遇。深度参与自由贸易协定新议题的构建与一国科技创新发展水平相辅相成,中国参与磋商自由贸易协定新议题规则,意味着进行科技创新的意愿和能力越来越强。而科技创新能力的提高可以反向提升中国在自由贸易协定新议

题磋商中的话语权。因而,中国主动参与磋商自由贸易协定新议题规则亦体现在积极谋求自主创新能力的不断提升上。在本次新技术、新产业革命过程中,中国具备良好的发展基础和发展潜力,要加快推进云、网、端等数字基础设施建设,提高数字基础设施普及水平。加快推进工业互联网平台建设和推广。加强网络安全、数字标准、知识产权保护、数字主权等领域的全球合作。大力推进可再生能源、电动汽车和能源数字化技术创新,加快环境保护和循环发展重大共性或瓶颈式技术装备研发,并为世界能源变革提供可靠产品、解决方案和治理方案。

确立数字化转型意识,培育完整的产业生态系统。新技术、新产业革命带来的数字化、智能化制造以及新的生产与消费关系,将使传统的制造、传输、销售环节发生巨大的变化。未来的生产和销售模式更多地建立在互联网和云计算上,通过网络之间的协作、沟通与交流,迎来小型化、分散化的市场,而这对于各产业之间的分工协作提出更高的要求。因此,企业要确立数字化转型意识,从根本上转变传统理念,培育完整的产业生态系统,建立相应的基础配套设施,加快物联网的建设,通过超级计算机和云计算,使人们更加精确、方便、动态地进行管理操作,从而更好地适应新技术、新产业革命。

在自由贸易协定实体条款内容范本基础上,加强国内相关体制性改革。实施自由贸易区提升战略,构建面向全球的高标准自由贸易区网络,是中国应对全球价值链重构的主动作为,是推动更高水平对外开放的重要举措。一方面,中国必须加强国内相关体系制度建设,进一步深化国内经济体制等领域改革,以自由贸易港和自由贸易试验区及实施为核心与先行者,进一步对接国际高标准贸易投资规则,对现有自由贸易协定的时效性和适用性进行审查,及时对不符合甚至落后于产业发展趋势的条文进行修订和升级,升级已有的自由贸易协定,将"短板"填平补齐,除货物贸易外,服务贸易、投资开放、知识产权、经济技术合作等众多领域都需要进一步谈判协商,从而形成可复制可推广的经验,辐射全国。另一方面,需要理顺中国国内法律法规文件,增加国内法律法规及相关政策文件的透明度、稳定度与精确度。通过行业协会、贸易促进会等相关机构,普及、宣传自由贸易协定相关政策和其中的争端解决机制。

适应新技术革命发展动向,抢占新规则制定的空白区。在新技术、新产业革命背景下,中国要从国际经贸规则的被动接受者逐步转换为国际经贸规则的主动贡献者。以往中国参与国际经贸规则制定主要表现为规则接受者的角色,借用已有国际经贸规则模板来完成相关议题的制定。目前发达国家在对外签订的自由贸易协定中,已经纷纷纳入跨境电子商务、金融服务等新兴业态的规则条款。在世界贸易组织等多边层面,各国也在新议题领域积极提出讨论方案,试图抢占规则制定的先机,赢得新技术、新产业革命的主动权。而中国通过自由贸易试验区或自由贸易港的建设等实践已经逐渐形成了一些存在推广可能的制度经验。因此中国也应就新技术革命背景下国际经贸规则的发展动向加大关注和研究,主动参与国际经贸规则的制定,积极谋划新议题和新规则,研究制定适应新产业、新业态发展,具有前瞻性的经贸规则与标准,将其纳入中国对外签订的自由贸易协定之中,同时在多边层面积极提出讨论方案,为中国在新技术、新产业革命中占据领先地位奠定基础。

对标世界高水平知识产权保护条款,加强自身知识产权法治体系建设,维护创新者合法权益。完备的知识产权法律法规体系是强化知识产权保护的重要保障。要想提高中国在知识产权全球治理体系中的国际地位,就要不断完善自身知识产权法律体系建设,提高国内知识产权保护标准。1980 年,中国正式加入世界知识产权组织,之后又相继加入了《世界版权公约》《专利合作条约》等多个知识产权国际公约,对标国际先进的知识产权制度,不断完善自身知识产权立法,在较短的时间内实现了中国知识产权制度与国际接轨。但不可否认的是,与世界上先进的知识产权保护法治体系相比,中国还有很长一段路要走。未来,要统筹推进与知识产权有关的民法典、专利法、商标法、著作权法、反垄断法等法律法规的修订工作,借鉴世界发达国家知识产权保护经验,及时清理专利法与民法典之间、专利法与反垄断法之间等可能存在矛盾的条款,提高各项法律法规之间的协调性和可操作性。同时与时俱进,积极推动地理标志专门立法,建立健全与新一轮科技革命相关的知识产权保护条款,并以立法的形式来明确与其相关的发明人地位、知识产权内容以及主体人的权利和义务,从而为科技创新注入活力和动力。

# 第四章　世界贸易组织多边贸易体制改革与全球自由贸易协定规则演变

　　全球价值链革命极大地提高了世界各国经济活动的相互依存度,全球化已经成为世界经济的基础。然而全球价值链的扩展深化需要改变相应的国际经贸规则,但在前期全球价值链拓展过程中,世界经济格局已经出现生产和贸易布局失衡,难以平衡国家与跨国公司、国家与国家之间的利益。以中美博弈为特征的大国角色转变导致全球经济治理体系出现问题,世界贸易组织多边贸易体制面临亟待解决的改革困境。在新冠疫情的催化下,区域化逐渐"取代"多边,世界各国开始在区域层面寻求多边贸易体制下难以维护的贸易利益。但由于区域化的排他性和立法规范,自由贸易协定无法完全替代多边贸易体制,二者相互互补,共同引领主导国际经贸格局。从全球经济治理的角度来讲,全球化与区域化是达成一个以贸易协定为载体的国际经贸规则的两条路径,其本质则是各国之间的博弈与合作。

　　本章围绕世界贸易组织多边贸易体制改革背景、实质以及各国的政策主张展开讨论,对超出世界贸易组织现有规则以及未囊括在内的 WTO-Plus 和 WTO-Extra 议题进行细分,探讨自由贸易区理论与多边贸易体制的关系,进而提出中国在世界经济百年变局下应对世界贸易组织改革困境以及自由贸易协定蓬勃发展的政策建议。

# 第一节　世界贸易组织多边贸易体制改革

## 一、世界贸易组织多边贸易体制在全球经济发展中的重要作用

世界贸易组织是多边贸易体制的一次重大变革,延续了关税及贸易总协定的相关职能,并在强化职能和规则引领方面发挥了不可或缺的重要作用,主要表现在以下三大方面。

世界贸易组织强力推动各成员的贸易政策改革。世界贸易组织法律体系由体系完备的组织法、内容详尽的实体法、独立有效的争端解决机制及定期召开的贸易政策审议机制等程序法构成。这些贸易原则和规则是由各成员通过谈判与协商达成的国际准则,影响着成员国内关键贸易领域的政策制定。自世界贸易组织成立以来,截至 2018 年年底,贸易政策审议机构进行了 430 多次贸易政策审议,覆盖 164 个成员中的 155 个,极大地提高了成员贸易政策的透明度,增进了各成员对彼此贸易政策的理解。由此可见,各成员不仅要承诺实现贸易自由化,而且要在贸易、服务、投资、知识产权等方面采取具体的政策选择,这些选择结果直接影响到国内经济的发展。世界贸易组织法律体系从总体大局上规范成员的国内法律立法方向,将各国的贸易政策建立在“双赢”基础上,推动成员建立与国际法规相适应和接轨的贸易政策体系。

世界贸易组织协调解决成员间的贸易纠纷。争端解决机制是世界贸易组织的核心支柱之一,其《关于争端解决规则与程序的谅解》(Understanding on Rules and Procedures Governing the Settlement of Disputes,DSU)适用于任何成员间因世界贸易组织协议产生的争端,具有统一性和独立性等特点。美国和欧盟是争端解决机制最常见的使用者,发展中国家也越来越多地运用该机制解决彼此之间或与发达国家之间的贸易纠纷。但是,世界贸易组织争端解决

往往是贸易纠纷双方的最后选择。磋商是更多贸易纠纷的优先选项,可以解决大多数的案件纠纷,只有很少的案件需要采用报复手段来强制执行多边争端的裁决。也就是说,世界贸易组织争端解决机制适用范围广泛,具有明确统一的程序、规则和时间限制,审理公正迅速,呈现出多边化和司法化趋势,为多边贸易发展提供可靠性和可预见性。

世界贸易组织不断引领经济全球化和贸易自由化的发展进程。其一,世界贸易组织扩大了多边贸易体制的协调领域和范围,把以协调货物贸易(除农产品和纺织品外)为宗旨的关税及贸易总协定多边贸易体制的管理权限扩展到服务贸易、知识产权、与贸易有关的投资、农产品以及纺织品等领域,还将传统商品领域发展到高新技术产品、电子商务以及环境保护等领域,极大地促进了世界范围的贸易投资自由化和经济全球化。其二,在以开放公平为理念的世界贸易组织推动下,国际市场竞争更加有序,具体表现在:单一式竞争让位于综合式竞争,在竞争中把货物贸易、服务贸易、投资、知识产权有机结合起来;粗放式的竞争让位于集约式的竞争,即依靠拼价格、拼数量、拼优惠条件的竞争将让位于非价格的优良投资环境、注意知识产权保护的竞争;企业金字塔式的组织机构让位于矩阵式灵活实用的组织机构;规模经济让位于规范经济。总体而言,以世界贸易组织为核心的多边贸易体制是经济全球化和贸易投资自由化的基石。

## 二、世界经济百年未有之大变局下世界贸易组织多边贸易体制亟须改革

国际权力体系的更迭深刻影响着国际经贸规则治理的方向和内容,也从根本上决定世界贸易组织多边贸易体制的演变过程和改革方向。第二次世界大战至20世纪,美国享有绝对的经济霸权地位,引领全球经贸领域的发展方向。自21世纪开始,"9·11"以及2008年国际金融危机削弱了美国的经济霸权地位。并且随着欧盟在多哈回合中发挥关键性作用以及发展中国家迅速崛

起,国际权力体系从单一化向多极化方向发展。正是国际权力体系的更迭使美国无法完全控制多边贸易体制和多哈回合谈判进程。美国开始从多边转向区域、双边甚至单边,大力推行"美国优先"战略,肆意使用"232"条款、"301"条款等国内法律制裁他国,试图颠覆原有世界贸易组织职能,使多边贸易体制面临极大挑战。

第一,世界贸易组织权威性受到严重威胁。自特朗普就任美国总统后,曾多次公开或私下批评世界贸易组织,宣称"如果世界贸易组织再不进行整顿,美国将考虑退出该组织"。原因是美国在世界贸易组织争端解决机制中处于不利地位。然而事实上,美国在争端诉讼中的胜诉率高于成员平均水平。与此同时,越来越多的发展中国家利用世界贸易组织规则崛起,削弱了美国在世界贸易组织中的霸权地位。作为世界贸易组织规则体系的领导者,美国在退出多项协议后,威胁"退出世界贸易组织",希望脱离世界贸易组织规则约束,重构符合自身利益的全球经贸规则治理体系,削弱现有多边贸易体制的组织化程度和效率,严重挑战了世界贸易组织的权威性。

第二,世界贸易组织面临严峻的生存危机。世界贸易组织的三大职能是争端解决、贸易谈判以及贸易政策审议。其中争端解决机制是世界贸易组织的核心支柱,是世界贸易组织对全球经济稳定作出的最为独特的贡献,制约着其他两项职能。但是近年来,美国认为上诉机构存在裁决越权、裁决形成判例并替代部分成员谈判等诸多问题,影响成员的权利与义务。美国以此为由阻挠世界贸易组织上诉机构的遴选程序,导致该机构仅剩下三名成员,并且其中两名成员的任期至 2019 年年底结束,上诉机构彻底瘫痪。除此之外,个别世界贸易组织成员滥用世界贸易组织规则中的安全例外条款、采用单边措施而无视世界贸易组织多边贸易规则,增加关税,妨碍正常贸易秩序。多重因素叠加使世界贸易组织争端解决机制"名存实亡",世界贸易组织面临前所未有的生存危机。

第三,世界贸易组织机制改革需要与时俱进。一是公平和效率问题,多哈回合谈判久拖不决,严重影响了世界贸易组织的凝聚力和领导力。例如有的发达成员允许农业补贴,有的发展中成员没有实施农业补贴的权利。二是世界贸易组织规则未能跟上 21 世纪贸易发展的步伐。瑞典高级研究员马茨·卡尔森指出,世界贸易组织的问题不在于没有促进国际贸易的发展,而是在面对新的全球经济与贸易形势时没有与时俱进。正如新冠疫情下迅猛而生的数字经济、电子商务、投资便利化等新议题尚未在多边贸易体制下形成统一规范,各国依据自身需求选择结盟或自行实施相关规则。新议题的出现决定世界贸易组织机制必须跟随时代发展需要进行必要的改革和调整。

## 三、世界贸易组织多边贸易体制改革的背景与性质

### (一) 世界贸易组织所处的改革困境存在一定的历史必然性[1]

国际经贸格局深刻变化,形成全新的国际分工。具体表现在:其一,国际分工不断细化,使商品分工逐渐演变为要素分工,形成以全球价值链分工体系为主导的世界经济格局。其二,中国和亚太地区发展中国家外向型发展推动跨国公司全球化布局,促进教育、医疗、高技术制造业等在全球范围内传播。在技术溢出效应下,发展中国家依靠自身核心技术在全球价值链体系中占据一定地位,打破发达国家对高新技术的长期垄断。其三,以中国为代表的东亚国家加大对外投资,尤其是对"一带一路"的基础设施投资,投资目的兼具商业性和政策性,对以私营企业为主的传统国际资本投资造成一定冲击。

贸易利益分配不均,引致部分国家不满。按照经典贸易理论,自由贸易将给贸易双方带来双赢或多赢。但现实情况是,国家间收益分布不均衡。尤其是 21 世纪以来,发达国家中经济增长率较高的为每年 2%—3%,而包括中国在内的新兴经济体年均增长 7%—10%,与发达国家的收入差距不断缩小。这种十分明显的收益变化导致部分发达国家质疑"经济全球化、贸易自由化",

---

[1] "WTO 改革:机遇与挑战"课题组、李波、陈卫东、杨国华:《客观认识 WTO 当前困境以战略思维推进 WTO 改革》,《行政管理改革》2021 年第 7 期。

开始改变其贸易政策方向。

逆全球化思潮涌起,民粹主义抬头。美国在20世纪70年代认识到,制造业特别是劳动密集型制造业必然向外转移,因此美国高度重视知识产权、服务贸易并强调与服务有关的投资政策,推动世界贸易组织服务贸易和知识产权谈判确保其贸易优势,并通过贸易救济和贸易调整援助等处理国内涌现的失业问题。尽管美国采取的双反一保贸易救济措施在一定程度上保护了国内产业,但因其固有的国内分配政策,贫富差距持续拉大引起的社会矛盾不仅没有解决,反而加速累积,以特朗普为代表的美国政客借机将本国民众的不满归咎于国际贸易体系的不公平以及中国的"非市场经济行为"。

### (二) 世界贸易组织多边贸易体制改革的本质是大国之间的竞争与博弈

自多哈回合谈判启动以来,多边贸易体制演进的主要矛盾转变为发达国家与发展中国家之间的矛盾(李计广和郑育礼,2020)[①],中美经贸规则的竞争与博弈是其主要表现。自2018年中美贸易摩擦以来,中美全面战略竞争关系确立,中美在双边、区域、多边各个层面同时开始展开规则竞争。双边层面,中美贸易协议中就强制性技术转让、知识产权、补贴等规则展开谈判。区域层面,美国将美国—墨西哥—加拿大贸易协定认定为高标准经贸规则,并加入"毒丸条款",限制缔约方与中国签订贸易协定。多边层面,美国的世界贸易组织改革立场中,针对中国的主要有两点:一是非市场经济行为。美国关注的核心问题是"中国政府在经济资源配置中的作用",认为尽管中国加入世界贸易组织后进行了改革,但政府对经济的干预仍然很普遍(González 和 Véron,

---

[①]　李计广、郑育礼:《多边贸易体制改革:背景、性质及中国方略》,《国际经济评论》2020年第5期。

2019)①。二是认为中国并非发展中国家。美国明确提出,中国自称发展中国家是对世界贸易组织规则的破坏,应尽早放弃发展中国家地位,特朗普还强调"美国从未承认中国的发展中国家地位"。由此可见,大国崛起与规则博弈是引发世界贸易组织多边贸易体制改革的根本原因。

## 四、世界贸易组织多边贸易体制改革的政策主张

世界贸易组织改革是当前国际社会广为关注的议题。引发这一问题的导火索是特朗普时期推行的单边主义政策和贸易保护主义政策。2020年受新冠疫情影响,各国更加频繁地采取贸易封锁措施,甚至诱发民族主义和种族主义,给世界经济复苏带来沉重影响,也在一定程度上延缓世界贸易组织改革进程。在此背景下,主要成员纷纷发布关于世界贸易组织改革的立场、观点和政策。

### (一)欧盟立场

相比美国以"极限施压"为特点的贸易保护主义政策,欧盟更加尊重和维护多边贸易体制的权威性,强调多边贸易规则和秩序的重要性。因此在贸易保护主义和单边主义威胁多边贸易体制背景下,欧盟率先提出世界贸易组织改革方案,于2018年9月正式发布其世界贸易组织改革提案,即《世界贸易组织现代化》(以下简称"欧盟方案")。欧盟将世界贸易组织改革定义为世界贸易组织现代化,提出涵盖三大方面的六项主张,总体上与世界贸易组织三大职能相衔接。主要包括以下主张:

第一,强化对不公平贸易行为的打击。世界贸易组织监督机制失灵。"欧盟方案"建议改善透明度机制和补贴通报机制,主张制定贸易新规则解决

---

① González A., Véron N., "EU Trade Policy Amid the China – US Clash: Caught in the Crossfire?", *Peterson Institute for International Economrics Working Paper*, 2019.

服务和投资壁垒,包括强制性技术转让和数字贸易壁垒,取消渔业补贴,解决国际社会可持续发展目标问题。

第二,对发展中国家设置"毕业机制"。"欧盟方案"认为发展中国家近年来经济发展势头迅猛,仍对发达国家和发展中国家进行区分对发达国家利益有所损害,建议实施"毕业机制"。符合"毕业"的发展中国家不再享受特殊和差别待遇,并将此纳入该成员贸易政策的审议进程。

第三,以灵活的多边主义推进诸边谈判。"欧盟方案"指出,世界贸易组织谈判功能受阻,协商一致原则限制了多边协定谈判成果的达成。因此,欧盟建议在谈判方式中增加灵活性,在多边无法协商一致的领域,应积极支持并推进诸边谈判,谈判对所有成员开放且适用最惠国待遇,即先考虑诸边,再推向多边的开放式诸边谈判模式。

第四,加快争端解决机制改革。"欧盟方案"对此提出六项主要建议:一是《关于争端解决规则与程序的谅解》第17.5条可以改为"在任何情况下,有关程序不应超过90天,除非案件当事方成员同意"。二是即将离任的上诉法官应完成其任期内已召开一次听证会且未决的上诉案件审理。三是针对"上诉机构作出对解决争端不必要的、冗长的咨询性意见或附带判决"的问题,建议《关于争端解决规则与程序的谅解》第17.12条的表述加上"在解决争端的必要程度内"。四是针对"上诉机构对于事实的审查和对成员国内法的重新审查"问题,建议澄清应限于"专家组报告中所涉及的法律问题和专家组所作的法律解释",其中不包括国内措施的含义。五是建立上诉机构和世界贸易组织成员定期交流机制,对系统性问题或法理发展趋势交换意见。六是对于上诉法官独立性问题,建议任期只一届但每届任期时间可增加至6—8年。

总体来看,"欧盟方案"致力于通过世界贸易组织改革实现三大目标,一是化解美国对世界贸易组织上诉机构的不满,化解世界贸易组织争端解决机制停摆危机;二是更新贸易规则,减轻"不公平贸易行为""发展中国家"带来的优势打压;三是灵活自由地推进贸易自由化谈判。这些举措有助于将各方拉回多边规则的理性谈判中,但其本质是欧盟贸易政策的延伸,并未从根本上解决美国在世界贸易组织改革问题上的核心关切,并因此加大发达国家与发展中国家的鸿沟。

## (二) 美国立场

美国没有正式发布有关世界贸易组织改革的专门文件,但在多份报告中对世界贸易组织改革表明立场。其本质即强调"美国利益"优先于其他国家和国际社会利益,试图在世界贸易组织规则中更多体现美国意志,削弱他国在全球经贸规则治理中的影响力。自 2019 年以来,美国贸易代表办公室连续三年发布《贸易政策议程与年度贸易报告》,其中对世界贸易组织改革提出了以下四项改革议题:

第一,对争端解决机制进行重大改革。美国认为世界贸易组织争端解决机制尤其是上诉机构存在严重缺陷,上诉机构的持续越权对缔约方带来破坏性影响,必须予以纠正。美国本质上是希望减少世界贸易组织争端解决机制的裁决权,以享有更多的贸易自主权和更少的国际法约束。其对世界贸易组织争端解决机制的批评主要基于六点:上诉机构未能认真履行 90 天的上诉期限制;上诉机构成员仍在超过任期之后服务,仍然继续听取提交的上诉;上诉机构可以在无关争端的事件上进行上诉;上诉机构可以影响客观事实和国内法;上诉机构将之前的报告视为前例;上诉机构的越权行为表现在其小组报告中申请增加和减少世界贸易组织成员的权利和义务。[1]

第二,重新认定新兴经济体发展中成员身份。虽然世界贸易组织根据联合国标准界定了"最不发达国家",但世界贸易组织本身并未界定"发展中国

---

① 彭博:《WTO 改革中主要经济体的观点和提案》,《光明网理论频道》2019 年 5 月 29 日。

家"的具体标准。一些国家"自我宣称"本国是发展中国家导致了特殊和差别待遇原则的滥用。美国认为世界贸易组织缺乏自身对发展中国家的认定标准,一些新兴经济体的"国家驱动型经济"不符合世界贸易组织规则框架,必须要解决这类经济体对全球贸易造成的损害,加强世界贸易组织新规则的制定(吴朝阳和吴婵,2021)。①

第三,改进通报机制,加大惩戒力度。美国认为各成员对通知义务遵守不力,没有履行通报义务,从而导致谈判进展不畅。美国建议对未能履行通知义务的成员采取相应的惩罚措施,更好地发挥世界贸易组织常设委员会的作用以提高世界贸易组织规则透明度。

第四,提高谈判效率。美国与欧盟推行的"诸边先行"立场一致,建议通过诸边方式加快推进渔业补贴和数字贸易领域的规则谈判。

此外,美国还向世界贸易组织提交了一系列提案建议,包括2018年11月向货物贸易理事会递交了有关透明度和通报改革的联合提案;2019年1月向世界贸易组织总理事会提交了《无差别的世界贸易组织:自我认定式的发展地位威胁体制相关性》;2019年2月向世界贸易组织总理事会提交了《加强世界贸易组织协商功能的程序》草案;2020年2月向世界贸易组织提交了《总理事会关于〈市场导向条件对世界贸易体系的重要性〉的决定》草案等,试图通过世界贸易组织改革解决国内问题,重新掌握世界贸易组织规则政策风向。这些举措不仅加剧了国际贸易规则碎片化,而且人为提高了他国参与全球经贸规则治理的门槛,加剧发达国家和发展中国家在全球经济治理中的话语权、治理决策、利益分配的不平衡问题。

（三）加拿大立场

加拿大于2018年9月发布了《加强世界贸易组织使之现代化:交流讨论

---

① 吴朝阳、吴婵:《WTO改革:代表性成员立场比较与前景展望》,《国际贸易》2021年第9期。

稿》,与美国强硬态度不同的是,加拿大的这份讨论稿语调较为温和,改革主张与欧盟相近。总体立场主要涉及三个方面:

第一,提高世界贸易组织贸易监督职能的效率。建议增强各成员内部政策措施的透明度和通报义务,同时应更为及时地对议题进行审议。

第二,帮助争端解决机制"减负",提出建立争端解决机制的替代机制,缩小争端解决机制负责的范围,制定解决特定类型纠纷的替代程序,设立促进专家组和上诉机构互动的机制等。

第三,促进贸易规则现代化。建议确定需要进行现代化改革的"优先事项组合包",以确定世界贸易组织现代化改革的优先事项,诸如农业支持、贸易与发展等传统议题以及数字贸易等热点议题。对于谈判的具体路径,加拿大认为可以实行开放的或封闭的诸边谈判模式以加强谈判的灵活性。

加拿大一直是国际规则的倡导者和践行者,其对世界贸易组织改革的立场反映出加拿大对多边贸易体制的拥护和关注,致力于改进监督功能的效率和有效性、维护和加强争端解决机制、为贸易规则现代化奠定基础。

## (四) 中国立场

习近平总书记在 2023 年中共中央政治局第八次集体学习时强调,世界贸易组织是多边主义的重要支柱,是全球经济治理的重要舞台。对世界贸易组织进行必要改革是普遍共识、大势所趋。要坚定维护以世界贸易组织为核心的多边贸易体制的权威性和有效性,坚持经济全球化大方向,旗帜鲜明主张自由贸易和真正的多边主义,反对单边主义、保护主义,反对将经贸问题政治化、武器化、泛安全化,推动建设开放型世界经济。要秉持人类命运共同体理念,完善细化全面深入参与世界贸易组织改革的中国方案。坚决维护包括我国在内的广大发展中国家的合法权益。

中国一直以来是多边贸易体制的积极参与者和坚定维护者,全面参与世界贸易组织的各项工作,积极推进贸易投资自由化便利化,秉承开放包容的理念支持更多发展中国家融入多边贸易体制。当前多边贸易体制受到单边主义和贸易保护主义的挑战,世界贸易组织正面临严峻的生存危机。中国于2018年11月发布《中国关于世界贸易组织改革的立场文件》,明确提出世界贸易组织改革的三项原则和五点主张。2019年5月,在立场文件基础上,中国向世界贸易组织提交《中国关于世界贸易组织改革的建议文件》,提出支持世界贸易组织改革的总体立场。主要包括:

第一,尽快启动上诉机构大法官遴选程序。中国呼吁各成员尽快就世界贸易组织改革展开实质性讨论,加强对以国家安全为由进行贸易保护的纪律约束,加强多边监督机制和加快案件审理程序。

第二,提高世界贸易组织在全球经济治理中的地位。逐步削减并最终取消农业综合支持量(Aggregate Measure of Support,AMS);通过改革补贴与反补贴措施协议,解决贸易救济领域的不完善问题;尽快如期完成渔业补贴谈判,加快推进包括电子商务、投资便利化等议题的谈判。

第三,加强透明度和提高世界贸易组织组织机构的运行效率。中国认为各成员应当加强贸易政策透明度,切实履行通报义务,尤其是发达成员应发挥示范作用;建议通过改进世界贸易组织常设机构的工作程序以提高其运作效率。

第四,增强多边贸易体制的包容性。应当加强特殊与差别待遇的执行力度;建立贸易和投资的公平竞争环境,反对依据企业所有制性质设立特殊、歧视的商业条款;在外资安全审查中对不同所有制企业应实行公开透明公平的监管。

三项基本原则包括:一是维护非歧视、开放等多边贸易体制的核心价值,为国际贸易创造稳定和可预见的竞争环境。二是保障发展中成员的发展利益,纠正世界贸易组织规则中的"发展赤字",解决发展中成员在融入经济全球化方面的困难,帮助实现联合国2030年可持续发展目标。三是遵循协商一致的决策机制,在相互尊重、平等对话、普遍参与的基础上,共同确定改革的具体议题、工作时间表和最终结果。

中国关于世界贸易组织改革的建议体现了中国对世界贸易组织的总体原则和基本立场,向世界表明了中国积极维护多边贸易体制,并积极推动世界贸易组织改革的决心和行动力。这些举措有利于多边贸易体制在全球治理层面充分发挥作用,帮助发展中国家继续在多边体制框架内获得更多的发展机遇,促进全球贸易乃至世界经济的增长。

### (五) 美欧日联合改革方案

美国、欧盟、日本三方自 2017 年 12 月以来,就世界贸易组织改革议题已发表八份联合声明。其联合提交的世界贸易组织改革提案中,针对中国的经济体制意图十分明显,主要包括以下内容:

第一,非市场经济行为。美欧日联合改革方案认为,市场导向是全球贸易体系的基础。而政府通过财政资助和支持容易导致产能过剩,对他国造成不公平竞争,破坏国际贸易的正常运作。

第二,强制性技术转让。任何国家不应该通过合资要求、外国股权限制、行政审批和许可程序或其他方式,要求或迫使外国公司向国内公司转让技术。这些监管措施迫使外国公司向国内实体寻求许可技术。政府指导并支持促进对外国公司和资产的系统投资和收购,以获取技术和知识产权并产生技术转让给国内公司的做法必须得到制止(全毅,2019)①。

第三,透明度、特殊和差别待遇。美欧日联合改革方案否认自我宣称,要求"有发展中国家地位的发达国家"未来要作出全面承诺。②

第四,关于数字贸易和电子商务等议题,美欧日联合改革方要求将数字贸

---

① 全毅:《各国 WTO 改革方案比较与中国因应策略》,《亚太经济》2019 年第 6 期。
② 巴西已经同意在世界贸易组织谈判中放弃特殊和差别待遇,并提出加强通报和不履行透明度义务的惩罚措施。

易与电子商务纳入世界贸易组织框架,减少数字贸易保护主义,促进数据安全,改善商业环境。

### （六）成员关于世界贸易组织改革方案的主要分歧

特殊和差别待遇是发达国家和发展中国家的主要分歧。以美国为首的部分发达国家认为,特殊和差别待遇是造成国际贸易不公平的主要根源,要求取消中国等发展中国家享受的特殊和差别待遇。中国、南非、印度等国认为特殊和差别待遇是发展中国家参与经济全球化、贸易投资自由化的基本原则,是保障自身权益的重要制度,不可取消。

恢复争端解决机制是美国和多数成员的主要分歧点。多数成员主张打破上诉机构停摆的僵局,希望尽快开启争端解决机制下上诉机构的遴选程序,以维持世界贸易组织的正常运转,但美国再次否决这一提议,主张世界贸易组织先改革后遴选。

总体而言,欧盟、美国和日本等发达国家和地区的政策诉求有极大重合,更加关注补贴等扭曲市场行为、非市场导向的政策和措施、强制性技术转移、发展中国家地位的认定及数字贸易等议题,且有极强的针对性(倪月菊,2019)。[1] 但在世界贸易组织改革的优先顺序问题上,美国又与日本和欧盟有差异。日本和欧盟主张应以尽快恢复争端解决机制职能为要务,以快速恢复争端解决机制机能,与中国的主张一致。

# 第二节　世界贸易组织规则与自由贸易区理论创新

多边贸易体制进展缓慢使世界贸易组织无法满足一些国家在贸易开放方

---

① 倪月菊:《循序渐进拯救 WTO》,《半月谈内部版》2019 年第 12 期。

面的需求,导致需求相似国绕开多边,在区域层面开展议题谈判与合作。自20世纪90年代以来,全球区域经济一体化朝更加广泛、更加紧密、更高层次的方向发展,且呈现出区域性、稳定性和排他性等显著特征,形成以自由贸易协定为核心的区域贸易协定。根据世界贸易组织义务,自由贸易协定中纳入的议题承诺可分为 WTO-Plus 条款和 WTO-Extra 条款两类。

## 一、WTO-Plus 议题发展及分类

WTO-Plus 条款建立在世界贸易组织现有规则基础之上,是根据当前世界贸易组织义务和规则发展出的条款,共有14条。自由贸易协定缔约方承诺在区域层面加强现有多边承诺,其涉及的制造业和农产品关税减让程度一般高于世界贸易组织框架下已有的承诺。相关贸易措施完善,包含海关程序与贸易便利化、卫生与植物卫生措施、技术性贸易壁垒、贸易救济措施(反补贴和反倾销)、政府采购、服务贸易、与贸易有关的投资规则、与贸易有关的知识产权规则、国营贸易企业等议题。

从议题发展趋势来看,关税减让议题在自由贸易协定中的覆盖率最高,这意味着几乎所有的自由贸易协定都将制造业和农产品削减关税作为缔约方谈判的优先事项。同时其他议题在2008年之后受到缔约方的广泛关注,如表4.1所示。具体来看,首先,贸易便利化、卫生与植物卫生措施、技术性贸易壁垒三项条款的覆盖率在2008年之后增长最快,均超过90%。这说明贸易便利化措施有利于化解国际金融危机给区域贸易带来的非关税壁垒,受到协定缔约方的广泛青睐。同时卫生与植物卫生措施和技术性贸易壁垒条款的大范围适用在规范贸易标准的同时,也给贸易保护主义提供了最隐蔽、最不易察觉的政策手段。其次,与贸易有关的投资议题覆盖率最低,虽在国际金融危机后有所上升,但仍低于45%。这是由于外商投资涉及国内经济主权,容易对国内相关产业造成冲击,自由贸易协定双方对投资议题仍持有谨慎态度。最后,其他议题出现在半数以上的自由贸易协定中,并且覆盖率在2008年之后有较为

明显的上升,说明自由贸易协定缔约方在经历危机之后开始加强对世界贸易组织规则的既有承诺和执行水平。

表 4.1　自由贸易协定议题发展趋势　　　　　　（单位:%）

| WTO-Plus 议题 | | | | | |
|---|---|---|---|---|---|
| 条款 | 覆盖率 | 覆盖率（2008 年以后） | 条款 | 覆盖率 | 覆盖率（2008 年以后） |
| 制造业关税减让 | 100.0 | 100.0 | 反倾销 | 75.6 | 86.7 |
| 农业关税减让 | 99.6 | 100.0 | 反补贴 | 63.8 | 83.8 |
| 贸易便利化 | 90.3 | 96.2 | 国际援助 | 65.6 | 73.3 |
| 出口税 | 78.5 | 85.7 | 政府采购 | 56.3 | 67.6 |
| 卫生与植物卫生 | 66.7 | 93.3 | 与贸易有关的投资措施协定 | 32.3 | 45.7 |
| 技术性贸易壁垒 | 70.3 | 93.3 | 服务贸易总协定 | 64.9 | 85.7 |
| 国营贸易企业 | 52.3 | 63.8 | 与贸易有关的知识产权协定 | 57.0 | 75.2 |
| WTO-Extra 议题 | | | | | |
| 条款 | 覆盖率 | 覆盖率（2008 年以后） | 条款 | 覆盖率 | 覆盖率（2008 年以后） |
| 反腐败 | 12.19 | 23.81 | 健康 | 11.11 | 12.38 |
| 竞争政策 | 74.55 | 75.24 | 人权 | 8.60 | 4.76 |
| 环境 | 40.86 | 59.05 | 打击非法移民 | 6.8 | 3.8 |
| 知识产权 | 47.31 | 56.19 | 打击违禁药品 | 6.8 | 8.6 |
| 投资 | 54.84 | 73.33 | 产业合作 | 21.9 | 17.1 |
| 劳动力市场监管 | 25.81 | 40.95 | 信息社会 | 32.3 | 54.3 |
| 资本流动 | 53.76 | 67.62 | 矿业 | 7.9 | 13.3 |
| 消费者保护 | 16.49 | 22.86 | 反洗钱 | 6.8 | 6.7 |
| 数据保护 | 11.83 | 18.10 | 核安全 | 5.0 | 1.9 |
| 农业 | 31.18 | 34.29 | 政治对话 | 15.1 | 19.0 |

续表

| WTO-Extra 议题 | | | | | |
|---|---|---|---|---|---|
| 条款 | 覆盖率 | 覆盖率（2008 年以后） | 条款 | 覆盖率 | 覆盖率（2008 年以后） |
| 立法 | 11.83 | 3.81 | 公共管理 | 19.0 | 25.7 |
| 视听 | 8.60 | 10.48 | 区域合作 | 31.5 | 41.0 |
| 公民保护 | 1.43 | 2.86 | 研发 | 24.4 | 24.8 |
| 创新 | 10.39 | 25.71 | 中小企业 | 15.1 | 20.0 |
| 文化合作 | 16.49 | 13.33 | 社会事务 | 15.1 | 8.6 |
| 经济政策对话 | 24.01 | 20.95 | 统计 | 18.3 | 8.6 |
| 教育培训 | 19.71 | 20.00 | 税收 | 13.6 | 11.4 |
| 能源 | 20.43 | 23.81 | 打击恐怖主义 | 5.4 | 7.6 |
| 金融援助 | 14.34 | 11.43 | 签证与庇护 | 31.9 | 42.9 |

资料来源：世界银行深度贸易协定数据库，数据截至 2015 年年底。

从议题谈判来看，WTO-Plus 条款是对世界贸易组织现有规则的延伸。自由贸易协定缔约方在国际规范指引下更易对此类议题达成一致。按照缔约方谈判和执行情况，WTO-Plus 条款可分为三类：第一类是经协商一致且调整国内规制后即可落实的议题，包括关税减让、贸易便利化、卫生与植物卫生措施、技术性贸易壁垒、反补贴、反倾销、与贸易有关的知识产权、国际援助等多数 WTO-Plus 条款。这些议题涉及传统货物贸易及其保障措施，缔约方在自由贸易协定框架下作出高于世界贸易组织的承诺。例如，现有自由贸易协定优惠税率一般低于世界贸易组织最惠国关税；区域全面经济伙伴关系协定的《海关程序与贸易便利化》章节设有海关协调员、经认证经营者（Authorized Economic Operator，AEO）制度，便利进出口企业享惠；全面与进步的跨太平洋伙伴关系协定的《技术性贸易壁垒》章节对葡萄酒和蒸馏酒、信息和通信技术产品、药品、化妆品、医疗设备、预包装食品和食品添加剂设有专门附件。

第二类是经协商一致且调整国内规制后需一定过渡期落实的议题,主要包括服务贸易、与贸易有关的投资等议题。目前,发达国家是全球服务贸易、投资市场的主体,发展中国家在全球服务贸易和投资发展中的地位有明显提升但与发达国家还有不小差距。因此在贸易协定框架下发达国家往往以负面清单形式开放服务、投资部门,发展中国家先以正面清单开放,在一定过渡期后再转为负面清单。这种模式常见于南北型、巨型自由贸易协定。例如,区域全面经济伙伴关系协定采用正面和负面清单相结合的方式对服务贸易部门作出承诺,其承诺水平高于服务贸易总协定下的正面清单承诺水平。其中中国、新西兰、泰国、越南、菲律宾、缅甸、老挝、柬埔寨八个国家还承诺未来全面实现以负面清单模式实现服务贸易自由化。

第三类是可协商一致但有落实难度的议题,主要有国营贸易企业、政府采购议题。对于国营贸易企业议题,非歧视原则是其首要义务,但世界贸易组织相关法律规定较为含糊,未能起到良好的引导作用,尤其是国营贸易企业的独占权或特别权益、财政、监管等方面。对于政府采购议题,世界贸易组织框架下的政府采购协定参加方多为发达国家,发展中国家由于特殊和差别待遇、国内规制等种种原因难以加入,政府采购协定成为名副其实的"富国俱乐部"。因此,在缺乏国际规范情况下,自由贸易协定缔约方对国营贸易企业和政府采购议题的分歧较大,即使协商一致,完全落实也存在不小难度。

## 二、WTO-Extra 议题发展及分类

WTO-Extra 条款指自由贸易协定成员对当前世界贸易组织没有囊括或未进行调整的政策领域所作的承诺,共有 34 条。欧美签订的自由贸易协定中常见的 WTO-Extra 条款包括反腐败、数据保护、消费者保护、环境、投资、资本流动、知识产权、人权、打击毒品、反洗钱、社会事务、签证和庇护、打击恐怖主义等,但当前世界贸易组织规则不涉及环境保护、资本流动等 WTO-Extra

条款。

从议题发展趋势来看,自由贸易协定缔约方更加关注环境、知识产权、投资与资本流动,而对其他议题的关注程度较低,如表 4.1 所示。主要原因在于前五项议题很大程度上是美国或欧盟国内规章制度的外向输出,具有较为稳定的法律基础,但大部分 WTO-Extra 条款的法律可执行性较弱。具体来看,超过半数的自由贸易协定纳入投资、资本流动三项议题,2008 年之后,知识产权、环境、信息社会三项议题的覆盖率超过 50%。其中环境与投资的覆盖率变化最为明显,体现出新一代自由贸易协定兼顾贸易与环保双向发展,支持以投资促发展,开放国内市场,吸引高质量外商投资。同时在谈判框架中纳入资本流动、知识产权等相关规制,以避免外商投资行为对国内产业造成冲击。其他 WTO-Extra 议题中,劳动力市场监管、签证与庇护、农业、创新等议题的覆盖率略高,其他议题的覆盖率较低,且 2008 之后的覆盖率变化不大。这是由于 WTO-Extra 议题超出世界贸易组织规则本身,由自由贸易协定缔约方根据发展需要和利益诉求进行谈判,体现出不同自由贸易协定的关注焦点。

从议题谈判来看,相比 WTO-Plus 条款,WTO-Extra 条款几乎完全游离在世界贸易组织现有规则之外,自由贸易协定缔约方按照共同诉求制定区域规则,缺乏国际规范约束,具有极强的排他性,更能体现缔约方的核心意志。按照缔约方诉求和谈判难度,WTO-Extra 条款可分为三类:第一类是涉及贸易保障且易协商一致的议题,包括知识产权、投资、资本流动、环境。其中,自由贸易协定框架下的知识产权、投资两项议题比世界贸易组织的与贸易有关的投资措施协议(Agreement on Trade-Related Investment Measures,TRIMS)、与贸易有关的知识产权协定规则更为严格,是协定双方根据发展需要进行细化所得。正如区域全面经济伙伴关系协定《投资》章节包含保护、自由化、促进和便利化投资四大支柱条款,并且与其相关的《知识产权》章节含有 83 个条款和 2 个附件,既包括传统知识产权主要议题,也体现了知识产权保护发展的新趋势。资本流动是投资过程中保护资金安全的相关措施,与投资、知识产权以及 WTO-Plus 条款共同形成自由贸易协定核心议题。关于环境,超过 50% 的自由贸易协定关注到环境对贸易的影响,在区域层面通过实现碳达峰和碳中和、加征碳税等方式减轻环境污染对贸易的不利影响。

第二类是涉及区域合作且较易协商一致的议题,包括反腐败、劳动力市场监管、农业、文化合作、经济政策对话、教育培训、产业合作、信息社会、公共管理、区域合作、研发、中小企业、签证与庇护等议题。此类议题的共同点在于"合作",取决于自由贸易区域发展以及缔约双方的共同利益。例如全面与进步的跨太平洋伙伴关系协定设有《中小企业》专章,而中国签订的多数自由贸易协定将其排除在外;中国—新西兰自由贸易协定设有专门的博士奖学金项目。

第三类是涉及国家安全且难以协商一致的议题,包括消费者保护、数据保护、立法、视听、公民保护、创新、能源、金融援助、健康、人权、打击非法移民、打击违禁药品、矿业、反洗钱、核安全、政治对话、社会事务、统计、税收、打击恐怖主义等议题。这些议题触及国家特殊资源和国家安全,不易协商一致,取决于自由贸易协定双方的共同关切和诉求。仅有少数资源禀赋类似、安全需求类似的国家将此类议题纳入自由贸易协定框架。例如美国—墨西哥—加拿大协定、加拿大—智利自由贸易协定、中国—智利自由贸易协定达成核安全议题;EC—墨西哥、EC—埃及、EC—格鲁吉亚、EC—哥伦比亚—秘鲁等自由贸易协定涉及人权议题。

## 三、自由贸易协定的议题发展及特征

从世界贸易组织公布的资料来看,全球自由贸易协定呈现出以下特点:

形式上,第一,自由贸易协定成为主要区域化模式。自区域贸易协定数量快速增长以来,自由贸易协定占已生效区域贸易协定的比重逐渐提高,关税同盟(Customs Union,CU)的占比较少。并且即将建立的区域贸易协定中自由贸易协定所占比重也较大。这意味着多数世界贸易组织成员偏好自由贸易协定建设而非关税同盟等其他形式。原因在于自由贸易协定模式涉及内容广泛,但限制较少,不需要采用统一的对外关税,无须让渡经济管辖权,形式上的灵活性优于区域贸易协定的其他形式。第二,南北型合作成为区域发展新模式。南北型自由贸易协定的出现打破固有区域经济一体化理论,超越地理边界,形成由经济发展水平不同、历史文化背景不同的国家建立区域经济一体化的新趋势。自 1994 年墨西哥加入北美自由贸易协定,开启南北合作模式后,越来越多的南北型自由贸易协定不断涌现,且具有跨洲、跨区域等显著特征。例如,欧盟与越南、南非、墨西哥等发展中国家签订自由贸易协定,还积极与环太平洋国家、亚洲开启自由贸易协定谈判。美国与约旦、澳大利亚、埃及、秘鲁、哥伦比亚等国家和地区达成双边自由贸易协定。同时,亚太区域的合作进展不容小觑,例如日本分别对新加坡、墨西哥、马来西亚、印度尼西亚、菲律宾、智利、秘鲁签订了自由贸易协定;中国也与澳大利亚、新西兰、韩国、新加坡等国达成自由贸易协定伙伴关系。第三,自由贸易区发展日渐网络化。自自由贸易协定数量不断上升以来,几乎所有世界贸易组织成员至少参加了一个或一个以上的自由贸易协定。在自由贸易区网络中,当一国先后与多国签订自由贸易协定时,该国就成为轮轴国,自由贸易协定缔约方为辐条国,形成以自我为中心的自由贸易区网络。同时该国也是全球自由贸易区网络中的关键节点。由于大部分国家签订了多个自由贸易协定,由此出现多个自由贸易协定互相重叠和交织的现象,形成典型的"意大利面碗"效应。这种现象不仅使自由贸易协定合作结构更加复杂,甚至也会增加这一区域内各经济体参与区域贸易和投资的成本。

内容上,自由贸易协定议题不断超越世界贸易组织范畴。传统自由贸易协定内容以货物贸易为核心,主要通过削减关税、取消非关税壁垒实现货物贸易自由化。后从跨境交付、境外消费、商业存在和自然人流动四大方面逐步实现服务贸易自由化。然而,新一代自由贸易协定涉及内容广泛,除货物和服务贸易自由化外,与贸易相关的规则逐步被纳入其中,包括贸易便利化、投资保护与促进、知识产权、原产地规则、环境保护、争端解决机制等内容。除在基本规则上与世界贸易组织保持一致外,新一代自由贸易协定在某些内容上已经超越世界贸易组织范畴,作出了比世界贸易组织更高的承诺水平。例如签证与庇护、反腐败等内容。

发展趋势上,世界三大经济区初步形成。随着区域经济一体化进程加快,以欧盟为核心的欧洲经济区、以北美自由贸易协定为核心的美洲经济区以及以亚太区域为核心的东亚经济区初步形成。亚太区域经济一体化打破了美欧主导的经济一体化进程,且自由贸易协定数量在自由贸易区建设中占主要地位。例如东盟整合原有 5 个"10+1"自由贸易协定,推动区域全面经济伙伴关系协定落地生效,对促进亚太区域经济一体化乃至全球经贸格局具有重要意义。从发展路径上看,以欧盟、美国、亚太区域为主导的区域合作实现了从低级到高级、从跨区域到多重区域的转变,通过深化升级原有自由贸易协定模式、扩展原有自由贸易协定成员、缔结新自由贸易协定、重启区域经济合作谈判等多重路径实现区域经济一体化。

总体而言,自由贸易协定正逐步替代世界贸易组织实现更多新议题的谈判,从议题数量和深度上实现突破,成为世界贸易组织多边贸易体制停滞不前背景下世界各国合作的主要模式。

# 第三节　自由贸易协定对世界贸易组织多边贸易体制的影响

## 一、自由贸易协定是世界贸易组织的垫脚石还是绊脚石?

自由贸易协定对多边贸易体制的影响是一把"双刃剑"。一方面,自由贸易协定对多边贸易和投资自由化起到示范作用,从而减少来自自由贸易保护主义的压力。另一方面,尽管多数协定支持多边贸易体制的贸易与投资自由化目标,但多数贸易协定未能遵守世界贸易组织对自由贸易协定的纪律约束,即关税及贸易总协定第 24 条规定,不得提高对非成员的关税水平和贸易壁垒。因此,现行自由贸易协定与世界贸易组织规则既有互补关系,又有互斥关系。

## (一) 自由贸易协定与世界贸易组织的互补关系

自由贸易协定与世界贸易组织的根本目标一致。多边贸易体制对自由贸易协定的规定源于关税及贸易总协定第 24 条及关于解释第 24 条的谅解、授权条款和服务贸易总协定第 5 条。其中关税及贸易总协定第 24 条是自由贸易协定规则的起源和核心,允许缔约方以成立关税同盟、自由贸易协定以及订立为形成关税同盟和自由贸易协定所必需的临时协议的方式进行区域经济一体化实践。但同时也受到两个条件的约束:一是每一协定缔约方对非缔约方实施的关税或其他贸易法规,不得高于或严于在关税同盟、自由贸易协定及其临时协议签订之前各成员领土内实施的相关关税或其他贸易法规。二是临时协议应包括在合理持续时间内形成此种关税同盟或自由贸易协定的计划和时间表。可以看出,自由贸易协定的根本宗旨是在促进区域内贸易自由化的同时,不得对其他缔约方的贸易造成限制或障碍。世界贸易组织的贸易自由化原则主要通过关税减让、取消非关税壁垒,限制和取消阻碍国际贸易的法律法规、政策措施等促进贸易自由化发展。因此从本质上看,自由贸易协定与世界贸易组织的根本目标一致,即促进经济全球化与贸易自由化。

自由贸易协定是世界贸易组织规则的延续田和试验田。一方面,自由贸易协定基本规则依据世界贸易组织规则建立。在自由贸易协定框架中,许多条款受世界贸易组织规则的约束和调整,在传统货物贸易领域,多数自由贸易协定在世界贸易组织最惠国关税基础上,作出更高水平的关税减让承诺。例如韩国—以色列自由贸易协定正式生效后,韩国实现零关税的产品达到税目的 95.2%、进口额的 99.9%,以色列实现零关税的产品达到税目的 95.1%、进口额的 100%。在服务贸易、投资等新兴领域，自由贸易协定缔约方从开放模式、开放部门、核心义务等方面作出超过世界贸易组织的承诺水平，更加聚焦自由贸易协定双方的贸易利益。例如区域全面经济伙伴关系协定框架下，中国对服务部门的开放数量在中国加入世界贸易组织承诺的 100 个部门基础上，增加了研发、管理咨询、制造业相关服务、空运等 22 个部门，并提高了金融、法律、建筑、海运等 37 个部门的承诺水平。另一方面，自由贸易协定成为国际高标准经贸规则的试验田。随着全球价值链迅速发展，自由贸易协定谈判议题从传统的"边境措施"逐步过渡到涉及广泛利益的"边境后措施"，缔约方对农产品、知识产权等敏感领域提出了相关诉求。自由贸易协定框架可以解决多边贸易体制下难以达成或无法达成的议题。例如在农产品议题上，中国—东盟自由贸易协定设有"早期收获协议"，对农产品单独作出规定。在政府采购议题上，政府采购协定参加方均为发达国家或地区，发展中国家进入门槛较高。但在双边或多边协议下达成政府采购议题合作更为容易，例如区域全面经济伙伴关系协定、全面与进步的跨太平洋伙伴关系协定、智利—哥斯达黎加自由贸易协定、中国—新西兰自由贸易协定等。对在多边贸易体制下难以达成一致的议题而言，自由贸易协定为议题实施提供了一个先行先试的平台，也为世界贸易组织在多边贸易体制下建立或完善已有相关规则提供借鉴，提高谈判效率。

自由贸易协定可以平衡国际经贸规则体系下的话语权。世界贸易组织多边贸易体制的目的是保护各成员的贸易利益，其规则制定往往是由经济大国引导，发达国家利益博弈决定。但自由贸易协定的目的是保护区域内的集团利益，实现协定成员共同获益。尤其对发展中国家而言，自由贸易协定提供了权衡区域贸易自由化进程利弊的机会，有利于加强发展中国家对全球价值链分工的认识程度，促进最大限度的国内改革，接轨国际规则。从一定程度上看，自由贸易协定的出现打破了单一大国或少数几个国家主导国际经济秩序的局面。由此形成的区域集团可以与经济大国抗衡，利用区域建立国际贸易新秩序,平衡多边体系下的规则制定话语权,保障发展中国家的利益。

### (二) 自由贸易协定与世界贸易组织的互斥关系

自由贸易协定是世界贸易组织最惠国待遇原则的例外。关税及贸易总协定第 24 条和服务贸易总协定第 5 条均允许存在特殊和差别待遇,削弱了多边贸易体制的作用,从而使缔约方政府倾向在自由贸易协定下寻求特殊利益。由自由贸易协定形成的经济集团内部实施更加优惠的待遇,但成员对区域外国家和地区实施最惠国关税。这就导致基于世界贸易组织最惠国待遇的关税实质上成为"最高税率",最惠国待遇转而成为"最差国待遇"(全毅,2019)。现行自由贸易协定与多边贸易体制存在法律冲突,导致多边贸易体制的边缘化和全球经贸治理的碎片化。

自由贸易协定提高了区域贸易保护水平。多数双边或自由贸易协定具有排他性,只有成员可以享受优惠待遇,其优惠待遇越高,区域贸易保护主义越严重,例如美国—墨西哥—加拿大协定、全面与进步的跨太平洋伙伴关系协定设置极为严格的原产地规则,尤其是对纺织品作出从纱线以后必须在区域内完成的规定,极大地提高了区域保护水平,有效阻碍了第三国参与区域贸易环节,同时也破坏了全球原有的价值链分工体系。再如区域全面经济伙伴关系协定区域内成员可对声音、气味申请商标,享受更高标准、更高水平的知识产权保护,区域外国家和地区只能在世界贸易组织框架下依据与贸易有关的知识产权协定实施相应的知识产权保护。因此,新一代自由贸易协定不仅重构国际经贸规则,还促进了全球产业链、价值链和供应链重构。

自由贸易协定引致复杂的"意大利面碗"效应。几乎每个世界贸易组织成员都参加了一个或多个自由贸易协定。而每个自由贸易协定的议题和规范各有差异,在促进区域经贸规则统一的同时,使全球区域经贸规则出现碎片化、区域化趋势。一是自由贸易协定通过对世界贸易组织现有规则修正建立新的规则体系。自由贸易协定涵盖范围已经远超世界贸易组织多边体制的规制范围,在采用世界贸易组织多边规则的同时,也对世界贸易组织现行法律体系予以不同程度的修正,例如贸易救济、原产地规则等。与此同时,自由贸易协定将环境条款等世界贸易组织未包含的新规则纳入其中,符合国际新形势下各国的贸易需求。二是世界贸易组织之外的新规则不断涌现。与现有规则相比,WTO-Plus、WTO-Extra 新规则更为严格,标准更高,对世界贸易组织法律体系带来极大挑战。众多贸易协定议题相互交织,又有所区别,引致复杂的"意大利面碗"效应,使企业在与不同目的国的贸易中需要遵守诸多规范,大大提升企业的交易成本和效率,不利于国际贸易的平稳运行。因此,将自由贸易协定中普遍存在的议题纳入多边贸易框架,增强了世界贸易组织的管辖范围,减少自由贸易协定多样性是解决"意大利面碗"效应的可行路径。

### (三) 互补关系是主要的,互斥关系是暂时的

总体而言,从短期来看,区域主义严重冲击多边主义。传统多边贸易体制在全球价值链背景下难以满足世界各国贸易利益最大化,以美国为首的发达国家迫切需要建立一个超越世界贸易组织和传统自由贸易协定的国际贸易新体制,给区域主义提供了机会,也使多边贸易体制久拖不前。

从长期来看,自由贸易协定与世界贸易组织之间的互补关系是主要的,互斥关系是暂时的。世界贸易组织多份研究报告指出,区域性体制有利于多边体制发展,两者是互补关系。区域化与多边化两种方式并不冲突,也不能简单地相互取代,未来不断增长的外向型、包容性全球贸易发展需要单边、双边、诸边和多边方式共同努力。原因有两点:一是自由贸易协定的区域性特征决定其无法取代多边贸易体制。自由贸易协定独有的"排他性"体现出区域贸易体制的局限性,难以在多边层面形成世界各国的法律规范。同时大国主导的自由贸易协定只是发达国家和发展中国家应对经济不利形势的权宜之计,长期的最优选择仍然是多边贸易体制。二是以世界贸易组织为代表的多边贸易体制建立的法律制度具有坚实的科学基础。最惠国待遇、国民待遇、非歧视原

则等均是各国在历史经验和教训中得出的法律原则。这一制度对成员国内法的修改和调整产生巨大影响,并推动着国际法治体系的构建,并不会因区域主义盛行发生根本性改变。也就是说,世界贸易组织规则奠定了自由贸易协定规则的坚实基础,自由贸易协定从区域层面解决了世界贸易组织难以协商一致的议题,二者在贸易与投资自由化过程中形成双轮驱动,共同引领国际经贸规则的治理方向。

## 二、中国与新一代国际经贸规则构建:策略与选择

世界贸易组织改革迫在眉睫以及自由贸易协定引领新一代国际经贸规则,使中国在参与全球价值链分工、贸易和投资自由化方面所面临的国际环境日趋复杂,但同时也为中国在全球经贸治理中发挥影响力、深化国内改革提供良好机遇。作为后疫情时代最重要的新兴经济体,中国必须对新一代国际经贸规则构建高度关注,积极参与新规则制定,避免被边缘化。

### (一)主动深化国内改革,推动国际规则与国内规制之间的良性互动

一是提高国内规制的政策透明度和可预期性。根据发达国家针对透明度和通报义务的改革建议,其一,建立各项法律法规的信息公开制度,从根本上增强政策透明度。其二,尽可能让各利益相关方共同、有效参与各项政策的起草、修改和出台过程。其三,将世界贸易组织规则下国内政策的修改及时通报给各成员,避免由于信息通报滞后引起成员采取惩罚性措施,给国内相关产业带来经济负担。

二是推动"三零"原则试点落地。"零关税、零壁垒、零补贴"是全球经贸规则的新趋势,例如欧盟—日本经济伙伴关系协定中欧盟取消对日本99%的关税,英国—日本自由贸易协定中英国对日本99%的出口都能享受零关税待遇。因此有必要在国内自由贸易试验区和海南自由贸易港实施以"零关税、

零补贴、零壁垒"原则为基础的国际经贸新规则,对国内企业进行压力测试。首先制定"三零原则征税清单",只对清单上的商品目录进行征税,其他商品全部列入免税计划,可以分阶段逐步实现零关税。其次消除非关税壁垒,根据自由贸易试验区和海南自由贸易港的具体实际,将世界贸易组织非关税壁垒中的进口配额、商品检疫、海关定价等易取消的壁垒清除,着力构建国际化、法治化和便利化的营商环境。最后是取消试验区内所有企业、政府及其他类型的补贴,使国内企业在国际竞争中处于平等地位,吸引外商高质量投资。

### (二) 关注"21 世纪新议题"谈判,扩大高水平对外开放范围

一是借助后新冠疫情背景下全球治理契机完善多边贸易制度。在多边谈判模式上,对诸边谈判采取开放和鼓励态度,提升世界贸易组织在规则制定方面的决策效率。在可行范围内,支持全面的多边谈判。针对无法达成一致的领域,探索有限多边即诸边谈判方式,向所有成员开放。在世界贸易组织争端解决机制上,引入"票决一致"原则,增强贸易政策审议机制的影响力和贸易政策透明度,帮助成员尤其是发展中国家积极参与多边贸易规则谈判。在具体议题上,充分挖掘贸易便利化、数字贸易在推动经济复苏方面的独特优势,优先推进世界贸易组织框架下的电子商务议题谈判,着力解决贸易企业尤其是中小微企业在后疫情时代面临的生存困境。

二是继续支持世界贸易组织新议题谈判。推动 21 世纪新规则议题谈判是世界各国的共同需求,关乎未来国际经贸规则治理的走向和全球价值链贸易的发展。中国于 2013 年促成贸易便利化协定达成;2015 年推动关于取消农产品出口补贴的协定以及信息技术产品扩围协议的达成;2021 年年底同欧盟、俄罗斯、日本等 112 个世界贸易组织成员共同签订《投资便利化联合声明》,为世界贸易组织议题谈判作出了非常重要的贡献。在多边贸易体制受阻和新冠疫情反复的背景下,结合国际经济发展形势,仍需继续支持世界贸易组织就数字贸易、中小企业、电子商务、投资便利化、监管一致性、发展与竞争

能力建设等适应全球价值链贸易的新议题开展谈判,彰显世界贸易组织在贸易投资自由化发展中的重要作用,促进多边贸易体制紧跟时代发展,增强世界贸易组织有效性和权威性。

三是发挥自由贸易协定在推进新议题中的作用。考虑到全球经济治理已经呈现出双边、区域、诸边、多边合作并存的趋势,仅靠多边贸易体制无法实现全球范围不同议题的经济合作。因此中国不能对多边贸易体制寄予过高希望,除在世界贸易组织框架下的多边开放外,还应积极推进区域贸易安排,搭建新议题试验平台。其一,推动已有自由贸易协定升级谈判,全面纳入电子商务、政府采购、环境、投资等新议题谈判,按照国际经贸规则发展趋势提升合作内容和开放标准,构建更高水平、更高标准的自由贸易区网络。其二,加快现有自由贸易协定谈判进程,根据双方利益诉求和产业发展水平,有选择地将新规则议题纳入谈判框架。例如中日韩自由贸易协定谈判中可以全方位纳入多种议题;中国—巴勒斯坦自由贸易协定谈判中优先纳入服务贸易、投资、电子商务等议题,同时针对其他不易达成的议题设置实施期限,分阶段将新规则议题融入贸易协定中。其三,充分利用既有平台和已经形成的贸易协定,签订更多的双边、诸边和区域贸易投资协定,促进中国深化改革开放,构筑立足周边、辐射"一带一路"、面向全球的高标准自由贸易区网络,实现高水平对外开放。

### (三) 坚持发展中国家站位,共筑人类命运共同体

中国同新兴经济体取得长足发展,符合各方的共同利益和世界发展大势。加强与发展中国家的团结与合作也是中国外交政策的立足点。这与中国的发展中国家身份密不可分。虽然美国要求中国等发展中国家放弃发展中国家身份,但根据自身发展水平,中国应继续坚持发展中国家站位。原因有三:其一,只有保持发展中国家身份,才能在多边贸易体制谈判中争取过渡性措施,保障自身合法权益。其二,只有充分尊重发展中国家的切身利益,才能促使更多发展中国家融入经济全球化进程中,只有坚持发展中国家身份,才能团结更多的

发展中国家,践行人类命运共同体的全球经济治理理念。其三,放弃发展中国家身份会带来一系列连锁反应,导致在其他国际机构的身份认定问题。因此从现阶段来看,中国仍属于发展中国家阵营,能够在今后相当长的一个时期内为建立国际经济新秩序作出重大贡献。

在多边层面,可在坚持"发展中国家"身份前提下,结合国内改革开放情况,适时放弃部分发展中国家享有的特殊和差别待遇,基于具体行业、议题和践行能力,通过互惠谈判确定应承担的义务和享有的权利。在合作层面,推动建设周边命运共同体、亚洲命运共同体。一是与印度、俄罗斯、南非等其他发展中国家加强合作,在发展中国家认定标准上达成共识,维护发展中国家在多边贸易体制下的特殊和差别待遇。二是高质量共建"一带一路",加大对沿线国基础设施建设的倾斜力度。三是与新兴经济体共同推进全球发展倡议,深化减贫、脱贫合作,助力最不发达国家和发展中国家提升粮食生产和供应能力。四是继续加强抗疫国际合作,支持广大发展中国家积极应对和减轻疫情影响,实现经济复苏与发展。

# 第五章 关税优惠与自由 贸易协定利用

关税是国际货物贸易中最显著的成本,关税削减一直是自由贸易协定影响缔约方贸易的最主要方式,传统经贸规则以关税减让为核心议题。自由贸易协定对缔约方贸易最直接的影响方式就是逐步削减关税,通过自由贸易协定,缔约方可以在最惠国待遇的基础上分阶段取消大部分货物贸易的关税壁垒和非关税壁垒。其中,关税减免能够降低进出口产品在自由贸易协定间流动的交易价格,效率低下的本国生产将被自由贸易协定其他缔约方中的高效生产所代替,产生福利的增长,从而带来贸易创造效应。贸易创造效应最直接的效果就是缔约方之间进出口的增长和扩大,最终实现货物和服务贸易以及投资自由化。

国家和地区间签订自由贸易协定的目的是消除缔约方之间的货物贸易关税和非关税壁垒,货物贸易是自由贸易协定最为重要的组成部分之一。然而,从国家层面看,尽管中国参与了多个自由贸易协定的签订,但相关优惠政策始终无法落地,导致企业自由贸易协定实际利用率整体偏低。在当前国际市场极度不确定的形势下,企业如果无法紧跟自由贸易协定规则变化,调整出口市场和产品战略,优化全球供应链布局,将在激烈的国际竞争中处于极度不利地位。

《国务院关于加快实施自由贸易区战略的若干意见》强调,要借鉴其他国家开展自由贸易协定谈判的有益做法,进一步完善第三方评估制度,通过第三方机构对自由贸易协定谈判进行利弊分析和风险评估,提升企业利用自由贸易协定的便利性,提高自由贸易协定利用率,用足用好优惠措施。在自由贸易区战略上升到国家战略层面的背景下,如何提高企业自由贸易协定利用率,解决自由贸易协定优惠政策到达企业的"最后一公里"问题,通过改进措施提升企业利用自由贸易协定的便利性,是当前中国加快实施自由贸易区战略亟须重点解决的问题。

# 第一节 全球自由贸易协定的关税减让条款与模式

## 一、关税与关税减让

关税通常指一个国家和地区的海关对进口货物和物品征收的关税,会增加进口货物的成本,提高进口货物的市场价格。适当地使用进口关税可以保护本国工农业生产,也可以作为一种经济杠杆调节本国的生产和经济的发展。根据国家间是否存在自由贸易协定可将关税划分为六类,如表5.1所示。

表 5.1 关税类型

| 关税类型 | 说明 |
| --- | --- |
| 普通关税或一般关税 | 是一种非优惠性关税,税率由进口国自主制定,通常比优惠税率高1—5倍。适用于未签订任何多边、诸边或自由贸易协定的国家和地区 |
| 最惠国关税 | 是一种非歧视性关税,税率通常低于普通关税,但高于优惠关税或特惠关税。适用于所有世界贸易组织成员 |
| 特惠关税或优惠关税 | 指一国给予有特殊关系(例如宗主国与殖民地)国家商品的优惠关税,通常不得根据最惠国待遇给予任何第三国,税率一般低于最惠国税率和协定税率。例如,1975年西欧共同体九国与以前的殖民地国家签订的洛美协定,向非洲、加勒比和太平洋地区的发展中国家单方面提供特惠税待遇 |
| 普惠制关税 | 指世界上32个发达国家给予发展中国家普遍的、非歧视的、非互惠的优惠关税,是在最惠国关税基础上进一步减税甚至免税的一种特惠关税 |

| 关税类型 | 说明 |
|---|---|
| 约束关税 | 指关税及贸易总协定/世界贸易组织成员承诺实施的最惠国关税的关税上限,税率高于或等于实际实施的最惠国优惠关税,而最惠国关税高于或等于优惠关税。如果世界贸易组织成员把税率提高到约束关税水平之上,受影响的出口国家有权采取报复性措施或接受赔偿 |
| 协定关税 | 指基于多边或自由贸易协定,缔约方之间相互给予的较为优惠的关税,一般低于最惠国关税,但各国仍保持独立的对非缔约方的关税 |

资料来源:笔者整理。

当前,各国仍然以征收进口关税作为限制外国货物进口保护本国经济的合法手段,但过高的进口关税会阻碍国际贸易发展。很多自由贸易协定都以相互减让进口关税或给予优惠关税为主要内容。关税减让(Tariff Concession)指参与方通过谈判互相承担减低关税的义务。第二次世界大战后在关税及贸易总协定主持下,多方在最惠国待遇原则下进行谈判,通过相互协商、谈判降低各国的进口关税水平,列出减让税率表,所有成员一律享有。

## 二、贸易协定与关税减让

### (一) 多边贸易协定中的关税减让

第二次世界大战后,经济实力大为增强的美国竭力鼓吹贸易自由化,主张降低关税,取消数量限制,实行无差别待遇的互惠原则。在第二次世界大战后建立的布雷顿森林体系下,23 个国家于 1947 年制定、1948 年临时生效了关税及贸易总协定,初步建立了多边贸易协定体系,将贸易限制措施转为关税并降低关税税率。从世界范围来看,经过几十年的矛盾与冲突,关税壁垒大为削弱,贸易自由化取得进展,成为经济大国进行贸易扩张的工具。

从多边贸易谈判与关税减让历程看,截至 2021 年 10 月,关税及贸易总协定/世界贸易组织共主持了九次多边贸易谈判,这些谈判已经大幅降低了世界各国的关税壁垒,有效地降低了贸易成本,如表 5.2 所示。其中,前五轮谈判都只涉及特定商品的关税壁垒削减,第六轮肯尼迪回合实现了全面性关税削减,并首次纳入非关税壁垒,通过了第一个国际反倾销法则,第七轮东京回合和第八轮乌拉圭回合是多边谈判的鼎盛时期,除了关税和非关税壁垒的削减,还签订了多项多边和诸边协定。世界贸易组织及其协议是永久性的,为国际贸易奠定了良好的法律基础。然而,第九轮多哈回合一波三折,众多议题因分歧难以消除并未取得预期成果。

表5.2　关税及贸易总协定/世界贸易组织多边贸易谈判历程

| 回合名称 | 时间 | 成员数 | 谈判成果 |
|---|---|---|---|
| 日内瓦回合 | 1947 年 | 23 | 达成关税减让协议 123 项,涉及应税商品 4500 种,使占应税进口值 54% 的商品平均降低关税 35% |
| 安讷西回合 | 1949 年 | 33 | 达成关税减让协议 147 项,涉及应税商品 5000 种,使占应税进口值 5.6% 的商品平均降低关税 35% |
| 托基回合 | 1950—1951 年 | 39 | 达成关税减让协议 150 项,涉及应税商品 8700 种,使占应税进口值 11.7% 的商品平均降低关税 26% |
| 日内瓦第四回合 | 1956 年 | 28 | 达成关税减让协议涉及应税商品 3000 多种,只影响 25 亿美元贸易额,占应税进口值 16% 的商品平均降低关税 15% |
| 狄龙回合 | 1960—1962 年 | 45 | 达成 4400 多种商品关税减让,涉及 45 亿美元贸易额,使占应税进口值 20% 的商品平均降低关税 20% |
| 肯尼迪回合 | 1964—1967 年 | 54 | 全面性缩小降低关税;<br>首次包括非关税壁垒,通过首个国际反倾销法则 |
| 东京回合 | 1973—1979 年 | 73 | 全部关税削减 25%—33%;<br>非关税壁垒;<br>达成了给予发展中国家优惠待遇的"授权条件";<br>对关税及贸易总协定系统进行修正和扩张 |
| 乌拉圭回合 | 1986—1993 年 | 125 | 关税和非关税削减;<br>29 项协议,包括服务贸易总协定、与贸易有关的知识产权协定;<br>建立世界贸易组织,取代关税及贸易总协定 |

续表

| 回合名称 | 时间 | 成员数 | 谈判成果 |
|---|---|---|---|
| 多哈回合 | 2001—2008 年 | 159 | 2013 年,世界贸易组织第九届部长级会议通过《巴厘—揽子协定》 |

资料来源:笔者整理。

据世界银行 2020 年发布的《深度贸易协定手册》统计,自 1948 年关税及贸易总协定成立以来,最惠国关税逐步下降。在世界进口总值中,有 42% 的进口是按照最惠国税率为 0 进行自由贸易,仅有 1/10 的产品适用 10% 以上的最惠国税率。就产品而言,24% 的关税项目适用零最惠国税率,23% 适用 15% 以上的最惠国税率。平均而言,农产品进口的最惠国税率高于制成品和自然资源。

## (二) 自由贸易协定中的关税减让

进入 21 世纪以来,世界贸易组织多边化进程屡遭瓶颈。多边谈判由于参与成员增加、关税减让空间缩小等因素,即使是最基础的关税减让议题也常常难以达成一致。例如,多哈回合长期无法协调不同发展水平成员的诉求,消耗了世界对世界贸易组织的信心,多边贸易体制已经无法满足很多国家或地区对市场开放以及便利化自由化的需求。

自由贸易协定谈判仍以关税减让为核心议题,几乎所有自由贸易协定都包含了农产品、工业品关税减让条款,对海关程序、出口税两项条款的覆盖率也分别高达 93.56% 和 83.26%(Hofmann 等,2017)[1]。关税减让是自由贸易协定实施备受关注的重要内容,不同自由贸易协定的关税减让承诺和模式各不相同,如何读懂自由贸易协定中各缔约方的关税减让承诺至关重要。自由贸易协定的降税模式主要包括生效立即降为零、过渡期降为零、部分降税以及例外产品 4 种,如表 5.3 所示。

---

[1] Hofmann C., Osnago A., Ruta M., "Horizontal Depth: A New Database on the Content of Preferential Trade Agreements", *World Bank*, 2017.

表 5.3　自由贸易协定降税模式

| 降税模式 | 说明 |
|---|---|
| 协定生效立即降为零 | 在自由贸易协定对一缔约方生效的第一年,原产货物立即执行零关税 |
| 过渡期降为零 | 原产货物的关税税率自自由贸易协定对一缔约方生效之日起,经过一段过渡期线性或者非线性的削减,从基准税率最终降至零 |
| 部分降税 | 原产货物的关税税率一定程度削减,但最终并不降至零 |
| 例外产品 | 协定生效后,免除任何削减或取消关税承诺的产品。例如,在公布的区域全面经济伙伴关系协定关税承诺表中,这类商品的协定税率都以字母"U"表示。 |

注:过渡期的时间主要为 10 年、15 年和 20 年等。
资料来源:笔者整理。

以区域全面经济伙伴关系协定和全面与进步的跨太平洋伙伴关系协定为例,两者在降税模式、减让幅度等方面存在差异。第一,两者降税模式不同。区域全面经济伙伴关系协定的货物贸易降税模式分为两种:一种是对缔约方统一适用一张关税承诺表,澳大利亚、新西兰、文莱、柬埔寨、老挝、缅甸、新加坡和马来西亚共八个成员采取这种方式;另一种是对不同缔约方适用不同的关税承诺表,中国、韩国、印度尼西亚、越南、日本、泰国和菲律宾共七个成员采取这种方式。全面与进步的跨太平洋伙伴关系协定成员货物贸易降税模式较为统一,即适用一张统一的关税承诺表,仅有个别特殊安排。第二,两者降税水平不同。区域全面经济伙伴关系协定最终实现零关税的货物税目比例为90%左右,主要是立刻降税到零和 10 年内降税到零,个别缔约方的个别产品降税到零的时间为 20 年。以中国为例,自由贸易协定生效后中国对东盟十国、澳大利亚和新西兰立即零关税的比例分别为67.9%、64%和65%,对日本、韩国的比例为 25%和 38%,而全面与进步的跨太平洋伙伴关系协定的降税力度更大,将最终实现95%以上的商品零关税。在全面与进步的跨太平洋伙伴关系协定生效后的第一年,绝大部分缔约方零关税的货物税目比重将达到

80%以上。其中,澳大利亚、新西兰、加拿大、文莱和智利等的零关税比例达到90%以上。

尽管自由贸易协定在满足特定条件时可以背离世界贸易组织最惠国待遇原则,但仍受世界贸易组织协议约束。关税及贸易总协定/世界贸易组织指出,一国在自由贸易协定之外也不应征收过高的关税。世界贸易组织对自由贸易协定的这种有条件、有约束的肯定,体现了其关于自由贸易协定的理论基础,即通过减少成员之间的贸易壁垒来实现全球贸易额的增长。

## 三、中国签订的自由贸易协定中关税减让模式举例分析

### (一) 中国—瑞士自由贸易协定

中国和瑞士都是世界贸易组织成员,两国都致力于采取开放的经济政策,与世界其他国家和地区长期保持广泛的贸易和投资关系。瑞士自由化程度更高,不但最惠国税率低于国际整体水平,而且取消了部分非关税壁垒。在中国—瑞士自由贸易协定中,瑞士同意对中国出口贸易量的99.7%实施零关税,中国同意对瑞士出口贸易量的84%实施零关税(其中67%将在协定生效之日立即实施零关税,另外17%将在5—15年内达到零关税水平)。如果加上部分降税的产品,瑞士参与降税的产品比例是99.99%,中国是96.5%,均高于一般自由贸易协定的降税水平。

中国和瑞士双方分别建立了关税减让表,如表5.4和表5.5所示。其中,瑞士的关税减让表中所包括的商品多为A类,即立刻降为零关税,这类商品占比88.85%;而中国的关税减让表所涵盖的商品多为B类和C1类,即在5年和10年内实行阶梯式降税,表明中国—瑞士自由贸易协定短期就能给中国对瑞士出口带来较大实惠,长期就能从瑞士进口享受潜在的受惠空间。

表 5.4 中国—瑞士自由贸易协定下瑞方降税表概览

| 类别 | 描述 | HS8 商品数量 | 占比（%） |
|---|---|---|---|
| A | 自由贸易协定立即降至零关税 | 6958 | 88.85 |
| B1 | 自由贸易协定未降至零关税（税率以实际值或差值表示） | 187 | 2.39 |
| B3 | 自由贸易协定未降至零关税（税率以实际值或差值表示） | 216 | 2.76 |
| C | 自由贸易协定未降至零关税（税率仅以固定值表示） | 216 | 2.76 |
| D | 未包括进瑞方降税表 | 254 | 3.24 |
| 总计 | | 7831 | 100 |

资料来源：中国自由贸易区服务网中国—瑞士自由贸易协定关税减让表。

表 5.5 中国—瑞士自由贸易协定下中方降税表概览

| 类别 | 描述 | HS8 商品数量 | 占比（%） |
|---|---|---|---|
| 12 年零关税 | 在 12 年内线性降至零关税 | 24 | 0.29 |
| 15 年零关税 | 在 15 年内线性降至零关税 | 12 | 0.14 |
| A | 最惠国关税为零 | 1892 | 22.86 |
| B | 在 5 年内线性降至零关税 | 3209 | 38.77 |
| C1 | 在 10 年内线性降至零关税 | 2496 | 30.16 |
| C2 | 在 10 年内线性降至非零关税 | 3 | 0.04 |
| C2（非线性） | 在 10 年内非线性降至非零关税 | 166 | 2.01 |
| D | 未包括进中方降税表 | 475 | 5.74 |
| 总计 | | 8277 | 100 |

资料来源：中国自由贸易区服务网中国—瑞士自由贸易协定关税减让表。

瑞士对最惠国待遇下所有应税商品给予零税率优惠，而中国对瑞士出口占比较大的第 11 大类（纺织原料及纺织制品）和第 20 大类（杂项制品）实行税收优惠的税目全部降为零关税，意味着通过中国—瑞士自由贸易协定，中国出口瑞士的纺织产品能够节省 7% 的关税,杂项制品可以节省 3% 的关税,税收优惠幅度比较大。中国对瑞士出口量最大的第 16 大类(机械、机械器具)虽然只有 1.22% 的减税幅度,但由于出口量巨大,实际受惠也较为乐观。对于瑞士来说十分敏感的农产品,瑞士在关税减让方面也作出了较大让步,瑞士对中国 960 多种农产品实施零关税,涉及中国对瑞士出口的农产品 76% 以上;还有 403 种农产品实施部分降税;一些加工农产品,瑞方不仅同意取消工业成分的关税,还将农业成分的关税降低 40%。然而,值得指出的是,中国出口量较大的化学工业用品、精密仪器,减税幅度仅为 0.66% 和 0.54%,自由贸易协定的吸引力并不强。

## (二) 区域全面经济伙伴关系协定

区域全面经济伙伴关系协定下所有成员的降税模式。区域全面经济伙伴关系协定采取两两谈判的方式确定最终关税减让安排,缔约方相互之间的协定税率存在差异。从区域全面经济伙伴关系协定的整体关税减让承诺看,区域全面经济伙伴关系协定各缔约方适用的关税承诺表分为两大类:一类是"统一减让",即同一产品对其他缔约方适用相同的降税安排,澳大利亚、新西兰、马来西亚、新加坡、文莱、柬埔寨、老挝、缅甸 8 个缔约方都是这种模式,这些缔约方只有一张关税承诺表,即区域全面经济伙伴关系协定项下原产于不同于缔约方的同一产品,在上述缔约方进口时,都将适用相同的税率。另一类是"国别减让",对其他缔约方适用不同的降税安排,采用这种模式的国家包括韩国、日本、印度尼西亚、越南、泰国、菲律宾和中国,这意味着"原产于不同缔约方的同一产品,在进口时适用不同的区域全面经济伙伴关系协定税率"。中国分别与日本、韩国、澳大利亚、新西兰和东盟两两达成货物贸易关税承诺,共有 5 张关税承诺表。

表 5.6、表 5.7 分别列出了区域全面经济伙伴关系协定项下中国、其他缔约方的降税承诺情况。结果显示,中国将对 86% 的日本和韩国产品关税最终

降为零,对东盟、澳大利亚、新西兰产品关税最终降为零的比例达到90%以上,分别为90.5%、90%、90%。其他缔约方对中国产品关税最终降为零的比例均达到85%以上,其中除最不发达国家外的东盟成员和新西兰达到90%以上,澳大利亚更是高达98.2%。

表5.6　区域全面经济伙伴关系协定中中国降税承诺　　（单位:%）

| 降税模式 | | 日本 | 韩国 | 东盟 | 澳大利亚 | 新西兰 |
|---|---|---|---|---|---|---|
| 协定生效立即降为零 | | 25.0 | 38.6 | 67.9 | 65.8 | 66.1 |
| 过渡期降为零 | 10 年 | 46.5 | 41.0 | 12.7 | 14.2 | 13.9 |
| | 15 年 | 11.5 | 3.1 | 3.0 | 0 | 0 |
| | 20 年 | 3.0 | 3.2 | 6.9 | 10.0 | 10.0 |
| 最终零关税比例 | | 86.0 | 86.0 | 90.5 | 90.0 | 90.0 |
| 部分降税 | | 0.4 | 1.0 | 5.4 | 5.5 | 5.6 |
| 例外产品 | | 13.6 | 13.0 | 4.1 | 4.5 | 4.4 |

资料来源:根据中国自由贸易区服务网区域全面经济伙伴关系协定降税承诺整理而得。

表5.7　区域全面经济伙伴关系协定中其他缔约方对中国的降税承诺

（单位:%）

| 降税模式 | 日本 | 韩国 | 东盟 | | 澳大利亚 | 新西兰 |
|---|---|---|---|---|---|---|
| | | | 马来西亚、越南、新加坡、泰国、印度尼西亚、菲律宾、文莱 | 老挝、柬埔寨、缅甸（最不发达国家） | | |
| 协定生效立即降为零 | 57.0 | 50.4 | 74.9 | 29.9 | 75.3 | 65.4 |
| 最终零关税比例 | 88.0 | 86.0 | 90.5 | 86.3 | 98.2 | 91.8 |
| 部分降税 | 0 | 1.1 | 5.5 | 0 | 1.1 | 8.2 |
| 例外产品 | 12.0 | 12.9 | 4.0 | 13.7 | 0.7 | 0 |

资料来源:根据中国自由贸易区服务网区域全面经济伙伴关系协定降税承诺整理而得。

区域全面经济伙伴关系协定下中国与日本的降税特征。由于区域全面经济伙伴关系协定使中国首次与日本建立自由贸易协定联系,首次达成了双边关税减让安排,故下面重点分析区域全面经济伙伴关系协定生效可能给中国与日本经贸合作带来的新机遇。从关税减让角度看,日本在区域全面经济伙伴关系协定中仅有一张降税清单,采取了分国别的降税政策,即对中国、韩国、东盟、澳大利亚和新西兰分别制定了不同的降税措施。从税收优惠幅度视角来看,区域全面经济伙伴关系协定下日本对中国的总体平均降税幅度仅为2.21%,日本对中国承诺的产品关税立即降为零的比重为57%,最终零关税比例为88%,关税减让的例外产品占比为12%。同时,日本大部分中间品的最惠国待遇关税已降为零,存在降税空间的主要为最终品。关税优惠幅度指最惠国待遇税率与协定税率之间的差额,这也衡量了出口企业利用协定能够享受的优惠程度,关税优惠幅度越高、贸易规模越大,企业能享受的优惠越多。

表5.8报告了区域全面经济伙伴关系协定下日本与中国不同行业产品的降税分布,几乎所有行业都采取了分阶段降税的方式,且都能在20年后实现零关税。日本对中国的降税清单中,平均降税幅度最大的行业是食品饮料行业,为10.79%,降税幅度较大的行业还有:鞋帽制品行业(4.52%),纺织品业(4.27%),皮、鞍、箱包(2.88%),塑料、橡胶行业(2.20%),植物产品(1.65%)。

表5.8　区域全面经济伙伴关系协定下日本与中国不同行业产品的降税分布

(单位:%)

| 行业 | 日本降税 | 中国降税 | 行业 | 日本降税 | 中国降税 |
| --- | --- | --- | --- | --- | --- |
| 动物产品 | 0.70 | 10.67 | 鞋帽制品 | 4.52 | 14.80 |
| 植物产品 | 1.65 | 9.86 | 石制品陶瓷玻璃 | 0.43 | 11.52 |
| 动植物油脂 | 0.63 | 8.30 | 珍珠宝石贵金属 | 0.75 | 4.18 |
| 食品饮料 | 10.79 | 10.54 | 贱金属制品 | 1.05 | 6.60 |

| 行业 | 日本降税 | 中国降税 | 行业 | 日本降税 | 中国降税 |
|---|---|---|---|---|---|
| 矿产品 | 0.04 | 2.92 | 机电产品 | 0.02 | 6.52 |
| 化工产品 | 0.80 | 6.24 | 车辆航空器船舶 | 0.00 | 5.86 |
| 塑料、橡胶 | 2.20 | 7.84 | 精密仪器 | 0.19 | 10.11 |
| 皮、鞍、箱包 | 2.88 | 12.45 | 武器、弹药 | 0.29 | 13.00 |
| 草木制品 | 0 | 3.30 | 杂项制品 | 1.09 | 9.40 |
| 木浆、纸制品 | 0 | 0.19 | 艺术品 | 0 | 8.00 |
| 纺织品 | 4.27 | 9.79 | 未分类产品 | 0 | 0 |

资料来源:根据中国自由贸易区服务网区域全面经济伙伴关系协定降税承诺整理而得。

从区域全面经济伙伴关系协定下中国对日本的降税分布看,总体平均降税幅度为7.78%,降幅最大的行业是鞋帽制品,平均降税14.80%,区域全面经济伙伴关系协定下中国对日本的降税幅度远高于日本对中国的降税幅度。区域全面经济伙伴关系协定生效10—15年后,中国对来自日本的机电、化工、汽车零部件等将实现70%—90%的自由化率,上述产品是中国自日本进口的前三大类产品,其自由化率的大幅度提升,有利于未来中日之间相关产业展开密切的合作。

# 第二节 自由贸易协定的关税减让条款量化分析

## 一、自由贸易协定的关税减让条款及覆盖率

贸易协定设计(Design of Trade Agreements,DESTA)数据库对各自由贸易协定中的七个关键条款进行了编码,包括全面关税减免、服务贸易、投资、标

准、政府采购、竞争和知识产权。其中,涵盖关税减免的自由贸易协定关税减让范围超过 PSA,规定所有关税(除有限例外)应降至零,即协定的目标是否在于建立一个完整的自由贸易协定。而不涵盖关税减免的协定指部分范围协定,关税优惠仅针对特定商品,自由化程度最低。

自由贸易协定中全面关税减免条款的覆盖率一直处于较高水平,早期签订的自由贸易协定甚至只包含了该条款。其他六项条款中,最早出现的是与贸易有关的投资和服务条款,以及标准条款,该条款规定了标准的相互承认或采用统一国际标准。服务贸易、投资和标准三项条款的重要性相当,覆盖率仅次于关税减免,且在近十年新增自由贸易协定中的覆盖率保持稳定较高的水平。

世界银行网站提供了更为详细的自由贸易协定条款数据。其中,WTO-Plus 条款是基于世界贸易组织框架下条款、义务、承诺的深入和拓展,WTO-Extra 条款在内容上则完全超越了世界贸易组织框架,自由贸易协定缔约方需要在一些全新的领域作出承诺。综合考虑世界各国或地区的自由贸易协定签订数量、深度以及缔约方特征,本节选择并对比分析了十个主要国家和地区自由贸易协定的条款覆盖率情况,如表 5.9 所示。

表 5.9　主要国家和地区自由贸易协定的 WTO-Plus 条款覆盖率

(单位:%)

| 条款 | 欧盟 | 智利 | 新加坡 | 瑞士 | 美国 | 墨西哥 | 加拿大 | 韩国 | 中国 | 日本 | 所有 |
|---|---|---|---|---|---|---|---|---|---|---|---|
| 制造业关税减让 | 100 | 100 | 100 | 100 | 100 | 100 | 100 | 100 | 100 | 100 | 100 |
| 农业关税减让 | 100 | 100 | 88.77 | 100 | 100 | 100 | 100 | 100 | 100 | 100 | 99.68 |
| 贸易便利化 | 98.42 | 79.32 | 78.90 | 89.80 | 100 | 58.02 | 100 | 71.66 | 75.33 | 100 | 90.22 |
| 出口税 | 94.32 | 70.91 | 48.22 | 95.44 | 100 | 48.85 | 87.90 | 41.30 | 40.67 | 62.15 | 74.45 |
| 卫生与植物卫生措施 | 52.68 | 69.55 | 68.49 | 90.24 | 63.46 | 65.27 | 83.44 | 53.04 | 64.00 | 62.15 | 69.09 |

续表

| 条款 | 欧盟 | 智利 | 新加坡 | 瑞士 | 美国 | 墨西哥 | 加拿大 | 韩国 | 中国 | 日本 | 所有 |
|---|---|---|---|---|---|---|---|---|---|---|---|
| 技术性贸易壁垒 | 55.21 | 73.41 | 79.18 | 93.93 | 100 | 65.27 | 83.44 | 53.04 | 62.67 | 78.50 | 71.92 |
| 国营贸易企业 | 76.34 | 60.45 | 46.85 | 93.93 | 100 | 44.66 | 86.62 | 38.87 | 40.67 | 50 | 50.47 |
| 反倾销 | 88.96 | 59.32 | 73.70 | 91.11 | 100 | 38.93 | 69.43 | 71.66 | 86.67 | 88.79 | 76.34 |
| 反补贴 | 88.96 | 59.32 | 71.51 | 64.86 | 100 | 38.93 | 56.05 | 71.66 | 86.67 | 88.79 | 65.93 |
| 国家援助 | 57.73 | 52.50 | 44.11 | 89.80 | 34.62 | 58.40 | 53.50 | 49.39 | 62.67 | 46.73 | 64.35 |
| 政府采购 | 69.40 | 58.86 | 56.44 | 93.93 | 100 | 50.76 | 91.72 | 40.08 | 21.33 | 85.98 | 56.47 |
| 与贸易有关的投资措施协议 | 34.38 | 26.59 | 64.66 | 5.21 | 100 | 46.18 | 57.96 | 44.53 | 46.00 | 88.32 | 32.18 |
| 服务贸易总协定 | 70.98 | 66.14 | 88.77 | 87.64 | 100 | 65.27 | 71.34 | 71.66 | 75.33 | 100 | 67.19 |
| 与贸易有关的知识产权协定 | 65.30 | 29.77 | 64.11 | 87.64 | 100 | 62.60 | 33.12 | 53.04 | 53.33 | 93.93 | 58.04 |

资料来源:世界银行自由贸易协定数据库。

从条款角度看,所有自由贸易协定都包含制造业关税减让条款,绝大多数自由贸易协定包含农业关税减让条款,但不同的自由贸易协定在关税的减让幅度、约束税率和原产地规则方面存在较大的差异。其中,农业关税减让是农产品贸易自由化的必然结果,是农产品市场准入的主要组成部分,也是世界贸易组织农业谈判的重要内容。对农产品关税进行减让,直接和间接地影响到了进口国的市场价格、生产者利益以及消费者福利、政府的关税收入,关税减让使进口国对国内农产品的保护水平降低,从而对进口国的农产品市场产生一定的冲击。中国作为世界贸易组织的新成员,农产品贸易政策要遵循世贸规则,农产品关税要按照《农业协议》中所规定的模式进行减让。在多哈回合农业谈判中,关税减让如何进行仍然是各国关注的焦点。由于对农产品关税减让达成协议的时间较短,与其他产品相比经验不足,各成员都积极地利用可以参与制定贸易规则的权利,对如何减让关税提出各自的观点,这些观点在农产品关税减让的模式选择方面有很大的分歧。

从缔约方角度看,不同国家和地区自由贸易协定的条款覆盖率表现出明显偏好,欧盟签订的所有自由贸易协定对各条款都有覆盖,覆盖率相对均衡,处于全球中上水平。美国对绝大多数条款的覆盖率为100%。对比中国、日本、韩国的自由贸易协定签订情况可知,日本自由贸易协定条款覆盖率相对较高,其次是韩国,再次是中国。三国在关税减让幅度、原产地规则方面存在较大差异,日本最惠国待遇关税已经降到较低水平,韩国关税壁垒依然较高,中国则介于两者之间,中国和日本两国自由贸易协定中关于初步实现的自由化率分别为40%、60%,韩国对此始终持谨慎态度。作为农业大国,中国农产品出口规模较大,而日本和韩国两国农产品的国际竞争力很弱,两国一直以来都主张保护农业,因为完全开放市场很可能会受到中国农产品的冲击。

## 二、自由贸易协定关税优惠与利用

缔约方对自由贸易协定优惠关税的实际利用率主要由关税优惠潜力决定。衡量优惠准入带来优势的最常见方法是对比优惠幅度或关税优惠潜力(Margin of Preference,MoP),计算方法是最惠国待遇适用税率与优惠关税之间的差额。自由贸易协定对高优惠幅度产品的出口促进作用往往高于低优惠幅度产品。这是因为,出口关税优惠幅度较大的产品更有可能利用优惠税率,如果出口商不主动利用自由贸易协定优惠安排,则无法享受自由贸易协定优惠税率的好处,但使用自由贸易协定优惠税率要求出口商遵守原产地规则,这也意味着额外的成本,因此出口商不一定选择使用优惠税率。此外,各国在自由贸易协定中不一定取消所有产品的关税,对于某些产品,具有最惠国待遇地位的国家关税已经为零,没有进一步优惠关税的余地,可享受关税减免的产品清单还排除了一些"敏感"产品。这些产品关税税率不变,向自由贸易协定缔约方出口此类产品不享有任何关税优势。尽管如此,如果自由贸易协定有助于消除缔约方的一些非关税壁垒,仍然可能对不合格产品产生一些积极影响。

表 5.10 计算了世界各国不同行业在自由贸易协定生效前后的平均关税变化情况。可以看出,签订了自由贸易协定的国家和地区之间最惠国待遇关税稍低于未签订协定的国家,表明本身自由化程度更高的国家和地区更倾向于签订自由贸易协定。从整体平均关税优惠潜力看,签订自由贸易协定的国家和地区之间关税大幅下降,由 6.77% 降至 5.30%。从不同类型国家的降税分布看,N 型国家的最惠国待遇关税远低于 S 型国家,但对农业产品(动物产品、植物产品、动植物油脂、食品饮料烟草)征收的进口关税很高,且优惠幅度较低,对资本/技术密集型产品征收的进口关税较低,这也意味着发达国家倾向于利用自由贸易协定扩大优势产品的出口,却使用较高的关税保护初级产业。

表 5.10  不同行业关税优惠潜力对比　　　　（单位:%）

| 行业 | 无自由贸易协定 | 有自由贸易协定 | | | | | |
|---|---|---|---|---|---|---|---|
| | 整体平均最惠国待遇关税 | 整体平均最惠国待遇关税 | 整体平均关税优惠潜力 | N 型国家最惠国待遇关税 | N 型国家关税优惠潜力 | S 型国家最惠国待遇关税 | S 型国家关税优惠潜力 |
| 动物产品 | 11.52 | 15.94 | 11.79 | 17.03 | 12.88 | 11.72 | 7.57 |
| 植物产品 | 8.36 | 10.21 | 6.77 | 10.01 | 6.54 | 10.85 | 7.49 |
| 动植物油脂 | 9.65 | 11.50 | 8.36 | 11.85 | 8.87 | 10.62 | 7.08 |
| 食品饮料 | 15.98 | 17.24 | 12.22 | 15.97 | 12.86 | 19.99 | 10.82 |
| 矿产品 | 2.72 | 1.70 | 1.39 | 0.66 | 0.59 | 4.03 | 3.17 |
| 化工产品 | 4.94 | 4.40 | 3.82 | 3.94 | 3.79 | 5.32 | 3.89 |
| 塑料、橡胶 | 7.49 | 5.99 | 5.10 | 4.65 | 4.47 | 8.51 | 6.27 |
| 皮、鞍、箱包 | 9.41 | 7.21 | 5.79 | 4.31 | 4.01 | 14.08 | 10.02 |
| 草木制品 | 6.17 | 4.75 | 4.08 | 2.49 | 2.36 | 10.51 | 8.46 |
| 木浆、纸制品 | 5.62 | 3.52 | 2.59 | 0.64 | 0.51 | 8.76 | 6.38 |

续表

| 行业 | 无自由贸易协定 | 有自由贸易协定 | | | | | | |
|------|------|------|------|------|------|------|------|
| | 整体平均最惠国待遇关税 | 整体平均最惠国待遇关税 | 整体平均关税优惠潜力 | N型国家最惠国待遇关税 | N型国家关税优惠潜力 | S型国家最惠国待遇关税 | S型国家关税优惠潜力 |
| 纺织品 | 11.37 | 9.98 | 8.84 | 8.48 | 8.23 | 13.78 | 10.39 |
| 鞋帽制品 | 11.60 | 10.09 | 8.62 | 7.68 | 7.35 | 15.57 | 11.51 |
| 石制品陶瓷玻璃 | 8.34 | 6.25 | 5.20 | 4.18 | 3.92 | 10.36 | 7.74 |
| 珍珠宝石贵金属 | 5.43 | 3.76 | 3.11 | 1.85 | 1.73 | 9.58 | 7.34 |
| 贱金属制品 | 6.55 | 4.30 | 3.56 | 2.59 | 2.46 | 7.74 | 5.79 |
| 机电产品 | 4.65 | 3.14 | 2.53 | 1.99 | 1.85 | 5.29 | 3.79 |
| 车辆航空器船舶 | 8.22 | 6.12 | 4.87 | 4.40 | 4.25 | 9.70 | 6.14 |
| 精密仪器 | 3.74 | 2.51 | 2.10 | 1.64 | 1.57 | 4.40 | 3.25 |
| 武器、弹药 | 8.59 | 4.56 | 3.59 | 2.58 | 2.56 | 13.65 | 8.31 |
| 杂项制品 | 9.22 | 6.67 | 5.19 | 3.22 | 2.96 | 13.23 | 9.42 |
| 艺术品 | 3.17 | 2.38 | 1.80 | 0.15 | 0.12 | 8.17 | 6.17 |
| 行业平均 | 7.75 | 6.77 | 5.30 | 5.25 | 4.47 | 10.28 | 7.19 |

资料来源:世界银行深度贸易协定数据库。

据世界银行2020年发布的《深度贸易协定手册》统计,根据自由贸易协定实现自由化的贸易适用了31%的优惠幅度,其中,28%的世界贸易完全自由化,平均优惠幅度为7.4%;3%的部分自由化,平均优惠幅度为6.4%。在全球31%的正优惠幅度贸易中,16%的优惠幅度在5%以下,10%的优惠幅度在5%—10%,5%的优惠幅度在10%以上。各经济部门的优惠幅度差别很大,其中农工业、服装等部门初始贸易加权最惠国税率超过10%;机械/电器、运输和生皮、皮毛和皮革等部门的初始最惠国税率较低,其优惠幅度主要在5%以下。

此外,世界银行 2020 年发布的《深度贸易协定手册》数据显示,2016 年,优惠贸易协定又全面放开了 28% 的全球贸易,使全球免税进口水平达到 70%。在优惠贸易协定下,全球只有 5.5% 的进口商品被征收关税,其中 1/5 的进口商品完全没有获得任何优惠。各国的优惠自由化程度各不相同,但 2/3 以上的国家和地区已将贸易加权平均关税降至 5% 以下。多边自由化主要是由高收入国家推动的。优惠自由化在各国广泛分布,卢旺达、布隆迪和乌干达等发展中国家将其平均优惠贸易加权率降低了 40%。

各个税目都在通过优惠贸易协定努力实现自由化,但各国普遍不太愿意放开较高的税率。在最惠国税率超过 15% 的税目中,只有一半的税目实现了自由化,近 1/4 的税目完全被排除在优惠自由化之外。各部门的关税都有所降低,但食品、动物和动物产品、蔬菜等农业部门仍然相对较高。平均而言,各部门的关税削减幅度在 32%—62%。在农产品、纺织品和鞋类方面仍有一些保护,最惠国税率超过 15% 的优惠关税税目主要集中在服装和农工产品中。

因此,未来的自由贸易协定谈判还有进一步自由化的空间,特别是低收入国家。低收入和中低收入国家的贸易加权优惠关税水平平均仍超过 5%。南方国家对北方和南方国家征收的贸易加权优惠关税分别是北方的 2.7 倍和 2 倍以上。

## 三、中国签订的自由贸易协定中的关税减让特点

### (一) 中国进口关税减让历程

一直以来,中国对消费货物实行保护性关税政策,通过征收相对较高的关税来保护国内相关行业,维持国内的就业水平。扩大进口战略与关税政策在提升中国对外开放水平、实现从贸易大国向贸易强国的转变中发挥着重要作用。在推动中国高水平对外开放以及国内经济发展方面,关税同样发挥了重要的作用,它不仅是政府收入的重要来源,也是对特定商品和产业的保护。由

于中国居民收入差异较大、消费相关配套设施的完善程度不足,以消费品为代表的最终产品进口最惠国待遇关税较高。

2001 年加入世界贸易组织之后,中国加快了融入世界贸易体系的步伐。通过出台以降低进口关税为代表的贸易自由化政策,中国进口贸易规模整体经历了快速的增长,于 2013 年正式成为货物贸易总量世界第一的大国。2004年,中国和东盟签订了自由贸易协定之后,双方就作出了诸多降低贸易关税的努力,刚签订时双方整体关税高达 10%,而到 2019 年这一数字已经降低到 0。以中国—东盟自由贸易协定为代表的一系列优惠贸易政策的签订和发展大幅降低了进口关税。经过近 20 年的发展,目前中国已与来自亚洲、欧洲、大洋洲、非洲以及拉丁美洲的 26 个国家和地区成功签订了自由贸易协定,中国和自由贸易协定贸易伙伴之间的 90% 以上的货物进口关税已经降低到 0 的水平。

中国自由贸易协定关税减让的安排具有以下特点:第一,中国已签订的大部分自由贸易协定都不会设置敏感产品,仅有 4 个自由贸易协定设置了敏感产品。除巴基斯坦以外,中国给予其余缔约方减免关税产品税目占贸易产品税目的比率皆超过了 90%,关税减免达到了相当高的水平。第二,中国已签订自由贸易协定主要采用分类减让模式和系统例外模式来进行关税减免,分类减让模式中一次性削减至零关税、基数年最惠国待遇税率的基础上在规定的时间表内等比例幅度削减是被采用最多的模式。中国—东盟自由贸易协定和中国—巴基斯坦自由贸易协定采用了"早期收获"模式;中国对新西兰的羊毛、毛条,澳大利亚的羊毛设定了相应的关税配额。第三,除中国—韩国自由贸易协定外,其余自由贸易协定 90% 以上的产品能在 10 年内完成降税。第四,整体上而言,中国给予发达国家的关税减让幅度是高于中国给予发展中国家的,但是两者之间的差额并不大,说明中国给予缔约方的关税优惠待遇的差别并不大。

## （二）中国进出口关税的统计分析

表 5.11、表 5.12 计算了中国不同行业在自由贸易协定生效前后的平均关税变化情况。与表 5.10 世界整体平均水平相比，中国征收的进口最惠国待遇关税税率为 10.93%，远高于签订了自由贸易协定的世界平均水平（6.77%），自由贸易协定关税（3.60%）也高于世界平均水平（1.46%），但中国通过自由贸易协定给予缔约方的关税优惠幅度（7.33%）却高于世界平均水平（5.30%）。这意味着即使中国目前的进口关税壁垒仍然相对较高，但在自由贸易协定中承诺了很大的减让水平，而且未来还有进一步谈判的空间。从缔约方类型看，中国给予 N 型缔约方的降税幅度（5.10%）和 S 型缔约方的降税幅度（9.86%）的差距较大。从行业看，关税优惠潜力最大的包括鞋帽伞杖（12.79%）、食品饮料烟草（12.73%）、植物产品（10.50%）等，而且对 S 型缔约方的降税幅度远大于 N 型缔约方。从中国出口面临的关税看，中国贸易伙伴对中国征收的最惠国待遇关税、自由贸易协定关税税率都相对较低，给予中国的关税优惠潜力也较低。

表 5.11　中国各行业平均进口关税　　　　（单位:%）

| 行业 | 整体平均最惠国待遇关税 | 整体平均自由贸易协定关税 | 整体平均关税优惠潜力 | N型国家自由贸易协定关税 | N型国家关税优惠潜力 | S型国家自由贸易协定关税 | S型国家关税优惠潜力 |
|---|---|---|---|---|---|---|---|
| 动物产品 | 10.90 | 2.72 | 8.19 | 4.82 | 6.38 | 0.61 | 10.00 |
| 植物产品 | 16.22 | 5.72 | 10.50 | 8.69 | 6.44 | 3.80 | 13.13 |
| 动植物油脂 | 14.42 | 5.53 | 8.88 | 8.48 | 6.20 | 2.17 | 11.95 |
| 食品饮料 | 18.16 | 5.43 | 12.73 | 8.87 | 9.71 | 1.93 | 15.81 |
| 矿产品 | 3.42 | 0.52 | 2.90 | 1.12 | 2.93 | 0.16 | 2.88 |
| 化工产品 | 7.37 | 2.24 | 5.14 | 3.25 | 3.98 | 0.52 | 7.10 |
| 塑料、橡胶 | 9.14 | 2.53 | 6.60 | 4.10 | 4.86 | 1.03 | 8.28 |

续表

| 行业 | 整体平均最惠国待遇关税 | 整体平均自由贸易协定关税 | 整体平均关税优惠潜力 | N型国家自由贸易协定关税 | N型国家关税优惠潜力 | S型国家自由贸易协定关税 | S型国家关税优惠潜力 |
|---|---|---|---|---|---|---|---|
| 皮、鞍、箱包 | 12.38 | 3.22 | 9.16 | 5.81 | 6.88 | 1.06 | 11.05 |
| 草木制品 | 4.40 | 2.37 | 2.02 | 2.88 | 1.44 | 2.09 | 2.35 |
| 木浆、纸制品 | 5.62 | 5.11 | 0.51 | 4.90 | 0.61 | 5.37 | 0.38 |
| 纺织品 | 12.37 | 2.75 | 9.62 | 5.29 | 6.66 | 0.76 | 11.94 |
| 鞋帽制品 | 17.54 | 4.75 | 12.79 | 10.08 | 7.03 | 0.65 | 17.23 |
| 石制品陶瓷玻璃 | 12.75 | 3.96 | 8.79 | 7.09 | 5.51 | 0.29 | 12.63 |
| 珍珠宝石贵金属 | 13.58 | 3.43 | 10.15 | 5.35 | 7.05 | 0.62 | 14.69 |
| 贱金属制品 | 8.62 | 2.55 | 6.08 | 4.23 | 4.28 | 0.31 | 8.46 |
| 机电产品 | 7.28 | 2.20 | 5.08 | 3.75 | 3.84 | 0.24 | 6.64 |
| 车辆航空器船舶 | 11.05 | 4.23 | 6.82 | 6.00 | 3.61 | 2.32 | 10.29 |
| 精密仪器 | 8.90 | 2.77 | 6.13 | 4.68 | 4.20 | 0.31 | 8.61 |
| 武器、弹药 | 13.00 | 6.72 | 6.28 | 8.06 | 4.94 | 0.00 | 13.00 |
| 杂项制品 | 12.20 | 3.87 | 8.33 | 7.21 | 5.70 | 0.41 | 11.06 |
| 艺术品 | 10.16 | 3.00 | 7.16 | 5.19 | 4.94 | 0.55 | 9.65 |
| 行业平均 | 10.93 | 3.60 | 7.33 | 5.71 | 5.10 | 1.20 | 9.86 |

资料来源:世界银行深度贸易协定数据库。

表5.12　中国各行业出口面临的平均关税　　　（单位:%）

| 行业 | 无自由贸易协定 整体平均最惠国待遇关税 | 有自由贸易协定 | | | | | | |
|---|---|---|---|---|---|---|---|---|
| | | 整体平均最惠国待遇关税 | 整体平均自由贸易协定关税 | 整体平均关税优惠潜力 | N型国家自由贸易协定关税 | N型国家关税优惠潜力 | S型国家自由贸易协定关税 | S型国家关税优惠潜力 |
| 动物产品 | 11.17 | 6.57 | 4.35 | 2.22 | 5.95 | 0.16 | 2.00 | 5.25 |
| 植物产品 | 9.19 | 13.28 | 8.08 | 5.21 | 13.03 | 1.71 | 3.07 | 8.75 |
| 动植物油脂 | 10.31 | 9.35 | 6.02 | 3.33 | 9.79 | 0.80 | 2.43 | 5.74 |

续表

| 行业 | 无自由贸易协定 | 有自由贸易协定 | | | | | | |
|---|---|---|---|---|---|---|---|---|
| | 整体平均最惠国待遇关税 | 整体平均最惠国待遇关税 | 整体平均自由贸易协定关税 | 整体平均关税优惠潜力 | N型国家自由贸易协定关税 | N型国家关税优惠潜力 | S型国家自由贸易协定关税 | S型国家关税优惠潜力 |
| 食品饮料 | 17.47 | 12.06 | 5.82 | 6.24 | 5.12 | 1.59 | 6.47 | 10.64 |
| 矿产品 | 2.86 | 2.49 | 0.88 | 1.61 | 0.65 | 0.21 | 1.03 | 2.56 |
| 化工产品 | 4.88 | 3.03 | 1.09 | 1.94 | 1.16 | 0.59 | 1.04 | 2.84 |
| 塑料、橡胶 | 7.47 | 5.70 | 2.15 | 3.55 | 1.05 | 1.53 | 2.85 | 4.85 |
| 皮、鞍、箱包 | 10.74 | 6.72 | 1.58 | 5.14 | 0.94 | 1.87 | 2.07 | 7.62 |
| 草木制品 | 7.90 | 7.11 | 1.74 | 5.37 | 0.98 | 1.57 | 2.31 | 8.18 |
| 木浆、纸制品 | 6.12 | 4.75 | 1.45 | 3.30 | 0.01 | 1.41 | 2.40 | 4.55 |
| 纺织品 | 12.06 | 7.63 | 2.48 | 5.15 | 1.63 | 1.85 | 3.09 | 7.55 |
| 鞋帽制品 | 13.24 | 9.12 | 2.54 | 6.58 | 1.33 | 1.65 | 3.38 | 10.01 |
| 石制品陶瓷玻璃 | 8.67 | 6.76 | 2.42 | 4.34 | 1.10 | 1.54 | 3.27 | 6.13 |
| 珍珠宝石贵金属 | 6.85 | 4.00 | 0.81 | 3.19 | 0.83 | 0.94 | 0.79 | 5.54 |
| 贱金属制品 | 6.62 | 4.63 | 1.46 | 3.17 | 0.67 | 1.26 | 1.97 | 4.39 |
| 机电产品 | 4.65 | 3.97 | 1.08 | 2.90 | 0.86 | 1.03 | 1.22 | 4.06 |
| 车辆航空器船舶 | 7.99 | 8.02 | 3.28 | 4.74 | 0.87 | 1.61 | 4.79 | 6.71 |
| 精密仪器 | 4.98 | 3.42 | 0.75 | 2.67 | 0.92 | 0.32 | 0.63 | 4.33 |
| 武器、弹药 | 9.40 | 7.74 | 2.06 | 5.67 | 0.47 | 0.73 | 3.80 | 11.07 |
| 杂项制品 | 10.45 | 7.77 | 1.64 | 6.13 | 0.80 | 2.29 | 2.20 | 8.74 |
| 艺术品 | 5.84 | 3.24 | 0.62 | 2.62 | 0.00 | 0.21 | 1.14 | 4.69 |
| 行业平均 | 8.52 | 6.54 | 2.49 | 4.05 | 2.29 | 1.18 | 2.47 | 6.39 |

资料来源:世界银行深度贸易协定数据库。

# 第三节　关税优惠、使用成本与自由贸易协定利用

## 一、理论分析

自由贸易协定未得到充分利用,从制度设计层面看,存在印度经济学家巴格瓦蒂提出的"意大利面碗"效应问题。当一个地区存在大量双边自由贸易协定,形成盘根错节的自由贸易区网络时,就会导致区域经济合作的碎片化。各自由贸易协定在优惠待遇和原产地规则方面存在一定差异,这种复杂程度增加了出口企业利用自由贸易协定的难度,降低了自由贸易协定利用率。随着生产分工的碎片化以及全球价值链体系的发展,企业要证明其产品的原产地属性正在变得越来越困难。出口企业享受自由贸易协定优惠必须额外支付一定数量的固定和可变成本,自由贸易协定使用的固定成本主要来自企业原产地的管理成本。复杂的原产地规则、收集文件的困难性及内部缺乏相关专业人士都迫使企业增加大量的人力、财力、物力投入。尽管影响自由贸易协定利用率的因素有很多,但最重要的因素一定是原产地规则。在原产地规则约束下,某些产品只有满足某些特定条件例如区域增加值比重才能获得优惠原产地证书。原产地规则越严格,企业合规成本(Compliance Cost)就会越高。因此,较高的固定成本决定了只有生产率高的企业才会选择使用自由贸易协定优惠。同时,原产地规则的认定程序本身也较为烦琐,需要出口企业每次通关前办理原产地证书或者声明,这又增加了出口企业的可变成本。企业必须精确地对各种投入品进行记账,并依据要求提供所有发票和证明文件,造成会计存档等成本提高;原产地证书通常由出口国的政府部门签发,而发展中国家原产地规则管理的延误、寻租行为则会进一步加剧企业使用成本提高。除此之外,由于政府部门宣传力度有限,缺乏信息是自由贸易协定使用的最大障

碍,其他还包括出口加工区激励计划的可获得性、缔约方的非关税措施等,这些因素都导致了部分自由贸易协定的低利用率。

传统区域经济一体化理论对自由贸易协定实施效果的评估更多关注关税水平下降带来的贸易边界效应,比如贸易创造、贸易转移以及贸易偏转,尽管这三种效应具有不确定性,但在平均意义上,自由贸易协定签订对缔约方的贸易具有正向促进效应(Urata 和 Kiyota,2005[1]; Baier 和 Bergstrand,2007[2]; Magee,2008[3])。然而,这类研究普遍忽视了一个重要现实,即只有部分企业能够利用自由贸易协定的优惠政策。应当看到,在现实经济中,一方面,由于企业缺乏和不了解自由贸易协定的相关信息,使自由贸易协定的各项优惠措施(如优惠的关税税率)难以真正大范围地运用到实际贸易活动中(华晓红和汪霞,2014)[4];另一方面,即使当企业选择利用自由贸易协定税率进行出口时,企业也会增加改变原有出口方式的成本(Demidova 和 Krishna,2008)[5]。同时,企业为了能够利用自由贸易协定进行出口,还必须使其产品满足原产地规则(Rules of Origin)或自由贸易协定里其他相关限制条件。由于一个国家往往签订了多个自由贸易协定,不同自由贸易协定下的原产地规则交叠在一起,使企业利用自由贸易协定出口变得更加复杂,由此产生"意大利面碗"效应。这些因素加在一起使实际经济中企业为了利用自由贸易协定下的优惠关税进行出口需要支付一定的成本(可以称为自由贸易协定的使用成本),如企业了解和研究自由贸易协定下各项优惠措施的成本、原产地证书申领成本等。

---

[1] Urata S., Kiyota K., "The Impacts of An East Asia Free Trade Agreement on Foreign Trade in East Asia", *International Trade in East Asia*, Vol. 14, 2005, pp. 217-252.

[2] Baier S. L., Bergstrand J. H., "Do Free Trade Agreements Actually Increase Members' International Trade?", *Journal of International Economics*, Vol. 71, No. 1, 2007, pp. 72-95.

[3] Magee C. S. P., "New Measures of Trade Creation and Trade Diversion", *Journal of International Economics*, Vol. 75, No. 2, 2008, pp. 349-362.

[4] 华晓红、汪霞:《CAFTA、CEPA、ECFA 利用率浅析——以货物贸易为例》,《国际贸易》2014 年第 12 期。

[5] Demidova S., Krishna K., "Firm Heterogeneity and Firm Behavior with Conditional Policies", *Economics Letters*, Vol. 98, No. 2, 2008, pp. 122-128.

正是由于自由贸易协定使用成本的存在,使实际经济中企业对自由贸易协定的利用率并不高,如张蕴岭等(2010)①指出,中国企业对中国已经签订的自由贸易协定利用率非常低,他们基于对中国出口企业的调查数据发现只有29.6%的企业利用了中国—东盟自由贸易协定进行出口,而利用中国—智利自由贸易协定进行出口的企业分别只占所有调查企业的20.8%和14.6%。亚洲开发银行近年来资助了多项有关自由贸易协定政策利用的调查,高桥和浦田(Takahashi 和 Urata,2010)②基于2008年对1600多个日本企业的调查数据发现,只有32.9%的日本企业利用了日本—墨西哥自由贸易协定进行出口。最近一项由毕马威会计师事务所完成的调查显示,只有22%的亚洲企业已经利用了自由贸易协定中的优惠政策。与亚洲的状况相比,北美自由贸易协定区域内的公司对自由贸易协定的利用则相对较为普遍,如科派文(Kohpaiboon,2008)③指出,2003—2006年向美国出口的墨西哥公司中有70%利用了自由贸易协定中的优惠政策。

既然自由贸易协定利用率高低与自由贸易协定使用成本有关,那么自由贸易协定的使用成本究竟有多高? 为了有效回答这个问题,对自由贸易协定使用成本进行测算就显得十分必要。当前已有文献中关于自由贸易协定使用成本的估算方法可以分为两类:第一类是基于引力模型等计量回归方法来估算自由贸易协定使用成本,这种方法一般得到的是自由贸易协定使用成本的相对值(比如相对于关税的比例、相对于产品价格的比例等)。安森等(Anson

---

① 张蕴岭、沈铭辉、刘德伟:《FTA 对商业活动的影响——基于对中国企业的问卷调查》,《当代亚太》2010 年第 1 期。

② Takahashi K., Urata S., "On the Use of FTAs by Japanese Firms: Further Evidence", *Business and Politics*, Vol. 12, No. 1, 2010, pp. 1–15.

③ Kohpaiboon A., "Exporters' Response to FTA Tariff Preferences: Evidence from Thailand", *in East Asian Economic Congress*, Manila, 2008.

等,2005)①指出,虽然北美自由贸易协定给缔约方之间的出口带来了税率优惠,但是与原产地规则相关联的成本给企业利用自由贸易协定出口带来了隐性壁垒,使企业对自由贸易协定的使用率并不高。进一步利用引力模型,他们研究发现由于原产地规则限制使企业在利用自由贸易协定出口时的平均税务执行成本(Compliance Cost)相当于6%的从价税。卡尔多等(Cadot等,2006)②假定,对于特定产品而言,企业对自由贸易协定的使用率会随着关税优惠边际(自由贸易协定下优惠关税税率与最惠国待遇下关税税率的差)的增加而增加,随着原产地规则的税务执行成本的上升而减少,进一步基于合成指数的非参数方法,他们估算了从墨西哥出口至北美自由贸易协定的原产地规则的税务执行成本,范围为从量税的3.47%—15.23%。科派文(2008)基于面板回归方法分析了泰国制造业企业在出口时利用自由贸易协定的情况,研究发现自由贸易协定下的原产地规则会影响企业对自由贸易协定的使用,同时估算出泰国制造业企业使用自由贸易协定进行出口的成本相当于2%的等值关税。早川(Hayakawa,2011)③则通过在引力模型中引入门槛回归,发现就全球范围内自由贸易协定而言,自由贸易协定的平均使用成本相当于3%左右的等值关税,这一结果比佛朗索瓦(Francois,2006)④估计的3%—5%的等值关税要小。

第二类估算方法是通过寻找"边际企业"来估计自由贸易协定使用成

① Anson J., Cadot O., Estevadeordal A., Melo J. D., Suwa-Eisenmann A., Tumurchudur B., "Rules of Origin in North-South Preferential Trading Arrangements with An Application to NAFTA", *Review of International Economics*, Vol. 13, No. 3, 2005, pp. 501-517.

② Cadot O., Carrère C., De Melo J., Tumurchudur B., "Product-Specific Rules of Origin in EU and US Preferential Trading Arrangements: An Assessment", *World Trade Review*, Vol. 5, No. 2, 2006, pp. 199-224.

③ Hayakawa K., "Measuring Fixed Costs for Firms' Use of a Free Trade Agreement: Threshold Regression Approach", *Economics Letters*, Vol. 113, No. 3, 2011, pp. 301-303.

④ Francois J., "Preferential Trade Arrangements Production, and Trade with Differentiated Intermediates", *The Origin of Goods: Rules of Origin in Regional Trade Agreements*, 2006, p. 237.

本,这种方法一般可以得到自由贸易协定使用成本的绝对值。卡尔多等（2007）[1]指出,虽然原产地规则对防止贸易扭曲十分必要,但是很可能给企业带来相应的税务执行成本,比如企业为满足原产地规则不得不购买低效的中间产品等。通过对自由贸易协定利用率在0—100%的企业进行研究,可以找到相应的边际企业,它们对利用自由贸易协定下的优惠税率进行出口和以最惠国待遇税率进行出口之间是无差异的,也就是说对边际企业而言,自由贸易协定建立所带来的税率优惠与利用自由贸易协定出口所需的使用成本刚好相等。通过寻找到这样的"边际企业"就可以对自由贸易协定的使用成本进行测算。乌尔瓦和瓦格纳（Ulloa 和 Wagner,2012）[2]利用智利国内企业出口至美国的出口规模数据,通过计算得到各个企业出口值的累计概率密度函数,找到对利用自由贸易协定下的优惠税率进行出口和以最惠国待遇税率进行出口之间是无差异的边际企业,估算了自由贸易协定的使用成本,结果显示,在美国—智利自由贸易协定建立后第一年中,不同产品的自由贸易协定使用成本并不一样,将所有产品的自由贸易协定使用成本从低到高排序,处于75%分位数的自由贸易协定使用成本大概为 3000 美元。切尔卡辛等（Cherkashin等,2015）[3]运用孟加拉国的纺织服装企业层面的横截面数据,他们估计了企业为了得到税收优惠的文件费用（如申请原产地证书的费用）,发现企业出口到欧盟所需的文件费用为 4240 美元。早川等（2016）[4]则在乌尔瓦和瓦格纳

---

① Cadot O., De Melo J., Portugal – Perez A., "Rules of Origin for Preferential Trading Arrangements: Implications For the Asean Free Trade Area of EU and US Experience", *Journal of Economic Integration*, 2007, pp. 288–319.

② Ulloa A., Wagner R., "Why Don't All Exporters Benefit from Free Trade Agreements? Estimating Utilization Costs", *IDB Working Paper*, 2012.

③ Cherkashin I., Demidova S., Kee H. L., Krishna K., "Firm Heterogeneity and Costly Trade: A New Estimation Strategy and Policy Experiments", *Journal of International Economics*, Vol. 96, No. 1, 2015, pp. 18–36.

④ Hayakawa K., Ito T., Kimura F., "Trade Creation Effects of Regional Trade Agreements: Tariff Reduction Versus Non – Tariff Barrier Remova", *Review of Development Economics*, Vol. 20, No. 1, 2016, pp. 317–326.

(2012)的基础上,针对自由贸易协定使用率处于0—1的产品,通过找到其使用最惠国待遇税率的最大出口商和使用自由贸易协定优惠税率的最小出口商进行平均,得到自由贸易协定使用成本的绝对值,其估算结果比乌尔瓦和瓦格纳(2012)小。

　　国内关于自由贸易协定利用率与自由贸易协定使用成本的研究起步较晚,目前关于这方面的研究也十分欠缺。已有的相关研究如张蕴岭等(2010)、沈铭辉和王玉主(2011)①、华晓红和汪霞(2014)②等基本都是利用相关的调查数据来分析中国出口企业对自由贸易协定的利用情况,探讨导致中国出口企业对自由贸易协定利用率不高的原因。这些研究主要以定性分析为主,且大多以中国—东盟自由贸易协定为分析对象,同时由于使用的是企业实际调查数据,样本量偏小,因而所得的结论很可能由于调查样本选择存在偏差难具有一般的代表性。李春顶等(2018)采用贸易成本估算了中国大型自由贸易协定谈判的潜在经济影响,但该成本也非自由贸易协定的使用成本。

　　相较于已有的研究,本节的贡献主要体现在:首先,当前国内的相关研究还停留在定性探讨中国出口企业自由贸易协定利用率不高的原因上,国外学者关于区域经济一体化的研究比较活跃,近几年相关研究主要以微观实证为主,而这些文献大多以发达国家为研究主题。本节从微观角度研究中国企业利用自由贸易协定的行为,贴近该领域国际学术研究的前沿方向,丰富了该领域的相关研究。其次,现有大部分文献采用问卷调查的方式,对中国出口企业自由贸易协定利用情况进行调查,发现中国企业整体自由贸易协定利用率很低的主要原因是缺乏自由贸易协定信息,并建议相关部门发展市场化的自由贸易协定服务机构。但是,这些文献大多采用问卷结果直接统计描述的方法,

---

① 沈铭辉、王玉主:《企业利用 FTA 的影响因素研究》,《国际商务(对外经济贸易大学学报)》2011 年第 1 期。
② 华晓红、汪霞:《CAFTA、CEPA、ECFA 利用率浅析——以货物贸易为例》,《国际贸易》2014 年第 12 期。

缺乏对理论机制系统地探讨以及实证研究。本节在异质性企业贸易模型框架下,引入企业异质性特征来解释自由贸易协定的策略选择,探讨企业自由贸易协定利用率的影响因素及其微观机制,在该领域的相关研究中具有一定创新性。

## (一) 分析框架

这里建立的分析框架主要是基于梅利兹(Melitz,2003)①的研究。为了分析简便,考虑一个小型经济体,经济体内所有企业都进行出口,企业可以选择使用自由贸易协定里的优惠关税税率来进行出口,不过必须为此支付额外的相关成本。

对不使用自由贸易协定下的优惠关税税率进行出口的企业而言,其利润函数为:

$$\pi_x = p_x \varphi l^\alpha - wl \tag{5-1}$$

其中,$p_x$ 为企业出口的离岸价格(Free On Board,FOB)(包含关税),$l$ 为企业内生的劳动投入,$w$ 为相应的工资水平。$\varphi$ 为企业的生产率水平,假定 $\varphi$ 服从已知的 Pareto 分布:$G(\varphi) = 1 - \varphi^{-\beta}, \varphi \in \lfloor 1, \infty)$。同时假定企业的生产规模报酬递减,$\alpha(0<\alpha<1)$ 衡量了企业规模报酬递减程度。

当企业选择使用自由贸易协定下的优惠关税税率进行出口时(以下简称企业利用自由贸易协定出口),企业需要支付 $f$ 的固定成本,如转换原有出口方式的成本等(Demidova 和 Krishna,2008)。因此,当企业利用自由贸易协定进行出口时,其利润函数为:

$$\pi_{x,R} = p_{x,R} \varphi l^\alpha - wl - f \tag{5-2}$$

其中,$p_{x,R}$ 表示企业利用自由贸易协定进行出口的离岸价格。

为简便,假定没有关税时,企业出口的离岸价格为 1。让 $\tau$ 表示企业面临的最惠国待遇关税水平,$\tau_R$ 表示自由贸易协定下企业面临的优惠关税税率水

---

① Melitz M. J., "The Impact of Trade on Intra-Industry Reallocations and Aggregate Industry Productivity", *Econometrica*, Vol. 71, No. 6, 2003, pp. 1695-1725.

平,且 $0<\tau_R<\tau$。容易得到 $p_x=\dfrac{1}{1+\tau}$,$p_{x,R}=\dfrac{1}{1+\tau_R}$。

基于式(5-1)和式(5-2),通过求解企业最优的劳动投入,利用 $\pi_x=\pi_{x,R}$,可得到企业是否利用自由贸易协定进行出口的临界生产率水平:

$$\hat{\varphi}=\mathrm{w}^{\alpha}f^{1-\alpha}\left[(1-\alpha)\alpha^{\frac{\alpha}{1-\alpha}}\left(\left(\frac{1}{1+\tau_R}\right)^{\frac{1}{1-\alpha}}-\left(\frac{1}{1+\tau}\right)^{\frac{1}{1-\alpha}}\right)\right]^{\alpha-1},\frac{\partial\hat{\varphi}}{\partial w}>0\text{且}\frac{\partial^2\hat{\varphi}}{\partial w^2}<0$$

$$(5-3)$$

可知,当企业的生产率 $\varphi$ 大于 $\hat{\varphi}$ 时,企业将利用自由贸易协定进行出口;反之,当企业的生产率 $\varphi$ 小于 $\hat{\varphi}$ 时,企业将不使用自由贸易协定下的优惠关税税率进行出口。

### (二) 均衡求解

为了求解均衡时的临界生产率水平 $\hat{\varphi}^*$ 和工资水平 $w^*$,除了式(5-3)的均衡条件,还需要考虑劳动力市场的均衡,利用劳动力市场的劳动供给 $L_S$ 等于劳动需求 $L_D$,可得:

$$L=\int_1^{\hat{\varphi}}l_x dG(\varphi)+\int_{\hat{\varphi}}^{\infty}l_{x,R}dG(\varphi)\qquad(5-4)$$

其中,$L$ 表示总的劳动供给,$\int_1^{\hat{\varphi}}l_x dG(\varphi)$ 表示不使用自由贸易协定进行出口的企业的劳动总需求,$\int_{\hat{\varphi}}^{\infty}l_{x,R}dG(\varphi)$ 表示使用自由贸易协定进行出口的企业的劳动总需求。

通过对式(5-4)进行整理,可得 $\hat{\varphi}$ 与 $w$ 之间的第二个关系式:

$$\left[\frac{\dfrac{L}{\beta}\dfrac{1-\alpha}{\beta(1-\alpha)-1}\dfrac{1}{(\alpha/w)^{\frac{1}{1-\alpha}}}-\left(\dfrac{1}{1+\tau}\right)^{\frac{1}{1-\alpha}}}{\left(\dfrac{1}{1+\tau_R}\right)^{\frac{1}{1-\alpha}}-\left(\dfrac{1}{1+\tau}\right)^{\frac{1}{1-\alpha}}}\right]^{-\frac{1-\alpha}{\beta(1-\alpha)-1}},\frac{\partial\hat{\varphi}}{\partial w}<0\text{且}\frac{\partial^2\hat{\varphi}}{\partial w^2}>0$$

$$(5-5)$$

同时假定 $\beta > \dfrac{1}{1-\alpha}$ 以保证当 $\varphi$ 趋向于无穷时,企业的生产并不会趋向于无穷。

两个均衡条件式(5-3)和式(5-5)共同决定了均衡时的临界生产率水平 $\hat{\varphi}^*$ 和工资水平 $w^*$。总体来看,由于自由贸易协定使用成本($f$)的存在,生产率较低的企业将直接用最惠国待遇关税进行出口,只有生产率较高的企业才会选择利用自由贸易协定进行出口。最惠国待遇的关税税率($\tau$)、自由贸易协定优惠关税税率($\tau_R$)、自由贸易协定的使用成本($f$)等都是影响企业是否利用自由贸易协定进行出口的重要因素,特别是在其他条件不变的情况下,自由贸易协定的使用成本 $f$ 越大,企业就越不倾向于利用自由贸易协定进行出口。

## (三) 自由贸易协定使用成本的估算方法

考虑该小型经济体出口到某贸易伙伴国的贸易(两国之间已签订自由贸易协定),借鉴贸易伙伴国(也即进口国)海关的计算方法,可以把小型经济体对该自由贸易协定的利用率 $u$ 定义为利用自由贸易协定进行出口的离岸值比总的离岸出口值。根据之前的相关设定,有:

$$u = \frac{\displaystyle\int_{\hat{\varphi}}^{\infty} x_F(\varphi \mid use=1)\, dG(\varphi)}{\displaystyle\int_{1}^{\hat{\varphi}} x(\varphi \mid use=0)\, dG(\varphi) + \int_{\hat{\varphi}}^{\infty} x_F(\varphi \mid use=1)\, dG(\varphi)} \tag{5-6}$$

其中,$x(\varphi \mid use=0)$ 表示生产率为 $\varphi$ 的企业不选择利用自由贸易协定进行出口时的出口总值,$x_F(\varphi \mid use=1)$ 表示生产率为 $\varphi$ 的企业利用自由贸易协定进行出口时的出口总值。由于 $\hat{\varphi} \in [1, \infty)$,根据式(5-6),不难得出 $u \in (0, 1]$。针对某一产品,利用各个企业的出口规模数据,可以计算得到该产品出口值的累计概率密度函数 $F(x)$,$F(x)$ 衡量了一单位出口价值的产品(用进口国货币衡量)来自出口规模小于或等于 $x$ 的企业的概率为多少。根据梅利兹(2003)的研究,生产率越高的企业其出口规模也会相对越大,因此可知累计出口概率密度函数 $F(x)$ 满足: $F(\underline{x}) = 0$, $F(\bar{x}) = 1$,其中 $\bar{x} = x(\bar{\varphi})$ , $\underline{x} = x(\underline{\varphi})$ , $\underline{\varphi}$ 和 $\varphi\bar{x}$ 分别表示样本中企业最低和最高的生产率水平。而最重要的是,对于边际企业(生产率为 $\hat{\varphi}$ 的企业)而言,累计出口概率密度函数 $F(x)$ 在边际企业出口值处(也即临界出口值)的取值等于 1 减去自由贸易协定(加总)利用率,即有:

$$F(\hat{x}) = F[\hat{x}(\hat{\varphi})] = 1 - u \tag{5-7}$$

注意到当企业愿意使用自由贸易协定进行出口时,则必须满足使用自由贸易协定进行出口所带来的收益减去为此支付的成本后为非负值。跟之前的相关表述不一样,本节用 $\tau_i^{FTA}$ 表示企业利用自由贸易协定出口产品 $i$ 时所面临的优惠关税税率,用 $\tau_i^{MFN}$ 表示企业不利用自由贸易协定出口产品 $i$ 时所面临的关税税率(最惠国待遇税率)。一般而言,有 $\Delta\tau_i = \tau_i^{MFN} - \tau_i^{FTA} > 0$。对于产品 $i$ 和企业 $j$,企业利用自由贸易协定进行出口时需满足:

$$x_{i,j}(1 - \tau_i^{FTA}) - f_i \geqslant x_{i,j}(1 - \tau_i^{MFN}) \tag{5-8}$$

因此,当企业使用自由贸易协定出口和不使用自由贸易协定出口出现无差异时,其出口值必然满足:

$$\hat{x}_{i,j}\Delta\tau_i = f_i \tag{5-9}$$

对于产品 $i$,本节从进口国海关处得到自由贸易协定的(加总)利用率 $u_i$,通过求其相应的反函数可以得到 $\hat{x}_i$,基于式(5-7)和式(5-9),同时借鉴乌尔瓦和瓦格纳(2012)的研究,可以得到:

$$F_i^{-1}(1 - u_i) = \hat{x}_i = \frac{f_i}{\Delta\tau_i} \tag{5-10}$$

其中,$\hat{x}_i$ 可以表示成 $u_i$ 的函数形式即 $\hat{x}_i(u_i)$ ,$\hat{x}_i$ 可以理解为对使用自由贸易协定出口产品 $i$ 和不使用自由贸易协定出口产品 $i$ 无差异的企业的出口值。因此,用产品 $i$ 的临界出口值 $\hat{x}_i(u_i)$ 乘以 $\Delta\tau_i$ 就可以实现对自由贸易协定使用成本的估算。

## 二、自由贸易协定利用率的指标测算

关于自由贸易协定利用率的测算,最早源于 2008 年美国经济学家鲍德温对东亚区域经济一体化的研究,他认为整体无序的自由贸易协定,特别是原产地规则,阻碍了东亚地区生产网络的正常运行,多重自由贸易协定引起的"意大利面碗"效应导致东盟自由贸易协定实际利用率仅为 3%,这一极低的数字引起了学者们的高度重视。而在此后的相关研究中,一些学者指出,这一数字明显被低估,原因主要有三方面:一是该计算指标具有严重缺陷,其对自由贸易协定使用的理想状况过高估计,因而实际利用率反而偏低;二是由于东盟国家中包含了像新加坡和马来西亚这些零关税比例较高的国家,这些国家自由贸易协定利用率极低,拉低了东盟自由贸易协定的整体利用水平;三是尽管东盟自由贸易协定是在 1992 年签订,但其真正实施减税是在 1999 年,很多企业刚开始对自由贸易协定的信息和优惠政策并不十分了解。亚洲的一些学者根据较新的数据,对指标的测算方法做了进一步修正,发现除了新加坡和马来西亚之外,其他东盟国家的自由贸易协定利用率能达到 30%—50%。然而,长期以来,学术界对自由贸易协定利用率指标仍然没有给出一个权威和明确的计算方法,使不同研究结论的比较变得较为困难。

亚洲开发银行(Asia Development Bank, ADB)2013 年在其工作论文中对自由贸易协定利用率的文献进行梳理,指出目前各类指标存在的六种主要问题,深入分析了企业不利用自由贸易协定的主要原因,并提出了一些修正指标的改进方法。从自由贸易协定利用本身定义来看,它是指自由贸易协定缔约方的进出口企业利用本国签订自由贸易协定的优惠政策促进进出口贸易的行为。因此,自由贸易协定利用率指标的基本测算公式如下:

$$自由贸易协定利用率 = \sum_i \in \frac{PM_i}{\sum_i \in DM_i}$$

其中,分子是优惠贸易协定项下享受自由贸易协定优惠政策的贸易商品金额,分母是出口总额或者进口总额。有的学者将利用原产地规则和优惠关税率促进出口的厂商数量占所有厂商的比例视为自由贸易协定利用率。一般情况下,采用贸易金额反映自由贸易协定利用效果更为可信,数值越大,反映企业很好地利用了自由贸易协定规则,享受实际税收减免优惠。

从企业使用自由贸易协定的收益角度看,主要取决于其享受税收优惠幅度的大小。优惠的自由贸易协定给企业带来的实际优惠等于进出口商品的最惠国待遇关税和自由贸易协定关税的差额,该差额越大,企业获得的实际优惠就会越大。相反,如果该差额较小甚至为负,则企业就没有激励去使用自由贸易协定。因此,从企业实际选择自由贸易协定的动机来计算自由贸易协定利用率,必须首先根据税收减让表对应税商品和优惠商品的最惠国待遇关税和自由贸易协定关税进行比较,达到以下四种商品集合。

商品集 A:商品在最惠国待遇下税率已经为 0。例如,新加坡和几乎所有进口商品的最惠国待遇税率都为 0。日本和马来西亚也有 80% 左右的贸易是在零最惠国待遇税率下进行的,显然对于这类商品来说,自由贸易协定签订与否对企业没有太大影响,这也是东亚地区自由贸易协定利用率偏低的一个主要原因。

商品集 B:商品的最惠国待遇税率等于自由贸易协定下的优惠税率,且最惠国待遇税率大于 0。对这类商品,企业一般也会选择直接使用最惠国待遇税率(因为使用自由贸易协定政策的流程比较麻烦反而会增加成本)。这类商品的存在一般有两个原因:一个原因是在自由贸易协定的谈判和签订过程中出现问题。这类商品不在关税减让表内,所以对这类商品而言自由贸易协定没有带来额外的优惠;另一个原因是在自由贸易协定降税计划中,这类商品的自由贸易协定优惠税率是在未来某个阶段才开始下降,而在此过渡期都维持原有的最惠国待遇税率。无论是上述哪一种情况,都是国家层面自由贸易协定战略谈判的问题,并非企业所能控制。

商品集 C:商品自由贸易协定优惠税率小于最惠国待遇税率,但企业却没有使用自由贸易协定优惠税率,这类商品就是本节需要重点关注的商品。自由贸易协定优惠税率要比最惠国待遇的税率要低,但企业却放弃使用较低的优惠税率而去使用较高的最惠国待遇税率,最主要原因是企业使用自由贸易协定的收益要小于使用自由贸易协定的成本,或者是该种商品在自由贸易协定政策下减税幅度太小,或者是因为企业使用自由贸易协定的合规成本太高造成企业放弃本可以享受的税收优惠。

商品集D:商品自由贸易协定税率小于最惠国待遇税率,企业也确实使用了自由贸易协定税率。这类商品就是在自由贸易协定政策实施过程中,企业有效利用自由贸易协定优惠税率的部分。

在实际测算过程中,根据税收减让表对分母中的应税商品集合进行调整,从而可以得到更加客观准确的自由贸易协定利用率。本节在利用率的测算过程中采用自由贸易协定调整利用率(Adjusted Utilization Rate) $= \dfrac{VC}{(VC+VD)}$,相比较一般的利用率指标,该指标主要对分母进行了调整,减去了最惠国待遇等于0和最惠国待遇小于等于自由贸易协定税率的商品,因为这部分商品并没有给企业带来额外的税收优惠,因此,该利用率指标能够更好地反映企业实际使用自由贸易协定情况。

除此之外,自由贸易协定覆盖率指在自由贸易协定缔约方的应税进口商品中享受关税优惠产品的比例。对那些在最惠国待遇下已经将关税减免的进口商品在这里不予考虑,因为在这种情况下自由贸易协定的关税优惠对这些商品没有影响。一个自由贸易协定的覆盖率越高,表明这个自由贸易协定的覆盖范围越广,更多的商品由于自由贸易协定的签订享受到了关税优惠。测算自由贸易协定的覆盖率指标首先需要在自由贸易协定签订之前应税商品的进口额,其次需要这些应税商品中由于自由贸易协定签订而能够享受税收优惠(降低税率或者免税)部分的进口额。自由贸易协定覆盖率 $= \dfrac{(VC+VD)}{(VB+VC+VD)}$,这在一定程度上说明了一个自由贸易协定的规模和范围,享受税收优惠的商品进口额占总应税商品进口额的比例越高,说明该自由贸易协定的范围越大。

尽管在学术界对自由贸易协定利用率的指标逐渐取得共识,但在实际工作部门,由于对自由贸易协定利用率概念的理解不清,数据获得存在障碍以及计算工作的复杂和繁琐,导致相关指标在实际使用中存在较多误区和偏差,导致无法跟踪利用率指标的变化以及进行跨产业和地区的比较,因此有必要对其中存在的一些问题进行解释和说明。

### (一) 自由贸易协定实际享受优惠贸易数据的使用

根据自由贸易协定利用率指标的定义,分子是自由贸易协定下进出口贸易金额。对出口贸易数据而言,该数据通常在出口国较难获得,因为一般情况下,特定税收协定项下的出口金额由进口国海关统计,出口国虽然在报关单有企业申报一栏,但此项目非必填选项,企业一般情况下都不会填写。而进口贸易的自由贸易协定实际享受优惠数据可以根据报关单上的协定代码判断每笔进口是否享受优惠,进口国一般可以更为准确地分析进口国自由贸易协定使用情况。近年来,中国与发达国家所签订的自由贸易协定条款中,例如中国—瑞士、中国—韩国自由贸易协定中开始包含海关数据交换等内容,可以通过交换国外海关的进口数据从而较为准确地计算本国出口自由贸易协定享受优惠情况,但一些发展中国家比如东盟、南美等国家和地区在这方面的数据统计手段仍然较为落后,对这类自由贸易协定很难通过进口海关获得准确的出口自由贸易协定利用情况。采用原产地证书(C/O)的签证额数据可以作为优惠协定贸易额的近似替代,因为在大多数国家尤其是发展中国家,进出口商要享受到自由贸易协定的政策优惠,必须在本国的贸易管理部门办理原产地的纸质或电子证明,该证明项下的贸易金额可以基本等同于优惠贸易协定下的贸易金额。尽管如此,这一指标的测度仍然存在偏误,首先部分贸易商在获得原产地证书的情况下仍然有可能因为不断变化的市场形势取消或者放弃出口;其次,进出口商为了避免麻烦往往在实际办理签证的过程中略微高报货物的出口金额,因此采用原产地证的签证数据会在一定程度上高估自由贸易协定利用率。此外,中国的优惠原产地证书可由进出口检验检疫局和贸促会共同签发,原产地证签证数据需要采用两个机构的签证加总数据。

## (二) 分母中不享受优惠商品的扣除

在目前国内利用率指标测算中,大多数为了计算方便直接采用原产地签证数据除以总出口或者进口贸易额,没有剔除最惠国待遇等于零以及最惠国待遇小于等于自由贸易协定的商品,这将导致利用率明显被低估。同时,在行业比较和地区比较中,由于进出口商品结构存在差异,使利用率的计算中更容易受到零关税商品因素的干扰。比如,HS 第 14 大类是天然或养殖珍珠、宝石或半宝石、贵金属、包贵金属及其制品;仿首饰;硬币,根据中瑞自由贸易协定关税减让表,黄金属于最惠国待遇关税等于零的商品,中国从瑞士的进口黄金占总进口高达 64%,如果不将这部分进口剔除,将会导致 HS14 大类乃至整体自由贸易协定利用率的极大低估。再如,一些地区加工贸易比重较高,相比较一般贸易,这些地区进出口的商品更多因为加工贸易优惠政策可以直接享受零关税优惠,无须额外利用自由贸易协定政策,这类地区在计算自由贸易协定利用率时如果不将零关税商品排除,利用率会明显偏低,以至于在评估自由贸易协定政策实施效果时缺乏可信力。对于已享受优惠商品,除了主要是最惠国待遇关税为零的商品,还包括暂定税率和信息技术商品税率为零的商品,经这些调整后的指标能够更好地反映企业主动利用自由贸易协定规则,享受实际税收减免优惠的情况。

## (三) 企业层面自由贸易协定利用率的计算

企业层面的自由贸易协定利用率测算也可以分为两种:一是针对出口或者进口至特定目的国的贸易数据加总获得优惠协定贸易下的贸易金额占总出

口或进口金额的比重；二是具体观察企业是否在某一特定商品（HS8位数）的进口贸易中申请使用优惠原产地证。然而，这两种测算都存在问题。第一种方法测算得出的利用率更多与进出口商品的结构有关，可能由于在某些零关税商品上进出口金额较大，从而低估了企业整体对自由贸易协定信息使用能力。第二种方法只能衡量单产品企业，对国际贸易中出现的多产品企业而言，无法根据企业是否申请优惠原产地信息来比较自由贸易协定利用的深度。在海关贸易数据和签证数据较难获得的情况下，一些研究采用问卷调查来了解企业对自由贸易协定的使用情况，比如根据李克特量表（Likert scale）将企业对自由贸易协定的了解和使用情况分为五个层次：完全没有、非常少、比较少、比较多、非常多。然而，企业对这一问题回答的主观性太强，回答者对自由贸易协定政策本身的理解程度也决定了自由贸易协定利用程度的差异，因此问卷调查只能作为了解企业利用自由贸易协定困难的重要参考依据，无法用来计算自由贸易协定利用程度的差异。

### （四）　国家层面自由贸易协定利用率的加总

自由贸易协定利用率是根据两国关税减让表以及两国的进出口双边贸易数据计算得到，因此，对自由贸易协定利用率的评估也更多是基于双边国家某一特定自由贸易协定的利用率测算。如果要对某一国家自由贸易协定利用率进行加总，必须在计算每个自由贸易协定利用率的基础上，根据与自由贸易协定缔约方进出口贸易额设置权重，加权平均获得国家和地区的整体自由贸易协定利用率。此外，在有多个国家和地区的自由贸易协定当中，计算这种自由贸易协定的总体利用率需要特别小心。比如中国—东盟自由贸易协定，因为东盟十个国家对中国关税减免结构都不一样，因此中国—东盟自由贸易协定利用率应在分别计算中国与十个国家自由贸易协定利用率的基础上，根据贸易额权重进行加权获得。但是自由贸易协定的评估整体上还是较少采用加总数据，特定国家特定自由贸易协定的影响评估会更具有针对性。

　　本节根据 2016 年 HS2 位编码章目录下各自由贸易协定的签证金额①,剔除最惠国待遇税率等于零以及最惠国待遇税率小于等于自由贸易协定税率的商品,计算得到各自由贸易协定的调整利用率。虽然采用原产地证的签证数据仍然存在偏误,例如,部分贸易商在获得原产地证书的情况下仍然有可能因为不断变化的市场形势取消或者放弃出口,进出口商为了避免麻烦往往在实际办理签证的过程中略微高报货物的出口金额,但在现有条件下,如要计算各国出口的自由贸易协定利用率,该数据已经是目前能掌握的最为准确的自由贸易协定利用数据,同时即使在利用率程度上会有一定高估,但并不影响自由贸易协定利用率的地区和行业比较。因此,本节采用这一指标对目前中国已生效的自由贸易协定进行评估,反映各行业对自由贸易协定的实际关税的享受优惠情况。

　　2005 年以来,中国与东盟、智利、巴基斯坦等国缔结的自由贸易协定陆续生效。就关税条款而言,除中国—巴基斯坦自由贸易协定外,所有自由贸易协定中双方实施关税减免的产品税目范围占所有贸易产品税目的份额均超过90%,总体平均水平约为 95%,关税减免达到相当高的水平。其中新西兰、冰岛和澳大利亚均取消全部进口自中国的产品关税,零关税产品涵盖范围达100%,且中国—新西兰和中国—新加坡自由贸易协定在货物贸易上实现的关税减免程度是所有自由贸易协定中最高的。从产品实现零关税所需的时间看,除了中国—冰岛自由贸易协定长达 15 年,大多数自由贸易协定承诺在 10年内减让至零关税。事实上,中国与发达国家签订的自由贸易协定虽然整体规定零关税减让需要 10 年,但自由贸易协定生效使产品立即降至零关税的比重就较高,中国—瑞士自由贸易协定中瑞士将对中国 99.7% 的出口在自由贸易协定生效之日起立即实施零关税,中国—澳大利亚自由贸易协定中澳大利

---

　　①　中国的优惠原产地证书可由进出口检验检疫局和贸促会共同签发,原产地证书签证数据需要采用两个机构的签证加总数据。该数据包括商品的 HS 代码、签证地点、出口国别以及是否签证的详细数据。

亚将对中国91.6%的税目关税在自由贸易协定生效时即降为零,因此中国利用自由贸易协定出口存在较大的减税优惠空间。

本节经过测算得到的各自由贸易协定利用率情况见表5.13,除了中国—新加坡自由贸易协定是因为新加坡本身是自由贸易港,几乎所有进口商品的最惠国待遇税率都为0,因此自由贸易协定调整利用率高达100%以外,其他自由贸易协定利用率都普遍低于60%。其中,中国—东盟自由贸易协定虽然生效时间最早,中国对自由贸易协定缔约方出口货物的金额和比重最高,但利用率仅为46.16%。而最近生效的自由贸易协定由于企业对规则的认知和学习还需要时间,利用率则更低,比如中国—冰岛自由贸易协定利用率为35.61%,中国—瑞士自由贸易协定利用率为40.27%,中国—韩国自由贸易协定利用率为43.42%,中国—澳大利亚自由贸易协定利用率为39.28%。吉松和齐尔特纳(Yoshimatsu 和 Ziltener,2010)[1]的研究发现,瑞士—土耳其自由贸易协定利用率为80%,瑞士—墨西哥自由贸易协定利用率为66%,瑞士—韩国自由贸易协定利用率也接近70%,相比较而言,中国—瑞士自由贸易协定利用率明显偏低。显然,这会导致中国企业在自由贸易协定缔约方出口贸易中无法享受到目前优惠规则给予的最大税收优惠,使企业在当地市场竞争中处于劣势地位。

表5.13　截至2016年年底中国自由贸易协定利用率情况

| 自由贸易协定名称 | 生效时间 | 涵盖产品范围(%) | 产品实现零关税所需时间(年) | 2016年自由贸易协定利用率(%) |
|---|---|---|---|---|
| 中国—东盟自由贸易协定 | 2005年1月1日 | >90 | 0/5/10 | 46.16 |
| 中国—智利自由贸易协定 | 2006年10月1日 | >98 | 0/5/10 | 61.26 |

---

① Yoshimatsu H., Ziltener P., "Japan's FTA Strategy toward Highly Developed Countries: Comparing Australia's and Switzerland's Experiences", *Asian Survey*, Vol. 50, No. 6, 2010, pp. 1058-1081.

| 自由贸易协定名称 | 生效时间 | 涵盖产品范围(%) | 产品实现零关税所需时间(年) | 2016年自由贸易协定利用率(%) |
|---|---|---|---|---|
| 中国—巴基斯坦自由贸易协定 | 2007年7月1日 | 84 | 0/3/5/>6 | 58.26 |
| 中国—新西兰自由贸易协定 | 2008年10月1日 | 100 | 0/7 | 50.28 |
| 中国—新加坡自由贸易协定 | 2009年1月1日 | 100 | 0/5 | 100 |
| 中国—秘鲁自由贸易协定 | 2010年3月1日 | 91.95 | 0/5/10 | 51.36 |
| 中国—哥斯达黎加自由贸易协定 | 2011年8月1日 | 91.1 | 0/5/10 | 42.29 |
| 中国—冰岛自由贸易协定 | 2014年7月1日 | 100 | 15 | 35.61 |
| 中国—瑞士自由贸易协定 | 2014年7月1日 | 96.76 | 0/6/11 | 40.27 |
| 中国—韩国自由贸易协定 | 2015年12月20日 | 93 | 0/5/10 | 43.42 |
| 中国—澳大利亚自由贸易协定 | 2015年12月20日 | 100 | 0/5/10 | 39.28 |

资料来源:根据各自由贸易协定关税减让表整理而得。

分行业看,中国出口比重较高的第16大类(机械、机械器具)、第11、第12大类(纺织原料及制品和鞋帽伞杖)以及第20大类(杂项制品),这些行业占中国出口比重近65%,但利用率普遍低于整体平均水平。其中,纺织原料及制品和机械、机械器具这两大行业出口实际关税较高,存在较大的受惠空间,但2016年出口利用率仅为15.28%和42.68%。纺织行业的利用率低与关税优惠空间有限、中小企业数量较多、企业不愿再花费精力和成本申领原产地证等因素有关。纺织服装主要是贴牌加工产品,自主品牌走向国际市场的寥寥无几,全行业的利润率仅为3%,由于缺少自主品牌和国际营销渠道,产业竞争优势主要体现在劳动密集型产品上,企业利润向中间环节转移较多,而中间制造环节利润仅为整个产业链利润的10%。劳动密集型行业进口产品理论上应该征收更多的进口关税,自由贸易协定可以对中国劳动密集型行业出口带来更大的降税幅度,但由于中国劳动密集型行业企业规模较小、人才有限等原因,迫使很多企业不得不放弃可以利用的优惠政策,导致福利受损。机械设备行业的自由贸易协定利用率低可能是因为该行业国内增加值比重偏低,出口产品技术含量和附加值低,核心技术仍然大量依赖进口,机电行业的加工贸易比重在所有行业中最高,加工贸易进出口占比 34.8%。另外,该行业的最惠国税率本来就较低,企业受惠空间有限。因此,未来如何帮助企业最大限度地利用自由贸易协定规则,不仅在于帮助企业享受关税优惠,更重要的是帮助企业深度融入全球价值链分工,增强其在标准设定、技术创新、品牌开发和市场营销等方面的国际地位,并努力从"微笑曲线"底部走向两端,提高其创造贸易附加值的能力。

### 三、模型设定、变量选择及数据来源

在理论模型的基础上,本节运用 2014—2016 年中国对瑞士的微观企业出口数据,对影响自由贸易协定利用率的相关因素进行实证检验。[①] 影响自由贸易协定利用率的因素有很多,包括使用自由贸易协定收益、使用自由贸易协定成本,另外通过将企业特征变量作为控制变量,本节设立以下回归方程:

$$USE_{ijt} = \beta_0 + \beta_1 ROO_{it} + \beta_2 MOP_{it} + \beta_3 Z_{ijt} + \alpha_{it} + \eta_t + \varepsilon_{ijt} \qquad (5-11)$$

其中,$USE_{ijt}$ 代表 $j$ 企业第 $t$ 年在第 $i$ 种商品(HS6 分位)出口上是否使用了自由贸易协定,使用为 1,否则为 0。$MOP_{it}$ 代表使用自由贸易协定的直接受益,关税优惠幅度由最惠国待遇关税减去自由贸易协定关税构成。虽然理论上该减免由进口商获得,但出口商可以利用自由贸易协定减免作为贸易谈判中的重要筹码,改善贸易条件或者提高产品在进口国当地的价格竞争力。

---

① 选择以中国—瑞士自由贸易协定为分析对象是基于数据可获得性的考虑,因为课题组从中国贸促会和商检总局获得每个税则号下企业出口瑞士的优惠原产地金额,并结合海关总署提供的出口报关数据可获知企业微观层面的自由贸易协定利用情况。

$ROO_{it}$用来衡量使用自由贸易协定的合规成本,主要表现为出口企业为满足原产地规则要调整产品原材料和中间产品的采购、特定产品的加工工序以及票据和相关证明文件的搜集和管理所付出的相应成本。影响该成本的重要因素是产品的原产地规则严格程度,具体是指用以判定产品是否发生实质性改变的三种基本方法:税则归类改变、增值百分比和特定加工工序的严格程度。就增值百分比规则而言,所规定的区域价值成分越高,原产地规则越严格。就税则归类改变规则而言,规定发生改变的商品编码数级越低,原产地规则越严格。对特定加工工序而言,规定的加工工序越多或投入的原材料越特定,原产地规则越严格。借鉴早川等(2016)、李海莲和韦薇(2016)①等相关文献中的类似做法,本节对中国—瑞士自由贸易协定中出现的原产地规则限制效应采用七分法进行赋值(见表 5.14),可知,$ROO_{it}$的值越大,代表原产地规则越严格,企业越难以利用自由贸易协定进行相关产品的出口。

表 5.14　原产地规则限制效应的赋值规则

| 规则 | 规则中文 | 赋值 |
| --- | --- | --- |
| WO | 完全获得标准 | 7 |
| CC | 税则归类的章(HS2)改变 | 6 |
| CTH and VNM50% | 品目(HS4)改变且非原材料价值 50% | 5.5 |
| CC or VNM60% | 税则归类的章(HS2)改变或非原材料价值 60% | 5 |
| CTH | 品目(HS4)改变 | 4 |
| CTH or VNM60% | 品目(HS4)改变或非原材料价值 60% | 4 |
| CTH or VNM55% | 品目(HS4)改变或非原材料价值 55% | 4.15 |
| CTSH | 子目(HS6)改变 | 2 |
| CTSH or VNM60% | 子目(HS6)改变或非原材料价值 60% | 3 |

① 李海莲、韦薇:《中国区域自由贸易协定中原产地规则的限制指数与贸易效应研究》,《国际经贸探索》2016 年第 8 期。

续表

| 规则 | 规则中文 | 赋值 |
|---|---|---|
| VNM40% | 非原材料价值 40% | 5 |
| VNM50% | 非原材料价值 50% | 4.5 |
| VNM55% | 非原材料价值 55% | 4.3 |
| VNM60% | 非原材料价值 60% | 4 |

资料来源:Hayakawa K., Ito T., Kimura F., "Trade Creation Effects of Regional Trade Agreements:Tariff Reduction Versus Non-Tariff Barrier Remova", *Review of Development Economics*, Vol. 20, No. 1, 2016, pp. 317-326;李海莲、韦薇:《中国区域自由贸易协定中原产地规则的限制指数与贸易效应研究》,《国际经贸探索》2016 年第 8 期。

$Z_{ijt}$ 是控制变量集合,由于海关数据库并未给出出口企业的生产信息,并且本节使用的海关数据较新,无法与工业企业数据库匹配得到企业的财务信息,因此无法直接计算获得企业全要素生产率。参照伯尔曼等(Berman 等,2012)[①],用企业的年出口规模(*SIZE*)作为企业层面生产率的代理变量,根据异质性企业贸易的相关实证研究,出口企业通常表现为一些共同的特征,比如企业规模较大、年龄较长、生产率较高。除此之外,最新研究表明,高生产率的出口产品种类更多,出口目的国的数量也会更多。为此,本节用企业出口产品的种类(*KIND*)代替企业的销售规模,纳入计量方程中做进一步稳健性检验。企业出口产品的质量也会影响自由贸易协定的使用,质量越高,成本加成越大,企业也有能力承担自由贸易协定使用的成本。采用马诺瓦与张(Manova 和 Zhang,2012)[②]的方法,将出口商品的单价除以其同类产品价格的平均值并取对数(*QUA*)作为其产品质量的一个度量,这一相对产品质量指标消除了不同种类产品间的异质性,可将跨种类、跨年度的产品质量进行比较。*QUA* 的

---

① Berman N., Martin P., Mayer T., "How Do Different Exporters React to Exchange Rate Changes?", *Quarterly Journal of Economics*, Vol. 127, No. 1, 2012, pp. 437-492.

② Manova K., Zhang Z., "Export Prices Across Firms and Destinations", *Quarterly Journal of Economics*, Vol. 127, No. 1, 2012, pp. 379-436.

数值越大,表示该产品价格相对于同类产品越高,其产品质量也越高。后文将进一步结合埃米蒂和坎德尔瓦(Amiti 和 Khandelwal,2013)[1]、樊海潮和郭光远(2015)[2]等研究,利用产品单价和销售信息来测算产品质量进行稳健性检验。企业所在地区用 $LOC$ 表示,沿海为 1,内陆为 0。$\alpha_{ij}$ 代表企业—产品固定效应,$\eta_t$ 代表年份固定效应,$\varepsilon$ 表示随机扰动项。

为了分析相关因素对自由贸易协定利用率的影响,本节首先对瑞士所记录的海关数据进行了筛选,筛选过程为:删除样本年出口量为 0 和出口量不为 0 但是瑞方没有记录从价税的商品税号编码。全样本下,中国出口企业中只有 38.47% 的企业利用了中国—瑞士自由贸易协定的优惠关税进行出口,处于一个较低的水平,中国—瑞士自由贸易协定还有较大的利用潜力。而最惠国待遇从价税税率与中国—瑞士自由贸易协定下优惠关税税率之差平均来看为 3.76%,表明中国—瑞士自由贸易协定的建立确实在较大程度上降低了中国企业出口产品到瑞士的关税壁垒,可以给企业带来较为可观的税收优惠。

## 四、实证结果与分析

由于被解释变量取值为 0 和 1,本节为此选用 Probit 模型回归,它作为一种非线性回归模型,建立在随机效用最大化的理论基础上,在参数估计时,Probit 模型的极大似然估计具有一致性、渐进有效性和渐进正态性。表 5.15 呈现了利用相关数据对式(5-11)进行回归的结果。从列(5)可以看出,$MOP$ 的回归系数为正,但无法通过显著性检验,这表明自由贸易协定关税优惠并不是影响企业利用自由贸易协定进行出口的显著因素,虽然在其他条件相同的情况下,较大的税率差意味着利用自由贸易协定进行出口的收益越高,这会促进企业对自由

① Amiti M., Khandelwal A. K., "Import Competition and Quality Upgrading", *Review of Economics and Statistics*, Vol. 95, No. 2, 2013, pp. 476-490.
② 樊海潮、郭光远:《出口价格、出口质量与生产率间的关系:中国的证据》,《世界经济》2015 年第 2 期。

贸易协定的利用。然而,企业实际享受的税收优惠还要取决于出口量,当产品税率优惠较大,但出口额较小时,小企业并不一定会选择利用自由贸易协定,因为此时的收益并不足以能覆盖其成本。其次,原产地规则限制效应指数前面的系数显著为负,表明自由贸易协定下的原产地规则对自由贸易协定的利用率有明显的抑制作用,这也预期一致,因为原产地规则限制效应衡量了企业利用自由贸易协定进行出口的成本:当原产地规则限制效应越明显,表明企业利用自由贸易协定进行出口的成本越高,这显然会降低自由贸易协定的利用率。

表 5.15　基本回归结果

| 变量 | (1) | (2) | (3) | (4) | (5) |
|---|---|---|---|---|---|
| MOP | 0.0327 (0.0018) | | | | 0.0336 (0.0018) |
| ROO | | −0.0021*** (0.0006) | | | −0.0018*** (0.0006) |
| SIZE | | | 0.0698*** (0.0106) | | 0.0548*** (0.0103) |
| QUA | | | | 0.2925 (0.2546) | 0.2584 (0.2698) |
| LOC | | | | | 0.4213*** (0.0025) |
| Firm−Product Fe | Yes | Yes | Yes | Yes | Yes |
| Year Fe | Yes | Yes | Yes | Yes | Yes |
| $R^2$ | 0.1232 | 0.0678 | 0.0737 | 0.1366 | 0.1422 |
| N | 8926 | 8926 | 8926 | 8926 | 8926 |

注:括号内为相应估计系数的标准误差,***、**和*分别表示在1%、5%和10%的水平上显著。

商品出口贸易额前面的系数为 0.0548 并通过了 1% 的显著性检验,表明在其他条件相同的情况下,随着商品的出口量增加,企业将越倾向于利用自由贸易协定下的优惠关税税率来出口该产品,即对自由贸易协定的利用率会提高。主要是因为"基数效应"的存在:一般而言,针对某种商品,企业为利用自由贸易协定进行出口所花费的成本(如获取原产地证明等)是一定的①,但是企业利用自由贸易协定进行出口能够获得的税收优惠总额会随着商品出口量的增加而增加(税收优惠总额为税率差乘以出口量),因此当商品出口量这个基数越大时,企业越愿意通过支付一定的成本来利用自由贸易协定进行出口,这无疑将提高自由贸易协定的利用率。另一方面,企业出口额越大,也反映该企业生产率可能较高,这一结果也符合本节的模型推定。大型企业管理职能部门相对较为完善,更愿意投入前期的调研费用并聘请国际化的经济法律人才。他们能够根据长短期优惠税率的变化,对自由贸易协定新政策作出快速反应,优化供应链、采购、市场开发等流程,建立起一套适应法规要求的贸易合规管理方案。产品质量 $QUA$ 的回归系数为 0.2584,但没有通过 10% 的显著性检验。尽管高质量产品的销售价格和利润较高,但高质量产品有可能更多使用的是进口中间产品,或者国外附加值含量较高,因此无法满足原产地规则本地化的要求,降低了企业对自由贸易协定的利用。$LOC$ 的回归系数显著为正,表明沿海企业相对内陆企业能够更好地利用自由贸易协定。这可能出于以下三点原因:第一,沿海企业比内陆企业有着更丰富的出口经验,对国际市场信息和国外政策变化了解程度更高且反应较快;第二,沿海地区的相关政府部门提供更加便利的信息和签证服务,使企业利用自由贸易协定的成本较低;第三,由于自由贸易协定关税优惠通常有"直运规则"要求,沿海地区相对内陆地区能够相对容易满足运输物流的要求。

从之前的分析中可知,企业为利用自由贸易协定进行出口,需要支付一定的成本比如申请原产地证书的成本等,这些自由贸易协定使用成本的存在显然影响了企业对自由贸易协定的利用。在这一部分,本章本节结合第二部分介绍的自由贸易协定使用成本的估算方法,利用 2014—2016 年中国

---

① 之前的理论分析中也是这样假定的:企业为利用自由贸易协定出口所需支付的成本 $f$ 是一定的,与出口数量无关。

海关总署记录的中国出口到其他国家和地区的贸易流量数据,来测算中国企业利用中国—瑞士自由贸易协定将其产品出口到瑞士的成本究竟有多大。应当指出,测算自由贸易协定的使用成本对认识和把握企业对自由贸易协定的利用率、评价自由贸易协定的实际运行效果都具有十分重要的意义。

本节首先对相关数据进行了筛选,以瑞士为出口国、商品编码在此年度的出口次数大于等于 8 且此编码在瑞士海关统计数据中从价税是非空值为条件进行筛选。[①] 由于中国—瑞士自由贸易协定的关税减让协议中绝大部分商品为一次性降税而非阶段性降税,所以本节将所选取的 HS 编码样本限制于类别 A,即该编码的自由贸易协定税率一次性降为 0。[②] 为了简化分析,在 A 类别中,本节删除了最惠国待遇税率在谈判之前就已经降为 0 的商品编码。

利用之前介绍的自由贸易协定使用成本的估算方法,针对不同产品,本节测算了 2014—2016 年中国企业利用自由贸易协定将其产品出口到瑞士的成本,表 5.16 报告了相应的测算结果。从中可以看出,中国—瑞士自由贸易协定使用成本的均值比较接近 75% 分位数,可见中国—瑞士自由贸易协定使用成本的分布具有左偏的特性,均值偏大主要是由于分布中最大值过大导致的。

---

① 本节之前的理论分析部分建立了出口量的累计概率密度函数和自由贸易协定利用率的对应关系,从数理分析角度,当某个商品编码下的交易量笔数越大,则利用 $1-u$,结合式(5-10)所求得的对应的实际临界出口量更近似于理论值。因此本节将筛选条件定为每年大于等于 8笔。年度交易笔数的筛选条件可以改变,但本节的研究重点不在于寻找能够使实际值和理论值更好对应的交易笔数条件,因此本节不做赘述。

② 在瑞士关税减让表中,有 88.85% 的商品为类别 A,其他类别有 B、C1、C2、D。降税分类"A"中的税目所规定的原产货物关税,自在本协定生效之日起,免除关税。降税分类"B"中的税目所规定的原产货物关税,自协定生效之日起 5 年内等比削减,并在第 5 年内免除关税。降税分类"C1"中的税目所规定的原产货物的关税,应自协定生效之日起 10 年内按减让表规定的税率削减,并在第 10 年内免除关税。降税分类"C2(非线性)"中的税目所规定的原产货物的关税,应自协定生效之日起 10 年内按减让表规定的税率削减,并在第 10 年内关税降至 60%。降税分类"D"中的税目所规定的原产货物关税,应保持基准税率。

中国—瑞士自由贸易协定使用成本分布中,25%分位数较小(2014年为72.307美元,2015年为34.897美元、2016年为32.358美元),50%分位数和75%分位数则出现迅速攀升。2014年、2015年和2016年的75%分位数分别为1745.452美元、984.999美元和776.206美元。同时,2015年中国—瑞士自由贸易协定使用成本的均值和各分位数值跟2014年相比都有显著的下降,2016年则下降更多,这也体现了企业对自由贸易协定的利用存在学习效应。2014年中国—瑞士自由贸易协定刚刚生效,企业对税率减免、原产地规则和申请程序都缺乏相应的信息,因此使用成本较高,但随着企业利用自由贸易协定进行出口的时间变长,政府部门对自由贸易协定的宣传和培训工作不断加强,企业为此所积累的经验也会越来越丰富,比如企业对原产地规则的了解会越来越深入,越来越熟悉原产地证书的申请等,这些经验的积累显然有利于降低企业利用自由贸易协定进行出口的成本。因此,在自由贸易协定签订后,随着时间的推移,自由贸易协定的使用成本会由于"学习效应"的存在而趋于下降。

**表 5.16　中国—瑞士自由贸易协定使用成本的整体情况** （单位:美元）

| 年份 | 均值 | 标准差 | 25%分位数 | 50%分位数 | 75%分位数 | 最小值 | 最大值 |
|------|------|--------|-----------|-----------|-----------|--------|--------|
| 2014 | 1909.384 | 678.555 | 72.307 | 939.326 | 1745.452 | 0.105 | 20991.352 |
| 2015 | 1140.822 | 903.140 | 34.897 | 886.368 | 984.999 | 0.004 | 12225.034 |
| 2016 | 840.338 | 685.076 | 32.358 | 822.796 | 776.206 | 0.003 | 11770.273 |

　　为了对自由贸易协定使用成本的大小有更加直观的认识,本节进一步计算了每个税号编码下自由贸易协定使用成本占该商品编码下海关所征收的税收总额的百分比。平均而言,2014年自由贸易协定使用成本占税收总额的比例为2.77%、2015年自由贸易协定使用成本占税收总额的比例为2.48%、

2016 年自由贸易协定使用成本占税收总额的比例仅为 2.02%,这比佛朗索瓦
(2006)、早川(2011)等的计算结果略小,他们在其相关研究中都发现自由贸
易协定的平均使用成本相当于 3% 左右的等值关税。同时可以看到,随着自
由贸易协定生效后时间的推移,自由贸易协定使用成本占税收总额的比例趋
于下降。

除了信息不足,影响自由贸易协定使用率的最主要因素是复杂的原产地
规则。纺织行业的原产地规则主要为税则归类的章或非原材料价值的 60%,
具有较高的限制效应,较为复杂的原产地规则使该行业自由贸易协定的使用
成本较高。从自由贸易协定使用成本的 75% 分位数来看,所有行业中行业 6
(化学工业及其相关工业的产品)的自由贸易协定使用成本相对最低,其主要
原因可能在于化学工业及其相关产品工业的原产地规则主要为子目改变或非
原材料价值的 60%,原产地规则的限制效应相对较低使该行业的自由贸易协
定使用成本也相对较低。

表 5.17 报告了不同原产地规则下自由贸易协定使用成本的分布。从中
可以看出,原产地规则越复杂,即对应的原产地规则限制效应指数越大,那么
自由贸易协定的使用成本相对也越高。比如对子目改变,其限制效应指数只
有 2,在该原产地规则下自由贸易协定使用成本的 75% 分位数只有 128.343
美元;而对于非原材料价值的 50%、40%、章(HS2)改变或非原材料价值的
60% 等,其限制效应指数高达 4.5 或 5,在这些原产地规则下,自由贸易协定使
用成本的 75% 分位数就高达几百美元甚至一千美元以上。这在一定程度上
佐证了限制效应过高的原产地规则很可能构成非关税壁垒,不利于自由贸易
协定缔约方之间的贸易增长,反而有可能对区域内贸易产生贸易约束效应,降
低自由贸易协定的利用率。因此制定合理有效的原产地规则对降低自由贸易
协定的使用成本、提高自由贸易协定的利用率、充分发挥自由贸易协定的潜
力、促进缔约方福利水平的提高都显得十分重要。

表 5.17　2016 年不同原产地规则下自由贸易协定使用成本的分布

（单位：美元）

| 原产地规则 | 限制指数 | 均值 | 标准差 | 50%分位数 | 75%分位数 | 最小值 | 最大值 |
|---|---|---|---|---|---|---|---|
| 子目(HS6)改变 | 2 | 128.122 | 452.120 | 59.720 | 128.343 | 0.004 | 100.834 |
| 子目(HS6)改变或非原材料价值的60% | 3 | 135.978 | 881.475 | 71.896 | 130.584 | 27.904 | 128.955 |
| 品目(HS4)改变 | 4 | 366.266 | 397.019 | 204.664 | 355.629 | 1.879 | 1224.300 |
| 品目(HS4)改变或非原材料价值的60% | 4 | 243.950 | 631.242 | 92.100 | 204.408 | 0.466 | 530.235 |
| 非原材料价值的60% | 4 | 295.474 | 503.882 | 167.606 | 295.202 | 4.400 | 1049.464 |
| 非原材料价值的55% | 4.3 | 279.297 | 254.931 | 301.882 | 326.700 | 1.585 | 985.875 |
| 品目(HS4)改变或非原材料价值的55% | 4.15 | 221.993 | 123.511 | 127.352 | 231.593 | 0.904 | 466.788 |
| 非原材料价值的50% | 4.5 | 510.481 | 844.590 | 416.184 | 504.814 | 0.195 | 3821.400 |
| 非原材料价值的40% | 5 | 940.203 | 306.274 | 738.189 | 1073.431 | 2.245 | 2047.146 |
| 章(HS2)改变或非原材料价值的60% | 5 | 1207.595 | 1501.974 | 883.009 | 1219.293 | 42.018 | 12686.357 |

# 第四节　中国未来自由贸易协定关税减让谈判和利用的政策建议

构建高水平自由贸易区网络,适应经济全球化新趋势的客观要求,不但是新时代中国全面深化改革、构建开放型经济新体制的必然选择,也是积极运筹对外关系、实现对外战略目标的重要手段。目前中国自由贸易协定实施效果的评估还处在探索阶段,对中国企业自由贸易协定利用率的情况及影响因素还有待于理论与实证的进一步探讨。理论层面,国内关于中国利用自由贸易协定的研究还较少,要借鉴国外学者的研究成果,结合中国的实际情况进行实证分析,从而更加全面地对中国利用自由贸易协定的绩效进行评估。而在实践层面,自由贸易协定利用率研究有着较强的政策含义。一是通过评估某些特定国家、特定商品、特定自由贸易协定利用率的动态变化,从而发现自由贸易协定政策利用的不足和未来的提升空间,通过利用率监测加强对相关国家和地区的自由贸易协定风险的预警。自由贸易协定的使用除了给企业带来关税减免之外,还能给企业带来通关便利化的好处,因此,综合考虑企业在自由贸易协定项下的通关时间、通关成本等能更为全面地反映企业自由贸易协定利用情况。二是分析自由贸易协定对进出口国及不同产业关税实际减免产生的福利效应,为自由贸易协定的升级谈判提供决策依据。除了监测自由贸易协定利用率指标之外,可以结合其他与自由贸易协定使用有关的指标,比如理论和实际可享优惠关税、优惠协定项下重点产品、重点地区的进出口贸易流量和国内增加值比例等多种指标综合评估企业利用自由贸易协定的收益和成本,分析影响自由贸易协定利用率的影响因素和使用障碍,由于原产地规则的严格程度会影响自由贸易协定利用率,并越来越成为货物贸易较为隐性的非关税壁垒,因此要重点研究自由贸易协定利用率与原产地规则的关系,把重点产品列入谈判的产品清单,为自由贸易协定的货物贸易原产地规则谈判提供更多决策支持。

## 一、自由贸易协定关税谈判的对策建议

第一,在进行关税减让谈判前,要认真详尽地做好基础分析工作。降税产品、降税模式、降税时长及降税承诺水平的确立,都不是凭空而来的。不仅要掌握中国目前产业结构的发展现状,明晰产业未来的发展规划,满足由产业链制造环节向品牌运营、研发设计等产业链中高端转型升级的经济发展需求;还要详细地了解谈判对象产业发展的有关情况,制定出有针对性的关税减让安排。除此之外,还要分析签订的自由贸易协定关税减让对国内产业和

重点产品带来的影响。可以选择和中国的产业结构互补的贸易伙伴,最大限度地发挥双方产业结构互补的优势,同时也避免对国内敏感行业造成过大打击。

第二,在进行自由贸易协定关税减让安排谈判时,要从大局出发,把握好谈判的尺度。对贸易竞争力强的产品,其关税可一次性减免至零关税。对竞争力暂时没那么强的新兴产业,一方面要适当降低该类产业原材料、关键零部件的关税水平,通过扩大进口引进高新技术、设备、零部件,做好先进技术的吸收、消化再创新,提升产业的创新应用水平,从而提高产业的自主创新能力;另一方面也要给予这些相对幼稚的产业合理的关税保护和政策扶持,大力推动相关产业的发展,摆脱对外国产品的依赖。对国内无法生产或者产量低的产业,其供给满足不了国内市场的需求,政府可以提高对该类产品的开放程度,在自由贸易协定谈判时可将该类产品列为普通正常产品,采取一次性减免至零关税的关税减让安排。对于劳动密集型产品的进口关税可以分阶段、分步骤地实现减让计划。大幅度降税会对低比较优势的劳动密集型行业,如食品制造业等行业的就业带来负面冲击,需要在自由贸易协定谈判时尽可能对敏感产品设置较长的过渡期和设置例外。大幅度降税会给高比较优势的劳动密集型行业,如通用设备制造业等行业创造新的就业机会,因此要加速这些行业的关税减让,尽快实现零关税。

第三,根据谈判对象的特点制定相应的减让策略。关税减让模式不能是一成不变的,要在总结已有模式的经验基础上,根据新的谈判对象的特点制定不同的减让策略。目前中国已签订并生效的自由贸易协定的缔约对象大多是发展中国家,能源和自然资源是吸引中国与这些国家和地区签订自由贸易协定的因素之一。近年来,中国自由贸易协定的合作对象已逐渐向经济发达的国家或工业强国转移。中国在自由贸易协定谈判时,除了资源获取和外交需要外,还需要更多地关注技术产品、设备和零部件的进口。因此,要针对谈判对象的特点,在关税减让模式上不断创新,以满足对外开放不同阶段的需要。

第四，企业应该用好关税减让表和区域原产地累积规则，提高对自由贸易协定的利用率。每项自由贸易协定都有自己的关税减让清单和原产地规则，同一项货物在不同协定下对应不同的降税水平和原产地规则。各进出口企业应根据自身情况，结合各自由贸易协定的关税减让幅度、原产地规则及其实施操作程序进行综合评估、比较，优化企业供应链，充分利用优惠政策，达到经济收益最大化。为满足区域原产地条件、享受优惠政策和提高利用率，企业和相关部门需要加强对原产地规则的了解、适应和应用，证明其产品的原产地属性，利用自由贸易协定区域原产地规则获取最大的关税优惠，提高对自由贸易协定的实际利用率。

## 二、自由贸易协定利用率提升的对策建议

为了提高中国企业自由贸易协定贸易政策使用的便利性，建议政府加大对自由贸易协定政策的网络宣传，提高重点行业和企业利用政策的能力。利用互联网覆盖面广、成本低的特点，完善多种形式自由贸易协定专业网络服务平台，对自由贸易协定实施中的政策信息进行分类整理并及时更新，更好帮助企业熟悉相关产品的最新税率、原产地规则以及通关流程等资讯。政府部门应积极开展自由贸易协定信息培训和宣讲，对原产地证书的申办流程、企业可能面临的法律风险等进行系统的培训，并注重前期效果宣传。根据企业特征要进行差别化的政府服务，对参与意识相对较低的小型企业，不但要降低优惠原产地证的固定申请成本，同时简化异地调查手续，控制核查风险。对大型企业则重点降低企业的时间管理成本，探索推行电子原产地证书、企业自主签证模式在中国的适用性，以提高企业和服务机构的运作效率，降低企业利用自由贸易协定的通关成本。政府部门在继续优化企业办理优惠原产地证书服务流程的同时，还应协助企业调整出口市场和产品战略，优化全球供应链布局，帮助企业从被动适应规则到主动利用规则，提高企业自由贸易协定利用的综合

能力。

第一,加大自由贸易协定政策网络宣传,提高小微企业利用能力。企业目前自由贸易协定利用率偏低,利用互联网覆盖面广、成本低特点,完善多种形式自由贸易协定专业网络服务平台,其中,包括完善自由贸易区服务网站和专业移动 App 接口、开设微信公众服务账号、专家在线"云课堂"解答的自由贸易协定专业服务平台。借鉴国外成功经验,在专业网站上提供自由贸易协定缔约方税率查询、市场信息和办事指引,定期发放相关宣传材料,展示企业成功利用自由贸易协定案例,针对重点地区、重点产业和重点企业有计划开展政策宣讲和培训。降低小微企业优惠原产地证申请成本,运用"云计算和大数据"等技术简化异地调查手续,控制核查风险。为促进跨境电商快速健康发展,探索能将市场营销、交易、物流、通关、支付、外汇结算与认证相结合的外贸平台,推进电子优惠原产地证书应用,创建新的外贸生态链,为小微企业提供"一条龙"综合服务。

第二,加强新型智库和自由贸易协定人才建设,通过产学研合作提供全面自由贸易协定服务。高水平自由贸易协定规则不仅涉及货物贸易,还包括服务贸易、投资、环境保护等一系列问题。相关部门不仅要提高企业办理优惠原产地证书便利性,而且要协助企业紧跟自由贸易协定规则变化,调整出口市场和产品战略,优化全球供应链布局,帮助企业从被动适应规则到主动利用规则。政府部门、行业协会还是企业都亟须一批熟悉自由贸易协定规则应用,对国际贸易、国际投资、国内外市场、商事法律均有研究的高层次经济、法律人才。应充分发挥高校和专业智库在理论和政策研究等学术资源方面优势,通过自由贸易协定咨询师培训、研讨会和课题合作等形式,为发展规划、重大决策、法律法规、政策措施制定提供智力支持,为企业和社会提供智力服务。

第三,构建一个双向的自由贸易协定交流平台,引导企业参与国际经贸规则制定。中国当前国际经贸规则谈判中没有充分反映企业利益诉求,缺乏微观层面对企业利用自由贸易协定规则障碍的事前评估,政府和企业间缺乏共享自由贸易协定信息、数据和研究的交流平台。应借鉴国外成熟商会的经验。为利益相关者构建一个自由贸易协定快速学习和实践的平台。在自由贸易协定规则谈判中加强各国原产地规则协调,防止"意大利面碗"效应给全球供应链上运作的企业造成交易成本,同时协助中小企业提高利用自由贸易协定规则能力,调研私营企业对自由贸易协定作用的看法,让更多企业参与国际经贸规则谈判和制定,争取国际经济贸易更多话语权。

## 三、自由贸易协定能力提升:从关税优惠到全面利用

在新时代,帮助企业提升自由贸易协定的利用能力,助力中国构建面向全球的高标准自由贸易区网络,以更加积极的姿态参与全球经贸治理,应从以下几个方面努力:

首先,从成本及收益角度分析,提升企业认知。针对自由贸易协定利用率相对不足的问题,应分别从成本和收益的角度探讨自由贸易协定将为企业带来怎样的好处,以及企业将为此付出多少成本。一方面,企业对自由贸易协定带来的收益认知存在一定的局限性。相关部门在推动自由贸易协定实施过程中应告知企业将获得的相关政策优惠,例如税收优惠、贸易便利化、潜在市场开放、投资跳板、规避贸易摩擦等。另一方面,政府也应尽可能降低企业利用自由贸易协定的成本,包括企业申请原产地证书的时间成本以及相关的管理成本。

其次,自由贸易协定实施过程中应重点关注以下六个方面:自由贸易协定服务的便利性,进一步推广自动化、无纸化;自由贸易协定服务的专业性,加大自由贸易协定专业人才的培养;自由贸易协定服务的精准性,将原产地规则融入企业的价值链;自由贸易协定服务的普惠性,重点提升中小企业利用自由贸易协定的能力;自由贸易协定服务的互动性,吸引企业参与贸易规则谈判和设计;自由贸易协定服务的合规性,加强企业诚信体系建设。

再次,全面提升企业对自由贸易协定的使用能力。从全面与进步的跨太

平洋伙伴关系协定及区域全面经济伙伴关系协定的定义来看,自由贸易协定的签订呈现出更加全面、更加综合的趋势。在此背景下,企业应提升自由贸易协定使用能力。(1)从被动利用到主动利用,主动利用自由贸易协定相关规则提升贸易便利化程度。(2)从静态利用到动态利用,区域全面经济伙伴关系协定、中国—韩国自由贸易协定、中国—东盟自由贸易协定的实施期限较长,在具体实施时应进行动态对比。(3)从关税利用到非关税利用。新一代自由贸易协定的关注重点在于非关税规则,应进一步加强企业对包括服务贸易、知识产权、电子商务等在内的新兴贸易规则的理解和利用。(4)从产品利用到产业链利用。应加强自由贸易协定对上下游产业链影响的关注,从产业链视角考察自由贸易协定的利用程度。(5)从双边的两国利用到"第三国"利用,枢纽国可以利用自由贸易协定进一步放大国际化网络。

最后,从自由贸易协定文本角度来看,自由贸易协定利用应从关税优惠到全面利用。在货物贸易方面,应重点关注关税减让,对比关税减让条款,找到最优路径。在原产地规则方面,应重点关注原产地累积规则、企业自主声明与背对背原产地证书机制。在海关程序和贸易便利化方面,应重点关注货物放行时间、预裁定、经认证经营者,帮助企业提升通关便利性。在技术性贸易壁垒和卫生与植物卫生措施方面,应重点跟踪各缔约方的标准及技术法规,以达到其产品质量标准。在贸易救济方面,应重点关注"双反一保"规定、反倾销"禁止归零"条款,降低企业风险。在服务贸易方面,应重点关注市场移动、自然人临时移动,便于企业管理人员、技术人员等签证便利、入境居留。在投资方面,应重点关注市场准入及"棘轮条款",关注"走出去"是否有更开放的空间。在知识产权方面,应重点关注知识产权保护,以推动高科技企业发展、促进国际创新合作。在电子商务方面,应重点关注电子传输免征关税、无纸化贸易、个人信息保护、电子认证和电子签名,了解各缔约方数据流动的规则将更加有利于中国跨境电商在全球范围内的发展。

# 第六章　高标准自由贸易协定的
# 原产地规则研究

　　随着自由贸易区网络在全球快速延伸,原产地规则已发展成为缔约方重塑区域价值链的重要政策性贸易工具,制定使各方收益最大化的优惠原产地规则是构建高标准自由贸易区网络的基石。目前国际贸易网络呈现出区域化的特征,国际产业链的脆弱性较以往更加凸显,自由贸易协定依托原产地规则加强了区域内贸易联系,有效隔离了贸易冲击,减少了产业断链风险。中国的原产地规则质量提升较大,但与国际高标准规则仍存在一定的差距。在参与原产地规则制定时,应立足新的发展格局,注重国内产业政策与原产地规则的联动作用,关注规则的区域价值链重塑功能,参考国际先进经验制定差异化且符合缔约方利益的原产地规则,以提高中国经贸规则的治理水平。

　　本章对比分析了中国签订的自由贸易协定与世界主要的高标准自由贸易协定在原产地规则类型与严格程度上的差异,比较了与高标准规则之间的差距。分析差异性有利于制定更加符合双边收益最大化的规则体系,保障国际循环安全与畅通,进而有效提升中国的国际经贸规则治理水平。在稳定国际循环以及构建自主可控价值链的目标下,规则优势更能发挥主观能动的调节作用,为此既需要借鉴发达国家的先进经验,也需要结合中国实情制定符合收益共赢的原产地规则,在激烈的国际竞争中发挥国家力量推动实现国内产业结构升级和技术进步,也为促进经贸关系良性发展作出贡献。

# 第一节 全球自由贸易协定的原产地规则内容特征与变化趋势

原产地规则的质量随着全球价值链不断延伸而不断升级变化,全球产业协作使生产过程逐渐区域化和碎片化,为保障国家间贸易合作的自由性和便利性,自由贸易区网络在全球蓬勃发展。自由贸易协定通过优惠性原产地规则来判定商品是否能享受贸易优惠政策,是专门为鉴定商品的"国籍"而设置的"商品国籍法",是保障其他政策有效性的必要条款。

## 一、原产地规则的结构与特征分析

为配合实行本国经济战略而实行差异化的贸易政策,自由贸易协定通常对不同"国籍"的进口商品实施不同的贸易措施,制定合理的优惠原产地规则,不仅能充分调动区域内的资源,还在保障跨国供应链与销售网络的安全性方面发挥积极作用,因此原产地规则是一个背后隐藏着巨大经济利益的"政策性工具"。自由贸易协定中的优惠性原产地规则一般可以分为特定产品原产地规则和一般性原产地规则两个部分,特定产品规则规定了每个定义在HS6层级的商品需要满足的实质性改变要求,一般性原产地规则规定了所有商品需要普遍遵守的规则,同时满足特定产品规则和一般性原产地规则的商品,可以获取区域内的原产资格。

图6.1展示了中国部分自由贸易协定和世界主要自由贸易协定的特定产品原产地规则(Product Specific Rules of Origin,PSR)种类数量和规则类型分布,其中,左轴表示不同类型规则占商品目录的比重,右轴为各自由贸易协定特定产品原产地规则种类的数量,国际高标准规则的特定产品原产地规则种类更加丰富,全面与进步的跨太平洋伙伴关系协定的特定产品原产地规则种类达到了

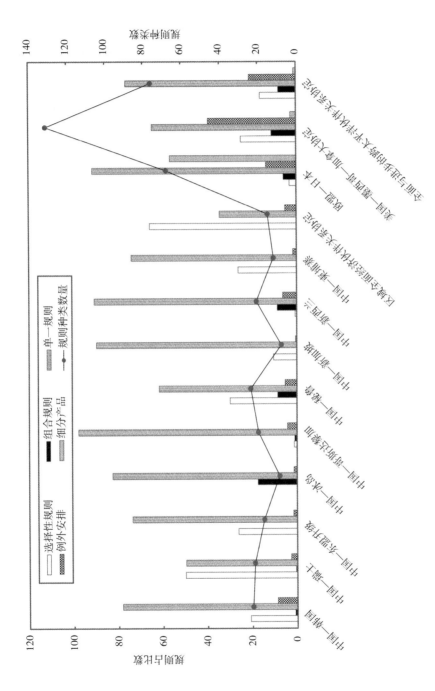

**图 6.1 中国与世界主要自由贸易协定的特定产品原产地规则种类数量与分布**

资料来源:根据各自由贸易协定文本整理而得。

76 种,美国—墨西哥—加拿大协定达到了 131 种,欧盟—日本自由贸易协定的特定产品原产地规则种类为 68 种。中国参与自由贸易协定的特定产品原产地规则种类相对较少,但为企业提供了更多的合规路径选择,企业可以选择满足其中任意一种标准,即可获取流通关税优惠政策,例如区域全面经济伙伴关系协定的特定产品原产地规则适用选择性规则的比例占商品目录的 65.63%,中国—瑞士自由贸易协定中使用选择性标准的比例占49.86%,中国—秘鲁自由贸易协定使用选择性规则的比例占 29.87%。欧盟—日本自由贸易协定的特定产品原产地规则使用单一比例较高,达到了91.33%,在商品目录内有超过 56% 的商品存在更加细分的产品。中国—冰岛自由贸易协定、美国—墨西哥—加拿大协定的特定产品原产地规则使用的组合性规则比重最高,要求商品同时满足两种及以上的规则才可获取原产资格。同样地,中国早期签订的自由贸易协定使用特定产品原产地规则的单一标准较多,后期自由贸易协定更多使用了多种标准组合判定的方式。

全球自由贸易协定中载有的原产地规则呈现较为明显的主导国差异特征,以美国为主要发起国的自由贸易协定的特定产品原产地规则以税则归类改变为主规则,同时使用大量的注释以追求更加清晰的判定逻辑,但规则条款表述复杂、阅读难度较大,代表性自由贸易协定有美国—墨西哥—加拿大协定、美国—韩国自由贸易协定、全面与进步的跨太平洋伙伴关系协定的前身跨太平洋伙伴关系协定等协定;东亚地区的特定产品原产地规则大量采用了区域增加值规则,例如区域全面经济伙伴关系协定、中国—东盟自由贸易协定,东盟—日本自由贸易协定等,规则条款表述较为简单,各等级的注释使用频率也相对较低,但也存在区域价值链构造功能弱的缺点;以欧盟为主导发起的自由贸易协定的特定产品原产地规则则兼顾区域价值标准和税则归类改变标准,同时适度使用不同等级的注释和工序标准,以保障自身与缔约方之间能构建产业循环,高附加值生产环节在区域内完成,进而保障价值链的中高端地位。全球的自由贸易区网络一般产品原产地规则方面,形式大致相同,仅在内容表述和包含条款数量方面存在少量差异。

## 二、原产地规则的形式与内在逻辑解读

### (一)特定产品原产地规则形式与逻辑关系

特定产品规则包括完全获得规则(Wholly Obtained,WO)和实质性改变规则。实质性改变规则有三种类型,包括税则归类改变(Change in Tariff Classification,CTC)标准、区域内增加值(Regional Value Content,RVC)标准以及特定加工工序(Specific Processing,SP)标准,这些既可以单独使用,也可以组合起来使用,逻辑关系如表6.1所示。

表 6.1　常见规则中英文对比以及逻辑关系解读

| 规则中文名称 | 规则英文名称 | 表述及逻辑关系 |
| --- | --- | --- |
| 区域内增加值不低于×% | RVC-X | 区域增加值标准,一般采用"扣减法、累积法和净成本法"三种计算方式 |
| 税则归类改变 | CTC | 从其他任何"章/品目/子目/类目"改变至此商品 |
| 工序标准 | SP | 经过特定的加工工序可以获取享惠资格 |
| 完全获得 | WO | 必须所有生产过程都在各缔约方内完成,才能获取享惠资格 |
| 税则归类改变,例外/允许 | CTC+ECT/CTC+ALW | 排除规则,在原标准的基础上增加了限制性<br>允许规则,在原标准的基础上减弱了限制性 |
| 税则归类改变或同时区域内增加值不低于×% | CTC or/and RVC-X | or,选择性规则,优惠协定使用者可以选择任意满足其中一项标准即可获取享惠资格;<br>and,并列规则,要求同时满足所有标准 |

续表

| 规则中文名称 | 规则英文名称 | 表述及逻辑关系 |
|---|---|---|
| 特定零部件或原材料完全在区域内获得 | PQC100 或 P-WO | 商品生产过程中所使用的零部件或某些原材料,必须是百分之百区域内生产 |
| 特定零部件或原材料需满足本身的原产地规则 | (CTC and/or RVC),(PVC and/or PCTC) | 嵌套型原产地规则:成套货品需满足一定的标准,同时在生产过程中所需要的原材料或特定零部件,也必须满足其本身的原产地规则 |
| 在子目下存在更加细分的商品,需分别满足不同规则 | Hs6-aa/bb/cc;anyother goods | 大部分原产地规则是定义在 HS6 层级的,但是如果一个 HS6 内包含多种商品,常见于"带有其他字样的子目",则需要使用更细分的规则 |
| 各层级的注释 | Section/Chapter/Heading/subheading:Note | 在一些经贸规则中,对于难以使用标准化特定产品规则模式表述的工序,或者本章节商品普遍存在的特殊要求,则会通过添加注释的方式,在大类、章、品目、子目等开头添加注释。注释越多,规则的限制性越强 |

资料来源:根据各自由贸易协定文本整理而得。

## （二）一般性原产地规则类型与量化权重

根据国际贸易委员会(International Trade Centre,ITC)提供的关于一般性原产地规则,可以将其标准化为 16 个制度性规则和 14 个程序性规则,根据每个自由贸易协定的具体内容,分别赋予规则不同的严格指数,在大量的企业走访中,国际贸易委员会的调研员发现一般性原产地规则并不具有相同的约束力,因此研究员根据满足规则的难易程度,对一般性规则进行了排序,并赋予规则排序的倒数为权重,计算得到一般性规则的整体限制指数。一般而言,累积规则是制度性规则中对企业利用优惠影响最大的规则,而认证制度则是程序性规则中对企业利用优惠影响最大的规则,其总结归纳类型以及难易排序如表 6.2 所示。

表 6.2　一般性原产地规则内容及难易程度排序

| 制度性规则 | | 程序性规则 | |
|---|---|---|---|
| 1.累积制度 | 2.最大公允比例 | 1.认证制度 | 2.免证限额 |
| 3.生产用材料 | 4.退税规则 | 3.经核准出口商 | 4.主管机关 |
| 5.发外加工 | 6.配件/备件/工具 | 5.证书有效期 | 6.证书保存期限 |
| 7.完全获得产品 | 8.违规手段 | 7.退还超额关税 | 8.支持文件清单 |
| 9.区域增加值计算 | 10.间接材料 | 9.第三方发票 | 10.海关查验程序 |
| 11.直接运输 | 12.属地原则 | 11.处罚 | 12.预先裁决 |
| 13.包装材料 | 14.可替换材料 | 13.微小失误 | 14.上诉规则 |
| 15.产品净值 | 16.展览产品 | | |

资料来源:国际贸易委员会。

## 三、原产地规则变化趋势分析

国际范围内自由贸易协定的原产地规则质量是不断升级的,为更贴合区域价值链贸易发展,以及不断增加的贸易利益诉求,全球自由贸易协定的原产地规则呈现出"判定标准越来越精细化、全面化""区域价值标准梯度化""通用商品适用规则灵活性与敏感商品适用规则保护性并存""规则类型多样化"的变化趋势。总之,原产地规则的发展更加贴近区域价值链贸易的各项利益诉求,以保障自由贸易协定其他优惠政策能有效落地,进而切实增加企业享受的贸易优惠和提高外贸收益。

### (一)判定标准精细化全面化

相较于早期的自由贸易协定,新签订自由贸易协定的特定产品原产地规则不仅在规则表述上更加精细,而且均采用对 HS6 层级商品目录全覆盖的形式。中国—东盟自由贸易协定是中国签订的第一份自由贸易协定,其中的特定产品是采用小清单的表现形式,先制定一个主规则"区域内价值不低于商品总价值的 40%"(以下简称 RVC40),与主规则不相同的小部分商品规则以小清单的形式单独列出。中国—巴基斯坦自由贸易协定的原产地规则全部采用 RVC40 的形式,单一且缺乏必要变化的规则不能有效区分贸易商品的优劣势,导致敏感商品得不到有效保护,优势商品出口又受到一定的限制,欧美国家早期的自由贸易协定,如加拿大—智利自由贸易协定、以色列—土耳其自由贸易协定等也存在特定产品原产地规则过于单一的不足,难以满足越来越多样化的贸易诉求。经过多轮谈判,中国对原有自由贸易协定的原产地规则均进行了升级,中国—东盟自由贸易协定升级版的特定产品原产地规则覆盖了全部的 HS6 层级清单,并且规则更加多样化,中国后续签订的中国—瑞士自由贸易协定、中国—韩国自由贸易协定,中国—澳大利亚自由贸易协定等的特定产品原产地规则类型更加丰富。国际高标准的自由贸易协定不仅在规则表述方面更加精准,而且往往采用多层级的注释,将必要的工序、不合规手段等均进行了一一标注,使之更加贴合发展区域价值链贸易的利益诉求。

(二) 区域价值标准梯度化

中国早期签订的自由贸易协定中国—东盟、中国—巴基斯坦、中国—智利自由贸易协定的区域价值采取 RVC40 或者 RVC50 的单一标准作为判定原产的标准,种植业非常容易满足此类标准,但全球价值链参与较深的机电类商品却很难满足此类标准,机电商品是东亚地区跨国合作最密切、贸易往来最多的商品,在单一标准下享受贸易优惠却需要付出比使用最惠国待遇税率更大的合规成本,如果该成本超过了税收优惠产生的收益,或者因公司能力不足放弃使用优惠政策,都会降低自由贸易协定利用率,导致政策难以落地。在后续自由贸易协定谈判时,对此作出了足够的修正,区域价值标准更加梯度化,比如为保证国家粮食安全,要求农产品在区域内完全获得才能享受贸易优惠;对于机电产品、运输设备等通用零部件则会要求较低的区域价值,贱金属制品满足

RVC30甚至仅需部分零件达到30%的区域原产即可获取贸易优惠资格,但核心零件会有更高的要求,例如美国—墨西哥—加拿大协定要求汽车发动机和变速箱的原产比例必须达到72.5%,中国—韩国自由贸易协定中数控机床的控制单元要求100%原产,区域价值标准更加多样化,规则的使用也更加灵活,使之更容易满足企业的价值链贸易诉求。

### (三) 灵活性与保护性并存

新签订自由贸易协定的特定产品原产地规则往往具有更多的选择性标准,也较多使用了例外安排。在区域全面经济伙伴关系协定中,65.63%的清单商品使用了选择性规则,中国—瑞士特定产品原产地规则的选择性规则占比也接近50%,美国—墨西哥—加拿大协定的选择性标准也达到了24.53%,大大增强了企业利用优惠的灵活性。同时,对于敏感商品或者有意打造区域价值链的商品,例外安排规则使用量也逐渐上升,欧美制定规则的例外安排比中国自由贸易协定使用频率更高,全面与进步的跨太平洋伙伴关系协定、美国—墨西哥—加拿大协定和欧盟—日本自由贸易协定的特定产品原产地规则存在例外安排的比例分别为20.85%、39.27%和13.42%。中国特定产品原产地规则使用例外安排最多的是中国—韩国自由贸易协定,比例为8.76%,其次是中国—新西兰自由贸易协定,比例为6.16%。从这个角度来看,中国对全球化的态度更加积极,而发达国家有意打造闭环的区域化价值链。

### (四) 单一标准向多种标准组合使用过渡

新签订协定的特定产品原产地规则更倾向于使用选择性或者组合规则来判定商品原产地,而早期签订的特定产品原产地规则向单一比例使用高,特定产品原产地规则向单一标准和多种标准组合使用的形式过渡,2011年生效的中国—哥斯达黎加自由贸易协定特定产品原产地规则中使用单一标准的比例达到了97.78%,2008年生效的中国—新西兰自由贸易协定单一标准的使用比例也超过90%,但2014年生效的中国—瑞士自由贸易协定,单一标准的特定产品原产地规则仅有49.63%,美国—墨西哥—加拿大协定单一标准的使用比例为64.42%,区域全面经济伙伴关系协定单一标准下降到了34.47%。使用组合标准在规则制定时,打造区域价值链缔约方政府有了更强的主观能动性,政策性工具也更加灵活多样。总而言之,全球自由贸易协定中特定产品原产地规则变化趋势能更好地贴合区域价值链构建,满足越来越多样化的利益诉求,以及与国内产业政策联动,以实现国家发展的目标。

# 第二节 自由贸易协定的原产地规则测度及比较

为构建各自由贸易协定中载有的特定产品原产地规则的标准化量化赋值体系,本节在参考成新轩和郭志尧(2019)①赋值的基础上,利用了杨凯和韩剑(2021)②构建的赋值体系,对中国现有自由贸易协定和国际高标准自由贸易协定的原产地规则类型、使用频率以及规则的严格指数进行统计。为更好地显示不同特定产品原产地规则严格程度的差异,先对不同自由贸易协定的特定产品原产地规则不同的表述方式进行标准化,而后根据赋值体系对规则进行量化。

## 一、特定产品原产地规则标准化与量化体系构建

相同的规则在不同的自由贸易协定中的表达方式是存在差异的,以品目改变(CTH)和区域价值比例40%(RVC40)为例,品目改变标准在全面与进步的跨太平洋伙伴关系协定和美国—墨西哥—加拿大协定中的表示方式为:"A

---

① 成新轩、郭志尧:《中国自由贸易区优惠原产地规则修正性限制指数体系的构建——兼论中国自由贸易区优惠原产地规则的合理性》,《管理世界》2019年第6期。
② 杨凯、韩剑:《原产地规则与自由贸易协定异质性贸易效应》,《国际贸易问题》2021年第8期。

change to a good from any other heading",翻译成中文的表述是:"从其他任何品目改变至此商品";在欧盟—日本经济伙伴协定中,直接采用"目品改变标准"来表示;在中国—韩国自由贸易协定中,则也是直接采用"目品改变标准"来表示。RVC40 在全面与进步的跨太平洋伙伴关系协定和美国—墨西哥—加拿大协定中的表达方式为:"No change in tariff classification required for a good, provided there is a regional value content of not less than 40 per cent under the build-down/build-up/net cost method",不需要税则归类上的改变,但是要求基于不同方法计算得到的区域价值成分不低于40%;而在中国签订的自由贸易协定中,则大部分直接采用 RVC40 的表达方式。从中国、美国、欧盟为主导国家的自由贸易不同表达方式来看,中国的特定产品原产地规则表述相对简洁,但在特定产品原产地规则文本开头,会有详细的定义和描述,避免了正式文本的重复表述。美国主导自由贸易协定的特定产品原产地规则力求表述精准,因此在每个商品或商品组,都会有较长的描述,欧盟主导的特定产品原产地规则则介于两者之间,可以直接用简单表述,在关键零部件需要完全原产或达到一定原产比例的,在产品层面采用详细表述。

原产地规则赋值体系的构建是进行不同自由贸易协定间差异对比以及贸易效应量化研究的基础,优惠性的原产地规则是各方谈判代表根据本国发展现状而制定的,在严格程度和主规则模式上存在较大差异。原产地规则限制指数的量化研究主要有两种方法:第一种是康科尼等(Conconi 等,2018)[①]提出的限制商品数量计数法,该方法适用于以税则归类改变为主规则的原产地规则。中国现有的自由贸易协定原产地规则中,既有以税则归类改变为主规则的原产地规则,如中国—韩国自由贸易协定,也有以区域增加值为主规则的原产地规则,如中国—东盟自由贸易协定,还有以两种相结合的,如中国—瑞

---

① Conconi P., García-Santana M., Puccio L., Venturini R., "From Final Goods to Inputs: The Protectionist Effect of Rules of Origin", *American Economic Review*, Vol. 108, No. 8, 2018, pp. 2335−2365.

士自由贸易协定,因此需要总结出一种能标准化所有类型原产地规则的赋值方法。第二种是埃斯特瓦德奥尔(Estevadeordal,2000)[1]提出的基于修正七分赋值法的量化研究方法,赋值越高则表明原产地规则的限制性越强。成新轩和郭志尧(2019)、杨凯和韩剑(2021)对以上两种赋值方法进行了总结,并提出了更加符合中国和国际上大部分自由贸易协定特定产品原产地规则的量化方法。

对于税则归类改变标准,完全获得规则>章改变>品目改变>子目改变>HS8 层级的改变(见表 6.1),其赋值分别为 10、8、6、4、2,特定部件税则归类改变的限制指数等于同类型规则限制指数的一半。对于区域价值标准,由于品目改变和区域价值成分 40 的使用频率最高,根据等价性原则,RVC40 = CTH,赋值为 6,若 RVC>60,则赋值为 10,50<RVC≤60 赋值为 8,45<RVC≤50 赋值为 7,40<RVC≤45 赋值为 6.5,20≤RVC<40 赋值为 4,RVC<20 赋值为 2。商品生产中所使用的零部件或原材料需要满足的区域价值或数量标准的赋值,等于商品整体区域价值标准的减半,具体计算方式为区域价值成分 = 区域数量成分 = 2×成套设备中关键零部件的区域价值成分 = 2×某种混合物中关键成分的区域数量成分。根据国际贸易委员会对工序标准的评判,赋值是最严格指数的一半,本节赋值为 5。HS01—15 章的产品均为动植物产品,所涉及的生产链条很短,除完全获得规则外,均可视为一步加工即可满足,赋值等于完全获得规则的一半。由于中国—韩国自由贸易协定关于前 15 章的产品均采用完全获得的规则,而中国—韩国自由贸易协定对于 HS04—15 章,完全获得规则赋值为 4,则其他规则赋值为 2。HS01—03,所有规则均视为相同规则,赋值为 1。对特定商品原产地规则严格指数赋值总结如表 6.3 所示。如果特定产品原产地规则的逻辑关系为选择性标准,则选择两个指数中较小的一个,若逻辑关系为同时满足标准的关系,根据国际贸易委员会提供的评价方法,并

---

[1] Estevadeordal A., "Negotiating Preferential Market Access: The Case of NAFTA", *Journal of World Trade*, Vol. 34, No. 1, 2000, pp. 141-166.

非两种标准直接相加,因为满足其中一个标准的同时,也满足了另一个标准中的部分,所以应该是指数较高者再乘以根号2,得到复合标准的限制指数。由于例外安排规则,可能是排除多个子目产品,也可能是数量较少的某章(HS2)产品,往往难以区分具体严格指数,所以本节将例外安排规则统一为在原标准基础上增加两个单位的限制指数,如存在允许从特定税目改变至此标准,再减少两个单位限制指数,如果存在更加细分的产品赋值,则取整体的算术平均值。

表 6.3　特定商品原产地规则赋值标准

| 税则归类改变<br>标准(CTC) | | 区域价值标准<br>(RVC) | | 组合规则 | |
| --- | --- | --- | --- | --- | --- |
| 完全获得 | 10 | RVC>60 | 10 | 例外完全标准 | +2 |
| 章改变 | 8 | 50<RVC≤60 | 8 | 允许从特定税目改变至此 | −2 |
| 品目改变 | 6 | 45<RVC≤50 | 7 | or | min( ) |
| 子目改变 | 4 | 40<RVC≤45 | 6.5 | and | $max( )\times\sqrt{2}$ |
| HS8层级改变 | 2 | RVC40 | 6 | — | 算术均值 |
| 不需税则归类改变 | 0 | 20≤RVC<40 | 4 | Note | ×(1+N×0.05) |
| 特定加工工序标准 | 5 | RVC<20 | 2 | | |

注:"—"表示存在细分商品,由于难以确定不同商品的权重,则直接采用计算算术均值的方式。

　　以中国—韩国自由贸易协定对加工中心(HS6:845710)的规则为例,该商品的特定产品原产地规则表述为"品目改变且区域价值成分50%,同时要求数控单元(CNC)具备原产资格,应满足品目85.37或者90.32所规定的原产标准"。对845710规则的解读:主规则要求"品目改变并且区域价值成分不低于50%;附加规则要求数控单元满足8537或9032的规则"。8537:品目改变且区域价值成分不低于50%。9032:品目改变。845720主规则赋值为7×

1.41=9.87。附加规则赋值为3,主规则关系为"and",因此中国—韩国自由贸易协定对于加工中心的原产地规则限制指数=7×2=14。

## 二、自由贸易协定特定产品原产地规则类型统计与量化赋值

本章选取了具有代表性的全面与进步的跨太平洋伙伴关系协定、美国—墨西哥—加拿大协定、欧盟和日本签订的欧盟—日本经济伙伴协定,以及中国签订的区域全面经济伙伴关系协定、中国—韩国自由贸易协定、中国—瑞士自由贸易协定和中国—东盟自由贸易协定的升级版协定进行原产地规则的对比分析。

### (一) 全面与进步的跨太平洋伙伴关系协定

表6.4报告了全面与进步的跨太平洋伙伴关系协定使用频率排在前10的特定产品原产地规则,根据标准化后的规则数量统计,全面与进步的跨太平洋伙伴关系协定的特定产品原产地规则共计使用了76类不同组合的规则,其中使用频率最高的规则是"CTH,品目改变",共计出现1312次,使用频率达到了25.21%,根据表6.3的赋值标准,赋值为6;其次是"CTSH,子目改变",出现频率达到19.98%;最后是"CC,章改变",使用频率为17.77%,以上三者为全面与进步的跨太平洋伙伴关系协定的特定产品原产地规则使用的单一规则,其余规则都以组合形式出现。使用频率前十的规则占比达到了81.84%,其中有55个商品存在更加细分的产品规则,主要为鱼产品。包含例外安排的规则使用频率达到了12.57%,选择性规则占比为7.36%,工序标准的使用频率约为5.15%,包含区域价值标准的规则占比仅为7.36%。以上规则类型统计结果表明,全面与进步的跨太平洋伙伴关系协定的特定产品原产地规则以税则归类改变为主规则,单一规则使用率较高,区域价值成分仅作为辅助规则使用。

表 6.4　全面与进步的跨太平洋伙伴关系协定特定产品
原产地规则类型统计与赋值标准

| 规则编码 | 规则数量 | 使用频率（%） | 严格指数 |
|---|---|---|---|
| 品目改变 | 1312 | 25.21 | 6 |
| 子目改变 | 1040 | 19.98 | 4 |
| 章改变 | 925 | 17.77 | 8 |
| 品目改变+例外安排 | 332 | 6.38 | 8 |
| 章改变+例外安排和特定加工工序标准 | 268 | 5.15 | 14.1 |
| 品目改变或区域价值成分45% | 139 | 2.67 | 6 |
| 子目改变或区域价值成分40% | 66 | 1.27 | 4 |
| 章改变或区域价值成分40% | 66 | 1.27 | 6 |
| HS8 层级改变和 PQC50，或区域价值成分45% | 58 | 1.11 | 6.825 |
| 品目改变+例外安排或区域价值成分45% | 54 | 1.04 | 6.5 |
| 存在细分产品的规则 | 55 | 1.06 | 算术均值 |
| 其他规则 | 945 | 18.16 | |

资料来源：根据国际贸易委员会提供的原产地规则数据库整理而来，全面与进步的跨太平洋伙伴关系
　　　协定的特定产品原产地规则共计存在 76 组不同的规则，均为表 6.1 中各类规则组合而来，
　　　上表只列出使用频率前 10 的部分规则，其余类型的规则未全部列出。

## （二）美国—墨西哥—加拿大协定

表 6.5 报告了美国—墨西哥—加拿大协定中使用频率排在前 10 的特定产品原产地规则，美国—墨西哥—加拿大协定共计使用了 131 种特定产品原产地规则，规则类型是本节中涉及自由贸易协定最为丰富的，使用频率最高的是"CC，章改变"，使用的频率接近 1/4，其次是"CTH+ECT，品目改变+例外安排"，使用频率为 11.30%，排在第三位的是"CC+ECT，章改变+例外安排"，存在例外安排的特定产品原产地规则使用频率达到了

31.48%,选择性规则仅为 15.34%,存在更细分规则的商品占比约为 2.49%,使用频率前十的规则占比为 82.73%,包含区域价值成分的规则使用频率仅为 15.34%,与全面与进步的跨太平洋伙伴关系协定相类似,美国—墨西哥—加拿大协定的特定产品原产地规则以税则归类改变为主规则,区域价值成分为辅助规则。与全面与进步的跨太平洋伙伴关系协定相比,美国—墨西哥—加拿大协定中还大量使用了"允许从特定税目改变至此"规则,即允许商品生产过程中使用商品组内的中间品或原材料,并满足单独列出的规则,即可享受贸易优惠政策,例如,商品组 HS2711.12—2711.14 的特定产品原产地规则,不仅允许使用"CTSH 子目改变"规则,还在满足非原产材料的价值不多于 49% 的情形下,允许使用该组内的中间品或原材料进行生产,该类规则最根本目的在于提高区域内材料的使用量,进而构建隐性优惠贸易壁垒。相对于北美自由贸易协定的同类商品,美国—墨西哥—加拿大协定使用的特定产品原产地规则本地化采购和贸易保护倾向更加明显。

表 6.5  美国—墨西哥—加拿大协定特定产品原产地规则类型统计与赋值标准

| 规则编码 | 规则数量 | 使用频率(%) | 严格指数 |
|---|---|---|---|
| 章改变 | 1275 | 23.65 | 8 |
| 品目改变+例外安排 | 609 | 11.30 | 8 |
| 章改变+例外安排 | 492 | 9.13 | 10 |
| 子目改变或区域价值成分 40%+例外安排 | 385 | 7.14 | 4 |
| 子目改变+允许从特定税目改变至此 | 348 | 6.46 | 2 |
| 品目改变+允许从特定税目改变至此 | 324 | 6.01 | 4 |
| 子目改变+例外安排或区域价值成分 40% | 264 | 4.90 | 2 |
| 品目改变 | 240 | 4.45 | 6 |
| 章改变+例外安排和特定加工工序标准 | 211 | 3.91 | 14.1 |

| 规则编码 | 规则数量 | 使用频率(%) | 严格指数 |
|---|---|---|---|
| 品目改变或区域价值成分60%+允许从特定税目改变至此 | 178 | 3.30 | 6 |
| 存在细分产品的规则 | 134 | 2.49 | |
| 其他规则 | 931 | 17.27 | |

资料来源:根据国际贸易委员会提供的数据整理而来,美国—墨西哥—加拿大协定的特定产品原产地规则共计存在131组不同的规则,上表列出了使用频率前10的规则,占比达82.73%,其余类型的规则未全部列出。

## (三) 欧盟—日本经济伙伴协定

表6.6报告了欧盟—日本经济伙伴协定中使用频率排在前十位的特定产品原产地规则,欧盟—日本经济伙伴协定共计使用了65种不同组合的特定产品原产地规则,使用频率最高的是"品目改变/区域价值成分55%",即在商品组内,一部分商品需要满足品目改变的规则,其他商品需满足区域价值不低于55%的规则,需满足前一条规则的商品,会以枚举法详尽列出,而其他商品则归入"any other goods"中,需满足另一条规则,在本节中将这类规则列为存在更细分商品的规则,在欧盟—日本经济伙伴协定中这样的规则被大量使用,使用频率达到了56.37%。与前两个自由贸易协定的特定产品原产地规则相比,欧盟—日本经济伙伴协定的特定产品原产地规则强调税则归类改变和区域价值成分并重,还大量单一使用了"特定工序标准",使用频率达到了10.49%。欧盟—日本经济伙伴协定的RVC规则要求的区域内价值比例也更加丰富,RVC55的出现频率最高,达到了48.54%,同时还使用了RVC35/65/75的阶梯型区域价值标准。

表 6.6　欧盟—日本经济伙伴协定特定产品原产地规则类型统计与赋值标准

| 规则编码 | 规则数量 | 使用频率(%) | 严格指数 |
|---|---|---|---|
| 品目改变或区域价值成分55% | 1350 | 25.06 | 7 |
| 子目改变或特定加工工序标准或区域价值成分55% | 863 | 16.02 | 5.67 |
| 特定加工工序标准 | 565 | 10.49 | 5 |
| 完全获得 | 543 | 10.08 | 10 |
| 品目改变 | 528 | 9.80 | 6 |
| 品目改变+例外安排或区域价值成分55% | 402 | 7.46 | 8 |
| 品目改变+例外安排 | 192 | 3.56 | 10 |
| PQC100某种混合物中关键成分的数量 | 75 | 1.39 | 7 |
| 品目改变或区域价值成分65%或区域价值成分70% | 73 | 1.36 | 8 |
| 品目改变或区域价值成分35% | 49 | 0.91 | 5 |
| 存在细分产品的规则 | 3037 | 56.37 | |
| 其他规则 | 747 | 13.87 | |

资料来源:根据国际贸易委员会提供的数据整理而来,欧盟—日本经济伙伴协定的特定产品原产地规则共计使用了65种不同组合,表6.6列出了使用频率前10的规则,大量存在细分层级的规则在表中不再详尽列出。

中国参与自由贸易协定起步较晚,2002年开始的中国—东盟自由贸易协定谈判是中国首次参与自由贸易协定谈判,但中国的自由贸易协定建设已取得了长足进步。中国积极推动的区域全面经济伙伴关系协定已于2022年1月正式生效,中国的缔约方逐渐从亚洲扩展至世界,分布于亚洲、欧洲、中南美洲、大洋洲和非洲,缔约方既有瑞士、新西兰、韩国等发达国家,也有巴基斯坦、东盟这样的发展中国家,特定产品原产地规则类型丰富,代表性的特定产品原产地规则分别为区域全面经济伙伴关系协定、中国—韩国自由贸易协定、中国—瑞士自由贸易协定以及中国—东盟自由贸易协定升级版的特定产品原产地规则。

（四）区域全面经济伙伴关系协定

表6.7报告了区域全面经济伙伴关系协定中特定产品原产地规则的全部类型,共计存在15种特定产品原产地规则的类型,其中使用频率最高的规则是"CTH or RVC40,品目改变或区域价值不低于40%",该规则的占比达到了43.96%,其次是"CC,章改变",使用频率达到了19.60%。区域全面经济伙伴关系协定的特定产品原产地规则总结起来有三大明显特征:一是大量使用选择性规则,占比达到了65.79%,大大增强了优惠使用者的自主性和灵活性。二是较少使用例外安排规则,仅占5.03%,大大降低了零部件和中间品强制区域内采购的限制,有利于企业优化国际产业链布局。三是特定产品原产地规则中使用的区域价值成分标准都为RVC40,缺乏梯度的区域价值标准难以区分优势与弱势产品的竞争力水平,因而不能对敏感商品起到应有的保护作用,也不能提高优势商品的国际竞争力。与国际高标准规则相比,区域全面经济伙伴关系协定的规则存在一定的差距。

表6.7 区域全面经济伙伴关系协定特定商品原产地规则类型与分布

| 规则英文代码 | 规则数量 | 使用频率（%） | 严格指数 |
| --- | --- | --- | --- |
| 品目改变或区域价值成分40% | 2274 | 43.96 | 6 |
| 章改变 | 1020 | 19.60 | 8 |
| 子目改变或区域价值成分40% | 617 | 11.85 | 4 |
| 品目改变 | 443 | 8.51 | 6 |
| 章改变或区域价值成分40% | 290 | 5.57 | 6 |
| 完全获得 | 163 | 3.13 | 10 |

续表

| 规则英文代码 | 规则数量 | 使用频率(%) | 严格指数 |
|---|---|---|---|
| 品目改变+例外安排或区域价值成分40% | 146 | 2.81 | 6 |
| 章改变+例外安排 | 80 | 1.54 | 10 |
| 品目改变或区域价值成分40%或特定加工工序标准 | 79 | 1.52 | 5 |
| 区域价值成分40% | 39 | 0.75 | 6 |
| 品目改变+例外安排 | 29 | 0.56 | 8 |
| 子目改变 | 13 | 0.25 | 4 |
| 子目改变和PQC50,或区域价值成分40% | 6 | 0.12 | 5.64 |
| 子目改变+例外安排或区域价值成分40% | 4 | 0.08 | 6 |
| 子目改变+例外安排 | 2 | 0.04 | 6 |

资料来源:根据中国自由贸易区服务网提供的区域全面经济伙伴关系协定原产地规则文件整理而来,区域全面经济伙伴关系协定的特定产品原产地规则共计使用了15种规则,在上表中已全部列出。

## (五) 中国—韩国自由贸易协定

表6.8总结和归纳了中国—韩国自由贸易协定中特定产品原产地规则的编码、规则数量和使用频率,共计使用了23种特定产品原产地规则类型,其中使用最多的是品目改变规则,占比达到46.46%,其次是"WO,完全获得",占比约为15.49%,使用频率排前十的规则占整体的比重达到96%。该规则以税则归类改变为主规则,区域价值标准为辅助规则,且大部分采取了40%的区域价值标准,单一规则的使用率约为76.4%,存在的选择性规则的比例为19.6%,存在例外安排规则的占比约为8.59%,所占比例相对较少,减少非必要信息不对称的同时,也降低了关税优惠的使用门槛,有利于提升优惠利用水平。

表 6.8 中国—韩国自由贸易协定特定产品原产地规则类型统计与赋值标准

| 规则编码 | 规则数量 | 使用频率(%) | 严格指数 |
|---|---|---|---|
| 品目改变 | 2418 | 46.46 | 6 |
| 完全获得 | 806 | 15.49 | 10 |
| 品目改变或区域价值成分40% | 424 | 8.15 | 6 |
| 子目改变 | 342 | 6.57 | 4 |
| 章改变或区域价值成分40% | 267 | 5.13 | 6 |
| 章改变 | 218 | 4.19 | 8 |
| 章改变+例外安排或区域价值成分40% | 175 | 3.36 | 6 |
| 品目改变+例外安排或区域价值成分40% | 154 | 2.96 | 6 |
| 品目改变+例外安排 | 118 | 2.27 | 8 |
| 区域价值成分40% | 74 | 1.42 | 6 |
| 存在细分产品的规则 | 0 | 0 | — |
| 其他规则 | 209 | 4.01 | — |

资料来源:根据中国自由贸易区服务网提供的中国—韩国自由贸易协定文本中的特定产品原产地规则整理而来,共计使用了 23 种规则,上表列出了使用频率前十的规则类型。

## (六) 中国—瑞士自由贸易协定

表6.9 报告了中国—瑞士自由贸易协定的特定产品原产地规则类型、使用频率以及各类规则的严格指数赋值,中国—瑞士自由贸易协定共计使用了22 种特定产品原产地规则,在表 6.9 中列出了使用频率排前十的规则,其中使用最多的规则为"CTH or RVC40",优惠使用者可以选择"品目改变或者区域价值不低于 40%"两种规则中的任意一种标准,即可获取贸易的税收优惠,该规则的占比达到了 35.47%。其次是"RVC50",使用频率为 14.81%,中国—瑞士自由贸易协定中选择性规则使用频率达到了 45.29%,其余为单一标准。需要关注的是,在中国—瑞士自由贸易协定的原产地规则中,大量使用

了各类注释,在量化过程中,还应将注释纳入计算范围。

表 6.9　中国—瑞士自由贸易协定特定产品原产地规则类型统计与赋值标准

| 规则编码 | 规则数量 | 使用频率(%) | 严格指数 |
| --- | --- | --- | --- |
| 品目改变或区域价值成分 40% | 1846 | 35.47 | 6 |
| 区域价值成分 50% | 771 | 14.81 | 7 |
| 完全获得 | 490 | 9.41 | 10 |
| 章改变 | 447 | 8.59 | 8 |
| 子目改变 | 331 | 6.36 | 4 |
| 章改变或区域价值成分 40% | 309 | 5.94 | 6 |
| 子目改变或区域价值成分 40% | 202 | 3.88 | 4 |
| 区域价值成分 40% | 178 | 3.42 | 6 |
| 区域价值成分 45% | 145 | 2.79 | 6.5 |
| 品目改变 | 124 | 2.38 | 6 |
| 存在细分产品的规则 | 0 | 0 | — |
| 其他规则 | 362 | 6.95 | — |

资料来源:根据中国自由贸易区服务网数据整理而来,中国—瑞士自由贸易协定的特定产品原产地规则共计使用了 22 种不同的规则,上表列出了使用频率排位前十的规则量化赋值以及使用频率。

## (七) 中国—东盟自由贸易协定升级版

表 6.10 报告了中国—东盟自由贸易协定的升级版中载有的特定产品原产地规则,升级版的规则与原版规则有一定的相似之处,将与主规则存在差异的规则详细列在小清单中,其余部分则均采用区域价值成分 40% 的标准。升级版的特定产品原产地规则共计使用了 17 种类型的规则,其中使用频率最高的是主规则 RVC40,占比达到了 61.83%,其次是"RVC40 or CTH",使用频率

约为 10.51%,使用例外安排的比例较少,仅有 1.54%。升级版的规则添加了大量的选择性标准,选择性规则占比达到了 26.36%,大大提高了优惠利用者的自主性。在升级版的特定产品原产地规则中,还添加了更多的工序标准规则,包含工序标准的规则占比达到了 8.42%,一定程度上增加了规则的丰富性。与原版自由贸易协定相比,升级版的优惠规则种类更加丰富,使用者可以根据自身产品特征自主选择更加便利的方案,降低了优惠使用门槛。

表 6.10　中国—东盟自由贸易协定升级版原产地规则类型统计与赋值标准

| 规则编码 | 规则数量 | 使用频率(%) | 严格指数 |
|---|---|---|---|
| 区域价值成分 40% | 3331 | 61.83 | 6 |
| 区域价值成分 40%或品目改变 | 566 | 10.51 | 6 |
| 章改变 | 356 | 6.61 | 8 |
| 区域价值成分 40%或品目改变或特定加工工序标准 | 296 | 5.49 | 5 |
| 完全获得 | 246 | 4.56 | 10 |
| 区域价值成分 40%或章改变 | 219 | 4.07 | 6 |
| 区域价值成分 40%或特定加工工序标准 | 158 | 2.93 | 5 |
| 区域价值成分 40%或子目改变 | 123 | 2.28 | 4 |
| 区域价值成分 40%或品目改变+例外安排 | 58 | 1.08 | 6 |
| 章改变+例外安排 | 25 | 0.46 | 10 |
| 存在细分产品的规则 | 0 | 0 | — |
| 其他规则 | 9 | 0.17 | — |

资料来源:根据中国自由贸易区服务网数据整理而来,中国—东盟自由贸易协定升级版的特定产品原产地规则共计使用了 17 种不同的规则,上表列出了使用频率排位前十的规则量化赋值以及使用频率。

### 三、各自由贸易协定特定产品规则的量化

特定产品原产地规则的严格指数在自由贸易协定之间以及同一个自由贸易协定内部不同产品之间均存在较大的差异性,不同的自由贸易协定对行业保护的侧重点也有所差异。

从自由贸易协定层面的均值来看,中国—冰岛自由贸易协定的特定产品原产地规则限制程度最高,平均严格指数达到"6.63",其次是美国—墨西哥—加拿大协定,其平均严格指数为"6.50",全面与进步的跨太平洋伙伴关系协定特定产品原产地规则的严格指数也达到了"6.32",特定产品原产地规则限制性最小的协定是中国—柬埔寨自由贸易协定,严格指数仅为"5.34",区域全面经济伙伴关系协定的平均严格指数为"5.47",中国—东盟自由贸易协定升级版协定的平均严格指数为"5.43"。发达国家之间签订的自由贸易协定,其特定产品原产地规则的限制性会更高,而中国与发展中国家签订的自由贸易协定,其整体的限制性相对更小,优惠利用门槛也相对较低。

从行业层面来看,除前三大类动植物制品外,第四大类食品饮料烟酒制品受到的限制性最高,特定产品原产地规则严格指数超过"8"的自由贸易协定有5个,严格指数在"7"以上的自由贸易协定有7个,欧盟—日本经济伙伴协定的特定产品原产地规则对该行业的限制性最高,严格指数达到了"8.34"。第16大类机器与电子电器设备行业的特定产品原产地规则限制最小,特定产品原产地规则平均限制指数低于"6"的协定达到了8个,其中中国—哥斯达黎加自由贸易协定对该行业的优惠准入限制最小,其严格指数仅为"5.01",区域全面经济伙伴关系协定对该行业的优惠准入限制指数也仅为"5.04",而中国—冰岛自由贸易协定对该行业的优惠准入限制最大,严格指数达到了"9.87"。特定产品原产地规则差异最大的是第十一大类纺织行业,中国—东盟自由贸易协定升级版、中国—柬埔寨自由贸易协定、欧盟—日本经济伙伴协定、中国—新加坡自由贸易协定在该行业特定产品原产地规则的严格指数均

未超过"6",但是美国—墨西哥—加拿大协定、全面与进步的跨太平洋伙伴关系协定在纺织业的严格指数分别达到了"12.49"和"11.40"。

从自由贸易协定—行业层面来分析,特定产品原产地规则在不同自由贸易协定和自由贸易协定内部的不同行业之间表现出更大的差异性,且不同自由贸易协定的优惠市场准入限制侧重行业存在较大的差异。中国—东盟自由贸易协定的特定产品原产地规则严格指数在协定层面的均值为5.52,由于中国—东盟自由贸易协定的特定产品原产地规则大部分采用的是RVC40的主规则,仅将少部分有差异的产品在小清单中列出,因此在产品层面的严格指数差异较小,不同的规则主要集中在第十一大类纺织品行业。与原版协定相比,中国—东盟自由贸易协定升级版的特定产品原产地规则严格指数整体有所降低,从5.52下降至5.43。在产品间也呈现出更多的变化,第二大类植物产品、第三大类动植物油脂产品、第四大类食品饮料烟酒制品、第七大类塑料橡胶制品,以及第十八大类光学设备与计量仪器行业的严格指数有所上升、其他行业的严格指数与原版协定相比均有所下降,除此之外,升级版协定的特定产品原产地规则添加了大量的选择性规则,大大提高了关税优惠利用的灵活性和企业自主性,因此具有更大的优势。

中国—韩国自由贸易协定的特定产品原产地规则分行业的严格指数,整体的严格指数为5.76,其中严格程度最高的行业是第四大类食品饮料烟酒制品行业,限制指数达到7.76,其次是第十七大类车辆、航空器、船舶等运输设备产品,该行业平均限制指数为6.83,除前三大类的动植物产品外,第十六大类机器和电子设备行业的限制性最小,仅为5.79。中国—澳大利亚自由贸易协定的特定产品原产地规则分行业的严格指数,为5.81,该协定对第四大类的限制性最高,特定产品原产地规则平均严格指数达到了7.75,除前三大类外,第十六大类商品受到的限制性最低,特定产品原产地规则平均严格指数约为5.28。中国—新西兰自由贸易协定的特定产品原产地规则分行业的严格指数,由于两国相似的经济结构,与中国—澳大利亚自由贸易协定在大部分行业有着相似的特定产品原产地规则指数,但在第十一大类纺织业、第六大类化工产品优惠市场准入门槛要大于中国—澳大利亚自由贸易协定,中国—新西兰自由贸易协定整体的优惠市场准入要高于中国—澳大利亚自由贸易协定。

中国—瑞士自由贸易协定和中国—冰岛自由贸易协定的特定产品原产地规则分行业的限制指数与大部分行业的特定产品原产地规则严格指数具有相似性,仅在第六大类化工产品、第七大类塑料橡胶制品、第十六大类机器电子设备行业中国—冰岛自由贸易协定的限制性要远大于中国—瑞士自由贸易协定,可能的原因在于两国同为欧洲发达国家,但瑞士在以上三大行业具有更明显的比较优势,而冰岛却缺乏相对应的工业基础。

中国—哥斯达黎加自由贸易协定、中国—智利自由贸易协定、中国—秘鲁自由贸易协定分行业的特定产品原产地规则严格指数,三个缔约方均位于中南美洲,有着相近的国情,整体的优惠市场准入限制性相近,与大部分行业的特定产品原产地规则严格指数也较为接近,仅在第十二大类鞋帽伞制品差异性较大,中国—秘鲁自由贸易协定的限制指数较高。中国—新加坡自由贸易协定、中国—柬埔寨自由贸易协定以及东盟牵头成立的区域全面经济伙伴关系协定,整体的限制性和大部分行业的严格程度均较为接近,仅区域全面经济伙伴关系协定在食品饮料烟酒行业、纺织业的特定产品原产地规则严格程度相对于其他两者较高。

欧盟—日本经济伙伴协定的特定产品原产地规则分行业的严格指数,对第四大类的食品饮料烟酒行业的限制最为严格,严格指数达到了"8.34",其次是鞋帽制品和武器弹药行业,严格指数均达到了"8"。全面与进步的跨太平洋伙伴关系协定较为完整地继承了跨太平洋伙伴关系协定的原产地规则体系,跨太平洋伙伴关系协定是美国政府牵头成立的,因此全面与进步的跨太平洋伙伴关系协定和美国—墨西哥—加拿大协定的特定产品原产地规则都带有显著的北美特色,对第十一大类纺织业有着非常严格的限制,美国—墨西哥—

加拿大协定的限制程度比全面与进步的跨太平洋伙伴关系协定更高,两者分别达到了"12.49"和"11.40",其他的原产地规则较为严格的行业还有食品饮料烟酒行业,汽车行业相较于其他自由贸易协定更加严格。

## 四、一般性原产地规则标准化与量化赋值

为获取贸易关税的优惠,贸易商品除了满足特定商品规则外,还需要满足对所有商品普遍适用的一般性原产地规则。一般性原产地规则可以具体分为两个部分,分别是为满足原产要求,所有在自由贸易协定内流通的商品必须满足的制度性规则,以及商品流通时为获取原产地证书而必须满足的程序性规则,实际上制度性规则和程序性规则同样提高了商品贸易的限制性。成新轩和郭志尧(2019)引入了累积规则,并对中国自由贸易协定的原产地规则限制指数进行了修正,但其没有考虑"章注"对商品获取原产资格增加的限制性,也仅考虑了累积规则、认证程序等少量规则,并没有考虑预先裁决、申诉条款等一系列规则增加的限制性。根据丁等(Dinh 等,2019)①对 39 个发展中国家的企业走访调查发现,企业满足一般性规则的难易程度存在一定的排序,因此对不同的规则需要赋予不同的权重。根据国际贸易委员会的实地走访调查,企业在获取出口优惠资格时,满足不同规则的难易程度是有差异的,例如在制度性规则中,累积制度对商品获取享受优惠资格影响最大,在程序性规则中,认证制度对获取贸易优惠影响最大。根据表 6.3 的排序,以及根据国际贸易委员会提供各自由贸易协定原产地规则的总结,将代表性的国际高标准协定的美国—墨西哥—加拿大协定、全面与进步的跨太平洋伙伴关系协定、欧盟—日本经济伙伴协定一般性原产地规则的类型及对应的量化赋值报告于表 6.11 中。

---

① Dinh D., Kniahin D., Mimouni M., Pichot X., "Global Landscape of Rules of Origin: Insights from the New Comprehensive Database", *GTAP Working Paper*, 2019.

表 6.11 国际高标准自由贸易协定一般性原产地规则赋值——欧美

| 规则名称 | 权重 | 美国—墨西哥—加拿大协定 | | 欧盟—日本经济伙伴协定 | | 全面与进步的跨太平洋伙伴关系协定 | |
| --- | --- | --- | --- | --- | --- | --- | --- |
| | | 类型 | 赋值 | 类型 | 赋值 | 类型 | 赋值 |
| 制度性原产地规则 | | | | | | | |
| 累积规则 | 1/1 | 双边/完全 | 0.11 | 双边/完全 | 0.33 | 双边/完全 | 0.11 |
| 最大公允比例 | 1/2 | 10% | 0.5 | 10% | 0.5 | 10% | 0.5 |
| 生产用材料 | 1/3 | 包括 | 0 | 包括 | 0 | 包括 | 0 |
| 退税规则 | 1/4 | 禁止 | 1 | 不包括 | 0.65 | 不包括 | 0.65 |
| 发外加工 | 1/5 | 不包括 | 1 | 不包括 | 1 | 不包括 | 1 |
| 配件/工具/附件 | 1/6 | 包括 | 0 | 包括 | 0 | 包括 | 0 |
| 完全获得 | 1/7 | 提供 | 0 | 提供 | 0 | 提供 | 0 |
| 微小加工处理 | 1/8 | 提供 | 0 | 提供 | 0 | 未提供 | 1 |
| 区域价值计算方法 | 1/9 | 扣减/净成本 | 0.6 | 扣减 | 0.8 | 多方式 | 0 |
| 间接/中性材料 | 1/10 | 包括 | 0 | 包括 | 0 | 包括 | 0 |
| 直接运输条款 | 1/11 | 包括 | 1 | 包括 | 1 | 包括 | 1 |
| 属地原则 | 1/12 | 包括 | 1 | 不包括 | 0 | 不包括 | 0 |
| 包装材料 | 1/13 | 包括 | 0 | 不包括 | 1 | 包括 | 0 |
| 可替换材料 | 1/14 | 材料/最终品 | 0 | 仅材料 | 0.5 | 材料/最终品 | 0 |
| 成套货品净值 | 1/15 | 不包括 | 1 | RVC85 | 0.7 | RVC90 | 0.8 |
| 展览产品 | 1/16 | 不包括 | 1 | 不包括 | 1 | 不包括 | 1 |
| 程序性原产地规则 | | | | | | | |
| 认证机构 | 1/1 | 自我认证 | 0 | 自我认证 | 0 | 自我认证 | 0 |
| 豁免认证限额 | 1/2 | $ 1000 | 0.83 | € 500 | 0.88 | $ 1000 | 0.83 |

续表

| 规则名称 | 权重 | 美国—墨西哥—加拿大协定 | | 欧盟—日本经济伙伴协定 | | 全面与进步的跨太平洋伙伴关系协定 | |
|---|---|---|---|---|---|---|---|
| | | 类型 | 赋值 | 类型 | 赋值 | 类型 | 赋值 |
| 经核准出口商 | 1/3 | 包括 | 0 | 不包括 | 1 | 包括 | 0 |
| 主管机关 | 1/4 | 未提供 | 1 | 未提供 | 1 | 未提供 | 1 |
| 证书有效期 | 1/5 | 4 年 | 0 | 12 月 | 0.78 | 12 月 | 0.78 |
| 证书保存时间 | 1/6 | 5 年 | 0.84 | 3—4 年 | 0.9 | 5 年 | 0.84 |
| 退税时限 | 1/7 | 1 年 | 0.75 | 不包括 | 0.81 | 1 年 | 0.75 |
| 支持文件清单 | 1/8 | 提供 | 0 | 未提供 | 1 | 未提供 | 1 |
| 第三方发票 | 1/9 | 不得拒收 | 0 | 不得拒收 | 0 | 不得拒收 | 0 |
| 海关查验程序 | 1/10 | 提供 | 0 | 提供 | 0 | 提供 | 0 |
| 处罚 | 1/11 | 提供 | 0 | 提供 | 0 | 提供 | 0 |
| 预先裁决 | 1/12 | 提供 | 0 | 提供 | 0 | 未提供 | 1 |
| 微小失误 | 1/13 | 提供 | 0 | 提供 | 0 | 提供 | 0 |
| 上诉规则 | 1/14 | 提供 | 0 | 提供 | 0 | 未提供 | 1 |
| 限制指数合计 | | | 2.09 | | 2.91 | | 2.40 |

注:全面与进步的跨太平洋伙伴关系协定脱胎于美国奥巴马政府主导的跨太平洋伙伴关系协定,其原产地规则大部分是相同的,是目前国际高标准自由贸易协定规则之一。以上数据均根据国际贸易委员会提供的一般性原产地规则数据集整理而成。

　　美国—墨西哥—加拿大协定采用的是在区域内实行"完全"累积的规则,即商品生产过程中,所用到的美国、加拿大、墨西哥生产的原材料和中间品都可以纳入区域价值的累积中,根据国际贸易委员会提供的数据库,该种类型累积制度赋值为 0.11,权重为 1/1;欧盟—日本经济伙伴协定采取的是"双边/完全"的累积制度,即在欧盟内部实行完全累积,来自欧盟 25 国中任何一国的材料均可计入欧盟价值,而欧盟与日本之间实行双边累积,除两经济体之外的其他经济体的材料则不再计入区域价值,国际贸易委员会对此种类型的累积制度赋值为 0.33;全面与进步的跨太平洋伙伴关系协定与美国—墨西哥—加拿大协定采用了相同的累积制度。三个自由贸易协定都允许计量的误差在"正负 10%"以内,国际贸易委员会对此比例的赋值为 0.5,而权重为 1/2。三个自由贸易协定的一般性原产地规则中均包括"生产用材料"规则,即在成套货品生产过程中,使用了符合对应的原产地规则的材料,则将其视为完全原产计入区域价值或税则,不再追溯其前段生产过程中包含的非原产材料比例,该规则大大降低了原产资格确认难度,提高了便捷性。以上三个自由贸易协定在区域价值计算方面提供的方法有所差异,美国—墨西哥—加拿大协定提供了扣减法和净成本法两种计算方式,赋值为 0.6;日本—欧盟经济伙伴协定仅提供了扣减法一种计算方法,赋值为 0.8;全面与进步的跨太平洋伙伴关系协定提供了四种计算区域价值的方法,包括向上累积法、扣减法、净成本法以及非原产材料进口价格法,赋值为 0。在成套货品净值规则方面,三个自由贸易协定也存在一定的差异,美国—墨西哥—加拿大协定并未包含该规则,通关时海关可能会根据内部规定进行查验,提高了合规的不确定性,国际贸易委员会对不包括该条款的赋值为 1,欧盟—日本经济伙伴协定要求的成套货品区域价值净值为不低于 85%,全面与进步的跨太平洋伙伴关系协定则要求区域价值不低于 90%,赋值分别为 0.7 和 0.8。

在程序性规则中,三个自由贸易协定都允许企业进行自我认证,而不需要到专门的政府机构开具原产地证书,是属于最灵活的认证方式,赋值最低;在允许免缴原产地证书限额方面,美国—墨西哥—加拿大协定、全面与进步的跨太平洋伙伴关系协定的限额为不高于 1000 美元,欧盟—日本经济伙伴协定的限额为不超过 500 欧元;在争端解决方面,美国—墨西哥—加拿大协定和欧盟—日本经济伙伴协定都提供了上诉规则,但全面与进步的跨太平洋伙伴关系协定并未在原产地规则中规定如何提起诉讼。最终经过加权赋值得到美国—墨西哥—加拿大协定最终的一般性规则限制指数为 2.09、欧盟—日本经济伙伴协定的限制指数为 2.91、全面与进步的跨太平洋伙伴关系协定的限制指数为 2.40。

就累积规则而言,中国签订的自由贸易协定大部分采用双边累积规则,但中国—东盟自由贸易协定采用的是与欧盟—日本经济伙伴协定相同的"双边/完全"累积规则,即在东盟内部执行完全累积,任何一个东盟成员原产的材料或中间品均可认定为东盟原产,东盟整体与中国则执行双边累积,区域全面经济伙伴关系协定则采用区域完全累积制度,在生产过程中使用的缔约方原产的材料或零部件均可计入区域价值或税则改变部分,不符合本身特定产品原产地规则的中间品,则不计入区域内价值。

在认证程序方面,中国签订的自由贸易协定均采用政府认证的方式,优惠原产地证书认证机关为各级的贸促会系统。随着中国积极参与国际经贸规则治理,自由贸易协定的质量逐渐与国际高标准自由贸易协定接轨,在最新生效的区域全面经济伙伴关系协定中,则是采用了允许经核准出口商自我原产地声明与贸促会出具的原产地证书具有同等效力的认证制度。在免缴优惠原产地证书的限额方面,限额越高则一般性原产地规则越宽松,中国与发展中国家签订自由贸易协定的免证限额要低于发达国家,也低于代表性的国际高标准自由贸易协定。中国与东盟国家签订的自由贸易协定,大部分为 200 美元,与欧洲和中南美洲国家之间协定的限额均为 600 美元,与韩国自由贸易协定的限额为 700 美元,与大洋洲国家协定的限额均为 1000 美元。在区域价值计算方面,中国签订的自由贸易协定均仅限于使用扣减法的计算,仅在区域全面经济伙伴关系协定中引入了向上累积法,与全面与进步的跨太平洋伙伴关系协定、美国—墨西哥—加拿大协定等自由贸易协定相比,中国在自由贸易协定的区域价值计算方面,仍缺乏灵活性,对于难以掌握零部件真实进口价值的厂商存在一定的难度。

在其余规则方面,中国签订的自由贸易协定均要求直接运输,均规定不得拒收第三方的发票等,均规定了详细的海关查验程序等,整体来看,中国与发达国家签订的自由贸易协定的一般性原产地规则要比发展中国家更加严格,比代表性的国际高标准自由贸易协定都要严格。

通过构建了自由贸易协定中原产地规则标准化的量化赋值体系,分别对特定产品原产地规则和一般性原产地规则进行标准化,分析了中国原产地规则的演进过程,以及对具有代表性国际高标准自由贸易协定和中国签订的且已经生效的自由贸易协定的原产地规则的严格程度进行了量化赋值。根据中国自由贸易协定与代表性高标准自由贸易协定在原产地规则上的差异对比,主要结论如下:

"协定—行业"层面的优惠市场准入门槛差异较大。各国签订自由贸易协定的根本目的在于降低贸易摩擦和扩大贸易收益,由于各个国家和地区资源禀赋和比较优势的差异性,必定存在优势产业和弱势产业,为获取最大收益,各缔约方都有激励促进优势产业出口和保护弱势产业。因此在弱势产业会设置较高的优惠准入门槛,例如全面与进步的跨太平洋伙伴关系协定和美国—墨西哥—加拿大协定对纺织业的高门槛,美国—墨西哥—加拿大协定对汽车产业的高门槛等,中国—冰岛自由贸易协定对机电产品设置较高的优惠准入门槛等,旨在保护自身既得利益,避免弱势产业遭受国际上第三国优势产业的冲击。

中国签订的自由贸易协定的原产地规则使用的类型逐渐多样化,判定精准性强化,逐步提高了企业利用优惠的自主性。2005 年生效的中国—东盟自由贸易协定是中国与域外地区签订的第一份自由贸易协定,其特定产品原产地规则绝大部分采用了区域价值成分 40%的规则,仅将少数存在差异的纺织品等以小清单的形式列出,规则缺乏差异性和灵活性。而在 2015 年生效的中国—韩国自由贸易协定、中国—澳大利亚自由贸易协定,以及 2022 年生效的区域全面经济伙伴关系协定,都添加了大量的选择性规则,且加入了更多能提升比较优势和保护弱势产能的规则,在制度上与国际先进规则接轨程度逐步提高。

中国签订的自由贸易协定在原产地规则条款质量与国际高标准自由贸易

协定相比仍存在一定的差距,且一般性原产地规则限制程度更高。一是在美国—墨西哥—加拿大协定、全面与进步的跨太平洋伙伴关系协定等美国主导的高标准自由贸易协定,大部分实现了企业自我认证具有与政府认证相同的法律效力,但中国的自由贸易协定仅有区域全面经济伙伴关系协定规定了经核准出口商出具的原产地声明可以替代政府机构出具的证书,其他自由贸易协定均需要使用政府认证。二是在累积规则方面,具有多个缔约方的国际高标准自由贸易协定,往往采取对角累积与完全累积相结合的方式,但中国的自由贸易协定大部分采取双边累积规则,并未引入对角累积,提高了企业利用优惠的制约性。在特定规则方面,高标准规则往往提供三种及以上的区域价值计算方法,企业可以根据自身的实际情况,自主选择使用其中一种方案,但中国的自由贸易协定绝大部分仅提供了扣减法一种计算方法。三是在特定产品规则方面,中国自由贸易协定的特定产品原产地规则往往缺少区域价值的梯度设置,不能帮助企业提升优势产品的国际市场竞争力。四是中国的特定产品原产地规则注释使用频率方面相对较低,对工序复杂的产品用标准规则可能不足以准确描述其生产过程,简单的描述会引起关税欺诈,进而丧失对需要扶持产业的自主掌控能力,因此在重点扶持的产业(例如大型民用航空器、智能机器人等)则应多使用注释,以更好地构建自主可控的产业链体系。

## 第三节　原产地规则与自由贸易协定
## 异质性贸易效应

原产地规则既为阻止第三国企业利用关税优惠进行贸易套利行为,也确保自由贸易协定的"红利"能锁定在缔约方内部,以盘活区域内经济资源。自由贸易协定通过削减关税等贸易壁垒、优化通关程序等措施,有效提升了出口水平,但对不同产品的促进作用存在显著差异。这些异质性来自缔约方本身的市场容量、贸易结构、消费习惯与进口标准、双边贸易成本、边境效率等因素,也包括产品生产能力与质量的因素,还有来自自由贸易协定条款的差异性。原产地规则合规条件和优惠利用能力差异是引起自由贸易协定异质性贸易效应的重要因素,本节从优惠利用条件差异视角探讨原产地规则与自由贸易协定异质性贸易效应之间的关系。原产地规则的内容呈现出越来越细致、复杂化的趋势,严格程度和主规则模式不同的条款导致了优惠政策使用成本的差异性,进而使自由贸易协定的贸易效应具有广泛的异质性,这种异质性不仅体现在不同自由贸易协定之间,同一自由贸易协定内部的不同产品之间也存在差异。考虑到自由贸易协定在中国"国际循环"中的重要地位,精准测算原产地规则限制指数,并评估原产地规则对自由贸易协定贸易效应的影响具有重要意义。

尽管有部分文献从贸易偏转无套利空间的角度(Felbermayr 等,2019)①进行分析,反对在自由贸易协定中设置原产地规则,然而欧美等发达国家凭借丰富的经验,制定了有针对性的原产地规则,极大地促进了区域内经济发展和产业技术的进步。欧盟对集成电路的原产地规则要求必须在区域内完成"刻蚀""扩散"等工艺才能获取原产资格,促进了国际上先进企业到欧盟投资,奠定了欧盟在集成电路领域的国际领先地位;美国—墨西哥—加拿大协定的原产地规则将北美自由贸易协定中汽车享受免税政策的区域价值成分从62.5%提高到75%,对发动机等核心零部件提出了100%的原产要求,意在降低域外汽车企业的竞争,保护区域内部汽车产业;超大型自由贸易协定全面与进步的跨太平洋伙伴关系协定中原产地规则对纺织品设置了"纱后原则",构建区域内的贸易"自循环"体系,试图逐步摆脱对特定供应链的依赖。在国际贸易逆全球化加剧的背景下,中国还需加紧谈判和筹划建立更多的自由贸易协定,科学设置原产地规则,以降低对特定市场的依赖,多元化供应链体系,分散国际贸易风险。因此有必要总结中国现有自由贸易协定框架下原产地规则

---

① Felbermayr G., Teti F., Yalcin E., "Rules of Origin and the Profitability of Trade Deflection", *Journal of International Economics*, Vol. 121, 2019.

与出口的关系,确保中国在今后的自由贸易协定谈判中制定更加合理的原产地规则,以有效降低出口壁垒提升贸易水平,增加双边福利。

## 一、计量方法归纳与文献综述

### (一) 自由贸易协定异质性贸易效应测算

有许多文献研究了自由贸易协定的贸易效应,拜尔等(Baier 等,2014)[1]基于异质性企业贸易模型,计算了自由贸易协定对出口二元边际的影响,并发现自由贸易协定首先促进出口的集约边际,而后是扩展边际,两者存在一定的时间差。拜尔等(Baier 等,2019)[2]基于扩展的引力模型,利用两阶段 OLS 方法研究发现,在国家贸易层面,自由贸易协定贸易效应存在广泛的异质性,其中有 2/3 的异质性来源于自由贸易协定内部,并认为除关税优惠外还存在其他非关税因素影响自由贸易协定贸易效应,但它并没有影响自由贸易协定中具体贸易效应的条款。

### (二) 原产地规则与自由贸易协定贸易效应的关系

张应武等(2019)研究了自由贸易协定异质性内容的贸易效应,指出中国自由贸易协定贸易促进作用的主要渠道是“WTO-Extra”条款,根据国际贸易委员会的调查,在自由贸易协定框架下的商品贸易中原产地规则是除关税减让措施外对商品流动约束最大的规则。定义在产品层级的关税减让和原产地规则差异性较大,两者对商品贸易产生了直接的影响。原产地规则规定了商品享受自由贸易协定优惠政策的最低标准,其设置的初衷是防止第三国企业

---

①　Baier S. L., Bergstrand J. H., Mariutto R., “Economic Determinants of Free Trade Agreements Revisited:Distinguishing Sources of Interdependence”, *Review of International Economics*, Vol. 22, No. 1, 2014, pp. 31−58.

②　Baier S. L., Yotov Y. V., Zylkin T., “On the Widely Differing Effects of Free Trade Agreements: Lessons from Twenty Years of Trade Integration”, *Journal of International Economics*, Vol.116, 2019, pp. 206−226.

利用协议国之间的低关税进行套利行动(Felbermayr 等,2019),但原产地规则也增加了缔约方企业利用自由贸易协定优惠的成本,如行政成本、企业管理调整成本等(Tomomichi 和 Kazuhiro,2017)①,导致部分区域内的企业无法满足原产地规则的要求,使优惠政策的利用率低于 100%( Keck 和 Lendle,2012)②。在自由贸易协定中出于诱导产业发展或保护低门槛产业既得利益的目的,对不同产品设置严格程度差异化的原产地规则,进而导致了差异性的使用成本。有许多文献研究了原产地规则对自由贸易协定贸易效应的影响,研究结果均提出原产地规则是隐性的贸易保护措施,阻碍了全球贸易自由化。吕建兴和曾寅初(2018)③研究了中国原产地规则的例外安排对农产品进口的影响,计算结果表明原产地规则的例外安排对进口的抑制作用是正常安排的两倍左右,导致进口执行成本增加了 9.72%。李海莲和韦薇(2016)对中国自由贸易协定的原产地规则进行了量化研究,研究结果表明原产地规则对出口贸易具有显著的约束效应。以上文献研究多集中于原产地规则的平均效应,并没有将原产地规则引起的贸易效应异质性纳入研究框架中。在研究差异性原产地规则对自由贸易协定异质性贸易效应的影响时,量化评估现有原产地规则对不同商品贸易的限制指数是十分重要的工作。

本节的主要贡献在于构建了标准化的原产地规则赋值体系。首先,对中国现有自由贸易协定的原产地规则进行了全面的量化赋值,为原产地规则的标准化提供了研究方法。其次,将贸易的引力模型扩展到了产品层面,利用二阶段 OLS 方法,测算了自由贸易协定异质性的贸易效应,并探究了自由贸易协定异质性来源,对预测新签订或正在谈判的自由贸易协定对不同产品的贸

---

① Tomomichi M., Kazuhiro T., "Rules of Origin and Uncertain Cost of Compliance", *Asia-Pacific Journal of Accounting and Economics*, Vol. 25, No. 3, 2017, pp. 1–18.

② Keck A., Lendle A., "New Evidence on Preference Utilization", *WTO Staff Working Papers*, 2012.

③ 吕建兴、曾寅初:《中国 FTA 中原产地规则例外安排对农产品进口的影响》,《国际贸易问题》2018 年第 11 期。

易效应有一定的贡献。本节还总结了中国现有自由贸易协定中原产地规则对中国向缔约方出口的影响,为今后中国制定更加符合双方最大化收益的原产地规则奠定了研究基础。最后,提出中国在缔结自由贸易协定时,应注重原产地规则的融合,提高对出口企业利用优惠政策的宣传和培训,提高优惠利用率,以充分释放自由贸易协定的贸易红利。

## 二、模型与数据

本节使用两阶段 OLS 方法,在 HS4 贸易产品层级,探究差异性原产地规则与自由贸易协定贸易效应异质性之间的联系。在第一阶段的估计中,使用扩展的引力模型,计算得到差异性的自由贸易协定贸易效应。将第一阶段估计得到的自由贸易协定贸易效应作为第二阶段估计的被解释变量,以原产地规则限制指数为解释变量,并加入关税下降幅度(Margin of Preference: $mop_{d,k}$)、自由贸易协定贸易结构互补指数( $C_{d,k}$ ),以及对中国产品进口依赖度( $coop_{d,k}$ )和贸易摩擦指数( $preNTM_{d,k}$ ),协定生效时间( $set\_years_A$ ),以及缔约方贸易促进指数( $ETI_A$ )为控制变量,使用 OLS 方法,估计原产地规则对自由贸易协定贸易效应的影响。

### (一) 自由贸易协定贸易效应计算

为计算自由贸易协定贸易效应异质性,本节使用贸易引力模型,并将该模型拓展到贸易产品层级,以更好地反映原产地规则中各项条款对商品贸易的限制。引力模型的基本形式是:

$$X_{ij} = A \frac{GDP_i GDP_j}{distance_{ij}} \tag{6-1}$$

该方程的基本原理是,单向出口与其各自由贸易伙伴的国内生产总值成正比,而与两个国家之间的距离成反比。在该方程中,国内生产总值代表的是国家的商品购买能力,而两国之间的距离代表的是贸易成本。若仅考虑单边

出口量,可以将基本引力模型进行改写:

$$X_{ij} = \frac{A_i \omega_i^{-\theta_1} \tau_{ij}^{-\theta_2}}{\sum_l A_l \omega_i^{-\theta_1} \tau_{ij}^{-\theta_2}} E_j \qquad (6-2)$$

在式(6-2)中,$E_j$ 表示 $j$ 国总消费(包括进口和国内的消费),$X_{ij}$ 表示 $i$ 国向 $j$ 国的出口额。进口国 $j$ 对于原产于 $i$ 国的商品的支出份额取决于以下三个因素:$A_i$ 代表在 $i$ 国现有生产率条件下获得的整体质量;$\omega_i$ 代表 $i$ 国的工资水平;$\tau_{ij}$ 是 $i$ 国到 $j$ 国的冰山贸易成本。由于价格黏性和进口冰山成本的存在,商品是不完全替代的,所以 $\theta > 1$。该方程仅能分析到国家层面的贸易流量,然而影响双边贸易的很多因素,如关税、非关税措施、原产地规则等,都是施加在产品层面的,将引力模型扩展到产品层面也更加合理。本节将研究层面扩展到产品层面,将其增加一个商品维度,对式(6-2)进行改写:

$$X_{ij,k} = \frac{A_{ik} \omega_{ik}^{-\theta_1} \tau_{ijk}^{-\theta_2}}{\sum_l \sum_k A_{lk} \omega_{ik}^{-\theta} \tau_{ljk}^{-\theta}} E_{jk} \qquad (6-3)$$

式(6-3)的分母表示 $j$ 国所有的进口品价值,相对于研究自由贸易协定框架下单个商品进口而言,彼此相互独立,因此可以将式(6-3)进行改写:

$$X_{ij,k} = \frac{A_{ik} \omega_{ik}^{-\theta_1} \tau_{ijk}^{-\theta_2}}{P_j^{-\theta}} E_{jk} \qquad (6-4)$$

其中,$P_j^{-\theta} = \sum_l \sum_k A_{lk} \omega_{ik}^{-\theta} \tau_{ljk}^{-\theta}$,$P_j^{-\theta}$ 是所有 $j$ 国消费者面临的双边贸易成本集合。而建立自由贸易协定最大效应在于进一步削减双边贸易壁垒,降低贸易成本;同时降低关税水平,扩大贸易收益。将式(6-4)进行改写,并加入时间维度:

$$X_{ijk,t} = \exp\left( \ln A_{ik,t} \omega_{ik,t}^{-\theta_1} + \ln \frac{E_{jk,t}}{P_{j,t}^{-\theta}} + \ln \tau_{ijk,t}^{-\theta_2} \right) + \varepsilon_{ijk,t} \qquad (6-5)$$

$$\ln \tau_{ijk,t}^{-\theta_2} = Z_{ijk}\delta + \beta_1 FTA_{ijk,t} + \beta_2 FTA_{ijk,t-3} + \mu_{ijk,t} \qquad (6-6)$$

其中,$X_{ijk,t}$ 表示在 $t$ 年 $i$ 国向 $j$ 国出口商品 $k$ 的金额。式(6-6)为交易成本通用函数,$Z_{ijk}$ 可以被认为是商品 $k$ 在 $i$ 和 $j$ 之间的贸易成本不随时间变化的固定因素。本节研究的关键变量为自由贸易协定,如果在 $t$ 期,$i$ 和 $j$ 同属于一个自由贸易协定,则取值为 1,不在一个自由贸易协定,则取值为 0。在研究中,本节加入了自由贸易协定的 3 阶滞后项,表示自由贸易协定效应随着时间的推移"逐步进入"的可能性,也表示自由贸易协定的关税减免政策是分阶段实施的。一个值得关注的问题是,$Z_{ijk}$ 的某些组成部分没有被观察到,而且与自由贸易协定相关。如果不考虑这些因素,就会导致系数估计的偏误。为获取一致估计,本节借鉴拜尔等(2007)的做法,使用固定效应替代 $Z_{ij,k}\delta$,将式(6-6)代入,并对式(6-5)进行改写:

$$X_{ijk,t} = \exp(\eta_{ik,t} + \psi_{jk,t} + v_{ik} + \beta_1 FTA_{ijk,t} + \beta_2 FTA_{ijk,t-3}) + \varepsilon_{ijk,t} \qquad (6-7)$$

$\eta_{ik,t}$ 和 $\psi_{jk,t}$ 表示随时间变化的出口国和进口国在商品 $k$ 的固定效应,用来吸收式(6-5)中 $\ln A_{ik,t} \omega_{ik,t}^{-\theta_1}$ 和 $\ln E_{ik,t} / P_{jk,t}^{-\theta}$ 不可观测因素,较好地控制了出口国和进口国层面的因素。通过式(6-7)可以计算得到自由贸易协定的整体贸易效应,由于自由贸易协定缔约方之间存在差异,如中国—东盟自由贸易协定中相同的规则对东盟十国产品的贸易效应是不同的,自由贸易协定的条款之间各有差异,原产地规则对不同商品施加的限制性也差异较大,因此需要加入不同的自由贸易协定贸易效应异质性,包括跨自由贸易协定的异质性,同一自由贸易协定内部不同缔约方的异质性,以及产品层级贸易效应的异质性。

$$X_{ijk,t} = \exp(\eta_{ik,t} + \psi_{jk,t} + v_{ijk} + \sum_A \sum_{d \in A} \sum_k \beta_{1,A,d,k} FTA_{ijk,t} +$$

$$\sum_A \sum_{d \in A} \sum_k \beta_{2,A,d,k} FTA_{ijk,t-3}) + \varepsilon_{ijk,t} \qquad (6-8)$$

在式(6-8)中,$k$ 表示商品,$A$ 表示不同的自由贸易协定,$d$ 表示不同的自由贸易协定出口伙伴,$v_{ijk}$ 表示带有方向性出口的固定效应。对式(6-8)使用 OLS 估计,可以得到自由贸易协定对不同产品的贸易效应,自由贸易协定效应可以表示为 $\beta_{k,A,d} = \beta_{1,A,d,k} + \beta_{2,A,d,k}$,即为自由贸易协定对每个产品的贸易效应。

（二）原产地规则与自由贸易协定贸易效应

以式(6-8)的估计结果为第二阶段估计的被解释变量,在式(6-9)中,本节对总体和各自由贸易协定分别进行估计, $PSR\_RoO_{A,k}$ 表示特定商品原产地规则, $prov\_RoO_A$ 表示一般性规则,在进行跨自由贸易协定出口效应比较时,除了特定产品规则存在差异外,制度性规则的差异也对自由贸易协定异质性出口效应存在影响,两者相加得到自由贸易协定整体的原产地规则限制程度。原产地规则增加了出口企业利用关税优惠的成本,因此对自由贸易协定贸易效应存在削弱作用,因此预期各 $RoO_{A,k}$ 的符号为负。 $mop_{\overline{d,k}}$ 表示自由贸易协定优惠关税相对于最惠国待遇关税的优惠幅度,优惠幅度越大,产品在缔约方市场销售价格越低,出口收益越大,因此预期 $mop_{\overline{d,k}}$ 的符号为正。关税优惠决定了利用优惠的收益,降税周期的差异性也是引起自由贸易协定贸易效应异质性的重要原因,中国—东盟自由贸易协定的降税周期为5年,中国—瑞士自由贸易协定则不存在降税周期,生效后关税立即降为"0",中国—韩国自由贸易协定的最长降税周期为15年,而其中有部分商品始终不降税,有部分商品的降税周期为5年和10年,动态的降税也使得自由贸易协定贸易效应随着生效时间的增加而产生变化。

$$
\begin{aligned}
\text{first\_step\_}\beta_{d,k} = {} & \gamma_0 + \gamma_1 \sum_A RoO_{A,k} + \gamma_2 \sum_A PSR\_RoO_{A,k} + \gamma_3 \sum_A prov\_RoO_A + \\
& \gamma_4 \sum_A \sum_{d \in A} mop_{\overline{d,k}} + \gamma_5 \sum_A \sum_{d \in A} C_{d,k} + \gamma_6 \sum_A \sum_{d \in A} coop_{\overline{d,k}} + \\
& \gamma_7 \sum_A \sum_{d \in A} preNTM_{\overline{d,k}} + \gamma_8 \sum_A set\_year_A + \gamma_9 \sum_A ETI_d + \\
& \sum_A \sum_{d \in A} \eta_T + \sum_A \sum_{d \in A} \varepsilon_{d,k}
\end{aligned}
\tag{6-9}
$$

$C_{d,k}$ 表示贸易互补指数,代表两国之间贸易结构,贸易结构互补程度越强,双边贸易潜力越大,为避免自由贸易协定生效的事后影响,本节采用各自由贸易协定生效前三年的双边贸易数据均值计算双边贸易互补指数。 $coop_{\overline{d,k}}$ 表示协定缔约方对中国产品进口依赖程度,为保证客观性与数据稳定性,本节采用各自由贸易协定生效前三年的平均缔约方进口数据来计算进口依赖度。$preNTM_{A,k}$ 表示自由贸易协定生效前三年中国向缔约方出口商品 $k$ 遭受的非关税措施次数之和，$preNTM_{\overline{d,k}}$ 代表商品 $k$ 在自由贸易协定生效前出口的贸易摩擦变量，遭受非关税措施次数越多，表示摩擦越大，非关税壁垒对双边贸易约束越大，两国签订自由贸易协定进一步削减了贸易壁垒，减少非关税措施对贸易的限制。$set\_years_A$ 表示截至 2017 年各自由贸易协定生效时间，由于中国签订的自由贸易协定对关税降税都是分阶段实施的，企业对新贸易规则也存在适应过程。$ETI_d$ 表示各自由贸易协定缔约方贸易自由化程度，本节参考了 2016 年世界经济论坛发布的《全球贸易便利化报告》缔约方贸易促进指数，除自由贸易协定条款规定的内容外，各缔约方自身的多边贸易促进政策同样会提高中国对缔约方的出口，加入该指数可以隔绝该多边自由贸易的效应，贸易促进指数越高，本身贸易自由化程度较高。各变量的计算方式如表 6.12 所示。

**表 6.12　式（6-9）各变量计算名称与计算方式**

| 变量 | 中文名称 | 计算公式 |
|---|---|---|
| $first\_step\_\beta_{d,k}$ | 自由贸易协定贸易效应 | 根据方程式（6-8）估计所得 |
| $RoO_{A,k}$ | 原产地规则限制指数 | 根据第三部分的赋值体系计算所得 |
| $mop_{\overline{d,k}}$ | 自由贸易协定关税优惠 | $mop_{\overline{d,k}} = mfn_{\overline{d,k}} - FTA\_tariff_{\overline{d,k}}$ |
| $C_{d,k}$ | 贸易互补指数 | $C_{d,k} = RCA_{ik} \times RCA_{jk}$ |
| $coop_{\overline{d,k}}$ | 进口依赖度 | $coop_{\overline{d,k}} = \sum_{t-3}^{t-1} im_{jik,t} / \sum_{t-3}^{t-1} im_{jwk,t}$ ，$t$ 表示自由贸易协定生效时间 |
| $preNTM_{d,k}$ | 非关税措施总量 | 根据世界贸易组织非关税措施数据库总结 |
| $set\_years_A$ | 自由贸易协定生效时间 | 根据中国自由贸易区服务网总结 |
| $ETI_d$ | 贸易促进指数 | 根据《全球贸易促进报告 2016》总结 |

## （三）数据

本节使用的自由贸易协定数据来自中国自由贸易服务网,本节使用的均为自由贸易协定生效年份,即降税起始年份,而非签订年份;双边贸易数据来自 UNcomtrade 数据库,HS4 层级,时间为 2002—2017 年;特定产品原产地规则来自中国自由贸易服务网;关税数据来自 WITS 数据库;制度性原产地规则和程序性原产地规则数据来自国际贸易委员会提供的原产地规则数据库。由于中国—巴基斯坦自由贸易协定全部产品使用 RVC40 的规则,缺少必要的变化,本节对中国现有除巴基斯坦外的所有自由贸易协定缔约方的异质性贸易效应都进行了估计,共有 18 个回归式,以此分析自由贸易协定内部贸易效应异质性来源。

从国家层面看,平均关税下降最多的国家是马来西亚,平均关税下降了14.66%,其次是柬埔寨,关税下降幅度为 10.55%,新加坡为自由贸易港,执行的最惠国待遇税率几乎为 0,关税下降为 0。从贸易互补结构看,在自由贸易协定生效前,与中国贸易结构互补程度最高的是柬埔寨,其次是文莱。从进口依赖度指数看,自由贸易协定生效前,缅甸从中国进口占其总进口的比重最高,比重为 35.6%,即缅甸对中国商品的依赖程度最高。对中国实施非关税措施最多的是新西兰,对中国向新西兰出口的产品(HS2)实施过 790 品次的非关税措施,其次是秘鲁,瑞士、冰岛等欧洲经济体对中国实施的非关税措施较少,对中国产品依赖程度较深的缅甸、柬埔寨和老挝从未对中国实施过非关税措施。

# 三、回归结果分析

## （一）自由贸易协定贸易效应异质性分析

从第一阶段回归中得到的中国向各缔约方出口效应的计算结果可以看

出,无论是在自由贸易协定之间还是自由贸易协定内部,其贸易效应均存在显著异质性。从国家层面平均效应看,生效时间越长的自由贸易协定,其对出口的促进作用越明显,如中国—东盟、中国—智利、中国—秘鲁促进出口增长率均超过100%。从全样本计算来看,自由贸易协定生效使中国出口增加了158%[①],利用同样的计算方式,可以计算得到各国家—产品的自由贸易协定贸易效应。贸易效应最大的是中国对智利的出口,在中国—东盟自由贸易协定框架下对东盟"新四国"执行缓冲政策,其对中国商品降税开始时间为2009年,要晚于东盟"老六国"对中国进口商品的降税时间,但中国对"新四国"出口增长十分迅猛,因自由贸易协定生效,中国对柬埔寨的出口增长了286.13%,高于对文莱出口增长的279.62%以及对马来西亚260.02%和新加坡169.66%出口的增长。从国家—产品层级来看,不同自由贸易协定的不同商品出口之间贸易效应存在较大差异。以中国具有传统出口优势的第一大类动物产品、第六大类化工产品和第十五大类贱金属制品行业为例,因自由贸易协定生效,中国向智利出口的动物产品增长最多,增长率达到436.02%,其次是中国向哥斯达黎加出口的动物产品,增长率为283.05%;中国—东盟自由贸易协定生效后,中国向印度尼西亚出口的化工产品增长最多,其次是中国向泰国的出口。但并不是所有商品的自由贸易协定贸易效应均为正,如中国—澳大利亚自由贸易协定存在大量的负值,并且系数在统计上不显著。中国—澳大利亚自由贸易协定效应为负与中国出口大环境存在密切关联,2015年美联储进入加息周期,全球美元流动性收紧,对国际贸易产生了重大冲击,中国出口增长率出现大规模下降。从国家出口层面看,2015年前后中国向缔约方出口面临的困境较大,且多数增长率为负,因此不难理解在2015年年底生效的中国—澳大利亚自由贸易协定总体贸易效应为负,同样2015年年底生效的

---

① $\beta_{A,k}$ 的整体均值为0.946,所以根据式(6-9),建立自由贸易协定平均使中国向缔约方出口增加 $e^{0.946} - 1 = 1.58 = 158\%$ 。

中国—韩国自由贸易协定的贸易效应中部分行业也存在负值。

## （二）原产地规则与自由贸易协定贸易效应异质性

式(6-9)的回归结果报告在表 6.13 中,从整体层面看,原产地规则对自由贸易协定贸易效应存在显著的负向作用,列(1)原产地规则对自由贸易协定贸易效应异质性的解释程度仅为 5.4%,列(2)—列(4)将原产地规则区分为特定商品的规则和一般性规则,在跨区域比较时,一般性规则的系数显著大于特定商品规则的系数,即自由贸易协定之间贸易效应异质性的来源主要是制度性规则差异和程序性规则的差异。加入各控制变量后,原产地规则系数较为稳定,区分特定商品规则和一般性规则后,特定商品规则系数也相对稳定,根据列(5)的结果,本节所选取的控制变量均为从结构引力模型所使用的变量中推导而出,因此其系数符号必须符合经济学意义和统计显著性,具体如下:(1) $mop_{d,k}$ 关税减让措施与非关税壁垒,在世界贸易组织基础上进一步减让关税,是自由贸易协定最大的贸易优势, $mop_{d,k}$ 越大,贸易成本降低越多,出口产品在缔约方市场的竞争力也越强,贸易促进作用也越明显。本节采用 $preNTM_{d,k}$ 与最惠国待遇共同反映自由贸易协定生效前的贸易壁垒情况,最惠国待遇结合在变量 $mop$ 中,结合表 6.8 对非关税措施数量的统计,基于缔约方农业安全的考虑,中国出口农产品和林木产品遭受的非关税壁垒次数较多,非关税措施与自由贸易协定效应存在明显的倒挂现象。同时,农林产品在自由贸易协定中大部分属于敏感商品,开放承诺较少,自由贸易协定对该类商品的促进作用也较小,因此 $preNTM_{d,k}$ 的系数符号为负。

表 6.13　原产地规则与异质性自由贸易协定贸易效应——全样本(HS4)

| $first\_step\_\beta_{d,k}$ | (1) | (2) | (3) | (4) | (5) | (6) |
|---|---|---|---|---|---|---|
| $RoO_{A,k}$ | -0.053 *** (0.0070) | | | | -0.053 *** (0.0103) | |

续表

| $first\_step\_\beta_{d,k}$ | （1） | （2） | （3） | （4） | （5） | （6） |
|---|---|---|---|---|---|---|
| $PSR\_RoO_{A,k}$ | | −0.023*<br>(0.0121) | −0.012<br>(0.0118) | 0.064***<br>(0.0072) | | 0.014<br>(0.0071) |
| $prov\_RoO_A$ | | −0.845***<br>(0.0250) | −0.976***<br>(0.0285) | −0.403***<br>(0.0334) | | −0.139***<br>(0.0364) |
| $mop_{\overline{d,k}}$ | | | 0.00007<br>(0.0002) | 0.0001<br>(0.0002) | 0.0004<br>(0.0002) | 0.00001<br>(0.0019) |
| $C_{d,k}$ | | | −0.004***<br>(0.0011) | −0.002*<br>(0.0011) | −0.002***<br>(0.0011) | −0.003***<br>(0.0011) |
| $coop_{\overline{d,k}}$ | | | −1.378***<br>(0.0463) | −1.130***<br>(0.0442) | −1.140***<br>(0.0452) | −1.240***<br>(0.0451) |
| $preNTM_{\overline{d,k}}$ | | | 0.037***<br>(0.0042) | −0.010***<br>(0.0043) | −0.031***<br>(0.0036) | −0.014***<br>(0.0043) |
| $set\_years_A$ | | | | 0.105***<br>(0.0963) | 0.121***<br>(0.029) | 0.106***<br>(0.0033) |
| $ETI_d$ | | | | | | −0.338***<br>(0.0202) |
| $Industry\_FE$ | No | Yes | Yes | No | Yes | Yes |
| $N$ | 17792 | 17792 | 17691 | 17691 | 17691 | 17691 |
| $Adj\_R^2$ | 0.0033 | 0.0837 | 0.1321 | 0.1502 | 0.1683 | 0.1869 |

在结构引力模型中,$i$国向$j$国的出口额也等于$j$国市场分配给$i$国$k$商品的份额乘以$j$国在$k$商品的消费总额。由于自由贸易协定缔约方内行业产值和消费规模的缺乏,并不能精准地计算出$i$国的商品在$j$国准确的市场份额,本节选择用$i$国的商品占$j$国同类商品进口的比重来近似替代市场份额。结合式(6-2)与式(6-4)可以看出,$i$国的商品市场份额越高,双边合作机制较为完善,引入自由贸易协定后冰山贸易成本下降空间也越有限,因此$coop_{\overline{d,k}}$与自由贸易协定贸易效应间存在负向关系。表6.13中的回归结果也符合预

期，$coop_{\overline{d,k}}$ 系数符号为负，值保持相对稳定，且在 1% 的水平上显著。式（6-4）右侧第一项反映了出口国具有的产品特性，也反映了 $i$ 国的商品国际竞争力水平，但是 $i$ 国具有竞争力的商品 $j$ 国并不一定会更多进口，因此还需要计算 $j$ 国比较劣势，两者相乘得到贸易结构互补指数 $C_{d,k}$，一定程度上弥补了进口依赖度指标不能反映进口国生产能力的不足。互补性较强的产品，从效率最大化的角度来分析，即使没有自由贸易协定，自然发生贸易的概率也较大，因此相对于互补性较弱的商品，自由贸易协定对互补性较强产品的贸易促进作用较小。回归结果佐证了以上推理，$C_{d,k}$ 的系数为负且保持相对稳定，并在 1% 的水平上显著，但系数值较小。在国别层面，生效时间越长，自由贸易协定对出口促进作用越明显，而缔约方本身的贸易自由度较高，自由贸易协定贸易促进作用则较小，$ETI_d$ 的系数为负。综上所述，各控制变量的系数大小、符号、显著性均符合经济意义，并在统计学上显著，整体而言，原产地规则使中国对自由贸易协定缔约方出口下降了 34.62%①。

在计算原产地规则对自由贸易协定内部异质性贸易效应的影响时，本节选取了带有下角标 $k$ 的变量。原产地规则对自由贸易协定异质性贸易效应的解释程度在表 6.14 中的 $R^2$，在自由贸易协定内部差异化的原产地规则引起贸易效应异质性明显高于自由贸易协定之间的异质性，其中最高的是中国—东盟自由贸易协定框架下的中国—文莱，差异化的原产地规则解释了 37.29% 的自由贸易协定异质性贸易效应。而中国—韩国自由贸易协定原产地规则对贸易效应异质性的解释度较差，仅为 2.86%。这表明原产地规则的差异性更多引起的是自由贸易协定内部贸易效应的异质性而非自由贸易协定之间的异质性。本节将回归得到的原产地规则对自由贸易协定出口的制约作用报告在表 6.15 中的 $RoO\_cut\_effect$。从回归结果看，自由贸易协定中原产

---

① $RoO$ 的整体均值为 8.052，在表 6.13 中 $RoO$ 的回归系数为 $-0.053$，$-0.053 \times 8.02 = -0.425$，RoO 对自由贸易协定贸易效应的削减作用为 $e^{-0.425} - 1 = -0.3462 = -34.62\%$，因此从整体均值而言，原产地规则使双边贸易下降了 34.62%。

地规则对贸易效应存在抑制作用,但也有生效时间较短的自由贸易协定,抑制作用并不明显。中国—东盟自由贸易协定的原产地规则将自由贸易协定贸易效应削减了99.76%,而中国—韩国自由贸易协定、中国—瑞士自由贸易协定生效时间较短的自由贸易协定,原产地规则对贸易效应的削减作用也较小,仅为-10.16%和-17.33%。因此降低原产地规则的合规成本,对中国出口将有十分显著的促进作用。

表 6.14　原产地规则与自由贸易协定内部异质性贸易效应——分国家(HS4)

| Partner | RoO | Std.E | obs | $R^2$ | Partner | RoO | Std.E | obs | $R^2$ |
|---|---|---|---|---|---|---|---|---|---|
| AUS | -0.053** | 0.0246 | 1107 | 0.1286 | LAO | 0.994 | 2.4695 | 632 | 0.2675 |
| BRU | -0.847 | 0.7579 | 684 | 0.3729 | MAS | -0.217 | 0.3056 | 1175 | 0.2408 |
| MYA | -2.151** | 1.0517 | 950 | 0.2815 | NZL | -0.063* | 0.0335 | 1068 | 0.1730 |
| CAM | -1.580* | 0.4943 | 897 | 0.2968 | PER | -0.012 | 0.0417 | 965 | 0.2395 |
| CHI | 0.217 | 0.1594 | 997 | 0.2925 | PHI | -0.856** | 0.4251 | 1090 | 0.2966 |
| CRC | -0.067* | 0.0451 | 868 | 0.2782 | SGP | -0.173 | 0.2478 | 1149 | 0.3510 |
| ICE | -0.003 | 0.0523 | 718 | 0.0925 | VNM | -0.380* | -0.202 | 1128 | 0.1507 |
| INA | -0.281 | 0.4307 | 1044 | 0.2818 | SUI | -0.022 | 0.0537 | 1036 | 0.1355 |
| KOR | -0.013 | 0.0215 | 1131 | 0.0286 | THA | -0.822** | 0.4339 | 1052 | 0.2936 |

注:括号内为相应估计系数的标准误差,***、**和*分别表示在1%、5%和10%的水平上显著。

表 6.15　自由贸易协定贸易效应与原产地规则抑制效应　　(单位:%)

| Partner | AUS | BRN | MYA | KHM | CRC | ICE |
|---|---|---|---|---|---|---|
| FTA_effect | -6.29 | 279.62 | 331.03 | 286.13 | 120.56 | 44.77 |
| RoO_Cut_effect | -36.47 | -99.8 | -100.00 | -99.85 | -41.06 | -2.65 |
| Partner | IDN | KOR | MAS | NZL | PER | PHL |
| FTA_effect | 367.86 | 2.43 | 260 | 76.47 | 148.18 | 307.15 |

| Partner | AUS | BRN | MYA | KHM | CRC | ICE |
|---|---|---|---|---|---|---|
| *RoO_Cut_effect* | −87.29 | −10.16 | −79.66 | −44.83 | −9.82 | −99.81 |
| Partner | SGP | VNM | SUI | THA | AVG | |
| *FTA_effect* | 169.66 | 186.34 | 12.75 | 370.21 | 157.54 | |
| *RoO_Cut_effect* | −71.32 | −93.85 | −17.33 | −99.76 | −34.62 | |

注：*FTA_effect* 表示各自由贸易协定贸易效应，*RoO_Cut_effect* 表示原产地规则对贸易的削减效应。

## 四、小结

美国政府采取了激进的对华政策，对中国的外贸造成了极大冲击，利用自由贸易协定扩大商品出口已成为中国稳定"国际循环"的重要手段。自由贸易协定在世界贸易组织的基础上进一步削减了贸易壁垒，不仅为中国企业出口提供了更多选择，也分散了中国国际贸易的风险，有效地促进了中国向缔约方的商品出口。在研究中发现，无论是在自由贸易协定之间还是在内部，对不同商品的出口促进作用存在明显的差异。本节基于扩展的贸易引力模型，利用两阶段 OLS 方法，测算了中国现有自由贸易协定的贸易效应异质性，本节从原产地规则视角，探究了贸易效应差异性的来源。自由贸易协定中的原产地规则增加了获取关税优惠的成本，且原产地规则越严格，优惠使用成本越高，差异化的原产地规则一定程度上导致了出口效应存在广泛的异质性。本节分析了中国现有自由贸易协定原产地规则的结构，构建了标准化的原产地规则赋值体系，充分研究了特定商品规则、制度性规则和程序性规则，对商品获取优惠资格的限制指数进行了量化赋值。结果表明，中国—韩国、中国—瑞士和中国—澳大利亚的原产地规则结构类型最为丰富，而中国—东盟、中国—智利的原产地规则较为单一。中国在原产地规则制定中经验逐步丰富，后签订的自由贸易协定原产地规则判定的精准性和灵活性明显高于早前签订的自由贸易协定。中国签订的自由贸易协定中原产地规则存在广泛的差异性,从行业层面分析第三大类动物油脂受原产地规则限制最高,从国家—产品层面来看,不同自由贸易协定的特定商品原产地规则对商品限制性侧重点不同,如中国—澳大利亚、中国—新西兰的原产地规则对第九大类木制品的限制程度较高,中国—瑞士对化学品的限制程度较高。本节也将制度性规则和程序性规则纳入分析框架中,中国—东盟自由贸易协定的一般性原产地规则限制指数最小,而中国—新西兰自由贸易协定一般性原产地规则限制最大。

本节将贸易效应异质性模型扩展到产品层面,从国家—产品层面测算了自由贸易协定的异质性贸易效应,发现其贸易效应存在广泛的异质性。在第二阶段回归中探究了贸易效应异质性的来源,原产地规则、关税优惠、贸易结构互补性,缔约方对进口中国产品的依赖程度,自由贸易协定成立前双边贸易摩擦大小,自由贸易协定生效时间长短以及缔约方本身的贸易自由化程度均会引起贸易效应的异质性。制度性规则和程序性规则的差异性更多引起了自由贸易协定之间贸易效应的差异,而特定商品原产地规则更多地引起了自由贸易协定内部贸易效应的异质性。使用两阶段估计方法的优势在于,可以对自由贸易协定异质性的来源更加聚焦,也可以摆脱在传统研究中仅作为"0/1"变量研究的不足,扩展了自由贸易协定研究内容的丰富性。拜尔等(2019)的文章仅指出自由贸易协定的贸易效应存在异质性,主要的创新在于对尚未签订或正在谈判的自由贸易协定贸易效应作出预测,预测每个国家的收益,但对具体哪些条款引起这些异质性存在困惑。本节基于中国自由贸易协定数据,总结了各条款中的原产地规则对贸易效应的影响,是对拜尔文章的一个拓展,因此本节的贡献还在于将国家层面预测的收益扩展到产品层面,同时也有利于为尚处于谈判中的自由贸易协定探寻制定更加合理的原产地规则,以充分释放自由贸易红利。

# 第四节 中国构建和完善原产地 规则体系的政策建议

本章对中国已签订的自由贸易协定同具有代表性的高标准自由贸易协定的原产地规则进行了对比,中国的优惠原产地规则条款质量进步是飞快的,但与国际公认的高标准规则相比,既有中国特定的优势,也存在一定的差距,为参与制定更高质量的原产地规则,在现有规则制定经验的基础上,本节提出以下建议:

在特定产品规则中适当使用嵌套规则,提高区域内中间品和原材料使用比例。激烈的中美贸易摩擦使我们认识到维护本国供应链安全的重要性,必须自主掌控核心零部件与不可替代原材料的供应链,为提升核心零部件的供应能力,除了积极鼓励研发外,在贸易税收优惠政策方面也可以通过原产地规则给予一定的鼓励,对于使用区域内核心零部件的商品在自由贸易协定内流通时可享受优惠政策,以鼓励国产零部件的使用,具体的规则可采用以下形式:(1)"特定零部件必须在区域内完全获得";(2)"必须在区域内完成特定的工序",即可在商品本身的规则中加以表述,对于商品组普遍适用性的工序则可以在注释中加以说明;(3)"特定零部件必须满足其本身的特定产品原产地规则";(4)合理利用例外安排规则,提高区域内材料的使用比例;(5)"规定区域内原产材料的使用比例",例如在轮胎生产中规定区域内橡胶的使用不得少于一定比例。通过以上的方法,一方面通过让渡部分关税收入增加了区域内原产零部件与材料的使用,提高了供应商的收益;另一方面更是提高了供应链的自主可控性,进而规避了核心零部件来源地过于集中而面临的"卡脖子"问题。

根据商品竞争力水平差异,设置有梯度的区域价值标准。在本章第三节的归纳分析发现,中国自由贸易协定的特定产品原产地规则中区域价值成分标准相对单一,且绝大部分仅要求整件商品的区域价值标准,对生产用零部件和材料的原产比例要求较少。这样的设置存在多种不足,首先是优劣势产品区分度不高,既不能有效保护劣势产品,也无法彻底促进优势产品的出口。其次是对核心零部件国产化和基础材料国产化的要求较低,无法有效拉动两者的科技研发。最后则是无法与缔约方形成优势互补。因此,应设置有梯度的区域价值标准,对于有意扶持的产业,应多使用嵌套规则,对核心零部件和区域内原材料提出相应的使用比例要求,促进与缔约方构建统一大市场。

适当增加更细分商品的特定产品原产地规则的使用。中国自由贸易协定的特定产品原产地规则最细层次是定义到 HS6 层级,而关税则是定义在更细分的 HS8—10 层级的商品,在一些细分领域有敏感商品与普通商品共存的现象,仅用 HS6 的规则不足以描述敏感商品的需求,在高标准自由贸易协定的特定产品原产地规则中,均存在通过枚举法将敏感商品列出,并使用严格规则,而其他商品适用普通规则的方法,中国在制定规则时也可参考这种方法,以增强规则对敏感产品的适用性。

渐进提升高质量企业自我认证的比例。以企业信誉为担保出具自我认证的原产地证书,不仅仅是便利性上的提升,更是制度上的进步。中国在今后签订自由贸易协定或对原有自由贸易协定进行升级时,应渐进式提升允许企业自我认证的比例,先允许完成"经核准出口商"认证的企业使用声明,再逐步扩大范围,让更多优秀的企业走向世界。

提供更多区域价值计算方法,如累积法、净成本法。中国的自由贸易协定除区域全面经济伙伴关系协定外,均只采用扣减法计算区域价值,使无法知晓实际进口价值的企业利用优惠有一定的困难。中国有部分中小企业自身不具备进口资质,需从专业进口商处购买,因而无法知晓实际的进口价值,但这类企业对于自身使用的资源有较好把握,若使用累积法则能较好地满足区域价值标准,因此添加多种区域价值计算方法,能让更多中小企业利用到优惠贸易政策,也能让福利惠及更多企业,有利于提升国家整体的竞争力水平。

# 第七章 高标准自由贸易协定的
# 贸易便利化条款研究

　　全球贸易增长缓慢,除主要发达经济体的宏观经济不景气以外,"贸易的非效率"在一定程度上阻碍了全球贸易增长。目前,世界各国在贸易便利化方面的障碍主要有三点:一是海关信息不披露、缺乏透明度和可预见性;二是海关程序烦琐,甚至成为实施贸易保护主义的手段;三是各国海关之间在信息交换、互惠等问题上缺乏统一的规范。因此世界贸易组织于2013年达成贸易便利化协定,也有越来越多的自由贸易协定将贸易便利化议题纳入文本谈判,努力解决这三个层面的主要障碍,试图通过提高贸易便利化水平来降低贸易成本,促进贸易增长。根据世界银行统计,自由贸易协定的贸易便利化与海关程序议题共包含预裁定、网络发布、单一窗口等52项贸易便利化条款。例如欧盟—韩国自由贸易协定规制了包括国际贸易单一窗口、风险管理在内的36条条款。区域全面经济伙伴关系协定和美国—墨西哥—加拿大协定为经认证经营者企业提供多项贸易便利化措施,包括降低单证和数据要求;降低实地检验和检查比例;加快放行时间;延迟支付关税、国内税、规费及费用等,这些高标准贸易便利化条款提高了进出口企业的通关效率,为后疫情时代的世界经济复苏注入无限动力。

　　在疫情冲击、世界经济复苏乏力和国际经贸规则面临重构的时代背景下,习近平总书记提出"以国内大循环为主体,国内国际双循环相互促进"的发展战略,突出了构建和完善中国贸易便利化条款体系的重要性与紧迫性。面对国际新形势,进行贸易便利化改革不仅是时代发展的需要,更是促进中国经济高质量发展的有力工具。中国应以高标准的自由贸易区网络推动构建中国贸易便利化条款体系,完善便利化工作机制,提高国际贸易效率,打造开放的外部环境,消除贸易和投资壁垒,构建良好的营商环境。在此背景下,深入研究自由贸易协定中贸易便利化条款的发展及其对贸易的影响具有重要的理论意义和现实意义。

# 第一节 全球自由贸易协定的贸易便利化条款发展趋势

## 一、发展模式

随着国际贸易发展和生产要素自由流动,世界各国已经充分认识到贸易便利化措施在降低交易成本,改善贸易环境,推进贸易自由化中具有不可替代的关键作用。因此各国在加入世界贸易组织,履行贸易便利化协定义务的同时,诸多超越多边的贸易便利化议题被纳入自由贸易协定的合作范畴,达成与贸易便利化相关的重要条款,例如单一窗口、货物放行特别安排、原产地核查、经认证经营者互认等内容。图 7.1 反映出生效且包含海关程序与贸易便利化议题的自由贸易协定发展趋势。结果显示,截至 2015 年,包含贸易便利化议题的自由贸易协定实现数量突破,达到 267 个。1990 年之前,自由贸易协定累计数量平缓增长。1991—2000 年平均每年增长率达到 29.09%,2001 年之后增速放缓至 18.40%。从增量上看,1973 年、1993 年、2006 年、2009 年、2012 年五个时期出现显著增长,涌现出大量以智利、美国、俄罗斯、日本、巴拿马、欧盟为主签订的一系列包含贸易便利化议题的自由贸易协定。

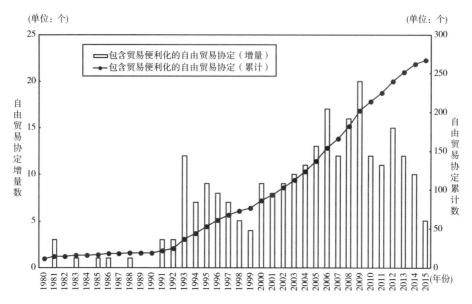

**图 7.1　1980—2015 年包含贸易便利化议题的自由贸易协定发展趋势**

资料来源:根据世界银行深度贸易协定数据库整理而得,数据截至 2015 年。

## 二、网络特征

根据世界银行深度贸易协定数据库,本节对自由贸易协定中贸易便利化与海关程序章节的覆盖情况进行梳理,选择美国、欧盟、东盟、中国、日本、韩国、澳大利亚、智利等国家和地区签订的自由贸易协定为样本,构造 n×n 矩阵,利用NetDraw软件绘制自由贸易协定贸易便利化条款网络拓扑图。在该网络中,每个国家或地区代表一个节点,如果该国与其他国家和地区签订的自由贸易协定包含贸易便利化与海关程序章节,则两个节点之间存在连线,由此构成整个贸易便利化条款网络。连线越多,说明中心国签订的自由贸易协定中贸易便利化与海关程序章节的覆盖范围越广,在整个网络中的地位越高。结果显示,从 2004 年至 2016 年,节点与节点之间的联系越来越密集,说明各国的贸易联系随着经济全球化趋势变得更加紧密,规制更多的贸易便利化条款促进货物流通,降低贸易成本,满足国内外消费者需求。

# 第二节　自由贸易协定的贸易便利化
# 条款测度及比较

## 一、条款内容

本节梳理了自由贸易协定的海关程序与贸易便利化章节具体条款。从数量上看,出现频率最高的三项贸易便利化条款为要求原产地证明、与海关相关的信息交流、组织机构设立;出现频率最低的三项贸易便利化条款对应为关税电子支付、海关税收信息共享、易腐货物放行特别安排,体现出自由贸易协定缔约方的共同利益和诉求差异。在 52 项贸易便利化条款中,缔约方通报的一些最常见措施包括单一窗口、经认证经营者、风险管理、网络发布、边境机构合作和预裁定。这些规定比较"复杂",因为许多缔约方需要一定的技术援助和能力建设来执行这些规定,因此这六项条款被称为"复杂条款"。从权重上看,有 112 个自由贸易协定包含风险管理,权重为 41.9%。101 个自由贸易协定包含预裁定,权重为 37.8%;网络发布、边境机构合作、经认证经营者、单一窗口的覆盖率分别为 31.0%、23.5%、16.1% 和 7.4%。由于贸易便利化不仅与海关程序有关,还涉及边境执法机构,如警察、标准、兽医和植物检疫执法机构,以及监管跨境贸易许可和颁发许可证的机构,因此部分贸易便利化"复杂条款"的涵盖范围超过海关程序,成为"关键条款",要求公布所有与贸易有关的法律和条例,比如网络发布、边境机构合作和单一窗口,体现出自由贸易协定缔约方对规则透明度、海关合作、便捷通关的较高要求。

## 二、区域比较

本节对比了主要经济体签订的贸易便利化与海关程序具体规则覆盖情

况。第一,欧盟、韩国和智利缔结的贸易便利化条款覆盖范围最广,贸易标准化水平最高。其中,欧盟所涉自由贸易协定包含 47 项具体措施,超过 70%的自由贸易协定对原产地规则要求、签发、提交和核查作出细致要求,超过 50%要求信息发布和可用性、风险管理、海关合作、协调和简化海关程序、信息交流、执法合作、技术援助和能力建设以及组织结构等内容,这说明欧盟签订的自由贸易协定在原产地规则以及海关程序框架上有共同的利益诉求。相比之下,韩国和智利签订的自由贸易协定更加注重网络出版、咨询点、实施前发布、预裁定、上诉等海关程序的透明性和保障性。第二,中国和澳大利亚缔结的区域贸易便利化水平较高,分别有 38 项和 36 项措施。中国签订的自由贸易协定中,超过 80%将信息发布和可用性、网络出版、咨询点以及原产地证明作为基本要求,而澳大利亚对海关信息交流、原产地证明及核查要求较高。第三,美国、日本和东盟的区域贸易便利化水平居中。相比之下,美国和日本签订的自由贸易协定贸易便利化条款广度和深度高于东盟,这是由于美国和日本对就拟议条例发表意见、预裁定、上诉、风险管理、海关合作等海关程序的公平性和保障性要求较高。

## 三、自由贸易协定比较

### (一) 中美欧自由贸易协定比较

中国签订的各自由贸易协定贸易便利化水平处于中等偏下水平;美国签订的自由贸易协定贸易便利化水平处于中等偏上;欧盟签订的自由贸易协定贸易便利化水平处于最高,其中贸易便利化条款数量超过 30 条的有四个自由贸易协定。具体而言,第一,相比亚太区域的发展中国家,中国与发达国家以及美洲国家和地区签订的自由贸易协定贸易便利化水平较高,且注重网络发布、预裁定、风险管理、边境机构合作等"复杂条款"和"关键条款"的设计。这说明中国的缔约方中,欧美区域国家具有较强的能力建设和完善的基础设施,对通过贸易便利化议题畅通贸易渠道的要求和诉求高于亚太区域,带动中国加强制度建设、提升贸易便利化水平。第二,除北美自由贸易协定和美国—约旦自由贸易协定外,美国所涉自由贸易协定的垂直深度和水平深度均超过 10和 24,并且都包含网络发布、预裁定、风险管理、边境机构合作四类核心条款,总体贸易便利化水平高于中国。第三,欧盟签订的自由贸易协定在条款数量和质量上不断突破,引入经认证经营者概念,对符合要求的高级认证企业实施低查验率、便捷通关等更为便利的措施,总体贸易便利化水平超越美国和中国。简言之,欧盟、美国是自由贸易协定中贸易便利化条款的主要引领国,引导发展中国家尤其是中国逐渐向高标准贸易便利化条款靠拢,实现全球生产要素自由流动。

### (二) 高标准自由贸易协定比较

中国—秘鲁自由贸易协定、美国—墨西哥—加拿大协定、欧盟—韩国自由贸易协定分别是中国、美国、欧盟签订的贸易标准化水平最高的自由贸易协定,对信息公开、争端解决、手续费、原产地证书等都有明确要求。不同之处体现在:第一,美国—墨西哥—加拿大协定、欧盟—韩国自由贸易协定更加注重企业或贸易商的权利与义务,给予对海关程序发表意见的机会,并允许有报关代理。第二,中国—秘鲁自由贸易协定对货物运输和放行有具体规定,允许货物临时入境、加急运输,并在规定时间内放行货物,而美国—墨西哥—加拿大协定、欧盟—韩国自由贸易协定无此类要求。第三,复杂规则中经认证经营者、单一窗口和边境机构合作分布各异,中国—秘鲁自由贸易协定都不包含,美国—墨西哥—加拿大协定包含经认证经营者和边境机构合作,欧盟—韩国自由贸易协定仅包含单一窗口。

区域全面经济伙伴关系协定是中国在后疫情时代参与外循环的重要途径之一,在人口规模、经济总量以及地理分布上超越全面与进步的跨太平洋伙伴关系协定成为巨型自由贸易协定。从贸易便利化条款分布上看,区域全面经济伙伴关系协定在贸易标准化方面明显高于全面与进步的跨太平洋伙伴关系协定,在进出口手续费、货物过境自由、易腐货物放行特别安排、互联兼容的海关系统、协调和统一法律框架四项措施上更加与时俱进。但区域全面经济伙伴关系协定贸易便利化水平低于双边自由贸易协定,这是由于区域全面经济伙伴关系协定区域内各国的经济发展水平和国内能力建设差异较大所致。

具体而言,在透明度规则上,区域全面经济伙伴关系协定、全面与进步的跨太平洋伙伴关系协定和美国—墨西哥—加拿大协定均要求每一缔约方根据法律提前公布拟采用的有关贸易和海关事项的一般适用条例,在缔约方采用这些条例之前向利害关系人提供发表意见的机会,在新的或修订的法律法规生效前尽早公布,以及指定咨询点。区域全面经济伙伴关系协定和美国—墨西哥—加拿大协定就公布信息方面要求详细列明具体内容,全面与进步的跨太平洋伙伴关系协定并未作此要求,但全面与进步的跨太平洋伙伴关系协定要求在法律法规公布与生效有合理间隔和60天的评论期,以及尽可能使用英语。在放行时间上,区域全面经济伙伴关系协定、全面与进步的跨太平洋伙伴关系协定和美国—墨西哥—加拿大协定均对信息预申报、货物放行时间、凭保放行和快运货物作出要求。不同的是,区域全面经济伙伴关系协定和全面与进步的跨太平洋伙伴关系协定对货物放行时间和快运货物分别作出了48小时和6小时的时间要求,而美国—墨西哥—加拿大协定则要求立即放行。区域全面经济伙伴关系协定对易腐货物规定了较为详细的程序,而全面与进步的跨太平洋伙伴关系协定和美国—墨西哥—加拿大协定未涵盖易腐货物内容。但是全面与进步的跨太平洋伙伴关系协定和美国—墨西哥—加拿大协定允许货物在抵达地点放行,无须临时转移至仓库或其他设施,而区域全面经济伙伴关系协定在文本中并无此规定。

总的来说,高标准经贸规则中海关程序和贸易便利化能够确保各缔约方海关法律法规的可预见性、一致性和透明度,能够保证海关的有效管理和货物的快速通关,简化海关程序,规定货物放行时限,加强各缔约方企业与海关间的合作,通过保证稳定高效的运输环节来巩固区域间的产业链供应链,从而便利各缔约方开展产业合作。

### (三) 中国、美国、欧盟自由贸易协定的贸易便利化条款和理念比较

表7.1报告了欧盟、美国和中国目前已签订的自由贸易协定贸易便利化条款和理念对比。从内容分布上看,中国、美国、欧盟将贸易便利化条款集中在海关程序与贸易便利化(Custom and Trade Facilication)一章,体现出三国对生产要素跨境流动自由便利的高度重视,以及对降低非关税壁垒、减少交易成本的大力支持。从规则理念上看,欧盟通过设立贸易处罚条例、单一窗口等规则实现贸易便利和贸易保护。美国则利用装运后检验、清关后审计、海关手续费等规则加强国际贸易风险下的贸易安全。相比之下,中国经济在近年来快速发展,在贸易合作、贸易便利等方面表现出高度诉求,采用电子信息技术、将检验程序前置在货物装运前、明确普通货物和易腐货物放行时间等细致条款建立合作共赢的制度体系。也就是说,美国、欧盟走在贸易便利化议题规制前列,规则理念已经从贸易便利转变为贸易保护和贸易安全,中国尚处于经济追赶和赶超阶段,贸易合作是实现贸易便利的最佳路径之一。

表7.1　欧盟、美国、中国自由贸易协定贸易便利化条款和理念比较

| 对比项 | 欧盟 | 美国 | 中国 |
|---|---|---|---|
| 位置分布 | 海关程序和贸易便利化 | 海关程序和贸易便利化 | 海关程序和贸易便利化、电子商务、货物贸易 |
| 规则诉求 | 生产要素跨境流动自由便利、贸易保护 | 生产要素跨境流动自由便利、贸易安全 | 生产要素跨境流动自由便利、贸易合作 |
| 规则模式 | 建立奖惩分明、贸易便利的制度体系 | 建立有多方位风险管理的制度体系 | 建立合作共赢的制度体系 |

续表

| 对比项 | 欧盟 | 美国 | 中国 |
|---|---|---|---|
| 共有条款 | 信息发布和可用性、网络出版、实施前发布、咨询点、预裁定、放行时间、海关合作、使用国际标准、与海关相关的信息交流、上诉、原产地核查措施、经认证经营者、原产地证明等 | | |
| | 贸易商义务、就拟议条例发表意见、报关代理、管理机构、最佳实践信息交换、执法合作等 | | |
| | 货物临时入境、简化和协调海关程序等 | | 货物临时入境、简化和协调海关程序等 |
| 差异条款 | 处罚条例、单一窗口等 | 货物过境自由、装运后检验、清关后审计、海关手续费、电子报关单等 | 抵达前处理、易腐货物放行特别安排、货物放行时间、电子支付、协调和统一法律框架等 |

资料来源:根据中国、美国、欧盟自由贸易协定的贸易便利化条款文本整理而得。

## 四、高标准自由贸易协定的贸易便利化条款发展动向

贸易便利化是经济全球化以来世界各国着力改善的领域之一。但由于各国价值诉求和能力建设水平存在差异,各国对自由贸易协定中纳入的贸易便利化措施和标准褒贬不一。一方面,贸易便利化议题的多元化加强了缔约方对降低非关税壁垒的重视程度,各类贸易便利化措施在实现降低交易成本、改善贸易环境等方面起到重要作用,便利全球生产要素自由流动。另一方面,贸易便利化措施落实需要协定双方完善国内规制和基础设施,而协定双方发展水平不一决定了较弱缔约方需要一定的技术援助和能力建设,可能涉及国内主权问题,由此导致贸易便利化措施实施存在较大的时间成本和金钱成本。但从实践来看,积极意义大于消极意义。对于欧盟、美国等贸易便利化条款引领国而言,信息技术应用、单一窗口、经认证经营者、预裁定等便利化措施应用较广,通过将便利化理念纳入自由贸易协定实现全球要素贸易便利。从发展中国家来看,中国、智利等国家和地区参与国际经贸规则治理态度积极,并活

跃于双边、多边自由贸易协定,对引领国的高标准贸易便利化条款接受程度较高。不同之处在于,中国以合作共赢为导向,自由贸易协定的贸易便利化条款中具有较多涉及透明度与合作的网络发布、海关合作、执法合作等重要条款。

从具体条款来看,诸多自由贸易协定十分注重信息发布和可用性、网络出版、咨询点、实施前发布、预裁定、上诉、风险管理、放行时间、使用国际标准、与海关相关的信息交流、组织结构等透明度极强的基本条款设计,而后加入原产地证明、执法合作、技术援助和能力建设等符合区域国际贸易发展的相关措施。在新冠疫情冲击、国际贸易停滞不前的新形势下,单一窗口、经认证经营者、预裁定等贸易便利化措施作为新兴议题出现在更多自由贸易协定文本中。这些措施从传统海关视角转移至企业视角,针对企业进出口贸易活动、企业信用、贸易商品等量身定制相关便利化举措,极大地改善了区域营商环境,从而带动区域跨境贸易朝便利化、高效化方向发展。正如备受世界瞩目的区域全面经济伙伴关系协定签订,相较于中国已签订的自由贸易协定,区域全面经济伙伴关系协定首次纳入经认证经营者概念,将海关协调员制度在区域内推广,细化预裁定相关措施,实现了贸易便利化、规则一体化和议题现代化的新突破,提升了贸易便利化标准,提高了区域内通关效率,降低了通关成本。单一窗口在美欧等发达国家签订的自由贸易协定中出现频率较高,中国目前尚未在双边或多边自由贸易协定中引入单一窗口,但在国内自由贸易试验区中已开展先行先试,未来拓展应用空间很大。

总体而言,贸易便利化议题超越传统的贸易合作目标,逐渐转向贸易安全和贸易保护,各类措施制定对象也从海关部门拓展至从事贸易活动的企业层面,为贸易提供全周期的制度保障。但目前各国对便利化议题的接受程度和实施程度不一,全面规制和落实自由贸易协定高标准贸易便利化条款仍需结合自由贸易协定缔约方的经济水平、贸易需求、利益诉求等多方考量。

# 第三节　自由贸易协定的贸易便利化条款
## 对价值链贸易的影响

## 一、理论分析

目前国内外关于贸易便利化的量化方法主要以威尔逊等（Wilson 等，2003）①提出的口岸效率、监管环境、海关环境和电子商务四个一级指标为基础进行修改和完善，通过主成分分析法或熵值法构建贸易便利化指标（Tosevska 和 Tevdovski，2016②；Sakyi 等，2017③）。除此之外，也不乏国际组织对贸易便利化的四个一级指标进行细化，以量化各国贸易便利化措施的实施情况，包括世界银行发布的宜商环境指标（B-READY）、全球物流绩效指数（LPI）、世界经济论坛发布的贸易促进指数（ETI）以及经济合作与发展组织根据世界贸易组织贸易便利化协定发布的贸易便利化指标（TFI）。其中，TFI 包含 11 个一级指标和 155 个二级指标，是目前研究中最完整、最权威的指标。盛斌和靳晨鑫（2019）④就根据 TFI 指标测算，发现"一带一路"沿线国家和地区中，中东欧的得分最高，接近世界"最佳实践"水平，东南亚、独联体和西亚北非地区得分较高，南亚得分较低。

在贸易便利化的经济效应方面。一类研究关注国家层面的贸易利得，认

---

① Wilson J. S., Mann C. L., Otsuki T., "Trade Facilitation and Economic Development: A New Approach to Quantifying the Impact", *World Bank Economic Review*, Vol. 17, No. 3, 2003, pp. 367–389.

② Tosevska-Trpcevska K., Tevdovski D., "Trade Facilitation Indicators and their Potential Impact on Trade Between the Countries of South-Eastern Europe", *Scientific Annals of Economics and Business*, Vol. 63, No. 3, 2016, pp. 347–362.

③ Sakyi D., Villaverde J., Maza A., Et Al., "The Effects of Trade and Trade Facilitation on Economic Growth in Africa", *African Development Review*, Vol. 29, No. 2, 2017, pp. 350–361.

④ 盛斌、靳晨鑫：《"一带一路"沿线国家贸易便利化水平分析及中国的对策》，《国际贸易》2019 年第 4 期。

为贸易便利化不仅能够增加双方的贸易利益,还能够促进双方的经济发展和社会福利(Portugal-Perez 和 Wilson,2012)①,提高一国全球价值链的参与程度。例如进口国基础设施、通信技术、商业环境和边境效率的改善能够促进与贸易伙伴之间的零部件贸易(Yadav,2014)②。进口文件数减少和港口基础设施质量提升可以促进中国对"一带一路"沿线国家和地区出口提高 2.8% 和0.3%(葛纯宝和于津平,2020)③。还有文献通过 GTAP 模拟发现贸易便利化水平提升有利于深化区域内各国之间的经贸合作、调整贸易和产业结构、改善居民福利(韩星,2019)④。另一类研究关注贸易便利化水平对出口企业的影响。中国制造业企业出口技术复杂度与贸易便利化水平有正向相关关系,并且在企业所有制、企业生产率水平、企业年龄和企业规模之间存在异质性(肖扬等,2019)⑤。贸易便利化在降低出入境时间和成本的同时,还能削减嵌入全球价值链的出口企业库存,有助于供应链效率的提升(段文奇和景光正,2021)⑥。不仅如此,贸易便利化带来的技术溢出效应、成本节约效应和竞争效应还能提升企业出口增加值(杨继军等,2020)⑦,这也是提升出口产品质量的重要路径。然而,当贸易便利化水平到达某个临界值时,过度外包的生产环节会回

①　Portugal-Perez A., Wilson J. S., "Export Performance and Trade Facilitation Reform: Hard and Soft Infrastructure", *World Development*, Vol. 40, No. 7, 2012, pp. 1295-1307.

②　Yadav N., "Impact of Trade Facilitation on Parts and Components Trade", *International Trade Journal*, Vol. 28, No. 4, 2014, pp. 287-310.

③　葛纯宝、于津平:《"一带一路"沿线国家贸易便利化与中国出口——基于拓展引力模型的实证分析》,《国际经贸探索》2020 年第 9 期。

④　韩星:《上海合作组织贸易便利化的经济影响——基于 GTAP 模型的模拟研究》,《财经问题研究》2019 年第 3 期。

⑤　肖扬、黄浩溢、曹亮:《"一带一路"沿线国家贸易便利化对中国企业的影响——基于企业出口国内增加值率的视角》,《宏观经济研究》2019 年第 11 期。

⑥　段文奇、景光正:《贸易便利化、全球价值链嵌入与供应链效率——基于出口企业库存的视角》,《中国工业经济》2021 年第 2 期。

⑦　杨继军、刘依凡、李宏亮:《贸易便利化、中间品进口与企业出口增加值》,《财贸经济》2020 年第 4 期。

流,使贸易便利化对出口附加值率的影响呈现"U"型关系(董虹蔚和孔庆峰,2021)①。

现有文献多以威尔逊等(Wilson 等,2003)的研究为基础,研究贸易便利化水平对国家和企业层面贸易的影响。然而鲜有文献在自由贸易协定框架下研究贸易便利化条款与价值链贸易的关系。鉴于此,本章在已有研究基础之上,以自由贸易协定为样本,通过构建不同的贸易便利化条款深度指标,梳理自由贸易协定中贸易便利化条款的发展趋势,总结区域规则特点,进而研究贸易便利化条款对价值链贸易的影响,并由此提出贸易便利化领域的改革方向和政策建议。

## (一) 贸易便利化条款深度对不同类型产品贸易的异质性影响

本节主要考虑三种类型的区域贸易流量,分别是增加值贸易、中间品贸易和最终品贸易。这是由于价值链合作是后疫情时代化解逆全球化危机、摆脱价值链低端锁定的有效途径。韩剑和王灿(2019)发现自由贸易协定对发展中国家参与全球价值链分工程度和长度有显著促进作用,提升价值链嵌入水平。自由贸易协定每达成一项条款,会导致中间产品和服务出口的国内增加值提高 0.48%,国外增加值提高 0.39%,这说明自由贸易协定对增加值贸易产生积极作用(Laget 等,2018)②。并且,边境后条款深度提升会提高出口经济体的前向专业垂直化参与率,进而促进经济体参与全球价值链(张中元,2019)③。例如,知识产权保护条款深度对南北型、南南型自由贸易协定缔约

① 董虹蔚、孔庆峰:《贸易便利化、国际生产分割与出口价值构成》,《国际经贸探索》2021年第 1 期。

② Laget E., Osnago A., Rocha N., Ruta M., "Deep Trade Agreements and Global Value Chains", *World Bank*, 2018.

③ 张中元:《区域贸易协定的水平深度对参与全球价值链的影响》,《国际贸易问题》2019年第 8 期。

方的价值链贸易出口有正向影响(李艳秀和毛艳华,2018)①。

贸易便利化与海关程序作为自由贸易协定框架下的深度一体化条款,对价值链贸易的影响可能是双重的,一方面,贸易便利化水平的提升,意味着贸易标准化的提高,有利于缔约方区域贸易出口的规范性,节省时间成本和贸易成本。另一方面,规则谈判需要双方作出不同程度的让步,可能会触及国内立法,需要相应的技术援助和能力建设以达到双方协商一致的标准。鉴于此,本节在上述研究基础上,提出以下假设:

假设1:自由贸易协定的贸易便利化条款通过降低贸易成本、缩短通关时间,影响区域内增加值贸易、中间品贸易和最终品贸易。贸易便利化条款深度越高,对区域贸易流量的促进作用就越大。

假设2:由于垂直专业化生产取代原有生产分工模式,促进缔约方深度融入全球价值链。因此相比最终品贸易,贸易便利化条款产生的促进作用更多体现在中间品贸易中。

## (二) 贸易便利化条款深度的贸易效应异质性

贸易便利化的目的不仅在于简化海关程序,还在于边境机构、监管执法机构的规则协调。例如单一窗口、经认证经营者、预裁定、边境机构合作、网络发布、风险管理等是各国通报的常见措施,已经超越海关程序要求,需要警察、标准、兽医和植物检疫当局以及监管跨境贸易许可和颁发许可证机构的合作。根据世界银行数据库统计,截至2017年年底,六项"复杂"条款在全球自由贸易协定中的覆盖率分别为43%、39%、32%、24%、17%、8%。因此,不同贸易便利化条款会对价值链贸易产生不同程度的影响。另外考虑到制造业比采矿业和农业更能体现缔约方的核心竞争力,如人力资本、技术研发等,贸易便利化

---

① 李艳秀、毛艳华:《区域贸易协定深度与价值链贸易关系研究》,《世界经济研究》2018年第12期。

条款产生的贸易效应可能在不同部门中产生明显异质性。本节进而提出：

假设3：贸易便利化具体条款对价值链贸易的影响存在显著异质性，代表缔约方实力的单一窗口、经认证经营者等高标准贸易便利化条款产生的影响相对更强，并且这些条款在不同部门之间也存在显著异质性。

## （三）贸易便利化条款对区域贸易流量的影响机制

贸易便利化条款在提升货物通关便利化水平方面发挥重要作用，规制并实施高标准贸易便利化条款是自由贸易协定缔约方促进价值链贸易的重要举措。但是，贸易便利化条款的实施会受到多种因素的影响，从而间接影响双边贸易。首先，自由贸易协定缔约方之间的制度质量距离能够反映贸易便利化条款的落实进程。因为制度是一种降低企业交易成本和协调成本、减少市场交易风险的规则。换句话说，制度环境越透明，代表其制度质量越高，经济政策越稳定，进出口企业获得信息的成本就越低（贾镜渝和孟妍，2022）①。因此，自由贸易协定缔约方制度质量差异越大，贸易便利化条款实施的时间越晚，不利于区域贸易流量的增加。其次，贸易便利化条款的目的之一是降低交易成本，但缔约方由于地理距离引起的交易成本是不可忽视的，很难通过贸易便利化条款深度的提升进行消除。因此，双边地理距离的扩大可能使贸易便利化条款深度对价值链贸易的促进效应减弱。再次，贸易便利化条款的实施需要自由贸易协定缔约方提供一定的资金支持，甚至是必要的技术援助和能力建设。缔约方之间经济发展水平的差异性可能会导致进出口企业不能完全享受贸易便利化带来的优惠待遇，影响双边贸易。最后，考虑到"一带一路"倡议是由中国发起的，惠及沿线国家和地区的利好措施，提供的互联互通平台有利于促进沿线自由贸易协定贸易便利化条款落地生效。基于以上分析，提出以下假设：

---

① 贾镜渝、孟妍：《经验学习、制度质量与国有企业海外并购》，《南开管理评论》2022年第3期。

假设4:自由贸易协定贸易便利化条款对价值链贸易的促进效果受到缔约方之间制度距离、地理距离、经济距离以及"一带一路"倡议等因素的影响。

## 二、研究设计

### (一) 样本选取

本节选择欧盟、韩国、智利、中国、澳大利亚、美国、日本、东盟作为主要经济体样本。再将世界银行深度自由贸易协定中的贸易便利化与海关程序数据库,以及经济合作与发展组织增加值贸易数据库进行匹配,得到58个样本自由贸易协定。这些样本的覆盖面较为广泛,不仅包含美国、欧盟、日本等发达经济体,还包含中国、智利、东盟等发展中经济体。与此同时,南南型、南北型以及北北型自由贸易协定都有涉及,这能够保证本节研究内容及结果的普适性。

### (二) 模型设置

本节主要研究自由贸易协定中贸易便利化与海关程序深度一体化条款与价值链贸易的关系,故在安德森和范文库普(Anderson 和 Van Wincoop, 2003)[①]的引力模型框架基础之上,纳入自由贸易协定贸易便利化条款深度指标来刻画贸易便利化水平对区域贸易流量的影响。具体模型设置如下:

$$EXP_{ij} = \frac{X_i Y_j}{Y} \frac{T_{ij}}{P_i \Pi_j} \tag{7-1}$$

其中,$EXP_{ij}$为区域内$i$国向$j$国的出口贸易流量。$X_i$代表$i$国总产出,$Y_j$代表$j$国总支出,$Y$为世界总收入。双边贸易流量还受到$P_i$和$\Pi_j$多边阻力项的影响,分别代表$i$国和$j$国的相对贸易成本。同时,根据本节研究目的,将双边贸易成本$T_{ij}$拆分成自由贸易协定贸易便利化条款($tf_{ij}$)和其他成本因素

---

① Anderson J. E., Van Wincoop E., "Gravity With Gravitas: A Solution to the Border Puzzle", *American Economic Review*, Vol. 93, No. 1, 2003, pp. 170-192.

$(t_{ij})$，可以设定为：

$$T_{ij} = \exp(\beta_1 tf_{ij} + \beta_2 t_{ij}) \tag{7-2}$$

将式（7-2）代入式（7-1），并取对数后可得扩展的引力方程式：

$$\ln EXP_{ij} = \beta_0 + \beta_1 \ln tf_{ij} + \beta_2 \ln X_i + \beta_3 \ln Y_j + \beta_4 \ln P_i + \beta_5 \ln \Pi_j + \beta_6 t_{ij} + \varepsilon_{ij}$$

$$\tag{7-3}$$

考虑到式（7-2）可能出现的内生性问题，借鉴拜尔和伯格斯特兰德（Baier 和 Bergstrand，2007）的做法，本节使用面板数据，并引入国家对、行业和年份固定效应，以解决各变量随年份变化的因素以及多边贸易阻力因子。最终设定的用于实证分析的模型如下：

$$\ln EXP_{ijct} = \beta_0 + \beta_1 \ln tf_{ijt} + \beta_2 \ln GDP_{it} + \beta_3 \ln GDP_{jt} + \beta_4 \ln GAP_{ijt} +$$
$$\beta_5 t_{ij} + \delta_{ijt} + \eta_{ct} + \lambda_t + \varepsilon_{ijt} \tag{7-4}$$

式（7-4）中，下标 $i$、$j$、$c$、$t$ 分别指出口国、进口国、行业和年份。$EXP$ 指自由贸易协定缔约方在区域内的出口贸易流量，包括增加值贸易、中间品贸易以及最终品贸易流量。$tf_{ijt}$ 代表 $i$ 国与 $j$ 国签订的自由贸易协定贸易便利化条款深度一体化指标，包含贸易便利化条款的垂直深度（$tf_{ijt}^{depth}$）和水平深度（$tf_{ijt}^{sum}$）指标。国内生产总值指进出口国的国内生产总值。$GAP$ 指进口国和出口国的人均收入规模差异，代表双边人口消费结构的相似性。$t_{ij}$ 代表非时变贸易成本变量，包括进出口国之间的地理距离、是否有共同语言、边境是否毗邻以及是否存在殖民地关系。$\varepsilon_{ijt}$ 是模型的随机扰动项。

（三）变量选取、数据来源

被解释变量：自由贸易协定缔约方的区域贸易出口流量（$EXPORT$）。本节选取 2005—2015 年样本国在自由贸易协定内的增加值贸易、中间品贸易以及最终品贸易的出口数据作为被解释变量。样本数据来自经济合作与发展组织的 TIVA 数据库，包含农林牧渔业、采矿业以及制造业在内的 11 个细分行业，共计 51304 个样本。

核心解释变量:自由贸易协定贸易便利化条款($TF$)。首先,在基准回归中,本节分别构建基于"横向原则"的水平深度指标($tf^{sum}$)和基于"纵向原则"的垂直深度指标($tf^{depth}$)。第一个指标$tf^{sum}$是根据霍夫曼等(Hofmann 等,2017)提出的条款计数法计算得出,即对自由贸易协定贸易便利化与海关程序章节包含的规则数量进行加总,计算公式如式(7-5)所示。这种方法能够在一定程度上解决不同自由贸易协定中贸易便利化与海关程序规则的同质性问题。但考虑到不同自由贸易协定规则数目可能相同,却在贸易便利化条款的选择上存在差异,本节进而使用纵向加总法计算第二个深度指标$tf^{depth}$。基于玛图等(Mattoo 等,2017)[①]的研究思路,根据 52 项具体规则在生效且包含贸易便利化议题的自由贸易协定中的出现次数计算出权重,再将各规则的权重乘以其覆盖情况,加总后得到第二个贸易便利化条款深度指标,计算方法见式(7-6)。

$$tf_{ij}^{sum} = \sum_{n=1}^{52} prov\_n \tag{7-5}$$

$$tf_{ij}^{depth} = \sum_{n=1}^{52} \left( \frac{\sum_{ij=1}^{267} prov\_n_{ij}}{267} \times prov\_n \right) \tag{7-6}$$

其次,在稳健性检验中,使用自由贸易协定是否包含贸易便利化与海关程序章节($tf_{ijt}^{yes}$),以及该章节是否具有法律可执行性($tf_{ijt}^{legal}$)作为替代变量进行分析。其中,若自由贸易协定包含贸易便利化与海关程序章节,$tf_{ijt}^{yes}$则取1,否则取 0。若该章节含有"鼓励""希望"等语气较弱的关键词,说明该章节的法律可执行性较低,$tf_{ijt}^{legal}$就取 1,如果含有"必须""应当"等语气较强的关键词,说明贸易便利化章节具有较强的法律可执行性,$tf_{ijt}^{legal}$就取 2,如果不包含该项条款,$tf_{ijt}^{legal}$就取 0。最后,在进一步的讨论中,考虑六项代表性贸易便

---

① Mattoo A., Mulabdic A., Ruta M., "Trade Creation and Trade Diversion in Deep Agreements", *World Bank*, 2017.

利化条款的异质性,分别是网络发布、预裁定、风险管理、经认证经营者、单一窗口以及边境机构合作。相关贸易便利化具体条款的覆盖情况数据均来自世界银行深度贸易协定数据库。

控制变量:经济规模($GDP$),该指标能够反映出自由贸易协定缔约方的供给能力和需求能力,以及参与全球价值链的能力。一般而言,经济规模越大,缔约方之间产生的贸易量就越大。自由贸易协定区域内出口国与进口国的人均收入规模差异($GAP$),代表缔约方居民的消费结构。人均收入差异越小,说明消费结构越相似,双边的贸易往来就越频繁。国内生产总值与人均国内生产总值数据均来自世界银行。缔约方之间贸易成本观测变量,包括出口国与进口国之间的地理距离($DIS$)、是否采用共同语言($Comlang$)、是否具有共同边界($Contig$)以及是否有殖民地关系($Colony$)。这四项指标数据均来自CEPII 数据库。

## 三、实证结果与分析

### (一) 基准回归

本节主要研究自由贸易协定贸易便利化条款深度指标对价值链贸易的影响,因此对式(7-4)进行实证估计。表7.2 报告了基准回归结果,其中列(1)—列(3)是垂直深度指标的稳健性估计结果,列(4)—列(6)是水平深度指标的估计结果。结果表明,各变量的符号和显著性与预期基本一致。具体而言,核心解释变量 $\ln tf_{ijt}^{depth}$ 的系数通过了 1%—5%水平上的显著性检验,并且对中间品贸易的影响大于最终品贸易。根据弹性计算公式($e^x$)-1,$\ln tf_{ijt}^{depth}$ 每增加一个单位,增加值贸易就会增加 2.93%,最终品贸易增加 2.10%,中间品贸易增加2.29%。$\ln tf_{ijt}^{sum}$ 的系数在 1%—10%的水平上显著为正,自由贸易协定多达成一项贸易便利化条款,区域贸易流量就会增加 1.33%—1.97%。这说明随着区域贸易便利化水平的提升,贸易创造效应的效果就越明显,并且这种效应更多地体现在中间品贸易中。究其原因,贸易便利化条款的实施使自由贸易协定缔约方出口成本降低,这意味着国外进口商的进口成本降低,对最终品和中间品都产生更大的需求。需求会通过供应链放大,中间品贸易受到的影响也会放大,高于最终品贸易。

表 7.2　基准回归结果

| 变量 | （1）增加值 | （2）最终品 | （3）中间品 | （4）增加值 | （5）最终品 | （6）中间品 |
|---|---|---|---|---|---|---|
| $\ln tf_{ijt}^{depth}$ | 0.0289*** | 0.0208** | 0.0226** | | | |
| | (0.0102) | (0.0093) | (0.0097) | | | |
| $\ln tf_{ijt}^{sum}$ | | | | 0.0195*** | 0.0132* | 0.0146** |
| | | | | (0.0075) | (0.0068) | (0.0071) |
| $\ln GDP_{ijt}^{ex}$ | 0.811*** | 0.659*** | 0.722*** | 0.811*** | 0.659*** | 0.722*** |
| | (0.0059) | (0.0054) | (0.00561) | (0.0059) | (0.0054) | (0.0056) |
| $\ln GDP_{ijt}^{im}$ | 0.724*** | 0.523*** | 0.678*** | 0.724*** | 0.523*** | 0.678*** |
| | (0.0057) | (0.0054) | (0.0054) | (0.0057) | (0.0054) | (0.0054) |
| $\ln GAP_{ijt}$ | −0.172*** | −0.192*** | −0.170*** | −0.172*** | −0.192*** | −0.170*** |
| | (0.0106) | (0.0092) | (0.0100) | (0.0106) | (0.0092) | (0.0100) |
| $\ln DIS_{ij}$ | −0.008 | 0.010 | −0.016 | −0.008 | 0.010 | −0.016 |
| | (0.0410) | (0.0388) | (0.0397) | (0.0410) | (0.0388) | (0.0397) |
| $Contig_{ij}$ | 0.925*** | 0.857*** | 0.962*** | 0.925*** | 0.857*** | 0.962*** |
| | (0.0662) | (0.0704) | (0.0665) | (0.0662) | (0.0704) | (0.0665) |
| $Comlang_{ij}$ | 0.282*** | 0.374*** | 0.196*** | 0.282*** | 0.374*** | 0.196*** |
| | (0.0248) | (0.0231) | (0.0239) | (0.0248) | (0.0231) | (0.0239) |
| $Colony_{ij}$ | 0.669*** | 0.821*** | 0.567*** | 0.669*** | 0.821*** | 0.567*** |
| | (0.0825) | (0.0742) | (0.0775) | (0.0825) | (0.0742) | (0.0775) |
| $Constant$ | −15.65*** | −12.43*** | −14.36*** | −15.65*** | −12.43*** | −14.36*** |
| | (0.390) | (0.366) | (0.378) | (0.390) | (0.366) | (0.378) |

续表

| 变量 | （1） | （2） | （3） | （4） | （5） | （6） |
|---|---|---|---|---|---|---|
| | 增加值 | 最终品 | 中间品 | 增加值 | 最终品 | 中间品 |
| $N$ | 51304 | 51304 | 51304 | 51304 | 51304 | 51304 |
| $R^2$ | 0.624 | 0.617 | 0.621 | 0.624 | 0.617 | 0.621 |

注:括号内为相应估计系数的标准误差,***、**和*分别表示在1%、5%和10%的水平上显著。回归中还控制了国家对、行业和时间固定效应。

就控制变量而言,第一,$\ln GDP_{ijt}^{ex}$、$\ln GDP_{ijt}^{im}$的系数通过了1%水平的显著性检验,这说明自由贸易协定缔约方的供给能力和需求能力反映出其参与全球价值链分工的能力,能力越大,产生的贸易流量越多。第二,$\ln GAP_{ijt}$反映出缔约方之间消费结构的差异性,实证结果表明,人均收入规模差异越大,区域内贸易受到的约束效应就越大。第三,代表贸易成本的地理距离、共同边界、共同语言的符号和显著性与预期一致,$\ln DIS$越大,代表自由贸易协定缔约方之间地理距离越远,贸易成本就越高,不利于开展双边贸易。$Comlang$、$Contig$、$Colony$代表自由贸易协定缔约方之间如果存在共同语言,具有共同边界且有殖民地关系,贸易成本就能够降低,区域贸易流量就越大。

## (二) 内生性问题

### 1.滞后效应检验

贸易便利化与海关程序章节通过降低货物在区域内的进出口时间和成本,达到促进区域贸易流量增加的目的。然而,区域贸易流量的增加说明自由贸易协定缔约方之间贸易往来愈加频繁,为便利双边贸易,双方会通过签订更多的贸易便利化条款,以进一步降低贸易成本。因此,为避免此类内生性问题对回归结果造成偏差,本节对被解释变量贸易便利化条款深度指标做滞后两期处理,回归结果见表7.3。结果表明,滞后两期的贸易便利化深度指标的回归系数均通过1%水平的显著性检验,对增加值贸易、中间品贸易和最终品贸易流量都起到促进作用,与基准回归结果一致。这表明控制滞后效应后,自由贸易协定贸易便利化条款仍然表现出较强稳健性。

表7.3 滞后效应回归结果

| 变量 | （1） | （2） | （3） | （4） | （5） | （6） |
|---|---|---|---|---|---|---|
| | 增加值 | 最终品 | 中间品 | 增加值 | 最终品 | 中间品 |
| $L.\mathrm{ln}tf_{ijt}^{depth}$ | 0.0447*** | 0.0378*** | 0.0387*** | | | |
| | (0.0063) | (0.0057) | (0.0059) | | | |
| $L.\mathrm{ln}tf_{ijt}^{sum}$ | | | | 0.0321*** | 0.0270*** | 0.0276*** |
| | | | | (0.0046) | (0.0042) | (0.0043) |
| Constant | −15.65*** | −12.44*** | −14.36*** | −15.65*** | −12.44*** | −14.36*** |
| | (0.389) | (0.366) | (0.377) | (0.389) | (0.366) | (0.377) |
| Other Vars | Yes | Yes | Yes | Yes | Yes | Yes |
| N | 51302 | 51302 | 51302 | 51302 | 51302 | 51302 |
| $R^2$ | 0.625 | 0.617 | 0.622 | 0.625 | 0.617 | 0.622 |

注:括号内为相应估计系数的标准误差,***、**和*分别表示在1%、5%和10%的水平上显著。

### 2. 工具变量检验

考虑到各国各行业之间的相互联系和博弈,以及缔约方本身的贸易便利化水平可能会影响区域出口贸易流量,进而对自由贸易协定贸易便利化条款谈判产生影响。因此,本节进一步在固定效应模型中使用工具变量进行回归,以此解决由于上述原因可能导致的内生性问题。

工具变量分别选取自由贸易协定缔约方本身的贸易便利化水平。原因如下:第一,根据经济合作与发展组织数据库,总贸易便利化得分能够反映出自由贸易协定缔约方在信息可用性、贸易商参与、预裁定、手续以及合作等11个方面的改革成效。这说明经济合作与发展组织指标是从贸易便利化条款视角进行打分,与核心解释变量的测算原则一致。第二,缔约方自身的贸易便利化水平是决定自由贸易协定中贸易便利化与海关程序条款谈判的基础,通过影响贸易便利化条款深度,进而影响区域贸易流量。第三,根据杜宾—吴—豪斯曼(Durbin-Wn-Hausman,DWH)检验,以及过度识别检验,自由贸易协定进口国和出口国本身的贸易便利化指标符合本节工具变量的选取标准,与其他变量无关。

表 7.4 报告了工具变量的回归结果。结果表明,三种不同的检验方法下,贸易便利化深度指标 $\ln tf_{ijt}^{depth}$、$\ln tf_{ijt}^{sum}$ 的系数均在 1% 的水平上显著为正,并且中间品贸易的系数大于最终品贸易。这一结果与基准回归的估计结果一致,仍然表现出很强的稳健性。

表 7.4　工具变量回归结果

| 变量 | （1）增加值 | （2）最终品 | （3）中间品 | （4）增加值 | （5）最终品 | （6）中间品 |
|---|---|---|---|---|---|---|
| 2SLS | | | | | | |
| $\ln tf_{ijt}^{depth}$ | 0.0553*** | 0.0447*** | 0.0471*** | | | |
| | (0.0103) | (0.0094) | (0.0098) | | | |
| $\ln tf_{ijt}^{sum}$ | | | | 0.0410*** | 0.0331*** | 0.0350*** |
| | | | | (0.0077) | (0.0069) | (0.0073) |
| GMM | | | | | | |
| $\ln tf_{ijt}^{depth}$ | 0.0562*** | 0.0458*** | 0.0477*** | | | |
| | (0.0103) | (0.0094) | (0.0098) | | | |
| $\ln tf_{ijt}^{sum}$ | | | | 0.0417*** | 0.0340*** | 0.0354*** |
| | | | | (0.0077) | (0.0069) | (0.0073) |
| iGMM | | | | | | |
| $\ln tf_{ijt}^{depth}$ | 0.0562*** | 0.0458*** | 0.0477*** | | | |
| | (0.0103) | (0.0094) | (0.0098) | | | |
| $\ln tf_{ijt}^{sum}$ | | | | 0.0417*** | 0.0339*** | 0.0354*** |
| | | | | (0.0077) | (0.0069) | (0.0073) |
| $N$ | 51304 | 51304 | 51304 | 51304 | 51304 | 51304 |

注:括号内为相应估计系数的标准误差,***、**和*分别表示在1%、5%和10%的水平上显著。

（三）稳健性检验

**1. 替换核心解释变量**

本节选择自由贸易协定中是否包含贸易便利化章节虚拟变量,以及该章节是否具有法律可执行性变量来替换贸易便利化深度指标。考虑到贸易便利化章节的滞后效应,同样对两个核心解释变量进行滞后两期处理,以进一步对基准结果进行稳健性检验。根据表 7.5 替换核心解释变量的估计结果,列（1）至列（3）中,$tf_{ijt}^{yes}$ 的系数在1%水平上显著为正。若自由贸易协定包含贸易便利化与海关程序章节,得益于各缔约方实施的通关便利化措施,区域内中间品贸易会增加 9.83%,最终品贸易会增加 9.66%,与基准回归结果一致。列（4）至列（6）中,$tf_{ijt}^{legal}$ 对增加值贸易起到明显的促进作用,若贸易便利化章节含有"应该""鼓励""合作"等语气较弱的关键词,区域内的增加值贸易出口会提升 4.78%。若包含"应当""必须"等语气较强的关键词,增加值贸易反而会增加 9.56%。这进一步说明自由贸易协定中的各项贸易便利化措施有利于缩短通关时间,降低贸易成本,从而促进缔约方之间的贸易往来。

表 7.5　替换核心解释变量

| 变量 | （1） | （2） | （3） | （4） | （5） | （6） |
|---|---|---|---|---|---|---|
| | 增加值 | 最终品 | 中间品 | 增加值 | 最终品 | 中间品 |
| $L.tf_{ijt}^{yes}$ | 0.108*** | 0.0922*** | 0.0938*** | | | |
| | (0.0149) | (0.0135) | (0.0140) | | | |
| $L.tf_{ijt}^{legal}$ | | | | 0.0467*** | 0.0391*** | 0.0396*** |
| | | | | (0.0076) | (0.0069) | (0.0071) |
| Constant | −15.67*** | −12.45*** | −14.37*** | −15.66*** | −12.44*** | −14.37*** |
| | (0.389) | (0.366) | (0.377) | (0.390) | (0.366) | (0.377) |

续表

| 变量 | （1） | （2） | （3） | （4） | （5） | （6） |
|---|---|---|---|---|---|---|
| | 增加值 | 最终品 | 中间品 | 增加值 | 最终品 | 中间品 |
| *Other Vars* | Yes | Yes | Yes | Yes | Yes | Yes |
| $N$ | 51304 | 51304 | 51304 | 51304 | 51304 | 51304 |
| $R^2$ | 0.625 | 0.617 | 0.622 | 0.625 | 0.617 | 0.622 |

注：括号内为相应估计系数的标准误差，\*\*\*、\*\*和\*分别表示在1%、5%和10%的水平上显著。

### 2.剔除零值样本

考虑到贸易便利化措施的实施能够促进区域贸易流量，但由于样本数据中增加值贸易、中间品贸易和最终品贸易存在一定的零值，可能会对结果造成偏差，因此在稳健性检验中，剔除增加值数据为零值的样本，估计结果见表7.6。其中，列（1）至列（3）报告了自由贸易协定中贸易便利化垂直深度指标的估计结果，$\ln tf_{ijt}^{depth}$ 系数通过1%—5%水平的显著性检验，对增加值贸易起到明显的正向促进作用，并且对中间品贸易的影响大于最终品贸易。列（4）至列（6）报告了贸易便利化水平深度指标的估计结果，$\ln tf_{ijt}^{sum}$ 的系数在5%—10%的水平上显著为正，对增加值贸易、最终品贸易和中间品贸易的弹性分别为1.92%、1.27%、1.43%。总体而言，剔除样本数据为零值的估计结果较为稳健。

### 表7.6 剔除样本为零值

| 变量 | （1） | （2） | （3） | （4） | （5） | （6） |
|---|---|---|---|---|---|---|
| | 增加值 | 最终品 | 中间品 | 增加值 | 最终品 | 中间品 |
| $\ln tf_{ijt}^{depth}$ | 0.0279\*\*\* | 0.0197\*\* | 0.0216\*\* | | | |
| | （0.0103） | （0.0094） | （0.0098） | | | |
| $\ln tf_{ijt}^{sum}$ | | | | 0.0190\*\* | 0.0126\* | 0.0142\*\* |
| | | | | （0.0076） | （0.0069） | （0.0072） |

续表

| 变量 | （1） | （2） | （3） | （4） | （5） | （6） |
|---|---|---|---|---|---|---|
| | 增加值 | 最终品 | 中间品 | 增加值 | 最终品 | 中间品 |
| *Constant* | −15.68*** | −12.88*** | −14.55*** | −15.68*** | −12.87*** | −14.55*** |
| | (0.385) | (0.368) | (0.373) | (0.385) | (0.368) | (0.373) |
| *Other Vars* | Yes | Yes | Yes | Yes | Yes | Yes |
| *N* | 48874 | 48874 | 48874 | 48874 | 48874 | 48874 |
| $R^2$ | 0.617 | 0.615 | 0.618 | 0.617 | 0.615 | 0.618 |

注:括号内为相应估计系数的标准误差,***、**和*分别表示在1%、5%和10%的水平上显著。

### （四）异质性分析

为进一步揭示具体条款对区域贸易流量产生的影响,考察自由贸易协定贸易便利化条款之间的异质性,本节选取风险管理、预裁定、网络出版、边境机构合作、经认证经营者和单一窗口六项代表性贸易便利化条款进行实证检验。

就具体条款而言,六项贸易便利化条款对缔约方的区域出口贸易流量起到明显的促进作用,各项条款的系数均通过了1%水平的显著性检验。从条款上看,单一窗口对区域增加值贸易的影响最大,这是由于单一窗口的设置能够在很大程度上降低缔约方货物的通关成本,也是自由贸易协定规制贸易便利化章节的主要目标。第二,经认证经营者制度对区域贸易流量的影响弹性为57.30%—76.12%,企业获得海关部门的经认证经营者认证之后,就能够在货物通关时享受极低的查验率以及海关部门的优惠便利措施,有利于实现区域贸易更加自由便利的目标。第三,边境机构合作、网络发布、预裁定和风险管理从多个不同方面保障货物通关可以享受贸易便利化措施,对区域贸易流量的影响相比单一窗口和经认证经营者制度较小,但其系数都在1%的水平上显著为正。综上而言,自由贸易协定中贸易便利化不同条款对区域贸易流量的影响存在显著异质性。这表明中国在未来自由贸易协定谈判中,可以在单一窗口、经认证经营者制度、边境机构合作、预裁定、网络发布和风险管理等贸易便利化条款议题上进行更深入的研究,以促进中国参与区域价值链分工,提高价值链参与程度,增强区域价值链的韧性。

就特定部门而言,代表性贸易便利化条款对各部门的贸易影响存在显著异质性。贸易便利化条款深度指标系数在制造业部门均通过1%水平的显著性检验,但农业和采矿业部门的系数未通过显著性检验。其中,单一窗口对各部门的影响弹性最大,经认证经营者次之,其余条款的影响弹性相对较小。代表性贸易便利化条款在特定部门存在异质性的原因在于:一是样本自由贸易协定缔约方对制造业产品的供给和需求高于农产品和矿产品,区域内制造业贸易规模最大。二是制造业尤其是高新技术制造业需要采用更多的人力成本和技术资源,贸易便利化措施的实施能够显著降低贸易成本,因此制造业对贸易便利化条款的敏感程度相对较高。三是制造业能够反映出缔约方的核心竞争力,贸易便利化条款的落实能够提升缔约方产品的国际竞争力。

## (五) 机制检验

为了检验自由贸易协定中贸易便利化条款的贸易效应是否受到其他因素的影响,通过因果逐步回归检验法,本节进一步选择制度距离、地理距离、经济距离以及缔约方是否同为"一带一路"沿线国家和地区四个指标,与核心解释变量构成交互项,纳入模型中。为了避免模型可能存在的多重共线性问题,本节对交互项进行去中心化处理,回归结果见表7.7。

表 7.7　自由贸易协定贸易便利化条款的影响机制检验

| 变量 | 制度距离 | | 地理距离 | | 经济距离 | | "一带一路" | |
|---|---|---|---|---|---|---|---|---|
| | （1） | （2） | （3） | （4） | （5） | （6） | （7） | （8） |
| | 增加值 | 增加值 | 增加值 | 增加值 | 增加值 | 增加值 | 增加值 | 增加值 |
| $\mathrm{ln}tf_{ijt}^{depth}$ | 0.0636*** | | 1.117*** | | 0.0983*** | | 0.0338*** | |
| | (0.0120) | | (0.1530) | | (0.0123) | | (0.0103) | |
| $\mathrm{ln}tf_{ijt}^{sum}$ | | 0.0465*** | | 0.840*** | | 0.0711*** | | 0.0236*** |
| | | (0.0088) | | (0.116) | | (0.0091) | | (0.0076) |
| $\mathrm{ln}tf_{ijt}^{depth}\times\mathrm{ln}ins_{ijt}$ | −0.0247*** | | | | | | | |
| | (0.0047) | | | | | | | |
| $\mathrm{ln}tf_{ijt}^{sum}\times\mathrm{ln}ins_{ijt}$ | | −0.0196*** | | | | | | |
| | | (0.0034) | | | | | | |
| $\mathrm{ln}tf_{ijt}^{depth}\times\mathrm{ln}dis_{ij}$ | | | −0.121*** | | | | | |
| | | | (0.0170) | | | | | |
| $\mathrm{ln}tf_{ijt}^{sum}\times\mathrm{ln}dis_{ij}$ | | | | −0.0914*** | | | | |
| | | | | (0.0129) | | | | |
| $\mathrm{ln}tf_{ijt}^{depth}\times\mathrm{ln}Eco_{ijt}$ | | | | | −0.0434*** | | | |
| | | | | | (0.0040) | | | |
| $\mathrm{ln}tf_{ijt}^{sum}\times\mathrm{ln}Eco_{ijt}$ | | | | | | −0.0321*** | | |
| | | | | | | (0.0029) | | |
| $\mathrm{ln}tf_{ijt}^{depth}\times belt_{ijt}$ | | | | | | | 0.0875*** | |
| | | | | | | | (0.0225) | |
| $\mathrm{ln}tf_{ijt}^{sum}\times belt_{ijt}$ | | | | | | | | 0.0642*** |
| | | | | | | | | (0.0163) |
| *Constant* | −15.94*** | −15.96*** | −18.38*** | −18.39*** | −14.80*** | −14.81*** | −15.71*** | −15.70*** |
| | (0.396) | (0.395) | (0.562) | (0.565) | (0.396) | (0.396) | (0.390) | (0.390) |
| *Other Vars* | Yes | Yes | Yes | Yes | Yes | Yes | Yes | Yes |
| $N$ | 51304 | 51304 | 51304 | 51304 | 51304 | 51304 | 51304 | 51304 |
| $R^2$ | 0.625 | 0.625 | 0.625 | 0.625 | 0.625 | 0.625 | 0.624 | 0.624 |

注:括号内为相应估计系数的标准误差，***、**和*分别表示在1%、5%和10%的水平上显著。

制度距离。制度质量是影响进出口国政府落实自由贸易协定贸易便利化条款的重要因素之一。此部分使用的制度距离指标是进口国和出口国制度质量指数之差的绝对值,数据来自全球治理指数(WGI),包括话语权和问责、政治稳定、政府效率、监管质量、法治程度和腐败控制六个方面。表7.7的列(1)、列(2)报告了制度距离的估计结果。各变量的回归系数均在1%的水平上显著为正,与基准回归结果一致。这说明缔约方之间制度质量存在差异,会导致贸易便利化条款带来的贸易效应存在差异。因为制度质量较高的缔约方,能够快速对贸易便利化措施作出反应,进行相应的机制建设。而制度质量较低的国家和地区,从机制规划、审批到建成,需要付出大量时间成本才能推进该项措施落地生效。总而言之,制度距离越远,贸易协定缔约方的制度质量差异越大,同步实施贸易便利化措施的可能性就越小,对双边进出口企业的货物通关造成不利影响,妨碍双边贸易。

地理距离。表7.7的列(3)、列(4)报告了地理距离的估计结果。结果显示,$lntf_{ijt}$对区域贸易流量起到明显的促进作用,但 $lntf_{ijt} \times lndis_{ij}$ 的系数在1%水平上显著为负。说明自由贸易协定贸易便利化条款实施能够产生明显的贸易创造效应,但缔约方之间的地理距离会削弱贸易便利化条款的实施效果。距离越远,便利化带来的红利会被高额运输成本取代,不利于双边贸易。

经济距离。单一窗口、经认证经营者、风险管理等贸易便利化条款的落实需要缔约方提供一定的资金支持。经济发展水平较高的缔约方,其通关基础设施建设相对完善,"硬"环境和"软"环境兼备。而经济发展水平落后的缔约方,需要一定的技术援助和能力建设,以及大量资金才能推进贸易便利化。因此,经济距离也是贸易便利化条款发挥作用的影响因素之一。表7.7的列(5)、列(6)报告了经济距离估计结果。$lntf_{ijt} \times lnEco_{ijt}$为自由贸易协定贸易便利化条款深度指标与缔约方经济距离的交互项,具体为进口国与出口国的经济规模差异。结果表明,贸易便利化条款对自由贸易协定缔约方贸易往来产生显著的正向影响,但双边经济距离是阻碍贸易便利化条款发挥政策优势的原因之一。这是由于经济发展水平代表缔约方在价值链中所处的地位,差异越大,在价值链中所处的位置可能相差越远,缔约方之间的贸易产品差别越大,对货物通关时间、检验检疫手续等的诉求不同,双边为推进贸易便利化而进行的基础设施建设、政策规制等进展情况不一致,从而妨碍双边贸易。

"一带一路"倡议。秉承共商、共建、共享原则,聚焦政策沟通、设施联通、贸易畅通、资金融通、民心相通,"一带一路"倡议成为沿线国家和地区加强价值链合作的有效途径之一。作为一个开放式合作平台,"一带一路"在构建高标准自由贸易网络中发挥重要作用,提高了沿线国家和地区的贸易便利化程度。根据表7.7的列(7)、列(8)估计结果,"一带一路"倡议会放大自由贸易协定贸易便利化条款深度一体化的外溢效应,对区域增加值贸易流量的影响起到明显的促进作用。表明当缔约方同属"一带一路"沿线国家和地区时,"一带一路"提供的互联互通平台有利于自由贸易协定贸易便利化条款落地生效,为缔约方企业的进出口贸易享受便利化措施提供政策支持和制度保障。

# 第四节　中国构建和完善贸易便利化条款体系的对策建议

## 一、构建和完善贸易便利化条款体系的必要性和紧迫性

贸易便利化协定对中国贸易便利化条款体系提出了客观要求。贸易便利化协定是中国加入世界贸易组织以来谈判达成的首个多边货物贸易协定,规定了货物放行与结关、边境机构合作、过境自由、跨国海关合作等内容,建立了完善的海关程序与贸易便利化条款体系。并且世界贸易组织认

为,若全面执行贸易便利化协定将使全球贸易成本平均降低14.3%,并且每年将产生7500亿—1万亿美元收益。这说明贸易便利化的实施在促进国际货物更加流通便利的同时,可以提高国际贸易收益、降低贸易成本。因此,填补中国在贸易便利化与标准化规则的空白,构建和完善与国际惯例接轨的贸易便利化与标准化规则体系是"双循环"发展战略背景下的客观要求。

贸易大国地位以及国际规则竞争对中国贸易便利化条款话语权提出了迫切要求。当前多边贸易体制停滞不前,全球贸易增速放缓,优惠贸易协定正逐渐成为国际规则的主导方式。中国已将贸易便利化纳入自由贸易协定谈判中。就目前已公布的自由贸易协定文本,中国—格鲁吉亚自由贸易协定、中国—韩国自由贸易协定、中国—秘鲁自由贸易协定、中国—澳大利亚自由贸易协定、中国—瑞士自由贸易协定、中国—智利自由贸易协定、中国—新西兰自由贸易协定、中国—新加坡自由贸易协定等包含了贸易便利化条款,旨在:(1)确保双方《海关法》实施的可预见性、一致性和透明度;(2)推动海关程序高效管理以及货物快速通关;(3)简化双方海关程序,并提升双方海关程序兼容性;(4)促进双方海关主管部门间的合作。但随着中国全球价值链的深度融合和国际分工地位的提升,现行的贸易便利化条款无法适应中国国际贸易的发展需要。因此加快推进区域全面经济伙伴关系协定和"一带一路"倡议,以及升级版自由贸易协定谈判,完善与贸易便利化相关条例规定,是增强中国国际规则话语权和实现贸易强国的迫切要求。

经济高质量发展对中国国内贸易便利化改革提出了战略要求。中国组建了国家贸易便利化委员会,并协调各省(自治区、直辖市)建立贸易便利化工作联席会议制度,旨在提升中国贸易便利化水平和加强各地区之间的交流合作。同时,政府工作报告多次提及"推动贸易和投资自由化便利化",将贸易便利化改革上升至国家战略,发布国际贸易单证、国际贸易电子数据交换电子商务国家标准;建立自由贸易试验区,开设国际贸易单一窗口,简化货物通关手续和程序。然而由于各地区经济发展状况不尽相同,当前中国的贸易便利化条款呈分散化、区域化特征,尚未形成系统化、统一化的规则体系。因此构建协调统一的贸易便利化条款体系是实现中国经济高质量发展的战略要求。

## 二、中国贸易便利化条款体系面临的主要挑战

贸易便利化标准有待提升。一是尚未形成贸易便利化对外谈判基本标准。根据世界银行数据库,贸易便利化条款包含 52 条细分条例,例如要求原产地证明、原产地核查、海关交流与合作等。在中国签订的自由贸易协定中,中国—秘鲁自由贸易协定包含条例数最多,为 26 条,对货物放行时间等作出了具体要求,而中国—东盟自由贸易协定仅包含 4 项条例,为信息发布和可用性、实施前发布、海关合作以及技术援助和能力建设。二是国内各地区贸易便利化标准差异较大。贸易便利化虽已纳入自由贸易试验区的发展战略,但各地区根据产业优势和功能定位,实施不同的贸易便利化措施,例如上海的“一站式”申报查验制度、天津的“自主核销”新型加工贸易核销方式、福建的“台车入闽一体化快速通关模式”等,加之各地区各有区位优势,目前中国国内统一的贸易便利化标准体系尚未形成。

贸易便利化制度有待完善。根据北京睿库贸易安全及便利化研究中心发布的《中国贸易便利化年度报告(2020)》,2019 年中国贸易便利化指数总分76.93,相比 2017 年提高了 5.31%。其中,内部边境合作、通关单证、流程、预裁定等分项指标进步明显,但与世界贸易组织贸易便利化协定的标准和要求还有很大差距。另外,仍有不少指标缺乏制度保障,例如货物放行与结关、担保放行制度(包括担保形式、担保申请和审批程序)由于企业诉求不同缺乏详尽完善的规章制度,进境维修和出境加工等由于起步较晚亟须制定简化全面的规则。简言之,现行的贸易便利化制度很难满足中国产业和国际贸易发展的需要。

贸易便利化改革有待重视。第一,政府认识程度不高。中国加入世界贸易组织以来,对多边贸易体制、技术性贸易壁垒等国际规则较为重视,而对国际贸易法律法规、标准等的认识有所欠缺,贸易便利化作为国际标准的一种重要表现形式,导致中国对贸易便利化的重视程度较低。第二,标准化研究滞后。目前中国缺乏相应的专业人才对贸易便利化发展、联合国贸易便利化与电子商务中心(UN/CEFACT)最新成果以及国际标准推广应用进行跟踪研究,在规则体系的构建上明显滞后。第三,商界参与度不高。商界参与度指标得分为67.2,是中国贸易便利化中的最大短板。中国海关部门近几年在政策咨询上作出了很大改进,但很难满足商界预期和需求,缺乏相应的规章制度和管理机构。

## 三、构建和完善贸易便利化条款体系的对策建议

对标国际先进标准,建立贸易便利化对外谈判标准化的基本规则。首先,根据中国现有自由贸易协定贸易便利化条款覆盖情况,可以将信息发布和可用性、网络出版、实施前发布、进出口相关费用、海关机构合作、技术援助和能力建设、要求原产地证明、签发原产地证明作为基本规则。其次,结合自由贸易协定缔约方的经济发展水平,纳入咨询服务、预裁定、申诉、放行时间、简化程序、使用国际标准、提交原产地证明等补充条例。最后,按照发达国家自由贸易协定的标准,考虑制定企业义务、就拟议条例发表意见、目的地检验或装运后检验(PSI)、报关、货物过境自由、海关手续费、边境机构合作以及信息交换等的规章制度。制定符合贸易发展和时代需要的贸易便利化条款,在自由贸易协定谈判升级中纳入高标准贸易便利化条款,提升中国与自由贸易协定缔约方的贸易便利化水平,促进中国对外贸易在国际新形势下朝着稳中向好的方向发展。

深化合作机制,加强贸易便利化国际合作。“一带一路”倡议是推动欧洲和亚洲区域经贸合作的顶层设计,构建贸易便利化条款体系则是贯彻落实人

类命运共同体的重要决策。通过亚投行、丝绸基金等加大对沿线国港口、能源等基础设施的投资力度,着力改善货物运输通道的运作环境,赋予港口更多的功能和布局。同时搭建电子信息平台,促进港口与铁路、航空等运输设施的互联互通、货物信息和跟踪信息的共享,以硬环境与软环境共同促进"一带一路"沿线国的贸易便利化水平。除此之外,仍需加强与世界贸易组织、经济合作与发展组织等国际组织的交流与合作,争取更多的贸易便利化合作项目,实现中国与他国在海关认证、监管互认、检验检疫等方面的多边或双边合作,促进生产要素和商品更加便利地跨境流通。

清理"过时"的法律法规,营造"适时"的贸易便利化环境。一是建立健全国内贸易便利化相关的法律法规。在贸易便利化协定的框架下,清理不符合当前国家经济发展的法律法规,促进贸易便利化的改革措施纳入制度建设。例如货物贸易方面,从立法层面规范国际贸易单一窗口建设和海关预裁定,并将其纳入相关的法律条款;服务贸易方面规范负面清单管理制度,加强事中事后监管。二是简化通关制度,改革海关管理制度。例如加强国际贸易单一窗口的建设与推广,强化相关责任部门的职责;大力推行经认证经营者制度,根据风险等级对企业实施分类管理;削减通关手续,实施无纸化通关和货物"先清关后核查"等措施。三是搭建"互联网+"海关管理信息平台,对各地海关的工作协调和交流合作进行合理调控,实现海关数据共享,以及通关程序的公开化、透明化与标准化。从制度法规层面营造良好的贸易便利化环境,不仅有利于中国企业出口,还能够吸引更多的外国企业来华投资。

建立科学合理的评估机制,提高贸易便利化改革的重视程度。第一,培养专业标准化人才,设置专门的贸易便利化与标准化研究机构,实时跟踪贸易便利化发展、联合国贸易便利化与电子商务中心的最新成果,接轨国际惯例,更新并推广符合中国国际贸易实际的国家标准。第二,充分利用第三方评估机构对中国贸易便利化的成效进行评估和监测,发挥通关领域专家、智库等专业人士的作用,积极推进中国贸易便利化改革,改善营商环境。第三,建立有效的政策咨询机制,提高商界参与度。借鉴美国海关的政策咨询委员会,设立由政府部门、企业、研究学者等构成的政策咨询创新机制,召开海关政策座谈会,不定时走访调查,了解企业诉求,提高贸易便利化与标准化的普及度。

# 第八章　高标准自由贸易协定的
# 服务贸易条款研究

服务业具有轻资产、软要素等特点,相对于制造业更依赖于开放、透明的外部环境,而各国出于安全考虑设置的各种"边境"和"边境后"壁垒阻碍了服务贸易的发展。世界贸易组织框架下的服务贸易总协定、基础电信服务协定和金融服务协定为二十多年来全球服务贸易的发展奠定了良好的基础,但已无法满足技术进步和服务贸易发展的规则需求,区域服务贸易协定逐渐成为少数寻求服务贸易自由化的国家通过谈判达成共识的重要选择。然而,仅60%的自由贸易协定包含促进服务贸易自由化的实质性条款,其余40%只简单提及了服务贸易自由化总目标,规则标准和约束力都很低,难以满足随着服务贸易格局改变而出现的新要求。数量众多且自由化水平参差不齐的协定对服务贸易流量的影响也千差万别,只有包含服务贸易自由化实质性非关税条款的深度服务贸易协定表现出了显著促进效应(Dür 等,2014[1];Borchert 和 Mattia,2021[2])。因此,面对新一代国际经贸规则重构带来的机遇和挑战,各

---

[1]　Dür A., Baccini L., Elsig M., "The Design of International Trade Agreements: Introducing a New Dataset", *Review of International Organizations*, Vol. 9, No. 3, 2014, pp. 353−375.

[2]　Borchert I., Mattia D., "Deep Services Trade Agreements and their Effect on Trade and Value Added", *World Bank Policy Research Working Paper*, 2021.

国需要重新评估服务贸易协定的经济影响而不是盲目扩张,适当对低水平自由贸易协定进行改进、完善与深化,以适应当前世界服务贸易格局的调整及各国角色的转变。

自由贸易协定作为世界贸易组织框架下一种更加积极主动的双边、多边对外开放规则体系,是中国参与全球经贸治理的重要方式,目前,中国签订的自由贸易协定均包含服务贸易对外开放的相关规则条款。然而,经验研究显示,目前中国的服务贸易无论相较于先进发达经济体,还是相对于货物贸易,在进出口规模方面均有较大提升空间,服务部门的对外开放模式也有待进一步优化。习近平总书记指出,服务贸易是国际贸易的重要组成部分、国际经贸合作的关键领域,在新发展格局构建过程中发挥着举足轻重的作用;《"十四五"服务贸易发展规划》将增强服务贸易条款以及重点服务领域国际规则制定能力视为下一阶段中国参与服务贸易全球治理的关键着力方向。

本章针对自由贸易协定中的服务贸易相关议题展开分析,旨在通过全面细致剖析、解读、对比规则内容,结合中国服务业发展实际、服务贸易参与现状,为进一步拓展自由贸易区网络、扩大服务领域对外开放合作、建立可持续服务竞争比较优势提供政策建议。

# 第一节　全球自由贸易协定的服务贸易条款发展趋势

## 一、发展趋势

### (一) 签订趋势

本节结合世界银行深度贸易协定数据库以及贸易协定设计数据库,分析全球所签订自由贸易协定中服务贸易相关议题的包含与发展趋势情况,图8.1选择1970—2018年为考察周期,从涉及服务议题的自由贸易协定数量、累计涉及服务议题的自由贸易协定数量两方面,对此予以直观展示。总体而言,自由贸易协定中服务贸易相关规则的出现频率、概率均整体呈现上升趋势。

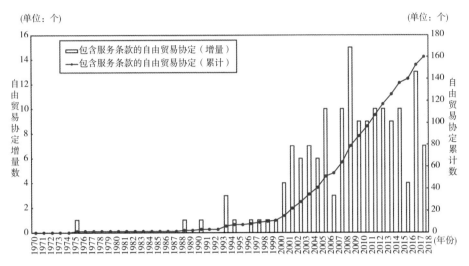

**图 8.1　1970—2018 年包含服务贸易的自由贸易协定发展趋势**

资料来源:根据世界银行深度贸易协定数据库以及贸易协定设计数据库整理而得。

　　自由贸易协定中服务贸易条款的包含与发展趋势可大致划分为四个阶段,第一阶段是 20 世纪 90 年代以前,在这段时期,全球自由贸易协定的签订数量总体较少,仅个别协定在签订过程中涉及了服务相关议题,包含服务条款的累计协定数量整体处于低位水平;第二阶段是 20 世纪 90 年代至 20 世纪末,在这一时期,全球自由贸易协定签订总量明显增加,但多数自由贸易协定中,并未对服务贸易相关规则进行具体设定,包含服务条款的累计协定数量呈现低速增长态势;第三阶段是 21 世纪初至 2013 年,在这一阶段,全球自由贸易协定的逐年签订数量仍保持在高位水平,并且服务贸易相关议题开始被广泛纳入自由贸易协定文本中,包含服务条款的累计自由贸易协定数量增速明显提升;第四阶段是 2013 年至今,在这一阶段,随着达成开放共识的国家和地区间自由贸易协定签订的阶段性饱和,以及局部经济体内逆全球化思潮的兴起,国际自由贸易协定签订的总体进程有所放缓,但在完成签订的自由贸易协定中,包含服务议题的自由贸易协定占比明显提升。

## (二) 网络特征

越来越多的国家和地区开始参与服务相关议题的谈判签订过程中;连接渐趋繁多,表明双边、多边各方在服务经贸领域的合作共识有所增强;网络渐趋密集,以欧盟、七国集团、东盟、海合会等区域性经贸合作组织带头签订的"多+1"新型服务贸易合作模式开始涌现。从中心节点国家和地区看,一是中心国家和地区的网络中心度有较为明显的上升,2017 年中心度排名第 10 位国家和地区的中心度比 2000 年排名首位的国家和地区还要高出 2 倍以上;二是网络中心节点由较早期的美洲、欧洲国家和地区逐渐延伸至新加坡、日本、韩国等亚太地区的国家和地区,且节点总数由 2000 年的 20 个国家和地区增至 2022 年的 66 个国家和地区;三是即使近年来在产业链脱钩、逆全球化等国际不利干扰因素影响下,自由贸易协定服务规则网络并未呈现出小团体、分散化发展,美国、欧盟、中国、新加坡以及拉美代表性国家和地区仍能够紧密围绕在同一网络中心下开展服务贸易相关合作,显示出国家和地区间服务领域协作关系的较强韧性。

## 二、服务贸易开放承诺

### (一) 区域比较

表 8.1 报告了在服务贸易领域作出较高水平开放承诺的前 5 位国家和地区,以及其他主要国家和地区的自由贸易协定承诺开放度得分与排名情况。[①]可以看出,拉美地区部分经济体量较小的沿海国家和地区的自由贸易协定服务承诺开放度处于全球前列;亚太地区的澳大利亚、新加坡、日本、韩国等一众发达国家的自由贸易协定服务承诺水平整体高于美欧等发达国家,而美欧等

---

① 数据来源:https://www.wto.org/english/tratop_e/serv_e/dataset_e/dataset_e.htm。

国家并未在承诺服务开放方面表现出与其服务业发展水平相对应的积极性，其承诺得分在 53 个样本国家中仅处于中游稍偏上位置；中国在所参与的自由贸易协定中，在服务贸易对外开放方面仍保持相对谨慎，承诺水平处于全球中游偏下位置，虽高于印度、泰国等亚太地区发展中国家，但相较巴西、墨西哥等拉美发展中国家存在一定差距，未来具有较大的改进与提升空间。

表 8.1　主要国家和地区服务贸易开放承诺水平

| 类别 | 国家和地区 | 服务开放得分 | 排位 | 类别 | 国家和地区 | 服务开放得分 | 排位 |
|---|---|---|---|---|---|---|---|
| top5 | 危地马拉 | 90 | 1 | 美欧 | 美国 | 69 | 21 |
| | 多米尼加 | 88 | 2 | | 欧盟 | 64 | 22 |
| | 萨尔瓦多 | 88 | 3 | 拉美 | 巴西 | 59 | 27 |
| | 秘鲁 | 85 | 4 | | 墨西哥 | 58 | 28 |
| | 巴林 | 84 | 5 | 亚太 | 中国 | 50 | 32 |
| 亚太 | 澳大利亚 | 82 | 6 | | 印度 | 40 | 39 |
| | 新加坡 | 81 | 8 | | 泰国 | 40 | 40 |
| | 韩国 | 70 | 18 | | | | |
| | 日本 | 70 | 19 | | | | |

资料来源：根据世界贸易组织的自由贸易协定的服务承诺数据集整理而得。

## （二）服务部门比较

表 8.2 报告了不同细分部门中贸易承诺开放水平最高的国家和地区。从中可归纳出以下特征。

表 8.2　细分服务部门开放度排名前列国家和地区

| 细分服务部门 | top5 国家和地区 | 中国得分 |
|---|---|---|
| 环境服务 | 阿曼、萨尔瓦多、美国、澳大利亚、新西兰 | 75 |
| 计算机服务 | 韩国、阿根廷、阿曼、美国、约旦 | 70 |

续表

| 细分服务部门 | top5 国家和地区 | 中国得分 |
|---|---|---|
| 视听服务 | 巴林、危地马拉 | 70 |
| 专业服务 | 阿根廷 | 67 |
| 保险服务 | 阿曼 | 63 |
| 旅游服务 | 韩国、阿根廷、萨尔瓦多、秘鲁、瑞士 | 63 |
| 建筑服务 | 韩国、阿根廷、阿曼、秘鲁、瑞士 | 63 |
| 分销服务 | 阿根廷、阿曼、美国、智利、尼加拉瓜 | 61 |
| 航空运输服务 | 阿曼、洪都拉斯、尼加拉瓜、哥斯达黎加 | 56 |
| 银行和其他金融服务 | 巴拿马 | 53 |
| 海上运输服务 | 阿曼、萨尔瓦多 | 51 |
| 电信服务 | 阿根廷、阿曼、萨尔瓦多、约旦、秘鲁 | 44 |
| 休闲服务 | 智利、日本、巴林、巴拿马、墨西哥 | 34 |
| 辅助运输服务 | 阿曼、萨尔瓦多、秘鲁、澳大利亚、智利 | 29 |
| 教育服务 | 阿曼、萨尔瓦多、巴西、巴林、巴拿马 | 25 |
| 邮政及速递服务 | 秘鲁、巴林、巴拿马、多米尼加、哥斯达黎加 | 25 |
| 卫生和社会服务 | 阿曼、萨尔瓦多、洪都拉斯、巴林、墨西哥 | 17 |

注:top 国家和地区指在对应服务部门的各类子部门中,均作出服务开放承诺的国家和地区,即自由贸易协定分项得分为 100 的国家和地区;数据源自世界贸易组织自由贸易协定服务承诺数据集。

一是阿曼、危地马拉等经济体量较小国家和地区的服务开放承诺广度处于世界前列,在 17 类服务部门中对 11 类均作出了高标准的开放承诺,承诺占比高达 64.71%。

二是计算机、旅游、建筑等是国际开放共识度较高的服务部门,在 53 个样本国家和地区中,分别有 27 个、17 个、13 个国家和地区对这三类部门作出了全面系统的对外开放承诺;而在专业、保险、银行、视听、海运等服务部门的对外开放上,不同国家和地区间仍存在较大分歧,全球仅有一个至两个国家和地区在签订自由贸易协定时针对这类部门作出了全面开放承诺,且多是本身服务开放承诺广度较高的国家。

三是美国对环境、计算机、分销等服务部门开放承诺水平较高,而在其他部门的对外开放上仍有一定保留,这与中国的开放理念十分相似;而作为全面与进步的跨太平洋伙伴关系协定与美国—墨西哥—加拿大协定共同节点国家的墨西哥整体服务贸易开放承诺水平同样较高,在环境、计算机、旅游等6个领域具有细致全面的对外开放承诺;中国、墨西哥、美国在不同服务部门对外开放选择上具有较高的一致性,因此中国积极参与全面与进步的跨太平洋伙伴关系协定建设,不仅能够有效扩充协定伙伴数量,扩大海外区域贸易市场规模,维系产业链上下游关系的稳定性与连续性,也可以为微观主体借道墨西哥枢纽国家地位参与美国—墨西哥—加拿大协定市场中提供更为便利的外部环境条件,这对于中国构建高标准全球自由贸易区网络具有积极意义。

四是在对电信部门的对外贸易上,较多国家和地区已经持有相对积极的开放理念,样本中有近20%的国家和地区对该部门作出了较高标准的对外开放承诺,但中国对该领域的开放态度表现得相对保守。

五是中国教育部门的对外开放得分仅为25,同样较低,具有较大提升空间。

（三）中国服务贸易开放承诺

表8.3分别报告了中国在服务贸易总协定与自由贸易协定下的开放承诺得分以及承诺排名对比情况。从服务贸易总协定得分及排名来看,计算机、旅游、分销、专业、环境等是中国加入世界贸易组织时承诺开放水平排名前5位的服务部门,中国早期在这些领域持有相对积极的开放态度;卫生和社会服务、休闲、航空运输、邮政快递、教育等是中国加入世界贸易组织时承诺开放水平排名后5位的部门,在开放这类领域服务贸易上,中国表现得相对谨慎。

表 8.3　服务贸易总协定与自由贸易协定下中国细分
服务部门对外开放承诺得分与排名情况

| 服务细分部门 | 服务贸易总协定得分 | GTAS排位 | 自由贸易协定得分 | 自由贸易协定排位 | 得分变化 |
|---|---|---|---|---|---|
| 计算机服务 | 60 | 1 | 70 | 2 | +10 |
| 旅游服务 | 58 | 2 | 63 | 5 | +4 |
| 分销服务 | 53 | 3 | 61 | 8 | +8 |
| 专业服务 | 51 | 4 | 67 | 4 | +16 |
| 保险服务 | 50 | 5 | 63 | 5 | +13 |
| 环境服务 | 50 | 5 | 75 | 1 | +25 |
| 银行和其他金融服务 | 46 | 7 | 53 | 10 | +7 |
| 电信服务 | 43 | 8 | 44 | 12 | +1 |
| 建筑服务 | 42 | 9 | 63 | 7 | +21 |
| 视听服务 | 40 | 10 | 70 | 2 | +30 |
| 海上运输服务 | 31 | 11 | 51 | 11 | +20 |
| 辅助运输服务 | 29 | 12 | 29 | 14 | 0 |
| 教育服务 | 25 | 13 | 25 | 15 | 0 |
| 邮政及速递服务 | 25 | 13 | 25 | 15 | 0 |
| 航空运输服务 | 19 | 15 | 56 | 9 | +37 |
| 休闲服务 | 6 | 16 | 34 | 13 | +28 |
| 卫生和社会服务 | 0 | 17 | 17 | 17 | +17 |
| 平均 | 37 | | 51 | | 14 |

注:服务贸易总协定、自由贸易协定得分区间在0—100,0代表对该服务部门的子部门未作出任何开放
承诺,100代表对该服务部门的子部门均有开放承诺;数据源自世界贸易组织自由贸易协定服务承
诺数据集。

　　加入世界贸易组织后,中国陆续签订了一系列双边、多边自由贸易优惠贸
易协定,包含服务贸易对外开放的系列条款与承诺。从静态视角来看,相较服

务贸易总协定,自由贸易协定中,环境、计算机、专业服务、旅游等依旧是中国着重放开的服务部门,国内这类部门发展相对成熟,国际竞争优势也较为明显;而对卫生和社会服务、邮政及速递、休闲等关乎国计民生、社会稳定运转的基础性部门,中国则依旧保持限制开放的态度。从动态视角来看,在 17 个细分服务部门中,除邮政及速递、教育以及辅助运输外,其余 14 个部门的承诺水平均有所提升,且以航空运输、视听、休闲服务为代表的部门提升最多;平均来看,自由贸易协定承诺水平相较服务贸易总协定承诺水平高 37.84%,服务贸易开放理念逐渐深化。

## 第二节　中国自由贸易协定的服务贸易条款分析

本节首先基于贸易协定设计数据库,以中国自 2001 年始截至 2022 年签订的 16 个自由贸易协定为基础①,从服务贸易自由化、服务贸易开放模式选择、非歧视原则以及服务贸易相关条款约束力四个维度,分析中国服务贸易对外开放规则的演变特征,并将现阶段开放特征同全面与进步的跨太平洋伙伴关系协定、美国—墨西哥—加拿大协定等高标准、高规格自由贸易协定进行水平对比。其次利用世界银行服务贸易限制指数数据集,从总体服务进出口限制、跨境投资限制、人员流动限制、其他歧视性措施、竞争壁垒以及监管透明度五方面,评估中国服务贸易的真实对外开放水平,并在此基础之上,探讨自由贸易协定服务开放承诺与实际服务开放水平间的客观差异,寻找相关自由贸易协定条款落实实施的不足之处、潜在优化改进之处。

### 一、服务贸易条款设定

服务贸易自由化方面,如表 8.4 所示,除早期签订的亚太自由贸易协定、

---

① 便于分析起见,基准分析中排除了与修正、升级相关的自贸协定条款。

中国—东盟自由贸易协定以及中国—巴基斯坦自由贸易协定外,中国所参与签订的其余 13 个自由贸易协定中均包含服务贸易自由化的一般性条款以及具体化条款,且均在服务章节中援引了服务贸易总协定的设定,其中,中国—东盟自由贸易协定以及中国—巴基斯坦自由贸易协定在后续签订的升级修订版本议题中,也均纳入了上述三项内容。

表 8.4　中国自由贸易协定中服务贸易条款设定

| 自由贸易协定名称 | 是否包含服务贸易自由化一般条款 | 是否包含服务贸易自由化具体条款 | 是否提及服务贸易总协定 |
|---|---|---|---|
| 亚太自由贸易协定（2001年） | | | |
| 中国—东盟自由贸易协定（2005 年） | | | |
| 中国—智利自由贸易协定（2006 年） | ✓ | ✓ | ✓ |
| 中国—巴基斯坦自由贸易协定（2007 年） | | | |
| 中国—新西兰自由贸易协定（2008 年） | ✓ | ✓ | ✓ |
| 中国—新加坡自由贸易协定（2009 年） | ✓ | ✓ | ✓ |
| 中国—秘鲁自由贸易协定（2010 年） | ✓ | ✓ | ✓ |
| 中国—哥斯达黎加自由贸易协定（2011 年） | ✓ | ✓ | ✓ |
| 中国—瑞士自由贸易协定（2014 年） | ✓ | ✓ | ✓ |
| 中国—冰岛自由贸易协定（2014 年） | ✓ | ✓ | ✓ |
| 中国—澳大利亚自由贸易协定（2015 年） | ✓ | ✓ | ✓ |

续表

| 自由贸易协定名称 | 是否包含服务贸易自由化一般条款 | 是否包含服务贸易自由化具体条款 | 是否提及服务贸易总协定 |
|---|---|---|---|
| 中国—韩国自由贸易协定（2015 年） | ✓ | ✓ | ✓ |
| 中国—格鲁吉亚自由贸易协定（2018 年） | ✓ | ✓ | ✓ |
| 区域全面经济伙伴关系协定（2022 年） | ✓ | ✓ | ✓ |

资料来源：根据贸易协定设计数据库整理而得。

　　自由贸易协定中纳入服务贸易自由化相关条款以及参照借鉴服务贸易总协定在服务贸易自由化方面的设定是国际高标准自由贸易协定中的通用做法与常规设定，中国在这方面的相关服务开放规则与国际衔接程度较好。

## 二、服务开放模式选择

　　服务开放模式选择方面，除亚太自由贸易协定、中国—东盟自由贸易协定以及中国—巴基斯坦自由贸易协定未采用清单管理方式外，其余自由贸易协定均采用了正面清单+负面清单的混合管理模式。如 2022 年生效的区域全面经济伙伴关系协定中就规定，中国等 8 个缔约方采用正面清单进行服务开放承诺，同时承诺在自由贸易协定生效后的 6 年内转变为采用负面清单进行服务进出口管理。

　　中国所采取的服务开放管理模式与现行国际先进方式尚存在一定差距，全面与进步的跨太平洋伙伴关系协定、美国—墨西哥—加拿大协定等高规格、高标准自由贸易协定规定服务贸易普遍采取负面清单管理模式，清单外部门应给予伙伴方国民待遇、最惠国待遇以及市场准入环境，且在中国所参与的区域全面经济伙伴关系协定中，日本、韩国、澳大利亚等 7 个缔约方也主动选择采用负面清单方式进行服务进出口管理。

中国现阶段选取正面清单+负面清单相结合的渐进式服务管理方式,与国内相关服务部门尚处于成长发展阶段,应对国际竞争能力不足、准备欠缺有关,贸然进行广范围、深层次服务贸易开放可能对相关产业造成永久性不利冲击;但仍应当在这些部门发展相对成熟,具备一定竞争实力后,适时向更高标准的负面清单服务贸易管理模式转变,以争取更多自由贸易协定合作伙伴,从而实现扩大服务贸易规模,助力国内相关服务产业转型升级的发展目标。

## 三、非歧视原则

中国在非歧视原则方面的对外开放态度,可以从自由贸易协定服务章节中是否包含最惠国待遇条款、是否包含国民待遇条款以及外国主体是否能够在无东道国"当地存在"时进行服务提供三方面讨论,如表8.5所示。首先,在最惠国待遇方面,中国以往较长时间内并非对其持有较为积极的采纳接受态度,除新西兰、瑞士和澳大利亚三个发达国家外,直至2018年,中国才与格鲁吉亚这一发展中国家在最惠国待遇方面达成双边共识,并于2022年区域全面经济伙伴关系协定中继续在该方面形成多边一致。

表 8.5　中国参与自由贸易协定中非歧视原则设定情况

| 自由贸易协定名称 | 是否包含最惠国待遇条款 | 是否包含一般性国民待遇条款 | 是否包含局部性国民待遇条款 | 是否在无当地存在时可提供服务 |
|---|---|---|---|---|
| 亚太自由贸易协定(2001年) | | | | |
| 中国—东盟自由贸易协定(2005年) | | | | |
| 中国—智利自由贸易协定(2006年) | | ✓ | ✓ | ✓ |
| 中国—巴基斯坦自由贸易协定(2007年) | | | | |

续表

| 自由贸易协定名称 | 是否包含最惠国待遇条款 | 是否包含一般性国民待遇条款 | 是否包含局部性国民待遇条款 | 是否在无当地存在时可提供服务 |
|---|---|---|---|---|
| 中国—新西兰自由贸易协定（2008 年） | ✓ | ✓ | ✓ | ✓ |
| 中国—新加坡自由贸易协定（2009 年） | | ✓ | ✓ | ✓ |
| 中国—秘鲁自由贸易协定（2010 年） | | ✓ | ✓ | |
| 中国—哥斯达黎加自由贸易协定（2011 年） | | ✓ | ✓ | |
| 中国—瑞士自由贸易协定（2014 年） | ✓ | ✓ | ✓ | ✓ |
| 中国—冰岛自由贸易协定（2014 年） | | ✓ | | |
| 中国—澳大利亚自由贸易协定（2015 年） | ✓ | | ✓ | ✓ |
| 中国—韩国自由贸易协定（2015 年） | | ✓ | ✓ | ✓ |
| 中国—格鲁吉亚自由贸易协定（2018 年） | ✓ | ✓ | ✓ | ✓ |
| 区域全面经济伙伴关系协定（2022 年） | ✓ | ✓ | ✓ | ✓ |

资料来源：根据贸易协定设计数据库整理而得。括号内为自由贸易协定生效时间。

其次，在国民待遇以及是否外国主体在东道国无"当地存在"时仍然具有提供服务权利方面，中国则表现出较高的接受度与积极性，除早期的亚太贸易协定、中国—东盟自由贸易协定以及中国—巴基斯坦自由贸易协定外，仅在同冰岛签订的自由贸易协定中未涉及服务提供权利方面的内容，其余自由贸易协定则均有对两方面内容的描述，表现出较高的国际接轨程度。

非歧视原则不仅是世界贸易组织框架下最重要的条款，也是保证经贸合作公平、公正,对合作各方一视同仁、减少不必要摩擦的关键内容;中国参与签订的自由贸易协定中,在最惠国待遇条款方面同国际高标准自由贸易协定尚存在一定差距,在未来区域贸易合作进程中,应着重学习、采纳、应用该领域的国际先进规则。

## 四、服务贸易条款的约束力

中国所签订的各项自由贸易协定所包含的后期监管约束水平,可从自由贸易协定是否包含对服务开放承诺的相关审查条款、持续审查机制以及是否设有专门的持续性审查机构三方面进行评估,见表8.6。

表8.6　中国参与自由贸易协定中服务贸易相关条款后期执行约束情况

| 自由贸易协定名称 | 是否包含一般性审查条款 | 是否包含具体审查条款 | 是否包含持续性审查机制 | 是否有机构负责持续性审查 |
|---|---|---|---|---|
| 亚太自由贸易协定(2001 年) | | | | |
| 中国—东盟自由贸易协定(2005 年) | | | | |
| 中国—智利自由贸易协定(2006 年) | ✓ | | | ✓ |
| 中国—巴基斯坦自由贸易协定(2007 年) | | | | |
| 中国—新西兰自由贸易协定(2008 年) | ✓ | ✓ | ✓ | |
| 中国—新加坡自由贸易协定(2009 年) | | ✓ | | ✓ |
| 中国—秘鲁自由贸易协定(2010 年) | ✓ | | ✓ | |
| 中国—哥斯达黎加自由贸易协定(2011 年) | ✓ | | ✓ | |
| 中国—瑞士自由贸易协定(2014 年) | | ✓ | ✓ | |

续表

| 自由贸易协定名称 | 是否包含一般性审查条款 | 是否包含具体审查条款 | 是否包含持续性审查机制 | 是否有机构负责持续性审查 |
|---|---|---|---|---|
| 中国—冰岛自由贸易协定（2014 年） | ✓ | | ✓ | |
| 中国—澳大利亚自由贸易协定（2015 年） | ✓ | | ✓ | ✓ |
| 中国—韩国自由贸易协定（2015 年） | ✓ | ✓ | ✓ | ✓ |
| 中国—格鲁吉亚自由贸易协定（2018 年） | ✓ | ✓ | ✓ | |
| 区域全面经济伙伴关系协定（2022 年） | ✓ | ✓ | ✓ | ✓ |

资料来源：根据贸易协定设计数据库整理而得。括号内为自由贸易协定生效时间。

在是否包含审查条款方面，除亚太自由贸易协定、中国—东盟自由贸易协定、中国—巴基斯坦自由贸易协定外，其余各项自由贸易协定均包含一般性或是具体的服务承诺审查条款；在是否拥有持续性审查机制方面，自 2008 年起，除中国—新加坡自由贸易协定中未涉及该部分内容，其余自由贸易协定均包含；在更高水平的是否设立有专门的持续性审查机构方面，仅中国—智利自由贸易协定、中国—新加坡自由贸易协定、中国—澳大利亚自由贸易协定、中国—韩国自由贸易协定以及区域全面经济伙伴关系协定中包含相关内容。整体来看，中国所签订的自由贸易协定包含缔约条款具有相对完善的后期生效、执行与约束机制。

# 第三节　深度服务贸易协定的异质性效应

## 一、文献综述与理论分析

贸易成本是决定一国是否开展贸易和贸易规模大小的关键。与货物贸易

299

相比,服务贸易传统上面临着更高的成本,几乎是货物贸易的两倍,主要是因为服务贸易的"近距离负担"。服务贸易壁垒会阻碍优质服务要素流动、经济增长以及制造业发展,而服务贸易自由化有利于服务投入的有效供给,提高本国企业竞争力(Beverelli 等,2017[①];孙浦阳等,2018[②])。裴长洪和刘斌(2019)[③]认为,传统服务贸易需要提供者和消费者保持近距离接触,生产和消费同时发生,服务要素能否即时传输是决定服务是否可贸易的关键因素。此外,服务贸易适用的政策制度比货物贸易更加复杂,服务贸易成本还包括贸易政策壁垒、边境后管制措施导致的成本、与文化和体制差异有关的信息和交易成本,以及对出口商和进口商产生不同影响的任何政策成本。近年来,数字技术的进步减少了与物理距离有关的结构性壁垒,极大地降低了服务贸易成本,从而扩大了服务贸易的规模和范围。但迄今为止,与政策有关的贸易成本对服务贸易提供而言仍然较高,例如,在没有互认协定的情况下,只有国内供应商才能获得某些职业许可证。各国在国内监管上各自为政也是服务贸易成本的来源之一,会对外国供应商产生负外部性。因此,即使技术进步使某些部门的跨境服务贸易得以实现,政策仍然是远程服务的重要障碍,国内监管能否适应跨境服务的需求仍然是一个悬而未决的问题。

自由贸易协定是一种促进跨国分工和贸易往来的制度安排,主要通过削减贸易壁垒来促进缔约方之间的贸易。贸易条件理论认为自由贸易协定可以解决贸易中的非合作和低效问题,因为无自由贸易协定时一国政府可能会通过实施限制性贸易政策来实行贸易保护并改善本国贸易条件。经济合作与发

---

① Beverelli C., Fiorini M., Hoekman B., "Services Trade Restrictiveness and Manufacturing Productivity: The Role of Institutions", *Journal of International Economics*, Vol. 104, No. 1, 2017, pp. 166–182.

② 孙浦阳、侯欣裕、盛斌:《服务业开放、管理效率与企业出口》,《经济研究》2018 年第 7 期。

③ 裴长洪、刘斌:《中国对外贸易的动能转换与国际竞争新优势的形成》,《经济研究》2019 年第 5 期。

展组织(2017)①指出,自由贸易协定是锁定一国单方面政策改革的有效工具,其提供的放宽准入和防止政策逆转的保障,减少了服务供应商在全世界范围内提供服务的不确定性,降低了不可预测的政策变化风险。从一般均衡的角度来看,加入服务自由贸易协定可能会产生类似于加入货物自由贸易协定所带来的福利收益,因为自由贸易协定有望降低服务投入价格、最终商品价格并允许更多的消费。世界贸易体制在开放货物贸易方面取得了巨大成功,经过六十多年的双边、区域和多边贸易谈判,造就了货物贸易远比服务贸易更加开放的经济现实。这种不平衡也反映了影响货物贸易的措施(关税、配额、技术标准等),通常比服务贸易的等效措施(专业标准、许可要求、投资限制、工作签证等)更易解决。1995年,服务贸易总协定的生效为服务业企业打造了一个基于规则、透明、可预期的经营环境,同时反映了服务贸易开放需要妥善处理众多政策和法规之间的复杂关系。埃格尔和辛格尔(Egger 和 Shingal,2021)②指出,由于服务贸易壁垒通常由一国边境后监管措施组成,因此消除这些贸易壁垒并不以损害税收收入为代价,这使区域服务贸易协定更加可取。

关于自由贸易协定影响服务贸易的文献比货物贸易的文献少得多,而且相关研究大多认为加入深层次的自由贸易协定可以降低服务行业的贸易成本、促进缔约方之间的贸易。吉兰(Guillin,2013)③通过引入深度指数,将服务贸易协定的自由化程度分为低、中、高三类,分析了服务协定的异质性影响,发现更深层的自由贸易协定往往会引致更大规模的服务贸易。杜尔等(Dür等,2014)对自由贸易协定中的服务条款进行编码,并按自由化承诺水平进行统计,认为服务贸易自由化等非关税条款扮演着重要角色,深度自由贸易协定

---

① OECD, Service Trade Policies and the Global Economy, *OECD Publishing*, 2017.

② Egger P., Shingal A., "Determinants of Services Trade Agreement Membership", *Review of World Economics*, Vol. 157, No. 1, 2021, pp. 21-64.

③ Guillin A., "Trade in Services and Regional Trade Agreements: Do Negotiations on Services Have to Be Specific?", *World Economy*, Vol. 36, No. 11, 2013, pp. 1406-1423.

是服务贸易的主要驱动力。霍夫曼等(2017)构建的深度贸易协定数据库将服务贸易协定的自由化方式划分为三种类型:正面清单(如服务贸易总协定)、负面清单(如北美自由贸易协定)、混合方式(正面清单和负面清单的组合,取决于实际情况,例如市场准入的正面清单和国民待遇的负面清单,如欧盟)。其中,美国签订的自由贸易协定几乎全部采用负面清单方式,欧盟签订的自由贸易协定大多根据实际情况采用混合方式,而发展中国家大多采用服务贸易总协定类型的正面清单方式。相较于"法无授权不可为"的正面清单,"法无禁止即可为"的负面清单模式意味着较低的准入壁垒(裴长洪和刘斌,2019),但同时也隐含着潜在风险多、监管难度大等问题(王晶,2014)[1]。林僖和鲍晓华(2018)基于"市场准入"和"国民待遇"两个条款构建了区域服务贸易协定服务开放度的行业覆盖率指标,发现服务贸易协定的服务贸易促进效应随着承诺开放的服务行业数目的增加而递增。博切特和马蒂亚(Borchert和Mattia,2021)研究了服务贸易协定的结构和自由化条款对不同服务部门贸易的影响,发现服务贸易协定与双边服务贸易的大幅度增长相关,但是服务贸易协定之间存在明显的差异,实质性的贸易促进效应仅源于深度服务贸易协定。还有一些学者的研究结果表明,自由贸易协定对服务贸易并无显著促进作用(Walsh,2006)[2]。因此,不同的规则深度和承诺方式各有利弊,现有研究仍在不断尝试构建衡量服务贸易协定自由化水平的变量、探索准确估计不同服务贸易协定服务贸易效应的方法,研究结果仍然存在分歧。

现有关于自由贸易协定贸易效应的理论和实证研究成果丰硕。然而,关于服务贸易协定的研究仍然局限于总体平均效应层面,且重点关注服务贸易协定本身特征,鲜有文献研究其他外部因素的影响。得益于近年来服务贸易数据的公开发布,本节研究可以弥补这一研究空白。首先,探讨高水平区域服

---

① 王晶:《"负面清单"模式对我国外资管理的影响与对策》,《管理世界》2014年第8期。

② Walsh K. , "Trade in Services: Does Gravity Hold? A Gravity Model Approach to Estimating Barriers to Services Trade", *Institute For International Integration Studies Discussion Paper*, 2006.

务贸易协定对缔约方之间服务贸易的影响,当前各国都强调签订高水平自由贸易协定以实现超越边境规则的深度一体化,使区域内贸易、服务、投资等商业活动更加便利,有利于促进区域经济一体化进程。在上述学者的研究基础上,可引出本节所要验证的第一个假说:

假说1:区域服务贸易协定可降低缔约方服务贸易成本、减少贸易摩擦和政策不确定性风险,从而促进缔约方之间的服务贸易,深度自由贸易协定的贸易促进作用往往更大。

众多区域服务贸易协定在内容深度和规则标准上存在很大差异,必然导致服务贸易效应的不同。一方面,协定条款表现出全方位覆盖、多元化领域、高质量高标准等特点,在货物和服务贸易、边境后规则等领域表现出重大创新和变革趋势,区域服务贸易协定范围和深度都在显著扩展。这些服务贸易协定在深度、质量上的参差不齐会影响其贸易促进效应,有必要针对区域服务贸易协定的异质性效应及影响因素展开讨论。另一方面,自由贸易协定实际贸易效应还会因协定类型、条款自由化程度、缔约方特征、行业特征等因素而异。因此,假设所有区域服务贸易协定对所有内部成员之间贸易的影响同质并不科学,估计平均贸易效应无法捕捉不同区域服务贸易协定的异质性。借鉴拜尔等(2019)的两阶段研究方法,应用于服务贸易领域并拓展到更细分的部门层面,本节从区域服务贸易协定内容和效应异质性角度出发,构建服务自由化承诺指数和异质性效应分析模型,基于协定自身特质、缔约方及服务部门特征对区域服务贸易协定贸易效应进行分解,探究其对服务贸易流量在不同层面的异质性效应,旨在验证并非所有深度服务贸易协定都能促进双边贸易。基于上述分析,可提出多维度异质性贸易效应的假说:

假说2:区域服务贸易协定的贸易效应在协定、缔约方以及服务部门层面存在异质性。

既已证明区域服务贸易协定的贸易效应是异质的,要探究什么样的国家之间签订什么样的协定更有利于缔约方的服务贸易、经济增长和发展,就有必要对影响其异质效应的因素展开研究。正如戈德伯格和帕夫尼克（Goldberg 和 Pavenik,2016）①所指出的那样,应该有更丰富的证据来证明基于贸易政策变化的贸易弹性的大小,最重要的是有关贸易弹性在时间和空间上是否不变的问题,或者其变化取决于特定因素。理论上,不同自由贸易协定的自由化水平不同,不同缔约方的贸易政策、信息基础设施、制度环境不同,不同服务部门的贸易政策、比较优势也存在很大差异,都会影响自由贸易协定的真实作用。所以区域服务贸易协定承诺的服务开放是否会促进缔约方之间的贸易,还会受到自由贸易协定、国家、部门特征的影响。拜尔等（2018）扩展了标准梅利兹一般均衡贸易模型,表明与贸易自由化相关的可变/固定成本的贸易弹性对于双边政策/非政策、可变/固定贸易成本的水平是异质的和内生的,即自由贸易协定通过降低关税和非关税壁垒确实促进了两国贸易、提升了两国福利水平,但这一经济影响因国家地理、文化、制度以及发展水平而异,如发展中国家往往面临更高的固定贸易成本（可能是由于政府过境成本提高或港口基础设施薄弱）。

现有研究主要采用两种方法检验了影响货物贸易协定效应的因素。一是通过在模型中纳入交互项的方式:拜尔等（2018）使用双边地理距离、共同边界、共同语言、宗教相似性、法律渊源和殖民历史作为出口贸易成本的代理变量,利用交互项验证了贸易成本对自由贸易协定货物贸易效应的调节作用,发现自由贸易协定通过降低可变贸易成本确实促进了缔约方间的贸易,但这一影响并不同质,会随国家地理、文化、制度以及发展水平变化。二是采用两阶段回归分析法:拜尔等（2019）使用了两阶段法,即先估计出自由贸易协定的异质性货物贸易效应,再检验一系列因素对此估计值的影响。研究发现,若两国事前贸易摩擦较大,则新签订自由贸易协定减少贸易壁垒的空间较大从而贸易效应较大,同时当一国和地区市场力量较强时,贸易条件对新自由贸易协

---

① Goldberg P. K., Pavenik N., *Handbook of Commercial Policy*, North－Holland, 2016, pp. 161－206.

定的敏感性会相对较小,新自由贸易协定产生的贸易效应会更大。可见,自由贸易协定产生的异质性效应受到诸多因素的影响,影响贸易成本和规模的因素,也都会对自由贸易协定经济效应的发挥产生扭曲作用。由此可引出本节所要验证的关于自由贸易协定异质性贸易效应影响因素的假说:

假说3:区域服务贸易协定的贸易效应会受到协定本身自由化水平的直接影响,同时还会受到缔约方、服务部门特征等多层面因素的间接影响。

相对于以往研究,本节做了两点拓展:首先,尝试估计服务贸易协定的贸易效应,并对该效应在自由贸易协定、缔约方、服务部门层面进行分解;其次,深入探究导致不同区域服务贸易协定贸易效应差异化的原因,包括直接原因(区域服务贸易协定自身特质)和间接原因(缔约方和服务部门特质)。通过分析区域服务贸易协定贸易效应及其影响因素,可以为各缔约方推进服务贸易谈判、完善国内制度、对标高标准服务贸易条款提供相应政策启示。这是本节的重要创新点和边际贡献所在。

## 二、研究设计

### (一) 样本选择与数据来源

本节分析所涉及的数据主要来源于以下数据库。

第一,区域服务贸易协定的相关数据来自自由贸易协定设计数据库,该数据库对自由贸易协定的7个服务贸易条款按照自由化承诺水平进行了详细编码与统计,由此可构建区域服务贸易协定的深度指数。

第二,双边细分行业层面的服务贸易流量数据来自世界贸易组织的服务贸易数据库,包含 EBOPS 2002、EBOPS 2010 两种分类标准的数据,后者新增了对他人拥有的有形投入进行的制造服务(记录有关经济体加工者收取的加工费)、别处未包括的保养和维修服务(记录居民对非居民拥有的货物所做的保养和维修服务)两个部门,提供了 2005—2019 年的双边细分行业数据,故本节主要使用后一版数据。

第三,国内服务贸易限制指数来自 OECD-STRI 数据库,涵盖了外资进入(包括外资股权限制、董事会成员的本国或本地居民要求、外国投资审查、跨境并购或收购的限制等)、自然人流动(包括配额、劳动力市场测验、外国服务提供者持续滞留时间、资格条件的认可等)、其他歧视(包括对外国服务提供者在税收、补贴和政府购买准入以及国内标准与国际标准差异等)、竞争障碍(包括反垄断政策、国有企业排除在竞争法律外所享受的特权等)、监管透明度(包括法律在实施前的公开协商、设立企业承担的行政成本、许可证或签证的获得条件等)五类政策领域。

第四,本节使用国际国别风险指南(International Country Risk Guide, ICRG)给出的风险指标衡量缔约方制度质量。国际国别风险指南风险指标体系数据集的原始出处为美国政治风险服务集团(PRS Group)官网,提供了权威的有关全球主要国家和地区的风险评估研究报告及详尽的量化评价指标数据。国际国别风险指南风险指标体系对 140 个国家和地区的政治、金融、经济风险进行了预测和分析。该指数包含政府稳定性、社会经济环境、投资情况、腐败、宗教关系紧张程度、种族关系紧张程度等子指标,得分越低意味着国家风险越高。

第五,传统引力模型解释变量如地理距离、共同边界、共同语言、殖民关系等的数据来自 CEPII 数据库;各国固定电话覆盖率、移动网络覆盖率以及宽带覆盖率等数据来自世界银行网站。

### (二) 区域服务贸易协定自由化承诺水平指数构建

考虑到不同服务贸易协定对不同政策领域的覆盖范围及内容深度存在很大差距。本节认为有必要在此基础上进一步分析不同服务贸易协定在内容上的差异,故从不同角度构建了衡量区域服务贸易协定中服务自由化承诺水平的指数。第一,按市场准入承诺模式,根据霍夫曼等(2017)数据集对服务贸易协定自由化方式的划分,构建了三种不同自由化方式的虚拟变量,$Lib\_$ $positive_{ij}$为正面清单虚拟变量,$Lib\_negtive_{ij}$为负面清单虚拟变量,$Lib\_mix_{ij}$为混合类型(正面清单加负面清单)虚拟变量。第二,按自由化承诺水平,自由化承诺是指"市场准入"和"国民待遇"下的开放水平,两者是保证一定程度对外竞争开放的服务贸易协定的义务。

　　考虑到不同服务贸易协定、同一服务贸易协定的不同缔约方、同一缔约方的不同服务部门的自由化承诺水平都是不同的,本节尝试构建"协定—国家—部门"层面的自由化承诺水平。世界贸易组织(2011)[①]和罗伊(Roy,2011)[②]依据服务贸易总协定和自由贸易协定中"市场准入"和"国民待遇"两方面的承诺水平,构建了服务自由化承诺数据集,提供了服务贸易总协定和67个自由贸易协定、53个国家和地区按服务供应方式和部门划分的服务自由化承诺水平,三个数据集分别显示了"协定—缔约方"层面、"缔约方"层面、"缔约方—服务部门"层面的最高水平自由化承诺,每个服务部门的指数得分在0—100范围内,其中100代表该服务部门下所有相关子行业的完全准入承诺(即无限制)。由于进口国的自由化承诺水平、服务限制是影响双边服务贸易、区域服务贸易协定效应的最主要因素,本节据此首先构建了"协定—国家"层面的自由化承诺水平指数 $GATS\_AC_j$、$RSTA\_AC_{Aj}$,其中,对于数据缺失的国家,考虑到一国贸易政策的一致性以及最惠国待遇原则,使用其最近年份的承诺水平进行代替。其次,根据定义将世界贸易组织(2011)的服务部门分类与 EBOPS 2010 服务部门分类进行匹配,可以得到不同国家在运输、建筑、保险和年金服务、金融服务、通信计算机和信息服务以及个人文化和娱乐服务六大部门的自由化承诺水平,据此构建了"国家—服务部门"层面的自由化承诺

---

① WTO, "The WTO and Preferential Trade Agreements: from Co-Existence to Coherence", *WTO*, 2011.

② Roy M., "Services Commitments in Preferential Trade Agreements: An Expanded Dataset", *WTO Staff Working Papers*, 2011.

水平指数 $GATS\_CS_{js}$、$RSTA\_CS_{js}$。最后,考虑到一国在不同自由贸易协定中的准入水平可能不同,而在某一部门的自由化水平相对稳定,故以"国家—服务部门"层面的自由化承诺水平为"协定—国家"层面的自由化承诺水平加权,可以得到衡量"协定—国家—服务部门"层面自由化承诺水平指数 $GATS\_ACS_{js}$、$RSTA\_ACS_{Ajs}$。

实际上,很多经济合作与发展组织成员在服务贸易总协定中的服务自由化承诺已经处于较高水平,此时只使用水平意义上的区域服务贸易协定服务自由化可能无法体现一国服务自由化承诺的变化,故本节构建了以下衡量各国在区域服务贸易协定中相对于在服务贸易总协定中自由化承诺水平的增幅指数:

$$Gap\_AC_{Aj} = \ln(RSTA\_AC_{Aj} - GATS\_AC_{j} + 1) \tag{8-1}$$

"国家—服务部门"层面的自由化指数:

$$Gap\_CS_{js} = \ln(RSTA\_CS_{js} - GATS\_CS_{js} + 1) \tag{8-2}$$

"协定—国家—服务部门"层面自由化承诺水平的指数:

$$Gap\_ACS_{Ajs} = \ln\left[(RSTA\_AC_{Aj} - GATS\_AC_{j}) \times (RSTA\_CS1_{js} - GATS\_CS1_{js}) + 1\right] \tag{8-3}$$

该指数的数值越大,意味着缔约方在区域服务贸易协定中的自由化承诺相对于服务贸易总协定更高,区域服务贸易协定在服务贸易总协定基础上对服务贸易壁垒的削减幅度更大。区域服务贸易协定是各国在服务贸易总协定承诺基础上进一步达成的协定,相对于以往水平意义上的深度指数,本节构建的相对指数更能体现某一协定实际上提供的开放承诺,即一个相对于服务贸易总协定作出了更多开放承诺的协定,比一个重述服务贸易总协定规则的区域服务贸易协定,理论上更能实质性促进缔约方之间的贸易发展。

## (三) 模型设定

### 1. 区域服务贸易协定异质性贸易效应的估算

为估计区域服务贸易协定的贸易效应,本节首先构造了以下基本引力模型：

$$\ln X_{ijst} = \alpha_0 + \alpha RSTA_{ijt}^{dummy} + \gamma_1 \ln Dist_{ij} + \gamma_2 Contig_{ij} + \gamma_3 Colony_{ij} +$$
$$\gamma_4 Comlang_{ij} + \delta_{it} + \delta_{jt} + \delta_{st} + \varepsilon_{ijst} \qquad (8-4)$$

$$\ln X_{ijst} = \alpha_0 + \alpha RSTA_{ijt}^{depth} + \gamma_1 \ln Dist_{ij} + \gamma_2 Contig_{ij}\gamma_3 + Colony_{ij} +$$
$$\gamma_4 Comlang_{ij} + \delta_{it} + \delta_{jt} + \delta_{st} + \varepsilon_{ijst} \qquad (8-5)$$

在式(8-4)、式(8-5)中,下标 $i$、$j$、$s$、$t$ 分别代表出口国、进口国、服务部门、年份。被解释变量 $\ln X_{ijst}$ 为出口国 $i$ 对进口国 $j$ 在 $s$ 服务部门、$t$ 年的出口额的自然对数,$s$ 对应服务贸易 EBOPS 2010 分类的 12 个部门:A(对他人所有的实物投入进行的制造服务)、B(别处未包括的维护和修理服务)、C(运输)、D(旅游)、E(建筑)、F(保险和年金服务)、G(金融服务)、H(别处未包括的知识产权使用费)、I(通信、计算机和信息服务)、J(其他商业服务)、K(个人、文化和娱乐服务)、L(别处未包括的政府货物或服务)。以往对总服务贸易层面的研究存在一个普遍的见解,即服务贸易协定的总体平均效应很小且通常微不足道,但是通过使用更精细的数据可以发现政策的重大影响(Borchert 和 Mattia,2021),故本节从服务部门层面对区域服务贸易协定总服务贸易效应进行拆分,期望能够得到更加准确的估计。

核心解释变量 $RSTA_{ijt}^{dummy}$ 为深度区域服务贸易协定虚拟变量,根据杜尔等(2014)构建的贸易协定设计数据库对服务贸易条款的编码,筛选包含"服务贸易自由化实质性条款"的自由贸易协定并定义为"深度区域服务贸易协定",若 $i$ 国与 $j$ 国签订的"深度区域服务贸易协定"在 $t$ 年生效实施,则取值为 1,否则取值为 0。式(8-4)为估计区域服务贸易协定贸易效应的经典引力模型。根据拜尔和伯格斯特兰德(2007),该模型使用面板数据加多维固定效应可以部分解决区域服务贸易协定的内生性问题,得到较为可靠的估计结果。估计此模型得到的 $RSTA_{ijt}^{dummy}$ 回归系数 $\alpha$ 从整体上衡量了区域服务贸易协定对缔约方间出口贸易流量的影响大小,即区域服务贸易协定的总体平均贸易效应。从估计方法看,该模型仅仅使用单一虚拟变量衡量区域服务贸易协定签订政策,其中隐含的假设是所有区域服务贸易协定是同质的,其产生的影响也是同质的。$RSTA_{ijt}^{depth}$ 为衡量区域服务贸易协定文本内容的深度指数,由 5 个衡量服务贸易自由化承诺水平的虚拟变量加总得到,分别为"是否包含最惠国待遇条款""是否包含国民待遇条款""是否授权非本地存在提供服务""是否允许自然人的流动""是否包含审议条款"。理论上自由化水平更高的区域服务贸易协定对服务贸易的正面影响更大,故预期系数 $\alpha$ 为正。

对于可能存在的内生性问题,首先,本节借鉴拜尔等(2014),使用面板数据估计引力模型。其次,本节借鉴车和唐(Cheong 和 Tang,2018)[①]的研究,控制了三组固定效应及双边国家变量。其中,固定效应包括出口国—年份($\delta_{it}$)、进口国—年份($\delta_{jt}$)、服务部门—年份($\delta_{st}$)三组,并使用控制变量双边地理距离的对数($\ln Dist_{ij}$)、是否接壤($Contig_{ij}$)、是否存在殖民关系($Colony_{ij}$)、是否采用官方共同语言($Comlang_{ij}$)控制双边特征。固定效应 $\delta_{it}$、$\delta_{jt}$ 及双边国家变量将所有标准的国家级解释变量包含在引力方程中,在此基础上辅以 $\delta_{st}$,可用于捕获多边阻力项(MRT)。正如引言中提到的,签订自由贸易协定的国家有可能实施其他补充性政策改革。如果这些改革不受固定效应和观察到的协变量的控制,引力模型中的区域服务贸易协定变量会高估或低估区域服务贸易协定的真实影响。但是,如果这些补充政策是非歧视性的,它们应该会影响该国与区域服务贸易协定缔约方的贸易以及与非缔约方的贸易。如果是这种情况,那么国家—年份固定效应 $\delta_{it}$、$\delta_{jt}$ 将足以控制任何单边政策变化。估计式(8-4)可得到区域服务贸易协定的平均效应,估计式(8-5)可得到不同深度区域服务贸易协定的平均效应。

正如前文所言,不同区域服务贸易协定在文本内容、缔约方特征乃至利益诉求等方面存在很大差异,必然导致其产生的实际影响千差万别。现有关于区域服务贸易协定贸易效应的研究大多假设所有区域服务贸易协定具有同等

---

① Cheong J., Tang K. K., "The Trade Effects of Tariffs and Non-Tariff Changes of Preferential Trade Agreements", *Economic Modelling*, Vol. 70, 2018, pp. 370-382.

的贸易效应,并没有考虑不同区域服务贸易协定贸易效应的异质性以及同一区域服务贸易协定对其内部不同成员间双边贸易的异质性影响。由于不同区域服务贸易协定的贸易效应也会因缔约方、贸易流向的不同而不同(Baier 等,2019;Larch 等,2021),因此区域服务贸易协定的平均贸易效应无法捕捉到不同区域服务贸易协定对贸易的异质性影响,同时也无法将其用来对某个特定区域服务贸易协定所产生的贸易效应进行比较准确的事前预测。为了更好地认识和分析不同区域服务贸易协定的异质性贸易效应,有必要对区域服务贸易协定的贸易效应在不同维度上进行分解。本节从协定、服务部门、国家对以及贸易流向四个层面对区域服务贸易协定的贸易效应进行分解:

$$\ln X_{ijst} = \alpha_0 + \sum_A \alpha_A RSTA_{ijt}^{dummy} + \gamma C_{ij} + \delta_{it} + \delta_{jt} + \delta_{st} + \varepsilon_{ijst} \qquad (8-6)$$

$$\ln X_{ijst} = \alpha_0 + \sum_A \sum_{s \in S} \alpha_{A;s} RSTA_{ijt}^{dummy} + \gamma C_{ij} + \delta_{it} + \delta_{jt} + \delta_{st} + \varepsilon_{ijst} \qquad (8-7)$$

$$\ln X_{ijst} = \alpha_0 + \sum_A \sum_{p \in A} \sum_{s \in S} \alpha_{A;p;s} RSTA_{ijt}^{dummy} + \gamma C_{ij} + \delta_{it} + \delta_{jt} + \delta_{st} + \varepsilon_{ijst} \qquad (8-8)$$

$$\ln X_{ijst} = \alpha_0 + \sum_A \sum_{p \in A} \sum_{d \in p} \sum_{s \in S} \alpha_{A;p;d;s} RSTA_{ijt}^{dummy} + \gamma C_{ij} + \delta_{it} + \delta_{jt} + \delta_{st} + \varepsilon_{ijst}$$

$$(8-9)$$

在式(8-6)—式(8-9)中,下标 $i$、$j$、$s$、$t$ 分别代表出口国、进口国、服务部门、年份。下标 $A$(agreement)表示某个特定的区域服务贸易协定,通过将区域服务贸易协定的服务贸易效应分解到协定层面,$s$(sector)表示服务贸易部门,$p$(pair)表示属于某个特定协定 $A$ 下的一对国家组合,通过将区域服务贸易协定的服务贸易效应分解到国家对层面,允许同一个区域服务贸易协定的贸易效应在不同的国家对上变化,$d$(direction)表示贸易方向,即某个特定协定 $A$ 下的国家 $i$ 和国家 $j$ 出口贸易的唯一方向对,通过将区域服务贸易协定的贸易效应分解到不同贸易流向层面,允许同一个区域服务贸易协定的贸易效应即使在相同的国家对上也表现出异质性,$C_{ij}$ 为双边控制变量。

**2.区域服务贸易协定异质性贸易效应的影响因素**

基于服务贸易协定的具体内容以及世界贸易组织(2011)和罗伊(2011)

从"市场准入""国民待遇"两个方面构建的服务自由化承诺数据集,本节构建了不同层面的区域服务贸易协定自由化承诺水平,结合估计的不同层面的区域服务贸易协定异质性贸易效应,可以设定以下模型验证区域服务贸易协定服务自由化承诺对其异质性贸易效应的直接影响:

$$effect_{Aijs} = \beta_0 + \beta_1 RSTA\_AC_{Aij} + \beta_2 GATS\_AC_{Aij} + \beta_3 RSTA\_CS_{ijs} +$$
$$\beta_4 GATS\_CS_{ijs} + \delta_i + \delta_j + \delta_{ij} + \delta_s + \delta_A + e_{Aijs} \quad (8-10)$$

$$effect_{Aijs} = \beta_0 + \beta_1 RSTA\_ACS_{Aijs} + \beta_2 GATS\_ACS_{Aijs} + \delta_i +$$
$$\delta_j + \delta_{ij} + \delta_s + \delta_A + e_{Aijs} \quad (8-11)$$

$$effect_{Aijs} = \beta_0 + \beta_1 Gap\_AC_{Aij} + \beta_2 Gap\_CS_{ijs} + \delta_i + \delta_j +$$
$$\delta_{ij} + \delta_s + \delta_A + e_{Aijs} \quad (8-12)$$

$$effect_{Aijs} = \beta_0 + \beta_1 Gap\_ACS_{Aijs} + \delta_i + \delta_j + \delta_{ij} + \delta_s + \delta_A + e_{Aijs} \quad (8-13)$$

其中,被解释变量 $effect_{Aijs}$ 为基于式(8-9)的估计结果 $\alpha_{A:p;d;s}$,表示"不同协定—不同国家对—不同贸易流向—不同服务部门"层面的区域服务贸易协定服务贸易效应。为解释区域服务贸易协定效应在不同层面所表现出的巨大差异,本章主要从进口国的角度出发,假设进口国的自由化承诺水平、服务贸易限制程度才是影响双边服务贸易规模、区域服务贸易协定贸易效应的最主要因素,使用缔约双方中的进口国在服务贸易总协定、区域服务贸易协定中的服务自由化承诺衡量双边服务自由化水平,包括"协定—国家"层面的自由化承诺水平 $GATS\_AC_{ij}$、$RSTA\_AC_{Aij}$,指标越大意味着缔约方在服务贸易总协定或区域服务贸易协定中的自由化水平越高;"国家—服务部门"层面的自由化承诺水平 $GATS\_CS_{ijs}$、$RSTA\_CS_{ijs}$,"协定—国家—服务部门"层面自由化承诺水平 $GATS\_ACS_{ijs}$、$RSTA\_ACS_{Aijs}$,指标越大意味着缔约方在某服务部门的自由化水平越高,服务贸易壁垒越低;以及衡量各国在区域服务贸易协定中相对于在服务贸易总协定中自由化承诺水平的增幅指标,包括公式(8-12)$Gap\_CS_{ijs}$、$Gap\_ACS_{Aijs}$,该指标的数值越大,意味着缔约方在区域服务贸易协定中的自由化承诺相对于服务贸易总协定更高,区域服务贸易协定在服务贸易总协定基础上对服务贸易壁垒的削减服务更大。若系数 $\beta_1$ 为正,表明区域服务贸易协定自由化承诺水平提高与区域服务贸易协定服务贸易效应正相关,放宽准入、扩大开放对缔约方服务贸易的促进作用越大。与现有研究相比,本章不再局限于自由贸易协定整体深度的差异,而是对以往关于区域服务贸易协定总体平均效应的研究进行更细致的拆分,将研究拓展到服务部门层面,期望能够得到更有现实意义的结果。此外,还在模型中加入了出口国 $i$、进口国 $j$、国家对 $ij$、服务部门 $s$、协定 $A$ 等层面的固定效应 $\delta_i$、$\delta_j$、$\delta_{ij}$、$\delta_s$、$\delta_A$,以处理遗漏变量造成的内生性问题。

## 三、实证结果与分析

### (一) 区域服务贸易协定贸易效应估计结果

表 8.7 报告了区域服务贸易协定平均贸易效应的估计结果。列(1)、列(2)使用服务贸易总额的 15 年(2005—2019 年)平衡面板数据进行估计,允许变量在较长的时间范围内变异,列(3)、列(4)使用服务贸易总额的 10—15 年非平衡面板数据进行估计,纳入更多的协定样本,列(5)、列(6)使用分部门服务贸易额的 10—15 年非平衡面板数据进行估计。区域服务贸易协定虚拟变量和深度指标的回归系数都在 1% 的显著性水平上为正,表明平均而言,包含服务贸易自由化实质性条款的区域服务贸易协定对双边服务贸易有着显著的促进作用,且深度越大的服务贸易协定促进作用越大。可以看出,签订区域服务贸易协定是一个有效促进服务贸易的政策手段,且贸易促进效应的大小与服务贸易协定深度正相关。若两国之间存在有效服务贸易协定,通过具有公信力的方式减少摩擦、降低成本与政策不确定性,维持政策稳定性和可预测性,那么将有利于稳定企业信心,增加贸易往来。

表8.7　区域服务贸易协定的平均服务贸易效应估计结果

| 变量 | 服务贸易总额 15年平衡面板 | | 服务贸易总额 10—15年非平衡面板 | | 分部门服务贸易额 10—15年非平衡面板 | |
|---|---|---|---|---|---|---|
| | (1) | (2) | (3) | (4) | (5) | (6) |
| $RSTA_{ijt}^{dummy}$ | 0.487*** | | 0.212*** | | 0.174*** | |
| | (0.067) | | (0.024) | | (0.014) | |
| $RSTA_{ijt}^{depth}$ | | 0.145*** | | 0.058*** | | 0.033*** |
| | | (0.015) | | (0.005) | | (0.003) |
| $\ln Dist$ | −0.674*** | −0.644*** | −1.053*** | −1.046*** | −0.836*** | −0.837*** |
| | (0.023) | (0.023) | (0.011) | (0.011) | (0.006) | (0.006) |
| $Contig$ | 0.600*** | 0.629*** | 0.378*** | 0.386*** | 0.383*** | 0.381*** |
| | (0.048) | (0.048) | (0.031) | (0.031) | (0.014) | (0.014) |
| $Colony$ | 0.547*** | 0.597*** | 0.686*** | 0.696*** | 0.376*** | 0.375*** |
| | (0.054) | (0.054) | (0.034) | (0.033) | (0.016) | (0.016) |
| $Comlang$ | 0.166*** | 0.130** | 0.227*** | 0.220*** | 0.313*** | 0.312*** |
| | (0.054) | (0.054) | (0.028) | (0.028) | (0.014) | (0.014) |
| $Constant$ | 11.531*** | 11.205*** | 13.900*** | 13.823*** | 8.928*** | 8.943*** |
| | (0.185) | (0.193) | (0.095) | (0.093) | (0.051) | (0.051) |
| $i\text{-}t\ FE$ | Yes | Yes | Yes | Yes | Yes | Yes |
| $j\text{-}t\ FE$ | Yes | Yes | Yes | Yes | Yes | Yes |
| $s\text{-}t\ FE$ | No | No | No | No | Yes | Yes |
| $N$ | 5460 | 5460 | 21508 | 21508 | 190040 | 190040 |
| $R^2$ | 0.908 | 0.908 | 0.873 | 0.873 | 0.712 | 0.712 |

注:括号内为相应估计系数的标准误差,***、**和*分别表示在1%、5%和10%的水平上显著。

## (二) 区域服务贸易协定异质性贸易效应的影响因素

### 1. 基准回归

表8.8报告了式(8-10)—式(8-13)的回归结果,即区域服务贸易协定

服务自由化承诺对其异质性贸易效应的直接影响。列(1)结果显示,"协定—国家"层面的服务自由化承诺水平 $GATS\_AC$、$RSTA\_AC$ 与区域服务贸易协定效应并没有表现出显著相关性,这与很多学者从协定总体深度的研究结论一致;但考虑部门异质性后,区域服务贸易协定中"国家—服务部门"层面的自由化承诺水平 $RSTA\_CS$ 与区域服务贸易协定效应显著正相关,表明对自由化承诺水平更高的缔约方及服务部门,区域服务贸易协定贸易效应更大,而服务贸易总协定中的自由化承诺水平 $GATS\_CS$ 与区域服务贸易协定效应显著负相关,可以解释为在服务贸易总协定中承诺水平越低的缔约方及服务部门,区域服务贸易协定削减服务贸易壁垒的空间越大,贸易效应越大。列(2)将部门异质性加权到"协定—国家"层面后结果显示,区域服务贸易协定的自由化承诺水平 $RSTA\_ACS$ 估计系数显著为正,而服务贸易总协定中的自由化承诺水平 $GATS\_ACS$ 与区域服务贸易协定效应仍然显著负相关,意味着对于自由化承诺水平更高的服务协定、缔约方及服务部门,服务贸易效应更大。

表 8.8　服务自由化承诺水平与区域服务贸易协定异质性效应

| 变量 | (1) | (2) | (3) | (4) |
|---|---|---|---|---|
| $RSTA\_AC$ | −0.006 | | | |
| | (0.009) | | | |
| $GATS\_AC$ | 0.007 | | | |
| | (0.263) | | | |
| $RSTA\_CS$ | 0.011** | | | |
| | (0.004) | | | |
| $GATS\_CS$ | −0.012*** | | | |
| | (0.004) | | | |
| $RSTA\_ACS$ | | 0.011* | | |
| | | (0.006) | | |

续表

| 变量 | （1） | （2） | （3） | （4） |
|------|------|------|------|------|
| *GATS_ACS* | | −0.018** | | |
| | | （0.008） | | |
| *Gap_AC* | | | −0.118 | |
| | | | （0.120） | |
| *Gap_CS* | | | 0.119*** | |
| | | | （0.037） | |
| *Gap_ACS* | | | | 0.036** |
| | | | | （0.018） |
| *i FE* | Yes | Yes | Yes | Yes |
| *j FE* | Yes | Yes | Yes | Yes |
| *i−j FE* | Yes | Yes | Yes | Yes |
| *s FE* | Yes | Yes | Yes | Yes |
| *N* | 4548 | 4548 | 4548 | 4548 |
| $R^2$ | 0.376 | 0.375 | 0.376 | 0.375 |

注：被解释变量剔除前后各 2.5% 观测值后，回归结果仍然稳健，加入协定固定效应后结果保持稳健。

列（3）、列（4）检验了缔约方在区域服务贸易协定中相对于在服务贸易总协定中自由化增幅的影响，结果显示，"协定—国家"层面的自由化承诺水平提升 *Gap_AC* 影响并不显著，而"国家—服务部门"层面的自由化承诺水平提升 *Gap_CS* 以及"协定—国家—服务部门"层面的自由化承诺水平提升 *Gap_ACS* 都与区域服务贸易协定效应显著正相关，表明缔约方及服务部门在区域服务贸易协定中的自由化承诺水平相对于服务贸易总协定的提升越大，对双边服务贸易的促进作用越大，再次证明部门异质性对估计结果的重要性。

**2. 非歧视原则的调节作用**

由于最惠国待遇原则是服务贸易总协定的基本原则之一，故本节对贸易协定设计数据进行了调整，若区域服务贸易协定包含对服务贸易总协定的引用,则认为该服务贸易协定包含最惠国待遇。据此,本节构建了三个虚拟变量,用于考察针对服务贸易的非歧视原则是否会扭曲自由化承诺扩大对区域服务贸易协定服务效应的影响,包括:最惠国待遇($MFN$),如果服务章节包含最惠国待遇条款,则取值为1,否则取0;国民待遇($NT$),如果服务章节包含国民待遇条款,则取值为1;有限国民待遇($NTLimited$),如果服务章节中的国民待遇条款仅限于特定部门,则取值为1,通常服务国民待遇仅在特定部门提供,主要是海上运输(如欧共体协定)。

表8.9为区域服务贸易协定非歧视原则的调节效应回归结果。其中,区域服务贸易协定自由化扩大($Gap\_ACS$)与最惠国待遇($MFN$)、国民待遇($NT$)的交互项的回归系数并不显著,而与有限国民待遇($NTLimited$)的交互项系数显著为正,这是因为,前两者的定义比较笼统,并没有考虑协定内部缔约方和部门差异化承诺,且最惠国待遇原则意味着一个缔约方给予另一个缔约方的特权、优惠和豁免也必须自动给予所有其他成员,这可能会对双边贸易效应产生一定的稀释作用,而有限国民待遇则考虑了部门差异,给予的待遇更具有针对性和现实意义。因此,给予合理的有限国民待遇,可以提高区域服务贸易协定"自由化扩大"的边际效应($ME$),强化"自由化扩大"的正面影响。因此,对服务贸易而言,有限和有针对性的开放才能产生更大的正面影响。

### 表8.9　非歧视原则的调节效应

| 变量 | (1) | (2) | (3) | (4) |
|---|---|---|---|---|
| $Gap\_ACS$ | $0.057^{**}$ | $0.056^{**}$ | $0.033^{*}$ | $0.059^{**}$ |
|  | $(0.023)$ | $(0.023)$ | $(0.019)$ | $(0.023)$ |
| $Gap\_ACS \times MFN$ | $-0.031$ |  |  | $-0.135$ |
|  | $(0.028)$ |  |  | $(0.164)$ |
| $Gap\_ACS \times NT$ |  | $-0.030$ |  | $0.075$ |
|  |  | $(0.028)$ |  | $(0.164)$ |

续表

| 变量 | （1） | （2） | （3） | （4） |
|------|------|------|------|------|
| $Gap\_ACS \times NTLimited$ | | | $0.128^{**}$ | $0.171^{***}$ |
| | | | （0.051） | （0.055） |
| $FE$ | Yes | Yes | Yes | Yes |
| $N$ | 4548 | 4548 | 4548 | 4548 |
| $R^2$ | 0.376 | 0.376 | 0.377 | 0.377 |

注：FE 表示同时加入前文固定效应，交互项分量 $MFN$、$NT$、$NTLimited$ 属于协定层面的变量，实际回归中会被协定固定效应吸收，故不加入该分量。

### 3. 服务部门比较优势和互补性的调节作用

扩大开放可以促进一国服务业国际竞争力的提升（来有为和陈红娜，2017[①]；林僖和鲍晓华，2018），不同竞争力的部门在开放环境下的优势也存在差异，区域服务贸易协定对不同部门服务贸易成本的影响显然是不同的，因缔约方在该部门的前期竞争力而异。本节使用显示性比较优势指数（$RCAX_{is}$、$RCAM_{js}$）衡量缔约方服务部门竞争力，以及缔约方之间的服务贸易互补性指数 $TCI_{ijs} = RCAX_{is} \times RCAM_{js}$，如果两国贸易具有互补性，通过消除贸易壁垒与实现规模化生产可以给贸易双方带来较大利益，预期区域服务贸易协定能释放互补性大的国家之间的服务贸易潜力，对缔约方之间的服务贸易促进作用更大。

表 8.10 为服务部门比较优势和互补性的回归结果。列（1）、列（2）结果显示，出口国的出口比较优势指数（$RCAX$）、进口国的进口比较优势指数（$RCAM$）回归系数显著为正，表明缔约方在服务部门具有比较优势时，区域服务贸易协定效应更大；互补性指数（$TCI$）的回归系数显著为正，表明当缔约方之间前期服务贸易互补性越强，区域服务贸易协定的贸易效应越大。区域服

① 来有为、陈红娜：《以扩大开放提高我国服务业发展质量和国际竞争力》，《管理世界》2017 年第 5 期。

务贸易协定"自由化扩大"与出口国出口比较优势指数的交互项($Gap\_ACS \times RCAX$)系数显著为负,表明对出口比较优势较小的国家或地区,区域服务贸易协定"自由化扩大"的边际效应($ME$)更大。这是因为,从供给的角度看,当没有区域服务贸易协定时,出口比较优势越大的供应国,生产成本和价格往往越低,与进口国之间的贸易规模越大,而对出口比较优势较小的供应国,可以通过签订区域服务贸易协定降低双边服务贸易壁垒,区域服务贸易协定深度越大、承诺的自由化水平越高,进口国从区域服务贸易协定缔约方进口的可能性越大,此时区域服务贸易协定产生了贸易转移效应。相反,"自由化扩大"与进口国进口比较优势指数的交互项($Gap\_ACS \times RCAM$)系数显著为正,表明对进口需求更大的国家和地区,区域服务贸易协定"自由化扩大"的边际效应更大,这是因为区域服务贸易协定降低了缔约方之间的贸易成本和价格,进口国消费者可以以更低廉的价格获得服务,福利将会有所提升。

表 8.10 部门比较优势和互补性的调节效应

| 变量 | (1) | (2) |
|---|---|---|
| Gap_ACS | 0.023 | 0.014 |
|  | (0.024) | (0.021) |
| RCAX | 0.373*** |  |
|  | (0.032) |  |
| RCDM | 0.197*** |  |
|  | (0.027) |  |
| Gap_ACS×RCAX | −0.036*** |  |
|  | (0.011) |  |
| Gap_ACS×RCAM | 0.023** |  |
|  | (0.011) |  |
| TCI |  | 0.213*** |
|  |  | (0.032) |

续表

| 变量 | （1） | （2） |
|---|---|---|
| Gap_ACS×TCI | | 0.002 |
| | | (0.011) |
| FE | Yes | Yes |
| N | 3951 | 3951 |
| $R^2$ | 0.455 | 0.437 |

注:括号内为相应估计系数的标准误差,\*\*\*、\*\*和\*分别表示在1%、5%和10%的水平上显著。

### 4.服务部门限制水平的调节作用

本节使用经济合作与发展组织编制的服务贸易限制指数衡量缔约方细分服务部门的服务贸易政策壁垒,从进口国的角度构建了进口国$j$在服务部门$s$限制指数($STRI_{js}$),数值越大意味着进口国对服务贸易的限制程度越高,服务开放水平越低,反映了进口国服务贸易的边境后措施。该指数包括总的限制指数和5个分项指标:外资进入限制,表现为世界各国对外资企业的形式、股权、外资所占的比例等方面的限制;其他歧视,包括针对外商税收或补贴歧视、限制使用外国公司名字等;自然人流动,包括劳动力市场测验、持续滞留时间限制、职业许可证身份要求等;竞争障碍,包括管理决策允许被起诉、当地政府控制、最低或最高资本要求、价格限制等;监管透明度,包括法律生效前公开协商、制定公共评论程序等。

表8.11为服务部门限制水平的回归结果。总体来看,STRI系数为正,表明对于前期国内服务限制较高的国家和地区,区域服务贸易协定有利于削减缔约方之间的服务贸易政策壁垒,减弱政策壁垒对服务贸易的阻碍作用,服务贸易效应更大。交互项(Gap_ACS×STRI)为负,这意味着进口国服务限制程度降低时,"自由化扩大"对区域服务贸易协定效应的边际效应会上升,即一国降低国内限制有利于强化区域服务贸易协定"自由化扩大"产生的正面效应。

表 8.11　服务部门限制的调节效应

| 变量 | （1）总额 | （2）外资进入限制 | （3）其他歧视 | （4）自然流动 | （5）竞争障碍 | （6）监管透明度 |
|---|---|---|---|---|---|---|
| $Gap\_ACS$ | 0.023 | -0.064$^{**}$ | -0.030 | 0.026 | -0.006 | -0.014 |
| | (0.035) | (0.029) | (0.033) | (0.024) | (0.023) | (0.023) |
| $STRI$ | 0.017$^{**}$ | 0.002 | -0.069$^{*}$ | 0.085$^{***}$ | 0.028 | 0.013 |
| | (0.008) | (0.012) | (0.042) | (0.024) | (0.021) | (0.016) |
| $Gap\_ACS{\times}STRI$ | -0.002$^{*}$ | 0.005$^{**}$ | 0.002 | -0.015$^{***}$ | -0.009 | -0.003 |
| | (0.001) | (0.003) | (0.009) | (0.004) | (0.006) | (0.003) |
| $FE$ | Yes | Yes | Yes | Yes | Yes | Yes |
| $N$ | 3378 | 3378 | 3378 | 3378 | 3378 | 3378 |
| $R^2$ | 0.383 | 0.384 | 0.383 | 0.386 | 0.383 | 0.383 |

注:对交互项模型拟合结果的检验表明,样本区间内交互项的影响是线性的,线性模型更有效。

对于分项指标,进口国边境内措施中的外资进入限制和自然人流动限制影响更显著。这是因为,这两项直接影响到了服务贸易的规模。服务贸易总协定将服务贸易分为跨境交付、境外消费、商业存在、自然人流动四大模式,世界贸易组织(2019)显示,商业存在(外国直接投资)是最主要的贸易模式,2005—2017 年,商业存在在全球服务贸易中占比接近 60%,区域服务贸易协定对此类贸易壁垒的削减必将大幅促进服务业外资的发展。自然人流动是各种壁垒限制最多的一种服务贸易模式,大多数国家和地区只承诺允许商务人员的自由流动或跨国公司内部的自由调动。其中,$Gap\_ACS$ 与外资进入限制交互项系数显著为正,表明当一国的外资进入限制程度越高时,"自由化扩大"对区域服务贸易协定效应的边际效应上升,这是因为,对外资进入的限制主要涉及市场准入和国民待遇措施,区域服务贸易协定的"自由化扩大"也针对市场准入和国民待遇,当一国边境内外资进入限制越大时,区域服务贸易协定"自由化扩大"的边际效应会上升。$Gap\_ACS$ 与自然人流动的交互项系数显著为负,表明当一国的自然人流动限制程度越低时,"自由化扩大"对区域服务贸易协定效应的边际效应上升,这是因为,不同于外资进入限制依赖于政策,自然人流动限制更依赖于国内制度因素,政策因素容易改变,而制度因素的改革相对较难,一国的自然人流动限制很难通过区域服务贸易协定改变,所以对那些本身限制较小的进口国而言,区域服务贸易协定的"自由化扩大"的边际效用更大。

### 5.信息基础设施的调节作用

联合国贸易和发展会议(UNCTAD,2015)[①]研究指出,受信息通信技术驱动较大的服务包括金融和保险服务、电信、计算机和信息服务、知识产权使用费、商务服务以及个人、文化和娱乐活动。世界贸易组织(2019)[②]表明,得益于数字化、互联网和低成本电信的发展,许多曾经不可贸易的服务部门(必须在固定地点面对面交付)变得具有高度可贸易性(远程交付)。互联网和跨境电商提高了服务的可贸易性,培育了国际贸易的新业态(裴长洪和刘斌,2019)[③]。本节使用出口国和进口国的固定电话覆盖率(每1000人固定电话订阅数)、移动网络(2G/3G/4G/5G)覆盖率(每1000人移动网络订阅数)以及宽带覆盖率(每1000人固定宽带订阅数)三个指数衡量出口国和进口国的信息基础设施水平($ICTX$、$ICTM$)。此外,服务贸易的开展需要两国都具备良好的信息基础设施,或者差距较小,否则即使出口国网络接入率高、网速快,对于无法正常连接网络的进口国而言也并不能发挥作用,故本节使用出口国与进口国信息基础设施水平之差来衡量基础设施差异,构建相对信息基础设施水平($RICT$),指数越小意味着进口国的网络覆盖率相对于出口国较高,开展

---

① UNCTAD, "International Trade in ICT Services and ICT-Enabled Services: Proposed Indicators from the Partnership on Measuring ICT for Development", *Technical Note on ICT for Development*, No. 3, 2015.

② WTO, "World Trade Repert:The Future Development of Service Trade", WTO, 2019.

③ 裴长洪、刘斌:《中国对外贸易的动能转换与国际竞争新优势的形成》,《经济研究》2019年第5期。

服务贸易的能力越大,预期区域服务贸易协定的贸易效应也越大。

表8.12为信息基础设施的调节效应回归结果。首先,区域服务贸易协定"自由化扩大"($Gap\_ACS$)与出口国和进口国的信息基础设施水平($ICTX$、$ICTM$)的交互项系数显著为负,表明"自由化扩大"幅度和"基础设施"对区域服务贸易协定效应的影响存在替代性,随着一国家和地区信息通信技术渗透率的提高,区域服务贸易协定"自由化扩大"的边际效应下降。这是因为,信息基础设施很完善的国家和地区往往服务贸易比较成熟,区域服务贸易协定"自由化水平"的小幅扩大就能带来服务贸易的大幅增加,而对于基础设施很不完善的国家和地区,即使区域服务贸易协定"自由化水平"的大幅扩大,区域服务贸易协定效应也很小。其次,与出口国和进口国的相对信息基础设施水平的交互项($Gap\_ACS×RICT$)系数显著为负,即两国差距越大、进口国的网络覆盖率相对于出口国越低时,区域服务贸易协定"自由化扩大"的边际效应下降。结果证实,服务贸易的开展需要两国都具备良好的信息基础设施,或者差距较小,否则即使出口国网络接入率高、网速快,对于无法正常连接网络的进口国而言也并不能发挥作用。新技术的出现推动了服务业全球化发展,创造了新的跨国服务需求,为抓住新一轮科技革命带来的机遇,各国应加强信息基础设施建设,一方面可以直接促进服务业与服务贸易的发展,另一方面可以通过缩小与缔约方的差距间接促进区域服务贸易协定自由化扩大的正面影响。

表8.12　信息基础设施的调节效应

| 变量 | （1） | （2） | （3） | （4） | （5） | （6） |
|---|---|---|---|---|---|---|
| | 固定电话覆盖率 | | 移动网络覆盖率 | | 宽带覆盖率 | |
| $Gap\_ACS$ | 0.289 *** | 0.033 * | 0.221 *** | 0.042 ** | 0.098 ** | 0.038 ** |
| | (0.046) | (0.019) | (0.072) | (0.019) | (0.039) | (0.019) |
| $Gap\_ACS×ICTX$ | −0.047 *** | | −0.009 ** | | −0.020 * | |
| | (0.007) | | (0.004) | | (0.011) | |

续表

| 变量 | （1） | （2） | （3） | （4） | （5） | （6） |
|---|---|---|---|---|---|---|
| | 固定电话覆盖率 | | 移动网络覆盖率 | | 宽带覆盖率 | |
| Gap_ACS×ICTM | −0.018** | | −0.007 | | −0.005 | |
| | （0.007） | | （0.005） | | （0.011） | |
| Gap_ACS×RICT | | −0.015*** | | −0.002 | | −0.008 |
| | | （0.005） | | （0.003） | | （0.008） |
| FE | Yes | Yes | Yes | Yes | Yes | Yes |
| N | 4281 | 4281 | 4281 | 4281 | 4281 | 4281 |
| $R^2$ | 0.377 | 0.369 | 0.368 | 0.367 | 0.368 | 0.367 |

注：对交互项模型拟合结果的检验表明，样本区间内交互项的影响是线性的，线性模型更有效。

# 第四节 中国构建和完善服务贸易条款体系的政策建议

## 一、扩大自由贸易区合作网络，推动服务贸易合作纵深推进

继续坚持扩大自由贸易网络，深化服务领域高水平对外开放，以追赶巴西、墨西哥等拉美开放型服务贸易国家和地区为起点，逐步向美国、欧盟的服务开放理念、规则、标准看齐，继而更有效、更符合实际发展需要同周边日本、韩国等发达经济体，东南亚地区和"一带一路"沿线发展中经济体开展双边、多边深层次服务领域合作。

主动发掘同加拿大、墨西哥等相似服务开放理念国家间的共性开放合作基础，采取渐进推动方式，可以首先尝试在局部服务部门开展试验性服务贸易合作，继而在条件相对成熟时逐步扩展合作范围，为国内相关领域服务实体借道参与美国—墨西哥—加拿大协定市场创造可能。

加强同美国、欧盟等服务贸易强国和地区间在服务领域的沟通、协调与谈判,中国同其在服务发展水平方面尚存在一定客观差距,但依托国内庞大的市场规模以及居民日益提升的服务需求,仍然能够建立起更加灵活有效的合作通道,探索更为广泛开拓的合作空间;有序扩大同其在服务领域的合作对提升国内实体服务供给质量、提升服务业整体国际综合竞争力也具有一定积极意义。

## 二、参与全球服务贸易治理,向高标准合作模式看齐

积极参与全球服务贸易治理,在下一阶段的自由贸易协定签订进程中,有意识地向全面与进步的跨太平洋伙伴关系协定、美国—墨西哥—加拿大协定等高标准自由贸易协定看齐,升级完善服务贸易自由化相关条款,在服务贸易管理上逐步向负面清单模式转型,在非歧视原则上更为广泛地落实采纳最惠国待遇原则、国民待遇原则,在自由贸易协定后期约束力方面将纳入审查条款、设定审查机制、建立审查机构多措并举。同时也需结合自身国情,制定有效合宜的发展方针,推动自由贸易协定建设和服务贸易制度创新,做好边界后政策的配套协同工作,不断完善国内服务业监管机制。

现有世界贸易组织框架下的服务贸易总协定谈判进展缓慢,难以适应服务贸易更新迭代的发展速度,目前亚太地区的服务贸易协定水平参差不齐,开放程度各有不同。中国在推动双边或多边区域服务贸易协定的谈判过程中,不仅应顺应国际服务贸易协定发展的新趋势,对标国际高水平服务贸易协定,同时应对服务开放模式提出中国创新思路、中国开放模式,积极参加服务贸易协定谈判,在自由贸易协定的谈判中体现本国诉求,增强在服务贸易条款制定方面的话语权,并在自由贸易协定实践应用过程中逐步将中国理念向更广范围国家和地区宣传推广。

## 三、服务部门差异化施策,对外开放与风险管控共进

积极做好计算机、电信、知识产权、视听娱乐等数字领域、新兴服务领域对

外开放工作,合理适度拓宽金融、保险相关部门的对外开放水平,继续加强运输、旅行、建筑等传统部门服务对外开放;同时也应筑牢开放底线,合理管控风险,做好特殊环境下的各项准备应对工作,正确处理关系国计民生与社会稳定核心基础部门的国际开放与合作。

充分释放自由贸易协定的服务贸易增量创造效应、转型升级效应、提质增效效应,在不断扩大对外开放网络的同时,做好国内相关领域的培育扶持工作,提高服务部门多样化供给能力、内生发展动力、持续性发展活力;针对性地增强旅游、运输等部门国际竞争力,有效平衡相关领域服务逆差问题。

## 四、建立服务高水平开放与制造业创新发展间的新联系

在当前制造业服务化转型趋势背景下,中国应进一步着力增强服务贸易开放对制造业出口发展的升级带动作用,提高制造业企业对国内和国外服务要素合理配置使用能力,提升企业服务出口国际竞争力。

一方面,推动制造业企业对已签订区域服务贸易协定的利用,解读重要文件,帮助相关企业充分利用双边和区域自由贸易协定的利好政策来降低服务要素使用成本,提升产品附加值;另一方面,加强国内外服务业之间的沟通合作,通过服务贸易的进一步开放,积极学习发达国家和地区的先进管理经验和发展模式,提升对国内制造业的服务实力和创新能力;与此同时,增强制造业和服务业之间的合作联系,相辅相成促进中国开放水平的进一步提升。此外,应注重做好该领域高水平服务开放工作,以更好地反哺制造业,推进制造业服务化转型的同时,提升中国制造业在全球价值链中的地位。

# 第九章 高标准自由贸易协定的政府采购条款研究

从全球范围来看,政府采购规模巨大,具有很强的市场开放潜力,是各国继货物和服务等一般市场开放后,实现市场第二次开放的重要途径。仅 2018 年,政府采购支出规模占全球国内生产总值比重达到 12%(Bosio 等,2022)①。20 世纪 70 年代,欧盟、美国等发达国家因国内产业发展成熟,迫切希望开拓海外市场,便借贸易投资自由化契机,促成素有"富国俱乐部""小世界贸易组织"之称的政府采购协定签订。据世界贸易组织秘书处估算,政府采购协定开始实施后,政府采购市场准入每年将扩大 800 亿—1000 亿美元。但是政府采购协定是世界贸易组织的一项诸边协议,参加方政府采购规模有限,全球采购市场增长潜力在于新兴经济体不断上升的基础设施投资、公共服务需求。然而,新兴经济体加入政府采购协定谈判面临较大阻力与不确定性,反而是随着区域经济一体化迅速发展,政府采购作为边境后措施已普遍渗透到自由贸易协定的议题中。目前通报世界贸易组织且已生效的自由贸易协定中,超过 250 个自由贸易协定纳入政府采购深度议题。按照缔约方承诺水平,自由贸易协定的政府采购议题既包含参加条件、限制

---

① Bosio E., Djankov S., Glaeser E., Shleifer A., "Public Procurement in Law and Practice", *American Economic Review*, Vol. 112, No. 4, 2022, pp. 1091-1117.

性招标、国内审查、采购实体、适用范围、门槛价等实质性规定,也包含合作、未来谈判等一般性内容,这些规则为区域跨境政府采购提供了高标准的制度保障。

中国近年来持续扩大高水平对外开放,积极推动制度型开放。习近平总书记在 2018 年博鳌亚洲论坛年会开幕式主旨演讲中承诺"继续扩大开放,加强合作",并特别强调"加快加入世界贸易组织政府采购协定进程"。历经八年谈判于 2022 年 1 月 1 日正式生效的区域全面经济伙伴关系协定,首次将政府采购单独设章,纳入审议机制以定期完善,在一定程度上填补了中国在政府采购对外合作领域的规则空白。全面与进步的跨太平洋伙伴关系协定是高标准国际经贸规则体系的代表,其缔约方在政府采购领域的市场开放程度居于世界前列。加快政府采购协定谈判、推动区域全面经济伙伴关系协定政府采购条款生效、主动对标全面与进步的跨太平洋伙伴关系协定等高标准政府采购条款,彰显出中国开放政府采购市场的信心与能力。这些举措有利于中国加快与国际政府采购条款的对接进程,全面提高对外开放水平,优化公平竞争的营商环境,为更加积极主动地参与和引领国际经贸规则治理拓宽新路径。在此背景下,深入研究自由贸易协定如何影响跨境政府采购具有重要的理论意义和现实意义。

# 第一节　全球自由贸易协定的政府采购条款发展趋势

## 一、发展模式

图 9.1 反映出生效且包含政府采购议题的自由贸易协定发展趋势。随着世界各国对政府采购自由化的关注度提升,自由贸易协定的政府采购条款同时实现数量和质量的突破。根据缔约方的共同诉求和利益偏好差异,自由贸

易协定的政府采购条款逐渐演变为"软性义务""硬性义务"两种模式,凸显出国际政府采购的发展趋势。

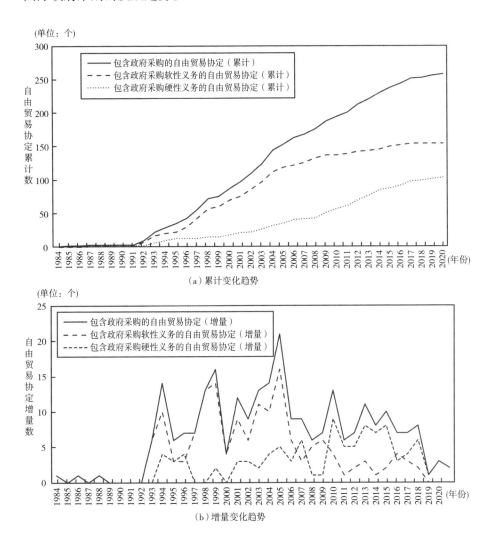

**图 9.1 包含政府采购的自由贸易协定年度变化趋势(1984—2020 年)**

资料来源:贸易协定设计数据库。

## (一)"软性义务"模式

"软性义务"模式,即自由贸易协定缔约方就政府采购达成一个框架性指南,以提升透明度为前提鼓励双边合作。这种模式出现于自由贸易协定文本的"一般目标"或"经济技术合作"等章节,常见于南北型自由贸易协定及南南型自由贸易协定。这是由于政府采购是各国调控宏观经济的常用政策工具。尤其对发展中国家而言,开放政府采购市场必然持有一定程度的保留,达成合作共识则是最优选择。例如"软性义务"模式的典型代表是区域全面经济伙伴关系协定,其政府采购文本以合作和透明度为核心,将采购范围、门槛价、采购程序等诸多未尽事宜纳入审议机制。从发展趋势上看,或受政府采购协定影响,1995—2005 年是包含政府采购"软性义务"的自由贸易协定快速发展期[见图 9.1(a)]。其中仅 2004 年就涌现出墨西哥—乌拉圭自由贸易协定、克罗地亚—摩尔多瓦自由贸易协定等 16 个自由贸易协定[见图 9.1(b)]。截至 2020 年,已有超过 150 个自由贸易协定采用"软性义务"模式纳入政府采购议题。这表明"软性义务"模式所要求的透明度与合作符合区域发展定位,是发展中国家进入国际政府采购市场的最佳路径。

（二）"硬性义务"模式

"硬性义务"模式,即自由贸易协定缔约方就政府采购全周期制定完整程序,以国民待遇原则和透明度原则为核心,要求缔约方履行合作承诺。这种模式常见于北北型自由贸易协定及南北型自由贸易协定,具有较强法律约束力和可执行性。例如,"硬性义务"模式的典型代表是全面与进步的跨太平洋伙伴关系协定,通过原产地规则、供应商资格、参加条件、诚信履约、中小企业等多项规定细化采购程序,利用过渡期丰富缔约方类型,以正面+负面清单模式提供健全的制度保障。从发展趋势上看,2008 年之前包含政府采购"硬性义务"的深度贸易协定发展缓慢[见图 9.1(a)]。或受金融危机影响,政府采购成为贸易保护主义工具,遭致不满,诸多缔约方转而从区域层面扩大政府采购市场影响力。2009 年之后包含政府采购"硬性义务"的自由贸易协定迅速发展,年度增量超过"软性义务"模式[见图 9.1(b)]。尤其是智利、墨西哥等发展中国家追随欧盟、日韩等国,加快扩大自身贸易圈,对政府采购自由化表现出高度诉求。从严格意义上看,"硬性义务"模式是"软性义务"模式的下一步转型,同时也是自由贸易协定缔约方加入政府采购协定的跳板。

## 二、中国开放政府采购市场的路径选择

加入政府采购协定不仅是中国履行加入世界贸易组织的承诺,更是中国开放国内政府采购市场、参与国际竞争的主要路径之一。中国于 2007 年年底正式递交加入政府采购协定申请书,从出价范围和法律调整两方面开启政府采购协定谈判。截至 2023 年年底,中国已经向世界贸易组织递交七份出价清单。从参与实体上看,范围从中央政府实体扩大到次中央政府实体和其他实体,并且实体数量有所增加。从市场开放范围上看,工程项目列入出价范围,并且清单细化了服务项目和例外情形。在出价水平上,门槛价过渡期由 4 年缩短至 2 年,过渡期结束后门槛价与参加方出价水平大致相当。中国加入政府采购协定谈判虽获得积极进展,但因发展中国家享有的特殊和差别待遇难获认同等问题,政府采购协定谈判尚未结束。

在区域层面与特定国家和地区开启政府采购合作是加入政府采购协定的替代方案,更易谋求特殊利益。中国目前在自由贸易协定框架下纳入的政府采购均属于"软性义务"模式,根据规则诉求、谈判内容及文本位置,可大致分为三类:第一类是指南型自由贸易协定,仅有区域全面经济伙伴关系协定。虽然政府采购单独成章,但缺乏执行机制。文本规定参与区域政府采购的实体仅为中央政府实体,要求各缔约方公布政府采购法律法规、条例,鼓励各缔约方之间共享中小企业的最佳实践信息,并提供必要的技术援助和能力建设。第二类是合作型自由贸易协定,包含中国—智利自由贸易协定、中国—秘鲁自由贸易协定。文本仅在经济合作章节提及政府采购,指出为政府采购建立合作和信息共享机制,便于缔约方开展政府采购活动。第三类是认识型自由贸易协定,在文本总则或目标中强调缔约方应认识到政府采购在各自经济发展

中的重要性,并且经济技术合作或一般条款等章节通过透明度、联络点等内容对政府采购作出约束性规定。需要特别说明的是,此类自由贸易协定含有前置性条件,即"未来谈判",明确中国在加入政府采购协定之后才能开展政府采购谈判,加强了缔约方尤其是中国对开放政府采购重要性的认识程度。认识型自由贸易协定包括中国—瑞士自由贸易协定、中国—韩国自由贸易协定、中国—冰岛自由贸易协定、中国—澳大利亚自由贸易协定以及中国—新西兰自由贸易协定。除中国外,缔约方均为政府采购协定参加方,凸显出中国加入政府采购协定的必要性和紧迫性。

# 第二节 自由贸易协定的政府采购条款测度与比较

## 一、政府采购条款内容

政府采购作为一般市场开放后,实现市场第二次开放的重要途径。由于世界各国对政府采购市场开放的态度有很大差异,政府采购议题朝多元化方向发展。世界银行将自由贸易协定的政府采购议题归纳整理为七大方面的100项条款,如表9.1所示。具体来看,基本内容包含自由贸易协定是否对政府采购作出明确规定、政府采购是否具有可执行性、协定双方是否为政府采购协定参加方等。非歧视原则包含国民待遇、最惠国待遇、禁止抵消、原产地规则等12项基本问题。覆盖范围围绕政府采购的适用设计了40项内容,涉及货物、服务和工程服务三类采购内容,以及中央政府实体、次中央政府实体和其他实体三类采购主体,明确了政府采购的适用范围。透明度是政府采购议题的核心内容之一,规定自由贸易协定双方公开政府采购前的法律法规,以及项目投标信息、招标结果等,为双边合作提供透明的制度保障。自由贸易协定设置程序性规定意味着政府采购条款具有很强的法律执行性,政府采购全周期都能得到强有力的制度保障,共有 26 项内容。争端解决和新问题分别含有 4 项和 5 项基本内容,以处理自由贸易协定双方在采购过程中可能产生的贸易摩擦,促进中小企业、电子采购系统、可持续采购等国际新议题在区域合作中的适用。包含政府采购"软性义务"模式的自由贸易协定对基本内容、透明度的要求较高,设置诸多以合作和透明为核心的鼓励性条款。包含政府采购"硬性义务"模式的自由贸易协定则在"软性义务"模式基础上,增加诸多程序性规定和新问题。

表 9.1　政府采购条款内容

| 项目 | 条款数量 | 具体内容 |
|---|---|---|
| 基本内容 | 4 | 包括自由贸易协定是否明确规定政府采购内容、可执行性、范围以及是否为政府采购协定参与方 |
| 非歧视原则 | 12 | 通过明确自由贸易协定中的国民待遇、禁止抵消、最惠国待遇、原产地规则、发展中国家享有的过渡性措施(包括价格优惠措施、补偿、分阶段加入采购实体和部门、最高阈值、延迟执行)等非歧视原则规范政府采购市场 |
| 覆盖范围 | 40 | 政府采购通常以正面或负面清单模式,将涉及的货物、服务和工程具体部门,以及参与的中央政府实体、次中央政府实体以及其他实体列入附录,进一步明确政府采购领域内容 |
| 透明度 | 7 | 事前透明度包含公开政府采购相关法律法规、采购计划及采购细节。事后透明度要求自由贸易协定缔约方对投标信息、投标结果等信息进行披露 |
| 程序性规定 | 26 | 具有较强可执行性的自由贸易协定往往对参加条件、供应商资格、投标文件、技术规格、限制性招标、采购信息等明确要求,并将透明度贯穿政府采购全过程 |
| 争端解决 | 4 | 自由贸易协定要求缔约方设置国内审查程序,参照政府采购协定关于争端解决的规定处理政府采购领域的贸易摩擦 |
| 新问题 | 5 | 自由贸易协定中的政府采购大多会涉及电子采购、可持续采购、安全标准、便利中小企业参与以及合作 |

资料来源:世界银行深度贸易协定数据库。

## 二、政府采购条款的区域特征

根据包含政府采购议题的自由贸易协定地理位置分布情况,跨洲签订政府采购条款的数量最多,达到112个,这意味着世界各国倾向与本国利益诉求一致,共同开放政府采购市场目标的成员达成政府采购合作共识。欧洲含有95个包含政府采购深度议题的自由贸易协定,其中多数为欧盟签订。这是由于欧盟是国际政府采购条款的引领国,并且欧盟成员数量逐年扩张带动欧洲区域政府采购市场开放。美洲以美国为主导,签订了31个包含政府采购深度议题的自由贸易协定,亚洲以日本、韩国和新加坡为主导,签订了20个自由贸易协定,最后是大洋洲,以澳大利亚、新西兰为主导开展区域政府采购合作。

从条款执行力度上看,美国、欧盟、韩国、澳大利亚、智利、秘鲁签订的自由贸易协定政府采购条款中,有半数以上具有法律执行性,日本的比例略低于50%,中国签订的多数自由贸易协定的政府采购条款不具有可执行性。从核心原则上看,除中国外,国民待遇和透明度是美国、澳大利亚、韩国、智利、秘鲁所涉自由贸易协定的常见文本内容,欧盟、日本签订的自由贸易协定对政府采购核心原则的覆盖率相对较低。从覆盖范围上看,中国所涉自由贸易协定的政府采购条款适用较窄范围的采购主体和内容,其他国家均有半数以上的自由贸易协定对政府采购主体和内容有详细规定。这意味着以美国、欧盟为主导的政府采购条款引领国际政府采购发展趋势;日本、韩国、澳大利亚、智利、秘鲁追随美国、欧盟步伐,区域政府采购合作范围有所扩大;中国目前签订的自由贸易协定政府采购条款尚处于发展初期,具有较大的提升发展空间。

## 三、政府采购条款对比

### (一)特定自由贸易协定

中国签订的各自由贸易协定政府采购承诺水平处于偏下水平;欧盟、美国签订的自由贸易协定政府采购承诺水平处于最高水平,其中政府采购水平深度得分达到满分的自由贸易协定分别为2个和3个。具体而言,第一,相比智利、秘鲁等发展中国家,中国与发达国家签订的自由贸易协定政府采购承诺水平较高,注重透明度与合作等基本条款的设计。这说明中国的缔约方中,发达国家具有完善的政府采购制度体系,对通过加强区域制度型对话扩大政府采购市场的诉求较高,带动中国加强制度建设、努力对接国际政府采购条款。第二,除美国—约旦自由贸易协定,美国所涉自由贸易协定的垂直深度和水平深度均超过2.44和7,并且都包含程序性、三类采购主体和三类采购内容等实质性规定。总体政府采购条款可执行性远高于中国。第三,欧盟签订的自由贸易协定在条款数量和质量上不断突破,注重国民待遇和透明度等核心原则的设计,以及采购实体和内容的详细规定,总体上政府采购承诺水平与美国相当,超越中国。简言之,欧盟、美国是自由贸易协定政府采购议题的主要引领国,引导发展中国家尤其是中国逐渐向高标准政府采购条款对接,实现区域采购市场第二次开放。

## (二) 高标准自由贸易协定比较

全面与进步的跨太平洋伙伴关系协定是目前国际高标准政府采购条款的超大型自由贸易协定代表,其缔约方在政府采购领域的开放承诺属世界最高水平。全面与进步的跨太平洋伙伴关系协定对政府采购全周期设置了完善的制度体系,按主要内容可分为八个方面:政府采购的程序;适用范围;一般性规定;发展中国家过渡性措施;采购信息;资格条件、协商情形及技术规范,招标和决标信息及审查机制。另有单独附件15A,包含11个缔约方采购活动的详细说明,附件对缔约方承诺采购的适用机关、门槛金额和排除清单等十个方面(A—J节)作出了规定。欧盟—韩国自由贸易协定是欧盟签订的高标准自由贸易协定之一,水平深度和垂直深度分别达到11和4.0843。由于欧盟—韩国自由贸易协定缔约方均为发达国家,不涉及发展中的过渡性措施,在区域政府采购的覆盖范围、透明度、程序性规定、非歧视原则等方面予以明确规定。

美国—墨西哥—加拿大协定是美国所涉自由贸易协定的代表,其对政府采购领域的规定主要体现在覆盖范围和程序性规定,基本在政府采购协定框架下规制政府采购议题。区域全面经济伙伴关系协定是中国目前签订的政府采购承诺水平最高的自由贸易协定,水平深度为4,垂直深度为1.4923。相比之下,区域全面经济伙伴关系协定包括适用范围、基本原则、透明度、合作、不适用争端解决等内容,还增加了审议条款,为将来提高本章相关标准留有余地,但缺乏政府采购覆盖范围、程序性规定等实质性内容。这是由于区域全面经济伙伴关系协定包含中国和东盟发展中国家,对政府采购市场开放还有一定的保留,需要过渡期来实现逐步开放。

总的来看,区域全面经济伙伴关系协定(第16章)、全面与进步的跨太平洋伙伴关系协定(第15章)和美国—墨西哥—加拿大协定(第13章)均将政府采购作为独立章节进行规定,尽管与全面与进步的跨太平洋伙伴关系协定和美国—墨西哥—加拿大协定相比,区域全面经济伙伴关系协定的政府采购条款多为软性合作条款,没有实质性的市场准入承诺,但总体来说,高标准自由贸易协定的政府采购条款呈现出以下特点:

一是涵盖内容进一步扩大。尽管与政府采购协定相比,全面与进步的跨太平洋伙伴关系协定和美国—墨西哥—加拿大协定的政府采购章节在内容上没有实质差别,但政府采购的范围有所深化,增加了更多与时俱进的内容,如电子方式的使用、政府敏感信息存储要求、采购实践中的诚信等。

二是采购程序透明化。高标准经贸协定对采购信息发布、采购意向通知、采购条件与供应商资格说明、合同授予等各环节的规定越发详尽规范,旨在增强政府采购过程的透明度,预防腐败,如全面与进步的跨太平洋伙伴关系协定第15.8条明确规定,政府采购条款的实施必须符合透明度与反腐败章节(第26章)的规定。

三是鼓励中小企业参与政府采购。全面与进步的跨太平洋伙伴关系协定(第15.21条)和美国—墨西哥—加拿大协定(第13.20条)均明确提出"便利中小企业的参加",并强调中小企业对经济和就业的贡献,提出缔约方应维持向中小企业提供优惠待遇的措施,并保证该措施的透明度。值得注意的是,从法律性质上看,世界贸易组织中的政府采购协定是自愿加入的诸边协定,而高标准自由贸易协定如区域全面经济伙伴关系协定、全面与进步的跨太平洋伙伴关系协定和美国—墨西哥—加拿大协定中的政府采购章节属于其"一揽子"协定,属于必须签订的内容。

## (三) 高标准政府采购条款和理念对比

表9.2报告了欧盟、美国和中国目前已签订自由贸易协定的政府采购条款和理念对比。从内容分布上看,美国、欧盟将政府采购条款集中在政府采购一章(Government Procurement),中国在区域全面经济伙伴关系协定中将政府采购设为专章,其余自由贸易协定在经济技术合作一章中纳入政府采购,体现出三方对开放区域政府采购市场的高度重视以及利益诉求上的差异。从规则理念上看,透明度是三方所涉自由贸易协定中的必要内容,能够从源头上保障政府采购法律法规公开透明,避免腐败等不公平竞争行为危害国家声誉。除此之外,美国、欧盟所涉自由贸易协定均设置详细的政府采购程序性规则以及适用主体和范围,构建覆盖政府采购全生命周期的制度体系。相比之下,中国近年来积极参与国际经贸规则治理,对开放政府采购市场表现出高度诉求,因此不断提升政府采购议题在自由贸易协定框架下的重要程度,在合作的基础上,增强透明度,纳入审议机制,不断完善政府采购议题。总的来说,欧盟、美国走在国际政府采购条款前列,中国尚处于追赶阶段,处于政府采购合作初期,未来有较大的发展空间。

表9.2　欧盟、美国、中国自由贸易协定的政府采购条款和理念对比

| 对比项 | 欧盟 | 美国 | 中国 |
|--------|------|------|------|
| 位置分布 | 政府采购 | 政府采购 | 政府采购、经济技术合作 |

续表

| 对比项 | 欧盟 | 美国 | 中国 |
|---|---|---|---|
| 规则诉求 | 促进政府采购市场开放、增强透明度 | 促进政府采购市场开放、增强透明度 | 鼓励政府采购合作、增强透明度 |
| 规则模式 | 构建覆盖政府采购全周期的制度体系 | 构建覆盖政府采购全周期的制度体系 | 构建以合作和透明度为核心的制度体系 |
| 共有条款与差异条款 | 明确政府采购内容、公布政府采购法律法规、政府采购透明度、电子采购等 | | |
| | 程序性规定、覆盖范围、争端解决、国民待遇和最惠国待遇等非歧视原则 | | |
| | | 中小企业、未来谈判 | |

资料来源:根据自由贸易协定文本整理而得。

## 四、高标准政府采购条款发展动向

政府采购的政策性功能强大,体现出国家调控宏观经济的能力。一方面,政府采购议题被纳入自由贸易协定框架,扩大了政府采购市场的开放范围,对实现区域经济一体化、贸易自由化具有重要意义。另一方面,政府采购政策依赖完善的制度保障体系,需要自由贸易协定双方一定水平的技术援助和能力建设才得以落地实施。这其中需要消耗大量的时间成本和人力成本,建设与区域政府采购条款配套的国内制度。但从长远来看,开放国内政府采购市场是贸易自由化的必然选择,是全面实行第二次市场开放的重要途径。美国、欧盟走在国际前列,引领政府采购条款制度发展,设置十分全面的政府采购制度体系,实现政府采购各个环节有制度可循。但对中国等发展中国家而言,对全面开放政府采购市场的能力尚不完备,处于发展初期,在自由贸易协定文本中以合作方式初探是最优选择。

从具体条款来看,包含政府采购"软性义务"模式的自由贸易协定,以透明度和合作为核心,鼓励双方达成合作意向。而包含政府采购"硬性义务"模式的自由贸易协定在此基础上,一是对政府货物采购、服务采购以及工程服务采购的适用范围作出约束性规定,附件明确政府采购内容。二是对政府采购主体进行明确,附件列出能够参与区域政府采购项目的中央政府实体、次中央政府实体、地方实体的具体名单。三是设置门槛价,明确政府采购阈值范围。四是设立程序性规则,从招标信息发布、投标信息公布、技术规范、投标结果公布、国内审查、争端解决等多方面构建完善的政府采购体系。这意味着包含政府采购"软性义务"模式的自由贸易协定实则是鼓励性文本,法律执行性较低。包含政府采购"硬性义务"模式的自由贸易协定具有很强的法律执行性,是约束性文本。除此之外,两种模式的自由贸易协定政府采购条款均十分注重中小企业参与政府采购的法规、电子采购、贸易便利化措施以及可持续采购等国际新议题的制度设计。由此来看,政府采购"软性义务"模式是目前政府采购协定观察国、发展中国家目前采用的模式,是逐步接轨国际政府采购条款的途径之一。随着缔约方能力和制度建设水平逐年提升,双边采购合作机制不断完善,"硬性义务"模式是下一步合作的必然转型。中国目前签订的包含政府采购议题的自由贸易协定均属于前者。

总体而言,政府采购议题不同于传统的货物贸易、服务贸易等,具有很强的目的性,是国家政策意图的体现,同时也是公共财政资助的主要方式,具有引导企业选择与产业发展的作用。目前世界各国对政府采购议题的开放态度和范围持有很大差异,全面规制和落实高标准自由贸易协定政府采购条款需要考虑双方的国内体制、开放态度、能力建设水平等,逐步实现区域经济一体化。

# 第三节　自由贸易协定与跨境政府采购

## 一、文献综述

随着自由贸易协定议题从降低关税的传统边境措施逐步过渡到涉及广泛

利益的边境后措施,关于市场准入(吕建兴等,2021)①、原产地规则(韩剑等,2018)②、服务贸易(林僖和鲍晓华,2018)、数字贸易(周念利和陈寰琦,2020)③、竞争政策(林梦瑶和张中元,2019)④、投资保护与促进(马亚明等,2021)⑤等议题的研究不断深入。政府采购作为自由贸易协定框架下的新兴议题之一,在国际经贸规则重构、贸易自由化发展中同样具有不可忽视的重要作用。但目前关于自由贸易协定的政府采购研究较少,起步较晚,且主要集中在理论层面。

一类文献关注自由贸易协定政府采购条款的缔结动因。政府采购条款所要求的透明度与规范性能够显著降低自由贸易协定缔约方的贸易壁垒,改变区域专业化分工模式(Trionfetti,2000⑥;Brülhart 和 Trionfetti,2004⑦),便于本国企业进入外国采购市场、本国政府采购外国优质的货物与服务。不仅如此,自由贸易协定政府采购条款的关键作用还在于规范国内立法,帮助本国政府更好地适应国际规则(Anderson 等,2011)⑧。从某种意义上看,自由贸易协定政府采购市场和一般市场的开放承诺形成互补,更大范围地提高市场准入程

---

① 吕建兴、曾寅初、张少华:《中国自由贸易协定中市场准入例外安排的基本特征、贸易策略与决定因素——基于产品层面的证据》,《中国工业经济》2021 年第 6 期。

② 韩剑、岳文、刘硕:《异质性企业、使用成本与自贸协定利用率》,《经济研究》2018 年第 11 期。

③ 周念利、陈寰琦:《RTAs 框架下美式数字贸易规则的数字贸易效应研究》,《世界经济》2020 年第 10 期。

④ 林梦瑶、张中元:《区域贸易协定中竞争政策对外商直接投资的影响》,《中国工业经济》2019 年第 8 期。

⑤ 马亚明、陆建明、李磊:《负面清单模式国际投资协定的信号效应及其对国际直接投资的影响》,《经济研究》2021 年第 11 期。

⑥ Trionfetti F., "Discriminatory Public Procurement and International Trade", *World Economy*, Vol. 23, No. 1, 2000, pp. 57–76.

⑦ Brülhart M., Trionfetti F., "Public Expenditure, International Specialisation and Agglomeration", *European Economic Review*, Vol. 48, No. 4, 2004, pp. 851–881.

⑧ Anderson R. D., Müller A. C., Osei-Lah K., De Leon J. P., Pelletier P., "Government Procurement Provisions in Regional Trade Agreements: A Stepping Stone to GPA Accession?", *WTO Regime on Government Procurement: Challenge and Reform*, 2011, pp. 561–656.

度(Anderson 等,2015)①。

另一类文献从文本视角对自由贸易协定的政府采购条款进行比较研究。在信息不完全的采购过程中,政府采购协定非歧视原则是使全球福利最大化的条款,为国际政府采购市场的公平竞争与贸易自由化提供制度保障(Mattoo,1996)②。自由贸易协定的政府采购条款基本以政府采购协定为参考,同时纳入符合双边或多边发展的新措施。例如美国签订的自由贸易协定均包括基于政府采购协定准则的政府采购章节,明显降低了美国供应商进入缔约方政府采购市场的门槛(United States International Trade Commission,2021)③。但发展中国家受制于专业化分工程度和市场规模,对政府采购协定了解受限(Trionfetti,2000)。政府采购议题被纳入自由贸易协定框架,为发展中国家提供熟知和运用政府采购协定规则的机会,促使发展中国家早日加入政府采购协定,说明自由贸易协定与政府采购协定可以协同实现政府采购多样化合作(Anderson 和 Osei-Lah,2011)④。安德森等(Anderson 等,2011)通过比较87个自由贸易协定文本内11项条款的覆盖情况⑤,发现政府采购协定参加方之间的自由贸易协定政府采购承诺较浅;政府采购协定参加方与非参加方的承诺较深;并且非政府采购协定参加方之间的自由贸易协定以不同

---

① Anderson R. D., Müller A. C., Pelletier P., "Regional Trade Agreements & Procurement Rules: Facilitators or Hindrances?", *Robert Schuman Centre for Advanced Studies Research Paper*, 2015.

② Mattoo A., "The Government Procurement Agreement: Implications of Economic Theory", *WTO Staff Working Paper*, 1996.

③ United States International Trade Commission, "Economic Impact of Trade Agreements Implemented under Trade Authorities Procedures", *US Commission Research Paper*, 2021.

④ Anderson R. D., Osei-Lah K., "The Coveragenegotiations under the Agreement on Government Procurement: Context, Mandate, Process and Prospects", *WTO Regime on Government Procurement: Challenge and Reform*, 2011, pp. 61-91.

⑤ 包括国民待遇和非歧视性原则、最惠国待遇、程序规则、招标程序、争端解决、禁止违法、承诺加入 GPA、进一步谈判、确保采购程序的完整性、合作、管理机构。

于政府采购协定的规则实现政府采购市场自由化。在此基础上,上野(Ueno,2013)①从采购实体、门槛价、货物和服务的承诺范围以及采购条款等方面详细分析了经济合作与发展组织缔约方签订的 47 个自由贸易协定,发现非政府采购协定参加方签订的自由贸易协定采购承诺达到政府采购协定水平,其中服务承诺甚至超出政府采购协定,说明自由贸易协定至少可以达到与政府采购协定相同的效果。

受限于政府采购数据搜集难度,鲜有文献从经验分析视角研究自由贸易协定政府采购条款产生的贸易效应。瑞克(Riker,2013)②基于国民收入核算体系(System of National Accounts,SNA),尝试利用国家投入产出表估算不同原产国、不同产品类型的政府采购规模,研究政府采购对降低非关税壁垒的作用。穆拉布迪克和罗图诺(Mulabdic 和 Rotunno,2022)③关注到世界投入产出表也是以各国国民收入核算体系为编纂依据,开创性地通过世界投入产出表识别政府采购和一般采购规模,进而在自由贸易协定框架下研究嵌入政府采购条款对双边贸易产生的影响。研究发现,两国签订包含政府采购条款的自由贸易协定可以促进政府采购与一般采购。但政府采购受到的影响小于一般采购,原因在于政府采购市场比一般采购市场具有更强的本国偏好。这些文献为后续拓展分析提供了重要的研究范本。

上述研究表明,自由贸易协定政府采购条款对扩大市场准入、降低非关税壁垒、促进贸易自由化具有重要影响。但值得提出的是,不同自由贸易协定之间存在不可忽视的差异,基于自由贸易协定同质性假定的分析不能凸显政府采购在不同自由贸易协定之间的异质性。因此突破同质性假定,深入探索自

---

① Ueno A., "Multilateralising Regionalism on Government Procurement", *OECD Trade Policy Paper*, 2013.

② Riker D., "Government Consumption and Global Value Chains", *USITC Economics Working Paper*, 2013.

③ Mulabdic A., Rotunno L., "Trade Barriers in Government Procurement", *European Economic Review*, Vol.148,2022.

由贸易协定异质性更具现实意义。这一观点得到拜尔等（2019）和铁瑛等（2021）①的验证，张洁等（2022）①还将这种异质性细化至自由贸易协定签订涉及的消费者层面。鉴于此，本节基于自由贸易协定异质性假定，深入分析自由贸易协定政府采购条款的影响效应。

与已有文献相比，本节可能的边际贡献有以下几点：第一，研究对象上，本节细化了政府采购的数据维度，从2018年版经济合作与发展组织投入产出表中剥离出年份—行业—国家对层面的政府采购数据，并将 ISIC Rev. 3 与 ISIC Rev. 4 的行业分类进行匹配，加总至20个细分行业，弥补了现有文献以双边总贸易数据为研究对象而未聚焦政府采购数据的不足。第二，研究方法上，基于自由贸易协定异质性假定，本节将拜尔等（2019）的分析框架拓展至政府采购领域。第一阶段重点分析政府采购条款在不同自由贸易协定—行业—国家对的异质性效应，第二阶段聚焦异质性的影响因素。第三，研究内容上，现有文献直接以 0 或 1 识别政府采购条款，缺乏对深度一体化条款的准确衡量，本节从实质性承诺、国民待遇、透明度、采购实体、采购内容、世界贸易组织规则适用六大方面构建政府采购条款深度指标，重点考察异质性条款深度的影响效应。第四，研究扩展上，根据中国开放政府采购市场的路径选择，本节基于实证结果，模拟区域全面经济伙伴关系协定政府采购条款生效以及中国加入全面与进步的跨太平洋伙伴关系协定带来的潜在采购增长，多维度分析政府采购条款在促进贸易自由化中的重要作用。

## 二、研究设计

政府采购的政策性功能决定了自由贸易协定缔约方对政府采购市场的开放范围、适用主体等方面持有不同态度，由此导致政府采购议题在不同自由贸易协定之间的政策效果具有明显差异。而目前多数文献在衡量自由贸易

---

① 张洁、秦川义、毛海涛：《RCEP、全球价值链与异质性消费者贸易利益》，《经济研究》2022年第3期。

获得的效应时并未考虑相同议题在不同自由贸易协定之间的异质性,本节则突破这种同质性假定,基于自由贸易协定异质性假定,第一阶段首先计算政府采购条款在不同自由贸易协定之间的异质性效应,再拓展至每个自由贸易协定内不同行业、不同国家对层面,细化政府采购条款异质性的表现维度。第二阶段将第一阶段获得的异质性效应作为被解释变量,构建政府采购条款深度指标作为核心解释变量,同时纳入反映缔约方能力建设水平、政策导向以及地理因素的控制变量,深入研究异质性的影响因素。

## (一) 政府采购条款异质性效应

### 1. 模型设定

按照安德森和范文库普(Anderson 和 Van Wincoop,2004)[1]提出的贸易可分离性假设,在一个自由贸易协定内部,$i$ 国和 $j$ 国的贸易往来存在于政府采购和一般采购市场。[2] 根据研究目的,在政府采购市场,本节将基本引力模型改写并拓展至行业层面,得到 $i$ 国政府自 $j$ 国 $k$ 行业的跨境采购流量 $G_{ijk}$:

$$G_{ijk} = \frac{A_{jk} w_{jk}^{-\theta} t_{ij}^{-\theta}}{\sum_j \sum_k A_{jk} w_{jk}^{-\theta} t_{ij}^{-\theta}} E_{ik} \qquad (9-1)$$

其中,$A_{jk}$ 表示 $j$ 国 $k$ 行业的技术水平。$w_{jk}$ 为 $j$ 国在 $k$ 行业的工资水平。$t_{ij}$ 为 $i$ 国政府自 $j$ 国采购货物或服务的运输成本。$E_{ik}$ 为 $i$ 国政府在 $k$ 行业的总采购水平。$\theta$ 反映出不同行业的异质性,$\theta$ 越小,不同行业间的差异越大。同时,令 $\lambda_{ijk}^{-\theta} = \sum_j \sum_k A_{jk} (w_{jk} t_{ij})^{-\theta}$,代表 $i$ 国政府从 $j$ 国 $k$ 行业采购面临的所有成本因素(Anderson 和 Van Wincoop,2003)。

首先,对式(9-1)进行以下处理:

---

① Anderson J. E., Van Wincoop E., "Trade Costs", *Journal of Economic Literature*, Vol. 42, No. 3, 2004, pp. 691-751.

② 为论述方便,本节所指"缔约方""国"均含有"地区"之义。

$$G_{ijkt} = \exp\left(\ln A_{jkt} w_{jkt}^{-\theta} + \ln \frac{E_{ikt}}{\lambda_{ijkt}^{-\theta}} + \ln t_{ijkt}^{-\theta}\right) + \varepsilon_{ijkt} \qquad (9-2)$$

其次,将包含政府采购条款的自由贸易协定因素纳入成本模型。如果自由贸易协定包含政府采购条款,赋值为1;反之则赋值为0。考虑到政府采购条款需要相应的能力建设才得以逐步产生贸易创造效应,因此在贸易成本中同时纳入自由贸易协定因素滞后项,以期全面考察政府采购条款的实施效果。此外,贸易成本包含地理距离、文化因素、历史因素等非时变因素,可能会影响自由贸易协定的政府采购条款发挥效果。本节借鉴拜尔等(2019)的研究,使用固定效应替代非时变变量,以更好地捕捉自由贸易协定的政府采购条款创造的贸易效应,也在一定程度上反映出 $\ln A_{jkt} w_{jkt}^{-\theta}$、$\ln E_{ikt}/\lambda_{ijkt}^{-\theta}$ 中难以观测的因素。$\ln t_{ijkt}^{-\theta}$ 可表示为:

$$\ln t_{ijkt}^{-\theta} = \beta_1 FTA_{ijkt}^{GP} + \beta_2 FTA_{ijkt-3}^{GP} + \lambda_{ikt} + \eta_{jkt} + \mu_{ijk} + \delta_{ijkt} \qquad (9-3)$$

最后,将式(9-3)代入式(9-2)可得:

$$G_{ijkt} = \exp\left(\beta_1 FTA_{ijkt}^{GP} + \beta_2 FTA_{ijkt-3}^{GP} + \lambda_{ikt} + \eta_{jkt} + \mu_{ijk}\right) + \delta_{ijkt} \qquad (9-4)$$

上式可以计算出自由贸易协定的政府采购条款平均效应 $\beta = \beta_1 + \beta_2$。在此基础上,本节进一步探讨自由贸易协定的政府采购条款在不同层面产生的异质性效应。

第一,包含政府采购条款的自由贸易协定异质性效应。政府采购区别于一般采购,对发展国民经济、振兴民族产业具有重要作用。不同自由贸易协定缔约方对开放政府采购市场持有不同态度。例如,全面与进步的跨太平洋伙伴关系协定严格规范各缔约方进行政府采购的流程、手续以及监督审查机制,区域全面经济伙伴关系协定设置诸多鼓励性条款。因此,对特定自由贸易协定进行识别可以观测到政府采购条款能够促进或阻碍哪些自由贸易协定缔约方进行跨境政府采购。根据科尔(Kohl,2014)①,对式(9-4)进行以下改写:

---

① Kohl T., "Do We Really Know That Trade Agreements Increase Trade?", *Review of World Economics*, Vol. 150, No. 3, 2014, pp. 443-469.

$$G_{ijkt} = \exp\left(\sum_A \beta_{1,A} FTA_{ijkt}^{GP} + \sum_A \beta_{2,A} FTA_{ijkt-3}^{GP} + \lambda_{ikt} + \eta_{jkt} + \mu_{ijk}\right) + \delta_{ijkt}$$

$$(9-5)$$

第二,同一自由贸易协定内,政府采购条款对不同行业产生的异质性效应。政府采购涉及货物、服务以及工程服务三大领域的多种行业,每种行业包含的产品数目各有差异。因此在式(9-5)中对行业进行识别,可以得出自由贸易协定内不同行业对政府采购条款的敏感程度。模型设置如下:

$$G_{ijkt} = \exp\left(\sum_A \sum_{k \in A} \beta_{1,A;k} FTA_{ijkt}^{GP} + \sum_A \sum_{k \in A} \beta_{2,A;k} FTA_{ijkt-3}^{GP} + \lambda_{ikt} + \eta_{jkt} + \mu_{ijk}\right) + \delta_{ijkt}$$

$$(9-6)$$

第三,同一自由贸易协定相同行业内,政府采购条款对不同国家对产生的异质性效应。同一自由贸易协定内不同缔约方的行业开放程度有所差异。例如全面与进步的跨太平洋伙伴关系协定框架下,新加坡对所有归类在联合国产品分类(CPC)目录下的货物全面开放,马来西亚则保留不剥壳的大米(0113)、剥壳大米(0114)、电能(117)、天然水(180)、半磨碎或全磨碎的大米(23160)以及食品(230)的采购开放权限。也就是说,马来西亚政府可以从新加坡采购所有货物,而新加坡政府只能从马来西亚采购除上述六种以外的货物。因此本节进一步在相同行业下对不同国家对进行识别,可得:

$$G_{ijkt} = \exp\left(\sum_A \sum_{k \in A} \sum_{d \in k} \beta_{1,A;k;d} FTA_{ijkt}^{GP} + \sum_A \sum_{k \in A} \sum_{d \in k} \beta_{2,A;k;d} FTA_{ijkt-3}^{GP} + \lambda_{ikt} + \eta_{jkt} + \mu_{ijk}\right) + \delta_{ijkt}$$

$$(9-7)$$

同理平均效应,根据式(9-5)—式(9-7)分别计算出政府采购条款在不同自由贸易协定、不同自由贸易协定—行业、不同自由贸易协定—行业—国家对三个层面的异质性效应:

$$\beta_A = \beta_{1,A} + \beta_{2,A} \tag{9-8}$$

$$\beta_{A;k} = \beta_{1,A;k} + \beta_{2,A;k} \tag{9-9}$$

$$\beta_{A;k;d} = \beta_{1,A;k;d} + \beta_{2,A;k;d} \tag{9-10}$$

### 2.变量选取与数据说明

在第一阶段,本节以自由贸易协定生效时间为基准,保留政府采购条款生效前三年及生效后的数据,以精准识别自由贸易协定中政府采购条款带来的跨境政府采购增长率。样本共计403240个,时间跨度为1995—2015年。针对政府采购数据出现的零值,使用泊松伪最大似然法对式(9-5)—式(9-7)进行实证估计,并按照式(9-8)—式(9-10)计算自由贸易协定政府采购条款在不同自由贸易协定、不同自由贸易协定—行业、不同自由贸易协定—行业—国家对之间产生的贸易效应。涉及变量如下:

跨境政府采购额($G$)。政府采购①由中间消费(Intermediate Consumption)、社会转移支付(Social Transfers in Kind via Market Producers)以及固定资产(Gross Fixed Capital Formation)三部分构成(OECD,2013)②。第一,中间消费是指政府为满足自身需求和公共需求而购买的商品和服务,如会计或信息技术服务。按照European Commission(2017)③对中间消费的定义,本节以典型(*Typical*)区分方法为主,并使用狭义(*Narrow*)区分方法作为对照。由于2018年版经济合作与发展组织投入产出表在2005年前后的行业划分不同,因此将1995—2004年投入产出表中ISIC Rev.3分类下的75—93部门,以及2005—2015年投入产出表中ISIC Rev.4分类下的84—96部门纳入政府采购。狭义区分分别对应于75、84部门。同时将ISIC Rev.3和ISIC Rev.4的行业匹配加总至20大类。第二,社会转移支付,指市场生产者生产商品和服务,由政府购买后提供给家庭消费。例如政府购买小麦存储至粮仓、购买猪肉作为储备肉等。社会转移支付可被定义为一般政府支出,对应至投入产出表的"General Government Final Consumption(GGFC)"一项。第三,固

---

① 根据GPA对政府采购涵盖范围的界定,具有政府目的的采购均可认定属于政府采购范围。

② OECD, "Government at a Glance", *OECD Publishing*, 2013.

③ European Commission., "Measurement of Impact of Cross-Border Penetration in Public Procurement", *Publications Office of the European Union*, 2017.

定资产,主要由交通基础设施构成,例如修建道路、桥梁等,同时还包括办公楼、住房、学校、医院等基础设施建设和研发支出。由于固定资产占政府总采购的比例较低,并且经济合作与发展组织投入产出表中的"Gross Fixed Capital Formation(GFCF)"一项大部分为一般采购的固定资产①,因此借鉴穆拉布迪克和罗图诺(Mulabdic 和 Rotunno,2022)的做法,本节在识别不同方法—不同自由贸易协定—不同行业—不同国家对的跨境政府采购流量时未纳入固定资产一项。

是否签订包含政府采购条款的自由贸易协定($FTA^{GP}$)。将政府采购国、来源国与世界银行深度贸易协定数据库中包含政府采购条款的自由贸易协定缔约方进行匹配,考虑到第一阶段涉及自由贸易协定因素滞后项,匹配得出1998—2015 年共计 74 个自由贸易协定。

## (二) 异质性影响因素

### 1. 影响因素来源

政府采购条款产生的贸易效应在多个层面存在异质性。这种异质性来源于诸多方面。首先,异质性与协定本身相关。政府采购条款深度决定其产生的贸易效应。一般而言,自由贸易协定缔约方对跨境政府采购的规范性越高,例如规制参加条件、技术规格、招标方式、国内审查等实质性内容,采购实体和范围越全面,政府采购条款产生的效应就越强。而框架式指南仅能明确跨境政府采购的合作方式,缺乏对整个采购流程的有效监管,此时政府采购条款深度较低,产生的效应相对较弱。

其次,异质性与缔约方能力建设水平相关。一是政府采购市场开放程度,

---

① OECD(2017;2019)关于政府采购的报告指出,健康部门的采购支出占到政府总采购的30%左右(意大利、日本、德国等国政府对健康部门的支出超过 40%),教育占 11.9%、经济事务占 17%、国防占 10%、社会保护占 10.2%。并且投入产出表中 GFCF 一项大部分属于一般采购,这是由于主导政府采购市场开放的发达国家对基础设施建设的投入多以一般政府购买的方式进行。

反映出采购双方合作体系的完善程度。若 $i$ 国对 $j$ 国 $k$ 行业的政府采购市场开放度越高,说明两国建立的采购体系越完善,政府采购条款的效果则相对有限。二是贸易摩擦。政府采购领域涉及市场准入、国内价格补贴、产品国产化程度以及招标文件四种类型的贸易限制措施。就一定程度而言,政府采购条款有利于弱化跨境采购摩擦,增加双边政府采购流量。三是产业利润率。若 $i$ 国政府从 $j$ 国采购的 $k$ 产业利润率越高,政府采购条款提升跨境采购的空间越有限。四是消费结构。保障国计民生和提高教育、健康、娱乐等生活水平是政府采购的目的之一。若缔约方的消费偏好差异越大,政府采购条款产生贸易效应的潜力就越大。

再次,异质性与缔约方政策导向相关。若缔约方在政府采购条款生效前已加入政府采购协定,那么政府采购条款带来的贸易创造效应将有所削弱。

最后,异质性与缔约方地理因素相关。从历史实践来看,作为政府采购对外开放的引领国,美国、欧盟签订的政府采购条款都具有较强可执行性。这是由于欧盟缔约方数量的逐年扩张提升了政府采购标准和规范,并且以美国—墨西哥—加拿大协定为代表的美国所涉自由贸易协定逐步应用电子采购系统增强政府采购透明度。这表明若缔约方共处同一大洲,其地理位置、语言、宗教、法律渊源等相近,能够显著降低政府采购条款的非关税壁垒,促进跨境政府采购。

### 2.模型设定与变量选取

基于上述分析,本节将第一阶段中式(9-7)的计算结果式(9-10)作为第二阶段的被解释变量,研究不同协定—行业—国家对层面的异质性影响因素,并建立以下计量模型:

$$\beta_{ijk} = \alpha_0 + \alpha_1 Depth_{ijk} + \alpha_2 Open_{ijk} + \alpha_3 Margin_{ijk} + \alpha_4 Consumption_{ij} +$$
$$\alpha_5 Friction_{ijk} + \alpha_6 GPA_{ij} + \alpha_7 Region_{ij} + \delta_{ik} + \gamma_{jk} + \varepsilon_{ijk} \quad (9-11)$$

其中, $\beta_{A;k;d} \equiv \beta_{ijk}$ 指签订政府采购条款带来的双边跨境政府采购增长率,由第一阶段回归结果计算得出。同时,为控制国家层面和行业层面不可观测的因素,本节纳入采购国—行业、来源国—行业固定效应。$\varepsilon_{ijk}$ 为模型的随机扰动项。解释变量如下:

核心解释变量:政府采购条款深度($Depth$)。杜尔等(2014)分别从实质性承诺、国民待遇、透明度、采购实体、采购内容以及世界贸易组织规则适用六个方面将自由贸易协定的政府采购条款进行整合,根据每项内容的覆盖情况进行赋值。本节将六项具体条款深度加总作为第二阶段的核心解释变量,各分项指标数据来自贸易协定设计数据库。

控制变量:(1)政府采购市场开放程度($Open$)。借鉴一般市场贸易开放度的计算方法,本节将 $i$ 国政府自 $j$ 国 $k$ 行业的采购额与 $i$ 国 $k$ 行业提供给 $j$ 国政府的采购额之和占 $i$ 国国内生产总值的比重作为 $i$ 国对 $j$ 国 $k$ 行业的政府采购市场开放程度。由于自由贸易协定的政府采购条款生效与国内生产总值、政府采购增长可能存在互为因果关系,因此本节选取政府采购条款生效前三年的各变量均值计算缔约方政府采购市场开放程度。采购数据来自经济合作与发展组织投入产出表,国内生产总值数据来自世界银行数据库。

(2)采购产业利润率($Margin$)。本节使用 $i$ 国政府自 $j$ 国 $k$ 行业的采购额占 $i$ 国总政府采购额的比率作为利润率。同理,政府采购市场开放程度,选取政府采购条款生效前三年的均值计算采购产业利润率。数据均来自经济合作与发展组织投入产出表。

(3)消费结构差异($Consumption$)。缔约方消费结构差异越大,自由贸易协定政府采购条款发挥作用的空间越大,有利于促进缔约方之间的技术援助和能力建设,提升基础设施建设水平。本节使用自由贸易协定政府采购条款生效前三年的人均国内生产总值之差均值衡量缔约方消费结构差异水平,数据均来自世界银行数据库。

(4)贸易摩擦($Friction$)。根据世界银行全球贸易预警数据库,本节计算自由贸易协定政府采购条款生效前三年 $i$ 国对 $j$ 国 $k$ 行业在政府采购领域发起的贸易预警次数之和作为贸易摩擦的代理变量。

（5）自由贸易协定缔约方是否加入政府采购协定（*GPA*）。缔约方加入政府采购协定代表其已经最大限度地开放政府采购市场。若缔约双方在自由贸易协定政府采购条款生效前已经加入政府采购协定，赋值为 2；仅有一方加入政府采购协定，赋值为 1；采购双方均未加入政府采购协定，则赋值为 0。

（6）地理因素（*Region*）。若缔约方同属一个大洲，赋值为 1；反之，赋值为 0。

## 三、实证结果与分析

### （一）第一阶段：自由贸易协定政府采购条款的异质性效应

将式(9-5)的回归结果按照式(9-8)整理后可得包含政府采购条款的自由贸易协定平均效应。整体而言，样本自由贸易协定中，超过 90% 的自由贸易协定获得正向平均效应，其中 39 个自由贸易协定的政府采购条款通过显著性检验，表明在自由贸易协定框架下规制政府采购条款对区域政府采购市场开放具有重要意义。具体而言，第一，规制政府采购条款对超大型自由贸易协定缔约方跨境政府采购的促进效果明显大于双边自由贸易协定。原因在于以欧盟为代表签订的超大型自由贸易协定对政府采购市场极为重视。跨太平洋伙伴关系协定部分缔约方、欧盟成员不仅是政府采购协定参加方，还设置了符合国家实际的政府采购法律体系，其政府采购额占国内生产总值和贸易的比重相对较大。例如，欧盟内部设有四部实体性法律、两部程序性法律。据欧盟统计，除运输、能源和邮电部门外，各缔约方政府采购和国有企业采购总额占欧盟国内生产总值的 14%，每年平均可达 4000 亿欧元。第二，政府采购协定参加方与非参加方之间的自由贸易协定平均效应大于政府采购协定参加方之间的自由贸易协定。这一结果与安德森等（2011）的研究结果一致，说明自由贸易协定是政府采购协定参加方扩大政府采购市场的有效途径，也是非政府采购协定参加方接触政府采购协定规则的桥梁。而政府采购协定作为政府采购领域的国际范本,其参加方之间再签订自由贸易协定,政府采购条款的政策空间有限。例如,美国—墨西哥—加拿大协定政府采购条款仅适用于美国与墨西哥、加拿大与墨西哥,美国与加拿大的政府采购适用政府采购协定规则。第三,非政府采购协定参加方之间签订的自由贸易协定仍可实现区域政府采购合作。即使缔约双方均为发展中国家,在政府采购领域有共同利益诉求时,自由贸易协定政府采购条款产生的平均效应也较大,如智利—哥斯达黎加自由贸易协定、智利—墨西哥自由贸易协定、智利—冰岛自由贸易协定等。产生上述差异的原因在于自由贸易协定缔约方的能力建设水平、政策导向、地理位置等多种因素造成自由贸易协定政府采购市场开放程度不同。

将式(9-6)的回归结果按式(9-9)整理后可得自由贸易协定政府采购条款的行业平均效应。不同自由贸易协定设置政府采购条款的利益诉求不同。首先,欧盟十分重视公共管理领域的国内建设。除此之外,相较于其他行业,欧盟对金融和保险服务、通信服务以及房地产服务的关注度较高。这是由于欧盟成员均为发达缔约方,国内基础设施建设较为完善,追求服务产业品质提升。其次,相比服务领域,智利—哥斯达黎加自由贸易协定在采矿业、食品饮料、纺织服装、化学产品等货物采购领域取得巨大突破,说明两国对保障国计民生和基础设施的诉求一致。原因在于自由贸易协定双方并非政府采购协定参加方,签订自由贸易协定的政府采购条款可以最大限度地开放两国采购市场。最后,韩国—秘鲁自由贸易协定在电气水供应服务、公共管理和农林牧渔业的采购增长率位居前三,其余行业均在10%以上。而美国—韩国自由贸易协定中除公共管理、建筑服务、电气水供应服务外,其余各行业采购增长率均低于12%。这说明相比双边均为政府采购协定参加方的自由贸易协定,单边加入政府采购协定的缔约方更偏好从自由贸易协定获得跨境政府采购增长。

## （二）第二阶段:异质性效应的影响因素

### 1.基准回归

表9.3报告了自由贸易协定的政府采购条款异质性效应的影响因素估计结果。其中,列(1)—列(4)报告了典型方法下的基准回归结果,列(5)—列(8)报告了狭义方法下的估计结果。本节在回归中纳入的采购国—行业、来源国—行业两组固定效应可以缓解模型导致的内生性问题。结果显示,条款深度指标 Depth 在1%的水平上显著为正,说明条款深度对跨境政府采购产生正向促进效果,深度每增加一个单位,跨境政府采购将增加 11.74%—14.22%。在列(1)、列(5)首先加入地理因素变量,条款深度的影响有明显提升。其次加入代表缔约方能力建设水平的政府采购市场开放程度、产业利润率、消费结构、贸易摩擦四个变量,条款深度的影响有所削弱。最后加入政府采购协定变量时,条款深度系数得到大幅上升。这说明缔约方政策导向和地理因素不仅可以直接影响区域跨境政府采购流量,还可以间接提升政府采购条款深度的贸易效应。

表9.3 基准回归结果

| 变量 | 典型方法:$\beta_{ijk}$ | | | | 狭义方法:$\beta_{ijk}$ | | | |
|---|---|---|---|---|---|---|---|---|
| | (1) | (2) | (3) | (4) | (5) | (6) | (7) | (8) |
| $Depth$ | 0.070*** | 0.130*** | 0.114*** | 0.133*** | 0.024 | 0.114*** | 0.091*** | 0.111*** |
| | (0.025) | (0.030) | (0.030) | (0.030) | (0.026) | (0.032) | (0.032) | (0.031) |
| $Region$ | | 0.148*** | 0.183*** | 0.098** | | 0.220*** | 0.266*** | 0.180*** |
| | | (0.041) | (0.041) | (0.041) | | (0.044) | (0.043) | (0.044) |
| $Open_{typical}$ | | | −1.732** | −1.669** | | | | |
| | | | (0.683) | (0.681) | | | | |
| $Margin_{typical}$ | | | −0.739** | −.742** | | | | |
| | | | (0.322) | (0.321) | | | | |

续表

| 变量 | 典型方法:$\beta_{ijk}$ | | | | 狭义方法:$\beta_{ijk}$ | | | |
|---|---|---|---|---|---|---|---|---|
| | (1) | (2) | (3) | (4) | (5) | (6) | (7) | (8) |
| $Open_{narrow}$ | | | | | | | −4.280 *** | −4.249 *** |
| | | | | | | | (1.402) | (1.399) |
| $Margin_{narrow}$ | | | | | | | −1.181 ** | −1.199 ** |
| | | | | | | | (0.503) | (0.502) |
| $Consumption$ | | | 0.107 *** | 0.092 *** | | | 0.155 *** | 0.140 *** |
| | | | (0.007) | (0.007) | | | (0.008) | (0.008) |
| $Friction$ | | | 0.014 | 0.011 | | | 0.015 | 0.012 |
| | | | (0.009) | (0.009) | | | (0.010) | (0.010) |
| $GPA$ | | | | −0.399 *** | | | | −0.402 *** |
| | | | | (0.032) | | | | (0.034) |
| $Constant$ | 0.699 *** | 0.548 *** | −0.433 *** | 0.131 | 0.862 *** | 0.638 *** | −0.788 *** | −0.219 ** |
| | (0.030) | (0.051) | (0.084) | (0.095) | (0.032) | (0.055) | (0.089) | (0.101) |
| $Im-ind\ FE$ | Yes | Yes | Yes | Yes | Yes | Yes | Yes | Yes |
| $Ex-ind\ FE$ | Yes | Yes | Yes | Yes | Yes | Yes | Yes | Yes |
| $N$ | 29800 | 29800 | 29800 | 29800 | 29800 | 29800 | 29800 | 29800 |
| $R^2$ | 0.359 | 0.359 | 0.365 | 0.369 | 0.370 | 0.371 | 0.381 | 0.384 |

注:括号内为相应估计系数的标准误差,***、**和*分别表示在1%、5%和10%的水平上显著。

就控制变量而言,政府采购市场开放程度($Open$)、利润率($Margin$)系数为负,消费结构($Consumption$)与贸易摩擦($Friction$)的系数为正,并基本通过显著性检验,说明缔约方在政府采购条款生效前采购市场越开放、采购产业利润率越高、消费结构差异越小、贸易摩擦次数越少,两国合作机制越完善,政府采购条款促进跨境政府采购的政策空间越小。政府采购协定系数在1%的水平上显著为负,证明缔约方在政府采购条款生效前已经加入政府采购协定,条款生效产生的效果不足以超过政府采购协定。而缔约方同处一个大洲时,地理因素(Region)强化了政府采购条款对跨境政府采购的正向影响。

### 2. 稳健性检验

为增加基准回归结果的可信度,本节设计了三种类型的稳健性检验。第一,替换核心解释变量。根据自由贸易协定中政府采购条款的具体内容,本节选取实质性承诺、国民待遇以及覆盖范围三个分项条款深度指标逐次进行稳健性检验。第二,剔除异常值样本。针对第一阶段回归结果出现的异常值可能会对研究结果造成偏误,本节借鉴拜尔等(2019)的分析方法,选择剔除零值样本、剔除前后各5%样本以及剔除前后各10%样本三种方法进行稳健性检验,使样本更好地服从正态分布。第三,调整样本区间。本节将样本时间跨度调整至2002—2015年,并对包含政府采购条款的自由贸易协定进行五年滞后,使用OLS进行稳健性检验。同时为进一步排除政治因素对回归结果可能造成的偏差,本节在典型方法和狭义方法下,分别进行全样本和剔除中美样本的稳健性检验。上述三种方法的估计结果均表明条款深度增加对跨境政府采购具有明显的促进作用,结果保持稳健。

### 3. 异质性分析

表9.4报告了"软性义务"和"硬性义务"模式下政府货物采购与服务采购的异质性效应。总体来看,政府货物采购在"硬性义务"模式下的系数为正,并通过显著性检验。政府服务采购对"软性义务"模式更为敏感,系数在1%的水平上显著为正。具体而言,"硬性义务"模式中,条款深度每增加1个单位,跨境政府货物采购将提升8.98%—14.22%,而政府服务采购的影响较低。原因在于:一是政府货物采购自由化程度较高。具体反映为缔约方在自由贸易协定文本中对政府货物采购行业采取负面清单列举或全面开放,而服务采购行业往往以正面清单形式出现。二是货物采购原产地规则的适用放宽了缔约方货物市场准入门槛。因此,政府货物采购对"硬性义务"模式的敏感程度高于服务采购。"软性义务"模式中,条款深度指标对自由贸易协定跨境政府货物采购的影响小于服务采购。这是由于"软性义务"模式主要集中在

南北型自由贸易协定中,发展中缔约方与发达缔约方在生活方式、消费水平等方面存在差异,导致其需求不同。货物作为传统贸易领域,发展中缔约方对国民生活的保障需求大于提高需求,更偏好通过自由贸易协定获取对方质优价廉的基础设施建设以及生活物品,而对国际竞争力较弱的服务产业进行保护。但发达缔约方完善的政府采购体系又能够带动发展中缔约方进行国内改革,逐步释放区域政府服务采购市场潜力。

表9.4 异质性分析

| 变量 | 典型方法: $\beta_{ijk}$ | | | | 狭义方法: $\beta_{ijk}$ | | | |
|---|---|---|---|---|---|---|---|---|
| | "软性义务"模式 | | "硬性义务"模式 | | "软性义务"模式 | | "硬性义务"模式 | |
| | (1) | (2) | (3) | (4) | (5) | (6) | (7) | (8) |
| | 货物 | 服务 | 货物 | 服务 | 货物 | 服务 | 货物 | 服务 |
| *Depth* | 0.010 | 0.323*** | 0.133*** | 0.005 | 0.097 | 0.452*** | 0.086** | −0.016 |
| | (0.088) | (0.088) | (0.036) | (0.036) | (0.094) | (0.094) | (0.038) | (0.038) |
| *Other vars* | Yes | Yes | Yes | Yes | Yes | Yes | Yes | Yes |
| *Im-ind FE* | Yes | Yes | Yes | Yes | Yes | Yes | Yes | Yes |
| *Ex-ind FE* | Yes | Yes | Yes | Yes | Yes | Yes | Yes | Yes |
| *N* | 29800 | 29800 | 29800 | 29800 | 29800 | 29800 | 29800 | 29800 |
| $R^2$ | 0.368 | 0.368 | 0.368 | 0.368 | 0.384 | 0.385 | 0.384 | 0.384 |

注:括号内为相应估计系数的标准误差,***、**和*分别表示在1%、5%和10%的水平上显著。

### 4.作用机制

从基准回归结果可知,缔约方在自由贸易协定中政府采购条款生效前的政策导向以及地理因素会影响条款深度的促进效果。考虑到缔约方政府等公共机构作为采购主体,其制度建设水平也是影响条款深度的因素之一,本节进一步选取反映政府采购缔约方制度距离的政府话语权与问责差异($pve$)以及监管质量差异($rqe$)两个指标进行检验。数据来自世界发展指标数据库,针对部分缺失样本,利用线性插值外推法进行补全。自由贸易协定的政府采购条款深度与政府话语权与问责差异以及监管质量差异的交互效应结果如表9.5所示。

表9.5　条款深度与政府话语权差异、监管质量差异的交互效应

| 变量 | 典型方法:$\beta_{ijk}$ | | | | 狭义方法:$\beta_{ijk}$ | | | |
|---|---|---|---|---|---|---|---|---|
| | (1) | (2) | (3) | (4) | (5) | (6) | (7) | (8) |
| Depth | 0.131*** | 0.132*** | 0.109*** | 0.115*** | 0.115*** | 0.109*** | 0.089*** | 0.091*** |
| | (0.030) | (0.030) | (0.030) | (0.030) | (0.032) | (0.031) | (0.032) | (0.032) |
| Depth×Pve | 0.017*** | 0.017*** | | | 0.018*** | 0.020*** | | |
| | (0.003) | (0.003) | | | (0.003) | (0.003) | | |
| Depth×Rqe | | | 0.007*** | 0.006*** | | | 0.008*** | 0.007*** |
| | | | (0.001) | (0.001) | | | (0.001) | (0.001) |
| Region | 0.158*** | 0.114*** | 0.121*** | 0.073* | 0.230*** | 0.198*** | 0.188*** | 0.153*** |
| | (0.041) | (0.041) | (0.041) | (0.042) | (0.044) | (0.044) | (0.044) | (0.044) |
| Other vars | No | Yes | No | Yes | No | Yes | No | Yes |
| Im-ind FE | Yes | Yes | Yes | Yes | Yes | Yes | Yes | Yes |
| Ex-ind FE | Yes | Yes | Yes | Yes | Yes | Yes | Yes | Yes |
| N | 29800 | 29800 | 29800 | 29800 | 29800 | 29800 | 29800 | 29800 |
| $R^2$ | 0.360 | 0.370 | 0.360 | 0.369 | 0.372 | 0.386 | 0.372 | 0.385 |

注:Pve、Rqe 为自由贸易协定政府采购条款生效前三年采购国与来源国政府话语权、监管质量差异的均值。括号内的数值为标准误差,***、**、* 分别代表在1%、5%、10%的水平上显著性。

结果表明,政府话语权与问责差异与条款深度交互项系数为正,并通过1%水平的显著性检验。这说明缔约方政府在采购条款生效前的话语权以及问责程度差异越大,条款深度指标越有利于削弱差异,从而为跨境政府采购合作提供更广阔的空间。也就是说,政府采购条款深度指标对跨境政府采购的促进作用随政府话语权与问责差异的增强而增强。条款深度越高,越有利于削弱缔约方政府由于话语权差异带来的非关税壁垒,从而促进跨境政府采购合作。

监管质量差异与条款深度交互项系数在1%的水平上显著为正,说明自由贸易协定政府采购条款生效前,缔约方政府监管质量差异越小,两国建立的政府采购合作体系越能得到强有力的保障,此时条款生效发挥作用的空间越小。简言之,自由贸易协定的政府采购条款能够减轻缔约方由于监管水平差异带来的负面影响,通过规范缔约方政府采购程序、文件、监督机制等内容加强缔约方政府的监管水平和条款执行力度,增强政治稳定性,提高监管效率,防止腐败和不公平竞争扰乱政府采购市场秩序,为缔约方的政府采购合作提供更有力的支撑。

# 第四节　中国构建和完善政府采购条款体系的政策建议

## 一、中国现行政府采购制度体系面临的主要挑战

政府采购内容界定存有分歧。全面与进步的跨太平洋伙伴关系协定政府采购章节在定义(第1条)中,明确了"建设—运营—转让"(Build-Operate-Transfer,BOT)合同和公共工程特许合同属于政府采购的范围,并纳入全面与进步的跨太平洋伙伴关系协定政府采购章节进行管理。而在中国,"建设—运营—转让"合同和公共工程特许合同是纳入政府和社会资本合作(Public-Private Partnership,PPP)范畴内,更多地适用《招标投标法》及其相关规定。对于政府和社会资本合作是否属于政府采购范畴,《政府采购法》对其管辖能力较为模糊。

未形成政府采购对外谈判基本范式。一方面,中国现有自由贸易协定涉及政府采购的范围较窄。目前中国签订的双边自由贸易协定中,仅有中国—瑞士、中国—韩国、中国—冰岛、中国—秘鲁、中国—智利五个自由贸易协定在经济技术合作章节涉及政府采购相关内容,区域全面经济伙伴关系协定首次

将政府采购单独设章,内容均包括合作、透明度、咨询点以及未来谈判四个方面,但并未就门槛价、过渡期、实体范围等作出明确规定。五个双边自由贸易协定只是承诺在中国加入政府采购协定之后进行政府采购领域谈判,区域全面经济伙伴关系协定提出正式生效后逐步完善政府采购条款。这些属于合作式、愿景式条款。另一方面,加入政府采购协定是中国在自由贸易体系中开展政府采购合作的基础,中国目前已提交了 7 份出价清单,出价范围逐步扩大。

国内现行立法仍有差距。中国目前与政府采购相关的法律主要有两部,《中华人民共和国政府采购法实施条例》和《中华人民共和国招标投标法实施条例》,并相继出台实施《政府采购促进中小企业发展管理办法》《政府采购需求管理办法》等保障措施。但对标全面与进步的跨太平洋伙伴关系协定的政府采购章节,中国对国内审查机制、技术规格和标准、中小企业、限制性招标等内容的规范性法律法规欠缺。例如,中国《中小企业划型标准规定》只是区分不同行业的中小企业,并向符合划分标准的中小企业给予政府采购政策优惠,并未将经济发展不等的各地区中小企业再加以区分,忽略了区域均衡发展的需要。再如,全面与进步的跨太平洋伙伴关系协定政府采购章节第十条还规定限制性招标,中国《招标投标法》仅对公开招标和邀请招标有明确规定,未涉及限制性招标的具体内容。

## 二、构建和完善政府采购制度体系的对策建议

坚持对等原则,加快推进政府采购协定出价谈判。历经七轮出价谈判,中国与国际政府采购条款的差距正逐步缩小,但仍需持续关注美国、欧盟、加拿大、日本、新西兰和新加坡等发达国家在出价上的关键保留,以及发展中国家文莱、马来西亚和越南等在过渡性措施上的特别安排,精准研究不同缔约方的承诺。在此基础上,利用例外条款以及发展中国家的特殊和差别待遇,分阶段调整中国政府采购项目覆盖范围、出价水平占国内生产总值比重、出价总量、过渡期等重要指标,使之与政府采购协定参与方的承诺水平一致,以便采取针

对性出价谈判策略,在双边谈判中获得对等的政府采购市场准入机会。

以区域全面经济伙伴关系协定生效为契机,推进中日韩政府采购合作。区域全面经济伙伴关系协定框架下加快中日韩谈判步伐,纳入比区域全面经济伙伴关系协定更具法律可执行性的政府采购条款。一是从覆盖范围上逐步扩大,可采用分阶段的形式分别纳入中央政府实体、地方政府实体和其他实体。二是以正面清单形式列举采购货物、工程和服务的具体内容,可在一定期限后转为负面清单。三是推进招标过程规范化,明确信息公布、参加条件、招标程序等内容,实质意义上加强合作。四是设置政府采购委员会或联络点,落实承担透明度义务和处理争端的机构。

把握"一带一路"机遇,加快政府采购国际化步伐。"一带一路"是中国当前参与国际政府采购的重要平台。一方面,建立专业政府采购人才体系,设置政府采购法律研究机构,对具有"双重身份"的沿线国家和地区进行区分,厘清各国的国内政府采购法以及双边或多边规则。例如,既属于欧盟又属于政府采购协定参加方的沿线国家和地区需同时遵守《欧盟一揽子公共合同授予规则》和政府采购协定。另一方面,实时跟踪沿线国家和地区政府采购新规,加强政府采购管理机构的信息交流,促进国际采购项目最佳实践的复制和推广。充分利用"一带一路"政策红利,加大对沿线国家和地区,尤其是同为全面与进步的跨太平洋伙伴关系协定缔约方的采购项目合作,为加入全面与进步的跨太平洋伙伴关系协定奠定基础。

对标国际标准,完善政府采购范围和规范。一是对标全面与进步的跨太平洋伙伴关系协定政府采购定义和范围,对"建设—运营—转让"和公共工程特许合同、限制性招标、补偿等基本内容进行明确。二是做好国内标准与国际标准衔接。根据既有政府采购国内分类标准,以及全面与进步的跨太平洋伙伴关系协定沿用的《联邦供应分类》(United States Federal Supply Code,用于货物,国防采购)以及联合国《主要产品分类》(United Nations Provisional Central Product Classification,用于服务及工程采购)标准,提前规范拟采购货物、工程或服务的分类标准、技术规格和招标文件格式,并适时推行。

清理过时法规,健全国内立法保障机制。一是差异化扶持中小企业参与政府采购。借鉴韩国的强制性中小企业保护政策,以及加拿大、日本等国实施的保护中小企业排除规定,根据中国产业发展水平,实施分阶段开放策略。对国际竞争力较强的中小企业先行开放,对竞争力较弱、处于发展期的中小企业给予适当保护期。二是完善国内政府采购审查机制。建立政府采购"事前公开、事中事后监管"法律法规以及"互联网+"投诉平台,增强中国政府采购市场透明度,优化资源配置,促进市场公平竞争。三是制定政府采购诚信和履约条例。将诚信和履约规定纳入政府采购项目招投标、合同订立、合同履行等全过程,严格把控项目中政府和企业的诚信和履约行为,提升中国在政府采购市场中的国际形象。

引入环保机制,适时推广绿色政府采购。借鉴日本等国在环保领域的发展经验,将环保纳入政府采购制度,并建立相应配套措施。结合区域特征,明确绿色采购目标、范围以及产品占比要求;落实鼓励机制建立环保企业名录,给予价格优惠和政策倾斜;建立并及时更新绿色产品认定标准、环保企业认定标准以及配套管理体系,必要情况下可邀请第三方评估机构对绿色政府采购项目进行评估和监督审查。

健全政策落实机制,发挥采购促进经济社会发展的作用。制定基于特定政策目标的配套制度,例如在创新促进方面,明确创新产品认定规范,建立系统的创新产品优先采购制度和推广制度,促进创新产品研发以及规模化应用。在促进中小企业参与政府采购方面,督促采购人切实贯彻落实预留份额、价格评审优惠、采购合同分包、信用担保、监督等既有规定,支持中小企业以及推进优先采购贫困地区农副产品、支持脱贫攻坚战等政府采购政策措施,充分发挥政府采购对促进经济增长的功能作用。在便利化方面,推进"互联网+政府采购",完善电子化交易平台,实现招投标全过程电子化,提高政府采购的效率和效益,提升供应商参与政府采购项目的便利程度。

# 第十章 高标准自由贸易协定的知识产权保护条款研究

近年来,由于全球多边贸易体制进程受阻,发达国家贸易保护主义盛行,自由贸易协定呈现快速发展的趋势。美国更是大力推进"美国利益优先"的执政理念,希望通过自由贸易协定重新谈判改变原有国际贸易格局,并授权美国贸易代表办公室依据"301条款"对所谓的"中国不公平贸易行为"进行审查,再次引发了各界对知识产权问题的关注。传统意义上自由贸易协定是两个或多个国家之间为了促进经济一体化,消除非关税贸易壁垒和取消货物贸易关税的具有法律约束力的国际契约,而现在知识产权作为当今国际贸易的重要内容,日益渗透到各国的贸易政策中。新签自由贸易协定中有90%以上都涵盖知识产权保护条款,且其中诸多内容都超出现有国际公约、协议等知识产权法律制度的保护水平,由此成为调节区域间知识产权保护水平、突出本国竞争优势、获取知识产权贸易利益的重要工具。

党中央、国务院相继印发《知识产权强国建设纲要(2021—2035年)》和《"十四五"国家知识产权保护和运用规划》,将加强知识产权强国建设作为新时代贯彻发展理念的重要任务,积极主动融入知识产权全球治理体系,深度参与知识产权全球治理。随着知识产权全球治理利益团体结构的复杂化发展,自由贸易协定中的知识产权条款呈现新的变化趋势。洞悉自由贸易协定中的知识产权条款演变过程和特点,对于认清知识产权国际保护体制的发展动向,保障中国在谈判和签订自由贸易协定过程中科学把握知识产权问题,维护国家利益,从而推动自由贸易区战略的顺利实施具有重要的理论意义与实践意义。

# 第一节 全球自由贸易协定的知识产权条款发展趋势

## 一、知识产权条款在自由贸易协定中的发展演变

### (一)探索阶段(19世纪50年代至20世纪90年代末)

自第一次工业革命以来,全球科技创新水平不断提高,知识产权问题成为各国关注的重要话题。为维护科技创新利益,消除贸易扭曲和贸易障碍,各国开始在自由贸易协定中安排知识产权制度。19世纪50年代双边协商协定和友好通商航海协定中的知识产权条款便是最早出现在自由贸易协定中的知识产权条款。该自由贸易协定对版权、专利权、商标、商号、其他文学艺术作品及工业品所有权给予了保护肯定。1883年以工业领域的《保护工业产权巴黎公约》和1886年版权领域的《保护文学艺术作品伯尔尼公约》为标志,形成了早期国际知识产权保护统一框架。1967年世界知识产权组织成立。在世界知识产权组织的推动下,诞生并生效了一系列国际知识产权公约。虽然世界知识产权组织在全球知识产权体制中发挥着主导作用,但在运行过程中的基础性缺陷也逐渐暴露。特别地,由于缺乏强制缔约方遵守、履行条约的机制,自其诞生以来一直缺乏执行力,不能有效解决经贸往来中的知识产权问题。美国、德国、日本等工业发达经济体开始提议将知识产权问题纳入贸易谈判中。经过多次磋商,1986年,知识产权议题成功纳入乌拉圭回合谈判进程。自此,世界知识产权组织框架下的知识产权保护问题转移到关税及贸易总协定框架下,知识产权国际保护规则和多边自由贸易挂钩。1986年3月,12个美国跨

国公司的高级管理人员组成国际知识产权委员会,与欧盟、日本联合起草了一份提议,提交给关税及贸易总协定秘书处。1994 年,美国和关税及贸易总协定谈判的成员最终接受了国际知识产权委员会提出的特定文本,在乌拉圭回合中达成了与贸易有关的知识产权协定,多边自由贸易框架下国际知识产权保护条款正式建立,将知识产权保护问题在国际上扩展到包含贸易、投资、技术转移等广泛的经济领域。

### (二)起飞阶段(20 世纪 90 年代末 21 世纪初)

作为发达国家与发展中国家利益协调的产物,虽然与贸易有关的知识产权协定使知识产权全球治理进入规范化阶段,但知识产权全球治理并未止步于此。发达国家利用知识产权垄断来维持全球政治经济优势的战略意图从未发生改变,普遍主张在与贸易有关的知识产权协定基础上进一步提高知识产权保护与执法标准,即推行"超 TRIPs"标准。发展中国家则认为与贸易有关的知识产权协定项下的规则缺乏代表性,忽视了广大发展中国家利益,导致了全球利益失衡,开始对与贸易有关的知识产权协定下偏袒发达国家利益的知识产权规则进行抨击,以期摆脱与贸易有关的知识产权协定所带来的不利局面。在世界贸易组织多哈回合谈判无限期中止后,主要知识产权出口国以自由贸易协定为主要工具,在对其有利的双边或多边体制下推进知识产权行动日程,知识产权全球治理的重心开始从以与贸易有关的知识产权协定为核心的单一多边协议,向各类自由贸易协定转移,越来越多的自由贸易协定开始纳入知识产权条款,自由贸易协定在相当程度上成为协调协定缔约方知识产权保护的有效平台和途径。在与贸易有关的知识产权协定生效后不久,美国便陆续与智利、哥伦比亚、巴拿马、巴林、秘鲁、约旦、摩洛哥、多米尼加共和国等许多发展中国家签订了自由贸易协定。继美国之后,欧盟也与一些新兴经济体(如印度、南非和一系列地中海国家)签订了自由贸易协定。图 10.1 呈现了全球自由贸易协定知识产权条款的演变情况,自 20 世纪 90 年代以来,包含知识产权条款的自由贸易协定快速增加,但这一阶段自由贸易协定中的知识产权条款的数量参差不齐,印度—新加坡自由贸易协定以其他条款的形式仅提及要加强知识产权保护,跨太平洋伙伴关系协定则从加入现有国际知识产权协议到国民待遇再到权利用尽,对知识产权的国际保护进行了全面规定。

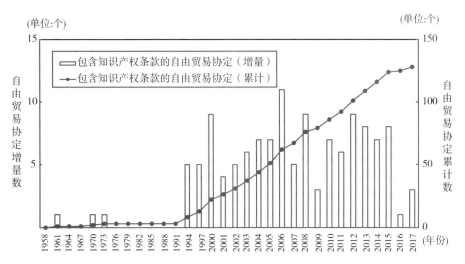

**图 10.1　1958—2017 年包含知识产权条款的自由贸易协定发展趋势**

资料来源:根据贸易协定设计数据库整理而得。

## (三) 深化阶段(21 世纪以后)

推动双边和区域自由贸易安排已成为近年来世界各国对外贸易政策的显著特征,与知识产权保护相关的内容也在不断深化和细化。加入/批准现有的国际知识产权协议、商标、地理标志等知识产权内容在自由贸易协定中的实体条款不断细化,基本涵盖了知识产权国际保护所有可能问题。2017 年 11 月 11 日,在越南岘港召开的亚洲太平洋经济合作组织会议期间,以日本为主导的除美国外的跨太平洋伙伴关系协定 11 国达成了"全面且先进的跨太平洋伙伴关系协定",即全面与进步的跨太平洋伙伴关系协定。扩大适用对象、增加执法环节、降低启动门槛等"超 TRIPs 条款"出现在全面与进步的跨太平洋伙伴关系协定文本中,进一步提高了世界知识产权保护体系水平。2012年,在柬埔寨金边举行的东亚领导人系列会议期间,东盟10国与中国、日本、韩国、印度、澳大利亚、新西兰的领导人,共同发布启动区域全面经济伙伴关系协定谈判的联合声明。2014年1月在马来西亚吉隆坡举行的区域全面经济伙伴关系协定第三轮回合谈判期间,各方一致同意正式建立知识产权工作组。2014年11月在印度大诺伊达举行区域全面经济伙伴关系协定第六轮回合谈判之前,东盟、印度、日本和韩国开始分别提交知识产权章节谈判的建议文本草案。2020年,区域全面经济伙伴关系协定正式签订,在涉及知识产权方面,区域全面经济伙伴关系协定规定了详细条款、过渡期安排和两个附件,充分考虑发达国家、发展中国家和欠发达国家的不同利益需求。

## 二、 知识产权条款发展态势

自知识产权国际保护与自由贸易相挂钩以来,国际知识产权保护客体的范围和内容不断扩大和深化,全球自由贸易协定的知识产权条款框架下各缔约方应承担的国家责任也越来越多。发展态势主要如下:

全球自由贸易协定的知识产权条款保护客体和涉及领域范围扩大,保护期延长。声音、遗传基因、气味、商务信息等相继被纳入知识产权保护条款的保护范围,部分自由贸易协定还涉及数字环境下的知识产权问题。在现有客体保护范围层面,2018年签订的全面与进步的跨太平洋伙伴关系协定鼓励每一缔约方应尽最大努力注册气味商标。2020年签订的区域全面经济伙伴关系协定则明确规定允许注册声音商标。全面与进步的跨太平洋伙伴关系协定不仅明确允许已知物质的新形式和新用途申请专利,使很多以前无法申请专利的新形式、新用途加入被保护的行列,还增加了被与贸易有关的知识产权协定排除在外的植物品种的专利保护。在美国与摩洛哥签订的自由贸易协定中,明确了对生命形式专利的保护。在商业秘密层面上,2020年达成的中美第一阶段经贸协议约定了双方有义务保护"商业秘密"和"保密商务信息"。保密商务信息是包括但不限于商业秘密的信息。在保护期层面,跨太平洋伙伴关系协定规定著作权的保护期限由 50 年延长至作者死后 70 年。美国—墨西哥—加拿大协定更是给予了不以自然人生命为基础的作品、表演或录音制品 75 年的保护期。

发达经济体以利益为导向滥用知识产权,国际知识产权保护本质异化发展。防止国际经贸往来中的技术因素被他人侵犯、盗取是国际知识产权保护体系建立的初衷。然而在国际知识产权的运用和实践中,权利保护的本质异化发展,衍生出与权利保护相矛盾的力量。一方面,以美国为首的发达国家将本国国内推崇的知识产权保护标准上升为国际规则,迫使缔约方接受和遵守具有单边利益诉求属性的国际知识产权规范。早期全球知识产权保护是在发达国家的呼吁下逐渐开展的,在内容和体系制定上也主要参考发达国家的意见和需求。因而在这种背景下建立起来的国际知识产权保护条款主要反映的是发达国家的利益需求,对发展中国家的利益需求体现较少。全面与进步的跨太平洋伙伴关系协定中关于农业化学品未披露实验数据或其他数据的保护制度、与药品有关的未披露试验或其他数据保护等都是发达国家利益需求的体现。另一方面,为了维持技术霸权的地位,以美国为首的发达国家持续地以知识产权保护为由,对新兴经济体的高新技术产业进行垄断和限制。华为作为中国通信领域的龙头企业,在通信设备、5G 通信技术、芯片技术和鸿蒙系统等多个领域拥有全球领先的核心技术。2020 年,美国政府指控中国华为企业违反知识产权中的商业秘密条款,试图阻止全球供应商为华为提供芯片,以遏制华为的发展,维持美国在通信领域的全球技术霸权地位。

发展中国家在全球知识产权体系中的重要性凸显。发展中国家重要性凸显主要表现在以下三个方面:首先,国际知识产权规则中开始出现满足广大发展中国家利益需求的规则。公共健康、传统知识与遗传资源保护、生物多样性以及人权等问题一直是发展中国家重点关注的问题,但这些问题并未在之前的国际知识产权规则中充分体现,随着发展中国家的不断发展和国际地位的提高,开始出现反映发展中国家利益需求的国际知识产权条款。区域全面经济伙伴关系协定中关于遗传资源、传统知识和民间文学艺术的专项规定推动了国际知识产权规则向开放、包容、普惠、平衡、共赢的方向发展。其次,发展中国家开始尝试牵制美欧发达国家在自由贸易协定中的引领作用,逐渐成为推动国际知识产权保护条款变迁的主要力量。近几年,中国、印度等新兴经济体的科技创新发展水平不断提高,对国际知识产权保护的认知和要求都发生了一定的变化,能够牵制发达国家在全球治理体系中的绝对领导地位。以中国为例,一方面,在中美和中欧投资协定谈判过程中,中国坚持自己的原则,尝试牵制美国、欧盟在投资协定谈判中的主导权。另一方面,中国在亚太地区的影响力逐渐增强,不仅发起"一带一路"倡议,参与制定并签订区域全面经济伙伴关系协定,也积极推动中日韩自由贸易协定谈判。最后,发展中国家开始在知识产权多边合作交流领域扮演着重要角色。仍以中国为例,2014 年 10 月,北京成为继美国、日本、新加坡、巴西之后的第五个世界知识产权组织驻外办事处。2020 年生效的《视听表演北京条约》是现有多边国际知识产权条约中唯一一个以中国城市命名的国际性条约,不仅是充分保障视听表演者知识产权的重要体现,也是中国推动全球知识产权领域多边合作的重要成果,对中国提高在全球知识产权领域的话语权具有重要的意义。

## 第二节 自由贸易协定的知识产权
## 条款测度及比较

### 一、条款测度

从数量上看,出现频率最高的三项知识产权条款分别是:(1)建立合作机制,交流知识产权相关信息;(2)纳入/重申与贸易有关的知识产权协定;(3)国民待遇、司法和行政程序除外,如与贸易有关的知识产权协议规定。出现频率最低的三项知识产权条款分别是:(1)要求各方规定未经授权披露/盗用商业秘密的刑事程序和处罚;(2)权利用尽;(3)包括各方努力寻求平衡的条款,以确保盲人/视障人士获得已出版作品。在120项知识产权条款中,缔约方规定的一些常见的知识产权措施包括纳入现有的国际知识产权协定、公开商标、地理标志以及工业设计注册、边境当局拥有依职权扣留涉嫌假冒或盗版商品的权力。在120项条款中,缔约方规定的少有的知识产权措施包括提供一段特殊的专利保护期、为含有生物制剂的新药品的未披露测试或其他数据提供最低保护期限、为已知产品的新工艺提供专利以及公布有关未决专利申请的信息。

## 二、高标准自由贸易协定比较

以区域全面经济伙伴关系协定、全面与进步的跨太平洋伙伴关系协定与美国—墨西哥—加拿大协定为代表的高标准自由贸易协定经济体量大、涵盖范围广、知识产权保护标准高于与贸易有关的知识产权协定,被称为高标准自由贸易协定。本节将对上述高标准自由贸易协定进行全面系统分析,以更好地把握全球知识产权规则演变的趋势。

扩大知识产权客体保护范围。在专利层面,相比与贸易有关的知识产权协定第27条规定的专利保护范围,全面与进步的跨太平洋伙伴关系协定规定缔约方可为已知产品的新用途、已知产品的新方法或已知产品的新工序提供专利保护,在一定程度上明确了"已知产品"的二次发明的专利性,有助于专利常青化。此外,全面与进步的跨太平洋伙伴关系协定和美国—墨西哥—加拿大协定还强调缔约方应就源于植物的衍生发明给予专利保护,这一点超越了与贸易有关的知识产权协定与其他国际条约的规定。区域全面经济伙伴关系协定则沿用与贸易有关的知识产权协定的规定,未提及对源于植物的发明保护;在遗传资源、传统知识和民间文学艺术层面,区域全面经济伙伴关系协定设立专节明确将遗传资源、传统知识和民间文学艺术纳入知识产权保护的范围,同时规定缔约方对遗传资源的来源或起源有披露要求,应当努力使与此类要求相关的法律、法规和程序可获得。全面与进步的跨太平洋伙伴关系协定和美国—墨西哥—加拿大协定均为遗传资源相关的传统知识纳入专利审查"在先技术披露"环节提供框架;在商标层面,与贸易有关的知识产权协定第15条规定"各缔约方可以标志在视觉上被感知,作为商标注册条件",而全面与进步的跨太平洋伙伴关系协定和美国—墨西哥—加拿大协定鼓励每一缔约方应尽最大努力注册气味商标,区域全面经济伙伴关系协定明确规定允许注册声音商标,进一步要求缔约方不得将"视觉上可感知"作为允许注册的条件,拓展了商标权的客体。

延长保护期。高标准自由贸易协定扩张了权利人享有权利的期限与行使权利的界限。关于专利保护期,与贸易有关的知识产权协定第33条规定:保护期限不得在自申请之日起计算的20年期满前结束,第52条第2款规定:如知识产权的取得取决于权利的给予或注册,则各成员应保证在遵守实质性条件的前提下,在合理期限内给予或注册该权利,避免无根据地缩短保护期限。相比与贸易有关的知识产权协定,全面与进步的跨太平洋伙伴关系协定和美国—墨西哥—加拿大协定要求缔约方承担延长专利期限的义务,要求缔约方为专利审查机关的不合理延误应专利权人请求而调整专利保护期限,不合理延误至少包括提交专利申请之日起5年或审查之日起3年(以较晚者为准)仍未授予专利的。此外,全面与进步的跨太平洋伙伴关系协定和美国—墨西哥—加拿大协定还要求对不合理的缩短药品专利保护期进行补偿。区域全面经济伙伴关系协定沿用与贸易有关的知识产权协定对专利保护期的规定;全面与进步的跨太平洋伙伴关系协定和美国—墨西哥—加拿大协定规定,以自然人生命为计算基础的,保护期不得少于作者有生之年加70年。不同的是,不以自然人生命为计算基础的作品、表演和录音品的保护期,全面与进步的跨太平洋伙伴关系协定规定自首次授权出版日历年年底计算不少于70年,美国—墨西哥—加拿大协定则规定自首次授权出版日历年年底计算不少于 75 年;关于工业品外观设计保护期限,与贸易有关的知识产权协定第 26 条规定工业品外观设计保护期限至少为 10 年。全面与进步的跨太平洋伙伴关系协定要求缔约方适当考虑批准或加入《工业品外观设计国际注册海牙协定日内瓦文本》,该文本对工业设计提供至少 15 年的保护期。区域全面经济伙伴关系协定则将加入或批准《工业品外观设计国际注册海牙协定日内瓦文本》纳入任择义务,美国—墨西哥—加拿大协定规定每一方应为工业品外观设计提供自提交之日起,或授予或注册之日起至少 15 年的保护期。

对经济体批准或加入国际知识产权保护公约的数量有一定的要求。与贸易有关的知识产权协定框架下并不要求成员加入除《巴黎公约》《伯尔尼公约》以外的其他国际知识产权公约。为了建立更高标准的全球知识产权保护条款体系,在近几年签订的自由贸易协定中,大多拓宽了缔约方需要加入的国际知识产权保护公约范畴。全面与进步的跨太平洋伙伴关系协定还要求缔约方必须加入《专利合作条约》《商标国际注册马德里协定议定书》《国际用于专利程序的微生物保存布达佩斯公约》《新加坡商标法条约》《保护植物新品种国际公约》《国际植物新品种保护公约(1991 年文本)》《世界知识产权组织著作权条约》《世界知识产权组织表演和录音制品条约》。美国—墨西哥—加拿大协定不仅囊括全面与进步的跨太平洋伙伴关系协定所要求加入的国际知识产权公约,还要求缔约方加入《布鲁塞尔公约》《工业品外观设计国际注册海牙协定(日内瓦文本)》。区域全面经济伙伴关系协定规定缔约方批准或加入《专利合作条约》《商标国际注册马德里协定有关议定书》《世界知识产权组织著作权条约》《世界知识产权组织表演和录音制品条约》《关于为盲人、视力障碍者或其他印刷品阅读障碍者获得已出版作品提供便利的马拉喀什条约》,同时鼓励缔约方加入《国际承认用于专利程序的微生物保存布达佩斯条约》《国际植物新品种保护公约(1991 年文本)》《工业品外观设计国际注册海牙协定(日内瓦文本)》《保护表演者、音像制品制作者和广播组织罗马公约》

《商标法新加坡条约》。

强化知识产权执法措施。长期以来,发达国家批评与贸易有关的知识产权协定体系下发展中国家知识产权保护执行力不足,因而在高标准自由贸易协定中不断强化知识产权执法措施。首先,全面与进步的跨太平洋伙伴关系协定和美国—墨西哥—加拿大协定要求缔约方应当制止侵犯商业秘密的行为,并规定了某些应受到刑事处罚的情形。全面与进步的跨太平洋伙伴关系协定还将与本国国家安全有关的间谍行为纳入考量。其次,全面与进步的跨太平洋伙伴关系协定和美国—墨西哥—加拿大协定对侵犯著作权和邻接权的行为以及假冒商标的侵权行为损害赔偿计算进行了突破,不仅规定了法定赔偿制度,还规定额外赔偿制度,并在注释中解释额外赔偿包括惩罚性或惩戒性赔偿。再次,扩大司法机关采取临时措施的裁定权,依据与贸易有关的知识产权协定,当证据容易灭失或不采取临时措施可能会给权利人造成不可弥补的损害时,司法机关有权不作预先通知就采取临时措施,而全面与进步的跨太平洋伙伴关系协定和美国—墨西哥—加拿大协定则规定各缔约方主管机关有权根据其司法规则,就涉及知识产权的救济请求,不作预先通知而快速作出处理;从此,边境执法范围增加,全面与进步的跨太平洋伙伴关系协定和美国—墨西哥—加拿大协定将边境机关管辖的案件从与贸易有关的知识产权协定项下的盗版和假冒商标侵权案件,增加至涉嫌假冒、混淆性相似商标或盗版的货物。最后,降低刑事程序和处罚门槛,区域全面经济伙伴关系协定、全面与进步的跨太平洋伙伴关系协定和美国—墨西哥—加拿大协定降低了蓄意假冒商标或盗版货物的刑事处罚门槛,增加了刑事处罚力度。同时,规定了在电影院放映过程中未经授权复制行为的刑事责任以及数字环境执法。此外,全面与进步的跨太平洋伙伴关系协定和美国—墨西哥—加拿大协定对"商业规模"的内涵进行了界定。

## 三、中国自由贸易协定的知识产权规则实践与国际比较

### (一) 中国自由贸易协定知识产权规则实践

截至 2024 年,中国已经签订 22 个自由贸易协定。其中,在中国—新加坡、中国—东盟、中国—柬埔寨、中国—马尔代夫、中国—新加坡升级、中国—厄瓜多尔、中国—东盟自由贸易协定("10+1")升级、中国—厄瓜多尔未涉及知识产权条款;中国—毛里求斯、中国—冰岛、中国—秘鲁、中国—智利、中国—巴基斯坦、中国—哥斯达黎加、中国—新西兰(含升级)、中国—智利升级以及中国—巴基斯坦第二阶段协定中仅涉及原则性知识产权条款;在区域全面经济伙伴关系协定、中国—格鲁吉亚、中国—韩国、中国—澳大利亚和中国—瑞士的自由贸易协定中涉及具体的知识产权条款。

2005 年中国—智利自由贸易协定是中国签订的首个涉及知识产权的自由贸易协定,分布于自由贸易协定的第 3 章和第 13 章的第 10 条、第 11 条和第 111 条,包含地理标志名单交换保护、与边境措施有关的特别要求以及知识产权合作事宜。整体而言,中国—智利自由贸易协定对知识产权保护的表述较为笼统,实体性规则较少,分布杂乱。

2008 年中国与新西兰签订中国—新西兰自由贸易协定,在中国—新西兰自由贸易协定第 12 章设立知识产权独立章节,包括定义、知识产权原则、总则、联系点、通知和信息交流、合作能力建设、遗传资源、传统知识及民间传说和磋商等条款。尽管与中国—智利自由贸易协定相比,在知识产权条款设置上取得了一定的进步,但仍缺乏知识产权实体规定,可操作性不强。

2009 年中国与秘鲁签订中国—秘鲁自由贸易协定,并在第 11 章设立知识产权专章,包括一般规定、遗传资源、传统知识和民间文艺、地理标志、与边境措施有关的特别要求以及合作和能力建设条款,共 5 部分。在地理标志方面,以附件清单的形式分别规定了 22 项属于中国的地理标志和 4 项属于秘鲁

的地理标志。在遗传资源、传统知识及民间传说方面,双方承认并且重申《生物多样性公约》确立的原则和规定并鼓励采取适当的措施保护遗传资源、传统知识和民间文艺。

2010 年中国与哥斯达黎加签订中国—哥斯达黎加自由贸易协定,并在第 10 章设立知识产权专章,包括原则、一般规定、遗传资源、传统知识和民间文艺、知识产权与公共健康、技术创新和技术转让、边境措施、联络点、地理标志和合作,共 9 部分。中国—哥斯达黎加自由贸易协定增加了对知识产权与公共健康、技术创新和技术转让。在知识产权与公共健康方面,要求缔约方执行和尊重与贸易有关的知识产权协定、公共健康多哈宣言确立的权利和义务。在技术创新和技术转让方面指出知识产权的保护和执法应有利于技术创新、传播和转让,同时鼓励在各自领土内向企业与有关机构提供激励措施以推动技术转让。

2012 年中国与韩国签订中国—韩国自由贸易协定,并在第 15 章设立知识产权专章,包括一般规定、版权和相关权、商标、专利和实用新型、遗传资源、传统知识和民间文艺、植物新品种保护、未披露信息、工业品外观设计、知识产权的取得与存续、知识产权的执行以及其他条款,共 11 部分。与中国—哥斯达黎加自由贸易协定相比,中国—韩国自由贸易协定对各类知识产权保护实质性条款进行了细化,并要求缔约方采取有效措施,以减少在互联网或其他数字网络上的版权和相关权的重复侵权行为,鼓励各方在网络版权执法、节约绿色能源和绿色技术的技术转移等方面展开交流与合作。

2013 年中国与冰岛签订中国—冰岛自由贸易协定,并在第 6 章设立知识产权专章,包括总则、国际工业、合作与信息交流以及对话与审议,共 4 部分。与中国—秘鲁自由贸易协定和中国—哥斯达黎加自由贸易协定相比,中国—冰岛自由贸易协定对知识产权的规定较为简单,未提及知识产权保护的实质性权利。但中国—冰岛自由贸易协定也在现有自由贸易协定的基础上,对知识产权条款进行了一定的拓展,要求缔约方加入《巴黎公约》《伯尔尼公约》

《专利合作条约》《为专利申请程序的微生物备案取得国际承认的布达佩斯条约》《商标国际注册马德里协定》《商标注册用商品和服务国际分类尼斯协定》，是中国签订的自由贸易协定中首个要求加入国际知识产权公约的自由贸易协定。

2013 年中国与瑞士签订中国—瑞士自由贸易协定，并在第 11 章设立知识产权专章，包括总则、知识产权的效力、范围和使用标准、知识产权的取得与存续、知识产权执法、产地标记和国名，共 5 部分。在总则部分，将知识产权定义为，版权及邻接权、商品和服务的商标、地理标志、工业品外观设计、专利、植物新品种、集成电路布图设计（拓扑图）以及未披露信息，将缔约方需批准或加入的国际公约增加至 10 个，并鼓励加入《视听表演北京条约》；在知识产权的效力、范围和使用标准分别规定了版权和相关权利、商标、专利、遗传资源和传统知识、植物新品种保护、未披露信息、工业品外观设计以及地理标志的实质性知识产权保护条款，标志着中国自由贸易协定知识产权安排框架的初步形成。

2015 年中国与澳大利亚签订中国—澳大利亚自由贸易协定，并在第 11 章设立知识产权专章，包括目的和原则、定义、义务为最低义务、国际协定、国民待遇、透明度、知识产权和公共健康、权利用尽、获得和维持程序、专利申请的修改、更正及意见陈述、18 个月公布、作为商标的标识类型、证明商标和集体商标、驰名商标、地理标识、植物育种者权利、遗传资源、传统知识和民间文艺、未披露信息的保护、著作权集体管理、服务提供商责任、执法、边境措施、一般性合作以及协商机制—知识产权委员会，共 24 部分。与中国—韩国自由贸易协定和中国—瑞士自由贸易协定相比，中国—澳大利亚自由贸易协定虽然也强调对商标、地理标志等各类知识产权的保护，但实质性条款简略，在自由贸易协定中多以"适当的措施""展开合作"来鼓励缔约方进行知识产权保护，不具有强制约束力。

2017 年中国与格鲁吉亚签订中国—格鲁吉亚自由贸易协定，并在第 11

章设立知识产权专章,包括目的和原则、定义、义务为最低要求、国际协定、知识产权与公众健康、权利用尽、获得和维持程序、可授予专利的客体、专利申请的修改、更正和意见陈述、透明度、商标的标识类型、驰名商标、地理标志、植物育种者的权利、著作权集体管理、遗传资源、传统知识和民间文艺、执法以及一般性合作,共 18 部分。

2018 年中国与毛里求斯签订中国—毛里求斯自由贸易协定,并在第 10 章设立知识产权专章,包括一般条款、国际公约、知识产权和公共健康、合作以及最终条款,共 5 部分。尽管重申中国—毛里求斯自由贸易协定、与贸易有关的知识产权协定项下的既有权利及义务,但知识产权章节未涉及对各类知识产权保护的具体条款,可操作性低。

2019 年中国与巴基斯坦签订第二阶段中国—巴基斯坦自由贸易协定。中国—巴基斯坦自由贸易协定于 2006 年 11 月签订,2007 年 7 月生效实施。为进一步提高两国间贸易自由化便利化水平,中巴双方于 2011 年 3 月启动自由贸易协定第二阶段谈判,于 2019 年 4 月结束谈判并签订议定书。中国—巴基斯坦自由贸易协定第 46 条第 4 款在对投资定义中明确了知识产权包括著作权、专利、商标、商号、工艺流程、专有技术和商誉。在第 8 章第 45 条还规定了禁止提供机密信息的情形。此外,在与边境措施有关的特别要求中也囊括了中止对被怀疑假冒商标的货物或者盗版的货物进入自由流通的知识产权持有者放行的规定、保证金的提供和主管机关对边境措施的启动。

2020 年中国与日本、韩国、澳大利亚、新西兰和东盟十国签订区域全面经济伙伴关系协定,并在第 11 章设立知识产权专章。知识产权章包含 83 个条款和过渡期安排、技术援助 2 个附件,是中国已签订的自由贸易协定中知识产权覆盖最全面的自由贸易协定。该章节涵盖了著作权、商标、地理标志、专利、外观设计、遗传资源、传统知识和民间文艺、反不正当竞争、知识产权执法、合作、透明度、技术援助等领域,旨在通过有效和充分地创造、运用、保护和实施知识产权权利来深化经济一体化和合作,以减少对贸易和投资的扭曲和阻碍。

总的来讲,中国现有自由贸易协定中的知识产权条款经历了从无到有,从简单提及到独立成章,从笼统到具体的嬗变过程,内容不断完善和深化,并且从中国—瑞士自由贸易协定开始,出现数量颇多的"超TRIPs"条款,标志着中国对区域知识产权议题的态度已发生明显变化。但也应看到,各自由贸易协定之间缺乏一以贯之的体例安排,各自由贸易协定之间的继承性不强,纳入知识产权专章的自由贸易协定在形式上具有较大差异,与智利、新西兰、秘鲁、哥斯达黎加、冰岛等自由贸易协定的知识产权条款较为简单,规定也较为笼统,仅处于被动的象征性宣示层面,在实践中可能会遇到解释与适用上的困难。

## （二）　中国自由贸易协定知识产权规则与其他国家的比较

欧美等发达国家是推动知识产权谈判转向双边或区域的主要参与者,它们通过与发达国家和发展中国家缔结一系列分散的自由贸易协定,成功地扩张了知识产权保护主张。美国、欧盟、日本和中国的知识产权规则既有交叉重合的部分,也有相异之处。其中,纳入现有国际知识产权协议的具体说明、一般义务、商标注册和地理标志注册向公众公开、为新农药的未披露检测或其他数据提供最低保护期限、设立一个小组委员会,以检测与知识产权章节有关的问题等条款是美国、欧盟、日本和中国的自由贸易协定均涉及的条款。加入禁止要求记录商标许可证以确定许可证有效性或作为使用条件、基于国际域名与数字分配机构(ICANN)或类似模型的程序来解决有关国家代码、顶级域名的争议、要求各方将非法解码携带卫星信号的加密程序定为刑事犯罪是美国自由贸易协定特有的知识产权条款。加入/批准关于分发卫星发射的载有节目的信号的公约、制定满足特定规范的任何一方可以使用地理标志而无须独立注册、规定地理标志的保护范围、专利有一段特殊的保护期是欧盟自由贸易协定特有的知识产权保护条款。在互联网上提供有关知识产权申请的所有信息、为含有生物制剂的新药品的未披露测试或其他数据提供最低保护期是日本自由贸易协定特有的知识产权条款。规定管理专利申请的规则、公布有关未决专利申请的信息则是中国自由贸易协定特有的知识产权条款。为已知产品的新用途提供专利、为已知产品的新方法提供专利、为已知产品的新工艺提供专利等知识产权条款、授权机构对不合理的延迟给予专利期限调整则是其他国家和地区自由贸易协定涉及、中国自由贸易协定不涉及的知识产权条款。

# 第三节　知识产权保护条款对贸易规模的影响

## 一、理论分析

知识产权保护对贸易的影响从理论上讲也存在"双刃剑"作用，马斯库斯和佩努巴尔蒂（Maskus 和 Penubart，1995）[1]认为，知识产权保护对出口贸易有两种完全相反的作用途径，即"市场扩张"效应和"市场支配力"效应。所谓市场扩张效应指在较弱的保护环境下，潜在侵权者的存在将降低企业专利产品在该市场上的收益，知识产权保护的加强将导致对该产品进口的增加；而市场支配力效应则指在知识产权保护较好的地区，由于不用担心潜在的侵权和模仿行为，企业将采取减少销售、收取高价的方式维持市场支配力，因此进口的贸易规模相应减少。由于两种效应具有相互抵消的作用，因此理论上知识产权保护对贸易规模的影响存在不确定性。

后续的研究主要从实证方面展开，围绕着两种效应谁占主导地位，分析其净效应及其影响因素。马斯库斯和佩努巴尔蒂（1995）的研究发现市场扩张效应明显超过了市场支配力效应，因此加强知识产权保护的力度总体有利于出口。但更多研究却发现，基于不同行业和地区模仿能力和专利效应的差异，知识产权保护对贸易影响的净效应可能依赖于某些产品和市场特征。例如，

---

① Maskus K. E., Penubart M., "How Trade-Related Are Intellectual Property Rights?", *Journal of International Economics*, Vol. 39, No. 3-4, 1995, pp. 227-248.

知识密集度高的行业要比知识密集度低的行业有着更强的市场扩张效应（Ivus，2010①；Awokuse 和 Yin，2010②），加强发展中国家知识产权保护提高了从发达国家的进口专利敏感的高技术产业产品（Maskus 和 Yang，2013）③。其次，东道国特征变量也是影响知识产权保护与进口贸易之间关系的重要因素（Smith，2001）④，知识产权保护对贸易的影响依赖于进口国的模仿能力（Co，2004）⑤。知识产权保护对贸易的影响很可能是互为因果关系（Ostergard，2000）⑥，发达国家政府在利益集团的影响下积极干预知识产权保护，由此形成了不同利益集团、不同国家政府和国际机构之间的知识产权保护摩擦的诱发机制。

与贸易有关的知识产权协定是目前国际上有关知识产权问题参与国家最多、内容最全面、保护水平最高的一项国际协定，它在国际知识产权争端的预防和解决中发挥着重要作用。与贸易有关的知识产权协定强化了世界范围内的知识产权保护，导致相关国家的贸易、投资和技术转移都受到影响。伊维斯（Ivus，2010）、迪尔加多等（Delgado 等，2013）⑦、马斯库斯和杨（Maskus 和 Yang，2013）通过研究与贸易有关的知识产权协定生效后对各产业部门进出口贸易变动的影响发现，高新技术和专利密集型产品出口要强于低技术密集

---

① Ivus O. , "Do Stronger Intellectual Property Rights Raise High – Tech Exports to the Developing World?", *Journal of International Economics*, Vol. 81, No. 1, 2010, pp. 38–47.

② Awokuse T. O. , Yin H. , "Intellectual Property Rights Protection and the Surge in FDI in China", *Journal of Comparative Economics*, Vol. 38, No. 2, 2010, pp. 217–224.

③ Maskus K. E. , Yang L. , "The Impacts of Post – Trips Patent Reforms on the Structure of Exports", *RIETI Discussion Papers*, 2013.

④ Smith P. J. , "How Do Foreign Patent RightsAffectU. S. Exports, Affiliate Sales, and Licenses?", *Journal of International Economics*, Vol. 55, No. 2, 2001, pp. 411–439.

⑤ Co C. Y. , "Do Patent Rights Regimes Matter?", *Review of International Economics*, Vol. 12, No. 3, 2004, pp. 359–373.

⑥ Ostergard R. L. , "The Measurement of Intellectual Property Rights Protection", *Journal of International Business Studies*, Vol. 31, No. 2, 2000, pp. 349–360.

⑦ Delgado M. , Kyle M. , Mcgahan A. M. , "Intellectual Property Protection and the Geography of Trade", *Journal of Industrial Economics*, Vol. 61, No. 3, 2013, pp. 733–762.

型产品出口,中等收入国家这一趋势尤其明显,而低收入国家知识密集型产品的进口要比高收入国家增长更明显。卡德威尔和加扎里安(Cardwell 和 Ghazalian,2012)[①]较为全面地总结了与贸易有关的知识产权协定对发展中国家的影响,他们指出与贸易有关的知识产权协定对缩短发达国家和发展中国家知识差距起到了促进作用,短期降低国际技术贸易成本,使发展中国家获得高新技术产品进口,中长期则促进本国的技术进步,增强企业间的技术扩散和外溢,从而带动发展中国家高新技术产品出口竞争力的提高。

与本节密切相关的另一支文献是关于贸易效应的研究。传统的区域经济一体化理论更多关注关税水平下降带来的贸易边界效应,比如贸易创造、贸易转移以及贸易偏转,尽管这三种效应具有不确定性,但在平均意义上,自由贸易协定签订对缔约方的贸易具有正向促进效应(Urata 和 Kiyota,2005;Baier 和 Bergstrand,2007;Magee;2008)。然而,随着新一代贸易投资规则从边境规则延伸至边境后规则,自由贸易协定对各国贸易投资格局将产生更为深刻的影响。到目前为止,这类文献并不多见。马斯库斯和雷德利(Maskus 和 Ridley,2016)[②]实证检验了含有知识产权条款自由贸易协定的贸易效应,结果发现这些自由贸易协定的签订对总体贸易流量和高技术产品贸易作用显著,并且这一作用要强于原有多边框架下与贸易有关的知识产权协定对各成员的约束。但遗憾的是,该文章并没有将关税因素纳入实证分析的模型中,从而无法全面反映自由贸易协定签订引起的关税下降和规则制度因素对贸易的影响。

综合现有相关文献,本节可以从中获得以下借鉴。首先,大量文献已通过贸易成本渠道揭示了自由贸易协定影响国际贸易的理论机制,同时最新文献指出自由贸易协定可以减少政策不确定性,扩大贸易增长预期,这为本节的研

---

① Cardwell R. T., Ghazalian P. L., "The TRIs Agreement As a Coercive Threat: Estimating the Effects of Trade", *IPR Enforcement.Working Paper*, 2012.

② Maskus K. E., Ridley W., "Intellectual Property-related Preferential Trade Agreements and the Composition of Trade", *Robert Schuman Centre for Advanced Studies Research Paper*,2016.

究奠定了理论基础。其次,从实证模型和方法看,现有模型基本是在贸易引力模型的基础上展开,这也为本节的计量模型设定和变量选取提供了依据。此外,一些文献提供了划分产业知识密集度的方法,或者对比了一些知识产权保护程度较强的重点产业,这为本节研究贸易结构效应提供了重要的分析框架。从研究对象看,国内学者针对中国知识产权保护对贸易影响作出了一些开创性研究。沈国兵和姚白羽(2010)[①]、余长林(2011)[②]、柴江艺和许和连(2011)国内学者采用贸易引力模型对中国知识产权保护与细分行业和高科技产品进出口贸易的关系进行了实证检验,结论基本一致,即加强知识产权保护总体上显著增加了中国技术密集型行业的进口贸易,但是具体到与知识产权保护相关的自由贸易协定与中国贸易关系的文献仍然极为匮乏。

与已有研究相比,本节的贡献主要在于:传统关于区域一体化贸易效应的研究更多关注关税下降所导致的贸易创造和贸易转移效应,而忽视了国际贸易新规则尤其是涉及知识产权、环境保护、监管一致等边境后规则对国际贸易流量和结构的影响,本节结合目前新一代自由贸易协定中涉及较多的知识产权保护条款的贸易效应展开研究,并探讨这种效应在知识密集程度不同行业的差异性。与此同时,加强知识产权保护可以通过市场扩张效应和市场支配力效应影响一国的贸易流量,但由于无法判断这两种效应的大小,理论上知识产权保护对贸易流量的影响是无法确定的。本节实证上进一步验证自由贸易协定知识产权条款对贸易的影响程度、途径和内在机理,通过检验知识产权密集型产品的这一影响在不同知识产权保护形式和不同行业间的差异,并对自由贸易协定生效前后的贸易增长进行三元分解,观察自由贸易协定对贸易增长广度、数量和价格的影响,进而可以分析其福利效果。

---

　　①　沈国兵、姚白羽:《知识产权保护与中国外贸发展:以高技术产品进口贸易为例》,《南开经济研究》2010 年第 3 期。

　　②　余长林:《知识产权保护与我国的进口贸易增长:基于扩展贸易引力模型的经验分析》,《管理世界》2011 年第 6 期。

## 二、研究设计

### （一）模型设置

贸易引力模型在国际贸易实证研究中应用最广泛。传统贸易引力模型用经济总量、收入水平、人口因素以及地理边界等国家特征因素解释各国间的双边贸易流量，而扩展的引力模型则会更多地加入一些非正式和正式制度因素，非正式制度如共同语言、共同宗教或者共同殖民历史，正式制度则包括是否同属一个自由贸易协定、政府制度质量、合约实施保障等。绝大多数文献是简单地通过引入两国是否签订自由贸易协定这一虚拟变量考察自由贸易协定贸易效应，如果该变量的回归系数显著为正，则意味着贸易创造效应，否则自由贸易协定存在着贸易转移效应。但是，这种模型设定的局限性在于自由贸易协定生效后通常具有时间过渡安排，比如优惠关税不是立即削减而是逐年降低，因此无法考察自由贸易协定签订后的实际动态效应。本节结合知识产权保护与影响中国进出口贸易的实际因素，采用单国模式（即中国对各个缔约方的贸易）的引力模型的方法，从进口和出口贸易流量两个角度分别建立回归方程对中国的进出口贸易进行全面分析，为了重点研究自由贸易协定的知识产权保护条款对双边贸易流量的影响，本节将产品分为知识产权密集度高的产品组与知识产权密集度低的产品组，重点考察与知识产权保护密切联系的产品贸易量受自由贸易协定的影响，构建基本回归模型如下：

$$\ln(\text{Import}_{ijkt}) = \beta_1 IPR_{ijt} + \beta_2 HighIP_s \times IPR_{ijt} + \beta_3 Tariff_{ikt} + \beta_4 PR_{it} +$$
$$\beta_5 PR_{jt} + \beta_6 \ln(PG_{it}) + \beta_7 \ln(PG_{jt}) + \beta_8 HighIP_s \times$$
$$\ln(PG_{it}) + \alpha_{it} + \alpha_{jt} + \alpha_s + \varepsilon_{ijst} \qquad (10-1)$$

$$\ln(\text{Export}_{ijkt}) = \beta_1 IPR_{ijt} + \beta_2 HighIP_s \times IPR_{ijt} + \beta_3 Tariff_{jkt} + \beta_4 PR_{it} +$$
$$\beta_5 PR_{jt} + \beta_6 \ln(PG_{it}) + \beta_7 \ln(PG_{jt}) + \beta_8 HighIP_s \times$$
$$\ln(PG_{jt}) + \alpha_{it} + \alpha_{jt} + \alpha_s + \varepsilon_{ijst} \qquad (10-2)$$

式中,下标 $i$、$j$、$k$、$t$ 分别代表中国、缔约方、产品和年份,$s$ 表示产品分组(用来区别知识密集度高的产品和知识密集度低的产品)。因变量 $Import_{ijkt}$ 指中国从缔约方 $j$ 产品 $k$ 的 $t$ 年进口额,$Export_{ijkt}$ 指中国向缔约方 $j$ 产品 $k$ 的 $t$ 年出口额,这两个变量表示中国与缔约方之间进口或出口贸易流量的大小。解释变量 $IPR_{ijt}$ 是虚拟变量,衡量中国和缔约方 $j$ 的自由贸易协定是否生效,自由贸易协定生效后取值为 1,未生效前取值为 0。$HighIP_s$ 是依据迪尔加多等(2013)中的方法来定义的哑变量,取值为 1 表示产品对知识产权的保护较为敏感,即知识产权密集度高的产品;取值为 0 表示知识产品密集度低的产品。变量 $HighIP_s$ 和 $IPR_{ijt}$ 的交叉项系数表示知识产权保护的加强对中国知识产权密集度高的产品进口或出口的影响,后续的实证分析主要关注 $\beta_2$ 的符号和显著性。

控制变量包括:(1)$Tariff_{ikt}$ 和 $Tariff_{jkt}$ 分别是中国进口产品和出口产品关税水平的衡量指标,一般来说,一国关税水平的变动会影响该国的进口贸易额,通常两者呈负相关关系,即关税水平越低,进口相对增加。(2)$PR_{it}$ 和 $PR_{jt}$ 分别表示中国和缔约方 $j$ 的知识产权保护强度,该指标会影响中国和缔约方 $j$ 的贸易流量,尤其是知识密集型产品的进出口额。史密斯(Smith,1999)[1]采用 GP 指标来测度国家的知识产权保护强度,但这一指标是从法律角度来衡量有关知识产权保护法律的完整性,忽略了知识产权保护的执行情况。本节借鉴胡和彭(Hu 和 Png,2013)[2]的方法,为了衡量样本国家的国内知识产权实际保护强度,引入 Fraser 指标[3]与 GP 指标的乘积项,更为准确地体现自由

---

[1]　Smith P. J., "Are Weak Patent Rights A Barrier to US Exports?", *Journal of International Economics*, Vol. 48, No. 1, 1999, pp. 151-177.

[2]　Hu A. G. Z., Png I. P. L., "Patent Rights and Economic Growth: Evidence from Cross-Country Panels of Manufacturing Industries", *Oxford Economic Papers*, Vol. 65, No. 3, 2013, pp. 675-698.

[3]　fraser 指标是加拿大著名智库机构菲沙研究所从私人所有权的法律保障、合同的可行性以及法律规定三方面衡量法律制度和财产权的执行情况,该指标目前已经更新到 2016 年,胡和彭(Hu 和 Png,2013)认为这一指标更多反映各国产权保护的法律执行情况。

贸易协定中知识产权保护条款生效的贸易效应。（3）$PG_{it}$ 和 $PG_{jt}$ 分别是中国和缔约方 $j$ 的实际国内生产总值，代表市场规模，本国的国内生产总值增加会显著扩大进口贸易，而缔约方的国内生产总值增加则会增加出口贸易。（4）变量 $HighIP_s$ 和 $\ln(PGjt)$ 的交叉系数表示市场规模对知识密集型产品进出口的影响，即知识密集型产品对总需求的弹性大小，出口方程中用缔约方的市场规模 $PG_{jt}$，进口方程中用本国的市场规模 $PG_{it}$。（5）$\alpha_{it}$ 和 $\alpha_{jt}$ 分别表示中国—时间固定效应和缔约方—时间固定效应，其中主要通过距离、语言和接壤三个变量来控制国家效应，数据主要来自 CEPII 数据库。$\alpha_s$ 表示产品组哑变量，用以控制产品组的固定效应；$\varepsilon_{ijst}$ 为随机扰动项。此外，由于所用的面板数据时间跨度长，难免存在异方差和序列相关等问题，本节使用的是改进后的固定效应模型，采用聚类稳健标准误用于解决异方差问题，其估计结果更为稳健。

现有的与知识产权相关的自由贸易协定覆盖不同形式的知识产权，知识产权章一般包括专利、版权和相关权利以及商标等内容，并且知识产权的不同形式本身在保护对象、期限及要求方面的内容有所不同，这意味着同一自由贸易协定对知识产权的不同形式作用程度不一，进而会对不同形式的知识产权密集型产品进口和出口产生不同影响。同时，各国不同的市场规模，对不同形式的知识产权密集型产品的需求也会有所不同。因此，本节按知识产权的不同形式将知识密集型产品分为专利密集型产品、版权密集型产品和商标密集型三种来研究中国对不同形式知识密集型产品受自由贸易协定签订引起进出口贸易变化的差异性。式（10-3）中，$Type_s$ 表示知识密集型产品不同形式的分类，其他变量与基本回归模型中一致，回归方程如下：

$$\ln(\text{Import}_{ijkt}) = \beta_1 IPR_{ijt} + \beta_{2s} Type_s \times IPR_{ijt} + \beta_3 Tariff_{ikt} + \beta_4 PR_{it} +$$
$$\beta_5 PR_{jt} + \beta_6 \ln(PG_{it}) + \beta_7 \ln(PG_{jt}) + \beta_{8s} Type_s \times$$
$$\ln(PG_{it}) + \alpha_{it} + \alpha_{jt} + \alpha_s + \varepsilon_{ijst} \qquad (10-3)$$
$$\ln(\text{Export}_{ijkt}) = \beta_1 IPR_{ijt} + \beta_{2s} Type_s \times IPR_{ijt} + \beta_3 Tariff_{jkt} + \beta_4 PR_{it} +$$

$$\beta_5 PR_{jt} + \beta_6 \ln(PG_{it}) + \beta_7 \ln(PG_{jt}) + \beta_{8s} Type_s \times$$
$$\ln(PG_{jt}) + \alpha_{it} + \alpha_{jt} + \alpha_s + \varepsilon_{ijst} \qquad (10-4)$$

进一步地,由于不同行业产品的技术密集度和模仿能力不同,知识产权保护对贸易的影响可能呈现显著的行业差异(Awokuse 和 Yin,2010;Delgado 等,2013)。为此,本节将知识密集型产品细分为分析仪器、生物制药、化学制品、信息和通信技术、医疗器械以及生产工艺六类,考察知识密集型产品进口和出口在行业间的差异性,其中 Sectors 表示具体的行业分类,回归方程如下:

$$\ln(Import_{ijst}) = \beta_1 IPR_{ijt} + \beta_{2s} Sector_s \times IPR_{ijt} + \beta_3 Tariff_{ikt} + \beta_4 PR_{it} +$$
$$\beta_5 PR_{jt} + \beta_6 \ln(PG_{it}) + \beta_7 \ln(PG_{jt}) + \beta_{8s} Sector_s \times$$
$$\ln(PG_{it}) + \alpha_{it} + \alpha_{jt} + \alpha_s + \varepsilon_{ijst} \qquad (10-5)$$

$$\ln(Export_{ijst}) = \beta_1 IPR_{ijt} + \beta_{2s} Sector_s \times IPR_{ijt} + \beta_3 Tariff_{jkt} + \beta_4 PR_{it} +$$
$$\beta_5 PR_{jt} + \beta_6 \ln(PG_{it}) + \beta_7 \ln(PG_{jt}) + \beta_{8s} Sector_s \times$$
$$\ln(PG_{jt}) + \alpha_{it} + \alpha_{jt} + \alpha_s + \varepsilon_{ijst} \qquad (10-6)$$

## (二) 样本选择及数据来源

本节利用 2003—2016 年中国与签订自由贸易协定缔约方之间的贸易流量数据,采用贸易引力模型进行回归测算,考察含有知识产权保护条款的自由贸易协定对中国和缔约方之间贸易量和贸易结构的影响。根据中国自由贸易协定中知识产权条款的签订情况,本节主要选取 16 个缔约方为样本:东盟十国、智利、新西兰、秘鲁、哥斯达黎加、冰岛和瑞士,这 16 个国家都是世界贸易组织成员,除了冰岛和瑞士之外,大多数是发展中国家。由于中国与巴基斯坦签订的自由贸易协定没有安排有关知识产权保护的条款,而韩国和澳大利亚自由贸易协定的生效时间较晚,故均不在样本国家范围内。

贸易数据来自联合国贸易统计数据库(UN Commodity Trade Statistics

Database)网站,选取 2003—2016 年 HS 六分位的双边商品贸易数据,HS 六分位的贸易数据可以提供 5000 种产品,能够更好地细化双边贸易的产品种类。中国和缔约方的国内生产总值的数据来自世界银行发展指标数据库(WDI Online Data)。关税的数据包括最惠国关税和优惠关税两部分,用来衡量关税水平。由于样本国家均为世界贸易组织成员,因此在自由贸易协定未生效前,产品的关税以最惠国待遇关税来衡量;自由贸易协定生效后,产品的关税为优惠关税(Preferential Duty),数据分别来自世界贸易组织的 IDB 数据库和国际贸易委员会的 MACMAP 数据库。

本节将重点研究与知识产权相关的自由贸易协定对中国知识产权密集型产品进口和出口情况的影响,首先将进出口产品具体分成两组,即知识产权密集度高的产品组,记为 *High IP* 和相对较少依赖于知识产权保护的产品组(如消耗品和未加工产品等),记为 *Low IP*。其分类主要依据迪尔加多等(Delgado 等,2013)的定义,他们根据 2012 年美国经济与统计局和美国专利及商标局关于知识产权保护的报告将 SITC Rev.3(国际贸易标准分类第三版)编码的商品分成 *High IP* 和 *Low IP* 组。与之有所不同,由于关税因素,本节使用的是 HS 六分位的双边商品贸易数据,因此本节在分类前将 HS 六分位商品码和 SITC 五分位商品码进行匹配,最终将样本数据中的产品分成知识产权密集度高的产品组和知识产权密集度低的产品组。进一步地,本节借鉴迪尔加多等(2013)方法,将知识密集型产品进一步分为专利、版权、商标三种形式以及分析仪器、生物制药、化学制品、信息和通信技术、医疗器械和生产工艺六类行业,研究与知识产权相关的自由贸易协定对知识密集型产品的影响在形式和行业间的差异性。在进行回归检验之前,为了防止各变量之间的多重共线性问题给回归结果带来的估计偏误,本节计算了各变量之间的相关系数矩阵,发现各变量之间的相关系数都普遍小于 0.5,可以认为它们之间不存在较为严重的共线性问题。同时,基于豪斯曼检验的结果表明,计量模型采用固定效应模型是合适的。

## 三、实证结果与分析

### （一）知识产权密集型产品的基本回归分析

首先,通过计算出各自由贸易协定项下知识密集型产品进出口贸易额的年均增速,并进行比较,更加直观地反映知识产权密集型产品在自由贸易协定生效前后发生的数量变化。其统计描述见表10.1。从出口的变化看,自由贸易协定生效前后,出口贸易增速较为明显的有四个自由贸易协定,分别是中国—东盟自由贸易协定、中国—智利自由贸易协定、中国—秘鲁自由贸易协定和中国—哥斯达黎加自由贸易协定;从进口的变化看,除了中国—新西兰自由贸易协定之外,其他自由贸易协定项下中国进口知识产权密集型产品都出现了快速增长。整体来看,中国对发展中国家知识产权密集型产品出口受自由贸易协定影响更显著,从发达国家知识产权密集型产品进口则更受益于自由贸易协定。

表 10.1　自由贸易协定生效前后知识产权密集型产品进出口贸易额增速变化

（单位:%）

| 自由贸易协定名称 | 出口 | | 进口 | |
| --- | --- | --- | --- | --- |
| | 自由贸易协定生效前 | 自由贸易协定生效后 | 自由贸易协定生效前 | 自由贸易协定生效后 |
| 中国—东盟自由贸易协定 | 1.26 | 10.38 | 1.85 | 8.23 |
| 中国—智利自由贸易协定 | 3.58 | 9.36 | 1.24 | 6.12 |
| 中国—新西兰自由贸易协定 | 1.23 | 0.41 | 2.46 | 1.35 |
| 中国—秘鲁自由贸易协定 | 4.32 | 6.34 | 0.96 | 2.38 |
| 中国—哥斯达黎加自由贸易协定 | 3.29 | 8.24 | 1.28 | 3.47 |
| 中国—瑞士自由贸易协定 | 1.26 | 0.52 | 3.48 | 15.24 |
| 中国—冰岛自由贸易协定 | 2.47 | 1.36 | 2.59 | 9.26 |

资料来源:根据各缔约方知识密集型产品进出口贸易额计算而得。

为了检验含有知识产权保护条款的自由贸易协定对中国与16个缔约方双边进出口流量的影响,本节首先对贸易引力式(10-1)和式(10-2)进行基本回归分析,回归结果见表10.2。其中,回归结果列(1)和列(2)显示自由贸易协定知识产权保护对总进口的影响,列(3)和列(4)显示自由贸易协定的知识产权保护对总出口的影响。从列(1)中可以看出:$IPR$ 对总进口的回归系数为 0.0458,且在1%的水平上显著为正,表明自由贸易协定签订对进口的贸易创造效应较为明显。在加入 $HighIP$ 与 $IPR$ 的交互项后,连乘项的回归系数为 0.1292,且在1%的水平上显著,说明相对于知识产权密集度低的产品,知识产权密集型产品的进口更是显著增长,市场扩张效应明显强于市场控制效应,这一结果基本符合本节的理论假说。

表 10.2 基本回归结果

| 变量 | 进口 | 进口 | 出口 | 出口 |
|---|---|---|---|---|
| | (1) | (2) | (3) | (4) |
| $IPR$ | 0.0458 *** | −0.0381 | −0.1556 | −0.3291 |
| | (0.0298) | (0.0266) | (0.0917) | (0.1180) |
| $HighIP \times IPR$ | | 0.1292 *** | | 0.0659 * |
| | | (0.0122) | | (0.0604) |
| $Tariff$ | −0.0389 *** | −0.0380 *** | −0.0384 *** | −0.0382 *** |
| | (0.0055) | (0.0055) | (0.0037) | (0.0036) |
| $PR_i$ | 0.1235 *** | 0.1198 *** | 0.0193 | 0.0191 |
| | (0.0256) | (0.0258) | (0.0151) | (0.0153) |
| $PR_j$ | 0.0314 *** | 0.0290 *** | 0.0032 | 0.0029 |
| | (0.0033) | (0.0034) | (0.0023) | (0.0022) |
| $\ln(PG_i)$ | 1.5299 *** | 1.4072 *** | 0.7335 *** | 0.7369 *** |
| | (0.1931) | (0.1947) | (0.1060) | (0.1050) |

续表

| 变量 | 进口 | 进口 | 出口 | 出口 |
|---|---|---|---|---|
| | （1） | （2） | （3） | （4） |
| $\ln(PG_j)$ | 1.2445*** | 1.3521*** | 0.5203*** | 0.4776*** |
| | （0.3053） | （0.2845） | （0.1040） | （0.1270） |
| $HighIP \times \ln(PG)$ | | 0.2228*** | | 0.0624 |
| | | （0.0364） | | （0.0409） |
| Country-Year Fe | Yes | Yes | Yes | Yes |
| Product Fe | Yes | Yes | Yes | Yes |
| $N$ | 213280 | 213280 | 462797 | 462797 |
| $R^2$ | 0.0424 | 0.0428 | 0.2415 | 0.2422 |

注:括号内为相应估计系数的标准误差,***、**和*分别表示在1%、5%和10%的水平上显著。

长期以来,由于国内自主创新能力不强以及产业结构不断升级的需要,中国对高新技术产品存在着巨大的市场需求,但受制于中国并不完善的知识产权法律体系,国外厂商并不十分愿意将其知识产权密集度高的产品销售到中国。中国与缔约方签订含有知识产权保护条款的自由贸易协定,会在很大程度上倒逼中国履行知识产权保护相关义务,完善知识产权立法,加强打击知识产权侵权力度。而加强知识产权保护会显著增加中国技术密集型行业的进口贸易,无论是本国还是缔约方的知识产权保护强度增加,回归系数都为正,且通过1%的显著性检验,这一结论在已有文献的研究中得到验证。一方面,当提高进口国知识产权保护水平时,降低了贸易产品被进口国模仿的威胁,从而能够激励更多国外厂商增加高新技术产品的出口。另一方面,由于中国国内市场规模较大,模仿能力也较强,知识产权保护程度提高抑制了企业的仿造行为,迫使其扩大对进口产品的需求。在加入了 HighIP 与 IPR 的交互项后,IPR 对总进口的回归系数不再显著,表明含有知识产权保护条款的自由贸易协定重点增加了对知识含量较高产品的进口,这部分商品进口有利于增加有效供给,提高产品质量,满足国内高技术生产和高水平生活需求,推进产业结构优化升级。

对于控制变量,关税水平的系数显著为负,即关税越低,产品的进口额越大,这也符合本节的预期。另外,无论中国还是缔约方,市场规模对总进口有显著的促进作用,反映国家市场规模是两国双边贸易潜力的最重要因素。$HighIP$ 与 $\ln(PG)$ 的交互项系数显著为正,表明知识产权密集度高的产品的进口需求弹性较大。市场规模达到一定阶段后,创新而非简单的要素投入将对经济增长起决定性作用,知识产权制度成为激励创新的基本保障。市场规模越大,对知识产权密集型的产品需求将更大。根据美国商务部《知识产权与美国经济:聚焦产业》的报告显示,知识产权密集产业为美国经济贡献国内生产总值的 34.8%,工作岗位总数的 27.7%,无论位于生产、供应、消费的哪个环节,都依赖于高质量以及适当平衡的知识产权制度,以促进创新、开放和市场竞争。

列(3)和列(4)是出口的回归结果,与进口情况较为相似,自由贸易协定对中国的总出口影响不大,但 $HighIP$ 与 $IPR$ 的交互项系数在 10% 的水平上显著为正。这说明含有知识产权的自由贸易协定签订不仅有助于中国进口更多知识产权密集度高的产品,而且在技术转移影响下还会不断提升技术,出口更多知识产权密集型产品。值得注意的是,列(2)和列(4)结果中 $HighIP$ 与 $IPR$ 交互项系数虽然均显著为正,但前者更为显著,且数值较大,意味着自由贸易协定签订对中国出口知识产权密集型产品的作用不如进口显著。关税水平的回归系数显著为负,表明关税下降越多,出口规模增长越多,在全球市场需求大规模萎缩的情况下,贸易成本下降对中国出口增长具有较大的推动作用。同时,中国和缔约方国内生产总值的回归系数都显著为正,说明两国市场规模扩大有助于中国出口额的增加。市场规模扩大不但可以增加对缔约方的进口需求,对两国开展知识密集型的中间产品贸易和产业内贸易也都起到促进作用,从而带动本国出口额的增加。$HighIP$ 与 $\ln(PG)$ 的交互项系数不显著,这可能与中国的自由贸易协定缔约方主要是发展中国家有关,在收入水平较低的阶段,收入上升更多的是增加技术含量较为中等的产品需求,在达到一定门槛后,才会增加对高技术含量产品的需求。

总体而言,中国目前仍处于知识和技术的不断吸收状态,核心技术部件仍依赖于进口,因此知识产权保护的加强最直接的效果是促进知识密集型产品进口的增加,但从长期看,随着中国对技术的不断吸收、消化直至自主创新,知识产权保护使中国高技术产品和高附加值产品的出口竞争力也在不断增强,产品的复杂度和技术含量都在提高,进而提升中国在全球价值链分工中的地位。

### (二) 知识产权密集型产品的不同形式

根据上面的分析,自由贸易协定中知识产权保护的加强不仅使中国进口更多的知识密集型产品,并且在技术转移的影响下出口更多的高技术产品,但该回归模型无法揭示不同形式知识密集型产品之间的差异性。从知识产权保护的内容对象看,很多自由贸易协定都在与贸易有关的知识产权协定的基础上,更严格、更广泛、更规范地对知识产权做了全面规定,包括专利、商标、产品地理标志以及一些其他形式的知识产权。为了研究中国不同形式知识密集型产品的进出口情况,本节运用式(10-3)和式(10-4)作进一步考察,相应的回归结果见表10.3。从列(1)结果可以看出,$Type×IPR$的回归系数为0.1955且在1%的水平上显著为正。中国专利申请与授权数量虽大,但国外核心专利申请量过少,产业的国际竞争力难以得到有效支撑。根据全球五大知识产权局发布的第一个年度联合统计报告,中国在外专利申请量普遍落后于美国、日本和欧洲专利公约成员20年以上。核心专利掌握不足导致中国的技术贸易逆差不降反升,目前中国每年的技术贸易逆差在100亿美元以上,主要来源于专利、专有技术许可进口。从列(2)结果看,在自由贸易协定知识产权保护条款的加强下,中国专利密集型产品的出口也没有明显增长。这恰恰说明中国的自主创新还处于一个较低的水平,对专利这种高度知识密集型的产品具有较大的需求量,专利密集型产品的进口有利于中国对缔约方先进知识和技术的不断吸收,推动中国自主研发水平的提升;但由于创新不足,中国出口的产品中高技术含量的专利密集型产品并未显著增加,这也隐含着中国国内创新质量有待提高的现状。

表 10.3 不同形式知识密集型产品回归结果

| 变量 | 进口专利密集 | 出口专利密集 | 进口版权密集 | 出口版权密集 | 进口商标密集 | 出口商标密集 |
|---|---|---|---|---|---|---|
| | （1） | （2） | （3） | （4） | （5） | （6） |
| $Type{\times}IPR$ | 0.1955*** | −0.0217 | 0.0588* | 0.1383*** | −0.1115 | 0.3757*** |
| | (0.0290) | (0.0405) | (0.0282) | (0.0382) | (0.0807) | (0.1207) |
| $IPR$ | 0.0071 | −0.0886 | 0.0873** | −0.1121 | 0.0940* | −0.1049 |
| | (0.0280) | (0.1124) | (0.0290) | (0.0884) | (0.0432) | (0.0707) |
| $Tariff$ | −0.0243*** | −0.0030 | −0.0245*** | −0.0032 | −0.0248*** | −0.0030 |
| | (0.0025) | (0.0028) | (0.0026) | (0.0024) | (0.0040) | (0.0017) |
| $PR_i$ | 0.0389*** | 0.0314 | 0.0387*** | 0.0314 | 0.0389*** | 0.0318 |
| | (0.0055) | (0.0070) | (0.0055) | (0.0059) | (0.0092) | (0.0061) |
| $PR_j$ | 0.1232*** | 0.0191 | 0.1231** | 0.0194 | 0.1236*** | 0.0192 |
| | (0.0258) | (0.0152) | (0.0257) | (0.0131) | (0.0317) | (0.0131) |
| $\ln(PG_i)$ | 0.6563*** | 0.9687*** | 0.6875*** | 0.9990*** | 0.6824*** | 0.9966*** |
| | (0.1938) | (0.1155) | (0.1939) | (0.1077) | (0.2097) | (0.0982) |
| $\ln(PG_j)$ | 0.5935*** | 0.6817*** | 0.5949*** | 0.4414*** | 0.5868*** | 0.4750*** |
| | (0.1739) | (0.1342) | (0.1757) | (0.1053) | (0.1885) | (0.0977) |
| $Type{\times}\ln(PG)$ | 0.0536*** | −0.3948*** | −0.1074*** | 0.3808*** | 0.2511*** | 0.3218*** |
| | (0.0097) | (0.0635) | (0.0124) | (0.0511) | (0.0615) | (0.0667) |
| $Country{-}Year\ Fe$ | Yes | Yes | Yes | Yes | Yes | Yes |
| $Product\ Fe$ | Yes | Yes | Yes | Yes | Yes | Yes |

| 变量 | 进口专利密集 | 出口专利密集 | 进口版权密集 | 出口版权密集 | 进口商标密集 | 出口商标密集 |
|------|------|------|------|------|------|------|
|  | （1） | （2） | （3） | （4） | （5） | （6） |
| $N$ | 213280 | 462797 | 213280 | 462797 | 213280 | 462797 |
| $R^2$ | 0.0425 | 0.2416 | 0.0425 | 0.2423 | 0.0424 | 0.2416 |

注：括号内为相应估计系数的标准误差，***、**和*分别表示在1%、5%和10%的水平上显著。

版权密集型产品无论是出口还是进口，其与自由贸易协定知识产权保护的交叉项系数都显著为正，且出口的交叉项系数更要明显大于进口，表明自由贸易协定中知识产权保护的加强对进出口贸易都有正向促进作用，但更有利于中国版权密集型产品的出口贸易。版权密集型产品主要集中在报纸、期刊、书籍出版、软件、影视、广播电视等行业，这类产品在促进经济发展和文化繁荣中发挥着重要作用。随着中国现代版权保护体系的健全和不断完善，以及国家促进文化产业发展的相关政策体系出台，版权密集型产业近年来得到快速发展。尤其在东南亚地区，由于文化、语言相近，中国文化影视作品在这些地区具有较大的出口市场。根据世界知识产权组织公布的各国版权产业劳动生产率指数，中国版权产业劳动生产率在世界处于中等水平，中国版权产业单位从业人员创造的价值并不高，仍带有明显的劳动密集型产业特征。因此，含有知识产权保护的自由贸易协定在促进中国版权密集型产业出口快速扩张的同时，也会增加对技术含量较高的版权密集型产品的进口，使版权密集型产业内贸易呈现出快速发展的态势。

和上述情况不同，商标密集型产品进口与知识产权保护的交叉项系数不显著，表明在自由贸易协定的知识产权保护下，中国从缔约方进口的和商标密集型产品并没有显著变化；但对于出口，交叉项系数高达0.3757，且在1%的水平上显著。据中国工商局统计，2014年中国商标注册申请量突破200万件大关，连续13年位居世界第一，说明中国在商标密集型产品的生产上具有优势。随着缔约方知识产权保护力度的不断增强,中国出口企业的品牌意识也在不断提高,越来越多的企业重视名牌商品的商标注册,及时利用法律来维护自己的合法权益,这将有利于中国出口更多的商标密集型产品到缔约方。

从控制变量来看,关税水平的系数均在1%的水平上显著为负,说明缔约方关税水平越低,中国的进口额越大。中国和缔约方的市场规模的扩大使中国出口的产品更多,进口额更大。商标密集型产品的进口需求弹性最大,而版权密集型产品与进口国国内生产总值交叉项的系数显著为负,说明相较于知识密集度较低的产品,版权密集型产品对缔约方市场规模的反应较小。关税水平对于中国出口总额的影响负向显著,而中国市场规模的扩大以及缔约方市场规模的扩大将有利于促进中国出口额的提升。$PR_i$和$PR_j$对进口回归系数的显著为正,但对出口的回归系数不显著,表明国内外知识产权保护强度增加更有利于进口贸易的增长。从$Type×lnPG$的系数来看,版权和商标这两种形式的知识密集型产品对缔约方的市场规模反应较大,即缔约方的市场规模越大,中国版权和商标密集型产品的出口量越大;而中国专利密集型产品对缔约方市场规模的反应较小,可能的原因在于中国出口到缔约方的专利密集型产品较少或者技术含量较低,对缔约方的市场规模反应不敏感。

## (三) 知识产权密集型产品的不同行业分类

由于不同行业模仿风险和专利效应的差异,加强知识产权保护对不同行业贸易的效应也会有所不同。因此,本节进一步研究知识产权密集型产品的进出口在行业间的差别。将知识密集型产品划分为分析仪器、生物制药、化学制品、信息和通信技术、医疗器械以及生产工艺这六类知识密集度较高的行业,并且利用式(10-5)和式(10-6)来考察知识密集型产品进出口的行业差别,回归估计结果见表10.4。

表 10.4 不同行业知识产权密集型产品进口的回归结果

| 变量 | 分析仪器 | 生物制药 | 化学制品 | IT | 医疗器械 | 生产工艺 |
|---|---|---|---|---|---|---|
| $Sector \times IPR$ | −0.2369 | −0.3419 | 0.3940*** | −0.2810*** | 0.2347** | 0.2860** |
| | (0.1373) | (0.2440) | (0.1013) | (0.0517) | (0.1445) | (0.1114) |
| $IPR$ | 0.0974** | 0.0953*** | 0.0775* | 0.1045*** | 0.0965** | 0.0716** |
| | (0.0339) | (0.0291) | (0.0264) | (0.0304) | (0.0312) | (0.0292) |
| $Tariff$ | −0.0256*** | −0.0246*** | −0.0243*** | −0.0250*** | −0.0245*** | −0.0243*** |
| | (0.0030) | (0.0025) | (0.0025) | (0.0026) | (0.0027) | (0.0025) |
| $PR_i$ | 0.0395*** | 0.0389*** | 0.0392*** | 0.0390*** | 0.0390*** | 0.0389*** |
| | (0.0056) | (0.0055) | (0.0055) | (0.0055) | (0.0055) | (0.0055) |
| $PR_j$ | 0.1248*** | 0.1233*** | 0.1234*** | 0.1237*** | 0.1235*** | 0.1236*** |
| | (0.0259) | (0.0256) | (0.0255) | (0.0055) | (0.0257) | (0.0256) |
| $\ln(PG_i)$ | 0.6719*** | 0.6779*** | 0.7054*** | 0.6801*** | 0.6767*** | 0.6892*** |
| | (0.2142) | (0.1941) | (0.1896) | (0.1918) | (0.2028) | (0.1921) |
| $\ln(PG_j)$ | 0.5873** | 0.5909*** | 0.5828*** | 0.5860*** | 0.5905*** | 0.5884*** |
| | (0.1916) | (0.1745) | (0.1719) | (0.1729) | (0.1823) | (0.1730) |
| $Sector \times \ln(PG)$ | 0.7704*** | 0.3956*** | −0.4822*** | 0.1649*** | 0.3521*** | −0.0964*** |
| | (0.1005) | (0.1104) | (0.0338) | (0.0134) | (0.0604) | (0.0113) |
| $Country-Year\ Fe$ | Yes | Yes | Yes | Yes | Yes | Yes |
| $Product\ Fe$ | Yes | Yes | Yes | Yes | Yes | Yes |
| $N$ | 213280 | 213280 | 213280 | 213280 | 213280 | 213280 |
| $R^2$ | 0.0429 | 0.0420 | 0.0426 | 0.0420 | 0.0420 | 0.0420 |

注:括号内为相应估计系数的标准误差,***、**和*分别表示在1%、5%和10%的水平上显著。

在表10.4中,与知识产权相关的自由贸易协定签订生效对知识密集型产品的进口在不同行业间差异很大,其中化学制品、生产工艺及医疗器械与知识产权保护的交叉项系数分别为0.3940、0.2860和0.2347,并且均在5%的水平上显著,这意味着中国对化学制品、生产工艺以及医疗器械需求量很大。事实上,目前中国的化工经济总量很大,但在生产技术和生产工艺上仍处于较低水平,因此化学工业主要以初加工产品和基础化学品为主,对于化工新材料、高性能纤维材料以及特种密封材料等化学制品的自给率很低,大多靠进口满足需求。与之不同,信息和通信技术(ITC)与知识产权保护的交叉系数为 -0.221并且在1%的水平上显著,可能的原因是中国IT产业虽然近年来稳步发展,但由于自己没有掌握核心技术,一直被国外收取很高的专利费。知识产权保护力度加强后,国外进口商的垄断优势进一步凸显,导致市场垄断效应大于市场扩张效应,反而使IT产品的进口数量有所减少。另外,分析仪器、生物制药产品和知识产权保护交叉项的系数均不显著,表明知识产权保护的加强对这三类行业产品的进口作用不明显,这可能是由于这些产品的成本高昂,各国的保护相对更严格。比如生物制药,各国为了限制竞争,会采取提高药物的价格以及限制获取药物的措施,因此药物制造商会限制出口药物到贸易国。不同行业对进口国的市场规模反应不尽相同,其他控制变量的符号基本符合预期。

中国不同行业知识密集型产品的出口情况见表10.5,在中国出口的知识密集型产品中,分析仪器、医疗器械以及生产工艺与知识产权保护的交叉项系数分别为0.136、0.2025和0.0692,且在1%、5%和5%的水平上显著为正,其中医疗器械产品出口受影响最大。这反映出中国医疗器械产品相比东盟各国同类产品具有较强的竞争优势。化学制品与知识产权交叉项的系数为 -0.117并且显著,这可能是由于中国化学制品本身存在的结构不合理、自主创新不足、企业规模小等原因,从而受到其他国家技术性贸易壁垒、环保标准等非关税贸易保护措施的限制。另外,生物制药与信息和通信技术的出口受知识产权保护的影响不大。控制变量中,关税和之前的分析结论一样,关税下降对中国的出口有明显的促进作用,中国的市场规模以及缔约方的市场规模扩大有助于中国出口的增加。

表 10.5　不同行业知识产权密集型产品出口的回归结果

| 变量 | 分析仪器 | 生物制药 | 化学制品 | IT | 医疗器械 | 生产工艺 |
|---|---|---|---|---|---|---|
| $Sector \times IPR$ | 0.1360 *** | −0.1017 | −0.1175 *** | 0.0739 | 0.2025 ** | 0.0692 ** |
| | (0.0283) | (0.1056) | (0.0296) | (0.0632) | (0.0674) | (0.0312) |
| $IPR$ | −0.1039 | −0.0977 | −0.0961 | −0.1030 | −0.1037 | −0.1068 |
| | (0.0777) | (0.0945) | (0.0933) | (0.0943) | (0.0775) | (0.0870) |
| $Tariff$ | −0.0031 | −0.0034 | −0.0032 | −0.0032 | −0.0032 | −0.0032 |
| | (0.0019) | (0.0028) | (0.0028) | (0.0028) | (0.0019) | (0.0021) |
| $PR_i$ | 0.0317 | 0.0321 | 0.0320 | 0.0318 | 0.0318 | 0.0317 |
| | (0.0058) | (0.0058) | (0.0058) | (0.0057) | (0.0057) | (0.0057) |
| $PR_j$ | 0.0193 | 0.0194 | 0.0195 | 0.0193 | 0.0193 | 0.0193 |
| | (0.0126) | (0.0125) | (0.0125) | (0.0125) | (0.0125) | (0.0125) |
| $\ln(PG)$ | 0.9975 *** | 0.9962 *** | 0.9965 *** | 0.9967 *** | 0.9967 *** | 0.9969 *** |
| | (0.1000) | (0.1126) | (0.1127) | (0.1127) | (0.1004) | (0.1015) |
| $\ln(PG_i)$ | 0.4746 *** | 0.4823 *** | 0.4800 *** | 0.4773 *** | 0.4772 *** | 0.4769 *** |
| | (0.0992) | (0.1142) | (0.1145) | (0.1128) | (0.1006) | (0.1027) |
| $Sector \times \ln(PG)$ | 0.1290 * | −0.3655 *** | −0.0821 ** | −0.0140 | −0.0177 | 0.0001 |
| | (0.0715) | (0.0922) | (0.0327) | (0.0683) | (0.0315) | (0.0136) |
| $Country-Year\ Fe$ | Yes | Yes | Yes | Yes | Yes | Yes |
| $Product\ Fe$ | Yes | Yes | Yes | Yes | Yes | Yes |
| $N$ | 462797 | 462797 | 462797 | 462797 | 462797 | 462797 |
| $R^2$ | 0.2468 | 0.2469 | 0.2468 | 0.2468 | 0.2468 | 0.2468 |

注:括号内为相应估计系数的标准误差,***、**和*分别表示在1%、5%和10%的水平上显著。

## (四) 影响机制

随着知识产权保护在世界范围内受到越来越多的关注,国内外学者利用相关数据对知识产权保护和贸易流量的关系展开了实证研究,但是大部分文献忽略了对知识产权保护的贸易效应影响机制的考察。马斯库斯和佩努巴尔蒂(1995)首次将知识产权保护对贸易的影响效应区分为市场扩张效应和市场势力效应。伊维斯(2012)[1]则将贸易效应进一步分解为市场扩张效应、市场势力效应、市场稀释效应及贸易条件效应这四种潜在的相互抵消的效应,这些效应对贸易的影响主要体现在产品种类、产品数量和产品价格三个方面。首先,加强知识产权保护会促使出口国企业发明创新更多的技术,增加产品的出口种类;但后来研究分析发现,市场扩张效应是不确定的,例如专利持有者的长期垄断以及技术市场交易成本增加都将导致出口国企业创新的减少,或者进口国的市场规模很小,尽管知识产权保护加强,但不影响企业的创新(Allred 和 Park,2007)[2]。其次,加强知识产权保护可以有效减少进口国的模仿产品,提高对出口国企业的产品需求,使出口国企业生产集中化,同时可以节约之前用来掩饰产品技术的资源用于更好地生产产品,最终导致出口国企业增加产品的出口数量(Helpman,1992[3];Taylor,1993[4]);另外,随着新出口产品的增多会稀释已出口产品的市场份额(市场稀释效应),使企业出口的产品数量下降。最后,基于前面三种效应的影响,进出口国相对工资的变化对出口国企业的出口会产生贸易条件效应,从而对出口产品价格产生影响,这种效应可能为正,也可能为负。伊维斯(2012)指出,产品种类反应来源于市场扩张效应,产品数量反应来源于市场势力效应和市场稀释效应,产品价格反应则来源于由其他三个效应共同决定的贸易条件效应。

---

① Ivus O., "The Quantity, Price and Variety Response of US Exports to Stronger Patent Protection", *Research Paper*, 2012.

② Allred B. B., Park W. G., "Patent Rights and Innovative Activity: Evidence from National and Firm-Level Data", *Journal of International Business Studies*, Vol. 38, No. 6, 2007, pp. 878-900.

③ Helpman E., "Innovation, Imitation, and Intellectual Property Rights", *NBER Working Paper*, 1992.

④ Taylor M. S., "Trips, Trade, and Technology Transfer", *Canadian Journal of Economics*, Vol. 26, No. 3, 1993, pp. 625-637.

本节参照施炳展(2010)①的做法,以知识密集型产品为例,对中国知识密集型产品的进口和出口增加进行三元分解,分解为产品种类、数量和价格增加,分析自由贸易协定生效前后种类、数量与价格在中国知识密集型产品进口和出口增加中的贡献。在 16 个样本国家中,自由贸易协定的生效时间以及知识产权保护条款的程度有所不同,为了能客观地反映自由贸易协定生效前后贡献度的变化,本节不考虑自由贸易协定生效时间最早和最晚的样本国家,即东盟十国(2003 年生效)、冰岛(2014)以及瑞士(2014),选取智利(2006)、新西兰(2008)、秘鲁(2010)、哥斯达黎加(2011)这四个国家进行三元分解,计算得出自由贸易协定生效前后进口和出口的比较结果见表 10.6。

表 10.6 知识产权密集型产品进口和出口的三元分解

| 变量分解 | 国家 | 自由贸易协定生效前贡献度(%) | | | 自由贸易协定生效后贡献度(%) | | |
|---|---|---|---|---|---|---|---|
| | | 广度 | 数量 | 价格 | 广度 | 数量 | 价格 |
| 进口 | 智利 | 0.02 | 60.31 | 39.67 | 2.15 | 83.28 | 14.57 |
| | 新西兰 | -1.56 | 19.98 | 81.59 | 0.06 | 91.20 | 8.74 |
| | 秘鲁 | 0.59 | 66.07 | 33.34 | 13.35 | 75.32 | 11.30 |
| | 哥斯达黎加 | -0.49 | 45.54 | 54.95 | 10.36 | 79.76 | 9.87 |
| 出口 | 智利 | -0.65 | 89.73 | 10.91 | 1.58 | 70.17 | 28.25 |
| | 新西兰 | -1.19 | 70.20 | 30.00 | -1.43 | 81.17 | 20.26 |
| | 秘鲁 | 1.32 | 70.48 | 28.20 | -4.80 | 68.58 | 36.22 |
| | 哥斯达黎加 | -1.86 | 83.79 | 18.07 | -11.20 | 93.16 | 18.05 |

对于进口而言,自由贸易协定生效前,中国从智利和秘鲁进口的知识密集型产品增加额主要以数量增加为主,而对于新西兰和哥斯达黎加,价格的贡献大于数量的贡献。在自由贸易协定生效后,知识密集型产品进口额的增加主

---

① 施炳展:《贸易如何增长?——基于广度、数量与价格的三元分解》,《南方经济》2010 年第 7 期。

要依靠数量增加的途径,而价格却呈现下降态势,即在市场势力效应和市场稀释效应共同作用下,产品数量反应增加。其中,秘鲁出口到中国的知识密集型产品数量贡献度达 75.32%,而价格贡献度下降到 11.30%;新西兰出口的数量贡献度由 19.98% 上升到 91.20%,但价格贡献度由 81.59% 变为 8.74%。这一定程度上可以说明,与知识产权相关的自由贸易协定将更多地通过数量机制来促进中国从缔约方进口知识密集型产品。但出口情况略有不同,自由贸易协定生效前后,从不同因素的贡献度来看,中国对缔约方知识密集型产品的出口额增加主要依靠数量的贡献,价格的贡献次之,广度的贡献极为有限。对比自由贸易协定生效前后,中国对新西兰和哥斯达黎加出口的知识密集型产品数量贡献度有所增加,而出口到智利和秘鲁的数量贡献度略有下降,但仍是主要贡献因素。在价格方面,除了新西兰和哥斯达黎加,中国出口到智利和秘鲁的知识密集型产品的价格贡献度有所增加,表明中国的贸易条件有改善的迹象,这一变化至少从一个层面说明中国国际分工地位的提升,表明中国知识密集型产品出口贸易增长途径实现从依靠数量为主到价格为主具有可行性。

## 第四节　中国构建和完善知识产权条款体系的对策建议

当前,多重因素交织,世界正经历百年未有之大变局,知识产权全球治理利益团体结构越来越复杂,使西方发达经济体与发展中经济体,尤其是与发展中大国的博弈更加激烈。新冠疫情蔓延反复,大国梯队加速分化。在拜登政府上任后,大国关系开启新一轮调整进程,互动复杂、博弈加剧。地区热点问题此起彼伏,传统与非传统安全问题交织蔓延,巴以冲突持续加剧,乌克兰危机持续升级,全球创新版图和世界经济结构正在加速重构与演变,以中国和印度为代表的新兴经济体的国际地位不断提升。与此同时,随着数字经济、在线办公等新经济、新业态蓬勃发展，新一轮科技革命和产业变革扑面而来，"通信革命""智能革命"的深度和广度超过以往工业革命，各国加紧科技创新战略布局，试图取得此次科技竞争的制高点。亚洲，特别是东亚，正在成为全球科技创新的重要密集区，并正在产生若干具有世界影响力的科创中心，全球科技创新整体由西向东转移。

作为一种国际公共事务，嵌入全球科技创新版图中的知识产权全球治理体系也在不断变迁，呈现出新的发展态势。一方面，以中国为代表的广大发展中国家和新兴经济体在自由贸易协定体系中的地位和影响力得到提升，逐渐动摇发达国家在知识产权领域形成的垄断地位。随着经济的快速发展和科技创新能力水平的不断提高，中国积极主动融入知识产权全球治理体系，深度参与知识产权全球治理。无论是本国国内的知识产权立法，还是加入各项知识产权国际公约，抑或是与世界各国、国际组织或区域性组织建立合作关系，严格履行承诺的知识产权国际义务，中国均积极主动参与，以切实可行的方式为知识产权全球治理作出了一定的贡献。另一方面，由新一轮科技革命和产业革命带来的电子商务、大数据、人工智能等已经超越原有的知识产权保护客体范围，实验数据、网络域名、数据库、卫星广播、网络传输等权利属性的判断、保护范围界定以及侵权的确定成为当下知识产权全球治理体系发展面临的新问题，在给知识产权全球治理体系的发展带来一定挑战的同时，也为发展中国家深度参与知识产权全球治理提供了一定的机遇。为此，中国必须把握好当前国际知识产权规则重构的机遇，有效化解可能的挑战，做知识产权规则制定的积极有为者。

## 一、中国知识产权条款体系面临的主要挑战

高标准自由贸易协定的知识产权规则为中国知识产权规则调整带来了压力。目前，中国国内的知识产权保护水平基本维持在与贸易有关的知识产权协定的标准之上，对外签订的大部分自由贸易协定，其知识产权保护标准和要

求也并未超过与贸易有关的知识产权协定的水平。但随着国际知识产权规则的变革和"超 TRIPs"条款的不断扩散,中国也面临知识产权规则调整的压力。在中美第一阶段经贸协议中,美方提出的对商业秘密的保护、对新药专利保护期延长的要求等均来自跨太平洋伙伴关系协定、美国—墨西哥—加拿大协定等高标准知识产权规则要求。依据中美第一阶段经贸协议知识产权条款的规定,中国需要对现行的多部法律进行修订才能有效履行在中美第一阶段经贸协议项下的条约义务。然而对现有立法进行修订,不仅工作程序繁杂,而且审议周期也较长,特别地,对于《反不正当竞争法》和《中华人民共和国电子商务法》等这些新颁布或新修订的法律在短期内一般不会启动修订程序,因而在正常情况下,短时间内中国几乎不太可能完成相应法律的修订。

高标准自由贸易协定知识产权条款使中国面临更高的知识产权壁垒,知识产权侵权诉讼密集。相比于反倾销、反补贴等传统贸易壁垒,知识产权措施具有发动门槛低、打击面广、表现形式多样化等特点,逐渐成为发达国家追捧和惯用的贸易保护工具。美国以侵犯知识产权为由对包括中国在内的许多国家和地区频繁进行"337 调查""232 调查""301 调查"等各种贸易调查。中国已连续多年成为美国发起"337 调查"最多的国家,遍及电子、通信、化工、机械、轻工、医药等多个科技含量和专利成分较高的行业。"337"调查的救济措施十分严厉,一旦确认进口产品违反美国"337"条款,美国国际贸易委员会签发有限排除令或者普遍排除令,不仅会禁止该产品出口到美国,生产同类型产品的中国厂商也会被驱逐出美国市场,从而损害中国企业整体出口水平,对中国的对外贸易结构的完整性造成不利影响。

## 二、构建和完善知识产权条款体系的对策建议

坚持人类命运共同体理念,推动构建开放、包容、普惠、平衡、共赢的知识产权条款体系。既有的国际知识产权条款尽管在一些软性条款上考虑了发展中国家的发展需求,但很大程度上依然以发达国家的利益需求为导向。新形

势下,国际政治经济环境不断变化,仅仅依靠单个国家的力量很难与发达国家在知识产权规则制定权中形成抗衡。对中国而言,要积极谋求与广大发展中国家的知识产权治理合作,形成战略联盟,坚持将全人类的共同利益置于首位的理念,在承认需求差异的基础上寻找共同利益,加强团结与合作,推动建立符合全球大多数国家尤其是占全球人口多数的发展中国家和新兴经济体利益和诉求的自由贸易协定知识产权条款体系。

以新一轮的科技革命和产业革命为契机,构建自由贸易协定的知识产权保护新体例与新范式。就现阶段来看,自由贸易协定和双边投资条约仍是参与知识产权全球治理较为普遍的路径。由于在人工智能、大数据、区块链等新议题领域并未形成较为统一的国际知识产权保护范式,中国可以以推动自由贸易协定谈判和双边投资谈判为契机,在新的自由贸易协定和双边投资条约谈判中,积极分享中国在互联网发展、数据资源、数字化技术等新兴技术领域知识产权保护方面的丰富实践,提出有关新业态、新技术等知识产权问题的中国解决方案,为自由贸易投资框架下的国际知识产权条款注入新的动能,构建自由贸易协定知识产权保护新体例与新范式,推动自由贸易协定的知识产权条款体系不断调整和完善,为知识产权国际保护贡献中国智慧。

深入实施知识产权强国战略,统筹推进创新型国家建设。深度参与自由贸易协定知识产权条款体系的能力与一国科技创新发展水平相辅相成,中国参与自由贸易协定知识产权条款体系,意味着进行科技创新的意愿和能力越来越强。而科技创新能力的提高可以反向提升中国在自由贸易协定知识产权条款体系中的国际地位。因而,新形势下中国参与构建和完善自由贸易协定知识产权条款体系也体现在积极谋求自主创新能力的不断提升上。具体而言,一方面要确立知识产权在创新要素市场资源配置中的制度保障作用,建设鼓励科技创新发展的知识产权市场运行机制,通过完善知识产权质押登记制度、审慎规范探索开展知识产权证券化、探索建立公允的知识产权市场价值评估机制等来优化知识产权市场经济运行,从而促进创新要素自主有序流动,实现创新要素高效配置。另一方面,要以知识产权法律法规为准则,强化科技创新全链条保护,建立健全创新思想形成、创新思想研发、创新技术生成、创新技术扩散与应用等科技创新各个环节衔接联动的知识产权保护体制机制,并在合理范围内进一步降低侵犯知识产权犯罪入罪标准,加大对侵犯知识产权刑事犯罪的打击力度,从而为科技创新注入活力和动力。

# 第十一章　高标准自由贸易协定的
投资条款研究

　　自 20 世纪 50 年代以来,跨国投资迅速增长,国际投资协定(International Investment Agreements,IIAs)也不断涌现,经历不同发展阶段,形成了以双边投资协定(Bilateral Investment Treaties,BITs)为主、包含投资条款的自由贸易协定(Treaties with Investment Provisions,TIPs)为辅的国际投资规则体系。然而,近年来世界投资格局发生了很大变化,新兴经济体和发展中国家对外投资扩大。与各国需求相矛盾的是,对跨国投资的规制远滞后于投资本身的发展。随着资本输出国和输入国的界限开始模糊,跨国投资模式双向发展,发生角色转变的国家和地区开始重新审视投资保护问题。此外,投资者—东道国争端的频繁发生也提高了各国对国际投资规则法律影响的意识,致使各国开始重新评估自由贸易协定。联合国贸易和发展会议公布的数据显示,1959—2020 年年初已签订国际投资协定总数为 3719 个,包含 3317 个双边投资协定、402 个自由贸易协定,其中大多数形成于 20 世纪 90 年代,很多国家和地区加入这些协定时并没有做事先分析,也没有意识到其法律影响,导致这一时期达成的投资协定规则标准和约束力都比较低,难以满足随着投资格局改变而出现的新要求。

　　近年来,国际投资协定表现出了新的特征,类型上新增双边投资协定有所减少而自由贸易协定成为重要形式,内容上关于投资准入、投资保护更加严格,整体上碎片化现象严重。此外,以往国际规则都是由发达国家主导,但是当前新兴经济体和发展中国家与发达国家展开了规则竞争,2008 年国际金融危机后两方围绕新规则制定权的竞争尤为明显。自由贸易协定的投资条款明确规定了缔约双方的权利和义务,通过放宽投资政策、为外国直接投资提供保护,在一定程度上减少或避免了投资壁垒,为企业的对外投资创造了稳定的投资环境,提高了企业的对外投资水平。其中,自由贸易协定的投资自由化条款通过提高给予外国投资者待遇标准,如给予外国投资者以国民待遇、最惠国待遇以及公平公正待遇营造优质的投资环境,吸引更多优质外资企业扩大开放,伴随而来的技术创新和资本为产业发展注入新动力。因此,各国亟须考虑签订新自由贸易协定或对以往老旧自由贸易协定进行改进、完善与升级,以适应世界投资格局的调整,促进投资自由化、提高外资保护水平。在新一轮国际经贸规则重构的背景下,有必要详尽分析国际投资条款现状及影响因素,探索其未来发展路径。

# 第一节  全球投资协定的发展趋势

## 一、自由贸易协定中投资条款的缘起和谈判历程

多边协定中的投资规则——与贸易有关的投资措施协议。乌拉圭回合谈判(1986—1993 年)开始之前,在关税及贸易总协定框架内贸易与投资的关系所受关注不多。随着国际直接投资迅速发展,东道国政府对国际直接投资采取了相应措施,但此类措施对贸易产生了限制和扭曲效应,因而乌拉圭回合谈判将“与贸易有关的投资措施”列入议题。在服务贸易总协定类型的协议中,投资条款包含在服务章节和有限投资章节中,并且这些章节之间的相互作用按照其中一章的规定进行管理。乌拉圭回合达成的与贸易有关的投资措施协议是世界贸易组织管辖的一项多边协议,由序言、9 个条款和 1 个附件“解释

性清单"构成,条款主要有范围、国民待遇和数量限制、例外、发展中国家成员、通知和过渡安排、透明度、与贸易有关的投资措施委员会、磋商与争端解决、货物贸易理事会的审议。与贸易有关的投资措施协议列举了影响国际贸易自由进行的投资方面的措施,并要求成员在一定时期内将其取消。随着世界贸易组织的成立和运作,这一协议已在成员间生效,成为国际经济贸易方面的通行规则和惯例,各国的有关政策与法规也因此作出了相应的修改与调整。

自由贸易协定中投资条款的兴起和发展。20世纪90年代初,北美自由贸易协定中加入了投资章节,为将典型投资条约中的投资保护范围扩大到投资自由化和管制提供了模板。在过去的这30年里,独立的双边投资协定正日益被自由贸易协定的投资条款所取代。北美自由贸易协定生效、世界贸易组织成立后,贸易谈判对可能阻碍贸易的投资措施进行了限制,开始越来越多地将一系列广泛的投资条款纳入自由贸易协定中,使投资自由化以及保护和规范投资。这促进了传统双边投资协定中的投资保护要素与自由贸易协定中的贸易自由化要素相互融合,代表着国际投资协定的新趋势。

自由贸易协定的投资条款与双边投资协定有着本质区别。双边投资协定是专门针对投资促进和保护的协定,强调消除投资障碍及降低投资不确定性,主要用于处理投资者—东道国争端;而自由贸易协定缔约方在签订协定时主要目的是促进贸易,其投资条款更多以促进投资自由化为目的并与贸易互为补充,曼弗雷德·埃尔西格(Manfred Elsig)所构建的贸易协定设计数据库对所有自由贸易协定的编码结果表明,投资条款有以下五种情况:未提及、简单提及但没有具体范围、基于双边投资协定、仅包括在服务章节、单独投资章节,因此,自由贸易协定的投资条款可能弱于、等于或强于双边投资协定的投资促进与保护水平。例如,美国签订的自由贸易协定中与投资相关的内容超过其原有双边投资协定内容,为国际投资协定的内容打造了新的样板,代表着当代投资条约发展的新动向。

自由贸易协定中的投资自由化条款成为全球投资条款的新前沿,不同的自由贸易协定条款覆盖率有所差异,尤其是生效后的条款"法律效力"也不同。即使有些国家和地区在自由贸易协定签订中对超出世界贸易组织框架部分的协定作出了"明示"的承诺,但不能说明条款是有法律约束效力的。《2011年世界贸易报告》中对"法律效力"的解释包括三方面的内涵:第一,自由贸易协定给定的承诺,必须是确切明晰的"法律术语";第二,自由贸易协定中包含违反给定承诺后受到的具体惩罚;第三,须有具体争端解决机制与自由贸易协定中约定的条款相一致。只有同时具备上述三条解释,才能认为自由贸易协定中的某一条款具有法律约束力。

### 二、自由贸易协定中投资条款的发展趋势

双边投资协定和包含投资条款的自由贸易协定起步时间相当,前十年发展速度都很缓慢,但此后双边投资协定增速明显超过包含投资条款的自由贸易协定,这主要是因为双边投资协定多为双边签订,比较容易通过谈判达成一致意见,而且早期很多国家和地区加入这些双边协定时没有慎重考虑其未来的法律影响,甚至仅仅为配合外交工作而签订,没有实质性作用,而早期包含投资条款的自由贸易协定往往是多边协定,相对于缔约方很少的双边投资协定达成难度较大。2010年后,世界投资格局发生的变化已经开始显现,各国也意识到双边投资协定的缺陷,故趋势有所放缓,而包含投资条款的自由贸易协定有直线上升的趋势,将国际投资条款纳入区域经济一体化成为国际投资协定的重要形式。

## 第二节 自由贸易协定的投资条款测度及比较

### 一、条款测度

自由贸易协定的投资章节还涉及众多细分条款。世界银行深度贸易协

定数据库分析了 230 个有效自由贸易协定的法律文本,其中 111 个包含实质性的投资条款,这 111 个自由贸易协定大多数在过去的 20 年里生效。故下面对投资一章的条款进行全面概述。从自由贸易协定投资条款及区域分布看,美国、加拿大、秘鲁是拥有最多投资条款的自由贸易协定缔约方,平均投资条款为 28—35 项;墨西哥、中美洲国家、哥伦比亚和智利的自由贸易协定平均有 21—28 项条款;在欧洲的自由贸易协定中,投资规定的平均数量较少(14—21 项),相对缺乏投资保护;大多数亚洲国家和地区平均拥有 28—35 项条款。

自由贸易协定主要投资条款及覆盖率见表 11.1。结果显示,定义与范围条款的覆盖率最高,其次是争端解决条款,最后是投资保护条款。从类型来看,北北型(NN)、南北型(NS)自由贸易协定的投资条款更注重国民待遇和保护伞条款,而南南型(SS)自由贸易协定更重视征收与补偿、投资者—国家争端解决以及磋商机制,中国签订的自由贸易协定对大多数条款的覆盖率都较高,可能是因为中国自由贸易协定投资条款起步相对较晚。

**表 11.1　自由贸易协定主要投资条款及覆盖率**　　　　（单位:%）

| 投资条款 | | 覆盖率 | | | | |
|---|---|---|---|---|---|---|
| | | 所有自由贸易协定 | 北北型自由贸易协定 | 南北型自由贸易协定 | 南南型自由贸易协定 | 中国的自由贸易协定 |
| 定义与范围 | "投资"定义 | 99.10 | 96.30 | 100.00 | 100.00 | 100.00 |
| | "投资者"定义 | 99.10 | 96.30 | 100.00 | 100.00 | 100.00 |
| | 拒绝授惠 | 68.47 | 48.15 | 78.43 | 77.42 | 80.00 |
| | 协定范围 | 76.58 | 70.37 | 88.24 | 64.52 | 40.00 |
| 投资自由化 | 国民待遇 | 87.39 | 100.00 | 94.12 | 64.52 | 30.00 |
| | 最惠国待遇 | 81.08 | 81.48 | 72.55 | 90.32 | 100.00 |
| | 业绩要求 | 66.67 | 55.56 | 70.59 | 70.97 | 20.00 |

续表

| 投资条款 | | 覆盖率 | | | | |
|---|---|---|---|---|---|---|
| | | 所有自由贸易协定 | 北北型自由贸易协定 | 南北型自由贸易协定 | 南南型自由贸易协定 | 中国的自由贸易协定 |
| 投资保护 | 征收与补偿 | 81.08 | 66.67 | 80.39 | 100.00 | 100.00 |
| | 公平公正待遇 | 80.18 | 70.37 | 76.47 | 96.77 | 100.00 |
| | 保护伞条款 | 8.11 | 14.81 | 9.80 | 6.45 | 40.00 |
| | 代位求偿权 | 56.76 | 55.56 | 60.78 | 61.29 | 100.00 |
| 争端解决 | 国家间争端解决 | 94.59 | 85.19 | 98.04 | 96.77 | 100.00 |
| | 投资者—国家争端解决 | 76.58 | 55.56 | 78.43 | 100.00 | 100.00 |
| | 磋商机制 | 94.59 | 81.48 | 98.04 | 100.00 | 100.00 |

注:世界银行深度贸易协定数据库包含283个自由贸易协定,对其中111个包含完整投资章节的自由贸易协定进行了细分条款编码,故条款覆盖率的计算基于包含投资章节的111个自由贸易协定。

通过分析各条款覆盖率随时间变化的趋势可知,南南型自由贸易协定的投资自由化条款的发生率在30年间保持不变,而北北型自由贸易协定的发生率略有上升,南北型自由贸易协定投资自由化条款的发生率自2000年以来也略有增加。就投资保护条款而言,南南型自由贸易协定的核心条款发生率是恒定的,而北北型自由贸易协定的波动很小。自2000年以来,投资保护条款在南北型自由贸易协定中的份额有所下降。投资者与东道国争端解决条款在南南型自由贸易协定中所占的份额保持不变,自2000年以来,包含投资者与东道国争端解决的北北型自由贸易协定、南北型自由贸易协定的发生率略有波动。

第一,定义与范围。主要涉及"投资"与"投资者"定义条款,不同定义对确定自由贸易协定投资章节的适用范围的大小非常重要。其中,"投资"的定义决定了哪些资产获得投资章节授予的保护,并可能影响投资者进入彼此市场;"投资者"的定义决定了谁能享有自由贸易协定投资一章规定的权利和保护。此外,自由贸易协定投资章节的其他条款也会影响其适用范围。比如自由贸易协定缔约方对给付条款作出保留,则投资章节的承诺无法适用于特定投资者。总体来说,自由贸易协定投资定义条款表现出投资扩大化的趋势,并且在内容上有同化的倾向。"拒绝授惠"条款是东道国将某些实体排除在投资一章的利益之外的一种手段,主要用于确保协定不被第三国投资者通过"邮箱公司"所利用,防止第三国公司通过注册公司"免费搭车"而获得条约保护,对缔约方来说具有"潜在的"保护性。包括排除:在东道国领土内没有实质性商业业务的企业、不拥有或控制企业的缔约方、同东道国没有外交关系的一方、与非本协议缔约方的禁止交易。超过 2/3 的自由贸易协定包含"拒绝授惠"条款。

第二,投资自由化。主要涉及国民待遇、最惠国待遇条款。其中,国民待遇条款指明了自由贸易协定是否在投资准入前/收购前阶段提供国民待遇,最惠国待遇条款指明了自由贸易协定是否在投资准入前/收购前阶段提供最惠国待遇以及是否对最惠国条款给予了例外。世界银行数据显示,大多数自由贸易协定将国民待遇和最惠国待遇扩大到了准入前阶段,且所有自由贸易协定在准入后阶段都规定了国民待遇(最惠国待遇条款相对少一些)。与此同时,在给予最惠国待遇的自由贸易协定中,有一半以上都包括一项或多项最惠国待遇条款的一般例外,除了安排国民待遇和最惠国待遇的一般例外,各国还可以为特定部门的例外制作不符措施清单。"业绩要求"条款规定了是否禁止或限制业绩要求的使用,指投资者在获准经营一项业务或从东道国提供的鼓励措施中获益之前必须满足的条件。例如,对出口水平、当地含量、采购选择、技术转让等方面的要求。区域全面经济伙伴关系协定明确规定缔约方不得在投资的若干方面以投资者的业绩要求作为获得或继续获得优惠的条件。

第三,投资保护。主要涉及征收与补偿、公平公正待遇、保护伞和代位求偿权条款。首先,大多数自由贸易协定以防止征收和公平公正待遇条款的形式提供投资保护。自由贸易协定通常禁止东道国没收外国投资,除非满足以下四个条件:征收必须是为了公共目的、以非歧视方式进行、按照某种法律程序进行,并伴随着被征收资产的支付赔偿。根据习惯国际法,大多数自由贸易协定的投资章节要求东道国向外国投资者提供公平公正待遇以及充分的保护和安全,在投资者—国家争端解决中,给予投资者及其财产以公平公正待遇的义务是引用最多的标准之一。其次,自由贸易协定投资章节还涉及保护伞条款,用于规定缔约一方应遵守其对另一方投资者所做的特定承诺,从而将投资者与国家的合同置于协议保护之下。保护伞条款自20世纪50年代起就开始使用了,但包含保护伞条款的自由贸易协定数量较少。此外,代位求偿权条款规定了一种代位求偿权机制,以便保险人在赔偿东道国投资者所遭受损失的情况下,获得投资者提出索赔的全部权利。

第四,争端解决。自由贸易协定投资争端通常包含两种:一是协定缔约方政府间的投资纠纷;二是私人投资者与东道国间的争端。前一种争端的解决方式着重传统方式,以外交、斡旋为主;后一种争端的解决方式则更强调“规则”,除传统模式外,更引入“诉讼”“仲裁”方式来解决争端。争端解决是投资章节中的关键条款,特别是投资者与东道国争端解决条款,其作用是为投资者提供一个平台,允许投资者就条约的实质性条款提出争议,以确保东道国履行关于国际投资的条约义务。投资者与东道国争端解决条款的最初设计目的是保护发达国家的投资者利益,但随着发展中国家的崛起,自由贸易协定在设计投资者与东道国争端解决条款时,希望更多地在保护投资者利益与保护东道国国内经济主权与国家公共利益间找到平衡。数据显示,几乎所有的自由贸易协定都提供了磋商和国家间争端解决机制,77%提供了投资者与东道国争端解决机制。

## 二、区域比较

WTO-Plus条款是基于世界贸易组织框架下条款、义务、承诺的深入和拓展,其中与贸易有关的投资措施协议、服务贸易总协定两项条款与投资有关;WTO-Extra条款在内容上则完全超越了世界贸易组织框架,自由贸易协定缔约方需要在一些全新的领域作出承诺,包含专门的投资条款,规定了超越与贸易有关的投资措施协议的投资问题。综合考虑世界各国的自由贸易协定签订数量、深度以及缔约方特征,本节选择并对比分析了十个主要国家和地区自由贸易协定的条款覆盖率情况,见表11.2。

表 11.2　主要国家和地区自由贸易协定的投资相关条款的覆盖率

（单位:%）

| 条款 | 欧盟 | 智利 | 新加坡 | 瑞士 | 美国 | 墨西哥 | 加拿大 | 韩国 | 中国 | 日本 | 所有 |
|---|---|---|---|---|---|---|---|---|---|---|---|
| 与贸易有关的投资措施协议 | 34.38 | 26.59 | 64.66 | 5.21 | 100 | 46.18 | 57.96 | 44.53 | 46.00 | 88.32 | 32.18 |
| 投资 | 37.54 | 57.95 | 67.95 | 88.94 | 100 | 56.87 | 57.96 | 67.61 | 86.67 | 93.46 | 56.15 |

资料来源:世界银行深度贸易协定数据库。

从条款角度看,自由贸易协定中的与贸易有关的投资措施协议条款指的是该协议是否提及与贸易有关的投资措施协议,规定了关于外国直接投资的本地成分和出口业绩的要求,若提及,则编码为1;反之为0。结果显示,与贸易有关的投资措施协议条款较少被自由贸易协定纳入,对投资条款覆盖率也相对较高,其中最高的是美国签订的自由贸易协定,达到了100%,其次是日本(93.46%)、瑞士(88.94%)、中国(86.67%)。自由贸易协定投资条款与与贸易有关的投资措施协议的主要区别在于前者进一步对投资准入、投资利润转移等问题进行了规范,很多自由贸易协定单独设立了投资一章,这些投资条款可以通过放宽投资政策或为外国直接投资提供保护,让缔约方吸引更多的外国直接投资,这些投资增加了垂直行业内贸易。

## 三、自由贸易协定比较

### （一）高标准投资条款的比较

区域全面经济伙伴关系协定、中国—欧盟全面投资协定、全面与进步的跨太平洋伙伴关系协定、美国—墨西哥—加拿大协定等高标准经贸规则都对投资自由化相关规则作出了规定,见表11.3。区域全面经济伙伴关系协定投资章节与全面与进步的跨太平洋伙伴关系协定、美国—墨西哥—加拿大协定的结构和内容在很大程度上保持一致,均包括投资自由化(国民待遇、最惠国待遇、最低标准待遇、禁止业绩要求、高级管理人员和董事会、保留和不符措施、安全例外)、投资促进、投资保护以及投资便利化内容。中国—欧盟全面投资协定由于是投资协定,在章节安排上,均涉及投资。因此投资条款对比分析主要从负面清单、非歧视待遇(国民待遇、最惠国待遇、绩效要求)、争端解决机制三个方面进行。

表 11.3　主要大型高水平协定中投资条款对比

| 对比项 | 内容 | 区域全面经济伙伴关系协定 | 全面与进步的跨太平洋伙伴关系协定 | 美国—墨西哥—加拿大协定 | 中国—欧盟全面投资协定 |
|---|---|:---:|:---:|:---:|:---:|
| 清单形式 | 正面清单 | × | × | × | √ |
| | 负面清单 | √ | √ | √ | √ |
| 投资自由化 | 国民待遇 | √ | √ | √ | √ |
| | 最惠国待遇 | √ | √ | √ | √ |
| | 最低标准待遇 | √ | √ | √ | √ |
| | 高级管理人员和董事会 | √ | √ | √ | √ |
| | 保留和不符措施 | √ | √ | √ | √ |
| | 安全例外 | √ | √ | √ | √ |
| | 禁止业绩要求 | √ | √ | √ | √ |
| 投资保护 | 征收与补偿 | √ | √ | √ | × |
| | 转移 | √ | √ | √ | √ |
| | 拒绝授惠 | √ | √ | √ | × |
| 投资促进 | | √ | × | × | × |

续表

| 对比项 | 内容 | 区域全面经济伙伴关系协定 | 全面与进步的跨太平洋伙伴关系协定 | 美国—墨西哥—加拿大协定 | 中国—欧盟全面投资协定 |
|--------|------|------------|------------|------------|------------|
| 投资便利化 | | √ | × | × | × |
| 争端解决机制 | | √ | √ | √ | √ |

注:中国—欧盟全面投资协定市场准入承诺减让表中关于取消数量、股本上限及合资企业要求采取正面清单的形式。全面与进步的跨太平洋伙伴关系协定中最惠国待遇不适用于投资者与东道国争端解决。美国—墨西哥—加拿大协定非市场经济体不包含在争端解决机制内,投资者—国家间争端解决只适用于美国和墨西哥、加拿大和墨西哥(可适用于全面与进步的跨太平洋伙伴关系协定的投资者与东道国争端解决),美国和加拿大之间的投资争端则不适用。

这些自由贸易协定较高程度的开放承诺主要体现在准入前国民待遇加负面清单的开放模式、最惠国待遇和最低待遇,以及规定禁止业绩要求即缔约方不得施加的投资条件,如当地含量要求、技术转让要求或研发目标,同时提出不得对企业高管和董事会成员施加国籍要求等。这一系列相关措施旨在提供更公平的投资环境,增加外商投资信心。更开放明确的规定及更少的限制措施有利于促进区域间产业的互补和融合,从而深化价值链的区域化合作。

**1. 市场准入与负面清单**

现行国际投资协定主要采用正面清单和负面清单对缔约方义务进行界定,随着投资的开放,投资负面清单制度成为主流趋势,其遵循"法无禁止即自由"的逻辑原则,在促进投资自由化的宗旨下以更加透明的方式在负面清单范围内对外资准入加以限制。世界各国可根据自身的经济和产业发展水平来制定负面清单,由于各经贸规则中各国情况不同,因此区域全面经济伙伴关系协定、中国—欧盟全面投资协定、全面与进步的跨太平洋伙伴关系协定、美国—墨西哥—加拿大协定制定的投资负面清单有长有短、透明度有高有低、开放范围有大有小、审批程序有繁有简。

投资准入方面,区域全面经济伙伴关系协定使用了"正面引导+负面清单"的模式,其负面清单对制造业、农业、林业、渔业、采矿业 5 个非服务业领域投资作出较高水平开放承诺,但是允许服务贸易领域的投资采取正面清单的开放承诺。由于涉及国家和地区较多且成员发展水平不一,对比其他几个经贸规则,区域全面经济伙伴关系协定更注重发展中国家的利益。中国—欧盟全面投资协定与区域全面经济伙伴关系协定类似,都是以"负面清单"来处理跨境投资问题,但在市场准入减让表中对数量限制、股本上限、合资企业要求等采取的是正面清单的方式。全面与进步的跨太平洋伙伴关系协定与美国—墨西哥—加拿大协定则只采用负面清单的模式。与全面与进步的跨太平洋伙伴关系协定相比,美国—墨西哥—加拿大协定主要在两个方面有所变化:一是删除行业分类,行业范围更加广泛。各缔约方投资负面清单均按照产业大类加以说明,为缔约方调整外资准入预留了尽可能多的政策空间。二是削弱争端解决机制,与全面与进步的跨太平洋伙伴关系协定的投资者与东道国争端解决适用于所有缔约方不同,美国—墨西哥—加拿大协定的投资者与东道国争端解决仅适用于美国和墨西哥,将加拿大排除在外。

负面清单制度有助于消除部分行业的隐性壁垒,加强投资的确定性和可预测性,是自上而下、基于原则的开放,只保留必要的、不符合普遍性义务的规定或者措施,其余完全开放。而正面清单是自下而上的。因此,正面清单容易出现碎片化和管道式的开放,而负面清单模式的开放更具有系统性和制度性,同时保留不符措施与例外措施,可以为东道国的政策制定提供一定的空间。从这个层面来看,区域全面经济伙伴关系协定与中国—欧盟全面投资协定负面清单标准低于全面与进步的跨太平洋伙伴关系协定与美国—墨西哥—加拿大协定。进一步对比各经贸规则的不符措施数量,全面与进步的跨太平洋伙伴关系协定与美国—墨西哥—加拿大协定相比,现行及未来不符措施皆较多。

**2. 非歧视待遇**

国民待遇、最惠国待遇、公平和公正待遇是保证外国投资者在东道国受到非歧视待遇的重要体现。其中,公平公正待遇即最低待遇标准是绝对待遇标准,而国民待遇、最惠国待遇是相对待遇标准。区域全面经济伙伴关系协定、中国—欧盟全面投资协定、全面与进步的跨太平洋伙伴关系协定、美国—墨西哥—加拿大协定规则中均包括国民待遇、最惠国待遇、最低待遇标准等当前国际投资协定的标准性条款。

投资准入前国民待遇将国民待遇延伸至投资发生和建立前阶段,其核心是给予外资准入权,准入前国民待遇由于对投资的保护水平较高,受到许多发达国家的青睐。随着全球化的深入,以美国—墨西哥—加拿大协定、全面与进步的跨太平洋伙伴关系协定为代表的高标准自由贸易协定积极倡导"准入前国民待遇",对最低待遇、征收与补偿、转移、业绩要求等内容都作出了详细规定,削弱了发展中国家常用的违反国民待遇的一些保护做法。中国—欧盟全面投资协定不但将国民待遇扩大到准入前,而且还进一步拓展了准入后非歧视待遇的相关规定,特别是在绩效要求方面,中国—欧盟全面投资协定不但包括与贸易有关的投资措施协议所禁止的相关事项,对禁止强制性技术转让也作出了规定。与中国—欧盟全面投资协定类似,区域全面经济伙伴关系协定也禁止包括强制性技术转让在内的业绩要求,而且更加具体,对未来投资者与缔约方属地范围内的许可合同的干预也作出了明确禁止的规定。

### 3.争端解决机制

投资者与东道国投资争端解决机制,是国际投资极为重要的保护和救济机制。区域全面经济伙伴关系协定、中国—欧盟全面投资协定、全面与进步的跨太平洋伙伴关系协定、美国—墨西哥—加拿大协定中均对投资方面的争端解决机制作出了规定,但考虑到各方分歧和谈判难度,详细程度有所差异。

全面与进步的跨太平洋伙伴关系协定的投资章节明确规定了投资者与东道国争端解决机制,区域全面经济伙伴关系协定提出妥善解决投资活动中产生的投诉,但尚未启动投资者与东道国争端解决机制。可能是考虑到各方分歧和谈判难度,区域全面经济伙伴关系协定投资章节对投资争端解决机制未作出实质规定,仅提及外商投诉的协调处理的独立机制,明确不受区域全面经济伙伴关系协定项下任何争端解决程序的约束或影响。

区域全面经济伙伴关系协定项下的争端解决程序依据区域全面经济伙伴关系联合委员会通过的《专家组程序规则》设立专家组,未涉及将争端提交国际投资争议解决中心等仲裁机构的替代方式。与区域全面经济伙伴关系协定类似,中国—欧盟全面投资协定中关于投资者与东道国争端解决机制方面没有具体规定,而是采取类似于区域全面经济伙伴关系协定中的规定,即缔约方承诺在该协定签订后的 2 年内完成投资者与东道国争端解决机制的谈判,规定采用国家间投资争端解决机制,强调友好协调和调解原则。全面与进步的跨太平洋伙伴关系协定与美国—墨西哥—加拿大协定均作出了明确的规定,全面与进步的跨太平洋伙伴关系协定的投资章节明确规定了适用投资者与东道国争端解决,申请人可以根据注释中任一规则提出索赔。美国—墨西哥—加拿大协定通过 22 个条款和 2 个附件详细规定了投资争端解决机制,程序清晰完整,设置的投资争端机制也相对复杂。

如今,国际投资争议解决中心每年受理的案件数量均有所上升,反映了投资争端解决机制对保护投资者利益和信心重要性的提升,同时也是约束东道国政府行为的重要救济机制。基于以上比较,区域全面经济伙伴关系协定及中国—欧盟全面投资协定规则弱于全面与进步的跨太平洋伙伴关系协定和美国—墨西哥—加拿大协定,全面与进步的跨太平洋伙伴关系协定和美国—墨西哥—加拿大协定代表着更高标准的国际经贸规则,其中全面与进步的跨太平洋伙伴关系协定更为全面和详细,在争端解决方面要求更为严格。

中国在区域全面经济伙伴关系协定项下的负面清单与国内版《外商投资准入特别管理措施(负面清单)》相比,义务更加全面,除了股权要求、高管要求外,将非服务业相比国外的任何歧视性措施都一一列出。特别值得注意的是,在区域全面经济伙伴关系协定未来不符措施保留清单中,中国保留对新部门和新行业采取或维持任何措施的权利。从投资自由化水平来看,在区域全面经济伙伴关系协定中,日本、澳大利亚和新西兰除了少数敏感领域外,基本全面开放,大体与区域全面经济伙伴关系协定的承诺水平一致。

（二）中国自由贸易协定的投资条款分析

中国对外签订投资条款可以分为初步探索、快速发展和调整变革三个阶段。第一,1978—1991 年是中国签订投资条款的初步探索阶段,正值中国改革开放初期,各行业发展需要大量资金,继 1982 年中国与瑞典签订第一个双边投资协定之后,又陆续与多个发达国家签订了双边投资协定。第二,1992—2001 年是中国签订投资条款的快速发展阶段,缔结了 70 多份双边投资协定,约占中国对外签订投资条款总数的一半。缔约方主要是亚非拉地区的发展中国家,旨在与中国巩固外交关系,签订协定背后的政治意图大于经济意义,故投资条款的整体标准不高。第三,2002 年至今是中国签订投资条款的调整变革阶段。21 世纪初,中国开始实施"引进来"和"走出去"并重的发展战略,不仅是主要的外资输入国,也逐渐成为主要的资本输出国。同时,国际社会对投资便利化和自由化的诉求增强,带动国际投资条款进入发展重构期。从地理区域来看,中国自由贸易协定缔约对象遍布亚洲、非洲、美洲、大洋洲和欧洲,其中与亚洲国家和地区签订的自由贸易协定数量最多。从规则内容来看,该阶段中国开始注重投资自由化,规则范围和深度不断扩展,以期与国际高标准投资条款接轨。截至 2021 年,中国共与全球 140 多个国家和地区缔结了投资条款,包括 130 个双边投资协定和 17 个涵盖投资条款的自由贸易协定。

# 第三节　国家和地区间签订投资条款的动因分析

## 一、理论分析

当前世界正处于国际经贸规则重构、第三代国际投资条款逐渐形成的阶段,国内外学者对此进行了大量研究。多数学者规范分析了国际投资协定现状以及存在的问题。聂平香(2014)①将国际投资条款的发展划分为三个比较明显的阶段,即以欧式双边投资协定为代表的第一代国际投资条款、以美式双边投资协定为代表的第二代投资条款以及正在形成的第三代国际投资条款。李玉梅和桑百川(2014)②梳理并比较分析了国际投资协定的内容、方式的演变及差异,认为国际投资协定正处于蓬勃发展、激烈变革期。石静霞(2015)③认为,双边、区域和诸边谈判是国际投资协定再构建的重要平台,中国应参与并引领新规则的构建。马学礼(2015)④认为,国际投资除了要应对自然环境、地质条件、施工条件等自然障碍带来的不确定性,还要面对文化、制度、法律环境等制度障碍引致的摩擦,第二种情形属于规则型风险,降低不确定性、减少投资风险、解决贸易投资争端等导致对强有力的国际投资条款的需求增加。张乃根(2016)⑤认为,新一代国际投资协定重构以美国、欧盟和中国为主体,意味着中国在融入全球经济一体化进程中扮演着重要角色,同时面临着新的机遇和挑战。总之,自然障碍风险、制度障碍风险、规则制定权争夺等阻碍了跨国投资顺利进行,国际投资协定也久未更新,处于推陈出新的历史拐点,亟须符合实际情况的规则来处理国家合作关系、解决分歧争端(梅冠群,2018)⑥。

部分学者对影响国际规则设计与制定的因素展开分析,主要集中于投资争端解决条款的设计。阿利和佩恩哈特(Allee 和 Peinhardt,2010)⑦通过对近

---

① 聂平香:《国际投资规则的演变及趋势》,《国际经济合作》2014 年第 7 期。

② 李玉梅、桑百川:《国际投资规则比较、趋势与中国对策》,《经济社会体制比较》2014 年第 1 期。

③ 石静霞:《国际贸易投资规则的再构建及中国的因应》,《中国社会科学》2015 年第 9 期。

④ 马学礼:《"一带一路"倡议的规则型风险研究》,《亚太经济》2015 年第 6 期。

⑤ 张乃根:《"一带一路"倡议下的国际经贸规则之重构》,《法学》2016 年第 5 期。

⑥ 梅冠群:《积极构建"一带一路"国际规则体系》,《宏观经济管理》2018 年第 9 期。

⑦ Allee T., Peinhardt C., " Delegating Differences:Bilateral Investment Treaties and Bargaining Over Dispute Resolution Provisions", *International Studies Quarterly*, Vol.54, No.1, 2010, pp. 1–26.

1500 个双边投资协定文本的仔细编码和分析,发现是否允许国际投资争端解决中心仲裁在投资协定间存在很大差异,东道国制度环境、母国与东道国的殖民关系或联盟关系、东道国的经济发展等因素都会影响是否接受东道国国际投资争议解决中心条款。阿利和佩恩哈特(Allee 和 Peinhardt,2014)①进一步考虑了投资争端解决方案的数量、仲裁场所的类型、是否同意将争议提交国际仲裁,实证检验了资本输出国议价能力对国际投资协定中争端解决条款设计的影响。阿尔施纳等(Alschner 等,2016)②、阿尔施纳和斯库加列夫斯基(Alschner 和 Skougarevskiy,2016)③使用文本相似度揭示了国际投资协定的潜在结构,并实证检验了不对称性对谈判结果的影响,发现发达国家往往是国际投资协定体系的规则制定者,而发展中国家往往是国际投资协定体系的规则跟随者。阿尔施纳(Alschner,2017)④通过三个渠道系统地研究了投资者—东道国仲裁(Investor-State Arbitration,ISA)对投资条款制定的影响,发现是否包含投资者—东道国仲裁对其他协定没有实质性影响、面对投资要求各国没有系统地更改其国际投资协定、仲裁判例法的发展具有可追溯的影响。在协定设计上,密尔纳(Milner,2014)⑤提出了竞争扩散理论,这是国际投资条款趋向于更加严格的驱动力,即关注外商直接投资转移的发展中国家采取防御性措

① Allee T., Peinhardt C., "Evaluating Three Explanations for the Design of Bilateral Investment Treaties", *World Politics*, Vol. 66, No. 1, 2014, pp. 47-87.

② Alschner W., Skougarevskiy D., Wang M., "Champions of Protection? A Text-As-Data Analysis of the Bilateral Investment Treaties of GCC Countries", *International Review of Law*, No. 3, 2016.

③ Alschner W., Skougarevskiy D., "Mapping the Universe of International Investment Agreements", *Journal of International Economic Law*, Vol. 19, No. 3, 2016, pp. 561-588.

④ Alschner W., "the Impact of Investment Arbitration on Investment Treaty Design: Myth Versus Reality", *Yale Journal of International Law*, Vol. 42, No. 1, 2017.

⑤ Milner, H., "Introduction: The Global Economy, FDI and the Regime for Investment", *World Politics*, Vol. 66, No. 1, 2014, pp. 1-11.

施,以有利于竞争东道国地位。诺伊迈尔等(Neumayer等,2016)①在竞争扩散的基础上发现对投资者—东道国争端解决机制、准入前国民待遇规定更严格的国际投资协定的增加是一个传染性的过程,并实证检验了影响这种严格性的影响因素。此外,还有学者对影响自由贸易协定谈判的因素进行了实证检验(Baier和Bergstrand,2004;Orefice和Rocha,2014②;Bergstrand等,2016③),为本节研究方法提供了经验依据。

在上述学者的研究基础上可知,国际投资协定具有的促进、保护、自由化投资等功能是各国签订相关规则的主要动力,故各种影响投资规模、投资保护的因素都可能影响国际投资协定的达成。具体而言,国家间可能存在以下影响国际投资协定策略的动机:第一,投资收益动机,即已有投资规模较大或未来投资潜力大的国家之间为了保护和促进投资,会倾向于签订更多国际投资协定;第二,风险规避动机,国际投资协定可以减少复杂的制度环境等因素造成的不确定性,为投资便利化提供制度依据;第三,降低交易成本,从企业的角度来看,国际投资协定可以降低其在不确定性环境中的交易成本,有助于解决不完全条约产生的问题,这对不同法律、文化、语言环境非常重要,国际投资协定为投资者提供了重要的实质性和程序性担保;第四,第三方因素造成的竞争动机,一方面,世界经济格局转变背景下大国围绕经济规则制定权的竞争异常激烈;另一方面,如果从同一母国竞争外商直接投资的其他国家此前已经签订了国际投资协定,领先者可能会享有先发优势,获得外商直接投资转移,增加签订国际投资协定的预期收益,但外商直接投资转移为协定外国家带来了负

① Neumayer E., Nunnenkamp P., Roy M., "Are Stricter Investment Rules Contagious? Host Country Competition for Foreign Direct Investment Through International Agreements", *Review of World Economics*, Vol. 152, No. 1, 2016, pp. 177-213.

② Orefice G., Rocha N., "Deep Integration and Production Networks: An Empirical Analysis", *World Economy*, Vol. 37, No. 1, 2014, pp. 106-136.

③ Bergstrand J. H., Egger P., Larch M., "Economic Determinants of the Timing of Preferential Trade Agreement Formations and Enlargements", *Economic Inquiry*, Vol. 54, No. 1, 2016, pp. 315-341.

外部性,关注外商直接投资转移的国家将采取防御性措施,规则竞争和外商直接投资资源竞争都可能导致一国签订更多更严格的国际投资协定。由此提出下列假说并进行实证检验:

假说1:传统因素如地理距离近、历史关系紧密、经济规模大且相似度高、两国要素禀赋差距大的国家之间经济联系较为紧密,外商直接投资规模较大,签订更多国际投资协定的可能性更大。

假说2:双边制度环境(风险)差距越大,为了降低风险,更倾向于签订国际投资协定,以减少不确定性、规避制度型风险。

假说3:基础设施水平反映了一国的营商环境,有利于跨国分工。基础设施差距大可能会导致外商直接投资增加,进而国际投资协定增加,一方面,基础设施较好的国家可能会到基础设施较差的国家进行基础设施建设,比如中国对共建"一带一路"国家和地区;另一方面,从分工角度看,基础设施较好的国家可能会将某些对基础设施依赖程度低的低级产业转移到基础设施较差的国家;基础设施差距大也可能会导致外商直接投资减少,进而国际投资协定减少,可能是因为,早期的投资多是发达国家对发展中国家的投资,寻求的是东道国的低劳动力成本和市场,但当代跨国投资还关注技术、战略资产以及优质的营商环境。

假说4:研发水平差距大的国家和地区之间更倾向于签订更多国际投资协定。一方面,研发水平高的母国通常将某些产业转移到研发水平低的国家而自己专注于研发,但是需要国际投资协定保护知识产权;另一方面,研发水平低的国家可能为了学习和利用缔约方的技术而进行跨国投资(技术寻求型外商直接投资),此时也需要国际投资协定促进投资。

假说5:能源禀赋差距小的国家和地区之间更倾向于签订更多国际投资协定。资本输出国通常发展水平较高,总资源并不十分匮乏,但是仍倾向于向资源丰富的地区投资,由此导致的较大投资规模需要更多规则来协调与规制。

假说6:前期投资纠纷多的国家和地区可能对国际投资协定的需求更大。

每年投资协定诉讼(基于协定的纠纷)数目都在增加,投资者与东道国争端解决案件不仅提高了国家和地区对协定法律影响的意识,也致使国家开始重新评估协定,如果现有协定无法很好地解决投资争端,两国可能会考虑改进升级。

假说7:(第三方效应)若缔约方与其他国家和地区签订的国际投资协定越多,为避免投资转移给本国造成负面影响,将更倾向于签订国际投资协定,即竞争扩散和风险规避。

## 二、研究设计

### (一) 样本选取

联合国贸易和发展会议是目前对国际投资协定统计最全的数据库,共包含 1959—2020 年签订的 3719 个国际投资协定,但是并没有提供所有协定的完整文本,为获取国际投资协定全文以进行异质性分析,本节还从威科国际商事仲裁(Kluwer Arbitration)获取了 2363 个国际投资协定的文本。其中,部分协定所在国家特征信息缺失严重,还有部分国际投资协定是非英语(西班牙语、法语等)签订的,实证分析中会将这部分样本剔除,但绝大多数仍然是英语签订,样本具有一定的代表性。

传统解释变量如地理距离、共同边界/语言、殖民关系来自 CEPII 数据库;国内生产总值、人均国内生产总值、基础设施、能源禀赋、研发水平、外商直接投资存量以及高收入国家名录数据来自世界银行网站;政治风险指标由国家风险国际指南给出,包含 12 项子指标,得分越低意味着国家风险越高;国家间的双边外商直接投资流量数据来自国际基金组织,该数据库提供了 2009—2018 年的流量数据,本节选取 2009 年的数据进行分析;各国基于协定的投资纠纷数来自联合国贸易和发展会议。

### (二) 模型设置

本节被解释变量即国家对政府选择的投资条款类型为离散数据且有排序

性质,选择不同的方案所得到的效用也是排序的,OLS 或一般多元离散模型估计并不适用,故采用排序多元 Logit 模型通过极大似然法进行参数估计。基本形式如下:

$$Y^* = \alpha + \sum \beta_j X_j + \mu \tag{11-1}$$

$$Y = F(Y^*) = \begin{cases} 1, & -\infty \leq Y^* < k_1 \\ 2, & k_1 \leq Y^* < k_2 \\ \cdots \\ N, & k_{n-1} \leq Y^* < \infty \end{cases} \tag{11-2}$$

式(11-1)中,$Y^*$是一个未被观测到的连续变量,是一组解释变量$X_j$的线性函数。$Y$为实际上观测到的有序类别变量,$Y$与$Y^*$的关系见式(11-2),其中,$F(Y^*)$为一非线性函数,$k_1 - k_{n-1}$是不可观测变量$Y^*$的"分割点"(cut point),当$Y^* < k_1$时,观察到$Y=1$,当$k_1 < Y^* < k_2$时,观察到$Y=2$,以此类推。由此构建本节模型如下:

$$Index_{ij} = \alpha + \beta X_{ij} + \varepsilon_{ij} \tag{11-3}$$

式(11-3)中,$Index_{ij}$为国家对$i$、$j$选择的投资条款策略,分别用$Index1$、$Index2$来表示;$X_{ij}$为一系列双边影响因素,包括地理因素、经济因素、制度因素、基础设施、科技水平等因素;$\beta$为主要的待估参数。

估计策略。由于不同国家对之间形成国际投资协定的年份不同,作为对照的无国际投资协定的国家对更无法确定时间,故仍然采用"截面分析法",即各控制变量取特定年份数据,为保证结果稳健,可取不同年份数据回归,此外,两国之间可能有多个国际投资协定,此时取投资保护水平最高者作为两国最终策略选择。具体而言,分为全样本和2009年及以后样本进行回归。全样本几乎包含所有国际投资协定,但是由于国际投资协定起步时间较早,时间跨度为1957—2020年,选择的时变影响因素为1960年、1970年、1980年的截面数据,虽然可以避免反向因果造成的内生性,但是与21世纪后各国的实际发展情况并不相符且数据缺失严重。故进一步使用 2009 年以后的子样本,包含此后签订的 400 多个双边投资协定和 100 多个包含投资条款的自由贸易协定,以 2009 年为起点的原因是国际货币基金组织提供的双边外商直接投资流量数据时间跨度为 2009—2018 年。

### (三) 变量构建

根据两国间的投资协定情形,构建国家对策略分类指标 $Index1$、$Index2$,对于 $Index1$,若国家对间无任何国际投资协定,则取值为 1;若签有双边投资协定或包含投资条款的自由贸易协定中的一种,则取 2;若同时签有双边投资协定和包含投资条款的自由贸易协定,则取 3。对于 $Index2$,若国家对间无任何国际投资协定,则取值为 1;若仅有包含投资条款的自由贸易协定且没有实质性内容,则取 2;若有双边投资协定或包含投资条款的自由贸易协定,或同时签有双边投资协定和包含投资条款的自由贸易协定且包含投资条款的自由贸易协定是基于双边投资协定内容的,则取 3,若同时签有双边投资协定和包含投资条款的自由贸易协定且包含投资条款的自由贸易协定是超越双边投资协定内容的,则取 4。$Index1$、$Index2$ 反映了国家间的多种策略组合情况,具有一定的排序性质。

主要解释变量如 $Dist$、$Contig$、$Comlang$、$Colony$ 可直接从 CEPII 数据库获取,$Remote$ 为两国与除对方之外的世界其他国家和地区的距离,计算方法借鉴拜尔和伯格斯兰德(2004),各国距对方之外的其他国家和地区越远,与对方展开跨国投资的规模相对越大,对国际投资协定的需求越大;$Sumgdp$ 为双边国内生产总值之和,表示总经济规模,经济规模越大的经济体通常投资规模也越大,$Simgdp$ 为各国国内生产总值占国内生产总值之和的比重之积,用于表示签订者的经济相似程度,两国经济相似程度越高,那么相互间进行投资的可能性和规模一般也越大;$Rgdppc$ 为两国相对人均国内生产总值,统一用较大者与较小者的比值并取对数表示,根据拜尔和伯格斯兰德(2004)、奥雷菲斯和罗卡(Orefice 和 Rocha,2014),这一指标可近似代表两国的相对要素禀赋,国际投资协定给两国带来的净福利与它们之间的要素禀赋差距成正比,若两国要素禀赋差距越大,那么它们签订自由贸易协定的可能性及内容深度也越大,但是这种净福利可能会随着专业化程度的提高而下降,所以进一步纳入相对要素禀赋的二次项 $SqRgdppc$。

除了上述传统地理、历史、经济因素,本节还纳入了制度、基础设施、能源、科技水平等因素,双边相对值的计算方法借鉴以上学者。$Ricrg$ 为两国相对政治风险,表示两国国内政治稳定情况相对差异,若差距较大,为减少不确定性,将需要更多更完善的规则来制约;$Rinfra$ 为两国的相对基础设施水平,用固定电话订阅情况表示一国的基础设施,表示两国基础设施或营商环境的差距;$Rfule$ 为两国的相对能源禀赋,用燃料出口表示;$Rpatent$ 为两国的相对科学技术水平,用专利申请数来表示一国科技或研发水平;$Rfdistock$ 为相对外商直接投资存量,用各国外商直接投资流入存量表示,该指标通过影响双边投资规模来影响国际投资协定的签订与谈判。

以上因素一般通过影响两国投资规模、交易成本、不确定性等间接影响国际投资协定签订,当然还有一些因素直接影响国家和地区间的策略,包括:外商直接投资为双边外商直接投资流量,前期直接投资规模的实际大小直接影响了各国对投资促进、投资保护的需求;$Disputes$ 为两国总的前期投资纠纷数,发生投资纠纷案件多的国家更倾向于签订国际投资协定以解决争端;$Sumiias$、$Riias$ 分别为双方保有国际投资协定之和、保有国际投资协定之差,表示缔约方与其他国家和地区协定签订情况对两国策略的影响,属于一种直接影响两国策略选择的第三方因素。

## 三、实证结果与分析

### (一)基准回归

通过实证检验国家之间国际投资协定策略选择影响因素发现,$Dist$ 回归系数显著为负，*Remote* 回归系数显著为正，表明两国之间距离越近，与世界其他国家距离越远，进行跨国投资的可能性及规模越大，越倾向于通过签订协定以促进和保护投资；*Contig*、*Comlang* 回归系数为负，可能是因为接壤或有共同语言的国家制度较为相似，并不需要过多的跨国规则；*Colony* 回归系数为正，因为有殖民关系的国家往往是殖民者与被殖民者，两国经贸联系紧密且发展水平差距可能较大，更需要相关规则的制约。进一步考虑经济因素发现，*Sumgdp*、*Simgdp* 回归系数显著为正，表明经济规模越大、经济相似度越高的两国更倾向于签订更多自由贸易协定，相对要素禀赋（*Rgdppc*）及二次项（*SqRgdppc*）的符号与奥雷菲斯和罗卡（2014）的结果一致，意味着两国要素禀赋差距越大，更倾向于签订更多自由贸易协定，但是这种影响会随着专业化程度的提高而下降。因此，以上结果部分验证了本节的假说1。加入制度、基础设施、能源、科技因素发现，此时地理距离、殖民关系以及要素禀赋的系数仍然是显著的，其他因素显著性有所降低，*Ricrg*、*Rinfra*、*Rpatent* 系数显著为正，这些因素差距大的国家和地区之间出于避险动机更倾向于签订更多规则，验证了假说2—假说4，*Rfule* 显著为负，这是因为资本输出国总资源通常并不是十分匮乏却仍然希望利用东道国的资源。此外，考虑相对投资存量的影响发现，*Rfdistock* 显著为正，即资本存量差距大的国家之间往往投资规模大，更需要规则制约，符合常理。

逐步回归结果显示，随着制度等因素的加入，且所有解释变量相关性并不强因而不存在多重共线性问题时，*Contig*、*Comlang* 以及经济规模的影响变得不显著，一方面是因为后续变量的加入稀释了它们对被解释变量的影响；另一方面也表明制度、技术等反映的规则型风险对国际投资协定策略选择的影响更大，签订国际投资协定的主要动机在于降低风险，总体而言大多数因素的回归系数是稳健的，假说1—假说5部分得到了验证。

## （二）知识产权保护水平差异的影响

国际投资协定除了可以解决投资纠纷,还可以通过纳入相关条款保护投资者的知识产权,这一点对高技术含量的投资而言尤为重要。表 11.4 报告了国家对类型、相对 GP 专利保护指数(Park,2008)[①]测度的国家知识产权保护水平对 $Rpatent$ 影响的调节作用。NS 为"北—南"国家对虚拟变量,当谈判双方为高收入国家和其他类型国家时,取值为 1,反之取 0,理论上,南北国家对相对于北北、南南国家对而言知识产权保护水平差距较大;$Rgp$ 为相对知识产权保护水平。全样本的交互项回归系数 $Rpatent×NS$、$Rpatent×Rgp$ 均不显著为负,而子样本的交互项回归系数显著为正,意味着对于新一代的跨国投资与国际投资协定策略选择,技术寻求型、战略资产寻求型外资或高技术含量外资更多,不仅科技水平差距大的国家之间倾向于签订更多投资协定($Rpatent$ 为正),当两国国内产权保护制度存在差异、保护强度差距较大时,会加剧这一动机,这在当代自由贸易协定中体现得尤为明显。

表 11.4　知识产权保护水平差异的影响

| 变量 | 全样本 | | | | 2009 年及以后样本 | | | |
|---|---|---|---|---|---|---|---|---|
| | （1） | （2） | （3） | （4） | （5） | （6） | （7） | （8） |
| | Index1 | Index2 | Index1 | Index2 | Index1 | Index2 | Index1 | Index2 |
| Rpatent×NS | −0.082 | −0.067 | | | 0.167** | 0.177** | | |
| | (0.061) | (0.061) | | | (0.070) | (0.071) | | |
| Rpatent×Rgp | | | −0.034 | −0.016 | | | 0.278*** | 0.288*** |
| | | | (0.040) | (0.040) | | | (0.056) | (0.057) |
| N | 1035 | 1035 | 861 | 861 | 1026 | 1026 | 626 | 626 |

---

[①]　Park W. G., "International Patent Protection: 1960 – 2005", *Research Policy*, Vol. 37, No. 4, 2008, pp. 761–766.

续表

| 变量 | 全样本 | | | | 2009 年及以后样本 | | | |
|---|---|---|---|---|---|---|---|---|
| | (1) | (2) | (3) | (4) | (5) | (6) | (7) | (8) |
| | Index1 | Index2 | Index1 | Index2 | Index1 | Index2 | Index1 | Index2 |
| $R^2$ | 0.1213 | 0.0870 | 0.1160 | 0.0839 | 0.1595 | 0.1513 | 0.1776 | 0.1765 |

注:括号内为相应估计系数的标准误差,***、**和*分别表示在1%、5%和10%的水平上显著。

### (三)"一带一路"沿线国家和地区国际投资协定策略

"一带一路"倡议自2013年提出以来逐年推进,各国经济联系加强,就2017年、2018年对外投资流量来看,中国对外投资前十的国家和地区都集中在沿线。然而,全样本包含的62个沿线国即1891个国家对中,截至2020年有968对国家和地区没有签订任何国际投资协定,678对国家和地区签订了双边投资协定或包含投资条款的自由贸易协定,245对国家和地区同时签订了两种协定,且已有双边投资协定大多在2013年以前签订,2013年后包含投资条款的自由贸易协定发展势头超过双边投资协定,总体而言仍有约一半的国家对之间尚未签订任何投资条款,剩下的国家对中大多规则老旧,滞后于当前各国投资发展现状。因此,本节进一步考察了沿线国的国际投资协定策略特点,结果显示,对于"一带一路"沿线国家和地区而言,早期确实签订过大量投资协定,但是近十年来规则发展滞后于区域内经济格局转变和其他地区国际投资协定的发展,这可能是因为沿线大量国家在政治、经济、文化、制度乃至宗教等方面存在很大差距,某些国家在跨国投资上出现了角色转变,相互之间通过谈判达成一致需要一定时间。

### (四)未来国际投资协定谈判的策略选择

为预测未来哪些国家之间签订国际投资协定的可能性更大,下面使用倾向得分匹配法做简单分析,假设实验组为已签订国际投资协定的国家对样本,而控制组为未签订相关协定但是与实验组国家对相比签订可能性相似的国家对样本。本节首先利用二元 Logit 模型计算倾向得分,其次使用这一倾向得分来预测样本中哪些国家对未来签订或升级国际投资协定的可能性更大。以上回归验证了大量因素的影响,多数国家在早期已有自由贸易协定,经济联系紧密,但至今仍没有达成投资协定,这些国家对在未来签订国际投资协定的可能性较大;中国由于早期与大多数国家和地区签订了双边投资协定,而自由贸易协定发展缓慢,故再签订新国际投资协定的可能性并不大。对中国而言,早期签订的 100 多个双边投资协定很可能并没有发挥投资保护作用,在此基础上可能会对双边投资协定进行升级或直接在后续自由贸易协定中纳入相关条款。

总体而言,"一带一路"沿线国家和地区近十年来国际投资协定策略滞后于其他地区的趋势可能仍会保持一段时期,即使需求大、时间紧迫,但是考虑到各国国内制度差异巨大,达成深层次、高水平的投资协定难度很大,可以通过谈判达成浅层次的早期合作计划,具体的高水平协定可以逐步实现,并不能一蹴而就。

## 第四节　中国构建和完善投资条款体系的对策建议

制定高标准的实质性投资条款,规范投资条款文本。中国在自由贸易协定的投资条款谈判和制定时,应重视自由贸易协定的投资条款法律化水平,合理设计自由贸易协定具体条款深度,通过与发达、发展中经济体缔结深度的投资协定,更大程度提高投资便利化水平。此外,中国在未来自由贸易协定的投资条款中应规范措辞,更清晰地表达中国的规则利益诉求,逐步形成高质量的中式范本。另外,随着中国签订自由贸易协定伙伴的多样性进一步增强,逐渐涵盖发达国家、发展中国家和新兴市场国家,有利于中国在协调国家间不同利益上作出有益探索,为全球投资条款重塑贡献经验。

继续推广"准入前待遇+负面清单"制度在自由贸易协定中的适用。中国在国内层面推行"准入前国民待遇+负面清单"仍处于不断探索与调整阶段,在中国自由贸易协定的投资条款中实施"准入前待遇+负面清单"制度尤其是"准入前国民待遇+负面清单"也尚未普遍适用。如何基于中国现有实践,在未来自由贸易协定的投资条款中纳入更为先进和开放的条款,是中国缔结新一代自由贸易协定的投资条款重点。未来在自由贸易协定的投资条款谈判中主动推广"准入前待遇"制度的适用,不仅是向高水平的国际投资条款看齐,进一步开放市场引入外资,更是促进中国法律体系相互融合的重要措施。对此,一方面,应进一步完善现有规则框架,增强准入前国民待遇及负面清单表述的规范性、准确性与针对性,删减负面清单中的不符措施条款,增加外资特别管理措施的可操作性和透明度;另一方面,应保留对外资审查和管理的合理政策空间,秉持优势产业适度保护、劣势产业谨慎开放的原则,对重要性、敏感度及竞争力不同的行业采取不同的外资限制强度,最大限度地维护国家利益,为中国放开外资准入权的同时加强外资监管的有效性积累经验。

企业应积极研究、用好自由贸易协定,全面掌握协定内规则内容。首先,吃透自由贸易协定对产业发展的影响,采取有效的应对策略,农业上积极拓展优势农产品出口,扩大进口选择,优化境外农业产业布局;制造业上充分发挥产业链完整、配套设施完善的综合优势,不断提升国际竞争力。其次,深度参与产业链供应链动态调整,在经营策略上,企业应抓住调整投资策略,加大区域全面经济伙伴关系协定区域内的投资和生产布局,针对性地做好技术准备。此外,企业应抓住自由贸易协定承诺的服务业和投资开放带来的新机遇,结合产业特点实现更大发展。

# 第十二章　高标准自由贸易协定中的环境保护条款研究

　　碳中和是当代世界大势,环境议题已经成为 21 世纪最重要的议题之一。中国"十四五"规划将绿色高质量发展作为重大任务,提出"推动经济社会发展全面绿色转型""构建绿色贸易体系",并"积极参与和引领应对气候变化等生态环保国际合作",展现了中国深化环境治理和全球环境合作的坚定决心。随着区域经济深度一体化发展进程不断加快,当前国际贸易规则制定逐渐从"边境规则"转向"边境后规则",环境保护条款作为新一代贸易议题已经成为高水平自由贸易协定的重要组成部分。全球约 87% 的自由贸易协定中包含环境相关条款,特别是自 2000 年以来,环境条款在自由贸易协定中出现的频次大幅上升,呈现出环境保护范围扩展、环境与贸易投资深度融合、规则约束强化甚至硬法化等多方面趋势。后疫情时代国际环境条款强化甚至硬法化是不可逆转的趋势。立足新发展格局,深入研判高水平自由贸易协定环境条款治理范式与全球绿色经贸规则发展脉络,并分析环境保护条款对出口贸易结构与外贸绿色发展转型的影响与机制,对中国深化国内环境治理改革、参与完善全球绿色经贸规则治理体系以及推动构建开放型经济新体制具有重要的理论与现实意义。

# 第一节　全球自由贸易协定的环境
# 保护条款发展趋势

## 一、环境条款在自由贸易协定中的发展演变

国际上关于环境与贸易关系的认识和实践基本与环境保护进程同步,而且环境保护的发展不断推动环境政策与贸易政策融合(李丽平等,2019)①,自由贸易协定中的环境保护规则也在这个过程中不断发展完善,其发展大致可分为以下三个阶段:

第一阶段,认识期(20世纪中期至80年代末)。自20世纪中叶以来,国际环境机构和贸易组织逐渐认识到环境与贸易密切相关、相互影响,各国对环境与贸易的关注度增强,环境政策与贸易政策的融合性由弱变强。1947年关税及贸易总协定第20条一般例外条款首次提及"保护人类、动植物生命或健康所必需的措施",使环境保护逐渐成为多边贸易体制的重要价值目标。1971年关税及贸易总协定成立环境措施与国际贸易小组来处理与贸易有关的环境问题,这是第一个与环境相关的工作组。1972年关税及贸易总协定秘书处撰写了《工业污染控制与国际贸易》报告,引发了1972年瑞典斯德哥尔摩联合国人类环境会议对环境与贸易投资议题的探讨。1973年关税及贸易总协定东京回合的贸易谈判提及了非关税壁垒的环境问题。在1982年的会议上,发展中国家提到发达国家向其出口在国内禁止的危害环境、健康的产品,各方对环境保护与贸易自由化的不同理解与主张得到会议的重视。1986年关税及贸易总协定第八轮回合谈判中,各国就环境议题展开了讨论。

第二阶段,实践期(20世纪90年代初期至21世纪初)。随着对贸易与环

---

① 李丽平、张彬、赵嘉、张莉:《环境政策与贸易政策需加强融合》,《中国环境报》2019年12月10日。

境相互影响认识的进一步加深,国际贸易组织加快推动在自由贸易协定中加入环境条款,或推动环境产品与服务贸易自由化。1992年联合国环境与发展大会达成《21世纪议程》,提出通过贸易自由化促进可持续发展,使贸易与环境相辅相成。在环保主义者力推下,1994年生效的北美自由贸易协定率先以环境附属协议的形式纳入众多环境条款,规定了缔约方具有执行环境法规和标准以及维持环境保护水平的义务,并建立了与环境有关的审查监测机制以及争端解决程序。1994年马拉喀什部长级会议通过《贸易与环境决议》,各方主张在多边贸易体制的权限内协调贸易与环境领域的政策。1995年《关于建立世界贸易组织的马拉喀什协定》生效并纳入了环境例外相关条款,同时世界贸易组织正式设立贸易与环境委员会,将环境与可持续发展问题作为主流工作的一部分,涉及环境保护的"绿色条款"越来越多地体现在世界贸易组织法律框架下的各类协议,美墨金枪鱼案和美国海龟案等环境有关案件也引起全球对贸易与环境问题的进一步关注。图12.1呈现了全球自由贸易协定环境条款的演变情况,自20世纪90年代以来,包含环境条款的自由贸易协定快速增加,但这一阶段环境条款的数量仍十分有限,除北美自由贸易协定等之外,早期签订的自由贸易协定环境条款深度较低,大多以环境例外条款的形式出现或者仅在序言中简单提及。

第三阶段,深化期(21世纪以后)。由于世界贸易组织框架下的环境条款较为笼统零散,加之将环境作为独立议题的多哈回合谈判停滞不前,自由贸易协定以其灵活性受到越来越多的关注,嵌入环境条款的自由贸易协定为打破多边贸易体制的谈判僵局创造了机会。发展至今,环境条款已经成为自由贸易协定的重要组成部分,也有越来越多的自由贸易协定纳入环境章节,环境条款的深度和广度得到不断扩展。特别是2018年由11国共同签订的全面与进步的跨太平洋伙伴关系协定包含了几十页的环境内容,在范围、义务、约束等方面均体现了高水平,被誉为"面向21世纪的高标准自由贸易协定"。目前,自由贸易协定中的环境条款已经涵盖原则性条款、环境保护水平、法律和政策

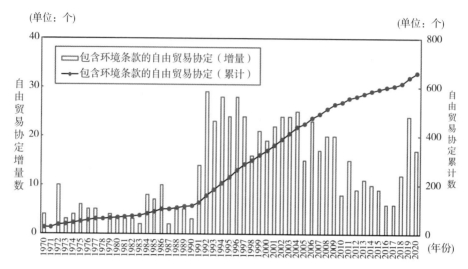

**图 12.1　1970—2020 年包含环境条款的自由贸易协定发展趋势**

资料来源:根据 TREND 贸易与环境数据库、世界贸易组织区域贸易协定数据库整理而得。

制定、环境与非环境事务的联系、国内措施执行、环境保护激励手段、环境合作、执行机制、机构设立、争端解决等众多领域。

## 二、环境条款发展趋势

"十四五"是全球绿色经贸规则加速形成期,碳排放空间稀缺有价逐步成为全球共识,综合来看,碳中和大势下全球环境条款涌现出一些新的趋势。第一,从区域和双边来看,贸易与投资协定对环境问题越发关注,呈现出环境保护范围扩展、环境与贸易投资深度融合、规则约束强化甚至硬法化等多方面趋势。自由贸易协定已经成为全球环境条款塑造的重要场所和平台,在自由贸易协定向着高标准发展的情势下,包含的环境条款将向趋多、趋专、趋严综合发展。第二,从多边和诸边来看,绿色发展引领全球新规范,环境问题成为最有希望达成深度合作的领域。世界贸易组织环境产品协定谈判有望重新启动,除了需要解决各国在环境商品覆盖范围方面的分歧外,也可能需要处理包括环境服务在内的需求。2022 年 2 月,世界银行公布的最新营商环境评估体系项目将环境可持续性贯穿于整个一级评价指标体系,涉及绿色融资监管质量、环境可持续贸易的监管质量、环境保护税务举措、绿色建筑监管举措、环保相关许可证件、破产程序的环保义务以及水电互联网等公用事业连接的环境影响等多个方面。第三,从各国来看,围绕碳中和与全球气候治理的国际博弈呈现白热化,国际绿色竞争全面展开。发达国家纷纷在提出绿色经济增长战略同时,不断强化低碳认证、碳足迹标识、碳关税、绿色环境标志、绿色包装制度、绿色采购、环境信息披露等绿色壁垒,同时围绕绿色制造和绿色贸易为主线的全球绿色供应链规则正在逐步形成。

虽然自由贸易协定以"环境保护与可持续发展"作为主要目标的趋势显而易见,越来越多的国家和地区开始考虑并逐步接受在自由贸易协定中设置环境章节,但由于发展阶段和模式不同,各国对自由贸易协定中环境条款的态度仍然具有差异。发达国家对自由贸易协定中纳入高水平环境条款更为积极主动,其中美国和欧盟是主要的推动者。二者在自由贸易协定中纳入环境章节的深层次原因主要表现在扩大绿色产品出口,安抚国内民众的政治需要以及抢占全球道义制高点三个方面,主要通过将国内法转为区域贸易规则,以区域撬动多边进而掌握国际环境条款主动权和话语权。从发展中国家来看,中国近年来对自由贸易协定中引入环境条款较为积极,与美国、欧盟不同的是,中国主要以发展为导向,注重绿色产品贸易自由化,推动绿色发展转型。而印度、俄罗斯等在环境条款领域并不积极,普遍认为发达国家以环境保护为借口构筑绿色贸易壁垒,体现出强烈的贸易保护主义色彩,印度—欧盟自由贸易协定谈判搁置多年部分也与环境条款对印度出口的限制有关。另外,墨西哥受北美自由贸易协定影响较大,成为对环境条款较为积极的新兴市场之一,主要动因还是为了获得更多的贸易机会。但墨西哥在与发达国家的谈判中仍然处于被动状态,比如美国—墨西哥—加拿大协定强化了对缔约方未能有效执行国内环境法或未能采取必要措施履行环境义务的监管和制裁,要求向墨西哥派驻环境专员监督自由贸易协定遵守情况,这在一定程度上损害了墨西哥的国内利益。总体来看,环境问题已经成为全球最具有深度合作前景的领域,各国在环境保护的目标上具有一致性,但仍需考虑各经济体的国情差异,需秉持相互尊重原则,管控分歧,扩大共识(韩剑和刘瑞喜,2022)①。

## 第二节 自由贸易协定的环境保护<br>条款测度及比较

### 一、环境保护条款测度与分析

关于自由贸易协定环境条款异质性量化的研究近年来得到快速发展,这得益于学者们尝试建立反映自由贸易协定的环境条款文本异质性特征的指标和数据库,为该领域的研究提供了更多便利。莫林和博米耶(Morin 和Beaumier,2016)②率先分析了世界范围内于 1948 年以后签订的 660 个自由贸易协定,包括其补充条款、附件以及草案,共识别出 310 类环境条款项目,如原则、环保力度、法律政策制定、环境与非环境事务联系、国内执行、环境事务合作、对发展中国家援助、机构设置、争端解决、引用多边环境协定等。他们用自由贸易协定环境条款项目类别数量衡量其深度,指出世界范围内自由贸易协定环境条款类别平均数量近 60 年来持续增加,2010 年之后增长尤其迅速。而蒙泰罗和特拉赫特曼(Monteiro 和 Trachtman,2020)③则考察了 280 个自由贸易协定中环境目标、环境与贸易投资目标的协调、执行机制、对外援助、具体环境问题、多边环境协定、环境主体参与措施 7 个维度的 48 项分条款情况,并

---

① 韩剑、刘瑞喜:《中国加入 CPTPP 参与全球环境经贸规则治理的策略研究》,《国际贸易》2022 年第 5 期。

② Morin J. F., Beaumier G., "TPP Environmental Commitments: Combining the US Legalistic and the EU Sectoral Approaches", *Bridges Biores News Item. Geneva: ICTSD*, 2016.

③ Monteiro J. A., Trachtman J. P., "Environmental Laws", *Handbook of Deep Trade Agreements*, 2020, p. 553.

对各项条款的规则约束力进行了编码。本节综合考虑环境条款文本资料以及TREND 贸易与环境数据库、世界银行贸易协定数据库、世界贸易组织自由贸易协定数据库等相关信息,依据环境条款种类数来量化自由贸易协定的环境条款深度,进而对环境条款的具体内容情况进行全面系统的分析。

目前,全球约 87%的自由贸易协定中包含环境相关条款。总体来看,发达国家与发展中国家间签订的自由贸易协定包含了更多的环境条款,而发展中国家间签订的自由贸易协定环境条款的总体深度较低(李丽平等,2015)[①]。根据 TREND 贸易与环境数据库信息,南北国家间签订的自由贸易协定平均包含 32 个类别的环境条款,发达国家间的自由贸易协定平均包含 12 类环境条款,而发展中国家间的自由贸易协定平均包含 8 类环境条款(Morin 等,2018)[②]。另外,美国、欧盟以及加拿大签订的自由贸易协定包含环境条款数位居前列,已经成为全球签订包含高水平环境条款自由贸易协定的重要桥梁和助推器。其中美国签订的自由贸易协定平均包含 66 类环境条款、加拿大平均包含 57 类、欧盟平均包含 54 类环境条款。

从具体自由贸易协定来看,美国—墨西哥—加拿大协定、全面与进步的跨太平洋伙伴关系协定、美国—秘鲁、美国—韩国、欧盟—越南、欧盟—加拿大、欧盟—日本、欧盟—中美洲、欧盟—哥伦比亚和秘鲁、欧盟—新加坡、加拿大—巴拿马、加拿大—洪都拉斯、韩国—新西兰等自由贸易协定包含的环境条款数位居前列,其中,美国—墨西哥—加拿大协定包含了 145 个类别的环境条款,全面与进步的跨太平洋伙伴关系协定包含了 134 个类别的环境条款,是目前全球最高环境标准自由贸易协定的主要代表。

从自由贸易协定包含的环境条款内容来看,早期自由贸易协定环境条款仅涉及具体贸易相关措施、援助与能力建设、具体环境问题、与国际协定的联

①　李丽平、张彬、原庆丹:《自由贸易协定中的环境议题研究》,中国环境出版社 2015 年版。

②　Morin J. F., Dür A., Lechner L., "Mapping the Trade and Environment Nexus: Insights from a New Data Set", *Global Environmental Politics*, Vol. 18, No. 1, 2018, pp. 122–139.

系四个方面中的少部分内容,随着环境条款的发展,包括原则性条款、法律和政策制定、环境与非环境事务的联系、国内措施的执行、环境保护激励手段、环境保护水平、环境合作、条款执行、机构设立、争端解决等在内的相关问题均成为自由贸易协定环境条款的重要内容。

## 二、高标准环境条款与理念比较

近年来,全球签订的代表性自由贸易协定包括全面与进步的跨太平洋伙伴关系协定、美国—墨西哥—加拿大协定、欧盟—日本经济伙伴关系协定、欧盟—越南自由贸易协定、欧盟—新加坡自由贸易协定以及区域全面经济伙伴关系协定等,本节将对上述代表性自由贸易协定的环境条款进行综合分析,以便把握全球自由贸易协定环境条款的最新动向。

综合对比六大代表性自由贸易协定的环境条款,从规则覆盖范围来看,六个自由贸易协定包含环境条款的种类数由多到少依次为美国—墨西哥—加拿大协定、全面与进步的跨太平洋伙伴关系协定、欧盟—越南自由贸易协定、欧盟—日本经济伙伴关系协定、欧盟—新加坡自由贸易协定和区域全面经济伙伴关系协定,其中美国—墨西哥—加拿大协定覆盖内容最为全面,环境条款深度最高,其次为全面与进步的跨太平洋伙伴关系协定,环境条款深度指数为0.924。从文本相似度来看,全面与进步的跨太平洋伙伴关系协定和美国—墨西哥—加拿大协定环境条款重合度高,欧盟—日本经济伙伴关系协定、欧盟—新加坡自由贸易协定、欧盟—越南自由贸易协定的文本相似度也较高,分别反映了美式自由贸易协定与欧式自由贸易协定的推行与应用。另外,全面与进步的跨太平洋伙伴关系协定、美国—墨西哥—加拿大协定、欧盟—日本经济伙伴关系协定、欧盟—越南自由贸易协定、欧盟—新加坡自由贸易协定等均包含单独的环境章节,在环境条款方面体现了高标准。而区域全面经济伙伴关系协定虽然是目前全球覆盖规模最大的自由贸易协定,但其环境章节缺失,在环境保护问题的规范力度方面尚未体现出高水平,环境条款深度指数仅为

0.138。接下来对美国—墨西哥—加拿大协定、全面与进步的跨太平洋伙伴关系协定、欧盟—越南自由贸易协定、欧盟—日本经济伙伴关系协定、欧盟—新加坡自由贸易协定环境条款具体内容进行比较。

从规制内容来看,各自由贸易协定关于重点议题的规则与理念存在差异。主要具有以下表现:

针对具体环境问题领域,目前高标准自由贸易协定已经涉及森林、土壤、水资源保护,以及渔业管理、气候变化与能源、有害废弃物处理、生物多样性、遗传资源、公园和自然保护区等多方面问题。全面与进步的跨太平洋伙伴关系协定和美国—墨西哥—加拿大协定还包含生物安全和转基因生物、外来物种入侵、湿地保护、生活垃圾、汽车排放等相关条款,欧盟—越南自由贸易协定也提及了汽车排放问题,欧盟—日本经济伙伴关系协定、欧盟—越南自由贸易协定和美国—墨西哥—加拿大协定则提及了杀虫剂、化肥和化学品等有毒或有害产品问题。其中,在渔业管理方面,美式自由贸易协定和欧式自由贸易协定均主张渔业产品的可持续贸易和打击非法捕捞,除此之外,全面与进步的跨太平洋伙伴关系协定和美国—墨西哥—加拿大协定还主张要防止造成过度捕捞和捕捞能力过剩的补贴。在森林保护方面,美式和欧式自由贸易协定均明确提出促进林业产品的可持续贸易和打击非法滥伐森林。在灾害管理和预防方面,除了火灾、干旱、洪水等自然灾害外,全面与进步的跨太平洋伙伴关系协定和欧盟—日本经济伙伴关系协定还提及了核安全与辐射问题,美国—墨西哥—加拿大协定则提及了石油泄漏问题。

在其他问题与环境可持续的相互作用方面,目前高标准自由贸易协定已经涉及贸易投资政策、能源政策、交通以及工业活动等与环境之间的相互作用,也关注到了贫困、就业、劳动、生活水平、社会进步等相关社会问题与环境可持续之间的关系。此外,全面与进步的跨太平洋伙伴关系协定、美国—墨西哥—加拿大协定和欧盟—日本经济伙伴关系协定均关注到城市发展的可持续以及保护人类健康免受环境危害等问题,美国—墨西哥—加拿大协定、欧盟—

日本经济伙伴关系协定和欧盟—越南自由贸易协定均涉及农业与环境的相互作用,欧盟—日本经济伙伴关系协定也关注到了农村发展的可持续以及土地利用规划与环境保护的关系问题,美国—墨西哥—加拿大协定还将性别政策、建筑活动等与环境保护联系起来,强调发挥妇女在环境保护中的关键作用,全面与进步的跨太平洋伙伴关系协定和美国—墨西哥—加拿大协定也认识到尊重、保留、维持土著和本地群落的知识及惯例对生物多样性保护与可持续利用的重要作用。

在涉及的国际协议方面,美式自由贸易协定倾向于将美国主导的多边环境协定纳入自由贸易协定,欧式自由贸易协定则更关注气候变化问题相关的国际协议及机构参考文件。全面与进步的跨太平洋伙伴关系协定和美国—墨西哥—加拿大协定明确提出需履行《濒危野生动植物物种国际贸易公约》《消耗臭氧层物质的蒙特利尔议定书》《国际防止船舶造成污染公约》等协议中的义务,欧盟—日本经济伙伴关系协定提出履行《濒危野生动植物物种国际贸易公约》《联合国气候变化框架公约》《生物多样性公约》《巴黎气候协定》等规定的义务,欧盟—越南自由贸易协定和新加坡提出履行《联合国气候变化框架公约》和《京都议定书》的义务,欧盟—越南自由贸易协定也提及了《巴黎气候协定》。区域全面经济伙伴关系协定则提及各缔约方需遵守《生物多样性公约》中的权利和义务。值得注意的是,美国虽然在自由贸易协定中关注到了生物多样性问题,但目前尚未批准加入《生物多样性公约》。

在具体的贸易相关措施方面,美式自由贸易协定与欧式自由贸易协定均涉及了政府采购、专利申请、技术性贸易壁垒、卫生与植物检疫措施、服务、投资、补贴等的环境保护规范,欧盟—日本经济伙伴关系协定还提及人员自由流动和保障措施的环境例外条款。

在透明度和公众参与方面,美式自由贸易协定与欧式自由贸易协定均对其较为关注,其中全面与进步的跨太平洋伙伴关系协定和美国—墨西哥—加拿大协定不仅提供了公众参与机会,还规定了公众意见提交程序,做到参与全流程均有较为详细的规则保障,缔约方需接收和审议公众提交的书面意见,并以书面形式及时作出答复,意见及答复均需向公众公开。美国—墨西哥—加拿大协定还明确规定环境影响评估过程需要公众参与,缔约方应向公众披露环境影响评估的信息,并根据其法律允许公众参与。

在鼓励环境保护的手段方面,美式自由贸易协定和欧式自由贸易协定均主张提高环境绩效的自愿性机制,提及企业社会责任,也提出需要加强环境教育或提高公众意识。此外,全面与进步的跨太平洋伙伴关系协定、美国—墨西哥—加拿大协定和欧盟—越南自由贸易协定还提出通过经济手段来提高环境保护水平,全面与进步的跨太平洋伙伴关系协定和美国—墨西哥—加拿大协定提出鼓励基于市场的激励措施,欧盟—越南自由贸易协定则明确提及碳市场机制建设。

在环境合作方面,目前高标准自由贸易协定均提出在促进环境产品和服务传播、国内环境措施协调、科学研究、环境信息交流等方面进行合作,并且均提出了具体的科学合作手段,也提及开展联合环境评估、研究或检测。全面与进步的跨太平洋伙伴关系协定、美国—墨西哥—加拿大协定、欧盟—日本经济伙伴关系协定提出了具体的环境信息交流手段,全面与进步的跨太平洋伙伴关系协定、美国—墨西哥—加拿大协定和欧盟—越南自由贸易协定还明确提出海关当局需与环境保护有关的违法行为进行沟通。值得注意的是,全面与进步的跨太平洋伙伴关系协定、美国—墨西哥—加拿大协定、欧盟—日本经济伙伴关系协定、欧盟—越南自由贸易协定、欧盟—新加坡自由贸易协定也均提及在双边、区域或多边环境谈判中进行合作,欧盟—新加坡自由贸易协定还明确提出开展绿色政府采购合作。

在能力建设与对外援助方面,除了欧盟—日本经济伙伴关系协定之外,全面与进步的跨太平洋伙伴关系协定、美国—墨西哥—加拿大协定、欧盟—越南自由贸易协定、欧盟—新加坡自由贸易协定均提及向另一方提供技术援助、培训或能力建设,全面与进步的跨太平洋伙伴关系协定和美国—墨西哥—加拿大协定还提及促进环境领域的技术转让。全面与进步的跨太平洋伙伴关系协定、欧盟—日本经济伙伴关系协定、欧盟—越南自由贸易协定、欧盟—新加坡自由贸易协定也提及发生自然灾害时向对方提供紧急援助。另外,各自由贸易协定在筹资机制和财政援助方面未作明确说明,仅全面与进步的跨太平洋伙伴关系协定提到参与合作的缔约方应逐案决定合作活动的资金,而合作活动取决于资金、人力和其他资源的可获得性。

在原则性条款方面,美国—墨西哥—加拿大协定提及了污染者付费原则,而欧盟—日本经济伙伴关系协定、欧盟—越南自由贸易协定、欧盟—新加坡自由贸易协定等欧式自由贸易协定均提及了科学信息,各方应在制定和执行可能影响贸易或投资的环境保护措施时,考虑科学、技术和创新方面的信息以及现有的相关国际标准、准则或建议,包括预防原则。

在国内措施的执行方面,全面与进步的跨太平洋伙伴关系协定和美国—墨西哥—加拿大协定为确保缔约方国内环境法的有效执行制定了较为严格的措施。虽然强调各国环境保护水平和环境优先事项的主权权利,但也包含许多通过外部压力影响缔约方环境法实施的程序性规定,包括开展执法合作以及私人获得补救、程序保障和制裁等约束性措施。另外,美国—墨西哥—加拿大协定还提出需要对一方未能执行其环境法的情况进行事实报告。

在机构设置方面,美式和欧式自由贸易协定均提出设立政府间委员会来处理环境事项。此外,欧盟—日本经济伙伴关系协定和欧盟—越南自由贸易协定还提出设立利益相关方的国际委员会进行环境事务的沟通协调,各缔约方应设立包含独立代表、雇员组织、利益集团、环保组织、商会等利益相关方在内的国内咨询小组,各缔约方的国内咨询小组需要参与联合论坛的会议,联合论坛每年举行一次。

在争端解决方面,全面与进步的跨太平洋伙伴关系协定和美国—墨西哥—加拿大协定规定了层层递进的磋商与争端解决程序,从环境磋商到高级代表磋商、部长级磋商,再到适用于争端解决章节,各环节规定了可执行的程序和严格的时间限制,要求在收到磋商请求 30 天内迅速进行磋商,若在收到磋商请求 60 天或 75 天内通过高级代表磋商和部长级磋商也未能解决该事项,请求方可根据争端解决章节规定诉诸争端解决程序。而欧盟—日本经济伙伴关系协定、欧盟—越南自由贸易协定以及欧盟—新加坡自由贸易协定的争端解决章节不适用于环境章节,主要通过政府措施和专家小组等对话和协商方式来解决环境问题。

## 三、中国自由贸易协定的环境条款实践与国际比较

### (一) 中国自由贸易协定环境条款实践

中国目前已批准加入 30 多项与生态环境有关的多边公约或议定书,签订的 19 个自由贸易协定也均包含环境条款,环境条款的数目和强度显著增加。其中,中国与韩国签订的自由贸易协定环境条款深度较高,包含了 72 个类别的环境条款,另外与瑞士、新西兰签订的自由贸易协定均包含 53 个类别的环境条款。与全面与进步的跨太平洋伙伴关系协定相比,中国签订的自由贸易协定已经涉及了环境目标、一般承诺、多边环境协定、环境合作、制度安排以及磋商机制等相关条款,但较少涉及野生动植物保护、臭氧层保护、渔业捕捞等具体环境领域。而全面与进步的跨太平洋伙伴关系协定不仅在范围、义务、约束方面对上述内容作出了更为详细的规则保障,还强调了公众参与、企业社会责任、提高环境绩效的自愿性机制等内容,并且适用于强有力的环境争端解决机制。总体来看,中国在环境条款深度方面与涉及了 134 项环境条款的全面与进步的跨太平洋伙伴关系协定等高标准自由贸易协定还有较大差距。近年来中国对以前与新加坡、东盟、智利、新西兰达成的自由贸易协定进行了升级,环境条款的深度也在不断提升,已有包括中国—瑞士、中国—韩国、中国—格鲁吉亚、中国—新加坡升级、中国—智利升级、中国—新西兰升级自由贸易协定在内的 6 个设置单独环境章节的自由贸易协定。

为了分析中国签订的自由贸易协定的环境条款的异质性特征,参考科尔等(2016)[①]和伯杰尔等(Berger 等,2017)[②]的方法构建自由贸易协定是否包含环境条款(TKC)、是否包含强制性环境条款(TKE),以及自由贸易协定环境条款包含的维度个数(BERG)三个衡量环境条款异质性的指标。科尔等(2014)构建了"是否包含某类条款"和"是否包含强制性某类条款"两个变量,环境条款是重点关注的一类条款。伯杰尔等(2017)在总结前人研究的基础上,进一步按照自由贸易协定的环境条款内容将其划分为 9 个维度,包括提及环境目标、包含关税及贸易总协定/世界贸易组织框架环境免责条款、提及多边环境协定、包含环境章节、提及维持环保法律声明、提及环境事务自主管理权力、环境合作、环境事务透明度、公众参与等多个方面。有无环境条款、有无强制性环境条款、环境条款维度数三个指标代表的含义有所不同,其中有无环境条款和有无强制性环境条款指标的区别体现在所包含环境条款是否具有强制性,即条款的可执行性,两者结合主要探讨了条款的法律膨胀现象,而环境条款维度数指标针对条款内容情况划分了 9 个维度,用来衡量自由贸易协定的环境条款深度情况更为合适。本章第三节的实证分析中将采用三个衡量指标作为关键变量,深入分析环境条款的深度和广度对贸易结构与外贸绿色发展转型的影响。

中国签订的部分自由贸易协定环境条款相关指数见表 12.1。近年来,签订自由贸易协定包含环境条款,甚至强制性环境条款,以及有更高的环境条款异质性指数。从有无环境条款和有无强制性环境条款指标来看,尽管中国早在 2006 年和 2008 年分别与智利和新西兰签订的自由贸易协定中包含环境条款,但其不具有强制性,只有 2010 年以来签订的自由贸易协定才开始具有强

---

① Kohl T., Brakman S., Garretsen H., "Do Trade Agreements Stimulate International Trade Differently? Evidence from 296 Trade Agreements", *World Economy*, Vol. 39, No. 1, 2016, pp. 97-131.

② Berger A., Brandi C., Bruhn D., "Towards 'greening' Trade? Tracking Environmental Provisions in the Preferential Trade Agreements of Emerging Markets", *Discussion Paper*, 2017.

制性环境条款。从环境条款维度数指标来看,中国与瑞士、韩国签订的自由贸易协定包含环境条款最为丰富,环境条款维度数高达 7。相较于中低收入缔约方而言,中国与中高收入缔约方签订的自由贸易协定环境条款维度数目总体上更高,如智利、新加坡、秘鲁、哥斯达黎加、瑞士、韩国。但中国—澳大利亚自由贸易协定的环境条款维度较低,从澳大利亚近年签订的自由贸易协定环境条款来看,澳大利亚对环境条款要求尚不及欧美国家严格。

表 12.1　中国自由贸易协定环境条款相关指数

| 自由贸易协定名称 | 生效年份 | 有无环境条款 | 有无强制性环境条款 | 环境条款维度数 |
| --- | --- | --- | --- | --- |
| 中国—东盟自由贸易协定 | 2005 年 1 月 1 日 | 0 | 0 | 3 |
| 中国—智利自由贸易协定 | 2006 年 10 月 1 日 | 1 | 0 | 5 |
| 中国—巴基斯坦自由贸易协定 | 2007 年 6 月 1 日 | 0 | 0 | 2 |
| 中国—新西兰自由贸易协定 | 2008 年 10 月 1 日 | 1 | 0 | 3 |
| 中国—新加坡自由贸易协定 | 2009 年 1 月 1 日 | 0 | 0 | 4 |
| 中国—秘鲁自由贸易协定 | 2010 年 3 月 1 日 | 1 | 0 | 4 |
| 中国—哥斯达黎加自由贸易协定 | 2011 年 8 月 1 日 | 1 | 1 | 4 |
| 中国—冰岛自由贸易协定 | 2014 年 6 月 1 日 | 1 | 0 | 3 |
| 中国—瑞士自由贸易协定 | 2014 年 6 月 1 日 | 1 | 1 | 7 |
| 中国—澳大利亚自由贸易协定 | 2015 年 12 月 20 日 | 1 | 1 | 2 |
| 中国—韩国自由贸易协定 | 2015 年 12 月 20 日 | 1 | 1 | 7 |

资料来源:根据科尔(2016)和伯杰尔(2017)的方法计算而得。

## （二）中国自由贸易协定环境条款与其他国家的比较

美国和欧盟在国际环境条款制定方面比中国起步更早,是将环境条款纳入自由贸易协定的主要推动者。表 12.2 对美国、欧盟、中国三大经济体近年来签订自由贸易协定的环境章节情况进行了梳理。从具体条款来看,三者均涉及了环境目标、环境合作、多边环境协定、制度安排、对外援助、磋商机制等方面规则。除此之外,美国更强调公众参与,不仅提及公众参与机会,还规定了公众参与的程序事项和公众意见提交的相关问题,而且美国对多边环境协定的关注更为细化,也是在美国的主导下开启了自由贸易协定与多边环境协定互相联系的国际环境条款发展阶段。而欧盟环境标准强调可持续发展,在许多自由贸易协定中都包含贸易与可持续发展章节,涉及了可持续性影响评估、预防原则和代际公平等问题,而且特别关注气候变化问题。另外,美国、欧盟的环境章节也强调私营部门参与,涉及企业社会责任和提高环境绩效的自愿性机制（Jinnah 和 Morgera,2013）①。

表 12.2　美国、欧盟、中国自由贸易协定环境章节规则和理念比较

| 对比项 | 美国 | 欧盟 | 中国 |
|---|---|---|---|
| 章节名称 | 环境章节 | 贸易与可持续发展章节 | 环境与贸易章节 |
| 规则诉求 | 环境保护、扩大环境产品出口、贸易保护 | 环境保护、扩大环境产品出口、可持续发展 | 环境保护、推动绿色发展转型 |
| 规则特点 | 硬约束 | 软约束 | 灵活包容 |

---

① Jinnah S., Morgera E., "Environmental Provisions in American and Eu Free Trade Agreements: A Preliminary Comparison and Research Agenda", *Review of European*, *Comparative & International Environmental Law*, Vol. 22, No. 3, 2013, pp. 324–339.

续表

| 对比项 | 美国 | 欧盟 | 中国 |
|--------|------|------|------|
| 共有条款 | 序言、环境例外、环境目标、环境合作、多边环境协定、环境磋商、制度安排、不以降低环境标准来促进贸易、监管主权、环境事务委员会、能力建设与技术资金援助、国内环境法的实施、持续提高环境保护水平、环境评价 | | |
| | 企业社会责任、加强环境绩效机制、公众参与机会、环境咨询、生物多样性、森林部门治理、专家组程序等 | | |
| 差异条款 | 公众参与程序、公众意见提交、争端解决章节适用于环境专章 | 气候变化、科学信息、可持续性影响评估、预防原则、代际公平、设立联合论坛 | |

资料来源:根据各自由贸易协定文本整理而得。

在规则模式上,美国环境章节的突出特点是具有硬约束力,环境问题适用于争端解决机制,可以通过制裁来强制执行。欧盟环境章节则采用软约束的方式,主张政策对话与合作,包括缔约方政府间的互动、公众与政府间的互动以及缔约方间相关人员、组织的互动,但近年来欧式自由贸易协定也呈现出不断增强的硬性实施趋势。而中国的环境条款更加强调规则包容性,注重各国发展阶段与国情差异,目前签订的环境条款内容较为基础,缺少对具体环境领域的规范,也未形成体现中国特色的专项条款,虽为缔约方留下了更多的政策操作空间,但不利于具体领域问题的解决和统一规则的形成。另外中国与美国针对自由贸易协定中强化外部压力影响国内法的实施,细化公众参与制度和程序以及引入环境争端解决机制等方面存在分歧,而与欧盟在气候变化等推动可持续发展的领域存在更多的政策合作空间。

### (三) 全球环境保护条款发展动向

随着环境与贸易规则的发展,高水平自由贸易协定中的环境条款进一步增多趋严,在条款具体内容方面呈现出以下发展动向:

第一,自由贸易协定对环境问题的关注朝着系统性、综合性、全面性发展。环境保护本身是一个系统性工程,自由贸易协定的环境保护规则越发贯穿于生产、生活、消费等全领域,不仅涉及海洋捕捞渔业、野生动植物保护、臭氧层保护、生物多样性、外来物种入侵、保护海洋环境免受船舶污染等众多具体环境问题,还关注到贸易投资、社会发展、农业、农村、城市、性别政策等众多非环境问题与环境之间的互动,覆盖整个经济社会发展体系。

第二,自由贸易协定与其他国际协议或机构文件的联系更加紧密。高标准自由贸易协定不仅要求履行多边环境协定和气候变化领域达成的相关协议的义务,而且环境领域国际机构、组织的文件以及各国国内环境政策也均成为自由贸易协定国际环境条款修订的基础和参考,环境条款对碳中和与气候变化问题的关注度无疑会不断增强。

第三,包括透明度和公众参与、提高环境绩效自愿性机制等在内的相关条款成为高标准自由贸易协定包含的必要规则,是环境条款谈判的重要关注点。未来的自由贸易协定必将进一步增强环境章节的公开透明程序以及公众参与等机制,从而增强第三方监督,使环境章节更加具有可操作性和执行性。

第四,进一步完善环境争端解决机制将成为自由贸易协定设置环境章节的主旋律。随着美国、欧盟的自由贸易协定环境章节硬约束和软约束机制的实践和争端解决程序的不断探索,自由贸易协定环境章节中规定的争端解决机制将日趋完善,也将朝着规则强化甚至硬法化的方向发展。

第五,环境合作的层次和领域将进一步深化和广化。碳中和离不开全球环境合作,而通过自由贸易协定来协调环境与贸易已经成为未来重要方向,自由贸易协定中的环境合作也将涉及包括碳市场建设、碳足迹核算、环境评价等在内的更多领域。其中,能力建设与对外援助相关条款是实施后续环境合作的前提与基础,这解决了缔约方不同的利益诉求。

总体来看,随着环境保护意识的进一步增强和大国引领,环境条款所涉范围将进一步扩大,条款将更为细化,环境义务将更为具体,进而逐步形成完备的协调机制来实现环境保护与贸易自由的共同进步。

## 第三节　环境保护条款对绿色贸易的影响

关于环境条款影响的研究,学者们做了许多有益的探索。许多学者关注到其对缔约方环境改善的作用,经济合作与发展组织持续数年发布环境与自由贸易协定的相关报告,描述了自由贸易协定对环境事务发展进程的推动作用。自由贸易协定环境条款的侧重点由促进贸易自由化转向环境保护(李小平和卢现祥,2010)[1]。而在自由贸易协定环境条款对贸易影响的研究方面,更多停留在定性分析层面,有学者探索了环境条款对贸易影响的可能机制,一方面环境保护措施可能因为过度限制一国从自身环境禀赋(如丰富的自然资源和较高的污染容量)获得比较优势而阻碍贸易自由化进程,可能成为"绿色壁垒"对贸易总量产生抑制作用(傅京燕和李丽莎,2010)[2],另一方面环保条款可能减少环境危害程度大的产品的贸易,增加环境危害程度小以及有利于环境的产品的竞争优势,改变贸易结构,最终实现人类经济社会协调可持续发展(陆旸,2009)[3]。近年来也有部分研究从实证层面对自由贸易协定的环境条款贸易效应进行了相关探索。伯杰尔等(2020)[4]分析了环境条款对整体出口的影响,发现自由贸易协定中环境条款数量越多,缔约方之间的贸易就越少,且这种负面影响在南北贸易中更为明显。纳入更多的环境条款限制了发

---

[1]　李小平、卢现祥:《国际贸易、污染产业转移和中国工业 $CO_2$ 排放》,《经济研究》2010 年第 1 期。

[2]　傅京燕、李丽莎:《环境规制、要素禀赋与产业国际竞争力的实证研究——基于中国制造业的面板数据》,《管理世界》2010 年第 10 期。

[3]　陆旸:《环境规制影响了污染密集型商品的贸易比较优势吗?》,《经济研究》2009 年第 4 期。

[4]　Berger A., Brandi C., Morin J. F., "The Trade Effects of Environmental Provisions in Preferential Trade Agreements", *International Trade, Investment, and the Sustainable Development Goals*, 2020, pp. 111–139.

展中国家在发达国家出口的市场准入机会。布兰迪等（Brandi 等,2020）[①]从产品层面研究发现环境条款对发展中国家绿色产品的出口具有显著的促进作用。王俊等（2020）[②]采取 OLS 估计、PPML 估计、Heckman 两步法等检验了环境条款对进出口贸易的影响,发现自由贸易协定环境条款促进了进口规模增长,抑制了出口规模增长,对于清洁型产品进口有一定的促进作用。

从已有研究来看,学者们对自由贸易协定的环境条款较为关注,但基于自由贸易协定异质性特征对环境条款的分析仍然处于起步阶段,特别是关于环境条款贸易效应方面的实证研究和全面系统分析较少。本节在异质性企业贸易模型的框架下建立分析自由贸易协定的环境条款影响缔约方出口贸易的理论模型,证明了自由贸易协定的环境条款通过带来更高的环境规制水平有利于提高本国清洁类型产品的出口总量,同时会抑制本国污染密集型产品的出口总量。采用三个衡量环境条款异质性的指标构建扩展引力模型,研究环境条款的深度和广度对贸易的影响。从产品层面实证分析中国与 19 个缔约方签订的环境条款对中国出口贸易结构和外贸绿色发展转型的影响及作用途径,并对污染密集型产品与环境产品的扩展边际和集约边际做了进一步考察。结果表明,包含环境条款的自由贸易协定抑制了中国高耗能行业产品的出口,促进了环境产品的出口。包含强制性环境条款的自由贸易协定对中国出口贸易结构有更显著的改善作用,这种作用在向高收入国家的出口中尤为明显。此外,自由贸易协定环境条款不仅降低了污染密集型产品的出口种类数,同时也减少了每类产品的平均出口金额。环境条款对中国污染密集型产品出口的扩展边际和集约边际都有显著负面影响,而对环境产品出口的促进更多是通

① Brandi C., Schwab J., Berger A., "Do Environmental Provisions in Trade Agreements Make Exports from Developing Countries Greener?", *World Development*, Vol. 129, 2020, pp. 104-899.

② 王俊、徐明、梁洋华:《FTA 环境保护条款会制约污染产品进出口贸易吗——基于产品层面数据的实证研究》,《国际经贸探索》2020 年第 9 期。

过集约边际来实现(韩剑等,2022)①。

## 一、理论分析

该部分主要基于对梅利兹(2003)的理论模型框架的扩展,在异质性企业贸易模型的框架下建立自由贸易协定的环境条款影响缔约方出口贸易的理论模型,为了分析简便,考虑整个世界经济由两个对称的国家组成,对称性假设(包括对称的贸易成本与生产成本)可以保证所有加总变量在两个经济体中都相等。进一步假定每个国家具有相同的劳动力禀赋 $L^*$。考虑本国与外国签订了自由贸易协定,包含了相应的环境条款,这些环境条款实际上提高了相关产品(特别是污染密集型产品)的环境规制水平,可能成为一种新型的贸易壁垒。本节着重分析自由贸易协定的环境条款带来的环境规制水平的提高对本国出口贸易的影响。

### (一) 模型的基本设定

消费者和需求。消费者消费清洁型产品和污染密集型产品。对于由清洁型产品和污染密集型产品组成的连续的商品消费束 $\Omega$ ,代表性消费者具有 CES 型效用函数: $U = \left[ \int_{\omega \in \Omega} q(\omega)^{\rho} d\omega \right]^{\frac{1}{\rho}}$ ,其中 $q(\omega)$ 是消费商品 $\omega$ 的数量, $\rho$ 是参数并且有 $0 < \rho < 1$。根据 CES 效用函数特点可知任意两种商品之间的替代弹性是固定不变的,为 $\sigma = \frac{1}{1 - \rho}$ ,已知 $\sigma$ 大于 1。根据迪克西特和斯蒂格利茨(Dixit 和 Stiglitz,1977)②的研究,可以构造价格指数 $P = \left[ \int_{\omega \in \Omega} p(\omega)^{1-\sigma} \right]^{\frac{1}{1-\sigma}}$ 和

---

① 韩剑、王璐、刘瑞喜:《区域贸易协定的环境保护条款与外贸绿色发展转型》,《厦门大学学报(哲学社会科学版)》2022 年第 4 期。

② Dixit A. K., Stiglitz J. E., "Monopolistic Competition and Optimum Product Diversity", *American Economic Review*, Vol. 67, No. 3, 1977, pp. 297-308.

数量指数 $Q = \left[ \int_{\omega \in \Omega} q(\omega)^{\rho} d\omega \right]^{\frac{1}{\rho}}$ ,其中 $p(\omega)$ 是商品 $\omega$ 的价格。根据消费者的效用最大化,可以得到商品 $\omega$ 的需求函数为 $q(\omega) = Q \left[ \dfrac{p(\omega)}{P} \right]^{-\sigma}$ 。消费者为商品 $\omega$ 的支出额为 $r(\omega) = R \left[ \dfrac{p(\omega)}{P} \right]^{1-\sigma}$ ,其中 $R = PQ = \int_{\omega \in \Omega} r(\omega) d\omega$ 代表消费者为所有商品的整体支出。

企业的生产决策。假设存在大量连续性生产企业,每个企业选择生产一种差异化产品 $\omega$ 。企业只在生产率上存在差异性,其他方面都同质。企业可以选择生产清洁类型产品,也可以选择生产污染密集型产品。考虑一个生产率为 $\varphi$ 的企业生产 $q$ 单位的污染密集型产品时所需的劳动投入为 $L = f + \dfrac{q}{\varphi}$ ;生产 $q$ 单位的清洁类型产品时所需的劳动投入为 $L = g + \dfrac{q}{d\varphi}$ 。考虑现实中企业为了生产清洁类型产品往往需要购买相应的机器设备及其相关清洁生产技术,因而生产清洁类型产品需要的前期投资会相对较大。因此本节假设生产清洁类型产品的固定成本 $g$ 大于生产污染密集型产品的固定投入 $f$ ,同时假设 $d > 1$ (即对于同一生产率的企业其生产清洁型产品的边际成本低于生产污染密集型产品的边际成本)。

为了在后文的分析中能够更加专注于自由贸易协定的环境条款带来的环境规制水平的提高对本国出口贸易的影响,假设企业只出口,并不服务国内市场(作出这一假设只是为了模型简洁,需要说明的是,即使允许企业在国内销售,也不影响本节的基本结论)。企业为进入出口市场需支付固定成本 $f_x$ ,同时每单位出口商品面临的可变贸易成本为 $\tau$ (冰山成本形式)。

接下来考虑企业在出口市场的定价策略,由于市场是垄断竞争,当企业选择清洁类型产品时,其按照边际成本加成定价而制定的最优价格为 $p_c(\varphi) = \dfrac{\tau}{\rho d\varphi}$ 。依照类似的思路,当企业选择生产污染密集型产品时,可得企业此时在出口市场的最优定价为 $p_d(\varphi) = \dfrac{\tau}{\rho\varphi}$。

进入与退出。行业外存在大量处在竞争边缘的潜在进入者,企业为进入行业内生产,必须先支付行业进入固定成本 $f_E$。每个企业在投入固定成本进入市场后会随机获得一个生产率 $\varphi$,依照布斯托斯(Bustos,2011)[1]类似的思路,进入企业随机获得的生产率 $\varphi$ 来自已知的 Pareto 累积分布函数 $G(\varphi) = 1 - \varphi^{-k}$,其中 $k > 1$,相应的概率密度函数为 $g(\varphi)$。企业的异质性体现在每个企业进入后会获得不同的生产率 $\varphi$。企业进入获得生产率 $\varphi$ 后,决定是生产清洁类型产品还是污染密集型产品。企业选择好所要生产的类型产品后是否会一直进行生产取决于其进入时随机获得的生产率水平,当且仅当企业的利润 $\pi(\varphi) \geqslant 0$ 这个条件满足时,企业才会继续进行生产,否则就会退出。而当企业继续进行生产时每一期都面临 $\delta$ 的概率会受到外生冲击而被迫退出市场。

## (二) 均衡的求解

根据之前的讨论,企业究竟会选择生产清洁类型产品还是污染密集型产品,取决于这两种情况下企业所能获得的总利润的大小。根据前文的相关设定,容易得到这两种情况下企业的利润函数,具体来看:企业生产污染密集型产品时的利润函数为 $\pi_d(\varphi) = A\varphi^{\sigma-1}\tau^{1-\sigma} - f$,企业生产清洁类型产品时的利润函数为 $\pi_c(\varphi) = A\varphi^{\sigma-1}\left(\dfrac{\tau}{d}\right)^{1-\sigma} - g$,其中 $A = \dfrac{1}{\sigma}R(P\rho)^{\sigma-1}$ 是支出水平、价格指数以及替代弹性等变量的函数。

企业基于利润最大化对其生产清洁类型产品还是污染密集型产品进行选

---

① Bustos P., "Trade Liberalization, Exports, and Technology Upgrading: Evidence on the Impact of Mercosur on Argentinian Firms", *American Economic Review*, Vol. 101, No. 1, 2011, pp. 304–340.

择。从前文中可知,企业生产清洁类型产品的固定成本 $g$ 大于生产污染密集型产品的固定投入 $f$,即企业生产清洁类型产品时需要克服更高的固定成本,这对企业的生产率提出了更高要求。可知,企业为生产清洁类型产品需要跨越更高的生产率门槛,即只有生产率较高的企业才会选择生产清洁类型产品。

定义临界生产率 $\varphi^*$,$\varphi^*$ 表示企业要退出生产的临界生产率水平。由于生产率较低的企业会选择生产污染密集型产品,根据企业的零利润条件 $\pi_d(\varphi^*) = 0$,可以得到:

$$\varphi^* = \tau \left( \frac{f}{A} \right)^{\frac{1}{\sigma-1}} \tag{12-1}$$

若企业进入时随机获得的生产率 $\varphi < \varphi^*$,那么企业会立即退出生产,因为此时企业进行生产所得的利润为负。只有当企业的生产率 $\varphi > \varphi^*$,企业才会继续进行生产。

进一步定义临界生产率 $\varphi^{**}$,$\varphi^{**}$ 表示企业在生产清洁类型产品和污染密集型产品间是无差异的临界生产率。根据 $\varphi^{**}$ 的定义,由 $\pi_c(\varphi^{**}) = \pi_d(\varphi^{**})$ 可得:

$$\varphi^{**} = \tau \left( \frac{g-f}{(d^{\sigma-1} - 1)A} \right)^{\frac{1}{\sigma-1}} = \varphi^* \left( \frac{g-f}{(d^{\sigma-1} - 1)f} \right)^{\frac{1}{\sigma-1}} \tag{12-2}$$

为了保证只有生产率较高的企业才选择生产清洁型产品(即为了保证 $\varphi^{**} > \varphi^*$),要求相关参数满足一定条件:$g - f > (d^{\sigma-1} - 1)f$。

在相关参数满足一定条件下(即 $\varphi^{**} > \varphi^x$ 时),容易得到均衡时的企业行为,均衡时最低生产率的企业($\varphi < \varphi^*$)将退出生产,较低生产率的企业($\varphi^* < \varphi < \varphi^{**}$)选择生产污染密集型产品,较高生产率的企业($\varphi > \varphi^{**}$)选择生产清洁类型产品。

为了能够求解出 $\varphi^*$ 和 $\varphi^{**}$,需要进一步考虑企业的自由进入条件。自由进入条件要求企业进入时的沉没成本等于其进入后能获得的期望利润(不考虑时间折旧)。根据之前的相关设定,可以将自由进入条件表示为:

$$\delta^{-1}\left[\int_{\varphi^*}^{\varphi^{**}}\pi_d(\varphi)\,\mathrm{d}G(\varphi)+\int_{\varphi^{**}}^{+\infty}\pi_c(\varphi)\,\mathrm{d}G(\varphi)\right]=f_E \qquad(12\text{-}3)$$

利用式(12-1)、式(12-2)和式(12-3),结合企业的利润函数,对参数施加 $k+1>\sigma$ 的限制,自由进入条件可以简化为:

$$\frac{\sigma-1}{k+1-\sigma}f(\varphi^*)^{-k}+\frac{\sigma-1}{k+1-\sigma}(g-f)(\varphi^{**})^{-k}=\delta f_E \qquad(12\text{-}4)$$

式(12-1)、式(12-2)和式(12-4)共同决定了两个临界生产率水平 $\varphi^*$ 和 $\varphi^{**}$ 以及 $A$。联合式(12-1)、式(12-2)和式(12-4)可得:

$$\varphi^*=\left(\frac{\sigma-1}{k-\sigma+1}\frac{f}{f_E\delta}\Delta\right)^{\frac{1}{k}} \qquad(12\text{-}5)$$

其中,$\Delta=1+(d^{\sigma-1}-1)^{\frac{k}{\sigma-1}}\left(\frac{g-f}{f}\right)^{1-\frac{k}{\sigma-1}}$。进一步结合式(12-1)和式(12-2),可得:

$$\varphi^{**}=\left(\frac{\sigma-1}{k-\sigma+1}\frac{f}{f_E\delta}\Delta\right)^{\frac{1}{k}}\left(\frac{g-f}{(d^{\sigma-1}-1)f}\right)^{\frac{1}{\sigma-1}} \qquad(12\text{-}6)$$

$$A=\tau^{\sigma-1}f\left(\frac{\sigma-1}{k-\sigma+1}\frac{f}{f_E\delta}\Delta\right)^{-\frac{\sigma-1}{k}} \qquad(12\text{-}7)$$

### (三) 自由贸易协定环境条款对本国出口贸易的影响

由于自由贸易协定的环境条款实际上是提高了相关产品(特别是对环境危害较大的产品,即污染密集型产品)的环境规制水平,借鉴埃尔罗德和马利克(Elrod 和 Malik,2017)①的研究,假设环境规制水平的高低主要直接影响到污染密集型产品的固定成本,即随着环境规制强度的提高,$f$ 将增加。因此为了考察自由贸易协定的环境条款对本国出口贸易的影响,接下来将重点分析

---

① Elrod A. A., Malik A. S., "The Effect of Environmental Regulation on Plant-Level Product Mix: A Study of EPA's Cluster Rule", *Journal of Environmental Economics and Management*, Vol. 83, 2017, pp. 164-184.

污染密集型产品固定成本 $f$ 的增加会如何影响本国清洁类型产品和污染密集型产品的出口总量。

根据之前的分析,容易得到对于生产率为 $\varphi$ 的企业,当其生产污染密集型产品时,出口产品值为:

$$S_d(\varphi) = p_d(\varphi)q(\varphi) = \sigma A \left( \frac{\tau}{\varphi} \right)^{1-\sigma} \tag{12-8}$$

当生产率为 $\varphi$ 的企业生产清洁类型产品时,其出口产品值为:

$$S_c(\varphi) = p_c(\varphi)q(\varphi) = \sigma A \left( \frac{\tau}{d\varphi} \right)^{1-\sigma} \tag{12-9}$$

之前的分析表明只有较低生产率的企业($\varphi^* < \varphi < \varphi^{**}$)选择生产污染密集型产品,而较高生产率的企业($\varphi > \varphi^{**}$)会选择生产清洁类型产品。结合式(12-1)、式(12-5)和式(12-6),不难得到本国污染密集型产品和清洁类型产品的出口总量分别为:

$$Export_d = \int_{\varphi^*}^{\varphi^{**}} S_d(\varphi) dG(\varphi) = \frac{\sigma k f_E \delta}{\sigma - 1} H \tag{12-10}$$

$$Export_c = \int_{\varphi^{**}}^{\infty} S_c(\varphi) dG(\varphi) = \frac{\sigma k f_E \delta}{\sigma - 1} \frac{d^{\sigma-1}}{d^{\sigma-1} - 1} M \tag{12-11}$$

其中,$H = \dfrac{1 - \left( \dfrac{g-f}{f} \right)^{1 - \frac{k}{\sigma-1}} (d^{\sigma-1} - 1)^{-1 + \frac{k}{\sigma-1}}}{1 + \left( \dfrac{g-f}{f} \right)^{1 - \frac{k}{\sigma-1}} (d^{\sigma-1} - 1)^{\frac{k}{\sigma-1}}}$,

$$M = \frac{1}{1 + (d^{\sigma-1} - 1)^{-\frac{k}{\sigma-1}} \left( \dfrac{g-f}{f} \right)^{\frac{k+1-\sigma}{\sigma-1}}} \circ$$

利用式(12-10)和式(12-11),容易证明 $\dfrac{\partial Export_c}{\partial f} > 0$,$\dfrac{\partial Export_d}{\partial f} < 0$。因此,当自由贸易协定的环境条款带来了更高的环境规制水平时($f$ 的增加),本国清洁类型产品的出口总量会随之增加,而污染密集型产品的出口总量会随

之减少。因此,自由贸易协定的环境条款通过带来更高的环境规制水平有利于提高本国清洁类型产品的出口总量,同时会抑制本国污染密集型产品的出口总量。

## 二、研究设计

### (一) 模型设定与变量说明

本节通过构造扩展的引力模型重点分析自由贸易协定中环境保护条款的异质性对中国出口贸易的影响。在传统引力模型的基础上,在回归方程中加入了自由贸易协定虚拟变量与行业污染密集度指数的交叉项,以及自由贸易协定虚拟变量、环境条款异质性指数与行业污染密集度三者之间的交叉项,同时控制了产品关税等对中国出口贸易的影响,构建的基本回归模型如下:

$$\ln(Export_{ijt}) = \beta_1 \ln(1 + Tariff_{ijt}) + \beta_2 FTA_{jt} \times Intensity_{st} + \beta_3 FTA_{jt} \times Index_j \times Intensity_{st} + \alpha_{jt} + \alpha_s + \varepsilon_{ijst} \tag{12-12}$$

式(12-12)中下标 $i$、$j$、$t$、$s$ 分别代表产品、目的国、年份和产品所属行业。因变量 $Export_{ijt}$ 为 $i$ 产品在 $t$ 年度由中国出口至 $j$ 国家的出口贸易额。在式(12-12)中引入了控制变量 $Tariff_{ijt}$,$Tariff_{ijt}$ 为中国 $i$ 产品在 $t$ 年度出口到 $j$ 国家的关税,一般来说,缔约方降低相关产品的进口关税会促进对这些产品的进口,引入控制变量 $Tariff_{ijt}$ 能够控制住关税水平对出口贸易额的影响。鉴于产品关税税率介于 0 和 1 之间,本节对其进行了相应处理:将 $(1+Tariff_{ijt})$ 取对数后加入回归方程中。$FTA_{jt}$ 为虚拟变量,若 $j$ 国家 $t$ 年与中国签订了自由贸易协定,则取值为 1,否则为 0。$Index_j$ 为本章第二节所述的有无环境条款、有无强制性环境条款、环境条款维度数三个衡量自由贸易协定中环境条款异质性的指标。$Intensity_{st}$ 表示产品所在行业的生产能耗水平,由于中国能源消费结构以化石燃料为主,清洁能源不足 10%,导致高能耗行业同时兼具高污染的特性,因此 $Intensity_{st}$ 可以用来反映行业的污染密集度,当某个行业的 $Intensity_{st}$

较高时,该行业产品即为污染密集型产品。

自由贸易协定对双边贸易额的影响主要通过关税途径和非关税途径,非关税途径包括原产地规则条款、知识产权条款以及环保条款等对双边贸易额的影响。通过在回归方程中引入 $FTA_{jt}$ 和 $Intensity_{st}$ 的交叉项能够控制自由贸易协定中除关税部分以外的相关条款对中国不同污染密集度产品出口贸易额的影响。$\alpha_{jt}$ 和 $\alpha_s$ 分别为目的国—年份固定效应与产品所属行业固定效应,前者能够控制进口国随时间变化的相关因素(如进口国市场需求、政策变更、环境制度、与中国的外交往来、信息交换等)对中国产品出口的影响;后者则能够控制那些不随时间变化但会影响产品出口的行业特征,如生产水平、贸易倾向与政策扶持等。由于本节面板数据包含较长连续年份,为了得到更为稳健的结果,避免异方差和序列相关等问题,在回归过程中采用聚类稳健标准误差。

本节在实证分析中重点关注变量 $FTA_{jt}$、$Index_j$ 和 $Intensity_{st}$ 的交叉项系数,其系数衡量了自由贸易协定中环境条款的异质性对中国能耗密集程度不同行业的产品出口贸易额的影响,若自由贸易协定中环境条款有利于中国出口贸易结构的转变,交叉项的系数理论上应当显著为负,即自由贸易协定中的环境条款对高能耗产业产品的出口有抑制作用。同时为了考察自由贸易协定中环境条款对环境产品出口贸易的影响,本节用环境产品虚拟变量($Environmental_{st}$)代替回归方程式(12-12)中的能耗密集度指数,构建了回归方程式(12-13)。环境产品虚拟变量根据 2012 年亚洲太平洋经济合作组织二十一国领导人会议商议出台的正式环境产品清单所构建。亚洲太平洋经济合作组织环境产品清单囊括了 54 种环境产品:其中 15 项为可再生能源设备,17 项为环境监测分析设备,21 项气体、液体和固体废弃物处理设备,1 项为环境有益产品。若产品 $i$ 在 $t$ 年属于亚洲太平洋经济合作组织环境产品清单里的产品,则 $Environmental_{st}$ 取值为 1,否则取值为 0。$FTA_{jt}$、$Index_j$ 和 $Environmental_{st}$ 的交叉项探究了环境条款的异质性对环境产品出口的影响,类似地,若自由贸易协定中的环境条款有利于促进中国出口结构的转变,其系数应当显著为正,即自由贸易协定中的相关环境条款促进了中国环境产品的出口。

$$\ln(Export_{ijt}) = \beta_1 \ln(1 + Tariff_{ijt}) + \beta_2 FTA_{jt} \times Environmental_{st} + \beta_3 FTA_{jt} \times$$

$$Index_j \times Environmental_{st} + \alpha_{jt} + \alpha_s + \varepsilon_{ijst} \qquad (12\text{-}13)$$

考虑到高收入与中低收入缔约方对环境条款的执行情况可能有所不同,本节分别在回归方程式(12-12)和式(12-13)的基础上引入了收入分组虚拟变量,建立了回归方程式(12-14)和式(12-15)。与中低收入国家相比,高收入国家一方面往往具有更为严格的环境标准,因而会相对更为有效地执行其签订的自由贸易协定中的环境条款;另一方面高收入国家很可能利用其谈判能力有意利用自由贸易协定中的环境条款构建"绿色壁垒"。因此自由贸易协定中的环境条款对中国相关产品出口贸易的影响很可能会随着缔约方收入水平的不同而存在显著差异。为了刻画这种差异性,本节在回归方程式(12-12)和式(12-13)中引入了收入分组虚拟变量 $HighIncome_{jt}$,当缔约方 $j$ 在 $t$ 年属于高收入国家时,$HighIncome_{jt}$ 取值为 1,否则取值为 0。方程式(12-14)和式(12-15)中,交叉项 $FTA_{jt} \times Index_j \times Intensity_{st} \times HighIncome_{jt}$ 的系数衡量了环境条款对能耗密集程度不同的行业产品的出口是否会随缔约方收入水平的不同而存在显著差异,根据上文的论述,其系数理论上应当显著为负,即当缔约方为高收入国家时,自由贸易协定中的环境条款对高能耗行业产品出口的抑制作用会相对更强。类似地,$FTA_{jt} \times Index_j \times Environmental_{it} \times Highincome_{jt}$ 交叉项系数则表示自由贸易协定的环境条款对环境产品出口的影响是否会随缔约方收入水平的不同而存在显著差异,预期其系数显著为正,即当缔约方为高收入国家时,自由贸易协定的环境条款对环境产品出口促进作用会相对更强。

$$\ln(Export_{ijt}) = \beta_1 \ln(1 + Tariff_{ijt}) + \beta_2 FTA_{jt} \times Intensity_{st} + \beta_3 FTA_{jt} \times$$

$$Index_j \times Intensity_{st} + \beta_4 FTA_{jt} \times Index_j \times Intensity_{st} \times$$

$$Highincome_{jt} + \alpha_{jt} + \alpha_s + \varepsilon_{ijst} \qquad (12-14)$$

$$\ln(Export_{ijt}) = \beta_1 \ln(1 + Tariff_{ijt}) + \beta_2 FTA_{jt} \times Enviromnental_{st} + \beta_3 FTA_{jt} \times$$

$$Index_j \times Enviromnental_{st} + \beta_4 FTA_{jt} \times Index_j \times$$

$$Enviromnental_{st} \times Highincome_{jt} + \alpha_{jt} + \alpha_s + \varepsilon_{ijst} \qquad (12-15)$$

由于回归方程式(12-12)和式(12-13)只能分析环境条款的异质性对污染密集型产品和清洁型产品出口总量的影响,为了进一步探讨环境条款的异质性对这两类产品出口总量的影响途径,借鉴胡梅尔斯和克勒诺(Hummels 和 Klenow,2005)[1]的方法定义了污染密集型产品和清洁型产品出口贸易增长的二元边际,把这两类产品的出口贸易增长分解为扩展边际(EM)的增长和集约边际(IM)的增长。扩展边际主要衡量了出口产品种类数的变化;集约边际则衡量了原有产品平均出口额的变化。通过将出口贸易增长分解为扩展边际的增长和集约边际的增长,并将它们作为因变量代入到回归方程式(12-12)和式(12-13)中,本节还进一步考察了环境条款的异质性对污染密集型产品、清洁型产品出口集约边际和出口扩展边际的影响。

$$EM_{jm} = \frac{\sum_{i \in I_{jm}} p_{rmi} x_{rmi}}{\sum_{i \in I_{rm}} p_{rmi} x_{rmi}} \qquad (12-16)$$

$$IM_{jm} = \frac{\sum_{i \in I_{jm}} p_{jmi} x_{jmi}}{\sum_{i \in I_{jm}} p_{rmi} x_{rmi}} \qquad (12-17)$$

式中,$EM_{jm}$ 代表出口的扩展边际,$IM_{jm}$ 代表出口的集约边际,$p$ 代表产品的价格,$x$ 代表出口产品的数量,$j$、$m$、$r$ 分别代表出口国、进口国和参考国,这里参考国为整个世界。$I_{rm}$ 表示全世界对 $m$ 国出口的商品集合,$I_{jm}$ 表示出口国对 $m$ 国出口的商品集合。

---

[1] Hummels D., Klenow P. J., "The Variety and Quality of a Nation's Exports", *American Economic Review*, Vol. 95, No. 3, 2005, pp. 704-723.

### （二）样本选择和数据来源说明

根据中国已生效的自由贸易协定,本节选取了 19 个与中国贸易往来相对紧密的缔约方进行研究,时间跨度为 2002—2016 年,覆盖的缔约方包括东盟十国、智利、巴基斯坦、新西兰、秘鲁、哥斯达黎加、冰岛、瑞士、韩国和澳大利亚。并使用中国同自由贸易协定缔约方出口贸易额、产品关税、该年份是否签订自由贸易协定、自由贸易协定的环境条款异质性指数以及中国部分行业能耗密度数据构造扩展的引力模型。

贸易数据来自联合国贸易统计数据库网站,选取 HS 6 位码双边商品贸易数据。关税数据包括最惠国关税和优惠关税两部分,用于衡量产品的关税水平。由于样本国家均为世界贸易组织成员,因此在相应自由贸易协定未生效前,产品的关税以最惠国关税来衡量;自由贸易协定生效后,产品关税为优惠关税,数据分别来自世界贸易组织的 IDB 数据库和国际贸易委员会的 MACMAP 数据库。自由贸易协定缔约方的国内生产总值数据来自世界银行发展指标数据库。缔约方收入分组依据世界银行在 2016 年发布的划分标准,将高收入归为高收入国家,将低收入、中低和中高收入国家归并为中低收入国家。环境产品数据来源于 2012 年亚洲太平洋经济合作组织二十一国领导人会议商议出台的正式环境产品清单。中国行业能耗密度数据引用赫林和庞塞(Hering 和 Poncet,2014)[①]附录中对中国部分行业单位增加值能耗与单位增加值用电量的核算,其数据来源于《中国统计年鉴》和《中国环境统计年鉴》。

## 三、实证结果与分析

### （一）基准回归分析

为了探讨自由贸易协定的环境条款对不同能耗密度行业产品出口的影

---

① Hering L., Poncet S., "Environmental Policy and Exports: Evidence from Chinese Cities", *Journal of Environmental Economics and Management*, Vol. 68, No. 2, 2014, pp. 296–318.

响,本节分别采用单位增加值能耗和耗电量两种方法衡量不同行业能耗密度,对回归方程式(12-12)进行估计,结果见表12.3。列(1)、列(3)、列(5)为使用单位增加值能耗的回归结果,列(2)、列(4)、列(6)则用耗电量来衡量各行业能耗密度。可以看出,无论使用单位增加值能耗,还是采用耗电量来衡量不同行业的能耗密度,在有无环境条款、有无强制性环境条款、环境条款维度数三种指标下,交叉项 $FTA \times Index \times Intensity$ 前的系数均显著为负,表明包含环境条款、包含强制性环境条款以及环境条款深度水平均对中国污染密集型产品的出口具有显著的抑制作用。这与理论分析结论相一致,自由贸易协定的环境条款会显著抑制中国污染密集型产品的出口。有无环境条款和有无强制性环境条款指标的回归结果比较来看,使用有无强制性环境条款指标核心解释变量系数的绝对值要显著大于有无环境条款指标,说明强制性环境条款对污染密集型产品出口的抑制作用会相对更大,即环境条款的严格程度越深,其对高污染行业产品出口的抑制作用会越强。环境条款维度数指标回归结果则表明随着环境条款深度的提高,其对高污染行业产品出口的抑制作用会加强。此外,控制变量 $\ln(1+Tariff)$ 前系数显著为负,表明自由贸易协定带来的关税下降显著促进了中国产品的出口,这与预期一致,即较低的关税水平降低了贸易壁垒,有利于产品出口增长。

表12.3 环境条款对中国不同能耗密度行业产品出口贸易影响的回归结果

| 变量 | (1)<br>TKC | (2)<br>TKC | (3)<br>TKE | (4)<br>TKE | (5)<br>BERG | (6)<br>BERG |
| | Energy | Electricity | Energy | Electricity | Energy | Electricity |
| --- | --- | --- | --- | --- | --- | --- |
| $\ln(1+Tariff)$ | $-0.097^*$ | $-0.097^*$ | $-0.097^*$ | $-0.096^*$ | $-0.097^*$ | $-0.096^*$ |
| | (0.054) | (0.054) | (0.054) | (0.054) | (0.054) | (0.054) |
| $FTA \times Intensity$ | 0.023 | 0.014 | 0.024 | 0.015 | 0.016 | 0.021 |
| | (0.011) | (0.028) | (0.011) | (0.027) | (0.014) | (0.012) |

续表

| 变量 | （1）<br>TKC | （2）<br>TKC | （3）<br>TKE | （4）<br>TKE | （5）<br>BERG | （6）<br>BERG |
| --- | --- | --- | --- | --- | --- | --- |
| | Energy | Electricity | Energy | Electricity | Energy | Electricity |
| *FTA×Index×Intensity* | −12.94 *** | −110.3 *** | −15.18 *** | −111.4 *** | −0.602 * | −6.676 ** |
| | (1.763) | (14.72) | (3.097) | (25.68) | (0.365) | (3.012) |
| *Dest−Year Fe* | Yes | Yes | Yes | Yes | Yes | Yes |
| *Industry Fe* | Yes | Yes | Yes | Yes | Yes | Yes |
| *N* | 538830 | 538830 | 538830 | 538830 | 538830 | 538830 |
| $R^2$ | 0.552 | 0.552 | 0.552 | 0.552 | 0.552 | 0.552 |

注:括号内为相应估计系数的标准误差,***、**和*分别表示在1%、5%和10%的水平上显著。

为了更加全面地分析自由贸易协定的环境条款对中国出口贸易结构的影响,本节还进一步考察了环境条款如何影响清洁型产品的出口。表12.4是对回归方程式(12-13)进行估计的结果。可以看出,$\ln(1+Tariff)$前系数仍然显著为负,与表12.3中的回归结果一致。而 *FTA* 和 *Environmental* 的交互项系数显著为正,表明自由贸易协定生效后,由于非关税贸易壁垒的下降,环境产品的出口贸易有了显著增长。从核心解释变量 *FTA × Index × Environmental* 来看,列(1)中交叉项 *FTA × TKC × Environmental* 前的系数显著为正,说明包含环境条款的自由贸易协定能够显著促进中国环境产品的出口。列(3)中交叉项 *FTA × BERG × Environmental* 的系数也显著为正,表明自由贸易协定的环境条款涉及的维度越广,对环境产品出口的促进作用越大。列(2)中交叉项的系数虽然为正,但并不显著,表明包含强制性环境条款的自由贸易协定对中国清洁型产品出口的影响并不显著。这可能与中国环境产品出口的竞争力有关,从目前来看,虽然近年来中国国内环保产业得到迅速发展,出口规模和技术水平都得到显著增长,但与发达国家的环保产业竞争力相比,仍然存在较大差距,在这种情形下,过于严格和带有强制性的环境条款对中国环境产品的出口来说很可能反而提高了贸易壁垒,使其对中国环境产品出口的影响并不显著。

表 12.4　环境条款对中国环境产品出口贸易影响的回归结果

| 变量 | (1) TKC | (2) TKE | (3) BERG |
|---|---|---|---|
| $\ln(1+Tariff)$ | −0.056 | −0.056 | −0.056 |
| | (0.040) | (0.040) | (0.040) |
| $FTA \times Environmental$ | 0.047** | 0.046** | 0.024 |
| | (0.013) | (0.015) | (0.011) |
| $FTA \times Index \times Environmental$ | 0.239*** | 0.271 | 0.185*** |
| | (0.075) | (0.171) | (0.012) |
| $Dest-Year\ Fe$ | Yes | Yes | Yes |
| $Industry\ Fe$ | Yes | Yes | Yes |
| $N$ | 1081879 | 1081879 | 1081879 |
| $R^2$ | 0.548 | 0.548 | 0.548 |

注:括号内为相应估计系数的标准误差,***、**和*分别表示在1%、5%和10%的水平上显著。

整体来看,与理论分析结论相一致,自由贸易协定的环境条款会促进中国清洁型产品的出口,同时降低中国污染密集型产品的出口。从这个角度而言,自由贸易协定的环境条款促进了中国出口贸易的结构优化。为解决可能存在的内生性问题,本节选取自由贸易协定双方与第三国签订的自由贸易协定中环境条款的深度构造工具变量进行回归,检验发现该工具变量不存在识别不足问题且通过了弱工具变量检验,说明该工具变量的选取有一定合理性。工具变量回归结果与基准回归结果所得的结论相一致。因此,从某种程度上并不需要太担心内生性问题影响之前回归结果的准确性。

(二) 对不同收入组缔约方的分析

考虑到高收入国家一般会制定更高水平的环境保护标准,对环保产品的需求也会相对更大,本节进一步分析了自由贸易协定的环境条款对中国出口贸易的影响是否会随缔约方收入水平的不同而存在显著差异。表 12.5 汇报了对方程式(12-14)和方程式(12-15)进行估计的结果。在表 12.5 的列(1)、列(2)和列(3),首先探讨了自由贸易协定的环境条款对能耗密集度不同的行业产品的出口是否会随缔约方收入水平的不同而存在显著差异。在三种衡量指标下,交叉项 $FTA \times Index \times Intensity \times Highincome$ 前的系数显著为负,说明自由贸易协定包含环境条款、强制性环境条款以及环境条款深度水平均显著抑制了中国高耗能行业产品向高收入国家的出口。这与之前的预期相一致,即当缔约方为高收入国家时,自由贸易协定的环境条款对高能耗行业产品出口的抑制作用会相对更强。

表 12.5　对不同收入组缔约方的分析

| 变量 | 污染型 | | | 清洁型 | | |
|---|---|---|---|---|---|---|
| | (1)<br>TKC | (2)<br>TKE | (3)<br>BERG | (4)<br>TKC | (5)<br>TKE | (6)<br>BERG |
| $FTA \times Index \times Intensity \times Highincome$ | $-47.87^{***}$ | $-46.75^{***}$ | $-8.063^{***}$ | | | |
| | (6.825) | (7.366) | (0.993) | | | |
| $FTA \times Index \times Environmental \times Highincome$ | | | | $1.294^{***}$ | $1.421^{***}$ | $0.0347^{*}$ |
| | | | | (0.502) | (0.527) | (0.072) |
| $Dest-Year\ Fe$ | Yes | Yes | Yes | Yes | Yes | Yes |
| $Industry\ Fe$ | Yes | Yes | Yes | Yes | Yes | Yes |
| $N$ | 538830 | 538830 | 538830 | 1081879 | 1081879 | 1081879 |
| $R^2$ | 0.552 | 0.552 | 0.552 | 0.552 | 0.552 | 0.548 |

注:括号内为相应估计系数的标准误差,***、**和*分别表示在1%、5%和10%的水平上显著。

其次,在表 12.5 的列(4)、列(5)和列(6),本节探讨了自由贸易协定的环境条款对清洁型产品的出口是否会随缔约方收入水平的不同而存在显著差异。在三种衡量指标下,交叉项 $FTA \times Index \times Environmental \times Highincome$ 前的系数均显著为正,说明自由贸易协定包含环境条款、强制性环境条款以及环境条款的深度水平均显著促进了中国环境产品向高收入国家的出口。列(5)中交叉项 $FTA \times TKE \times Environmental \times Highincome$ 前的系数显著为正,背后的原因可能在于:对于高收入国家而言,由于其有着相对更为严格的环境标准,其对环境质量监测设备、污染物净化设备、可再生能源设备等产品存在相对更大的需求,中国的相关环境产品虽然整体而言在技术水平和质量上可能无法与欧美国家相媲美,但在成本竞争力方面具有一定的优势,自由贸易协定的签订降低了这些产品进入高收入发达国家市场的贸易成本,同时也提供了较为稳定的市场预期环境,因此当缔约方为高收入国家时,自由贸易协定的环境条款对清洁型产品出口的促进作用会相对更明显。

### (三) 扩展边际和集约边际

为了进一步探讨自由贸易协定的集型产品和清洁型产品出口总量的影响途径,本节将这两类产品集约边际(IM)与扩展边际(EM)的变化分别作为因变量,将 $TKC$ 作为环境条款解释变量,重新对式(12-12)和式(12-13)进行估计,考察环境条款如何影响污染密集型产品和清洁型产品这两类产品出口扩展边际和集约边际的变化,表12.6报告了相应的回归结果。从前两列可以看出,交互项 $FTA \times TKC \times Intensity$ 系数显著为负,表明环境条款对污染密集型产品出口的扩展边际和集约边际的影响都显著为负,即环境条款不仅降低了污染密集型产品的出口种类数,同时也减少了每类产品的平均出口额。而且扩展边际系数(-13.132)的绝对值要大于集约边际(-10.258),表明环境条款对污染密集型产品出口集约边际的影响要超过其对扩展边际的影响。这可能是因为中国污染密集型产品的出口种类较多,一旦因外部冲击(比如自由贸易协定的环境条款)导致企业污染密集型产品的出口成本上升而利润下降时,企业更多选择收缩产品线,同时依靠价格优势稳定优势产品的出口规模,而不是降低产品出口规模,因而使环境条款对污染密集型产品出口扩展边际的负面影响要大于出口集约边际的负面影响。

表 12. 6　环境条款对出口扩展边际和集约边际的影响

| 变量 | （1）<br>污染型<br>扩展边际 | （2）<br>污染型<br>集约边际 | （3）<br>清洁型<br>扩展边际 | （4）<br>清洁型<br>集约边际 |
|---|---|---|---|---|
| *FTA×TKC×Intensity* | −13. 132 *** | −10. 258 *** | | |
| | （0. 184） | （0. 247） | | |
| *FTA×TKC×Environmental* | | | 0. 106 *** | 0. 156 *** |
| | | | （0. 005） | （0. 042） |
| *Dest−Year Fe* | Yes | Yes | Yes | Yes |
| *Industry Fe* | Yes | Yes | Yes | Yes |
| *N* | 325830 | 212120 | 626879 | 425863 |
| $R^2$ | 0. 452 | 0. 398 | 0. 425 | 0. 289 |

注:括号内为相应估计系数的标准误差,\*\*\*、\*\*和\*分别表示在1%、5%和10%的水平上显著。

表 12. 6 的后两列分析了自由贸易协定的环境条款如何影响清洁型产品出口的集约边际和扩展边际。可以看出, $FTA \times TKC \times Environmental$ 系数都显著为正,表明环境条款对清洁型产品出口的扩展边际和集约边际都存在显著的正影响,即环境条款不仅增加了清洁型产品的出口种类数,同时也提高了每类产品的平均出口金额。集约边际的系数（0. 156）要大于扩展边际（0. 106）,表明自由贸易协定环境条款对中国清洁型产品出口集约边际的正影响要超过其对扩展边际的正影响。一般而言,从贸易增长的福利效应来看,出口扩展边际的增长要优于出口集约边际的增长,因为出口新产品种类的增加有利于促进企业创新和生产率提高,而如果仅仅是原有产品出口数量的增加则更多会导致贸易条件的恶化。目前自由贸易协定环境条款对中国环境产品出口的促进作用更多是通过促进其集约边际的增长来实现,因此从某种程度上来看当前通过签订自由贸易协定环境条款对中国环境产品企业生产率和

创新能力等的提升作用也很可能相对有限。

# 第四节　中国构建和完善环境保护条款体系的对策建议

全球绿色竞争已经开始,正推动生产、生活、消费等全领域的系统性范式变更,更深层次上是话语权规制权的竞争。中国必须抓住"绿色"机遇,准确把握自身发展实际,稳步有序推动绿色体制机制改革,从规则引领、对标、探索、协同四个维度出发,实现统筹国内发展和参与全球治理协同促进,塑造绿色核心竞争力,进而抢占新一轮全球竞争的制高点。

## 一、规则引领:构建对外缔结条约的中国环境保护标准和范本

推进制定对外缔结条约的环境章节"中式模板",重视环境条款的主动设计,构建包容开放的绿色经贸规则体系,制定体现国际趋势又符合中国实际的环境条款,凸显人类命运共同体理念、"人与自然和谐共生"的中华文明积淀以及发展中国家诉求,也要把握新一代自由贸易协定环境条款发展趋势,探索建立包含国际环境合作、公众环境参与、环境争端解决等在内的更为合理的中式机制,制定生物安全防控、气候变化、生物多样性等具体环境领域的中国方案。不同于美国、欧盟的国际环境条款塑造模式,中国可通过引领和主导南南自由贸易协定,树立南南环境合作典范,纳入反映发展中国家国情的包容性环境条款,搭建环境技术交流与合作平台,设置包含完备筹融资机制的具有中国特色的对外环境援助与能力建设条款细则,以发展为导向推进缔约方绿色发展转型,进而影响全球环境条款体系。同时也要基于优势互补、产业协同,加快与发达国家构建双赢型自由贸易协定。

## 二、规则对接：加快国内环境规制与全面与进步的跨太平洋伙伴关系协定等高水平自由贸易协定稳步对接

制定差别化对接策略，针对环境执法、跨境跨区域合作、透明度等已有较好实施基础的领域优先对标，针对环境产品技术标准制定、环境影响评价等与改革重点相吻合的领域渐进对标，针对公众参与、环境绩效的自愿性机制、争端解决等基础尚为薄弱的领域探索对标，逐步推动全领域规则协调。完善环境与贸易投资法规体系，加强贸易投资与环境规制的融合衔接，增加跨境合作条款细则，对野生动植物非法交易、非法捕捞等制定更为严厉的规则，加快完善生物遗传资源获取与惠益分享立法，构建符合高标准国际经贸规则的低碳贸易投资标准体系和绿色认证体系，推进绿色金融标准体系、统计体系、评价体系、征信体系建设和绿色信息披露制度落实完善。提高环境条款实施水平，强化环境监督和执法力度，健全生态环境监督执法正面清单常态化工作机制，完善跨部门、跨区域沟通协调机制，探索委托第三方开展执法辅助服务，依法推动联合监管、动态监管、信用监管和失信惩戒，提高环境政策决策、实施和执行透明度。健全环境治理评价体系，强化环境评价引领作用，加快建立将项目碳排放评价与能评、环评有机结合的绿色项目综合评价体系。

## 三、规则探索：开展环境规制压力测试，推进环境制度探索创新

发挥自由贸易试验区的"试验田"作用，支持长三角等重点区域自由贸易试验区联动，率先与全面与进步的跨太平洋伙伴关系协定环境规制全面对接，关注环境标准在行业、企业的落地实施，针对机电、化工、钢铁等重点行业领域分批开展压力测试，建立相应的动态调整和毕业机制，深化创新性、差别性、集成性改革探索，可在碳关税、碳市场等领域作出超越全面与进步的跨太平洋伙伴关系协定环境条款的探索。充分挖掘数字技术在环境监管、环境监测、环境

评价、污染防治等方面对绿色转型的赋能作用,构建碳达峰、碳中和数字治理体系。推动"互联网、大数据+监管",推广企业"碳耗码"和商品"碳中和标识码",持续推动数字化转型和绿色转型协同增效。引导市场资本参与环境治理,完善"政府补贴+第三方治理+税收优惠"联动机制,探索建立生态信用行为与金融信贷相挂钩的激励机制,支持政府与社会资本开展绿色项目合作。丰富环保市场资金渠道,支持金融机构发行绿色企业债券、碳中和债券,开展生态产品价值核算试点和绿色债券、绿色股权投融资业务试点。强化公众参与透明度和规则保障,健全环境保护公众监督反馈和保障机制,对公众监督的受理时限、途径、范围等进行明确规定。推动环境保护多元主体广泛参与,支持发挥行业协商会的桥梁作用,创新公众参与机制,推行环境社会观察员制度和环境圆桌对话制度,建设"绿色积分"体系,逐步形成完备并具有延续力的国家绿色文化软实力。鼓励开展绿色贸易,探索建立绿色供应链管理体系,支持企业实施绿色供应链管理,组建绿色企业联盟,实施"绿色伙伴"计划。

## 四、规则协同:推动环境规制与双碳目标及多双边战略有效衔接

强化"双碳"目标引领,坚持因地制宜、突出重点、协调联动、注重实操,明确经济重点部门、重点城市率先达峰路线图,制定更有力度的温室气体减排约束性目标,强化与其他国家和国际组织的多边气候合作,利用多边平台发出中国声音。设计中国对外缔结条约的短期与中长期布局路线及谈判策略,释放更加积极主动的信号入局全面与进步的跨太平洋伙伴关系协定,设置谈判底线、红线,采取差异化策略逐个试探、击破,付出政治、经济资源争取全部缔约方同意。深化与经贸联系紧密国家的环境合作,进一步对中国—韩国、中国—巴基斯坦等已有自由贸易协定的环境条款进行升级,推进中日韩自由贸易协定、中国—海合会自由贸易协定环境议题开放包容谈判,同时积极推进亚太自由贸易协定和区域全面经济伙伴关系协定环境条款发展完善。支持重启环境

产品协定谈判,在环境商品清单谈判中发挥积极作用,适时向有关国家提出绿色贸易协定谈判倡议,开辟合作新领域。推动建设绿色"一带一路"和绿色供应链,充分发挥"一带一路"绿色发展国际联盟及"一带一路"可持续城市联盟等平台的作用,加强与共建国家低碳和可再生能源战略对接合作,优化"一带一路"项目分级分类管理,推动绿色融资项目主流化,建设以绿色产业、循环型产业为主导的境外园区以及绿色可再生能源示范项目,推动形成全球价值链绿色发展的长效包容机制。

# 第十三章　高标准自由贸易协定的
# 数字贸易条款研究

　　数字技术从根本上改变了国际贸易格局,21世纪以来,全球贸易从商品贸易扩展到服务贸易,目前进一步发展到数字贸易,服务业数字化正在促使更具创新的商业模式出现。中国数字经济虽然起步较晚,但在电子商务的驱动下发展较快,中国数字经济对整个国内生产总值的贡献也越来越高。中国还提出了"互联网+"战略以及大数据战略,旨在让互联网与传统行业如工业、金融业、通信业、交通业和医疗行业等进行深度融合,产生新的经济生态,实行产业升级和经济转型,全面推动大数据发展。随着国内电子商务的崛起,中国跨境电商交易额也飞速攀升,占据全球跨境电商市场相当大的比重。数字贸易高速发展给经济社会带来了一系列新问题与新挑战,亟须建立新的统一的数字贸易规范对此作出回应。自1998年世界贸易组织宣布对电子传输暂时免征关税以来,数字贸易的多边准则制定并没有取得多大进展。世界贸易组织多哈回合的停摆使各国都将贸易规则谈判的目光转向双边或区域之间,数字贸易谈判也不例外。美国和欧盟等发达经济体正通过自由贸易协定积极引导双边数字贸易条款的制定,更多国家和地区也开始将目光转向双边谈判,旨在解决一个更加综合的由数字驱动所带来的全球经济问题(Sen,2018)①。

错综冗杂的数字贸易条款无疑会产生"意大利面碗"效应,各种管制相互冲突,规则相互竞合,非但无法促进数字贸易的发展,反而增加了许多负面成本。因此,找出各自由贸易协定中数字贸易条款差异的原因,进而对双边和区域数字贸易条款进行统一整合,对推进数字贸易的全球规则治理意义重大。

# 第一节　自由贸易协定的数字贸易条款发展及演变

## 一、数字条款的缘起和谈判历程

尽管数字贸易取得了显著进展,但现有国际贸易规则和统计方法无法完全涵盖数字贸易带来的史无前例的问题。1996 年世界贸易组织谈判中就已经开始出现电子商务议题,但是自 1998 年世界贸易组织宣布对电子传输暂时免征关税以来,数字贸易的多边准则制定并没有取得实质性进展。一方面,数字产品属于货物或属于服务仍然没有得到确认,进而无法确定该用关税及贸易总协定还是服务贸易总协定来规制。另一方面,经济发展水平不同的国家和地区对数字贸易和跨境电商的利益诉求各异。

以跨太平洋伙伴关系协定、全面与进步的跨太平洋伙伴关系协定为代表的自由贸易协定涵盖了数字贸易的核心要素,并涌现了一批全新前沿的热点问题,如数据本地化和源代码等。但是,不同国家和地区签订的自由贸易协定中数字贸易条款的内容仍然呈现了较大差异。发展中国家与发达国家在电子

---

① Sen N., "Understanding the Role of the WTO in International Data Flows: Taking the Liberalization or the Regulatory Autonomy Path", *Journal of International Economic Law*, Vol. 21, No. 2, 2018, pp. 323-348.

商务市场规模、开放程度等方面存在一定差距,在规则制定上的利益诉求自然也有差异。例如"源代码问题""数据存储和计算机设施的本地化要求"等是中国和美国在该领域的重大分歧之处。

中国早期对自由贸易协定中的数字贸易议题并没有足够重视,只是在附件中会偶尔涉及。近年来,中国电商产业迅速崛起使中国成为当之无愧的跨境电商大国,但能反映中国诉求的规则十分零散。不过,在最近签订的自由贸易协定中,中国开始将电子商务条款单独列章阐述(李墨丝,2017)[1],表明数字贸易议题在中国参与的自由贸易协定中的重要程度正在逐步攀升。2019年1月1日,中国《电子商务法》正式颁布实施,标志着中国电子商务法律法规的不断完善,电子商务进入规则治理新时代。中国的数字贸易条款主要集中在自由贸易协定电子商务章节中,自2015年以来签订的中国—韩国自由贸易协定、中国—澳大利亚自由贸易协定、中国—毛里求斯自由贸易协定、中国—柬埔寨自由贸易协定、区域全面经济伙伴关系协定,以及中国—智利自由贸易协定、中国—新加坡自由贸易协定、中国—新西兰自由贸易协定的升级议定书,均设有电子商务单章,对数字贸易条款作出了具体规定。从长远来看,中国必然要加快数字经济发展,主动参与国际数字贸易谈判(张莱楠,2018[2];戚聿东和李颖,2018[3]),设计出"以我为主"的数字贸易谈判标准,这对于提升中国在全球贸易规则制定的话语权和竞争力具有重要的全局性意义。

## 二、数字规则的发展趋势

第一个包含数字贸易条款的自由贸易协定为2000年签订的美国—约旦自由贸易协定,其中共有72个自由贸易协定包含数字贸易条款,早期基于自

---

[1] 李墨丝:《超大型自由贸易协定中数字贸易规则及谈判的新趋势》,《上海师范大学学报(哲学社会科学版)》2017年第1期。

[2] 张莱楠:《全球数字贸易战略:新规则与新挑战》,《区域经济评论》2018年第5期。

[3] 戚聿东、李颖:《新经济与规制改革》,《中国工业经济》2018年第3期。

由贸易协定的自由化进程较为缓慢,这主要是因为早期多边谈判占主导地位,1947—1994 年在关税及贸易总协定框架下成功举行了多次谈判,使各种形式的壁垒大幅度降低,贸易自由化程度不断提升。但是,世界贸易组织框架下多边谈判随着成员、领域的扩展以及国际经贸格局的改变变得越来越困难,多边框架遇到瓶颈,已经不能满足一些国家和地区在贸易投资等方面的要求。而自由贸易协定则由于成员少、范围有限、敏感问题易解决而迅速涌现。第一个涉及数字贸易的自由贸易协定直到 2000 年才正式出现,包含数字贸易条款的自由贸易协定逐年增加,表明越来越多的自由贸易协定开始逐步将数字贸易相关规则引入到谈判当中。

## 第二节　自由贸易协定的数字条款测度及比较

### 一、条款测度

在数字贸易条款领域,美国、欧盟、加拿大、澳大利亚、新加坡、新西兰和韩国起步较早,表现非常积极活跃,中国作为后起之秀也在奋起直追,这 8 个国家和地区的数字贸易条款具有一定的代表性。其中美国、欧盟和新加坡参与的 12 个自由贸易协定谈判中涉及数字贸易,数量最多,其次是韩国、澳大利亚、加拿大和新西兰,分别是 11 个、10 个、7 个和 7 个。中国只在中国—韩国自由贸易协定和中国—澳大利亚自由贸易协定中纳入数字贸易议题,签订数相对较少。虽然中国数字贸易谈判起步晚,但起点相对较高,充分借鉴了世界上已有的先进数字规则,框架相对完善。尽管各自由贸易协定存在范围和深度等方面的差异,其发展趋势都是随着时间的推进而递增的,表明世界各国或地区对这一领域的关注度正在逐渐提高,对其展开深入细致的分析非常重要。

### 二、区域比较

当前在多边谈判体制下,世界贸易组织框架下并未包含专门的数字贸易条款,与贸易有关的知识产权协定、服务贸易总协定和《全球电子商务宣言》中包含的零散规定无法满足日新月异的数字贸易发展。缔约方之间在跨境数据流动等问题上存在较大分歧,不同发展程度的国家和地区对数字贸易和跨境电商的利益诉求也相异。其中,以美国、欧盟和日本等为代表的发达经济体希望用区域贸易规则来管理数字贸易;以中国、俄罗斯为代表的新兴经济体提议建立跨境电子商务规则;非洲、加勒比岛国等欠发达经济体,因自身互联网基础设施尚不完善而回避谈论数字贸易和跨境电商等话题。而自由贸易协定可以迅速满足少数几个国家和地区的共同需求,对多边框架下无法取得进展的敏感话题展开讨论并取得成果。

通过对比分析美国、欧盟、中国关于数字贸易相关问题在各方面存在的差异,发现就价值分歧而言,主要表现在数据跨境自由流动与数据隐私保护上,美国倾向于将数据隐私当作市场利益并将其放置于市场当中,欧盟将其视为不容侵犯基本权利和自由,而中国关于个人数据、信息的保护与美欧不同,2000 年通过的《关于维护互联网安全的决定》首次重点关注互联网运行的安全问题,2016 年通过的《网络安全法》分别从数据流入与数据流出两方面对数据跨境流动作出规定,但仅限于国家安全和公共利益(彭岳,2018)①,可见中国目前关于数据跨境流动的价值取向在于安全;对于规则诉求以及谈判焦点,都与各自的价值取向密切相关,如美国寻求数据的跨境自由流动,欧盟更加注重隐私保护,中国在寻求跨境电商发展的同时还非常重视保护消费者利益,更加注重网络安全。可见,各国或地区之间对数字贸易规制存在很大分歧,此时寻求原则上的价值共识并不现实,但是,这并不妨碍存在价值分歧的国家和地区在数字贸易方面展开"浅层次"的合作,承认分歧并在此基础上找出双方都认可的共同之处,在不违反各国或地区基本原则、不危及其数据隐私(网络安全)保护底线的前提下,最大限度地实现数字贸易自由化,才是可行的路径。

---

① 彭岳:《贸易规制视域下数据隐私保护的冲突与解决》,《比较法研究》2018 年第 4 期。

## 三、自由贸易协定比较

表 13.1 报告了主要高水平自由贸易协定中数字条款的对比情况。其中,大型区域高水平的自由贸易协定全面与进步的跨太平洋伙伴关系协定的数字贸易章节涉及跨境数据自由流动、源代码保护以及数据存储非强制本地化等内容,不仅反映了主要发达经济体的利益诉求,也在引领全球数字贸易条款的制定。区域全面经济伙伴关系协定的数字贸易条款标准较高,但与全面与进步的跨太平洋伙伴关系协定相比仍存在一定差距。区域全面经济伙伴关系协定、全面与进步的跨太平洋伙伴关系协定电子商务规则都主张促进无纸化贸易,推广电子认证和电子签名,保护线上消费者权益,保护电子商务用户个人信息,加强针对非应邀商业电子信息等的监管。但是,区域全面经济伙伴关系协定在开放力度方面仍有一定差距。区域全面经济伙伴关系协定未规定数字产品的非歧视待遇,未规定自由接入和使用互联网开展电子商务,未涉及源代码,而这些内容在全面与进步的跨太平洋伙伴关系协定中均有涉及。在减少数据贸易壁垒方面,区域全面经济伙伴关系协定已经取得了一定突破,这对中国而言也是一个巨大进步。区域全面经济伙伴关系协定规定不强制要求计算设施本地化,不得阻止通过电子方式跨境传输信息等,但设置了实现公共政策目标的例外条款,并规定若为保护基本安全利益不执行该条款,其他缔约方不得提出异议。全面与进步的跨太平洋伙伴关系协定虽然也有此条款的例外条款,但限制性条件更少。

表 13.1　高水平自由贸易协定中数字条款的对比

| 对比项 | 区域全面经济伙伴关系协定(电子商务章) | 全面与进步的跨太平洋伙伴关系协定(电子商务章) | 美国—墨西哥—加拿大协定(数字贸易章) | 数字经济伙伴关系协定(数字贸易章) |
|---|---|---|---|---|
| 计算设施的位置 | √ | √ | √ | √ |

续表

| 对比项 | 区域全面经济伙伴关系协定（电子商务章） | 全面与进步的跨太平洋伙伴关系协定（电子商务章） | 美国—墨西哥—加拿大协定（数字贸易章） | 数字经济伙伴关系协定（数字贸易章） |
|---|---|---|---|---|
| 非应邀商业电子信息 | √ | √ | √ | √ |
| 在线消费者保护 | √ | √ | √ | √ |
| 海关关税 | √ | √ | √ | √ |
| 国内监管框架 | √ | √ | √ | √ |
| 无纸贸易 | √ | √ | √ | √ |
| 电子认证和电子签名 | √ | √ | √ | √ |
| 网络安全 | √ | √ | × | × |
| 通过电子方式跨境传输信息 | √ | √ | √ | √ |
| 电子商务对话 | √ | × | × | × |
| 透明度 | √ | × | × | × |
| 争端解决 | √ | √ | × | × |
| 个人信息保护 | √ | √ | √ | √ |
| 合作 | √ | √ | √ | √ |
| 源代码 | × | √ | √ | √ |
| 数字产品的非歧视待遇 | × | √ | √ | √ |
| 关于接入和使用互联网开展电子商务/数字贸易的原则 | × | √ | √ | √ |
| 互联网互通费用分摊 | × | √ | × | √ |

续表

| 对比项 | 区域全面经济伙伴关系协定（电子商务章） | 全面与进步的跨太平洋伙伴关系协定（电子商务章） | 美国—墨西哥—加拿大协定（数字贸易章） | 数字经济伙伴关系协定（数字贸易章） |
| --- | --- | --- | --- | --- |
| 交互式计算机服务 | × | × | √ | √ |
| 开放政府数据 | × | × | √ | √ |

资料来源：根据各自由贸易协定文本整理而得。

　　美国—墨西哥—加拿大协定对全面与进步的跨太平洋伙伴关系协定中的数字贸易条款进行了深化，如剔除跨境数据自由流动条款需要"考虑各方监管需求"等例外规定，但整体而言，与全面与进步的跨太平洋伙伴关系协定并没有明显差异。另外，从全球领域看，新加坡是签订数字贸易条款最多的国家，在数字经济伙伴关系协定签订之前，已经逐步形成了数字贸易条款的"新式模板"。赵旸頔和彭德雷（2020）[①]从单边、区域、多边等多重视角比较分析了全球数字经贸规则的发展，发现数字经济伙伴关系协定等专业化协定已经成为数字贸易条款制定的新趋势。

　　不同自由贸易协定对同一条款的严格程度也不同。第一，全面与进步的跨太平洋伙伴关系协定对电子传输的免关税要求比其他协定更加严格。区域全面经济伙伴关系协定基于世界贸易组织相关要求，对缔约方之间的电子传输暂时免征关税，并要求根据世界贸易组织决议进行审议，还允许缔约方保留根据世界贸易组织决议对电子传输关税进行调整的权利。而全面与进步的跨太平洋伙伴关系协定则明确规定，不得对电子传输包括以电子方式传输的内容征收关税。相比之下，区域全面经济伙伴关系协定对电子传输免关税的要求与世界贸易组织保持一致，属于"临时性"免关税，未来可根据世界贸易组

---

　　① 赵旸頔、彭德雷：《全球数字经贸规则的最新发展与比较——基于对〈数字经济伙伴关系协定〉的考察》，《亚太经济》2020 年第 4 期。

织决议进行调整,政策灵活度较高。而全面与进步的跨太平洋伙伴关系协定的要求则较为严格,不仅"永久性"免征电子传输关税,还明确要求涵盖电子传输的内容,即数字产品。这也在一定程度上反映出发达国家和发展中国家的分歧。美国、欧盟、日本等发达国家大多主张将电子传输免关税永久化,以中国为代表的部分发展中国家主张延续世界贸易组织现有电子传输免关税决议。

第二,全面与进步的跨太平洋伙伴关系协定要求给予数字产品非歧视性待遇,而区域全面经济伙伴关系协定并未明确要求。全面与进步的跨太平洋伙伴关系协定要求给予数字产品非歧视性待遇,即缔约方给予另一缔约方数字产品的待遇不低于给予其他同类数字产品的待遇,且上述同类数字产品也涵盖非缔约方的同类数字产品。这种非歧视性待遇既包含最惠国待遇,也包含国民待遇,体现了自由竞争的价值导向。而区域全面经济伙伴关系协定并未纳入数字产品的非歧视性待遇内容,仅在"电子商务对话"条款中提及,考虑在数字产品待遇领域开展对话。这主要是由于数字产品的内容与文化密切相关,多数国家和地区对文化领域的开放较为慎重,而美国基于其数字产品竞争优势,力推非歧视性待遇条款,因而在"美式模板"的数字贸易条款中大多包含这一内容。

第三,全面与进步的跨太平洋伙伴关系协定要求尽可能保障跨境数据自由流动,而区域全面经济伙伴关系协定则允许更多例外。跨境数据流动是数字贸易条款的核心。区域全面经济伙伴关系协定、全面与进步的跨太平洋伙伴关系协定均明确规定,允许为进行商业行为而通过电子方式跨境传输信息,且不得将计算设施本地化作为在境内进行商业行为的条件。同时,也允许基于合法的公共政策目标,对跨境数据流动采取与上述规定不符的措施。总体来看,全面与进步的跨太平洋伙伴关系协定对跨境数据自由流动的例外情形容忍度较低,仅允许有条件、有限度地例外,且未明确说明对合法公共政策的必要性由谁来决定,这可能会进一步缩小例外的范围,变相提高跨境数据流动的标准。而区域全面经济伙伴关系协定对例外情形的容忍度较高,且扩大了例外范围,保留了更多的监管空间。

第四,全面与进步的跨太平洋伙伴关系协定允许网络自由接入并禁止强制共享源代码,而区域全面经济伙伴关系协定并未包含上述内容。全面与进步的跨太平洋伙伴关系协定赋予消费者更多选择权和知情权,允许消费者在遵守合理网络管理的前提下,自由选择接入和使用互联网上可获得的服务和应用,允许将不损害网络的终端设备接入互联网并拥有获得网络管理信息的权利。而区域全面经济伙伴关系协定并未明确规定网络自由接入的权利,且仅在电子商务对话中提及考虑在源代码领域开展对话。全面与进步的跨太平洋伙伴关系协定的前身跨太平洋伙伴关系协定是首个包含禁止强制共享源代码条款的自由贸易协定。目前,这一条款也成为"美式模板"的典型内容,在美国—墨西哥—加拿大协定的数字贸易章节和美日数字贸易协定中得以延续和深化。

第五,全面与进步的跨太平洋伙伴关系协定电子商务章节适用协定争端解决机制,而区域全面经济伙伴关系协定暂时不适用。全面与进步的跨太平洋伙伴关系协定要求电子商务章节适用协定解决机制,进一步提高了上述条款的约束力。但全面与进步的跨太平洋伙伴关系协定也给予部分缔约方一定灵活性,对于数字产品非歧视性待遇、通过电子方式跨境传输信息和计算设施的位置等条款适用协定争端解决机制,给予马来西亚和越南2年过渡期。而区域全面经济伙伴关系协定的电子商务章节不适用协定争端解决机制。对于相关内容的分歧,区域全面经济伙伴关系协定要求缔约方首先进行善意的磋商,如磋商未能解决,则提交至区域全面经济伙伴关系协定联合委员会。但区域全面经济伙伴关系协定也规定,未来将对这一问题进行审议,审议完成后,争端解决机制在同意适用电子商务领域的缔约方之间适用。

# 第三节　国家和地区间签订数字条款的动因分析

## 一、理论分析

当前数字贸易条款的分歧并非仅仅体现为经贸规则上的不同,还牵涉复杂的文化、价值观、政治制度、法律制度甚至文明背景的巨大分歧,短期内双方很难就数字贸易条款达成一致意见。同时,自由贸易协定带来的潜在净福利是各国签订相关规则的主要动力,取决于其贸易创造与贸易转移效应的相对大小,故各种影响贸易规模的因素都可能影响自由贸易协定及相关条款的形成。拜尔和伯格斯特兰德(2004)对自由贸易协定形成因素进行了系统的理论和实证分析,提出了若干影响自由贸易协定签订可能性的假说:若缔约方地理距离较小、与世界其他国家和地区距离较大、经济规模以及经济规模相似性较大、缔约方以外第三国经济规模越小、相对要素禀赋越大,那么自由贸易协定给缔约方带来了净福利收益将越大,两国签订自由贸易协定的可能性较大,然后使用标准一般均衡模型从消费者、企业的角度进行了理论推导,最后使用截至 1996 年的 286 个自由贸易协定及 53 个国家和地区间的双边数据进行数据分析与实证检验(离散选择模型),结果证实了上述假说。奥雷菲斯和罗卡(2014)在他们的研究基础上研究了自由贸易协定与贸易的双向影响,其Probit 模型回归结果与前者几乎一致,异质性分析结果表明,前期贸易规模较大的国家和地区之间签订的自由贸易协定质量较高。伯格斯特兰德等(2016)进一步使用久期分析法从经验上解释了 1950—2006 年所有自由贸易协定的形成和扩大,分析表明,仅使用一些经济或政治变量就能大致预测出自由贸易协定的实际生效时间,且该模型的短期样本外预测表现很好(82%)。本节为进一步探索自由贸易协定中数字贸易相关条款的形成及其异质性影响因素,在上述学者的研究基础上,提出下列假说并进行实证检验:

假说1：两国经济规模越大且越相似，贸易创造效应越大，双边地理距离越近，由于更多潜在的贸易创造，签订自由贸易协定的可能性也越大。因为从本国产业利益的角度出发，两国数字经济发展规模和潜力越大，数字产业竞争力越强，数字贸易规模越大，贸易规则谈判的收益会越高。

假说2：贸易谈判国家对存在三种情况：北—北、北—南、南—南。由上述分析可知，不同发达程度的国家和地区对数字贸易和跨境电商的利益诉求存在差异，以美国、欧盟、日本为代表的发达经济体倾向于用区域贸易规则来管理数字贸易，以中国、俄罗斯为代表的新兴经济体倾向于采用电子商务规则，而大多数欠发达经济体因自身互联网基础设施尚不完善而回避此类话题。因此，预期北—北、北—南签订数字贸易条款的可能性更大。

假说3：双边互联网普及率差异较大时，两国数字贸易规模往往较小，贸易协定所带来的净福利较小，故通过谈判签订相关条款的可能性较小；但是，一旦两国决定签订，那么为了弥补这一差距，会倾向于签订覆盖范围更广、深度更大的条款。

假说4：双边国家制度环境差异较大时，贸易谈判成本较高，自由贸易协定所带来的净福利较小，故通过谈判签订相关条款的可能性较小；但是，一旦两国决定签订，那么为了降低风险，往往会签订覆盖范围更广、深度更大的条款，并且自由贸易协定双方为北—南国家对这一特点更为明显。

假说5：双边数字贸易开放度差异较大时，贸易规模较小，贸易谈判成本较高，自由贸易协定所带来的净福利较小，通过谈判签订相关条款的可能性也较小；同样，一旦两国决定签订，为了避免两国内部关于数字贸易规定的差异所带来的冲突，往往会签订覆盖范围更广、深度更大的条款，并且自由贸易协定双方为北—南国家对这一特点更为明显。

## 二、研究设计

### （一）样本选取

第一个包含数字贸易条款的自由贸易协定为2000年签订并于2001年生

效的美国—约旦自由贸易协定,故本节使用 2000—2016 年签订并于 2001—2017 年生效的自由贸易协定为样本进行实证检验。其中,共有 72 个自由贸易协定包含数字贸易条款,部分是以非英语(西班牙语、法语)签订的,所以最终选取包含数字贸易条款的 65 个英文自由贸易协定进行详细分析。

自由贸易协定文本数据来自世界贸易组织网站,世界贸易组织统计了世界各国签订的几乎所有自由贸易协定。国内生产总值、人均国内生产总值、互联网普及率以及高收入国家名录数据来自世界银行网站,传统控制变量如地理距离等来自 CEPII 数据库。政治风险指标由国际国别风险指南给出,包含 12 项子指标,得分越低意味着国家和地区的风险越高。数字贸易限制指数(Digital Trade Restrictiveness Index,DTRI)来自欧洲国际政治经济中心,该指数衡量了某国国内对数字贸易的立法与实践情况,数值介于 0—1 之间,0 表示完全开放的数字经济,1 表示几乎封闭的数字经济,具体分为 4 个角度:(1)财政限制,主要包括关税、补贴、贸易保护以及公共采购;(2)建立(企业)限制,主要包括外国投资限制、知识产权与商业流动等内容;(3)数据限制,主要涵盖了有关数据策略、中间责任和内容访问等内容;(4)贸易限制,主要包括有关定量贸易限制、标准、在线销售和交易等。细分行业的双边服务贸易数据来自联合国商品贸易统计数据库。

## (二) 变量构建

自由贸易协定中数字贸易条款的范围(Scope)。这一指标衡量了对数字贸易相关条款的关注度。埃尔西格和克洛茨(Elsig 和 Klotz,2018)①通过研究自由贸易协定中数字贸易条款的各种设计特征来探索条约之间的差异,他总结出 6 个变量来衡量条款差异性,包括广度、深度等。本节在其基础上为覆盖范围构建了两种不同的度量指标:第一个指标 Scope1 是自由贸易协定中涉及

①　Elsig M., Klotz S., "Data Flow-Related Provisions in Preferential Trade Agreements", *WTI Working Paper*, 2018.

的数字贸易条款数,第二个指标 Scope2 是相关数字贸易条款的单词数。一般而言,Scope 数值越大,自由贸易协定中关于数字贸易的规定就越多,覆盖的范围也就相对越广,一定程度上体现了数字贸易条款的异质性。

自由贸易协定中数字贸易条款与跨太平洋伙伴关系协定中相关数字贸易条款的文本相似度(*Similarity*)。这里以跨太平洋伙伴关系协定为基准,是因为跨太平洋伙伴关系协定是目前由发达国家制定的较为全面和水平较高的贸易投资条款,不仅是跨太平洋伙伴关系协定内部缔约方将遵循这样一套规则,随着贸易开放程度和数字贸易自由化程度的不断提高,其他浅层次的自由贸易协定最终也将逐渐向高标准的跨太平洋伙伴关系协定的过渡,逐步与跨太平洋伙伴关系协定的标准趋同。*Similarity* 越大,即其他自由贸易协定中数字贸易条款与跨太平洋伙伴关系协定中相关内容文本相似度越高,一定程度上可表明其"深度"越深,同样体现了不同自由贸易协定中数字贸易条款在深度上的异质性。

本节采用文本相似度作为一种简单但有效的文本数据处理方式。以往研究中,会使用很多变量来表示自由贸易协定之间的差异性,如贸易协定设计数据库,使用 100 多个变量来对自由贸易协定的内容进行编码,联合国贸易和发展会议对自由贸易协定中的投资部分进行编码就使用了 120 多个变量。埃尔西格和克洛茨(2018)也使用了 74 个变量来构建各项指标。当存在大量不同类型的自由贸易协定时,人工选择变量以及给变量赋值都存在一定的主观性和不可避免的误差。阿尔施纳和斯库加列夫斯基、阿尔施纳等认为文本相似度可以揭示潜在的协议设计差异及趋势,同时可避免上述变量选择问题。

数字贸易条款异质性的综合指标(*Pca*)。采用主成分分析的方法,将上述三个异质性指标进行主成分分析得到综合指标 *Pca*,可直接用于比较个体之间的差异,*Pca* 越大,表明自由贸易协定中关于数字贸易的规定覆盖范围越广、深度越深。

（三）模型设置

本节构造以下模型进行实证检验：

$$D_{ij} = \alpha_0 + \alpha_1 Dist_{ij} + \alpha_2 Remote_{ij} + \alpha_3 Sumgdp_{ij} + \alpha_4 Simgdp_{ij} +$$

$$\alpha_5 Rgdppc_{ij} + \alpha_6 SqRgdppc_{ij} + \alpha_7 NN_{ij} + \alpha_8 NS_{ij} + \alpha_9 Rnet_{ij} +$$

$$\alpha_{10} Ricrg_{ij} + \alpha_{11} Rdtri_{ij} + \varepsilon_{ij} \qquad\qquad (13-1)$$

式（13-1）用于检验各国和地区签订包含数字贸易条款的自由贸易协定的可能性的影响因素。下标 $i$、$j$ 分别代表贸易双方，$D_{ij}$ 为两国是否签有数字条款的虚拟变量，若有则取值为 1，否则取 0。影响因素主要包括以下四类：（1）地理因素。$Dist_{ij}$ 表示双边地理距离，距离越远不仅运输成本较高，其制度、文化等方面的差异也相对较大，故即使是基于互联网进行的数字贸易，也会受到地理距离这一天然阻力的影响，预期 $\alpha_1$ 为负；$Remote_{ij}$ 为两国与除对方之外的世界其他国家和地区的距离，各国距对方之外的其他国家越远，与对方展开贸易的规模相对越大，进行贸易谈判并制定相关规则的概率相对较大，故预期其系数 $\alpha_2$ 为正。（2）经济因素。由于目前尚未有人或机构给出数字经济或贸易的权威统一的定义，故仍使用国内生产总值表示各国的总经济规模。$Sumgdp_{ij}$ 为双边国内生产总值之和，表示总经济规模，经济规模越大的经济体通常贸易规模也越大，从而签订贸易规则的可能性也越大，预期 $\alpha_3$ 为正；$Simgdp_{ij}$ 为各国国内生产总值占国内生产总值之和的比重之积，用于表示签订者的经济相似程度，若两国经济相似程度越高，那么相互间进行贸易的可能性和规模一般也越大，预期系数 $\alpha_4$ 为正；$Rgdppc_{ij}$ 为两国相对人均国内生产总值，统一用较大者与较小者的比值并取对数表示，这一指标可近似代表两国的相对要素禀赋，根据拜尔和伯格斯特兰德（2004）、奥雷菲斯和罗卡（2014），自由贸易协定给两国带来的净福利与他们之间的要素禀赋差距成正比，若两国要素禀赋差距越大，那么他们签订自由贸易协定的可能性及内容深度也越大，但是这种净福利可能会随着专业化程度的提高而下降，所以进一步纳入了相对

要素禀赋的二次项 $SqRgdppc_{ij}$，预期一次项系数 $\alpha_5$ 为正，而二次项系数 $\alpha_6$ 为负。(3)贸易谈判的国家对类型。$NN_{ij}$ 为"北—北"国家对虚拟变量，当谈判双方均属于高收入国家时，$NN_{ij}$ 取值为 1，反之取 0；同理，$NS_{ij}$ 为"北—南"国家对虚拟变量。发达经济体倾向于用贸易规则来管理数字贸易，故北—北、北—南签订数字贸易条款的可能性更大，预期系数 $\alpha_7$、$\alpha_8$ 为正。(4)互联网设施和制度因素。$Rnet_{ij}$ 衡量了两国的相对互联网普及率，与数字贸易有着密切的关系但其在世界上的扩张是极不平衡的，若两国互联网设施及普及率差距较大，意味着两国"数字鸿沟"较大，签订相关自由贸易协定的可能性较小；$Ricrg_{ij}$ 为两国相对政治风险，表示两国国内政治稳定情况相对差异，若差距较大，风险较低者将不愿意与风险较高者开展贸易活动，故签订相关自由贸易协定的可能性较小；$Rdtri_{ij}$ 为两国的数字贸易限制性指数之差的绝对值，衡量了各国国内数字贸易立法与实践情况的差异，差异越大的国家和地区，理论上它们之间的数字贸易规模越小。所以，预期估计系数 $\alpha_9$、$\alpha_{10}$ 和 $\alpha_{11}$ 都为负。

为进一步考察所签订的数字贸易条款异质性的影响因素，本节构建了模型：

$$
\begin{aligned}
Index_{ij} = {} & \beta_0 + \beta_1 Value_{ij} + \beta_2 Dist_{ij} + \beta_3 Remote_{ij} + \beta_4 Sumgdp_{ij} + \\
& \beta_5 Rgdppc_{ij} + \beta_6 SqRgdppc_{ij} + \beta_7 Rnet_{ij} + \beta_8 Ricrg_{ij} + \\
& \beta_9 Rdtri_{ij} + \delta_i + \eta_j + \lambda_c + \varepsilon_{ij}
\end{aligned}
\tag{13-2}
$$

式(13-2)中，$Index_{ij}$ 分别用四个数字贸易条款异质性指标 $Scope1$、$Scope2$、$Similarity$、$Pca$ 来表示，数值越大表示该自由贸易协定所包含的数字贸易条款覆盖范围越广、深度越深。由于数字贸易多以服务贸易的形式进行，故纳入了双边分行业服务贸易额($Value_{ij}$)，考察前期服务贸易额对签订的数字条款范围、深度的影响，一般而言，若两国原本的贸易规模较大、贸易关系密切，则相关贸易规则涉及领域也越广，故预期其系数 $\beta_1$ 为正；各经济地理因素的影响方向与式(13-1)一致，即预计 $\beta_3$、$\beta_4$、$\beta_5$ 为正，$\beta_2$ 和 $\beta_6$ 为负；互联网普及率、制度因素对数字条款异质性的影响与签订可能性的影响不同，因为若两国没有相关自由贸易协定,制度因素影响的是两国在签订与不签订之间的抉择,若两国已经决定签订相关自由贸易协定并进行谈判,则制度因素影响的就是签订怎样的自由贸易协定,此时,如果谈判双方国内政治风险、数字贸易开放度差异较大,那么为了在规则上限制两国的这些差距所带来的实际贸易中的各种不便,可能会签订更高质量的贸易条款,故预计 $\beta_7$、$\beta_8$ 和 $\beta_9$ 为正。$\delta_i$、$\eta_j$、$\lambda_c$ 分别表示国家 $i$、国家 $j$、服务业细分行业 $c$ 的固定效应。

为进一步探索自由贸易协定双方为北—南国家对时,这种制度环境差异、数字贸易开放度差异对数字条款异质性的影响是否更为明显,在式(13-2)的基础上进一步构造了式(13-3):

$$Index_{ij} = \beta_0 + \beta_1 Value_{ij} + \beta_2 Dist_{ij} + \beta_3 Remote_{ij} + \beta_4 Sumgdp_{ij} +$$
$$\beta_5 Rgdppc_{ij} + \beta_6 SqRgdppc_{ij} + \beta_7 Rnet_{ij} + \beta_8 Ricrg_{ij} + \beta_9 Rdtri_{ij} +$$
$$\beta_{10} NS_{ij} + \beta_{11} Ricrg_{ij} \times NS_{ij} + \beta_{12} Rdtri_{ij} \times NS_{ij} + \delta_i + \eta_j + \lambda_c + \varepsilon_{ij}$$

$$(13-3)$$

式(13-3)中,$NS_{ij}$ 为"北—南"国家对虚拟变量,$Ricrg_{ij} \times NS_{ij}$ 为其与相对制度环境的交互项,$Rdtb_{ij} \times NS_{ij}$ 为其与相对数字贸易开放的交互项。由于不同发达程度的国家对数字贸易和跨境电商的利益诉求不同,当谈判双方为"北—南"国家对时,相对于"北—北""南—南",往往更加重视制度环境、数字贸易限制情况,以降低贸易风险、保护本国利益,预计系数 $\beta_{11}$、$\beta_{12}$ 为正。

综上所述,本节主要选取了传统经济地理因素、国家对类型以及与数字贸易密切相关的互联网普及率、国家政治风险、数字贸易开放度来解释各国数字贸易条款的形成。考虑到自由贸易协定的内生性特质,本节从以下三个角度尝试缓解:(1)时变解释变量的内生性(反向因果造成的内生性),本节采取静态分析方法,即假设各国都在 2000 年决定是否签订数字贸易条款,所有时变因素如国内生产总值等都以协定签订之前(2000 年)的截面数据代替,将 $t$ 从方程中剔除,这一静态分析方法与多数分析基于政府文件外生决定的自由贸易协定对贸易流量影响的截面引力模型一致;(2)对于离散模型中遗漏变量造成的内生性,本节将通过在回归中逐个加入解释变量、用不同指标表示替代制度与开放度、考虑其他因素(共同语言、共同边界等),来检验估计结果的稳健性;(3)对于连续模型中遗漏变量造成的内生性,则在模型中加入固定效应,以控制个体层面不可观测的因素。

## 三、实证结果与分析

### (一) 基准回归

表 13.2 报告了两国签订数字条款可能性的影响因素的 Probit 回归结果。结果显示,$Dist$ 回归系数显著为负,$Remote$ 回归系数显著为正,表明两国之间距离越近,与世界其他国家距离越远,则进行相关贸易的可能性及规模越大,越倾向于签订相关自由贸易协定;$Sumgdp$ 回归系数不显著,$Simgdp$ 回归系数显著为正,表明两国经济相似度越高,签订的可能性也越大;相对要素禀赋($Rgdppc$)及二次项($SqRgdppc$)的符号与奥雷菲斯和罗卡(2014)的结果一致,但并不显著。因此,部分验证了本节的假说 1。列(2)进一步考虑了国家对类型,地理因素仍然保持稳健,各经济影响因素都变得不显著,$NN$、$NS$ 均显著为正,表明发达经济体更倾向于用贸易规则来管理数字贸易。即本节的假说 2 得到了验证。列(3)纳入了与数字贸易更为相关的三个因素:互联网普及、国家风险以及数字贸易限制(开放度)。其中,$Rnet$ 回归系数显著为负,表明若两国互联网普及率差异较大,那么两国"数字鸿沟"较大,签订数字贸易条款的可能性也较小;$Ricrg$ 回归系数显著为负,表明两国国内风险差距越大,风险较低的一方相对而言更不愿意与风险较高的一方开展贸易活动,签订相关自由贸易协定的可能性也较小;$Rdtri$ 回归系数显著为负,表明若两国关于数字贸易开放度差异越大,意味着两国国内与数字贸易有关的财政限制、建立(企业)限制、数据限制以及贸易限制等存在较大差异,对数字贸易施加重大限制的经济体会增加企业和消费者的成本,贸易谈判成本较大且难以达成一致意

见,从而签订数字贸易条款的必要性和可能性也较小。

表 13.2 签订数字贸易条款可能性的影响因素

| 变量 | 全样本 | | | 剔除欧盟整体 | | |
|---|---|---|---|---|---|---|
| | （1） | （2） | （3） | （4） | （5） | （6） |
| *Dist* | -0.2919*** | -0.2740*** | -0.1834* | -0.3878*** | -0.3935*** | -0.2426** |
| | (0.0780) | (0.0803) | (0.0990) | (0.0916) | (0.0947) | (0.1143) |
| *Remote* | 0.1547*** | 0.1609*** | 0.1741*** | 0.1554*** | 0.1638*** | 0.2018*** |
| | (0.0185) | (0.0192) | (0.0270) | (0.0217) | (0.0224) | (0.0317) |
| *Sumgdp* | 0.0560 | -0.0481 | -0.0165 | 0.1413*** | 0.0565 | 0.0890 |
| | (0.0411) | (0.0457) | (0.0581) | (0.0481) | (0.0524) | (0.0670) |
| *Simgdp* | 0.1355*** | 0.0482 | -0.0013 | 0.1311** | 0.0619 | 0.0306 |
| | (0.0509) | (0.0546) | (0.0676) | (0.0580) | (0.0619) | (0.0778) |
| *Rgdppc* | 0.1807 | -0.0061 | 0.2633 | 0.2883 | 0.2269 | 0.3598 |
| | (0.1526) | (0.1959) | (0.2486) | (0.1927) | (0.2474) | (0.2983) |
| *SqRgdppc* | -0.0640 | -0.0407 | 0.0014 | -0.0940* | -0.0876 | 0.0251 |
| | (0.0405) | (0.0446) | (0.0599) | (0.0538) | (0.0588) | (0.0673) |
| *NN* | | 1.0036*** | 0.7620*** | | 0.9123*** | 0.6073** |
| | | (0.1732) | (0.2135) | | (0.2075) | (0.2561) |
| *NS* | | 0.8918*** | 0.5302** | | 0.6477*** | 0.1700 |
| | | (0.1850) | (0.2329) | | (0.2135) | (0.2741) |
| *Rnet* | | | -0.0177*** | | | -0.0125* |
| | | | (0.0057) | | | (0.0067) |
| *Ricrg* | | | -1.6248** | | | -1.9370** |
| | | | (0.6830) | | | (0.7966) |
| *Rdtri* | | | -3.3554*** | | | -3.6597*** |
| | | | (0.9672) | | | (1.0963) |
| Gonstant | 0.0074 | 1.7955 | 0.8065 | -1.8931 | -0.3404 | -1.8846 |
| | (1.1291) | (1.2007) | (1.7222) | (1.3159) | (1.3877) | (2.0018) |

续表

| 变量 | 全样本 | | | 剔除欧盟整体 | | |
|---|---|---|---|---|---|---|
| | （1） | （2） | （3） | （4） | （5） | （6） |
| $N$ | 906 | 906 | 697 | 784 | 784 | 580 |
| $R^2$ | 0.3473 | 0.3836 | 0.4189 | 0.3754 | 0.4018 | 0.4359 |

注:括号内为相应估计系数的标准误差,\*\*\*、\*\*和\*分别表示在1%、5%和10%的水平上显著。

样本偏误检验。当某些国家和地区与欧盟整体进行贸易谈判时,往往看上的是欧盟整体的市场而非单个国家的市场,此时直接拆分成国家对来分析可能会影响估计结果的准确性,故下面将欧盟作为一个整体签订包含数字贸易条款的自由贸易协定的样本剔除后再做回归,结果如列(4)—列(6)所示,结果表明,各影响因素表现出了较强的稳健性。

### （二）　数字贸易条款异质性的回归结果

表13.3报告了数字条款异质性影响因素的OLS回归结果。列(1)—列(4)分别使用了本节构建的四个异质性指标作为被解释变量。$Dist$、$Remote$ 的回归系数符号与Probit结果一致,表明若两国地理距离较近且与世界其他国家和地区距离较远,那么他们签订的数字条款覆盖范围更广、深度更深;$Sumgdp$ 回归系数显著为正,表明经济规模越大的国家签订的数字贸易条款质量越高;$Rgdppc$ 显著为正且其二次项( $SqRgdppc$ )显著为负,表明若两国要素禀赋差距越大,形成的相关条款范围更广、质量更高,而当要素禀赋差距大到一定程度时,即使两国签订自由贸易协定,也没有形成高质量自由贸易协定的动机,即两国签订的数字贸易条款的深度与相对要素禀赋呈倒"U"型关系。互联网普及率、制度因素的回归结果不同于Probit模型回归结果。$Rnet$ 回归系数显著为正,表明互联网设施差距较大的国家之间签订的数字条款质量更高;$Ricrg$ 回归系数不显著为正;$Rdtri$ 显著为正,表明若两国对数字贸易的限制情况相差越大,那么在进行贸易谈判时,更可能将存在冲突的内容纳入谈判

构建面向全球的高标准自由贸易区网络与治理规则研究

并形成法律条文,故相关条款的范围和深度也较大。*Value* 回归系数显著为正,意味着若两国前期服务贸易规模较大,那么签订的数字条款质量也越高。对比列(1)—列(4)结果可知,各影响因素对不同指标度量的数字贸易条款异质性的影响保持一致,且与预期一致,表现出了很强的稳健性。

表 13.3　数字贸易条款深度的影响因素

| 变量 | （1） | （2） | （3） | （4） |
|---|---|---|---|---|
| | *Scope*1 | *Scope*2 | *Similarity* | *Pca* |
| *Value* | 0.0407*** | 0.0607** | 0.0529** | 0.0305** |
| | (0.0128) | (0.0205) | (0.0171) | (0.0102) |
| *Dist* | −0.7898*** | −1.1889*** | −1.0083*** | −0.6087*** |
| | (0.0993) | (0.1507) | (0.1283) | (0.0766) |
| *Remote* | 0.1214*** | 0.2081*** | 0.1755*** | 0.0976*** |
| | (0.0330) | (0.0500) | (0.0427) | (0.0254) |
| *Sumgdp* | 0.1054** | 0.1609** | 0.1245** | 0.0862** |
| | (0.0357) | (0.0514) | (0.0426) | (0.0276) |
| *Rgdppc* | 0.2563** | 0.3360** | 0.2909** | 0.1948** |
| | (0.0880) | (0.1345) | (0.1169) | (0.0669) |
| *SqRgdppc* | −0.1116*** | −0.1511*** | −0.1239*** | −0.0877*** |
| | (0.0241) | (0.0372) | (0.0316) | (0.0187) |
| *Rnet* | 0.0085* | 0.0148* | 0.0111* | 0.0073* |
| | (0.0043) | (0.0069) | (0.0058) | (0.0034) |
| *Ricrg* | 0.4794 | 0.3186 | 0.3915 | 0.2507 |
| | (0.2683) | (0.4228) | (0.3537) | (0.2107) |
| *Rdtri* | 0.9625** | 1.5196** | 1.3713** | 0.7229** |
| | (0.3368) | (0.5483) | (0.4822) | (0.2560) |
| Constant | 1.4924 | 5.8902*** | −1.5996 | −0.1203 |
| | (0.8938) | (1.2897) | (1.1392) | (0.6601) |

| 变量 | （1） | （2） | （3） | （4） |
|---|---|---|---|---|
| | *Scope*1 | *Scope*2 | *Similarity* | *Pca* |
| *N* | 1246 | 1246 | 1246 | 1246 |
| $R^2$ | 0.8392 | 0.8519 | 0.8527 | 0.8409 |

注:括号内为相应估计系数的标准误差,\*\*\*、\*\*和\*分别表示在1%、5%和10%的水平上显著。

### （三）数字贸易条款谈判对象的选择

为预测未来哪些国家和地区之间签订数字贸易条款的可能性更大,下面使用倾向得分匹配法简单分析,假设实验组为已签订数字条款的国家对样本,而控制组为未签订相关条款但是与实验组国家对相比签订可能性相似的国家对样本。本节首先利用上述 Probit 模型计算倾向得分,其次使用这一倾向得分来预测样本中哪些国家对尚未签订但将来很有可能签订数字贸易条款。

对于全样本,同前文的分析一致,欧盟和美国已签订的包含数字条款的自由贸易协定最多,未来再与世界其他国家和地区签订类似条款的可能性也最高。比如,欧盟与挪威、冰岛在 20 世纪 70 年代就签订了自由贸易协定,与土耳其在 1995 年形成关税同盟,与哥斯达黎加、巴拿马等于 2012 年签订了欧盟—中美洲自由贸易协定,但是这些自由贸易协定并不涉及数字贸易相关内容,与日本、加拿大、新加坡无任何自由贸易协定,但综合考虑各项经济、地理、制度因素后,欧盟与这些国家之间在未来很可能会签订数字贸易相关条款,事实上,欧盟与日本、新加坡已分别于 2013 年、2014 年对相关问题进行谈判,一定程度上表明预测方向大致正确;美国、墨西哥、加拿大三国早期并没有在自由贸易协定中制定数字贸易规则,2018 年美国—墨西哥—加拿大协定取代北美自由贸易协定进一步验证了预测方向,美国与欧盟各国之间虽然分歧较大,但是也有可能会签订数字贸易条款,如爱沙尼亚、匈牙利、芬兰等;对于与中国贸易关系越来越密切的"一带一路"沿线国家,中国与多数东盟缔约方签订相关条款的可能性较大,主要是因为中国与这些国家和地区地理邻近且贸易往来密切,与印度和俄罗斯签订也不无可能,这一结果主要是受到国家风险和数字贸易开放度的影响,中国与这些国家的数字贸易开放情况较为接近,而与欧美等国差距较大,故相对于更为发达的欧美,中国反而更有可能与经济、地理、制度环境以及数字贸易开放度接近的国家和地区签订数字贸易条款。

# 第四节　中国构建和完善数字条款体系的对策建议

## 一、加快自由贸易协定谈判中数字贸易条款的升级

数字贸易条款的异质性受各国数字贸易开放程度等因素的影响,就中国而言,首先要做到的是在确保数据安全的同时逐步提高数字领域开放程度,在数字贸易监管和发展之间寻找平衡点。具体来说,一是要采取数字贸易便利化措施,加快单一窗口建设,大力推进港区的电子化与无人化,减少边境摩擦,将数字贸易效率最大化;二是逐步削减数字产品关税;三是建设跨境数字贸易港口,加强对中国周边地区数字贸易市场的开拓,打造拥有国际竞争力的数字贸易中心。再者互联网的普及也很重要,中国应借助 5G 网络即将到来的时机,进一步完善互联网相关基础设施,提高互联网接入率,缩小与发达国家之间的差距。在规则制定层面,中国可以抓住当下数字贸易条款碎片化严重这个机遇,将已有的规则进行整合与重构,对积极先进的条款予以借鉴吸收,对会严重损害中国利益的条款予以搁置或改良,再基于中国实际情况加入中国特色的数字贸易条款,例如将移动支付纳入数字贸易谈判框架,争取早日推出全球统一的反映中国诉求的数字贸易条款。

## 二、多边层面应制定跨境电商统一规则，构建全球数字贸易规制新框架

目前全球主要数字贸易参与国在电子商务、数字贸易所涉及的具体领域尚未达成较为一致的共识，中国应当基于自身在跨境电商领域的领先地位优势，加快建立并推广通关便利化、跨境物流等跨境电商有关规则，在多边层面彰显话语权，占领规则制定高地。一方面，目前在世界贸易组织框架下，中国在电子传输免征关税、通关便利化、提升跨境物流效率、营造跨境电商公平竞争环境、承认数字证书和电子签名等方面给出了中国建议。未来中国可以基于贸易便利化协定，同时结合中国在自由贸易试验区内试点推行的跨境电商贸易便利化改革等实践经验，推动跨境电商统一规范的制定。另一方面，中国应在加快世界贸易组织数字贸易议程方面发挥领导作用。其原因有两个：一是虽然当下各国热衷于区域经济合作，但出于数据流动本身具有全球性特征的考虑，当下双边或区域间的数字贸易谈判最终还是要回归到多边层面，最终目标是追求全球数字贸易自由化；二是现有绝大多数自由贸易协定文本都是以世界贸易组织为基础，并且当自由贸易协定缔约方在数字贸易领域发生争端时，世界贸易组织相关规定这时可以提供很好的准绳作用。所以中国应坚定推动数字贸易（电子商务）规则多边化，努力避免数字贸易治理的碎片化。

## 三、双边和区域层面应加快自由贸易协定数字条款缔约谈判

尽管长期理想的做法是推进数字贸易条款多边化，但由于多边谈判诸多议题往往无法达成共识，双边和区域间的数字贸易谈判是中国必须要经历的过程。中国应以现有的中国—韩国自由贸易协定和中国—澳大利亚自由贸易协定中电子商务规则为基础，重点在数字服务贸易的市场开放、跨境数据自由流动、计算机设施和数据本地化以及源代码等问题上加快与亚太区域国家的自由贸易协定签订，进一步扩大中国在双边和区域层面的电子商务规则影响

力,应对"美式模板"的挑战。在跨境数据自由流动问题上,应对其进行分类管控,如对金融、国防、电力等重要领域的跨境数据流动进行制约,对其他一般行业则一定程度上允许数据的自由流动。对于商业机密数据、个人隐私数据和国家党政机关的数据,不允许从境内流出,至于剩下的数据则可以放宽要求。而在数字贸易市场开放问题上,中国应大力推进负面清单模式,因为其代表着更为开放的数字贸易环境。当然现阶段中国尚不具备完全开放数字服务贸易市场的基础,所以应逐步推进,一方面以自由贸易试验区为试点逐步缩小负面清单范围;另一方面可以在中日韩自由贸易协定、"一带一路"倡议等区域经济合作中逐步引入负面清单来解决数字服务贸易市场准入问题。

## 四、国内层面应积极完善国内相关立法和准则,努力与数字贸易国际规则接轨

近年来中国电子商务市场虽然发展迅猛,但国内互联网相关规则依然不够完善,这在某种程度上增加了中国参与数字贸易国际规则的难度,因此要想在数字贸易谈判中发挥建设性作用,必须先完善国内相关立法和准则。唯有完善国内互联网贸易法律制度,才能给中国在国际舞台上通过双边、区域、多边贸易谈判推动互联网贸易规则的国际制度建构提供支撑。《中华人民共和国电子商务法》已于 2018 年颁布,其相关配套法律也亟须出台,明确服务提供者的义务与责任,构建有效保护公民个人隐私信息的法律机制,推动跨境电商贸易便利化,保障数据信息的依法有序流动和合理利用,为云计算、大数据等新兴行业的发展提供制度保障。

长期以来,中国对跨境数据流动审查制度的不透明也一直被外界所诟病,一定程度上抑制了中国数字贸易的发展,因此需要对此确立基本原则,作出明确细致的规定,避免不必要的摩擦。为了减少立法不确定性、降低新法律带来的负面效应,可以以自由贸易试验区为试点,推动数字贸易的深层次自由化,探索与数字贸易自由相适应的合理的国家规制措施的范围与限度。未来可以

结合电子商务、网络安全、个人信息等相关立法,在保证国家安全的基础上探索进一步推动数据流动自由的机制设计,为中国电子商务、云计算的发展提供大数据支撑。同时,在深化跨境电商便利化措施、提高数字知识产权保护标准、提高电子商务公平竞争性市场环境建设上先试先行,探索可以在全国范围内推广的制度设计。

总而言之,数字贸易亟须一个全球性的贸易框架来规范,在我们面临的规则挑战背景下,中国既需要积极地保护数据安全,同时也要减少数字贸易保护主义,避免导致更大的"数字鸿沟"和"数字贸易失衡",要在全球新一轮数字贸易制定中争取主动权,推动建立公平、透明、统一的全球数字贸易规范。

# 第十四章　高标准自由贸易协定的非关税壁垒条款研究

　　随着经济全球化和贸易自由化发展以及世界贸易组织多边贸易谈判的深入，传统的贸易壁垒，如关税、配额、许可证等已经逐渐退出历史舞台，取而代之的是更为隐蔽的技术性贸易壁垒。美国、日本、欧盟等发达国家凭借其在科技、管理和环保等方面的优势，设置了以技术法规、标准和合格评定程序等为核心的技术性贸易壁垒措施和以标准、风险评估、审计和控制检查为核心的卫生与植物卫生措施，对市场准入设置极为严格的条件。技术性贸易壁垒措施、卫生与植物卫生措施是目前各国尤其是发达国家人为设置的贸易壁垒，也是最常见的非关税壁垒措施。平均每个国家和地区对约30%的贸易产品实施技术性贸易壁垒措施，对约15%的产品实施卫生与植物卫生措施。随着技术性贸易壁垒愈演愈烈，为减轻技术性贸易壁垒对国际贸易的影响，各国转而在自由贸易协定框架下开展技术合作和分享关于制定标准或监管办法的信息，甚至联合制定标准和法规等，为进一步发展贸易自由化议程提供解决方案。技术性贸易壁垒措施、卫生与植物卫生措施条款深度和广度也在不断扩展，成为高水平自由贸易协定的重要组成部分。中国目前签订并生效的自由贸易协定几乎都将技术性贸易壁垒措施、卫生与植物卫生措施议题纳入其中，强调标准合作与交流。国家市场监管总局也正式印发《关于加强技术性贸易措施工作的指导意见》,指明要积极参与世界贸易组织等多边框架下的全球经济治理,推动完善相关国际规则,进一步提升合规意识与合规能力,健全与国际规则接轨的市场监管制度体系。这些举措凸显出中国对技术性贸易壁垒议题的重视,有利于中国建立并完善适应协定缔约方的技术法规、技术标准和合格评定制度,并在此基础上建立相互认证制度,从而降低贸易成本。

# 第一节　全球自由贸易协定的非关税壁垒条款发展趋势

## 一、发展模式

技术性贸易壁垒是一国或地区为保护本国国民健康、安全、产品质量、环保等而设置的一种非关税壁垒措施,对外国出口产品制定严格的技术标准,提高产品技术要求,增加进出口难度。世界贸易组织技术性贸易壁垒协定是当前约束技术性贸易壁垒措施的重要国际条约,为双边和多边自由贸易协定的技术法规、标准和合格评定程序提供国际范本。包含技术性贸易壁垒措施的自由贸易协定发展趋势见图 14.1(a)。从数量上看,截至 1995 年,通报世界贸易组织且生效的自由贸易协定中,有 75% 的自由贸易协定纳入技术性贸易壁垒条款。截至 2005 年,82% 的自由贸易协定纳入包含技术性贸易壁垒条款。截至 2007 年,这一比例超过 90%。截至 2020 年,通报世界贸易组织且生效的自由贸易协定中,已有 292 个自由贸易协定纳入技术性贸易壁垒条款,并且 2007 年之后生效的自由贸易协定均包含技术性贸易壁垒条款。从增量上看,1995 年之后,包含技术性贸易壁垒措施议题的自由贸易协定迅速增加,年度增量首次超过 10 个。2004 年涌现出美国—智利自由贸易协定、韩国—智利自由贸易协定、美国—新加坡自由贸易协定等 23 个自由贸易协定,年度增量达到顶峰。2008—2015 年,包含技术性贸易壁垒措施议题的自由贸易协定年度增量稳定在 10—13,而后逐渐回落。总的来说,世界各国逐渐意识到技术性贸易壁垒措施的重要性,在世界贸易组织技术性贸易壁垒协定基础上,将适用条款纳入双边或多边贸易协定,并规制等效互认、技术磋商等新内容。

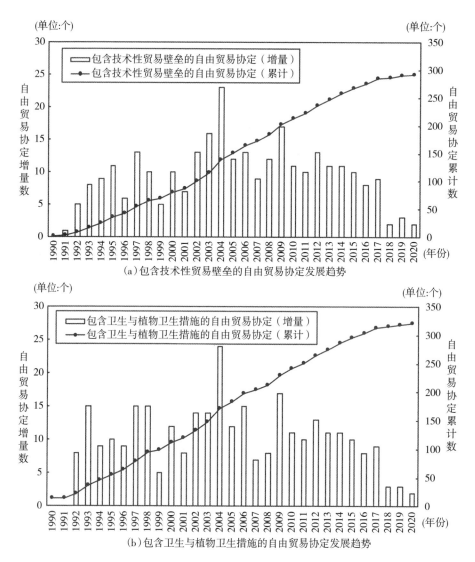

图 14.1　1990—2020 年包含非关税壁垒的自由贸易协定发展趋势

资料来源:根据贸易协定设计数据库整理而得,数据截至 2020 年。

卫生与植物卫生措施规范了动植物、动植物产品和食品的进出口程序,包括协调、等效、风险评估、控制检查和批准程序、特殊和差别待遇等规则,旨在提高各国卫生与植物卫生措施的透明度,加强彼此间的合作,便利双边企业贸易。包含卫生与植物卫生措施的自由贸易协定发展趋势如图14.1(b)所示。从数量上看,1990年之后,包含卫生与植物卫生措施议题的自由贸易协定数量迅速增加。截至2010年,通报世界贸易组织且生效的自由贸易协定中,98%的自由贸易协定包含卫生和植物检疫条款。截至2020年,已有323个自由贸易协定包含卫生与植物卫生措施条款。从增量上看,包含卫生与植物卫生措施议题的自由贸易协定从1992年开始迅速增加,1993年已有15个自由贸易协定纳入卫生与植物卫生措施条款。2004年是自由贸易协定中卫生与植物卫生措施条款增加的峰值,涌现出美国—智利自由贸易协定、韩国—智利自由贸易协定、美国—新加坡自由贸易协定等24个自由贸易协定。2009—2015年自由贸易协定数量平稳增加,而后有所回落。总体来看,包含卫生与植物卫生措施议题的自由贸易协定发展情况与技术性贸易壁垒措施议题的发展情况基本一致,体现出世界各国对食品安全、动植物安全、产品质量等问题的重视,在双边或多边自由贸易协定中超越世界贸易组织实施卫生与植物卫生措施协定,纳入更加高效、更加安全的检疫措施。

## 二、议题内容

技术性贸易壁垒措施议题只涉及与产品或工艺、生产方法有关的技术法规、标准和合格评定程序。其主要目标在于保证技术法规和标准,包括对包装、标志和标签的要求,以及合格评定程序不会给自由贸易协定缔约方之间的国际贸易造成障碍。通过加强制定、采用和实施技术法规、标准和合格评定程序,提高缔约方企业的生产效率,便利缔约方之间的国际贸易。技术性贸易壁垒措施具体条款共计33条,涵盖世界贸易组织技术性贸易壁垒协定、标准、技术法规、合格评定程序、透明度、联络点与合作七大方面。其中,标准、技术法规、合格评定程序是技术性贸易壁垒条款的核心内容,其余为执行保障措施。1995—1999 年生效的自由贸易协定平均包括 7 项技术性贸易壁垒措施规定,2010—2017 年生效的自由贸易协定平均包括 13 项规定。根据技术性贸易壁垒条款重要程度,含有双边互认程序、缔约方协调现行标准/技术法规/合格评定程序、使用或创新区域标准/技术法规/合格评定程序、进口国承担不符合标准的责任、有允许提议的时间、允许提议的时间超过 60 天、强制性措施这 7 项条款为技术性贸易壁垒措施关键条款,代表技术性贸易壁垒措施议题的谈判深度和自由贸易协定双方的合作共识。1995—2017 年,技术性贸易壁垒条款的平均深度几乎翻了一番,包括更多、更深层次的承诺,如在技术性贸易壁垒措施一体化领域征求意见、完成建议和相互承认等。

卫生与植物卫生措施议题包括所有与动植物检疫相关的法律、法令、法规、要求和程序。其中还特别包括最终产品标准;工序和生产方法;检验、检查、认证和批准程序;检疫处理,包括与动植物运输或在运输过程中为维持动植物生存所需物质有关的要求;有关统计方法、抽样程序和风险评估方法以及与粮食安全直接相关的包装和标签要求。卫生与植物卫生措施涵盖世界贸易组织实施卫生与植物卫生措施协定、标准、风险评估、审计/控制检查、透明度、合作、未来谈判、互认协议、其他九大方面共计 56 项具体条款。目前通报世界贸易组织且生效的自由贸易协定中,超过一半的自由贸易协定以世界贸易组织实施卫生与植物卫生措施协定为基础规制卫生与植物卫生措施议题,更有超过 40 个自由贸易协定以具体附件形式明确自由贸易协定双方在卫生与植物卫生措施议题上的权利与义务。从自由贸易协定缔约方发展水平上看,可以分为缔约方均为发展中经济体、至少有一方是发达经济体、所有缔约方均为发达经济体三类。其中,发展中国家签订的自由贸易协定中有 90% 包含卫生与植物卫生措施条款,超过发达国家的 73%,这意味着发展中国家致力于通过加强区域卫生与植物卫生措施监管合作来提升国内监管体系。

# 第二节　自由贸易协定的非关税
# 壁垒条款测度与比较

## 一、区域比较

根据包含技术性贸易壁垒措施和卫生与植物卫生措施议题的自由贸易协定地理位置分布情况,跨洲签订技术性贸易壁垒措施和卫生与植物卫生措施条款的数量最多,分别为 129 个和 139 个,这意味着跨洲贸易面临更加复杂多变的技术性贸易壁垒和动植物检疫措施,世界各国标准不一引致自由贸易协定纳入执行力度、种类多变的技术性贸易壁垒措施和卫生与植物卫生措施条款。其次是欧洲,有 87 个自由贸易协定包含技术性贸易壁垒条款,109 个自由贸易协定包含卫生与植物卫生措施条款。这是由于欧盟是技术性贸易壁垒的发源地,也是对其实施最为严格的地区。美洲以美国为主导,签订了 37 个包含技术性贸易壁垒措施议题的自由贸易协定和 36 个包含卫生与植物卫生措施议题的自由贸易协定。亚洲以日本、韩国和新加坡为主导,签订了 33 个包含技术性贸易壁垒措施和卫生与植物卫生措施议题的自由贸易协定。非洲和大洋洲关于此类自由贸易协定的数量分别为 5 个和 1 个。

通过对比特定区域签订的自由贸易协定非关税壁垒措施的条款特征。可以发现:第一,欧盟较为特殊,仅有不足 50% 的自由贸易协定在制定技术性贸易壁垒措施和卫生与植物卫生措施条款时参考世界贸易组织规则,并且对自由贸易协定双方的技术性贸易壁垒措施和卫生与植物卫生措施规则协调统一、信息交换、标准等设有非常明确规定。欧盟作为技术性贸易壁垒的发源地,设有两个监管机制。一是非食品类消费产品的快速预警系统(The Rapid Alert System for Non-food Consumer Products, RAPEX),重点关注通用产品、玩具、化妆品和低压电器四类产品。不合格商品将面临退运、召回、禁止入境、销毁等处理结果。二是欧盟食品和饲料快速预警系统（Rapid Alert System for Food and Feed，RASFF），重点关注食品、饲料及相关产品不合格的情况。非食品类消费品的快速警报系统被视作提高欧盟技术性贸易壁垒实施有效性的重要手段，也是各国了解输欧产品遭遇欧盟技术性贸易壁垒措施情况的重要渠道。食品和饲料快速预警系统可以反映食品及相关产品在输欧过程中遭遇技术性贸易壁垒措施及卫生与植物卫生措施的情况。

第二，美国、日本、韩国、澳大利亚90%以上的自由贸易协定参考世界贸易组织技术性贸易壁垒协定、世界贸易组织实施卫生与植物卫生措施协定制定相应的技术性贸易壁垒措施和卫生与植物卫生措施条款，50%以上的自由贸易协定要求实施的技术性贸易壁垒措施和卫生与植物卫生措施不得对国际贸易产生阻碍，但仅有少数自由贸易协定对规则协调统一有明确要求。

第三，中国、智利、秘鲁签订的技术性贸易壁垒措施、卫生与植物卫生措施条款均是在世界贸易组织相关规则基础上，加入自由贸易协定双方达成一致的共性条款。相比美国、欧盟、日本、韩国等发达国家，发展中国家更加注重技术性贸易壁垒措施、卫生与植物卫生措施条款的信息交流与合作。总体而言，欧盟所涉自由贸易协定更加注重条款协调与统一，美国、日本、韩国、澳大利亚通常倾向于条款对等、相互承认，而中国、智利、秘鲁等发展中国家更加注重双边交流与合作。

## 二、自由贸易协定比较

### （一）中美欧自由贸易协定比较

在技术性贸易壁垒措施方面，随着时间的推移，中国签订的自由贸易协定技术性贸易壁垒措施规则越来越丰富，近年来签订的自由贸易协定技术性贸易壁垒措施承诺已经达到较高水平。其中，区域全面经济伙伴关系协定、中国—智利、中国—新加坡等自由贸易协定的技术性贸易壁垒措施规则深度排名前列。中国签订自由贸易协定的技术性贸易壁垒措施章节以世界贸易组织技术性贸易壁垒协定为参考,鼓励技术合作和信息交换,鼓励使用技术性贸易壁垒措施国际标准。但相比欧盟、美国签订的自由贸易协定,中国更少涉及技术性贸易壁垒措施协调措施、争端解决、贸易影响等方面内容,而欧盟大部分的自由贸易协定均包含技术性贸易壁垒措施协调的条款,美国大部分自由贸易协定则涵盖了争端解决程序。

在卫生与植物卫生措施方面,中国签订的自由贸易协定的卫生与植物卫生措施承诺也达到了较高水平,卫生与植物卫生措施规则数量呈现增加的趋势。其中区域全面经济伙伴关系协定中的卫生与植物卫生措施章节包含17条具体规则要求,是中国目前已签订自由贸易协定中高水平卫生与植物卫生措施规则的代表,此外中国与智利、秘鲁、哥斯达黎加、瑞士、格鲁吉亚、巴基斯坦等签订自由贸易协定的卫生与植物卫生措施规则深度也较高。相比实施卫生与植物卫生措施协定,中国自由贸易协定中的卫生与植物卫生措施规则在适应地区条件、透明度、技术合作和卫生与植物卫生措施委员会等方面作出进一步深化,在多个自由贸易协定中都涵盖适应地区条件规则和透明度规则,而且详细列举了卫生与植物卫生措施技术合作领域,包括等效性、风险控制方法、风险分析方法、检测检验方法等,同时通过建立卫生与植物卫生措施委员会、卫生与植物卫生措施技术工作组等来监督卫生与植物卫生措施规则的实施。另外,美国、欧盟、中国三大经济体对卫生与植物卫生措施技术合作和信息交换均较为关注,而在较为明确的协调性规则方面欧盟最为关注。

## (二) 高标准自由贸易协定比较

目前高标准自由贸易协定普遍确认了缔约方的技术性贸易壁垒措施和卫生与植物卫生措施的权利与义务,要求缔约方在保护人类和动植物生命健康以及产品质量和安全的同时,不会对国际贸易造成不必要的障碍,要求提高相关措施的透明度,加强等效性和一致性,设立联络点以及卫生与植物卫生措施委员会和技术性贸易壁垒措施委员会,加强合作与信息交换。

第一,从技术性贸易壁垒措施章节来看,自由贸易协定进一步强调了世界贸易组织技术性贸易壁垒协定的实施,保证标准、技术法规和合格评定程序不会对贸易造成不必要的障碍,并加强缔约方在标准、技术法规和合格评定程序领域包括在相关国际机构的工作中的信息交流与合作。高标准自由贸易协定的技术性贸易壁垒措施章节具有以下表现:

(1)在技术性贸易壁垒措施规则透明度方面,自由贸易协定大多要求及时通报技术法规与合格评定程序,给予公众和利益相关方一定的评议期,全面与进步的跨太平洋伙伴关系协定、美国—墨西哥—加拿大协定和欧盟—日本经济伙伴关系协定还要求在技术法规发布与生效之间留出至少6个月的时间间隔。从法规公布范围来看,全面与进步的跨太平洋伙伴关系协定、美国—墨西哥—加拿大协定不仅要求公布中央政府机构有关技术法规与合格评定程序的所有提案及最终版本,还要求公布中央政府下一级地方政府的有关技术法规与合格评定程序的所有提案及最终版本。从其他缔约方参与来看,全面与进步的跨太平洋伙伴关系协定和美国—韩国自由贸易协定规定,应以与一方人员同样的条件允许另一方人员参与制定标准、技术规范及合格评定程序,欧盟—日本经济伙伴关系协定则允许另一方的人员参与咨询程序。

(2)在技术性贸易壁垒措施等效性与一致性方面,区域全面经济伙伴关系协定、全面与进步的跨太平洋伙伴关系协定、美国—墨西哥—加拿大协定以及其他高标准自由贸易协定大多要求取消不必要的技术性贸易壁垒,简化程序,尽可能采用国际标准,并加强合格评定结果的互认。全面与进步的跨太平洋伙伴关系协定针对葡萄酒和烈酒、信息及通信技术产品、药品、化妆品等8个领域特定产品的规制拟定了专门附件,要求在相关产品贸易管理中采取共同做法。欧盟—新加坡自由贸易协定也制定了电子产品附件,就电子产品的安全性和电磁兼容性所涉及的标准、技术法规与合格评定程序作出规定,要求采用国际标准,原则上不要求强制性第三方合格评定。欧盟—日本经济伙伴关系协定要求尽可能广泛地统一标准,尽量采用国际标准,遵循世界贸易组织的技术性贸易壁垒措施良好法规惯例,承认技术法规等效性,还要求根据2001年签订的《欧共体与日本互认协议》扩大双方在产品、适用法规、合格评定机构等方面的适用范围。例如,双方就机动车的产品安全和环境保护国际标准互认达成一致,在医疗设备、纺织品标签、烧酒和葡萄酒等领域,日本将采取欧盟使用的国际标准,或是确保其标准和技术法规尽可能以国际标准为基础。美国—韩国自由贸易协定要求加强包括联合国欧洲经济委员会、世界车辆法规协调论坛在内的双边合作,以协调汽车环保性能及安全标准。日本—印度全面经济伙伴关系协定要求探讨电子产品互认安排的可行性,确认技术法规的等效性。

(3)在相关机构方面,区域全面经济伙伴关系协定、全面与进步的跨太平洋伙伴关系协定和美国—墨西哥—加拿大协定均提出指定联络点、设立世界贸易组织技术性贸易壁垒协定委员会,除此之外,全面与进步的跨太平洋伙伴关系协定和美国—墨西哥—加拿大协定还提出设立区域协调机制,并纳入了强制性条款,且卫生与植物卫生措施章节适用于争端解决机制。

第二,从卫生与植物卫生措施来看,自由贸易协定通过制定、采取和适用卫生与植物卫生措施,保护人类、动物或植物的生命或健康,同时通过减少对缔约方之间贸易的消极影响来便利贸易。如区域全面经济伙伴关系协定的卫生与植物卫生措施章节促进了世界贸易组织实施卫生与植物卫生措施协定的实施,并加强在病虫害非疫区和低度流行区、风险分析、审核、认证、进口检查以及紧急措施等执行的条款。高标准自由贸易协定的卫生与植物卫生措施章节主要具有以下表现:

(1)在卫生与植物卫生措施规则透明度方面,自由贸易协定大多要求提高相关措施的透明度,及时公布和通报,并为利益相关方提供合理评议机会。区域全面经济伙伴关系协定、全面与进步的跨太平洋伙伴关系协定和美国—墨西哥—加拿大协定均规定了60天评议期制度,全面与进步的跨太平洋伙伴关系协定还要求各方通报最终措施与措施生效之间要有 6 个月以上的间隔期,为企业和机构提供充足调整时间从而减少可能带来的不利影响。欧盟—新加坡自由贸易协定规定,应缔约方要求,应在 15 日内提供特定产品进口条件及授权进度信息,通过联络点进行信息交换。欧盟—日本经济伙伴关系协定也要求确保进口要求、检查程序的透明度,提供进口要求、产品授权进展、检查频率等信息。

如一方认为另一方采取的措施可能对贸易造成或已经造成不必要的障碍,可书面请求进行技术磋商。全面与进步的跨太平洋伙伴关系协定、美国—墨西哥—加拿大协定和区域全面经济伙伴关系协定均要求在行政程序及双边或其他现有机制无法解决时使用技术磋商,并在收到请求后 30 日内进行磋商,尽可能在申请后 180 日内解决,全面与进步的跨太平洋伙伴关系协定还要求回应方应在其收到该请求之日后 7 日内书面确认收到该请求。中国—瑞士自由贸易协定要求提出书面请求后 60 日内进行技术磋商,紧急情况下 20 日内进行。欧盟—新加坡自由贸易协定要求提交请求 30 日内结束。欧盟—日本经济伙伴关系协定要求一方提出请求后另一方立即答复,收到答复后 90 日内完成。为保护人类和动植物生命健康,部分自由贸易协定还允许在特殊情况下采取紧急措施,但需要尽快通知另一方。欧盟—新加坡自由贸易协定要求在紧急措施实施 24 小时内通知,并在通知后 15 日内进行磋商。欧盟—日本经济伙伴关系协定要求允许另一方提出书面评论,必要时开展技术磋商。全面与进步的跨太平洋伙伴关系协定和美国—墨西哥—加拿大协定要求在 6 个月内对该措施的科学基础进行审议。

(2)在卫生与植物卫生措施等效性与一致性方面,各自由贸易协定在管理与实施程序上鼓励采用国际标准,支持对相关措施开展壁垒等效性评估。美国—墨西哥—加拿大协定的等效规则最为详细,扩大了单次等效认可决定所认可的范围,规定了详细的等效认可流程,并进一步规定了精简程序、优先事项和维持等效措施的流程。从进口要求来看,欧盟—新加坡自由贸易协定规定,进口要求应适用于缔约方全部领土,并以适当的、非歧视的方式适用于进口产品,对进口产品的检查应基于与卫生和植物卫生相关的风险,不得无故拖延,并将其对贸易的影响减至最小。欧盟—日本经济伙伴关系协定还规定,应对进口要求和进口程序进行审查,充分交换有害生物相关信息,允许采用替代性卫生与植物卫生措施,并鼓励采用电子认证以促进贸易。从等效互认来看,缔约方认可卫生与植物卫生措施的等效性,要求在可行且适当的范围内,参考国际标准对相关措施或体制进行等效互认。全面与进步的跨太平洋伙伴关系协定、美国—墨西哥—加拿大协定要求在合理时间内开始等效评估,如得到等效认可,则应进行书面交流并在合理时间内实施。欧盟—新加坡自由贸易协定和欧盟—日本经济伙伴协定也规定,在确定等效性的情况下,缔约方可约定简化的卫生与植物卫生措施证书模板。欧盟—加拿大自由贸易协定则在附件中记载了两国之间已经认可等效的具体措施。

(3)在适应地区条件方面,全面与进步的跨太平洋伙伴关系协定和美国—墨西哥—加拿大协定细化了认可地区条件的相关程序以及在此过程中进出口方的权利义务,并增强了进口方的证明责任,当进口方不认可地区条件时需承担证明责任。欧盟—加拿大自由贸易协定则在附件中规定了一份适用区域化管理规则的动物疾病清单,从而明确了适用这一规则的具体疫病。区域全面经济伙伴关系协定也加强了在病虫害非疫区和低度流行区方面的执行情况。

(4)在进口检查方面,全面与进步的跨太平洋伙伴关系协定和美国—墨西哥—加拿大协定对进口检查过程中的信息公开和进出口方的权利义务作出了明确规定,要求做到进口检查评估结果都有据可查,并提出了一系列措施来加强进口方与进口商、代理商、出口商等私人主体之间的沟通。欧盟—加拿大自由贸易协定则在附件中明确规定了不同产品的进口检查频率,同时明文允许进口国对进口检查收取费用。区域全面经济伙伴关系协定在进口检查方面规定出口方在货物发生重大或反复不符合检疫要求时召集各方进行讨论,以确保采取适当的补救措施。

(5)在机构设置和争端解决章节适用方面,区域全面经济伙伴关系协定、全面与进步的跨太平洋伙伴关系协定和美国—墨西哥—加拿大协定均提出设立卫生与植物卫生措施联络点或咨询点,除此之外,全面与进步的跨太平洋伙伴关系协定和美国—墨西哥—加拿大协定还提出设立专门的卫生与植物卫生措施委员会,成立专门工作组,并定期召开会议。同时全面与进步的跨太平洋伙伴关系协定和美国—墨西哥—加拿大协定的卫生与植物卫生措施章节适用于争端解决章节,区域全面经济伙伴关系协定在生效前两年内排除争端解决章节对卫生与植物卫生措施规则的适用,但要求缔约方逐步将争端解决章节适用于卫生与植物卫生措施章节。

## (三) 中国、美国、欧盟技术性贸易壁垒措施、卫生与植物卫生措施条款和理念对比

美国和欧盟是将技术性贸易壁垒措施和卫生与植物卫生措施条款纳入自由贸易协定的主要推动者,技术性贸易壁垒协定和实施卫生与植物卫生措施协定早期也是以美、欧等的行政法作为参考和基础而形成。表14.1报告了美国、欧盟和中国目前已签订自由贸易协定的非关税壁垒条款和理念对比情况,美国、欧盟、中国三大经济体在降低合规成本的目标上具有一致性,近年来签订的自由贸易协定均包含技术性贸易壁垒章节和卫生与植物卫生措施章节。在规则理念上,美国更强调促进标准互认对等,致力于构建以标准对等互认为核心的制度体系;欧盟则希望增强贸易合作,构建以标准协调为核心的制度体系;中国则希望提高政策透明度和促进贸易合作,构建以标准合作和透明为核心的制度体系。在规则内容上,三大经济体签订的自由贸易协定非关税壁垒措施均以世界贸易组织技术性贸易壁垒协定和实施卫生与植物卫生措施协定为基础和参考,并涉及咨询点、信息交流和透明度等内容。除此之外,美国非关税壁垒条款涉及对等、互认、定期会议、技术援助等内容,欧盟强调技术性贸

易壁垒措施和卫生与植物卫生措施的全面协调,而中国则涉及技术性贸易壁垒措施标准、技术法规和技术措施等。另外,中国签订的自由贸易协定技术性贸易壁垒措施和卫生与植物卫生措施章节不适用于争端解决机制,美国和欧盟的技术性贸易壁垒措施和卫生与植物卫生措施章节均涉及争端解决。

表 14.1　美国、欧盟、中国自由贸易协定的非关税壁垒条款和理念对比

| 对比项 | 美国 | 欧盟 | 中国 |
|---|---|---|---|
| 位置分布 | 技术性贸易壁垒、卫生与植物卫生措施 | 技术性贸易壁垒、卫生与植物卫生措施 | 技术性贸易壁垒、卫生与植物卫生措施 |
| 规则诉求 | 降低合规成本、促进互认对等 | 降低合规成本、增强贸易合作 | 降低合规成本、提高政策透明度 |
| 规则模式 | 构建以标准对等互认为核心的制度体系 | 构建以标准协调统一为核心的制度体系 | 构建以标准合作和透明为核心的制度体系 |
| 共有条款 | 世界贸易组织技术性贸易壁垒协定、世界贸易组织实施卫生与植物卫生措施协定、技术性贸易壁垒措施/卫生与植物卫生措施咨询点、信息交流 | | |
| 差异条款 | 对等、互认、定期会议、技术援助、争端解决等 | 技术性贸易壁垒措施/卫生与植物卫生措施全面协调、争端解决等 | 技术性贸易壁垒措施标准、技术法规、技术磋商等 |

资料来源:根据自由贸易协定文本整理而得。

## 三、非关税壁垒条款发展动向

技术性贸易壁垒措施主要表现在技术法规和标准、产品质量认证和合格评定、商品包装和标签规定、绿色壁垒和信息技术壁垒等方面。卫生与植物卫生措施的实施是对一国领土内居民和动植物生命健康的保障,一定程度上可以规范国内产品和进口产品的加工和检疫程序。由于具有广泛性、系统性、隐蔽性、灵活性等特征,技术性贸易壁垒措施和卫生与植物卫生措施成为一种非关税壁垒,频繁出现在国际贸易中。一方面,自由贸易协定中的技术性贸易壁垒措施和卫生与植物卫生措施为国内制度体系带来一定的挑战,同时也提高

了出口企业进入缔约方市场的门槛,削弱了出口产品的国际竞争力,对新兴产业和传统优势产业的出口造成限制。另一方面,这些措施却能够规范国内与国际标准,兼顾科学发展与环保并进,促进企业技术创新,实现国内经济的可持续发展。从历史实践来看,欧盟签订的自由贸易协定偏好本土技术性贸易壁垒措施和卫生与植物卫生措施,比世界贸易组织规则更加严格;美国所涉自由贸易协定适用部分世界贸易组织规则,注重技术性贸易壁垒措施、卫生与植物卫生措施的互认等效。对中国等发展中国家而言,国内质检体系尚不完善,推动和落实国际标准还有一定阻碍,因此在自由贸易协定中倾向信息交换与合作。

从具体条款来看,世界贸易组织规则已是发展中国家和发达国家惯用的基本原则,在此基础上加强自由贸易协定双方关于技术性贸易壁垒措施、卫生与植物卫生措施的标准交换与合作,增强技术性贸易壁垒措施、卫生与植物卫生措施的透明度。值得注意的是,发达国家对自由贸易协定中的技术性贸易壁垒措施、卫生与植物卫生措施持有两种态度。一是促进标准互认,承认缔约方措施的等效性。技术性贸易壁垒措施涉及标准、技术法规和合格评定程序三类核心条款,卫生与植物卫生措施涉及风险评估、标准、审计和控制检查等核心条款。美国、日本等国在自由贸易协定中增加此类核心条款的互认程序,要求缔约方对效果相同的措施予以承认,认可其等效性。虽然中国签订的自由贸易协定也包含互认条款,但没有执行性,缺乏相应的互认机制。二是促进自由贸易协定双方标准的一致性。重点体现在欧盟所涉自由贸易协定,设置协调机制,要求实现技术性贸易壁垒措施、卫生与植物卫生措施部分或全面统一。这意味着欧盟的技术性贸易壁垒措施、卫生与植物卫生措施条款相比,美国更具有前瞻性与统一性,更能促进区域技术性贸易壁垒措施、卫生与植物卫生措施的一致性与执行性,削减自由贸易协定双方因措施不一致引致的贸易成本。中国目前签订的自由贸易协定尚未对标准协调统一有明确规定。总体来看,实现技术性贸易壁垒措施标准、技术法规、合格评定程序、卫生与植物卫生措施标准、风险评估、审计和控制检查的条款互认,承认缔约方措施的等效性是协定双方加强区域合作、促进经济一体化的未来方向。实现更高标准的规则统一是自由贸易协定双方完成技术性贸易壁垒措施、卫生与植物卫生措施互认对等后的进一步发展方向。

总体而言,非关税壁垒措施不同于传统的货物贸易、服务贸易等,具有很强的隐蔽性、目的性,难以及时察觉并应对。目前世界各国对技术性贸易壁垒措施和卫生与植物卫生措施的实施与执行力度持有很大差异,全面实现技术性贸易壁垒措施、卫生与植物卫生措施在自由贸易协定双方之间的相互承认和等效,甚至部分或完全统一,需要考虑自由贸易协定双方的国内体制、宗教、反应机制、能力建设水平等诸多方面。

## 第三节　关税与非关税壁垒对贸易的影响

### 一、理论分析

早期学术界倾向于将自由贸易协定作为整体分析其贸易效应,且基本均得出自由贸易协定具有贸易创造效应的结论。李荣林和赵滨元(2012)[1]认为中国自由贸易协定的贸易创造效应显著而贸易转移效应较少,对中国出口的推动效应明显,但对进口的影响因缔约方而异;熊芳和刘德学(2012)[2]认为中国自由贸易协定有积极影响但不显著;拜尔和伯格斯特兰德(2007)和车等(Cheong 等,2015)[3]认为自由贸易协定对双边贸易量影响为正;西波利纳和

---

① 李荣林、赵滨元:《中国当前 FTA 贸易效应分析与比较》,《亚太经济》2012 年第 3 期。

② 熊芳、刘德学:《中国自由贸易区建设的战略——基于面板数据的实证分析》,《国际经贸探索》2012 年第 1 期。

③ Cheong J., Kwak D. W., Tang K. K., "Can Trade Agreements Cuftail Trade Creation and Prevent Trade Diversion?", *Review of International Economics*, Vol. 23, No. 2, 2015, pp. 221-238.

萨瓦蒂奇(Cipollina 和 Salvatici,2010)①对 85 篇相关文献进行了统计性的综述分析(meta 分析),认为自由贸易协定对双边经济贸易有正向影响。这些研究统一将自由贸易协定视作一个虚拟变量(若国家间存在自由贸易协定则取1,否则取 0),在高度概括的层面研究其产生的贸易效应,而没有区分自由贸易协定中关税措施与非关税措施的贸易效应。尤其随着当前关税水平可减免区间逐渐缩窄,非关税措施在自由贸易协定的谈判中越发受到重视,一些缔约方希望通过移除非关税壁垒来进一步促进自由贸易,而部分缔约方则希望通过在自由贸易协定中制定非关税条款形成贸易隐性壁垒以缓和由于关税减免而给本国产业带来的威胁(Ray,1981②;Limao 和 Tover,2011③),不同经济体的利益诉求和经济地位的差异导致非关税措施在自由贸易协定谈判中成为各国争取本国利益和加深经济联系的重要据点。同时对一些需要升级的自由贸易协定而言,其主要目的在于丰富非关税条款的内容和深度。毫无疑问,非关税措施将会在决定自由贸易协定效应方面占据越来越重要的地位。国外学者开始愈加关注自由贸易协定中非关税条款的效应,霍恩等(Horn 等,2010)将美国和欧盟的自由贸易协定进行文本分析,对自由贸易协定条款进行分类并予以赋值,为研究非关税措施的效应提供了量化基础;杜尔等(2014)创建了贸易协定设计数据库来衡量优惠贸易协定的质量,他们认为自由贸易协定促进了贸易发展,质量越高的自由贸易协定产生的效应越大,且边境后条款(非关税条款)对贸易量的影响巨大。车和唐(2018)和早川等(2016)则进一步地将自由贸易协定效应分解为关税效应和非关税效应,但两者结论不尽相同,

---

① Cipollina M., Salvatici L., "Reciprocal Trade Agreements in Gravity Models: A Meta-Analysis", *Review of International Economics*, Vol. 18, No. 1, 2010, pp. 63-80.

② Ray E. J., "The Determinants of Tariff and Nontariff Trade Restrictions in the United States", *Journal of Political Economy*, Vol. 89, No. 1, 1981, pp. 105-121.

③ Limao N., Tover P., "Policy Choice: Theory and Evidence from Commitment Via International Trade Agreements", *Journal of International Economics*, Vol. 85, No. 2, 2011, pp. 186-205.

车和唐(2018)认为自由贸易协定关税和非关税效应相当,但早川等(2016)认为关税减免的贸易创造效应非常显著,而非关税壁垒消除带来的效应较为微弱。

目前,国内学者对中国自由贸易协定的研究更多集中在整体层面或关注某一特定方面或具体议题(陈雯,2009①;蔡宏波,2010②;姬艳洁和董秘刚,2012③;程伟晶和冯帆,2014④;刘彬,2016;袁波等,2017⑤),并未过多涉足自由贸易协定效应的分解研究。本节的主要贡献在于:第一,通过分解中国自由贸易协定贸易效应,明确关税措施与非关税措施分别对中国进出口贸易产生的影响。第二,比较关税和非关税措施效应的大小,从实证角度剖析中国自由贸易协定贸易创造效应的主要来源,为中国未来自由贸易协定谈判内容的侧重提供一定依据。第三,通过划分收入水平进行自由贸易协定缔约方发展水平异质性研究,为不同类型国家参与自由贸易协定规则谈判提供独特的实证视角。

## 二、模型构建及数据

### (一)模型构建

本节实证模型采用国际贸易领域运用十分广泛的引力模型。尤其是在研究自由贸易协定贸易效应方面,引力模型有其独特的优势,它能准确地分析自

---

① 陈雯:《中国-东盟自由贸易区的贸易效应研究——基于引力模型“单国模式”的实证分析》,《国际贸易问题》2009 年第 1 期。

② 蔡宏波:《我国自由贸易区的贸易流量效应:基于面板数据的引力模型分析》,《国际贸易问题》2010 年第 1 期。

③ 姬艳洁、董秘刚:《基于巴拉萨模型的中国新西兰 FTA 贸易效应研究》,《亚太经济》2012 年第 6 期。

④ 程伟晶、冯帆:《中国-东盟自由贸易区的贸易效应——基于三阶段引力模型的实证分析》,《国际经贸探索》2014 年第 2 期。

⑤ 袁波、宋志勇、白光裕、权全亮、刘建颖:《对我国当前自贸区建设区域布局的思考与建议》,《国际贸易》2017 年第 7 期。

由贸易协定成立后由于贸易壁垒降低而给相关国家在贸易往来上带来的影响。大部分引力模型在进行自由贸易协定贸易效应研究时采用"多国模式",即 N×N 的模式,但由于本节研究对象为中国自由贸易协定,因此采用 1(中国)×N 的非对称单国模式,所以本节分别从出口和进口两个方面进行分析。以下为本节构建的两个基准模型:

进口模型:

$$\ln IM_{jkt} = \beta_0 + \beta_1 \ln(1 + Tariff_{ckt}) + \beta_2 FTA + \beta_3 \ln GDP_{jt} + \beta_4 \ln GDP_{ct} +$$
$$\beta_5 \ln Dist + \beta_6 Contig + \beta_7 \ln exr_{ct} + \mu_t + \chi_k + \varepsilon_{jkt} \qquad (14-1)$$

出口模型:

$$\ln EX_{jkt} = \gamma_0 + \gamma_1 \ln(1 + Tariff_{jkt}) + \gamma_2 FTA + \gamma_3 \ln GDP_{ct} + \gamma_4 \ln GDP_{jt} +$$
$$\gamma_5 \ln Dist + \gamma_6 Contig + \gamma_7 \ln exr_{jt} + \mu_t + \chi_k + \varepsilon_{jkt} \qquad (14-2)$$

式中,$IM_{jkt}$ 表示 $t$ 年 $j$ 国对中国出口的产品 $k$ 的贸易量;$EX_{jkt}$ 表示 $t$ 年中国对 $j$ 国出口的产品 $k$ 的贸易量;$GDP_{jt}$ 表示 $t$ 年 $j$ 国的国内生产总值;$GDP_{ct}$ 表示 $t$ 年中国的国内生产总值;$Tariff_{ckt}$ 表示 $t$ 年中国 HS2 位水平上产品的平均税率;$Tariff_{jkt}$ 表示 $t$ 年 $j$ 国 HS2 位水平上产品的平均关税;$Dist$ 表示中国与 $j$ 国之间的地理距离;$Contig$ 表示虚拟变量,若中国与 $j$ 国有共同边界则取 1,否则取 0;$exr_{ct}$ 表示 $t$ 年人民币兑美元的汇率;$exr_{jt}$ 表示 $t$ 年 $j$ 国货币兑美元的汇率;$FTA$ 同为虚拟变量,若 $t$ 年中国与 $j$ 国同属于一个自由贸易协定则取 1,否则取 0;$\mu_t$、$\chi_k$ 为时间 FE 和产品 FE;$\varepsilon_{jkt}$ 为随机误差项。

国家之间的地理距离不随时间变化,相当于模型中已经存在个体固定效应截距项。时间固定效应可以解决不随个体而变但随时间而变的遗漏变量问题;产品固定效应可以控制一些在产品层面上没有被观察到的影响因素,加入这两个固定效应可基本解决自由贸易协定内生性和多边阻力项的问题(Anderson 和 Van Wincoop,2003;Baier 和 Bergstrand,2007)。

还需指出,本节使用 ln(1+Tariff) 刻画自由贸易协定下关税减免产生的贸易效应,但其系数 $\beta_1(\gamma_1)$ 并不是指关税每变动 1%,贸易量就变动 $\beta_1(\gamma_1)$%,

而是通过一个传导机制：$P_{ijkt} = P_{kt} \times E_{it} \times (1 + Tariff_{ijkt})$，其中，$P_{kt}$ 即产品 $k$ 是以美元表示的国际价格；$E_{it}$ 是美元与 $i$ 国货币的汇率。因为 $IM_{jkt}(EX_{jkt})$ 是价格 $P_{ijkt}$ 的函数，于是可以合理地推断认为 $\ln IM_{jkt}(\ln EX_{jkt})$ 是 $\ln P_{ijkt}$，$\ln E_{it}$ 和 $\ln(1 + Tariff)$ 的函数，而本节模型加入了控制变量 $\ln exr$，同时 $\mu_t$ 和 $\chi_{kt}$ 可控制住 $\ln P_{ijkt}$，因此 $\beta_1(\gamma_1)$ 是产品关税一定量的变化导致产品价格变动 1% 的边际效应。

### (二) 数据说明

本节选取了 10 个中国签订的自由贸易协定作为研究对象，涉及国家包括澳大利亚、韩国、瑞士、冰岛、哥斯达黎加、秘鲁、智利、巴基斯坦、新西兰、东盟十国（马来西亚、印度尼西亚、泰国、菲律宾、新加坡、文莱、越南、老挝、缅甸和柬埔寨）。为了使数据更具说服力，本节选取了 19 个中国主要的缔约方[1]作为对比，样本时间为 2002—2016 年。双边贸易量是 HS2 位编码共 97 章产品的贸易量[2]，数据来源于联合国商品贸易统计数据库。各国国内生产总值数据和收入水平划分依据[3]来源于世界银行世界发展指标数据库；距离和共同边界数据来源于 CEPII 数据库；汇率数据来源于国际货币基金组织。关税数据中最惠国待遇数据来源于世界贸易组织综合数据库（Integrated Data Base，IDB）；优惠税率来源于 WITS，其最初来源于联合国贸易和发展会议的 Trade Analysis Information System（TRANIS）—Raw Data 数据库，关税数据最初细化到 HS6 位编码，之后再取其在 HS2 位编码上的平均数进行研究。

对于关税数据缺失较多的情况，本节选择直接剔除相关样本，如无法获取中国对印度尼西亚和菲律宾在 2008—2016 年的关税数据，因此在进口模型中

---

① 19 个主要贸易伙伴：美国、日本、德国、英国、印度、巴西、荷兰、俄罗斯、加拿大、沙特阿拉伯、法国、阿联酋、意大利、墨西哥、伊朗、西班牙、比利时、土耳其、孟加拉国。

② 还包括第 98 章的产品贸易，即一些没有分类进第 1—97 章中的产品。

③ 各国发展水平依据世界银行 2010 年的收入分类标准确定，38 个样本国中，有 20 个发达国家、18 个发展中国家。

去掉印度尼西亚和菲律宾两国;柬埔寨、秘鲁、泰国和文莱对中国的关税数据缺失年份较多,因此在出口模型中去掉这四个国家。就贸易数据而言,若缺失年份较多则直接剔除,如伊朗对中国的出口贸易数据缺失较多,因此在进口模型中去掉该国;若缺失年份不多且关税数据可得,则缩短相关样本的实证时长,如进口模型中缅甸的样本年份为 2010—2016 年,巴基斯坦的样本年份为 2003—2016 年。最终进口模型数据集有约 4 万的观测值,出口模型数据集有 5 万左右的观测值,数据集整体观测值为 9 万左右。

对于最惠国待遇数据,因为本节选取的样本国均属于世界贸易组织成员,因此在中国各自由贸易协定生效前,各国适用最惠国待遇税率;中国自由贸易协定陆续生效后,自由贸易协定缔约方和中国之间适用优惠税率,非缔约方与中国之间继续适用最惠国待遇税率。对于个别国家个别年份最惠国待遇数据或优惠税率缺失的情况,用前期相近年份的关税数据作为替代。

进口模型中,中国关税税率平均值为 9.8%,但最高关税税率接近 40%;自由贸易协定的均值为 0.23,说明在所有样本中,中国的进口贸易中只有约 23%的部分是与自由贸易协定缔约方进行的。出口模型中缔约方对中国关税税率的平均值为 7.45%,而其最高关税税率达到了 329%,该税率为韩国对中国第 10 章商品(谷物)采取的关税;自由贸易协定均值为 0.24,说明在样本中,中国出口贸易中只有约 24%的部分是与自由贸易协定缔约方进行的。本节选取的国家同中国的双边贸易量约占中国总贸易量的 73%(2015 年数据),可以在很大程度上代表中国整体的进出口贸易水平,因此可以推断,目前中国总体对外贸易中只有 30%左右的部分是与其自由贸易协定缔约方进行的。这一方面说明与中国缔结自由贸易协定的缔约方不是与中国进出口贸易体量靠前的国家,另一方面也说明目前中国自由贸易协定的效应还没有完全发挥出来。

## 三、实证结果与分析

### （一）关税和非关税措施独立的贸易效应

本节将关税减免的贸易效应与非关税措施的贸易效应从自由贸易协定整体贸易效应中分解出来，模型在原基础上新加入一个变量 $\ln(1+Tariff_{ijkt})$，用于刻画受关税影响的可变贸易成本变化的效应，而自由贸易协定用来专门刻画非关税变化的效应。

表 14.2 展示进口模型的回归结果，在 OLS 和加入固定效应的情况下，关税变量均通过了 1% 水平的显著性检验，且符号符合预期。双向叠加时间和产品 FE 后，关税变量的系数绝对值发生明显下降，结果表明由于关税下降导致的产品价格每下降 1%，会导致中国对相关国家的进口贸易量上升约 0.38%。而自由贸易协定系数在四种模式下均通过了 1% 水平的显著性检验，说明就中国自由贸易协定而言，关税和非关税变化均会对中国进口自由贸易协定缔约方贸易产生影响，且从回归结果来看，非关税变化的贸易效应比关税变化的贸易效应更大。

**表 14.2　关税与非关税贸易效应——进口模型**

| 变量 | （1） | （2） | （3） | （4） |
|------|-------|-------|-------|-------|
| *Tariff* | −0.764 *** | −0.761 *** | −0.394 *** | −0.378 *** |
|  | （0.023） | （0.023） | （0.028） | （0.028） |
| *FTA* | 0.196 *** | 0.210 *** | 0.783 *** | 0.820 *** |
|  | （0.057） | （0.058） | （0.053） | （0.054） |
| $\ln GDP_i$ | 1.214 *** | 1.216 *** | 1.353 *** | 1.358 *** |
|  | （0.013） | （0.013） | （0.011） | （0.011） |
| $\ln GDP_c$ | （0.083） | （0.044） | （0.054） | （0.025） |
|  | （0.098） | （0.048） | （0.081） | （0.039） |

| 变量 | （1） | （2） | （3） | （4） |
|------|------|------|------|------|
| ln*Dist* | −1.113*** | −1.114*** | −1.228*** | −1.229*** |
| | (0.027) | (0.027) | (0.022) | (0.022) |
| *Contig* | −0.800*** | −0.802*** | −0.889*** | −0.892*** |
| | (0.051) | (0.051) | (0.042) | (0.042) |
| ln*exr*$_{ct}$ | −0.144 | | −0.134 | |
| | (0.591) | | (0.485) | |
| *Constant* | −4.062 | −5.478*** | −13.86*** | −15.03*** |
| | (3.979) | (1.367) | (3.272) | (1.143) |
| *Year Fe* | No | Yes | No | Yes |
| *Product Fe* | No | No | Yes | Yes |
| *N* | 39799 | 39799 | 39799 | 39799 |
| $R^2$ | 0.246 | 0.247 | 0.494 | 0.495 |

注:括号内为相应估计系数的标准误差,***、**和*分别表示在1%、5%和10%的水平上显著。

表14.3展示出口模型的回归结果,其关税变量系数符号在加入产品 FE 后转变为负,这表明加入时间和产品双向固定效应的模型更为可取。关税变量的系数均在1%的水平上显著,表明由于关税下降导致的产品价格每下降1%,会导致中国对相关国家的出口贸易量上升0.11%。出口模型下的关税变量系数绝对值小于进口模型下关税变量系数绝对值,说明自由贸易协定成立后,关税减免对中国进口的促进效用更大。原因之一可能在于中国对外关税一直较高,自由贸易协定成立后关税减免幅度较大,因此对中国进口的贸易效应较大;而缔约方对中国的平均关税税率基数本就较小,因此关税减免对中国出口的效应较小。而进出口模型的自由贸易协定系数差异不大,说明就自由贸易协定非关税变化而言,中国进出口贸易受到的影响相当。

表 14.3 关税与非关税贸易效应——出口模型

| 变量 | （1） | （2） | （3） | （4） |
|------|-------|-------|-------|-------|
| $Tariff$ | 0.256 *** | 0.255 *** | −0.109 *** | −0.114 *** |
| | (0.014) | (0.014) | (0.010) | (0.010) |
| $FTA$ | 1.039 *** | 1.039 *** | 0.799 *** | 0.784 *** |
| | (0.039) | (0.039) | (0.024) | (0.025) |
| $\ln GDP_i$ | 0.905 *** | 0.904 *** | 0.997 *** | 0.994 *** |
| | (0.010) | (0.010) | (0.006) | (0.006) |
| $\ln GDP_c$ | 0.429 *** | 0.447 *** | 0.351 *** | 0.375 *** |
| | (0.020) | (0.036) | (0.013) | (0.022) |
| $\ln Dist$ | −0.862 *** | −0.862 *** | −0.911 *** | −0.910 *** |
| | (0.023) | (0.023) | (0.014) | (0.014) |
| $Contig$ | −0.391 *** | −0.392 *** | −0.104 *** | −0.101 *** |
| | (0.040) | (0.040) | (0.025) | (0.025) |
| $\ln exr_{jt}$ | −0.0395 *** | −0.0395 *** | −0.0132 *** | −0.0123 *** |
| | (0.005) | (0.005) | (0.003) | (0.003) |
| $Constant$ | −7.944 *** | −8.209 *** | −9.176 *** | −9.503 *** |
| | (0.277) | (0.415) | (0.201) | (0.277) |
| $Year\ Fe$ | No | Yes | No | Yes |
| $Product\ Fe$ | No | No | Yes | Yes |
| $N$ | 47426 | 47426 | 47426 | 47426 |
| $R^2$ | 0.239 | 0.239 | 0.709 | 0.71 |

注:括号内为相应估计系数的标准误差,***、**和*分别表示在1%、5%和10%的水平上显著。

## （二） 自由贸易协定缔约方发展水平异质性研究

中国自由贸易协定关税和非关税措施的贸易效应会因对象国的发展水平而不同,本节根据"世界银行2010年的收入分类标准"将样本国家划分为发达国家和发展中国家,因此形成的国家对有"中国进口发达国家""中国进口发展中国家""中国出口发达国家""中国出口发展中国家"。表 14.4 展示了进出口模型下的相关回归结果。结果显示,除列(3)下关税变量系数显著为正以外,关税减免与非关税变化对其余国家组的贸易效应均为正,且除列(1)关税系数通过 5% 水平的显著性检验外,其余存在系数都通过了 1% 水平的显著性检验。

表 14.4 缔约方发展水平的异质性

| 变量 | 进口模型 | | 出口模型 | |
| --- | --- | --- | --- | --- |
| | 中国进口发达国家 | 中国进口发展中国家 | 中国出口发达国家 | 中国出口发展中国家 |
| | (1) | (2) | (3) | (4) |
| $Tariff$ | −0.101** | −0.536*** | 0.114*** | −0.253*** |
| | (0.040) | (0.039) | (0.015) | (0.014) |
| $FTA$ | 0.652*** | 1.066*** | 1.036*** | 0.533*** |
| | (0.073) | (0.084) | (0.036) | (0.036) |
| $\ln GDP_i$ | 1.362*** | 1.354*** | 1.029*** | 0.986*** |
| | (0.012) | (0.022) | (0.008) | (0.010) |
| $\ln GDP_c$ | 0.263*** | −0.516*** | 0.360*** | 0.386*** |
| | (0.042) | (0.073) | (0.027) | (0.034) |
| $\ln Dist$ | −0.833*** | −1.715*** | −0.823*** | −1.112*** |
| | (0.024) | (0.049) | (0.019) | (0.026) |
| $Contig$ | | −0.891*** | | −0.235*** |
| | | (0.060) | | (0.029) |
| $\ln exr$ | | | −0.0460*** | −0.005 |
| | | | (0.005) | (0.004) |
| $Constant$ | −20.97*** | 4.837** | −18.89*** | −13.73*** |
| | (1.230) | (2.086) | (0.821) | (0.963) |

续表

| 变量 | 进口模型 | | 出口模型 | |
|---|---|---|---|---|
| | 中国进口发达国家 | 中国进口发展中国家 | 中国出口发达国家 | 中国出口发展中国家 |
| | （1） | （2） | （3） | （4） |
| $N$ | 24714 | 15085 | 26725 | 20708 |
| $R^2$ | 0.577 | 0.445 | 0.739 | 0.722 |

注:括号内为相应估计系数的标准误差,***、**和*分别表示在1%、5%和10%的水平上显著。

　　在自由贸易协定谈判中,非关税条款的谈判结果会因谈判双方的议价能力而异,通常发达国家和发展中国家在进行谈判时,发展中国家会因为经济实力和政治实力的薄弱而被迫与发达国家在诸如知识产权保护、环境等方面订立一些严格的条款,从而使发达国家能更轻易地进入发展中国家的市场。但本节的实证结果则有所不同:非关税措施对中国出口(进口)发达国家贸易起更大(更小)的促进作用,非关税措施促进中国对(从)发达国家的出口(进口)量增加了($e^{1.036}-1$)×100%[($e^{0.652}-1$)×100%]。之所以会出现这种相反的情况,原因之一可能在于与中国签订自由贸易协定的发达国家虽然属于发达国家,但是其与中国相比体量较小,在国际上的话语权不大,加上中国越来越强大的国际地位,使这些发达国家在自由贸易协定的谈判中议价能力相对较弱,在非关税条款的制定上不占据强势地位,因此在中国与发达国家签订的自由贸易协定中,非关税条款可能并不严格,从而发达国家通过非关税措施获取的效益不大。① 而中国与发展中国家进行自由贸易协定谈判时,双方都属于发展中国家,因此并不会在非关税措施上设置非常严格的条款,再加之其他因素②,导致发展中自由贸易协定缔约方从中获取的利益更

---

　　① 虽然与中国签订自由贸易协定的澳大利亚和韩国议价能力较强,但因为在本节的样本期间内,这两个自由贸易协定成立的时间才一年,因此其效应还远远没有发挥出来。

　　② 如中国与发展中国家缔结的某些自由贸易协定并不只是出于贸易考虑,更多的是出于一些政治目的。

大。实证结果也体现了这一点：自由贸易协定非关税变化促进中国对发展中国家出口增加70%，而促进中国从发展中国家进口增加190%。

就关税减免带来的贸易效应而言，关税减免对中国与发达国家双边贸易产生的影响[见列(1)和列(3)]要远低于对中国与发展中国家双边贸易产生的影响[见列(2)和列(4)]，甚至对中国出口发达国家的效应为负，但在经济意义上并不显著(0.0821)。而发展中国家的基础关税税率较高，因此其关税减免力度更大，双边贸易规模更有可能因此得到较大的提升。无论是关税还是非关税变化，两者对中国进口发展中国家的积极影响几乎是对中国出口发展中国家的2倍，再次说明了中国与发展中国家缔结自由贸易协定会使对方国获得更高利益。

### （三）不同产品部门的异质性研究

本节虽然在HS2位产品层面上进行了自由贸易协定贸易效应的研究，但是其结果反映的是自由贸易协定在所有贸易产品上的平均贸易效应，未反映出各类商品自身进出口贸易的异质性。本节进一步分析自由贸易协定缔结后关税与非关税变化给不同商品部门带来的贸易效应。

根据联合国统计司公布的最新SITC Rev4分类标准，可将贸易商品分为10个部门：第0部门食品和活动物，第1部门饮料及烟草，第2部门非食用原料，第3部门矿物燃料、润滑油及有关原料，第4部门动植物油、脂和蜡，第5部门未另列明的化学品和有关产品，第6部门主要按原料分类的制成品，第7部门机械及运输设备，第8部门杂项制品，第9部门未另分类的其他商品和交易。其中第0—4部门属于初级产品和资源密集型产品，第6部门和第8部门属于低技术劳动密集型产品，第5部门和第7部门属于技术密集型产品，主要包括中等技术产品和高技术产品。本节将HS的章（共97章）与SITC的部门（共10个部门）相对应，将HS下97章商品分类为资源密集型(RBM)、劳动密集型(LM)和技术密集型(TM)产品进行研究，实证结果可以在一定程度上反映自由贸易协定缔约方贸易商品的比较优势是否会随着自由贸易协定的建立而发生变化。

实证结果见表14.5,在所有的估计中,关税和自由贸易协定变量的系数均通过了1%水平的显著性检验。通过对比可以发现,关税减免的效应在不同贸易产品上呈现的异质性较大,而非关税措施效应的异质性则较小。

表 14.5　部门之间的异质性

| 变量 | 进口模型 | | | | 出口模型 | | | |
|---|---|---|---|---|---|---|---|---|
| | 总额 | 资源密集型 | 劳动密集型 | 技术密集型 | 总额 | 资源密集型 | 劳动密集型 | 技术密集型 |
| | (1) | (2) | (3) | (4) | (5) | (6) | (7) | (8) |
| Tariff | −0.378*** | −0.476*** | −0.167*** | −0.555*** | −0.114*** | −0.314*** | 0.046*** | −0.120*** |
| | (0.028) | (0.048) | (0.036) | (0.071) | (0.010) | (0.018) | (0.012) | (0.022) |
| FTA | 0.820*** | 0.745*** | 0.961*** | 0.544*** | 0.784*** | 0.694*** | 0.763*** | 0.903*** |
| | (0.054) | (0.099) | (0.069) | (0.121) | (0.025) | (0.050) | (0.030) | (0.050) |
| N | 39799 | 15283 | 17899 | 7071 | 47426 | 18141 | 21223 | 8604 |
| $R^2$ | 0.495 | 0.319 | 0.607 | 0.604 | 0.71 | 0.565 | 0.751 | 0.743 |

注:括号内为相应估计系数的标准误差,***、**和*分别表示在1%、5%和10%的水平上显著。

就中国进口而言,技术密集型产品从关税减免中受益最大,且关税减免对技术密集型产品(−0.555)和资源密集型产品(−0.476)的进口促进效应大于对所有贸易产品的进口促进效应(−0.378),而劳动密集型产品(−0.167)受到的促进作用较为微弱。非关税措施对中国进口各类商品产生的效应正好相反,非关税变化促进劳动密集型产品进口增加约161%,资源密集型产品进口增加约111%,技术密集型产品进口增加的72%。这说明,这10个中国自由贸易协定的非关税条款更加有利于缔约方出口劳动密集型产品,其劳动密集型产品的比较优势随着自由贸易协定的建立而逐渐增强,如橡胶、塑料及其制品,木及木制品,铜、铝及其制品等。

就中国出口而言,资源密集型产品出口从关税减免中受益最大(−0.314),且明显高于整体水平(−0.114)。而在劳动密集型产品下,关税变量符号虽然为正但数值极小,在经济意义上并不显著(0.046)。非关税措施的变化对中国技术密集型产品的促进作用最强,促进其出口增加约147%,促进劳动密集型产品出口增加约114%,资源密集型产品进口增加约100%,表明样本自由贸易协定的非关税条款更加有利于中国出口技术密集型产品。这说明随着自由贸易协定的建立,中国的出口贸易中技术密集型产品的比较优势不断显现,这也与近年来中国技术密集型产品竞争优势越来越强、出口份额逐年增加的趋势相符合。

## 第四节　中国构建和完善非关税壁垒条款的对策建议

### 一、政府层面

落实技术性贸易壁垒措施、卫生与植物卫生措施信息公开机制,提高法规透明度。一是建设功能性平台,加强对世界贸易组织技术性贸易壁垒协定和实施卫生与植物卫生措施协定的预警和通报评议,提升企业的合规意识和技术创新能力。二是设立中英文专栏提供缔约方及国内适用的技术性贸易壁垒措施、卫生与植物卫生措施以及咨询点信息,提高信息透明度。三是建立面向企业的技术性贸易壁垒措施、卫生与植物卫生措施咨询服务体系,建设重点产业研究评议基地。四是建立专门的技术法规数据库,实时更新中国以及贸易往来密切国家的相关产品技术标准和法律法规,以便出口企业查询最新的技术标准要求,减少被召回重新进行合格评定程序的概率,同时能让出口企业及时了解全球最新的技术要求,督促企业自身加强技术更新,加快面临技术性贸易壁垒时采取应对措施和调整的速度。

探索技术性贸易壁垒措施、卫生与植物卫生措施的等效互认机制,加强双边合作。依照技术性贸易壁垒措施、卫生与植物卫生措施的国际标准、指南和建议,交换和评议双方标准化机构的标准内容,与自由贸易协定缔约方在有共同利益的领域进行国际标准化合作。在可行情况下,适时开展技术性贸易壁垒措施、卫生与植物卫生措施的等效探索,设立认证机构。针对对方目的相同描述相同、目的相同描述不同的技术性贸易壁垒措施、卫生与植物卫生措施进行分析,予以不同等级的互认,例如对目的相同且描述相同的措施要求提供认证机构的互认证明;对目的相同但描述不同的措施除要求提供互认证明外,还需进行检验等。

熟知世界贸易组织制度,合法保障自身权益。对进口国以环保、检疫等为借口单方面设置的歧视性技术壁垒,或进口国将其国内的相关技术法规实施到境外,或进口国以隐蔽形式作出的各种技术贸易歧视,要依据世界贸易组织有关规定通过外交途径与进口国进行谈判,或向世界贸易组织的争端解决机构提出起诉。利用现有机制取消一些国家的不合理贸易壁垒措施,维护中国合法利益;积极参与国际双边、多边贸易谈判,积极参与国际标准协商,提出中国方案和中国诉求。

## 二、企业层面

接轨国际技术标准,加快技术认证。随着东盟国家颁布的新规越来越符合国际规范,例如食品安全领域、环保领域等,对具有一定市场规模的企业而言,其产品也应通过国际技术标准。这就需要中国出口企业加强应对国外技术性贸易壁垒的意识,主动进行相关产品的认证和认可工作,获得国际权威机构的产品认证资质。近年来,中国政府针对国际市场的产品认证问题,与国外的认证机构取得了不同程度的进展。例如,中国质量认证中心厦门评审中心颁发的各类证书获得了国际互认,可以颁发国际认证联盟认证证书和管理体系一体化认证证书等,还已经与英国、美国、德国等国的机构建立了合作。这为需要进行产品认证的企业提供了十分便利的平台。

实施高质量发展战略,加快技术创新。技术性贸易壁垒的实质是高科技壁垒。对出口企业而言,提高产品的科技含量是突破技术性贸易壁垒的根本途径。企业在外贸出口中不仅要关注数量的增长,更要关注质量提升和技术标准更新。从长远来看,花费人力、物力、时间去研发新技术,提高产品的科技含量,扩大缔约方市场占有率是十分必要的。换句话说,只要产品质量得到保障,东盟国家的技术性贸易壁垒措施产生的影响就变得微乎其微。因此,出口企业需要提高科技创新能力、产品核心竞争力以及企业管理水平,建立健全企业内部的质量安全体系,才能提高企业在市场竞争中的地位。

建立技术性贸易壁垒信息研究部门,完善调研机制。因技术性贸易壁垒而放弃市场份额和取消订单的原因之一是企业不了解进口国的标准。对此,中国相关出口企业一方面需要建立相关的研究部门,加强对东盟国家技术性贸易壁垒措施的研究,密切跟踪进口国的技术法规、标准和合格评定程序等规定。另一方面需要借助政府平台、技术性贸易壁垒咨询点以及世界贸易组织/技术性贸易壁垒措施通报平台,及时跟踪东盟国家的技术性贸易壁垒措施,建立企业预警机制,充分应对进口国技术新规变为技术壁垒的可能性,及时规避风险。

跟踪进口国新规,正视措施影响。海外食品安全准入门槛纷繁复杂,例如,美国要求进口食品企业进行"生物反恐""低酸食品"注册,欧盟、英国要求进口米制品企业拥有当地海关备案的大米种植场等。随着发达经济体对国内食品和消费者安全的重视,出台大量标准和技术法规规范国内市场,食品安全领域也成为东盟国家进行规制的重点领域,实施的新措施正逐渐与国际惯例接轨。例如,泰国公共卫生部发布"全脂巴氏消毒鲜牛奶和牛奶优质标识"规定,如果全脂巴氏消毒鲜牛奶和牛奶标签上标有"优质"标识,产品的合格和认证处理系统必须符合国际标准;马来西亚修订配方膳食食品营养功能声明法规,要求添加营养标签;印度尼西亚卫生部颁布法令,规范加工食品和速食食品的糖、盐和脂肪含量信息及健康信息等。中国相关产业出口企业一方面要正视进口国对食品实施的卫生与植物卫生措施,了解并理解相关措施实施的目的;另一方面可以积极参与进口国对未实施的卫生与植物卫生标准、法规的通报评议工作,对不合理的措施提出意见。

积极面对卫生与植物卫生措施,寻求技术援助。出口企业尤其是食品、农产品领域的企业,一方面可以通过中国各级各地方的质量监督检验检疫机构、中国卫生与植物卫生措施通报中心、行业商协会、咨询点等多种途径获取有关缔约方卫生与植物卫生措施的最新信息,准确掌握并了解缔约方的有关要求后,通过技术研发,提高产品质量,调整产品生产工艺,向国际规范靠拢,提早做好应对准备。另一方面可以向国家质检部门、商务部、行业协会等寻求相应的技术援助,与进口国进行磋商,提升产品核心竞争力等多种措施予以积极应对。企业内部也可以设立专业部门跟踪进口国的产品标准和质量要求,变被动接受为主动调整。若能满足对方标准,可以快速改变生产链,提高产品竞争力;若满足标准的确有难度时,可以转变运营策略,拓展其他销路,在最大限度上减轻企业损失。

# 第十五章　新时代中国自由贸易区 理论创新与实践探索

　　党的十八大以来,中国自由贸易区建设进入了重大理论创新阶段。以习近平同志为核心的党中央洞察世界大势,总揽战略全局,推进对外开放理论和实践创新,确立开放发展新理念,提出构建人类命运共同体伟大构想,坚定不移坚持并深化互利共赢的开放战略,加快构建开放型经济新体制,推动建设开放型世界经济,积极参与全球经济治理。新时代中国特色社会主义对外开放思想不仅对中国对外开放提出了更高要求,也为中国高标准建设面向全球的自由贸易区网络指明了新的方向。习近平总书记在中央政治局第十九次集体学习讲话中将自由贸易区战略提升到国家重大战略的新高度,强调加快实施自由贸易区战略,是适应经济全球化新趋势的客观要求,是全面深化改革、构建开放型经济新体制的必然选择,也是中国积极运筹对外关系、实现对外战略目标的重要手段。从党的十八大报告中的"加快实施自由贸易区战略"、党的十九大报告中的"自由贸易区提升战略",到党的二十大报告中的"扩大面向全球的高标准自由贸易区网络",中国自由贸易区的顶层设计逐步完善。同时,中国自由贸易区建设以马克思主义理论为基础,以习近平新时代中国特色社会主义思想为指导,不断推进自由贸易区的理论创新、实践创新和制度创新,经过了多年来从理论到实践的反复探索,逐步形成新时代中国特色社会主义自由贸易区建设的理论体系。

# 第一节　新时代中国自由贸易区建设的理论创新

中国自由贸易区战略的理论与实践不仅着眼于贸易和投资的自由化与便利化,而且站在推动全球治理体系变革的高度,构建以开放为导向、以合作为动力、以共享为目标的新治理体系。

## 一、经济全球化健康发展思想与自由贸易区理论创新

当前,世界之变、时代之变、历史之变正以前所未有的方式展开。在经济全球化大势面前,以习近平同志为核心的党中央深刻把握发展规律,高超谋划发展战略,坚持战略自信,保持战略定力,倡导互利共赢,以更大的决心和力度推进改革开放,彰显了一个负责任大国引导经济全球化健康发展之道。

### (一) 坚定不移支持经济全球化

2008 年国际金融危机后国际形势经历深刻而复杂的变化,经济全球化受到重挫,发达国家推进全球化进程的意愿、能力明显下降,各种形式的保护主义抬头。曾经积极推动全球化进程且发挥引领作用的美国,以及支持多边主义价值观的英国等西方发达经济体政策倾向出现反转,西方发达国家对全球化的支持逐渐被孤立主义、民粹主义所取代。不同利益集团围绕全球气候变化、能源资源安全、国际货币金融体系、经济全球化规则等全球性问题的博弈更加激烈,发展权、话语权的斗争更加复杂。中美贸易摩擦加速向高科技、金融、国家安全、意识形态、地缘政治、国际舆论和规则制定等领域扩散。随着新冠疫情在全球层面的持续蔓延,全球化进程受到了第二次世界大战以来的最大冲击。疫情防控带来产业链断裂风险,导致了供应瓶颈,影响了供给安全,

产业链区域化成为潮流,全球主要经济体对全球价值链的价值都在进行根本性的重新评估,以确定产业链的安全性。乌克兰危机,美国、欧盟等发达经济体与俄罗斯的关系急剧恶化,乌克兰危机爆发以来意识形态对立对全球化的巨大冲击,导致逆全球化措施不断升级,最终走到了地缘政治成本成为逆全球化的最后推手阶段,全球化呈现出裂变风险。

在逆全球化抬头、世界经济阴霾重重之际,习近平主席站在人类历史长河的高度,在 2017 年达沃斯论坛发表了历史性演讲,解答了经济全球化向何处去的时代之问、世界之问,为世界注入了强大信心和正能量。习近平主席指出,"历史地看,经济全球化是社会生产力发展的客观要求和科技进步的必然结果,不是哪些人、哪些国家人为造出来的。经济全球化为世界经济增长提供了强劲动力,促进了商品和资本流动、科技和文明进步、各国人民交往"。① 世界上的有识之士都认识到,经济全球化是不可逆转的历史大势,经济全球化会有曲折起伏,但不会逆转。没有哪个国家能够独自应对人类面临的各种挑战,也没有哪个国家能够退回到自我封闭的孤岛,世界各国要顺应时代发展潮流,作出正确选择,推动建设开放型世界经济。习近平主席向全世界提出了推动经济全球化的中国方案,宣示了中国坚持自由贸易和继续推动经济全球化的坚定决心和愿望,他说:"我们要坚定不移发展开放型世界经济,在开放中分享机会和利益、实现互利共赢。不能一遇到风浪就退回到港湾中去,那是永远不能到达彼岸的。我们要下大气力发展全球互联互通,让世界各国实现联动增长,走向共同繁荣。我们要坚定不移发展全球自由贸易和投资,在开放中推动贸易和投资自由化便利化,旗帜鲜明反对保护主义"。② 习近平主席在第五届中国国际进口博览会开幕式上发表主旨演讲再次表态,"中国坚持对外开放的基本国策,坚定奉行互利共赢的开放战略……中国坚持经济全球化正确方向,增强国内国际两个市场两种资源联动效应,不断以中国新发展为世界提

---

① 《习近平著作选读》第二卷,人民出版社 2023 年版,第 2 页。
② 《习近平著作选读》第一卷,人民出版社 2023 年版,第 558 页。

供新机遇,推动建设开放型世界经济"。①

习近平经济思想对经济全球化之下世界市场的特征和发展趋势作出新的进一步概括,从唯物史观和唯物辩证法出发,创造性地提出了经济全球化的历史必然性、不可逆转性以及普遍联系性,创新发展了马克思主义关于世界市场的理论。马克思多次强调现代化、经济全球化起源于工业革命,市场发展成为世界市场是工业发展的结果。从中国自身实践来看,中国经济要发展,就要敢于到世界市场的汪洋大海中去游泳。习近平总书记指出,"想人为切断各国经济的资金流、技术流、产品流、产业流、人员流,让世界经济的大海退回到一个一个孤立的小湖泊、小河流,是不可能的,也是不符合历史潮流的"。②习近平总书记在不同场合深入阐述了关于经济全球化的中国主张、中国方案,创造性地提出了推动经济全球化健康发展的重要思想,有力凝聚起国际社会的共识,产生了重大而深远的影响。

### (二) 坚定支持多边贸易体制

中国作为多边贸易的受益者,也必将成为多边自由贸易规则的捍卫者。自 1947 年以美国为代表的 23 个发起国在日内瓦签订了关税及贸易总协定,宣布世界多边自由贸易政策的出现到如今,多边贸易体制已走过 70 个年头,为世界经济发展作出了不可磨灭的贡献。然而近年来,多边贸易谈判举步维艰进展缓慢的事实折射出了当今多边贸易体系内部存在的一系列矛盾,这些矛盾构成了多边贸易体制的发展瓶颈。一是贸易保护主义重新抬头;二是多哈回合谈判困难重重;三是区域贸易安排和区域经济一体化迅速发展;四是一些发展中国家经济体制转轨和改革停滞不前。同时,近年来美国的贸易保护政策对最惠国待遇产生了破坏,正以强硬的态度破坏作为多边贸易体制基石

---

① 习近平:《共创开放繁荣的美好未来——在第五届中国国际进口博览会开幕式上的致辞》,《中华人民共和国国务院公报》2022 年第 32 期。
② 《习近平著作选读》第一卷,人民出版社 2023 年版,第 555 页。

的非歧视原则。

中国是多边贸易体制的坚定支持者。习近平主席在庆祝中国国际贸易促进委员会建会70周年大会暨全球贸易投资促进峰会上发表视频致辞强调,要支持以世界贸易组织为核心的多边贸易体制,维护全球产业链供应链安全稳定,做大合作蛋糕,让发展成果更好惠及各国人民。中方认为,世界贸易组织改革应促进经济全球化,要通过规则更新和机制保障,推动经济全球化朝着更加开放、包容、普惠、平衡、共赢的方向发展;世界贸易组织改革应使全体成员受益,保障发展中成员合法权益。这不仅有利于维护多边贸易体制,营造自由、开放、公平、非歧视、透明和可预测的贸易投资环境,也有利于遏制单边主义和保护主义逆流。

中国提出了关于世界贸易组织改革的三个基本原则,即改革应该维护多边贸易体制的核心价值,也就是非歧视和开放;改革应保障发展中成员的发展利益,以及改革应该遵循协商一致的决策机制。在这份"中国方案"中,中方提出了五点主张:一是维护多边贸易体制的主渠道地位,不能够以所谓的新概念、新表述混淆并否定多边贸易体制的权威性,不能"另起炉灶"。二是中国主张优先处理危及世界贸易组织生存的关键问题,将单边主义和保护主义的做法关进制度的笼子。三是应解决规则的公平问题并回应时代需求。四是应保证发展中成员的特殊与差别待遇,中国愿意承担与自身发展水平和能力相适应的义务,但不允许被剥夺理应享受的相关待遇。五是改革应尊重成员各自的发展模式,中方不赞同将发展模式问题纳入世界贸易组织改革,不同意将没有事实依据的指责作为世界贸易组织改革的议题。

中国用实际行动坚定维护世界贸易组织规则的权威性和有效性,主张通过世界贸易组织争端解决机制妥善解决贸易争端。中国通过主动起诉,遏制了少数世界贸易组织成员的不公正做法,维护了自身贸易利益和世界贸易规则权威。同时,中国还积极应对被诉案件,尊重并认真执行世界贸易组织裁决,作出了符合世界贸易规则的调整,无一例被起诉方申请报复的情况。中国在贸易便利化议题上率先表示放弃援助要求,在农业议题上提出中间方案,显示出最大灵活性。历时 3 年半的信息技术协定扩围谈判中,中方与各成员密切沟通,寻求共识,为世界贸易组织自 1996 年以来首次通过重大减免关税协议作出重要贡献。中国深度参与贸易政策审议,并为发展中国家融入多边贸易体制作出了积极贡献。

### (三) 促进自由贸易协定和多边贸易体制协调发展

在新的历史条件下,习近平总书记指出,"多边贸易体制和区域贸易安排一直是驱动经济全球化向前发展的两个轮子"①。现在,全球贸易体系正经历自 1994 年乌拉圭回合谈判以来最大的一轮重构。习近平主席出席亚太经合组织第二十三次领导人非正式会议并发表重要讲话时尤其强调,各方在推进自由贸易协定进程中,要保持开放包容,谋求合作共赢,维护多边贸易体制。因此,多边贸易体制和区域自由贸易协定安排二者是互补的关系,不是谁替代谁的关系,都是推动经济全球化、推动国际贸易投资自由化便利化的重要驱动力,两者在不同阶段前进的速度不同,但最终形成推动经济全球化继续发展的合力。

在经济全球化的大背景下,经济一体化与区域经济集团化并行不悖,相互促进。经济全球化推动了资源在全球范围内的优化配置,促进了各国人员、信息、文化的交流,极大地推进了世界经济一体化的进程。经济区域化既是经济全球化在区域范围内的一种表现形式,也是世界经济走向全球化的必要阶段,两者既有区别也有联系,但并行不悖。经济区域化谋求商品流通和要素流动在区域范围内的自由化,以两个或多于两个的国家(地区)通过协商缔结自由贸易协定、组成区域性经济贸易合作组织为体现形式,以双边或诸边合作机制为标志。经济全球化则以世界市场上各个国家和地区的经贸合作为目标,旨

---

① 《习近平谈治国理政》第二卷,外文出版社 2017 年版,第 100 页。

在通过跨越国家界限、地区界限的国际经济关系和要素的自由流动形成相互联系、相互依存的全球经济有机体。经济全球化是生产力发展和国际经济交往的必然结果,以多边合作机制为标志,是经济区域化的高级阶段。

有学者从国际法和国际组织的角度,将地区主义与多边主义比喻为"飞转的齿轮",即两者之间是一种以互惠效果为特征的、相互依赖的关系。为了实现二者的协调发展,应当明确区域贸易组织的运作应当处在世界贸易组织的框架之下,减少其与世界贸易组织多边贸易体制的冲突。事实上,重要的自由贸易协定绝大多数选择跟随世界贸易组织的开放、公平和透明的基本原则,在一定的区域内达成贸易自由。具体如何减少二者之间的冲突,应当将自由贸易协定纳入世界贸易组织的框架之下。自由贸易协定可以为世界贸易组织多边决策机制起试验作用和补充作用。自由贸易协定与多边决策机制相比具有更为灵活自由的谈判空间。在国际谈判中可以先在一定的区域内达成一致的决策,再通过上述的改进式"绿屋会议"在多边决策机制中达成一致。这显然提高了多边决策机制的效率。

中国是区域合作的受益者,更是区域合作的积极倡导者和推进者。面对新形势,应该深入推进区域经济一体化,打造有利于长远发展的开放格局。习近平主席在 2017 年出席亚太经合组织工商领导人峰会并发表主旨演讲时指出:"我们要结合区域经济一体化的深入推进,做大开放普惠的市场,做强利益共享的链条。我们要把包容共享理念融入发展战略,努力健全讲求效率、注重公平的体制机制,维护社会公平正义。我们要在教育、医疗、就业等民生领域加大投入。"①2021 年,习近平主席在亚太经合组织领导人非正式会议上的讲话中再次提到,"要深化区域经济一体化……我们要推动贸易和投资自由化便利化……我们要拆墙而不要筑墙,要开放而不要隔绝,要融合而不要脱钩……全面落实亚太经合组织互联互通蓝图……推进区域经济一体化,早日

---

① 《习近平外交演讲集》第二卷,中央文献出版社 2022 年版,第 78 页。

建成高水平亚太自由贸易区"。①

## 二、新发展理念与自由贸易区理论创新

党的十八大以来,以习近平同志为核心的党中央提出了一系列对外开放的新理念新思想新战略,把中国的对外开放提升到了一个新的水平。习近平总书记说:"中国将在更大范围、更宽领域、更深层次上提高开放型经济水平。"②改革开放是国家繁荣发展的必由之路,中国开放的大门永远不会关上。我们要准确把握经济全球化的新趋势和中国对外开放的新要求,妥善应对中国经济社会发展中面临的困难和挑战,就更加需要扩大对外开放;我们要实现"两个一百年"奋斗目标、实现中华民族伟大复兴的中国梦,也要推进更高水平的对外开放,以对外开放的主动赢得经济发展的主动,赢得国际竞争的主动。

"创新、协调、绿色、开放、共享"的新发展理念,是习近平新时代中国特色社会主义思想的重要组成部分,是新时代坚持和发展中国特色社会主义的基本方略,阐明了我们党关于发展的政治立场、价值导向以及模式、道路等重大问题的认识。新发展理念是创新、协调、绿色、开放、共享。高质量发展是一种全新的发展理念。它是一种立足根本、掌控全局、着眼未来的发展方向和发展目标,是为了应对复杂的内外环境、破解当前的发展难题,在全面判断时代环境、充分发挥制度优势的基础上,旨在优化经济结构、转换发展模式、提升发展动力的宏观战略。高质量发展,就是能够很好满足人民日益增长的美好生活需要的发展,是体现新发展理念的发展,是创新成为第一动力、协调成为内生特点、绿色成为普遍形态、开放成为必由之路、共享成为根本目的的发展。

自由贸易区是促进各国创新合作的平台。通过科技创新共同探索解决重

---

①　《习近平外交演讲集》第二卷,中央文献出版社 2022 年版,第 362—363 页。
②　《习近平谈治国理政》第一卷,外文出版社 2018 年版,第 114 页。

要全球性问题的途径和方法,以科技创新的高水平开放合作推动经济全球化不断深入,共同挖掘经济增长新动能,共同应对时代挑战。习近平主席在第二届中国国际进口博览会开幕式上的主旨演讲中强调:"推动科技同经济深度融合,加强创新成果共享,努力打破制约知识、技术、人才等创新要素流动的壁垒……让创新源泉充分涌流。"①中国将继续坚持创新驱动发展战略,以更加开放的姿态继续同各国加强科技创新合作。中国一贯致力于同各国开展科技创新合作,共享发展红利,旗帜鲜明地反对科技霸权和脱钩断链。

自由贸易区是促进各国协调发展的平台。当前,世界百年未有之大变局和世纪疫情叠加,全球发展进程正在遭受严重冲击,南北差距、复苏分化、发展断层、技术鸿沟等问题更加突出,落实联合国 2030 年可持续发展议程面临前所未有的挑战。以加强主要经济体政策协调、推动多边发展合作进程协同增效,来破解国际发展合作动能减弱的难题。非洲国家希望通过建立自由贸易区,为未来非洲关税联盟和货币联盟奠定基础,深化非洲经济和政治一体化进程,最终建成和平、稳定与繁荣的非洲。中国可积极通过对非洲援助帮助非洲国家克服结构性和制度性困难,推动非洲大陆自由贸易区及经济一体化建设,从而引领非洲大陆实现群体性崛起。

自由贸易区是促进各国绿色发展的平台。贸易自由与环境保护存在着天然的冲突,但并不是对立的关系。如何使两者相互促进、并肩前行,是全球可持续发展的重要议题。目前全球已有一百多个国家提出碳中和目标,绿色低碳已成为世界主要经济体的发展共识。国际贸易投资中的绿色规则和绿色实践正在加速形成和演进。从长远看,加强自由贸易协定成员间的环境对话交流和在自由贸易协定中纳入环境保护条款势在必行,通过推动缔约方政府、企业以及国际组织就绿色贸易、绿色投资、低碳技术等开展广泛对话、深入交流与务实合作,积极探索环境与贸易相互支持的新发展模式,提升环境对贸易的

---

① 《习近平谈治国理政》第三卷,外文出版社 2020 年版,第 210 页。

促进和改善作用。

自由贸易区是促进各国开放发展的平台。关税和非关税措施是国际经济活动中的一种特殊的交易成本。自由贸易协定大幅度降低关税和削减非关税壁垒,并使绝大部分货物的关税在一定的时间内趋于零,在区域内自由流动,使这种交易成本大幅度降低。自由贸易协定通过贸易自由化和便利化,降低交易成本和流通费用,推动多边贸易体制的自由贸易的深化,从最终效应上促进了国际贸易。自由贸易协定促进了国际投资,并且起到了优化世界产业结构和资源配置的效果。区域经济一体化,是实现全世界产品贸易自由化、产品市场一体化、生产过程一体化的一个重要步骤,还可能对区域共同货币的产生,对世界各国对外开放经济利益共同性的强化产生积极影响。

自由贸易区是促进各国共享发展的平台。要让各国人民共享经济全球化和世界经济增长成果,需要共同建设开放型世界经济。在世界经济经历深刻调整变革之时,只有开放才能使不同国家相互受益、共同繁荣、持久发展,才是各国应当作出的明智选择。中国的自由贸易区战略坚持经济全球化正确方向,推动贸易和投资自由化便利化,推进双边、区域和多边合作,反对"筑墙设垒""脱钩断链",坚持普惠包容,坚定支持和帮助广大发展中国家加快发展。

习近平总书记指出,"中国已经进入了实现中华民族伟大复兴的关键阶段。中国与世界的关系在发生深刻变化,中国同国际社会的互联互动也已变得空前紧密,中国对世界的依靠、对国际事务的参与在不断加深,世界对我国的依靠、对我国的影响也在不断加深。我们观察和规划改革发展,必须统筹考虑和综合运用国际国内两个市场、国际国内两种资源、国际国内两类规则"[1]。从国际和国内面临的形势来看,都需要中国加快推进实施自由贸易区提升战略,有效联通国内国际两个市场两种资源,为更高水平对外开放提供机制性保障,服务构建新发展格局。

---

[1] 《习近平著作选读》第一卷,人民出版社 2023 年版,第 318—319 页。

## 三、制度型开放与自由贸易区理论创新

适应经济全球化新形势、把握新特点,中国发展新一轮高水平开放型经济,必须由商品和要素流动型开放转向规则等制度型开放。党的二十大报告提出,推进高水平对外开放,稳步扩大规则、规制、管理、标准等制度型开放,加快建设贸易强国,推动共建"一带一路"高质量发展,维护多元稳定的国际经济格局和经贸关系。与商品和要素流动型开放相比,制度型开放的本质特征是一种由"边境开放"逐步向"境内开放"的拓展和延伸。因此,中国转向制度型开放的具体路径,就是要在继续维护和倡导贸易和投资自由化的基础之上,通过促进规则变革和优化制度供给安排,来满足国际分工进一步深度演进趋势下跨国公司对统筹全球价值链的"无缝对接"需求,来迎合创新生产要素跨国流动对制度环境的新型需求,来对接国际经贸规则高标准化的发展趋势。具体而言,亟待从以下几个方面取得突破性进展。

### (一) 主动对标高标准国际经贸规则

当今世界正经历百年未有之大变局,国际规则正发生深刻变化,全球正由"经济之争"转向"规则之争",并引发全球产业链体系的分化重构。在国际经贸规则领域,随着世界贸易组织多哈回合谈判陷入僵局、世界贸易组织上诉机构停摆,国际经贸规则加速重构,催生出全面与进步的跨太平洋伙伴关系协定、美国—墨西哥—加拿大协定、欧盟—日本经济伙伴关系协定等大量自由贸易协定。与世界贸易组织相比,全面与进步的跨太平洋伙伴关系协定等高水平区域经贸规则在努力降低关税及非关税贸易壁垒的同时,在服务贸易、电子商务、政府采购、知识产权、环境等边境后规则领域设立了较高标准,对中国深度融入全球和区域经济带来了巨大挑战。主动对标高标准国际经贸规则是中国扩大制度型开放的重要实践。一方面,中国主动参与区域全面经济伙伴关系协定。区域全面经济伙伴关系协定采用区域原产地累积规则及负面清单,

是目前全球最大的自由贸易协定,已经于 2022 年正式生效,是中国主动对标高标准国际经贸规则的成功实践。另一方面,中国申请加入全面与进步的跨太平洋伙伴关系协定,强化对标高标准国际经贸规则的重要决心。全面与进步的跨太平洋伙伴关系协定相比区域全面经济伙伴关系协定规则标准更高,包含环境、透明度等条款。2021 年 9 月 16 日,中国商务部向全面与进步的跨太平洋伙伴关系协定保存方新西兰贸易与出口增长部提交了中国正式申请加入全面与进步的跨太平洋伙伴关系协定的书面信函。按照全面与进步的跨太平洋伙伴关系协定加入程序,中国正在和相关成员进行接触、沟通和磋商。

### (二) 促进国际规制合作

近年来,规制合作成为国际经贸领域的一项重要议题,不仅是各国日益关注的焦点,更为诸多国际组织所高度重视。在 2011 年亚洲太平洋经济合作组织的《火奴鲁鲁领导人声明》中,规制合作被列为今后的五项重点工作之一。截至目前,对于规制合作并无统一、国际公认的定义。经济合作与发展组织将规制合作定义为"国家间的(包括以双边、区域或者多边的模式)、以支持不同规则的收敛和统一为出发点的任何正式或者非正式的协定或者有组织性的安排,旨在促进规制的设计、监督、执行或事后管理"。在世界贸易组织体制下,规制合作主要体现于非关税壁垒方面,即"通过协调一致、标准互认、消除非官方标准对贸易的负面影响等方式,减少各国法规的差异性",从而实现"将差异带来的贸易障碍降至最低,并防止制定具有贸易保护目的的措施"。但从更宽广的视角审视,规制合作主要针对因各国的国内标准和规制差异所导致的贸易壁垒,后者经各国的"良好规制实践"以及相应的信息交流,逐步增加互信,收敛标准和规制差异,从而消除差异、便利贸易。中国需要积极参与国际规制合作规则的制定,也需要主动进行国内经济和政府管理制度的改革,形成中国制度优势和"良好规制实践",实现国际和国内法治格局的良性互动,提高中国全球经济治理的话语权。

## (三) 深化贸易投资管理体制改革

密切跟踪国际经贸规则的高标准演进新趋势,并以此为目标导向倒逼国内改革,建立和系统推进与国际经贸规则相衔接的贸易投资管理体制机制,是中国以制度型开放促改革促发展的重点内容。犹如习近平总书记指出,"要牢牢把握国际通行规则,加快形成与国际投资、贸易通行规则相衔接的基本制度体系和监管模式,既充分发挥市场在资源配置中的决定性作用,又更好发挥政府作用。加快在促进投资贸易便利、监管高效便捷、法制环境规范等方面先试出首批管用、有效的成果"。① 例如,实施市场准入负面清单制度和外商投资负面清单制度,既是发挥市场在资源配置中决定性作用的重要基础,也是加快建立与国际通行规则接轨的现代市场体系的必由之路。中国市场准入负面清单制度,是中国全面深化改革的一项重大举措。党的十八届三中全会明确提出:"实行统一的市场准入制度,在制定负面清单基础上,各类市场主体可依法平等进入清单之外领域。"②党的十九大作出的全面深化改革战略部署中,一项重要任务是全面实施市场准入负面清单制度。2020 年出台的《中共中央 国务院关于新时代加快完善社会主义市场经济体制的意见》也再次将其列为重点任务。从市场准入负面清单的动态调整进程看,其反映了中国高水平开放的进程。负面清单最早是国际上针对外商投资准入的一种管理模式。中国主动引入负面清单模式,本身就是对标国际、推进开放的一项重要举措;同时,在实践中将其扩大至市场开放,则是一项重要的制度创新。更重要的是,市场准入负面清单条款的条目、内容、标准化等方面的调整、优化与改善,都能客观反映中国开放的进展。

---

① 《习近平关于社会主义经济建设论述摘编》,中央文献出版社 2017 年版,第 289 页。
② 《十八大以来重要文献选编》上,中央文献出版社 2014 年版,第 517 页。

### （四）推进标准国际化能力提升

标准是经济活动和社会发展的技术支持,随着国际化进程的不断发展和贸易壁垒的不断出现,标准这一重要工具在国家治理和国际贸易中发挥的作用持续增强。一方面,国际标准成为国际贸易的基石和通用技术语言。它有效地降低了国际贸易活动中的不确定性和交易成本,提高了国际贸易效率。"一个标准,一次检测,全球接受"的理念为便利全球贸易、解决贸易纠纷与摩擦提供了技术支持。另一方面,国际标准推动社会治理优化及国际对接。国际标准积极关注消费者权益保护、健康服务、安全等社会治理领域,并努力使其成为国际通行的规则、模式。国际标准还从不同维度编织了法律之外的预防腐败之网,使原则性的法律条款和抽象的道德戒律清晰化;同时,通过各国协调、参与,化解了不同法系间的制度不协调问题,实现了反腐败领域的合作。中国提出了共商共建共享全球治理理念,积极发挥大国的责任与义务。要获得与大国地位匹配的话语权,需要实现中国制造业在全球价值链中由低端向中高端跃升,需要深化标准化交流合作,强化贸易便利化标准支撑,推动国内国际标准化协同发展。

## 四、人类命运共同体思想与自由贸易区理论创新

自党的十八大以来,习近平总书记在多个场合阐述了人类命运共同体的思想,并在党的十九大报告中进一步丰富其理论内涵,是新时代中国特色大国外交的重大创新和理论贡献。中国不仅在各种场合积极倡导"人类命运共同体"理念,还在双边、次区域、地区和全球层面不断开展"命运共同体"实践,积极打造中国—东盟命运共同体、周边命运共同体、中拉命运共同体等。与西方现行的"弱肉强食""赢者通吃"的哲学思维模式相比,"人类命运共同体"理念下自由贸易区建设的核心目标,是致力于全球贸易自由化和多边开放,建立"均衡、普惠、共赢"的国际贸易新秩序,能够成为国际经贸规则调整和完善的

新理念,推动国际治理体系的改革。

"构建人类命运共同体"是习近平新时代中国特色社会主义思想的重要组成部分,同时也是新时代坚持和发展中国特色社会主义的基本方略之一。与西方现行的"弱肉强食""赢者通吃""优胜劣汰""适者生存"的功利哲学思维模式和理念相比,中国倡导的"人类命运共同体"理念所具有的先进性,能够成为国际经贸规则调整和完善的引领理念,因为先进的新理念引领是基本动力。中国建设自由贸易区的核心目标应致力于全球贸易自由化和多边开放,建立"均衡、普惠、共赢"的国际贸易新秩序。构建有中国特色的自由贸易区理论构成了本书理论分析的核心部分,也是本书研究的理论支点。

首先,以人类命运共同体理念推动自由贸易区谈判更加体现区域一体化的开放性而非防御性。自由贸易区原先是由两个或两个以上的国家和地区在世界贸易组织的基础上,为进一步推进贸易投资自由化所进行的区域性制度安排。然而,从新一轮区域一体化浪潮来看,以美国为代表的发达国家因为贸易竞争力下降采取战略性防御,试图以"公平贸易"的精神取代原先世界贸易组织框架下的"自由贸易",自由贸易区的贸易保护主义色彩越来越浓厚。例如,美国与加拿大、墨西哥新达成的美国—墨西哥—加拿大协定,不但将汽车产业的原产地规则由此前的 62.5% 提升至 75%,约束 40%—45% 的汽车部件由时薪不低于 16 美元的工人生产,还利用"毒丸"条款阻挠中国与其缔约方签订自由贸易协定,某些"排他性条款"甚至被美国无限复制推广。相反,中国始终坚持开放、包容、普惠、平衡、共赢的合作准则,反对贸易保护主义,在推动双边和区域自由贸易协定谈判进程中,更多发挥其对多边贸易体制补充和新议题的试验田作用,其最终目标是使自由贸易区朝着有利于经济全球化和多边贸易体制开放的方向发展。

其次,以人类命运共同体理念推动自由贸易区谈判,承认区域内缔约方差异性,具有更加广泛的适用性。在过去的 15 年里,发达国家和发展中国家之间的贸易关系发生了显著变化,北北型自由贸易协定相对保持稳定,南北型和南南型自由贸易协定出现快速增长,越来越多的发展中国家积极参与到区域经济一体化的浪潮中。由于发展中国家成员的经济发展水平明显落后于发达国家成员,国内经济结构比较脆弱,大量产业不具备国际竞争力,要求发展中国家成员实行同发达国家成员一样的规则、同样的市场开放标准,对发展中国家成员来说,显然并不公平。南北型区域经济一体化既要强调平等互利和"规则面前人人平等",又必须像世界贸易组织的多边贸易规则一样给予发展中国家成员特殊照顾。任何规则的成功实施都必须既要有统一性,又要有灵活性,显然,只有广泛参与而不是排他性的区域一体化,才能体现高水平自由贸易协定的包容性,让自由贸易协定能够惠及更多国家、企业、个人及弱势群体。

最后,以人类命运共同体理论推动自由贸易协定谈判更加务实,更具有可操作性。近年来,国际经贸规则的重塑正在加快推进,发达经济体与新兴经济体在构建国际规则方面的博弈更加激烈。发达经济体所提出的新一轮高标准经贸规则不仅关注边境措施的改革,更加关注边境后措施;既有传统的议题,又有反映新兴贸易业态的议题。发展中国家由于国内治理无法短期内适应改革的压力,在新议题的谈判上相对保守,为此形成了发展中国家和发达国家截然相反的两大阵营,阻碍了多哈回合的新一轮谈判进展。"人类命运共同体"理念正视当今世界发展现实,客观承认不同国家发展的阶段性,主张不同发展水平的国家成为现有国际体系的参与者和贡献者。因此,无论是与发达国家还是与发展中国家开展自由贸易协定谈判时,中国本着先易后难的精神,采用包括早期收获计划、框架协议、双边投资协定等多种合作形式,积极开创适合不同阶段国家发展的自由贸易区战略新局面。中国自身并不排斥高标准的自由贸易协定规则,而是在结合自身的发展水平不断探索与发展相容的高标准贸易投资规则,将已有自由贸易协定的有效升级、新签自由贸易协定的有序推进和不同自由贸易协定的深度融合统一起来,稳步推进面向全球的高标准自由贸易区网络体系建设。

# 第二节　中国对外开放新形势与
# 自由贸易区建设

党的十八大以来,中国作为一个不断走近世界舞台中心的国家,在维护多边贸易体制、反对贸易投资保护主义、促进贸易自由化、支持推动世界贸易组织协定谈判的同时,实施更加主动的自由贸易区战略,推动建设开放透明的区域自由贸易安排,不断进行理论创新和实践创新,探索出一条适应世界经济发展新趋势、适合中国经济发展国情、不断创新的自由贸易区建设实践之路。加快实施自由贸易区战略,为中国更加积极地参与经济全球化与区域经济一体化指明了方向,显示了中国努力在经济全球化中抢占先机、赢得主动的决心。

## 一、中国对外开放面临的新形势

中国对外开放也进入了一个新的阶段。建设自由贸易区,不仅是中国顺应全球经济和贸易发展新趋势的要求,更是中国积极主动对外开放的重大举措,同时有利于构建与世界各国合作发展的新平台,培育中国开放型经济的竞争新优势。因此,要从实行更加积极主动的开放战略,以开放促发展、以开放促改革上明确自由贸易区的功能定位,深刻认识中国自由贸易区建设的全局性意义。

加快建设高水平自由贸易区,有助于促进国内经济高质量发展。当前,中国经济已由高速增长阶段转入高质量发展阶段。自由贸易协定各类细分规则深度化带来的遵从成本,会在产品间产生非对称性影响效应,促进贸易品种类和结构的优化,从而推进经济高质量发展。特别是,贸易协定向知识产权保护、环境保护等边境后规则的深入,可能会增加知识产权密集产品、劳动密集型产品以及污染密集产品的遵从成本。如环境保护议题超过了世界贸易组织所涵盖的议题范围,迫使高能耗和高排放企业加强环保投入,从而提高了这类企业的生产成本。同时,高水平自由贸易协定也有利于高技术设备和产品进口,促使国内企业加快优化出口产品种类。自由贸易协定缔约方的特色、优质产品和先进技术、服务可以更加自由便利地进入中国市场,成为满足国内消费升级需求、推动产业转型升级的重要助力,加快形成内外需双轮驱动的大国增长格局。总体来看,自由贸易协定通过削减关税、扩大市场准入、采取贸易投资便利化措施,促进生产要素自由流动和高效集聚,将推动形成一体化大市场,使缔约方的贸易投资更加密切,有助于构建良性可持续的国际经济循环体系。

加快建设高水平自由贸易区,有助于深化改革完善国内营商环境。高水平自由贸易协定的签订,将通过扩大开放倒逼国内深化改革,通过深化市场准入制度、营商环境等相关方面的改革,更好地形成有利于构建双循环发展格局的国内环境。例如,服务业开放水平较低已成为中国对外投资协定和自由贸易协定谈判中的难点和焦点,迫切需要以开放倒逼改革,推动服务业开放发展,在相关服务规则领域与国际高标准接轨。自由贸易协定朝着贸易投资自由化和便利化的方向变革,措施也在由"边境"向"边境内"转移,为中国构建高水平开放型经济新体制,逐步形成与国际投资、贸易通行规则相衔接的基本制度体系和监管模式树立了新标杆。

## 二、中国自由贸易区建设的实践探索

中国自由贸易区建设始于 21 世纪初,2000 年 10 月,时任国务院总理朱镕基在新加坡举行的第四次中国与东盟领导人会议上提出在世界贸易组织承诺基础上,建设更加互惠的中国—东盟自由贸易区的倡议。2002 年 5 月,第三次中国—东盟经济高官会议在北京举行,决定正式启动对中国与东盟自由贸易区的纲领性基础文件《中国—东盟全面经济合作框架协议》(以下简称《框架协议》)的谈判。随后召开的 6 次中国—东盟谈判委员会会议,就中国—东盟自由贸易区的目标、范围、内容、谈判安排以及"早期收获"计划达成一致,确定了《框架协议》的文本。2002年11月4日,中国和东盟国家领导人正式签订《框架协议》,决定在10年内建成中国—东盟自由贸易区。中国—东盟自由贸易区建设正式启动。截至2024年1月,中国已与29个国家和地区签订了22个自由贸易协定,自由贸易伙伴覆盖亚洲、大洋洲、拉丁美洲、欧洲和非洲。目前,中国正在与挪威、以色列、斯里兰卡、巴拿马、摩尔多瓦等多个国家进行谈判,还正在研究与巴布亚新几内亚、哥伦比亚等国商签自由贸易协定的可行性。

党的十八大以来,以习近平同志为核心的党中央坚定不移推进中国改革开放,坚定实行高水平的贸易和投资自由化便利化政策,推动中国形成全面开放新格局。十余年来,中国签订了12个自由贸易协定,包括11个与单个国家签订的自由贸易协定,比如,中国—韩国、中国—澳大利亚、中国—瑞士区域全面经济伙伴关系协定。在签订11个自由贸易协定的同时,中国还对以前达成的自由贸易协定进行升级,包括和东盟的自由贸易协定升级,和智利、新加坡、新西兰的自由贸易协定都进行了升级谈判。2012年自由贸易协定占中国对外贸易的比重为12.3%,到2021年,自由贸易协定伙伴占中国对外贸易总额的比重接近35%。虽然疫情对全球的对外贸易影响很大,但中国同自由贸易协定伙伴的贸易增长3.2%,和非自由贸易协定伙伴贸易额只增长0.8%。自由贸易协定对扩大中国同自由贸易伙伴的贸易与投资关系,稳定中国外贸外资基本盘作用非常显著。总体来看,十年来中国自由贸易区建设取得以下成绩。

## (一)顶层设计战略更加清晰完善

2013年,党的十八届三中全会通过的《中共中央关于全面深化改革若干重大问题的决定》明确提出加快自由贸易区建设,以周边为基础,形成面向全球高标准自由贸易区网络。这是中国对外开放的重大发展成果之一,也是中国继加入世界贸易组织实现体制性开放后,进一步扩大对外开放的又一个重要探索。

2014 年,习近平总书记在主持中央政治局第十九次集体学习时强调,要"推进更高水平的对外开放,加快实施自由贸易区战略,加快构建开放型经济新体制"①。其中,特别强调加快实施自由贸易区战略是一项复杂的系统工程。要加强顶层设计、谋划大棋局,既要谋子更要谋势,逐步构建起立足周边、辐射"一带一路"、面向全球的自由贸易区网络,积极同"一带一路"沿线国和地区商建自由贸易区,使中国与沿线国合作更加紧密、往来更加便利、利益更加融合。要努力扩大数量、更要讲质量,大胆探索、与时俱进,积极扩大服务业开放,加快新议题谈判。要坚持底线思维、注重防风险,做好风险评估,努力排除风险因素,加强先行先试、科学求证,加快建立健全综合监管体系,提高监管能力,筑牢安全网。要继续练好内功、办好自己事,加快市场化改革,营造法治化营商环境,加快经济结构调整,推动产业优化升级,支持企业做大做强,提高国际竞争力和抗风险能力。

2015 年,国务院印发的《关于加快实施自由贸易区战略的若干意见》对中国自由贸易区的战略布局提出了更加明晰的方向:一是加快构建周边自由贸易区。力争与所有毗邻国家和地区建立自由贸易区,不断深化经贸关系,构建合作共赢的周边大市场。二是积极推进"一带一路"沿线自由贸易区。结合周边自由贸易区建设和推进国际产能合作,积极同"一带一路"沿线国商建自由贸易区,形成"一带一路"大市场,将"一带一路"打造成畅通之路、商贸之路、开放之路。三是逐步形成全球自由贸易区网络,争取同大部分新兴经济体、发展中大国、主要区域经济集团和部分发达国家建立自由贸易区,构建金砖国家大市场、新兴经济体大市场和发展中国家大市场等。至此,中国已经形成了自由贸易区建设的战略布局。从战略布局看,中国的自由贸易区建设是以周边为基础,并与中国的"一带一路"倡议的推进有机结合,形成辐射"一带

---

① 《习近平关于社会主义经济建设论述摘编》,中央文献出版社 2017 年版,第 291 页。

一路"的整体布局。

2016年,《中华人民共和国国民经济和社会发展第十三个五年规划纲要》强调,要加快实施自由贸易区战略,逐步构建高标准自由贸易区网络。积极同"一带一路"沿线国和地区商建自由贸易区,加快区域全面经济伙伴关系协定、中国—海合会、中日韩自由贸易协定等谈判,推动与以色列、加拿大、欧亚经济联盟和欧盟等建立自由贸易关系以及亚太自由贸易协定相关工作。全面落实中国—韩国、中国—澳大利亚等自由贸易协定和中国—东盟自由贸易协定升级议定书。继续推进中美、中欧投资协定谈判。

2017年,习近平总书记代表第十八届中央委员会向大会做了题为《决胜全面建成小康社会 夺取新时代中国特色社会主义伟大胜利》的报告,在报告中,他向国际社会再次传达了中国支持多边贸易体制,促进自由贸易区建设,推动建设开放型世界经济。

2019年,中国共产党第十九届中央委员会第四次全体会议通过《中共中央关于坚持和完善中国特色社会主义制度 推进国家治理体系和治理能力现代化若干重大问题的决定》,其中提到,要坚持互利共赢的开放战略,推动共建"一带一路"高质量发展,维护完善多边贸易体制,推动贸易和投资自由化便利化,推动构建面向全球的高标准自由贸易区网络。

2020年,中国共产党第十九届中央委员会第五次全体会议通过《中共中央关于制定国民经济和社会发展第十四个五年规划和二〇三五年远景目标的建议》。在国家"十四五"规划中,文件特别强调,要构建高标准自由贸易区网络,实施自由贸易区提升战略,构建面向全球的高标准自由贸易区网络。优化自由贸易区布局,推动区域全面经济伙伴关系协定实施,加快中日韩自由贸易协定谈判进程,稳步推进亚太自由贸易区建设。提升自由贸易区建设水平,积极考虑加入全面与进步的跨太平洋伙伴关系协定,推动商签更多高标准自由贸易协定。

2022年,习近平总书记在中国共产党第二十次全国代表大会上做了题为

《高举中国特色社会主义伟大旗帜　为全面建设社会主义现代化国家而团结奋斗》的报告,指出要坚持高水平对外开放,加快构建以国内大循环为主体、国内国际双循环相互促进的新发展格局。依托中国超大规模市场优势,以国内大循环吸引全球资源要素,增强国内国际两个市场两种资源联动效应,提升贸易投资合作质量和水平。稳步扩大规则、规制、管理、标准等制度型开放,加快建设海南自由贸易港,实施自由贸易试验区提升战略,扩大面向全球的高标准自由贸易区网络。

正如习近平总书记强调,加快实施自由贸易区战略,是中国新一轮对外开放的重要内容。"机者如神,难遇易失。"我们必须审时度势,努力在经济全球化中抢占先机、赢得主动。也就是说,推进自由贸易区建设是构建体现国家战略利益的高水平开放型经济体系、服务中国式现代化的重要组成部分。

### (二) 整体布局更加优化

早期来看,中国自由贸易区建设的布局主要考虑的是与中国经贸往来较为密切的周边国家和地区,距离较远的欧洲和南美都较为零散,党的十八大以来,中国自由贸易区谈判实现了由分散谈判向总体布局和有序推进转变,网络化布局更加优化。

自 2002 年与东盟签订第一个自由贸易协定以来,中国自由贸易协定伙伴达到 29 个,遍布五大洲。近年来,中国新签订并实施的自由贸易协定有中国—冰岛(2013 年)、中国—瑞士(2013 年)、中国—韩国(2015 年)、中国—澳大利亚(2015 年)、中国—格鲁吉亚(2017 年)、中国—毛里求斯(2019 年)、中国—柬埔寨(2020 年)、中国—尼加拉瓜(2023 年)、中国—塞尔维亚(2023 年)、中国—厄瓜多尔(2023 年)自由贸易协定以及区域全面经济伙伴关系协定(2020 年)。其中,中国—格鲁吉亚和中国—毛里求斯自由贸易协定分别实现了中国在欧亚和非洲地区自由贸易区网络布局的零突破。

区域全面经济伙伴关系协定显著提升了中国自由贸易区网络的"含金

量"。区域全面经济伙伴关系协定是目前全球体量最大的自由贸易协定,拥有包含发达国家和众多发展中国家在内的 15 个缔约方。2019 年,区域全面经济伙伴关系协定的 15 个缔约方总人口达 22.7 亿人,国内生产总值达 26 万亿美元,出口总额达 5.2 万亿美元,均占全球总量的约 30%。通过区域全面经济伙伴关系协定,中国与日本建立了自由贸易关系,这是中国首次与世界前 10 的经济体签订自由贸易协定,是我国实施自由贸易区战略取得的重大突破,使中国与缔约方的贸易覆盖率增加至 35% 左右,大大提升了中国自由贸易区网络的"含金量"。

同时,为了扩展已签自由贸易协定内涵,循序渐进地提高自由贸易协定质量,深化两国的经贸合作,中国也通过签订《补充协议》或谈判自由贸易协定升级版的方式,加强自由贸易协定升级谈判及升级联合研究。比如,中国完成了中国—东盟升级协定,中国—新加坡升级自由贸易协定以及中国—新西兰升级自由贸易协定,此外,中国—秘鲁自由贸易协定、中国—瑞士自由贸易协定的升级也在有序推进。2017 年 3 月签订的中国—澳大利亚自由贸易协定意向声明文件,为适时启动中国—澳大利亚自由贸易协定升级谈判做好了铺垫。

此外,正在谈判的自由贸易协定包括中国—海合会协定、中日韩自由贸易协定、中国—以色列、中国—挪威、中国—摩尔多瓦、中国—巴拿马、中国—斯里兰卡、中国—巴勒斯坦地区自由贸易协定。与哥伦比亚、尼泊尔、蒙古国、孟加拉国、巴布亚新几内亚和斐济等一系列自由贸易协定处于可行性研究或升级正在进行中。2021 年年底,中国正式提出申请加入全面与进步的跨太平洋伙伴关系协定,引起各方高度关注。全面与进步的跨太平洋伙伴关系协定缔约方包括日本、澳大利亚、文莱、加拿大、智利、马来西亚、墨西哥、新西兰、秘鲁、新加坡和越南 11 国,中国加入全面与进步的跨太平洋伙伴关系协定将与北美洲的加拿大和墨西哥达成自由贸易伙伴关系,意义重大。

### （三）谈判议题和领域逐步扩大

党的十八大以来,中国自由贸易区建设在实现"量"的增加的同时,更看重"质"的提高。党的十八届三中全会强调,中国要加强环境保护、投资保护、政府采购、电子商务等新议题谈判。习近平总书记在中共中央政治局第十九次集体学习时强调,"要努力扩大数量、更要讲质量,大胆探索、与时俱进,积极扩大服务业开放,加快新议题谈判"①。根据《关于加快实施自由贸易区战略的若干意见》,加快建设高水平自由贸易区,重点在以下几个领域积极探索并推进高标准的自由贸易区谈判,努力与国际高标准的自由贸易区规则接轨,推进中国自由贸易区建设提质升级。

一是提高货物贸易开放水平。坚持进出口并重,通过自由贸易协定改善与自由贸易伙伴双向市场准入,合理设计原产地规则,促进对自由贸易伙伴贸易的发展,推动构建更高效的全球和区域价值链。在确保经济安全、产业安全和考虑产业动态发展需要的前提下,稳步扩大货物贸易市场准入。同时,坚持与自由贸易伙伴共同削减关税和非关税壁垒,相互开放货物贸易市场,实现互利共赢。在货物贸易自由化方面,已经生效的自由贸易协定总体水平较高,如内地与中国香港关于建立更紧密经贸关系的安排货物贸易自由化率达100%,与澳大利亚、新加坡、智利等国家的货物贸易自由化率也超过95%,中国—格鲁吉亚自由贸易协定货物贸易自由化率接近94%。

二是扩大服务业对外开放。通过自由贸易协定等途径实施开放带动战略,充分发挥服务业和服务贸易对中国调整经济结构、转变经济发展方式和带动就业的促进作用。推进金融、教育、文化、医疗等服务业领域有序开放,放开育幼养老、建筑设计、会计审计、商贸物流、电子商务等服务业领域外资准入限制。如内地与中国香港关于建立更紧密经贸关系的安排采用了"前国民待

---

① 《习近平谈治国理政》第二卷,外文出版社 2017 年版,第 101 页。

遇+负面清单"管理模式,区域全面经济伙伴关系协定也采取负面清单模式,中国、韩国自由贸易协定升级版也采取负面清单管理模式。

三是放宽投资准入。大力推进投资市场开放和外资管理体制改革,进一步优化外商投资环境。加快自由贸易协定投资领域谈判,有序推进以准入前国民待遇加负面清单模式开展谈判。在维护好中国作为投资东道国利益和监管权的前提下,为中国投资者"走出去"营造更好的市场准入和投资保护条件,实质性改善中国与自由贸易伙伴双向投资准入。在自由贸易协定内积极稳妥推进人民币资本项目可兑换的各项试点,便利境内外主体跨境投融资。加强与自由贸易伙伴货币合作,促进贸易投资便利化。例如,中国—新加坡自由贸易协定升级版投资章节规定,双方相互给予对方投资者高水平的投资保护,纳入了征收补偿、最低待遇标准、转移等条款;相互给予准入后阶段的国民待遇和最惠国待遇;设置了金融审慎措施、根本安全、保密信息等例外条款以保护政府管理外资的政策空间,并纳入了全面的投资者与国家间争端解决机制,为双方投资者提供充分的权利保障和救济途径。中国—新加坡自由贸易协定升级议定书的投资章节体现了我国在国际投资缔约实践的最新发展,更好地体现了中国对双向投资的同等重视和保护。此外,双方还同意力争在升级议定书生效后一年内以负面清单方式启动投资自由化谈判。

四是推进规则谈判。结合全面深化改革和全面依法治国的要求,对符合中国特色社会主义市场经济体制建设和经济社会稳定发展需要的规则议题,在自由贸易协定谈判中积极参与。参照国际通行规则及其发展趋势,结合中国发展水平和治理能力,加快推进知识产权保护、环境保护、电子商务、政府采购等新议题谈判。如区域全面经济伙伴关系协定就纳入知识产权、电子商务、政府采购等现代化议题,同时加强中小企业、经济技术等领域合作,满足了发展中国家和最不发达国家的实际需求。

知识产权保护方面,通过自由贸易区建设,为中国企业"走出去"营造更加公平的知识产权保护环境,推动各方完善知识产权保护制度,加大知识产权保护和执法力度,增强企业和公众的知识产权保护意识,提升中国企业在知识产权保护领域的适应和应对能力。区域全面经济伙伴关系协定高度重视著作权、商标、地理标志、专利、外观设计、遗传资源、传统知识和民间文艺等知识产权保护。希望通过有效和充分地创造、运用、保护和实施知识产权权利来深化经济一体化和合作,以减少对贸易和投资的扭曲和阻碍。

环境保护方面,通过自由贸易区建设进一步加强环境保护立法和执法工作,借鉴国际经验探讨建立有关环境影响评价机制的可行性,促进贸易、投资与环境和谐发展。例如,中国—韩国自由贸易协定把可持续开发作为谈判的五大原则之一,并把增强解决环境问题的力量、开发环境友好型技术、解决与贸易有关环境热点问题、采取合理的环境管制等列为经济合作的重要领域。因此,中国—韩国自由贸易协定把环境保护及可持续发展设为主要目标之一,努力提高贸易与环境间的内在联系及平衡,为避免这样的目标流于形式,通过制度来提高解决环境问题的力量和对环境保护的认识。

电子商务方面,通过自由贸易区建设推动中国与自由贸易伙伴电子商务企业的合作,营造对彼此有利的电子商务规则环境。区域全面经济伙伴关系协定在无纸化贸易、电子认证和电子签名、消费者线上保护、线上个人信息保护、国内监管框架、海关关税、透明度、网络安全、争端等方面作出规定。希望促进缔约方以及全球范围内使用电子商务,加强缔约方在电子商务发展方面的合作。

政府采购方面,条件成熟时与自由贸易伙伴在自由贸易协定框架下开展政府采购市场开放谈判,推动政府采购市场互惠对等开放。区域全面经济伙伴关系协定政府采购章是中国首次在诸边协定中纳入政府采购相关规则。该章不仅包含了信息交流合作、提供技术援助、加强能力建设等内容,还增加了审议条款,为各方未来进一步丰富和完善本章预留空间。区域全面经济伙伴关系协定将促进各方在更高水平和更宽领域上加强政府采购信息交流和合作,有利于提升各方政府采购管理体制透明度,为促进区域内政府采购市场的逐步开放奠定基础。

五是提升贸易便利化水平。加强原产地管理,推进电子联网建设,加强与自由贸易伙伴原产地电子数据交换,积极探索在更大范围实施经核准出口商原产地自主声明制度。改革海关监管、检验检疫等管理体制,加强关检等领域合作,逐步实现国际贸易"单一窗口"受理。简化海关通关手续和环节,加速放行低风险货物,加强与自由贸易伙伴海关的协调与合作,推进实现"经认证经营者"互认,提升通关便利化水平。提高检验检疫效率,实行法检目录动态调整。加快推行检验检疫申报无纸化,完善检验检疫电子证书联网核查,加强与自由贸易伙伴电子证书数据交换。增强检验检疫标准和程序的透明度。在中国与韩国、澳大利亚、新西兰、新加坡等签订的自由贸易协定中,都包含了贸易便利化条款,旨在确保双方《海关法》实施的可预见性、一致性和透明度;推动海关程序高效管理以及货物快速通关;简化双方海关程序,并提升双方海关程序兼容性;促进双方海关主管部门间的合作等。

六是推进规制合作。加强与自由贸易伙伴就各自监管体系的信息交换,加快推进在技术性贸易壁垒、卫生与植物卫生措施、具体行业部门监管标准和资格等方面的互认,促进在监管体系、程序、方法和标准方面适度融合,降低贸易成本,提高贸易效率。

七是推动自然人移动便利化。配合中国"走出去"战略的实施,通过自由贸易区建设推动自然人移动便利化,为中国境外投资企业的人员出入境提供更多便利条件。区域全面经济伙伴关系协定各方承诺对区域内各国的投资者、公司内部流动人员、合同服务提供者、随行配偶及家属等各类商业人员,在符合条件的情况下,可获得一定居留期限,享受签证便利,开展各种贸易投资活动。与以往自由贸易协定相比,区域全面经济伙伴关系协定将承诺适用范围扩展至服务提供者以外的投资者、随行配偶及家属等协定下所有可能跨境流动的自然人类别,总体水平均基本超过各成员在现有自由贸易协定缔约实践中的承诺水平。

八是加强经济技术合作。不断丰富自由贸易区建设内涵,适当纳入产业合作、发展合作、全球价值链等经济技术合作议题,推动中国与自由贸易伙伴的务实合作。中国与智利升级谈判中,双方在原有经济技术合作章节基础上,新增了农业、金融、政府采购等领域的合作内容。在农业领域,双方将深化旱作节水技术、动植物疫病防控、农业教育和中智示范农场建设等农业技术合作。在金融领域,双方承诺将加强金融消费者权益保护和个人金融信息保护合作,同时,加强跨境支付监管合作,寻求建立监管合作机制和信息共享机制。

### (四) 自由贸易协定利用效果不断提升

国家间签订自由贸易协定的主要目的是消除缔约方之间的货物贸易关税和非关税壁垒,货物贸易是自由贸易协定最为重要的组成部分之一。对于进出口企业而言,企业从自由贸易协定中能够享受的最直接的收益是,在符合原产地要求的前提下,中国和自由贸易协定缔约方的绝大部分产品将相互实行零关税或优惠关税,同时也能享受到贸易便利化的好处。进口企业更容易从自由贸易协定缔约方买到价廉物美的货源,出口企业则有机会把产品打入自由贸易协定缔约方市场或扩大市场份额。然而,从国家层面看,尽管参与了多个自由贸易协定的签订,但相关优惠政策始终无法落地。尤其是我国自由贸易区建设的早期,企业自由贸易协定实际利用率整体偏低。根据国内外机构对自由贸易协定实施效果评估,多数企业并没有享受到自由贸易协定的政策红利。比如,2009 年商务部国际司联合中国社会科学院进行了一项企业利用自由贸易协定情况的问卷调查结果表明,在当时已经签订实施的各项自由贸易协定中,中国—东盟自由贸易协定企业利用率在 16% 左右,其他自由贸易协定实际利用率均低于 10%,这种状况相较于北美自由贸易协定 80% 左右的自由贸易协定利用率差距巨大。2013 年中国海关总署公布的自由贸易协定利用率统计数据表明,中国—巴基斯坦自由贸易协定利用率最高,达到71.97%,而其他自由贸易协定利用率则普遍不足 35%,比如中国—东盟

(34.95%)、中国—新西兰(31.67%)、亚太自由贸易协定(14.34%)、中国—新加坡(13.45%),其他如中国—智利、中国—秘鲁自由贸易协定甚至不到10%。此外,2016年汤森路透和毕马威联合调查发布的《全球贸易管理调查报告》也显示中国企业自由贸易协定利用率为34%,也就是说约有2/3的企业没有能够充分利用现有自由贸易协定优惠政策。

《关于加快实施自由贸易区战略的若干意见》中针对中国自由贸易协定利用率早期偏低的问题,尤其强调要做好加强已生效自由贸易协定实施工作。商务部要会同国内各有关部门、地方政府,综合协调推进自由贸易协定实施工作。优化政府公共服务,全面、及时地提供有关自由贸易伙伴的贸易、投资及其他相关领域法律法规和政策信息等咨询服务。加强地方和产业对自由贸易协定实施工作的参与,打造协定实施的示范地区和行业。特别要加强西部地区和有关产业的参与,使自由贸易区建设更好地服务西部地区经济社会建设,促进中国区域协调发展。做好宣传推介,定期开展评估和分析,查找和解决实施中存在的问题,不断挖掘协定潜力,研究改进实施方法,提升企业利用自由贸易协定的便利性和利用率,用足用好优惠措施。随着政府部门政策服务以及企业认知水平不断提升,中国自由贸易协定利用情况持续向好。根据商务部统计,2022年,中国已实施自由贸易协定综合利用率接近80%。

## 三、中国自由贸易区建设取得的宝贵经验

自由贸易区是中国深化改革、扩大开放、参与推动经济全球化的重要平台,也是建设开放型世界经济的重要内容。在过去的20年里,通过签订自由贸易协定,对标国际经贸规则,推动高水平的双向开放,中国逐步形成全面开放新格局。客观总结中国自由贸易区建设实践经验,可以为中国谋划自由贸易区提升战略提供参考,同时也是中国自由贸易区建设实践对世界的贡献。总结来看,中国自由贸易区建设取得以下经验:

一是坚持党的领导。党的十八大以来,中国加快实施自由贸易区战略取

得重要突破,得益于以习近平同志为核心的党中央高度重视,多次为中国自由贸易区建设作出部署、指明方向。理念引领行动,态度决定结果。加快实施自由贸易区战略,秉持什么理念、遵守什么原则至关重要。2014 年 12 月,中央政治局在第十九次集体学习时,习近平总书记强调,"站在新的历史起点上,实现'两个一百年'奋斗目标、实现中华民族伟大复兴的中国梦,必须适应经济全球化新趋势、准确判断国际形势新变化、深刻把握国内改革发展新要求,以更加积极有为的行动,推进更高水平的对外开放,加快实施自由贸易区战略,加快构建开放型经济新体制"。① 在推进自由贸易区战略过程中,既要讲战略,也要讲战术。战略上要准确判断、科学谋划,战术上要周密部署、精耕细作。此后,在党的十九大、党的二十大报告中,都将"推动构建面向全球的高标准自由贸易区网络"作为一项重要任务提出,以推动中国高水平开放,积极参与全球治理体系改革与重构。

二是实行更加积极主动的开放。开放是当代中国的鲜明标识。习近平总书记在第四届中国国际进口博览会开幕式上发表主旨演讲强调,"中国扩大高水平开放的决心不会变,同世界分享发展机遇的决心不会变,推动经济全球化朝着更加开放、包容、普惠、平衡、共赢方向发展的决心不会变"。② "中国发展要赢得优势、赢得主动、赢得未来,必须顺应经济全球化,依托中国超大规模市场优势,实行更加积极主动的开放战略。"③《中共中央关于党的百年奋斗重大成就和历史经验的决议》中的这段话,既是对过去的经验总结,更是对未来的发展指引。加快实施自由贸易区战略,是中国积极参与国际经贸规则制定、争取全球经济治理制度性权力的重要平台,我们不能当旁观者、跟随者,而是要做参与者、引领者,要以对外开放的主动赢得经济发展的主动、赢得国际竞

① 《习近平谈治国理政》第二卷,外文出版社 2017 年版,第 99 页。
② 《习近平在第四届中国国际进口博览会开幕式上发表主旨演讲》,《人民日报》2021 年 11 月 5 日。
③ 《中共中央关于党的百年奋斗重大成就和历史经验的决议》,《人民日报》2021 年 11 月 17 日。

争的主动。习近平总书记在多个场合都反复强调,我们将实行更加积极主动的开放战略,努力构建开放型经济新体制,提高开放型经济水平,加快推进高标准自由贸易区建设。主动对标高标准国际经贸规则,积极推动加入全面与进步的跨太平洋伙伴关系协定、数字经济伙伴关系协定,加快构建面向全球的高标准自由贸易区网络,中国正以前所未有的开放姿态拥抱世界,在主动开放中彰显大国担当,将为全球经济注入强大动能。

三是循序渐进地把握好开放的力度和节奏。中国在对外经贸合作中始终遵循的一个重要原则是渐进式开放。渐进式开放不仅体现了中国作为一个发展中大国在妥善处理开放、稳定和发展关系上的智慧,为确保中国各项改革事业稳步推进创造了有利条件,而且为广大发展中国家在世界经济结构不平衡格局下保护自身利益、优化开放路径贡献了中国经验。中国自由贸易区方面的开放也是遵循着循序渐进、梯度开放、由点及面的原则,在自由贸易协定的谈判上,采取了先发展中国家后发达国家,在开放产业上,先制造业后服务业,尤其是在风险较高的金融、通信等领域采取相对审慎的开放态度,在具体规则的谈判中也较为灵活、弹性,采取了先易后难的原则,先边境规则再边境后规则,主动对标高标准经贸规则,同时注重对一些敏感议题和规则的风险压力测试。

四是统筹国内发展和对外开放。面对外部风险挑战,高水平开放是推动深层次改革的重要推动力,主动对标高标准国际经贸规则是我们进行高水平开放的重要路径。主动对标高水平国际经贸规则的着眼点是:促进宏观经济稳定、增强微观经济主体的活力、促进创新型经济发展、促进经济增长与节能减排双重目标实现,由此推动经济实现质的稳步提升和量的合理增长。中国把自由贸易协定谈判中拿不准、有争议的问题放到自由贸易试验区先行先试,把自由贸易试验区打造成为制度创新的试验田,通过对标高标准国际经贸规则,在国内推进新一轮高水平开放,对于其中可能出现的安全风险和外部冲击进行识别并建立行之有效的防控体系。2021 年年底,习近平总书记主持召开中央全面深化改革委员会第二十次会议时强调："要围绕实行高水平对外开放,充分运用国际国内两个市场、两种资源,对标高标准国际经贸规则,积极推动制度创新,以更大力度谋划和推进自由贸易试验区高质量发展。"①

五是要坚持开放包容互利共赢。习近平总书记多次强调,要维护和发展开放型世界经济,共同创造有利于开放发展的国际环境,中国要坚定不移地扛起经济全球化的大旗,推动构建人类命运共同体。中国的自由贸易区建设是实现这一重大目标的关键载体和实施路径。中国推动自由贸易区建设既不搞恃强凌弱,也不搞攀附富贵,而是平等地对待所有的自由贸易合作伙伴,不搞排他性的小圈子,充分兼顾自由贸易伙伴的发展实际、利益关切和舒适度。针对发达国家和发展中国家对区域经济一体化的不同标准和诉求,中国自由贸易区建设在理念上更加强调"发展"这个最大公约数,更加注重探索求同存异、包容开放发展的新路径,更加坚持互利共赢的开放战略。树立正确的义利观,在追求本国发展利益时兼顾他国合理关切,通过自由贸易区建设不断提升自身开放水平,不仅使中国经济社会受益,更是敞开大门,让世界分享中国的成就和中国的大市场,不仅推动中国构建开放型经济新体制,推动经济高质量发展,建设现代化经济体系,而且有力地推动开放型世界经济的发展,为构建人类命运共同体贡献中国智慧和中国力量。

## 第三节　新时代扩大面向全球的高标准自由贸易区网络的策略

党的十八大以来,中国对外开放水平达到前所未有的高度。对外贸易规模稳定增长,结构持续优化,贸易大国地位更加巩固。双向投资协同发展,质量效益逐步提升,国际影响力明显增强。党的二十大报告中着重强调,要扩大

---

①　习近平:《统筹指导构建新发展格局　推进种业振兴　推动青藏高原生态环境保护和可持续发展》,《人民日报》2021 年 7 月 10 日。

面向全球的高标准自由贸易区网络。在新冠疫情加剧世界经济下行压力、全球区域经济布局加速调整的背景下,中国提出扩大面向全球的高标准自由贸易区网络,对于推动中国经济在新发展格局之下实现转型升级,进一步完善全球经济治理具有特别重要的意义。

## 一、扩大自由贸易协定的贸易投资规则深度,推动高水平贸易和投资自由化便利化

第一,在提高货物贸易开放水平方面。进一步提高货物贸易零关税比例,坚持与自由贸易协定伙伴共同削减关税和非关税壁垒,相互开放市场。聚焦自由贸易协定贸易便利化各项规则,以加快打造市场化、法治化、国际化口岸营商环境为目标,持续优化通关流程、提升通关效率、降低通关成本。大力推动自由贸易协定成员优化各自作业流程,规范和简化海关监管手续,并与之共同审议海关程序。合理规划设计原产地规则,减少价值链、产业链发展中的各种限制因素,推动构建更高效的区域和全球价值链。同时,在确保产业安全和经济安全、充分考虑产业发展需要的前提下,稳步扩大货物贸易的市场准入。

第二,在扩大服务贸易开放方面。针对服务贸易开放发展需要,继续深化推进在金融、文化、教育、医疗等服务业领域的有序开放,放宽商贸物流、会计、审计、建筑设计、电子商务等服务业领域外资准入的限制,谨慎放开金融、商贸、航运、医疗等基础薄弱的领域。同时,结合国际前沿发展趋势在与自由贸易伙伴协商一致的基础上,逐步推进实行以负面清单模式开展谈判,尤其是贸易规则适用范围、本地存在、支付和转移、透明度以及国内规制等条款规则,梳理相关的法律法规及部门规章,对中国各部门行业法律法规进行完善,把过多依靠行政审批的程序以立法的形式予以简化,把准入前监管变为准入后监管。

第三,在放宽投资准入方面。加快推进自由贸易协定投资领域谈判,有序推进以准入前国民待遇加负面清单模式开展谈判。健全外商投资准入前国民待遇加负面清单管理制度,推进投资自由化、便利化。建立投资便利化国际规

则,在全球范围内提升投资政策透明度,简化和加快投资审批程序,促进国际合作。

第四,在知识产权保护方面。通过自由贸易区谈判和建设,在加大国内知识产权立法和保护的同时,为中国走出去企业营造更加公平的知识产权保护环境,推动各方完善知识产权保护制度,加大知识产权保护的执法力度,增强公众和企业的知识产权保护意识,尽快提升中国企业在知识产权保护领域的适应能力和应对能力。

第五,在电子商务方面。中国应当积极承担重要角色,积极推进世界贸易组织电子商务谈判,避免在全球相关规则构建中被边缘化。以各缔约方基本达成共识的条款作为谈判基础,形成谈判文本中稳定的合意部分。针对与美欧分歧较大的条款,具体分析世界贸易组织主要成员对该条款的主张,评估中国现有相关法规与各成员主流主张的差异,积极寻求可以达成合意的平衡点。评估中国《电子商务法》与国际主要观点在电子商务含义及范围等方面的差异,在可接受范围内缩小相关差别,推进达成基本共识。

第六,在环境保护方面。加快构建绿色贸易体系,完善绿色低碳贸易标准、标识和认证体系,持续推动环境服务贸易自由化。支持重启环境产品协定谈判,主动参与绿色贸易国际规则和标准制定,在环境商品清单谈判中发挥更为积极的作用。

第七,在政府采购方面。利用例外条款以及发展中国家的特殊和差别待遇,分阶段调整中国政府采购项目覆盖范围、出价水平占国内生产总值比重、出价总量、过渡期等重要指标,使之与政府采购协定参加方的承诺水平一致,以便采取针对性的出价谈判策略,在双边谈判中获得对等的政府采购市场准入机会。

第八,在规制合作、加强经济技术合作、推动自然人移动便利化等领域。加强与自由贸易伙伴各自监管体系的信息交换,促进在监管体系、程序、方法和标准方面的适度融合,降低贸易成本,提高贸易效率。推动自然人移动便利化,为中国企业境外投资的人员出入境提供更多便利条件。适当纳入产业合作、发展合作、全球价值链等经济技术合作议题,推动中国与自由贸易伙伴的务实合作。

## 二、扩大自由贸易区网络覆盖范围,深化多双边和区域经济合作

自由贸易区的建设不会一蹴而就,在整体战略规划的指导下,还应该进行分阶段的路径设计。加快推进中国高标准全球自由贸易区网络建设,根本的路径是全面创新开放模式,重点和难点是正确处理好不同自由贸易协定的升级融合问题,使自由贸易区建设与"一带一路"倡议产生有机联动效应。

一是国际经贸重构视角下已有自由贸易协定条款的有效升级。随着全球价值链分工的形成,全球价值链对各国经济发展的深刻影响,必然也会反映在政策领域。生产一体化,要求各国市场规则的一致性,以及各国间标准的相融性。这需要更复杂的国际投资贸易规则来处理商品和要素的跨境流动,促使国际投资贸易规则从边境规则向边境后规则扩展,这些边界后规则的主要规范对象涉及一国的国内政策。在这样的背景下,一国要更好地融入全球价值链中应当也必须有效参与到国际投资贸易新规则的制定与形成当中来。对于已经签订生效的自由贸易协定,如何通过规则深度的深化对其进行有效升级,引领国际投资贸易新规则的制定,对中国在全球价值链分工中争取到更多的利益具有重要意义。

二是新签自由贸易协定的有序推进。当前,国家之间的自由贸易协定早已突破市场开放的初级形态,日益深入到内部规制整合的高级阶段,越来越成为影响不同国家在未来全球经济循环中相对地位和竞争优势的关键因素。自由贸易协定引领的国际投资贸易新规则正影响着不同国家参与全球价值链的方式和进程,在各国纷纷诉诸于自由贸易协定来参与国际投资贸易新规则的制定以便提高在全球价值链分工中地位的时候,毫无疑问,中国也应当且必须

加快推进自由贸易区的全球布局,通过与他国和地区签订新的自由贸易协定来扩充自身在全球范围内的自由贸易区版图。首先,当前亚洲经济仍是全球最充满活力的区域,考虑到其内部格局相当复杂,中国需要充分发挥现有的区位优势,立足全球价值链大力推进与毗邻地区国家的自由贸易区建设。其次,就全球经济格局而言,发展中国家仍然占多数,虽然广大发展中国家的经济发展比较落后,但资源相对丰富,人口众多,成长的潜力较大,中国也需要大力拓展与其他地区发展中国家的自由贸易区建设。最后,目前发达国家在经济全球化进程中总体上仍处于主导地位,考虑到发达国家在全球价值链中处于上游的位置,中国整体处于相对下游的位置,具有较大的分工合作区间,中国也需要积极推进与发达国家之间的自由贸易区建设。

三是区域价值链融合视域下自由贸易协定的深度整合。随着近年来全球范围内出现了缔结自由贸易协定的浪潮,全球范围内的自由贸易区形成了错综复杂的网络化发展趋势。从全球自由贸易区网络化发展的现实来看,"轮轴—辐条"体系的形成、动态发展以及运行机制,对各缔约方和非缔约方融入全球价值链、世界格局的演化都有举足轻重的影响。在全球自由贸易区网络中已缔结大量自由贸易协定和具有重要控制力的核心国家由于"磁铁效应"和"枢纽效应"会存在自我强化机制,不断增强自身的核心地位。考虑到不同自由贸易协定在全球自由贸易区网络中所处的地位并不一样,其通过贸易和投资效应等对一国融入全球价值链的影响也会不一样,中国迫切需要通过不同自由贸易协定的深度融合以构筑一个以自身为中心的自由贸易区网络,实现在全球自由贸易区网络中地位的攀升。

四是高标准自由贸易协定与"一带一路"倡议的相互呼应。"一带一路"倡议的提出为中国进一步深化对外开放、拓展发展空间提供了重大机遇。利用共建"一带一路"提供的平台,着力解决与沿线国间贸易投资便利化问题,加强与沿线国投资与贸易方面的合作交流,能为将来与沿线国间建成高标准的自由贸易协定奠定良好的基础,这无疑将有利于中国高标准全球自由贸区网络的建设。

五是高标准自由贸易区与国内自由贸易试验区的有机对接。自由贸易试验区作为目前中国自由化程度最高的自由经济区，是全面深化改革和扩大开放的重大战略举措。作为自由贸易试验区建设的核心要求，投资体制改革、贸易便利化、金融开放创新、事中事后监管、营商环境完善等领域的制度创新旨在形成以国际高标准贸易投资要求为参照的开放型市场经济体系，这与当前蓬勃发展的自由贸易区引领的国际投资贸易新规则的制定紧密相关。中国推进高标准的全球自由贸易区网络建设需要与国内自由贸易试验区建设形成有机对接，通过国内自由贸易试验区建设过程中探索出的制度创新为中国自由贸易区建设的全球布局奠定基础。

### 三、扩大自由贸易协定缔约方共同利益，建立新型国际经贸关系

新型国际关系意味着坚持合作、不搞对抗，坚持开放、不搞封闭。当今世界正处在大发展大变革大调整时期，也正处在一个挑战层出不穷、风险日益增多的时代。人类是命运与共的整体，必须通过加强团结来应对一系列全球性问题的挑战。中国自由贸易区建设要体现互利共赢、共同发展的理念，不断树立正确义利观，兼顾各方利益和关切，考虑发展中经济体和最不发达经济体的实际情况，寻求利益契合点和合作公约数，努力构建互利共赢的自由贸易区网络，推动中国与世界各国、各地区共同发展。

一是树立以发展为导向的规则体系。发展是解决一切问题的总钥匙，唯有发展，才能减少贫困人口和保障民生，消除冲突根源，提高发展中国家应对风险挑战的能力。以发展为导向的国际经贸规则体系符合世界经济发展潮流，从本质上来说是对美国主导的资本利益导向的规则体系的有益补充，对弥补世界经济的发展赤字弥足珍贵。全球发展倡议的制度基础是共同利益与个体利益的统一、向心与离心的统一、聚合与分离的统一、建构与解构的统一。

世界各国需要在全球发展倡议的大旗下形成一套明确的制度和规则体系,重视发展领域的议题设置、规则制定和实施执行。特别是议程设置事关发展失衡问题的解决,各类发展制度的治理框架是议题设置的重要部分,包括对特定发展问题的定义、明确的因果解释、公正的道德评价和建设性解决方案的产生等。总体上看,国际制度成员根据议题重要性的顺序共同确定哪些议题是重要的,进而宣传、讨论并制定该议题的解决方案。在议题设置时,中国坚持各国"需求导向"原则,提供各国共同关注的发展议题的相关信息。在此背景下,全球发展倡议契合了国际社会弥补理想与现实鸿沟的诉求,通过利益共生、责任共担实现权益共享。

二是坚持开放的区域主义。经过 20 多年的发展,亚洲太平洋经济合作组织已经成为开放的区域主义典型代表,即所谓的"亚洲太平洋经济合作组织路径"(APEC Approach)。通过实践,亚洲太平洋经济合作组织将 20 世纪 80 年代末期兴起的区域主义思想演化为一种有别于目前国际社会任何区域经济合作机制的独特模式。这种独特性体现在以下三个方面:一是开放性,承认成员多样性,认为政策框架应该坚持灵活性和渐进性;二是自主自愿原则,遵循平等互利、协商一致的基本准绳,避免高度的机制化和强制性对成员形成约束;三是单边行动与集体行动相互结合。这种开放的区域主义通过对内和对外开放互动,不仅有利于经济体内部配置效率、产出提升和福利优化,还有利于加速贸易投资自由化进程,发挥区域经济合作的共同繁荣作用。作为中国特色社会主义的发展中大国,中国参与国际区域经贸合作的起步较晚,同时也很难跟随现有的"美国版本"或"欧盟版本"去提升参与度,中国建设高标准自由贸易区也可以本着先易后难的精神,采用包括早期收获计划、框架协议、双边投资协定等多种合作形式,积极开创具有中国特色的国际经贸合作方式,为世界提供一份"中国版本"。

三是增强自由贸易区的包容性。包容性增长的重要因素包括更好的人类发展成果、更大的社会包容、创造生产性和正规就业机会,以及环境保护。要重视自由贸易协定开放过程中的国内发展失衡、公平公正等问题,加强国内产业与区域政策调整,促进国内弱势产业与经济落后区域发展,利用科技创新推动经济转型升级。加大国内转移支付力度,在教育、医疗、就业等民生领域加大投入,为劳动者提供职业技能培训与转岗培训,特别是加强线上职业技术培训,建立免费培训平台,增强劳动者适应新一代技术革命和产业变革的能力,分好自由贸易区开放收益的蛋糕,推动实现共赢、共享发展。

## 四、扩大自由贸易协定规则谈判中的话语权,积极参与全球治理体系改革和建设

由于历史原因,中国在现有多数国际规则的制定中没有主导性地位,总体而言尚缺乏强大的国际规则话语权。改革开放之前,中国加入的国际组织较少。改革开放以来,中国加入了越来越多的国际组织。由于多数国际规则的制定已经由西方国家主导完成,作为后来者的中国往往要通过对既有国际规则的认同来参与国际治理。因此,我们一方面要看到中国在国际规则话语权上的不足,另一方面也要看到中国国际规则话语权不断增强的态势。当前和未来一个时期,我们应针对不同问题制定相应的国际规则话语权战略,明确增强中国国际规则话语权的着力点。

形成自由贸易协定谈判的中国模板。近年来,国际经贸规则的重塑正在加快推进,发达经济体与新兴经济体在构建国际规则方面的博弈更加激烈。发达经济体所提出的新一轮高标准经贸规则不仅关注边境措施的改革,更加关注边境后措施;既有传统的议题,又有反映新兴贸易业态的议题。部分议题和高标准规则是与中国既定政策方向一致、中国部分占优的领域,部分议题和高标准规则虽超越中国发展阶段,但与中国既定方向一致。这些经贸规则层面的变化,给中国构建高标准自由贸易区网络带来了机遇和挑战。美式自由贸易协定在过去 20 多年的时间里得到了发展,美国建立美式自由贸易协定的出发点很清楚,即由于美国与发展中国家贸易伙伴谈判实力的悬殊,因而无论

是对协议的涵盖内容、文字表述,或是对协议中要求承诺的水平,发展中国家仅具有非常有限的能力去对美式自由贸易协定提出异议。对于中国而言,如何制定以我为主,符合中国乃至新兴市场国家产业利益和国民福利的国际贸易投资规则,需要通过梳理国际经贸规则变化趋势,为中国构建中国贸易投资规则目标提供参照。

积极参与数字贸易与环境保护等新规则谈判。全球数字经济与绿色竞争已经开始,正推动生产、生活、消费等全领域的系统性范式变更,更深层次上是话语权、规制权的竞争。在数字经济领域,当前数字经济正发展成为新一轮全球化的重要驱动力,但数字经济在各国的发展分化,加剧了以数字经济为基础的国际竞争,给国际经济治理带来新难题。全球数字经济的深入发展要求国际社会加强多维度、多层次合作,推动国际数字经济治理机制构建,以数字经济带动各国实现包容性发展。在此情况下,中国需要深入参与数字经济国际治理,主动参与数字领域国际标准制定。中国需加快制度型开放,对接数字经济高标准规则,以区域协作撬动多边合作,加快自由贸易协定中数字贸易条款的升级,主动与美国、欧盟开展数字条款的协调、沟通,在中国具有比较优势的数字服务领域率先探索构建国际标准,塑造并提升全球数字经济治理的制度型权力。环境议题特别是环境章节设立被认为是"21世纪新议题"和高标准自由贸易协定的标准之一,无论是从自身利益角度,还是从承担国际责任方面,中国应该在越来越多新签自由贸易协定中设置环境章节,并升级已有自由贸易协定,可率先深化与经贸联系紧密国家的环境合作,完善中韩自由贸易协定环境章节,推进中日韩自由贸易协定、中国—海合会自由贸易协定环境议题开放包容谈判。积极参与引领高水平的自由贸易规则谈判,重视环境条款的主动设计,制定既体现国际趋势又符合中国实际的环境条款,凸显人类命运共同体理念和发展中国家诉求,设定具有灵活性的标准,尽可能纳入对中国有利的环境条款,并争取上升为多边规则。

重视中国文化在国际经贸规则谈判中的作用。在国际规则制定中,中国不能做被动接受者、追随者,而应作为平等的一员乃至成为主角。对一些不公平的国际规则,要在适当的时机争取修订;对一些与中国相关的新的国际规则的创建,要体现中国思想、中国价值和中国方案。而我们能为国际规则的制定作出独特贡献的一大优势,同时也是中国增强国际规则话语权的重要基础,是深厚的中国文化底蕴和中国智慧。例如,对现有国际规则的修订和利益的重新分配,要知白守黑、审时度势;在主导国际规则制定的过程中,要顺势而为、以德服人,秉持人类命运共同体理念;在与周边国家建立信任机制时,强调"亲、诚、惠、容"。在国际经贸规则谈判中,要加强国际传播能力建设,精心构建对外话语体系,增强对外话语的创造力、感召力、公信力,讲好中国故事,传播好中国声音。

# 参考文献

1. 蔡宏波：《我国自由贸易区的贸易流量效应：基于面板数据的引力模型分析》，《国际贸易问题》2010 年第 1 期。

2. 陈雯：《中国—东盟自由贸易区的贸易效应研究——基于引力模型"单国模式"的实证分析》，《国际贸易问题》2009 年第 1 期。

3. 程伟晶、冯帆：《中国—东盟自由贸易区的贸易效应——基于三阶段引力模型的实证分析》，《国际经贸探索》2014 年第 2 期。

4. 成新轩、郭志尧：《中国自由贸易区优惠原产地规则修正性限制指数体系的构建——兼论中国自由贸易区优惠原产地规则的合理性》，《管理世界》2019 年第 6 期。

5. 戴翔、宋婕：《"一带一路"倡议的全球价值链优化效应——基于沿线参与国全球价值链分工地位提升的视角》，《中国工业经济》2021 年第 6 期。

6. 戴翔、张雨、刘星翰：《数字技术重构全球价值链的新逻辑与中国对策》，《华南师范大学学报（社会科学版）》2022 年第 1 期。

7. 董虹蔚、孔庆峰：《贸易便利化、国际生产分割与出口价值构成》，《国际经贸探索》2021 年第 1 期。

8. 董涛：《全球知识产权治理结构演进与变迁——后 TRIPs 时代国际知识产权格局的发展》，《中国软科学》2017 年第 12 期。

9. 东艳：《全球贸易规则的发展趋势与中国的机遇》，《国际经济评论》2014 年第 1 期。

10. 段文奇、景光正：《贸易便利化、全球价值链嵌入与供应链效率——基于出口企业库存的视角》，《中国工业经济》2021 年第 2 期。

11. 樊海潮、郭光远：《出口价格、出口质量与生产率间的关系：中国的证据》，《世界经济》2015 年第 2 期。

12. 冯帆、何萍、韩剑:《自由贸易协定如何缓解贸易摩擦中的规则之争》,《中国工业经济》2018 年第 10 期。

13. 傅京燕、李丽莎:《环境规制、要素禀赋与产业国际竞争力的实证研究——基于中国制造业的面板数据》,《管理世界》2010 年第 10 期。

14. 高疆、盛斌:《贸易协定质量会影响全球生产网络吗?》,《世界经济研究》2018 年第 8 期。

15. 葛纯宝、于津平:《"一带一路"沿线国家贸易便利化与中国出口——基于拓展引力模型的实证分析》,《国际经贸探索》2020 年第 9 期。

16. 国务院发展研究中心、"国际经济格局变化和中国战略选择"课题组、李伟、隆国强、张琦、赵晋平、王金照、赵福军:《未来 15 年国际经济格局变化和中国战略选择》,《管理世界》2018 年第 12 期。

17. 华晓红、汪霞:《CAFTA、CEPA、ECFA 利用率浅析——以货物贸易为例》,《国际贸易》2014 年第 12 期。

18. 韩剑、岳文、刘硕:《异质性企业、使用成本与自贸协定利用率》,《经济研究》2018 年第 11 期。

19. 韩剑、王灿:《自由贸易协定与全球价值链嵌入:对 FTA 深度作用的考察》,《国际贸易问题》2019 年第 2 期。

20. 韩剑、蔡继伟、许亚云:《数字贸易谈判与规则竞争——基于区域贸易协定文本量化的研究》,《中国工业经济》2019 年第 11 期。

21. 韩剑、许亚云:《RCEP 及亚太区域贸易协定整合——基于协定文本的量化研究》,《中国工业经济》2021 年第 7 期。

22. 韩剑、王璐、刘瑞喜:《区域贸易协定的环境保护条款与外贸绿色发展转型》,《厦门大学学报(哲学社会科学版)》2022 年第 4 期。

23. 韩剑、刘瑞喜:《中国加入 CPTPP 参与全球环境经贸规则治理的策略研究》,《国际贸易》2022 年第 5 期。

24. 计飞、陈继勇:《提升贸易水平的选择:双边贸易协定还是多边贸易协定——来自中国的数据》,《国际贸易问题》2018 年第 7 期。

25. 姬艳洁、董秘刚:《基于巴拉萨模型的中国新西兰 FTA 贸易效应研究》,《亚太经济》2012 年第 6 期。

26. 贾镜渝、孟妍:《经验学习、制度质量与国有企业海外并购》,《南开管理评论》2022 年第 3 期。

27. 康妮、刘乾、陈林：《自由贸易协定与劳动人口就业——基于"中国—东盟自贸区"的公共政策准实验》，《国际贸易问题》2018 年第 10 期。

28. 孔庆峰、董虹蔚：《"一带一路"国家的贸易便利化水平测算与贸易潜力研究》，《国际贸易问题》2015 年第 12 期。

29. 来有为、陈红娜：《以扩大开放提高我国服务业发展质量和国际竞争力》，《管理世界》2017 年第 5 期。

30. 李春顶、郭志芳、何传添：《中国大型区域贸易协定谈判的潜在经济影响》，《经济研究》2018 年第 5 期。

31. 李计广、郑育礼：《多边贸易体制改革：背景、性质及中国方略》，《国际经济评论》2020 年第 5 期。

32. 李海莲、韦薇：《中国区域自由贸易协定中原产地规则的限制指数与贸易效应研究》，《国际经贸探索》2016 年第 8 期。

33. 李墨丝：《超大型自由贸易协定中数字贸易规则及谈判的新趋势》，《上海师范大学学报（哲学社会科学版）》2017 年第 1 期。

34. 李仁宇、钟腾龙、祝树金：《区域合作、自由贸易协定与企业出口产品质量》，《世界经济研究》2020 年第 12 期。

35. 李荣林、赵滨元：《中国当前 FTA 贸易效应分析与比较》，《亚太经济》2012 年第第 3 期。

36. 李小平、卢现祥：《国际贸易、污染产业转移和中国工业 $CO_2$ 排放》，《经济研究》2010 年第 1 期。

37. 李向阳：《世界经济形势回顾与展望》，《世界经济》2004 年第 3 期。

38. 李向阳：《国际经济规则的实施机制》，《世界经济》2007 年第 12 期。

39. 李艳秀、毛艳华：《区域贸易协定深度与价值链贸易关系研究》，《世界经济研究》2018 年第 12 期。

40. 李远本、陈思萌：《全球经贸治理困境下中国的机遇、挑战与策略》，《世界经济与政治论坛》2022 年第 4 期。

41. 林僖、鲍晓华：《区域服务贸易协定如何影响服务贸易流量？——基于增加值贸易的研究视角》，《经济研究》2018 年第 1 期。

42. 林梦瑶、张中元：《区域贸易协定中竞争政策对外商直接投资的影响》，《中国工业经济》2019 年第 8 期。

43. 刘彬：《论中国自由贸易协定的"超 TRIPs"义务新实践》，《厦门大学学报（哲学社会科学版）》2016 年第 5 期。

44. 刘斌、李川川:《异质性贸易协定与返回增加值》,《世界经济研究》2021 年第 7 期。

45. 刘斌、甄洋:《数字贸易规则与研发要素跨境流动》,《中国工业经济》2022 年第 7 期。

46. 刘慧、綦建红:《FTA 网络的企业创新效应:从被动嵌入到主动利用》,《世界经济》2021 年第 3 期。

47. 刘晓宁:《中国自贸区战略实施的现状、效果、趋势及未来策略》,《国际贸易》2020 年第 2 期。

48. 陆建明、姚鹏、吴立鹏:《负面清单模式 FTA 对外资流入的影响——美国经验及其对中国的启示》,《国际贸易问题》2018 年第 8 期。

49. 陆旸:《环境规制影响了污染密集型商品的贸易比较优势吗?》,《经济研究》2009 年第 4 期。

50. 吕建兴、曾寅初:《中国 FTA 中原产地规则例外安排对农产品进口的影响》,《国际贸易问题》2018 年第 11 期。

51. 吕建兴、曾寅初、张少华:《中国自由贸易协定中市场准入例外安排的基本特征、贸易策略与决定因素——基于产品层面的证据》,《中国工业经济》2021 年第 6 期。

52. 马学礼:《"一带一路"倡议的规则型风险研究》,《亚太经济》2015 年第 6 期。

53. 马亚明、陆建明、李磊:《负面清单模式国际投资协定的信号效应及其对国际直接投资的影响》,《经济研究》2021 年第 11 期。

54. 门洪华:《"一带一路"规则制定权的战略思考》,《世界经济与政治》2018 年第 7 期。

55. 聂平香:《国际投资规则的演变及趋势》,《国际经济合作》2014 年第 7 期。

56. 倪月菊:《RCEP 对亚太地区生产网络的影响——一个全球价值链视角的分析》,《东北师大学报(哲学社会科学版)》2021 年第 3 期。

57. 裴长洪、杨志远、刘洪愧:《负面清单管理模式对服务业全球价值链影响的分析》,《财贸经济》2014 年第 12 期。

58. 裴长洪、刘斌:《中国对外贸易的动能转换与国际竞争新优势的形成》,《经济研究》2019 年第 5 期。

59. 彭羽、杨碧舟、沈玉良:《RTA 数字贸易规则如何影响数字服务出口——基于协定条款异质性视角》,《国际贸易问题》2021 年第 4 期。

60. 彭岳:《贸易规制视域下数据隐私保护的冲突与解决》,《比较法研究》2018 年第 4 期。

61. 柴江艺、许和连:《知识产权政策的进口贸易效应:扩张或垄断? ——基于中国高技术产品进口贸易的实证研究》,《财经研究》2011 年第 1 期。

62. 戚聿东、李颖:《新经济与规制改革》,《中国工业经济》2018 年第 3 期。

63. 曲越、秦晓钰、黄海刚、夏友富:《FTA 对中国产业增加值的非线性影响机制研究:基于广延边际与集约边际的视角》,《世界经济研究》2022 年第 8 期。

64. 全毅:《各国 WTO 改革方案比较与中国因应策略》,《亚太经济》2019 年第 6 期。

65. 全毅:《CPTPP 与 RCEP 服务贸易规则比较及中国服务业开放策略》,《世界经济研究》2021 年第 12 期。

66. 任琳:《后疫情时代的全球治理秩序与中国应对》,《国际问题研究》2021 年第 1 期。

67. 任琳、彭博:《全球治理变局与中国应对——一种全球公共产品供给的视角》,《国际经济评论》2020 年第 1 期。

68. 沈国兵、姚白羽:《知识产权保护与中国外贸发展:以高技术产品进口贸易为例》,《南开经济研究》2010 年第 3 期。

69. 沈玉良、彭羽、高疆、陈历幸:《是数字贸易规则,还是数字经济规则? ——新一代贸易规则的中国取向》,《管理世界》2022 年第 8 期。

70. 施炳展:《贸易如何增长? ——基于广度、数量与价格的三元分解》,《南方经济》2010 年第 7 期。

71. 石静霞:《国际贸易投资规则的再构建及中国的因应》,《中国社会科学》2015 年第 9 期。

72. 孙浦阳、侯欣裕、盛斌:《服务业开放、管理效率与企业出口》,《经济研究》2018 年第 7 期。

73. 孙玉红、尚玉、汪红敏:《区域贸易协定中知识产权保护对全球价值链嵌入程度的影响》,《经济评论》2021 年第 6 期。

74. 盛斌、靳晨鑫:《"一带一路"沿线国家贸易便利化水平分析及中国的对策》,《国际贸易》2019 年第 4 期。

75. 铁瑛、黄建忠、徐美娜:《第三方效应、区域贸易协定深化与中国策略:基于协定条款异质性的量化研究》,《经济研究》2021 年第 1 期。

76. 王晶:《"负面清单"模式对我国外资管理的影响与对策》,《管理世界》2014 年第 8 期。

77. 王俊、徐明、梁洋华:《FTA 环境保护条款会制约污染产品进出口贸易吗——基于产品层面数据的实证研究》,《国际经贸探索》2020 年第 9 期。

78. 王俊、陈丽娴、梁洋华:《FTA 环境条款是否会推动中国出口产品"清洁化"?》,《世界经济研究》2021 年第 3 期。

79. 王燕:《自由贸易协定下的话语权与法律输出研究》,《政治与法律》2017 年第 1 期。

80. 吴小康、于津平:《原产地规则与中韩自由贸易协定的贸易转移效应》,《国际贸易问题》2021 年第 10 期。

81. 谢建国、周雨婷:《区域贸易自由化与中国企业的跨国并购——基于企业微观并购数据的研究》,《经济评论》2019 年第 5 期。

82. 熊芳、刘德学:《中国自由贸易区建设的战略——基于面板数据的实证分析》,《国际经贸探索》2012 年第 1 期。

83. 许培源、刘雅芳:《TPP 投资规则与我国 FTA 投资规则的差异及其影响分析》,《国际经贸探索》2017 年第 12 期。

84. 许亚云、岳文、韩剑:《高水平区域贸易协定对价值链贸易的影响——基于规则文本深度的研究》,《国际贸易问题》2020 年第 12 期。

85. 杨广贡、杨正位:《全球经贸体系重塑的动因、趋势和对策》,《国际经济评论》2015 年第 1 期。

86. 杨继军、刘依凡、李宏亮:《贸易便利化、中间品进口与企业出口增加值》,《财贸经济》2020 年第 4 期。

87. 杨凯、韩剑:《原产地规则与自由贸易协定异质性贸易效应》,《国际贸易问题》2021 年第 8 期。

88. 余长林:《知识产权保护与我国的进口贸易增长:基于扩展贸易引力模型的经验分析》,《管理世界》2011 年第 6 期。

89. 余南平:《新冠疫情下全球价值链结构调整特征与未来挑战》,《国际关系研究》2021 年第 1 期。

90. 张乃根:《"一带一路"倡议下的国际经贸规则之重构》,《法学》2016 年第 5 期。

91. 张应武、郑凡之:《中国内容异质性 FTA 的贸易效应研究》,《国际经贸探索》2019 年第 3 期。

92. 张中元、沈铭辉:《国际投资协定中可持续发展条款对双边投资的影响》,《世界经济研究》2018 年第 3 期。

93. 赵金龙、陈健:《中国 FTA 战略的外贸出口效应研究——基于宏观和微观双重视角的分析》,《世界经济文汇》2018 年第 5 期。

94. 赵金龙、崔攀越、倪中新：《全球价值链视角下深度自由贸易协定对经济波动的影响》，《国际贸易问题》2022 年第 8 期。

95. 张洁、秦川义、毛海涛：《RCEP、全球价值链与异质性消费者贸易利益》，《经济研究》2022 年第 3 期。

96. 赵旸頔、彭德雷：《全球数字经贸规则的最新发展与比较——基于对〈数字经济伙伴关系协定〉的考察》，《亚太经济》2020 年第 4 期。

97. 张中元：《区域贸易协定的水平深度对参与全球价值链的影响》，《国际贸易问题》2019 年第 8 期。

98. 郑航、韩剑：《自由贸易协定中贸易便利化规则对价值链贸易的影响》，《世界经济研究》2022 年第 2 期。

99. 周华、贾秀秀：《不同类型积累规则对 FTA 感染效应的影响——来自 205 个国家的经验证据》，《经济学（季刊）》2020 年第 1 期。

100. 周念利、陈寰琦：《RTAs 框架下美式数字贸易规则的数字贸易效应研究》，《世界经济》2020 年第 10 期。

101. Allee, T., Peinhardt, C., "Delegating Differences: Bilateral Investment Treaties and Bargaining Over Dispute Resolution Provisions", *International Studies Quarterly*, Vol. 54, No.1, 2010.

102. Allee, T., Peinhardt, C., "Evaluating Three Explanations for the Design of Bilateral Investment Treaties", *World Politics*, Vol.66, No.1, 2014.

103. Allred, Brent B., Park, Walter G., "Patent Rights and Innovative Activity: Evidence from National and Firm-level Data", *Journal of International Business Studies*, Vol.38, 2007.

104. Alschner, W., Skougarevskiy, D., "Rule-takers or Rule-makers? A New Look at African Bilateral Investment Treaty Practice", *Transnational Dispute Management*, Vol.13, No.4, 2016.

105. Alschner, W., Skougarevskiy, D., "Mapping the Universe of International Investment Agreements", *Journal of International Economic Law*, Vol.19, No.3, 2016.

106. Alschner, W., Skougarevskiy, D., Wang M., "Champions of Protection? A Text-as-data Analysis of the Bilateral Investment Treaties of GCC Countries", *International Review of Law*, No.3, 2016.

107. Alschner, W., "The Impact of Investment Arbitration on Investment Treaty Design: Myth Versus Reality", *Yale Journal of International Law*, Vol.42, No.1, 2017.

108. Amiti, M., Khandelwal, Amit K., "Import Competition and Quality Upgrading", *Review of Economics and Statistics*, Vol.95, No.2, 2013.

109. Anderson, James E., Van Wincoop, E., "Gravity with Gravitas: A Solution to the Border Puzzle", *American Economic Review*, Vol.93, No.1, 2003.

110. Anderson, James E., Van Wincoop E., "Trade Costs", *Journal of Economic Literature*, Vol.42, No.3, 2004.

111. Anderson, Robert D., Müller, Anna C., Pelletier, P., "Regional Trade Agreements & Procurement Rules: Facilitators or Hindrances?", *Robert Schuman Centre for Advanced Studies Research Paper*, 2015.

112. Anson, J., Cadot, O., Estevadeordal, A., Melo, Jaime D., Suwa-Eisenmann A., Tumurchudur B., "Rules of Origin in North-South Preferential Trading Arrangements with An Application to NAFTA", *Review of International Economics*, Vol.13, No.3, 2005.

113. Awokuse, Titus O., Yin, H., "Intellectual Property Rights Protection and the Surge in FDI in China", *Journal of Comparative Economics*, Vol.38, No.2, 2010.

114. Baier, Scott L., Bergstrand, Jeffrey H., "Economic Determinants of Free Trade Agreements", *Journal of international Economics*, Vol.64, No.1, 2004.

115. Baier, Scott L., Bergstrand, Jeffrey H., "Do Free Trade Agreements Actually Increase Members' International Trade?", *Journal of International Economics*, Vol. 71, No.1, 2007.

116. Baier, Scott L., Bergstrand, Jeffrey H., Mariutto R., "Economic Determinants of Free Trade Agreements Revisited: Distinguishing Sources of Interdependence", *Review of International Economics*, Vol.22, No.1, 2014.

117. Baier, Scott L., Bergstrand, Jeffrey H., Clance M., "Heterogeneous Effects of Economic Integration Agreements", *Journal of Development Economics*, Vol.135, 2018.

118. Baier, Scott L., Yotov Yoto V., Zylkin T., "On the Widely Differing Effects of Free Trade Agreements: Lessons from Twenty Years of Trade Integration", *Journal of International Economics*, Vol.116, 2019.

119. Baldwin, R., Jaimovich, D., "Are Free Trade Agreements Contagious?", *Journal of International Economics*, Vol.88, No.1, 2012.

120. Baldwin, R., Venables, Anthony J., "Spiders and Snakes: Offshoring and Agglomeration in the Global Economy", *Journal of International Economics*, Vol. 90, No.2, 2013.

121. Beamon, Benita M., "Supply Chain Design and Analysis: Models and Methods", *International Journal of Production Economics*, Vol.55, No.3, 1998.

122. Berger, A., Brandi, C., Bruhn, D., "Towards 'Greening' Trade? Tracking Environmental Provisions in the Preferential Trade Agreements of Emerging Markets", *German Development Institute Discussion Paper*, 2017.

123. Berman, N., Martin, P., Mayer, T., "How Do Different Exporters React to Exchange Rate Changes?", *Quarterly Journal of Economics*, Vol.127, No.1, 2012.

124. Beverelli, C., Fiorini, M., Hoekman, B., "Services Trade Restrictiveness and Manufacturing Productivity: the Role of Institutions", *Journal of International Economics*, Vol.104, No.1, 2017.

125. Bosio, E., Djankov, S., Glaeser, E., Shleifer, A., "Public Procurement in Law and Practice", *American Economic Review*, Vol.112, No.4, 2022.

126. Borchert, I., Mattia, D., "Deep Services Trade Agreements and Their Effect on Trade and Value Added", *World Bank Policy Research Working Paper*, 2021.

127. Brandi, C., Schwab, J., Berger, A., "Do Environmental Provisions in Trade Agreements Make Exports from Developing Countries Greener?", *World Development*, Vol.129, 2020.

128. Brülhart, M., Trionfetti, F., "Public Expenditure, International Specialisation and Agglomeration", *European Economic Review*, Vol.48, No.4, 2004.

129. Bustos, P., "Trade Liberalization, Exports, and Technology Upgrading: Evidence on the Impact of MERCOSUR on Argentinian Firms", *American Economic Review*, Vol.101, No.1, 2011.

130. Cadot, O., Carrère, C., De Melo, J., Tumurchudur, B., "Product-specific Rules of Origin in EU and US Preferential Trading Arrangements: An Assessment", *World Trade Review*, Vol.5, No.2, 2006.

131. Cadot, O., De Melo, J., Portugal-Perez, A., "Rules of Origin for Preferential Trading Arrangements: Implications for the ASEAN Free Trade Area of EU and US Experience", *Journal of Economic Integration*, 2007.

132. Caliendo, L., Parro, F., "Estimates of the Trade and Welfare Effects of NAFTA", *Review of Economic Studies*, Vol.82, No.1, 2015.

133. Cherkashin, I., Demidova, S., Kee, Hiau L., Krishna, K., "Firm Heterogeneity and Costly Trade: A New Estimation Strategy and Policy Experiments", *Journal of*

*International Economics*, Vol.96, No.1, 2015.

134. Cheong, J., Kwak, Do W., Tang, Kam K., "Can Trade Agreements Curtail Trade Creation and Prevent Trade Diversion?", *Review of International Economics*, Vol. 23, No.2, 2015.

135. Cheong, J., Tang Kam K., "The Trade Effects of Tariffs and Non-tariff Changes of Preferential Trade Agreements", *Economic Modelling*, Vol.70, 2018.

136. Cipollina, M., Salvatici, L., "Reciprocal Trade Agreements in Gravity Models: A Meta-analysis", *Review of International Economics*, Vol.18, No.1, 2010.

137. Co, Catherine Y., "Do Patent Rights Regimes Matter?", *Review of International Economics*, Vol.12, No.3, 2004.

138. Conconi, P., García-Santana, M., Puccio, L., Venturini, R., "From Final Goods to Inputs: The Protectionist Effect of Rules of Origin", *American Economic Review*, Vol.108, No.8, 2018.

139. Demidova, S., Krishna, K., "Firm Heterogeneity and Firm Behavior with Conditional Policies", *Economics Letters*, Vol.98, No.2, 2008.

140. Dixit, Avinash K., Stiglitz, Joseph E., "Monopolistic Competition and Optimum Product Diversity", *American Economic Review*, Vol.67, No.3, 1977.

141. Dür, A., Baccini, L., Elsig, M., "The Design of International Trade Agreements: Introducing A New Dataset", *Review of International Organizations*, Vol.9, No.3, 2014.

142. Egger, P., Shingal, A., "Determinants of Services Trade Agreement Membership", *Review of World Economics*, Vol.157, No.1, 2021.

143. Elsig, M., Klotz, S., "Data Flow-Related Provisions in Preferential Trade Agreements", *WTI Working Paper*, 2018.

144. Estevadeordal, A., "Negotiating Preferential Market Access: the Case of NAFTA", *Journal of World Trade*, Vol.34, No.1, 2000.

145. Felbermayr, G., Teti, F., Yalcin, E., "Rules of Origin and the Profitability of Trade Deflection", *Journal of International Economics*, Vol.121, 2019.

146. Francois, J., "Preferential Trade Arrangements Production, and Trade with Differentiated Intermediates", *The Origin of Goods: Rules of Origin in Regional Trade Agreements*, 2006.

147. González, A., Véron, N., "EU Trade Policy Amid the China-US Clash: Caught

in the Crossfire?", *Peterson Institute for International Economics Working Paper*, 2019.

148. Guillin, A., "Trade in Services and Regional Trade Agreements: Do Negotiations on Services Have to Be Specific?", *World Economy*, Vol.36, No.11, 2013.

149. Hakobyan, S., "Accounting for Underutilization of Trade Preference Programs: The US Generalized System of Preferences", *Canadian Journal of Economics*, Vol.48, No.2, 2015.

150. Hayakawa, K., "Measuring Fixed Costs for Firms' Use of A Free Trade Agreement:Threshold Regression Approach", *Economics Letters*, Vol.113, No.3, 2011.

151. Hayakawa, K., Ito, T., Kimura, F., "Trade Creation Effects of Regional Trade Agreements: Tariff Reduction Versus Non-tariff Barrier RemovaL", *Review of Development Economics*, Vol.20, No.1, 2016.

152. Helpman, E., "Innovation, Imitation, and Intellectual Property Rights", *NBER Working Paper*, 1992.

153. Hering, L., Poncet, S., "Environmental Policy and Exports: Evidence from Chinese Cities", *Journal of Environmental Economics and Management*, Vol. 68, No.2, 2014.

154. Hoekman, B., Mattoo, A., Sapir, A., "The Political Economy of Services Trade Liberalization: A Case for International Regulatory Cooperation?", *Oxford Review of Economic Policy*, Vol.23, No.3, 2007.

155. Hofmann, C., Osnago, A., Ruta, M., "Horizontal Depth: a New Database on the Content of Preferential Trade Agreements", *World Bank Policy Research Working Paper*, 2017.

156. Horn, H., Mavroidis, Petros C., Sapir, A., "Beyond the WTO? An Anatomy of EU and US Preferential Trade Agreements", *World Economy*, Vol.33, No.11, 2010.

157. Hu, Albert G., Png, Ivan P., "Patent Rights and Economic Growth: Evidence from Cross-country Panels of Manufacturing Industries", *Oxford Economic Papers*, Vol.65, No.3, 2013.

158. Hummels, D., Klenow Peter J., "The Variety and Quality of a Nation's Exports", *American Economic Review*, Vol.95, No.3, 2005.

159. Ivus, O., "Do Stronger Intellectual Property Rights Raise High-Tech Exports to the Developing World?", *Journal of International Economics*, Vol.81, No.1, 2010.

160. Kamata, I., "Regional Trade Agreements with Labor Clauses: Effects on Labor

Standards and Trade", *La Follette School of Public Affairs Working Paper*, 2014.

161. Keck, A., Lendle, A., "New Evidence on Preference Utilization", *WTO Staff Working Paper*, 2012.

162. Kindleberger, Charles P., "International Public Goods without International Government", *American Economic Review*, Vol.76, No.1, 1986.

163. Kohpaiboon, A., "Exporters' Response to FTA Tariff Preferences: Evidence from Thailand", *Asian-Pacific Economic Literature*, Vol.31, No.1, 2017.

164. Kohl, T., "Do We Really Know that Trade Agreements Increase Trade?", *Review of World Economics*, Vol.150, No.3, 2014.

165. Kohl, T., Brakman, S., Garretsen, H., "Do Trade Agreements Stimulate International Trade Differently? Evidence from 296 Trade Agreements", *World Economy*, Vol.39, No.1, 2016.

166. Laget, E., Osnago, A., Rocha, N., Ruta, M., "Deep Trade Agreements and Global Value Chains", *Review of Industrial Organization*, Vol.57, 2020.

167. Larch, M., Schmeiber, Aiko F., Wanner, J., "The Deep and Heterogeneous Effects of the EU-Turkey Customs Union", *Journal of Common Market Studies*, Vol.59, No.2, 2021.

168. Limao, N., Tover, P., "Policy Choice: Theory and Evidence from Commitment Via International Trade Agreements", *Journal of International Economics*, Vol. 85, No.2, 2011.

169. Lileeva, A., Trefler, D., "Improved Access to Foreign Markets Raises Plant-Level Productivity for Some Plants", *Quarterly Journal of Economics*, Vol.125, No.3, 2010.

170. Manova, K., Zhang, Z., "Export Prices across Firms and Destinations", *Quarterly Journal of Economics*, Vol.127, No.1, 2012.

171. Mattoo, A., "The Government Procurement Agreement: Implications of Economic Theory", *WTO Staff Working Paper*, 1996.

172. Mattoo, A., Mulabdic, A., Ruta, M., "Trade Creation and Trade Diversion in Deep Agreements", *Canadian Journal of Economics*, Vol.55, No.3, 2022.

173. Magee, Christopher S., "New Measures of Trade Creation and Trade Diversion", *Journal of International Economics*, Vol.75, No.2, 2008.

174. Mattoo, A., Rocha, N., Ruta, M., *The Evolution of Deep Trade Agreements*, World Bank, 2020.

175. Maskus, Keith E., Penubart, M., "How Trade-related are Intellectual Property Rights?", *Journal of International Economics*, Vol.39, No.3-4, 1995.

176. Maskus, Keith E., Ridley, W., "Intellectual Property-related Preferential Trade Agreements and the Composition of Trade", *Robert Schuman Centre for Advanced Studies Research Paper*, 2016.

177. Melitz, Marc J., "The Impact of Trade on Intra-industry Reallocations and Aggregate Industry Productivity", *Econometrica*, Vol.71, No.6, 2003.

178. Monteiro, Jose A., Trachtman, Joel P., "Environmental Laws", *Handbook of Deep Trade Agreements*, 2020.

179. Mulabdic, A., Rotunno, L., "Trade Barriers in Government Procurement", *European Economic Review*, 2022.

180. Neumayer, E., Nunnenkamp, P., Roy, M., "Are Stricter Investment Rules Contagious? Host Country Competition for Foreign Direct Investment through International Agreements", *Review of World Economics*, Vol.152, No.1, 2016.

181. North, D., *Institutions, Institutional Change and Economic Performance*, Harvard University Press, 1990.

182. Orefice, G., Rocha, N., "Deep Integration and Production Networks: An Empirical Analysis", *World Economy*, Vol.37, No.1, 2014.

183. Ostergard, Robert L., "The Measurement of Intellectual Property Rights Protection", *Journal of International Business Studies*, Vol.31, No.2, 2000.

184. Peinhardt, C., Allee, T., "Failure to Deliver: The Investment Effects of US Preferential Economic Agreements", *World Economy*, Vol.35, No.6, 2012.

185. Portugal-Perez, A., Wilson, John S., "Export Performance and Trade Facilitation Reform: Hard and Soft Infrastructure", *World Development*, Vol.40, No.7, 2012.

186. Ray, Edward J., "The Determinants of Tariff and Nontariff Trade Restrictions in The United States", *Journal of Political Economy*, Vol.89, No.1, 1981.

187. Riker, D., "Government Consumption and Global Value Chains", *USITC Economics Working Paper*, 2013.

188. Roy, M., "Services Commitments in Preferential Trade Agreements: An Expanded Dataset", *WTO Staff Working Papers*, 2011.

189. Sen, N., "Understanding the Role of the WTO in International Data Flows: Taking the Liberalization or the Regulatory Autonomy Path", *Journal of International Economic*

Law, Vol.21, No.2, 2018.

190. Shepherd, B., Wilson, John S., "Trade Facilitation in ASEAN Member Countries: Measuring Progress and Assessing Priorities", *Journal of Asian Economics*, Vol.40, No.7, 2009.

191. Smith, Pamela J., "Are Weak Patent Rights a Barrier to US Exports?", *Journal of International Economics*, Vol.48, No.1, 1999.

192. Smith, Pamela J., "How Do Foreign Patent Rights Affect U.S. Exports, Affiliate Sales, and Licenses?", *Journal of International Economics*, Vol.55, No.2, 2001.

193. Staiger, R., *Non - Tariff Measures and the WTO*, Social Science Electronic Publishing, 2012.

194. Taylor, Scott M., "TRIPs, Trade, and Technology Transfer", *Canadian Journal of Economics*, Vol.26, No.3, 1993.

195. Tomomichi, M., Kazuhiro, T., "Rules of Origin and Uncertain Cost of Compliance", *Asia-Pacific Journal of Accounting and Economics*, Vol.25, No.3, 2017.

196. Tovar, P., "Preferential and Multilateral Liberalization: Evidence from Latin America's Use of Tariffs, Antidumping and Safeguards", *Journal of Development Economics*, Vol.141, 2019.

197. Trionfetti, F., "Discriminatory Public Procurement and International Trade", *World Economy*, Vol.23, No.1, 2000.

198. Ueno, A., "Multilateralising Regionalism on Government Procurement", *OECD Trade Policy Paper*, 2013.

199. Ulloa, A., Wagner, R., "Why Don't All Exporters Benefit from Free Trade Agreements? Estimating Utilization Costs", *IDB Working Paper*, 2012.

200. Wilson, John S., Mann, Catherine L., Otsuki, T., "Trade Facilitation and Economic Development: A New Approach to Quantifying the Impact", *World Bank Economic Review*, Vol.17, No.3, 2003.

策划编辑：郑海燕
封面设计：石笑梦
版式设计：胡欣欣
责任校对：周晓东

**图书在版编目（CIP）数据**

构建面向全球的高标准自由贸易区网络与治理规则研
究 ／ 韩剑著. -- 北京 ： 人民出版社，2024. 11. --ISBN
978 - 7 - 01 - 026740 - 1

Ⅰ. F752

中国国家版本馆 CIP 数据核字第 2024LB5068 号

构建面向全球的高标准自由贸易区网络与治理规则研究
GOUJIAN MIANXIANG QUANQIU DE GAOBIAOZHUN ZIYOU MAOYIQU WANGLUO YU ZHILI GUIZE YANJIU

韩 剑 著

**人民出版社** 出版发行
（100706 北京市东城区隆福寺街 99 号）

中煤（北京）印务有限公司印刷 新华书店经销

2024 年 11 月第 1 版 2024 年 11 月北京第 1 次印刷
开本：710 毫米×1000 毫米 1/16 印张：37.25
字数：530 千字

ISBN 978 - 7 - 01 - 026740 - 1 定价：188.00 元

邮购地址 100706 北京市东城区隆福寺街 99 号
人民东方图书销售中心 电话 （010)65250042 65289539